KB124468

Psychology
of
Human
Relationships

젊은이를 위한

3판

인간관계의 심리학

권석만 저

학지사

『젊은이를 위한 인간관계의 심리학』을 출간한 지 어느새 20년의 세월이 흘렀다. 개정증보판을 출간한 지도 14년이 지났다. 그동안 37쇄를 발행할 만큼 많은 독자의 관심과 사랑을 받았지만, 필자는 이 책의 구성이나 디자인에 미흡한 점이 많아 오래전부터 개정의 필요성을 느껴 왔다. 더구나 지난 20여년 사이에 인간관계와 관련된 많은 심리학 연구가 이루어졌을 뿐만 아니라 휴대전화와 소셜미디어의 보급으로 인해 현대인의 인간관계 상황에도 커다란 변화가 일어났다. 이러한 변화를 반영하고 부족함을 보완하기 위해서 이번에 3판을 출간하게 되었다.

이번 개정판에서는 책의 기본적인 골격을 유지하되 세부적인 많은 부분을 새롭게 수정했다. 특히 이 책을 대학에서 강의교재로 사용하는 분들의 의견과 제안을 반영하고자 노력했다.

첫째, 강의교재로 사용하기 편리하도록 각 장마다 학습목표, 탐구문제, 자기평가, 요약 내용을 제시했다. 이를 통해서 학생들이 각 장의 내용을 좀 더 명료하게 이해할 뿐만 아니라 학습내용을 탐구하고 토론하는 기회를 가질 수 있도록 했다.

둘째, 인간관계와 관련된 심리학 지식과 정보를 최근의 자료로 업데이트하는 동시에 전문적이고 복잡한 내용들은 축소하거나 삭제했다. 예컨대, 성격과 인간관계의 관계에 대한 최근의 연구결과를 새롭게 추가하는 대신, 성격장애의 분류체계와 같이 전문적이고 복잡한 내용은 대폭 축소했다.

셋째, 요즘 젊은이들이 일상생활에서 흔히 겪게 되는 인간관계의 관심사와 고민을 반영하고자 노력했다. 아울러 대학생들이 경험하는 인간관계 문제들을 이해하고 개선할 수 있는 구체적인 방안을 제시하고자 했다. 예컨대, 젊은이들의 필수품이 되어 버린 휴대전화와 소셜네트워크서비스(SNS)의 사용이 인간관계에 미치는 긍정적·부정적 영향을 다각적으로 소개했다.

아울러 인간관계의 개선방법을 좀 더 풍부하게 소개하고자 했다. 비폭력적 대화를 비롯하여 새로운 개선방법을 소개했을 뿐만 아니라 15장에 집중되었던 인간관계의 개선방법을 여러 장에서 접할 수 있도록 노력했다. 이밖에도 좀 더 읽기 쉽고 산뜻한 느낌의 책이 되도록 문장을 다듬고 사진자료를 교체하는 등의 다양한 노력을 기울였다.

　인간관계는 행복의 가장 중요한 토대인 동시에 불행의 가장 주된 원천이기도 하다. 또한 인간관계는 명료하게 이해하기 어려운 인생의 영역일 뿐만 아니라 원만하게 풀어나가기 어려운 인생의 과제이기도 하다. 이 작은 책이 인간관계를 좀 더 명료하게 이해하고 원만하게 개선하는 데 도움이 되기를 소망한다.

2017년 7월
권석만

초 판 머 리 말

　우리의 삶에 있어서 '사람과 사람 사이'만큼 중요한 것이 있을까? 아마도 없을 것이다. 왜냐하면 우리의 행복과 불행이 그 사이에서 결정되기 때문이다. 사랑과 증오, 환희와 고뇌, 기쁨과 슬픔이 그 사이에서 생겨나기 때문이다. 반면에 이 세상에서 '사람과 사람 사이'만큼 이해하기 어려운 것이 있을까? 인간은 작은 우주라고 할 만큼 오묘하고 복잡한 존재이다. 하물며 인간과 인간의 만남 속에서 펼쳐지는 인간관계야말로 가장 난해한 삶의 수수께끼라고 하지 않을 수 없다. 이렇듯, 인간관계는 가장 중요한 삶의 영역인 동시에 가장 풀어 나가기 어려운 삶의 과제인 것이다.

　저자는 지난 몇 년간 대학생 상담을 해 오면서 많은 젊은이들이 인간관계의 문제로 고민하고 있다는 것을 새삼 절감하게 되었다. 인간관계라는 미로 속에서 길을 잃고 방황하는 많은 젊은이들을 만날 수 있었다. 이들에게 친구관계, 선후배관계, 이성관계, 가족관계는 이해하기 어렵고 따라서 헤쳐 나가기 어려운 벅찬 과제였다. 이러한 학생들을 만나면서 인간관계를 이해하고 개선하기 위한 안내서가 필요하다는 생각을 하곤 했다. 그러나 감히 인간관계라는 난해한 주제에 대해 책을 쓸 엄두를 내지 못했다.

　서울대학교에는 '인간관계의 심리학'이라는 교양강좌가 있다. 이 강좌는 선배교수님들이 개설하고 애쓴 결과로 지금은 수강생을 제한해야 할 만큼 많은 호응을 얻고 있는 인기강좌이다. 저자도 몇 년 전부터 이 강좌의 한 반을 맡아 강의를 해 오고 있다. 이 강좌의 내용에 대한 수강생의 기대를 조사한 결과, 인간관계에 대한 이론적인 지식뿐만 아니라 실제의 인간관계에도 도움이 될 수 있는 실천적인 지식을 기대하고 있었다. 그러나 이러한 기대에 부응할 만한 강의교재를 찾기가 어려웠다. 그래서 저자는 강의에서 다루고자 하는 강의내용을 간략히 정리한 강의록을 만들어 학생들에게 나누어 주곤 했다. 몇 년째 강의를 계속하면서 그때마다 조금씩 보완하다보니 한 권의 책 분량이 되었다. 언젠가 책으로 낼 생각이 없지는 않았으나 미흡한 점이 많아 감히 책으로 발간할 생각을 하지 못하고 있었다. 이러던 차에, 마침 강의록을 본 학지사 김진환 사장님의 강력한 권유와 격려에 힘입어 책으로 발간할 용기를 내게 되었다.

이 책은 인간관계에 관심을 가지고 있는 젊은이를 위해 쓰여졌다. 모두 4부로 구성되어 있는 이 책의 제1부에서는 우리의 삶에 있어서 인간관계가 지니는 의미를 살펴보고 아울러 우리가 경험하는 다양한 인간관계와 부적응적 인간관계를 그 유형별로 설명하였다. 제2부는 인간관계에 영향을 미치는 심리적 요인들을 살펴보고 인간관계를 통합적으로 이해할 수 있는 설명모형을 제시하였다. 제3부에서는 주요한 인간관계 영역인 친구관계, 이성관계, 가족관계, 직장에서의 인간관계를 살펴보았으며 제4부에서는 인간관계의 개선방법을 제시하였다. 인간관계를 이해하기 위해서는 매우 다양한 분야의 지식이 필요하다. 이 책에는 임상 및 상담심리학, 성격 및 사회심리학, 발달심리학, 조직 및 산업심리학 등 다양한 심리학 분야의 지식이 소개되고 있다. 그러나 기본적으로 인지행동적 설명모형을 골간으로 하여 인간관계를 설명하려고 노력하였다. 아울러 많은 부분 부적응적 인간관계의 이해와 개선에 초점을 맞추었다.

인간관계라는 삶의 오묘한 영역을 설명하기에는 지식과 경험이 부족함을 통감하면서 부끄러운 책을 내놓게 되었다. 미흡한 부분에 대해서는 독자 여러분의 지적과 질책을 기대하며 계속 보완하는 노력을 게을리하지 않겠다. 다만 이 책이 인간관계의 문제로 어려움을 겪는 젊은이들에게 작은 도움이 될 수 있다면 큰 보람으로 여기겠다. 이 책이 나오기까지 많은 분들의 도움이 있었다. 미흡한 책이지만 한 권의 책을 쓸 수 있도록 가르침을 주신 여러 선생님들께 이 자리를 빌려 깊은 감사를 드린다. 이 책의 골격이 된 강의내용에 대해서 많은 비판과 제안을 해 준 '인간관계의 심리학' 수강생 여러분께도 고마움을 전한다. 아울러 이 책의 산파역을 해 주신 학지사 김진환 사장님과 강찬석 편집부장님께 감사드린다. 항상 변함없는 애정과 지원을 보내 주는 아내와 삶의 기쁨을 누리게 해 준 두 아들, 영준이와 영민이는 이 책을 쓰는 힘겨움을 잊게 해 주었다.

1997년 8월
관악산 기슭 연구실에서
저자 권 석 만

（차）（례）

제1부 현대인의 삶과 인간관계

제3장

부적응적 인간관계 · 65

제2부   인간관계의 심리학적 이해

제4장

대인동기 · 101

제5장

대인신념 · 125

제6장

대인기술 · 147

제7장

대인지각 및 대인사고 · 175

제8장

대인감정 및 대인행동 · 209

제3부   친밀한 인간관계

제9장

친구관계: 우정 · 239

제12장

직업과 인간관계 · 369

제4부   인간관계의 개선

제13장

행복하고 성숙한 인간관계 · 409

제14장

인간관계의 평가와 분석 · 431

제15장

인간관계의 개선방법 · 475

제1부
현대인의 삶과 인간관계

제1장

인간관계의 중요성

(학)(습)(목)(표)

1. 우리의 삶에서 인간관계가 중요한 이유를 이해한다.
2. 외로움을 증대시키는 현대사회의 특성을 제시할 수 있다.
3. 인간이 사회적 존재일 수밖에 없는 이유를 설명할 수 있다.
4. 대학생 시기에 인간관계 문제가 많이 발생하는 이유를 제시할 수 있다.

1. 어린 왕자

지구에 막 도착한 어린 왕자에게 여우가 인사를 건넸다.

"안녕."

"안녕. 넌 누구니? 참 이쁘구나." 어린 왕자가 말했다.

"나는 여우야."

"이리 와서 나하고 놀자. 난 아주 쓸쓸하단다."

"난 너하구 놀 수가 없어. 길이 안 들었으니까."

"난 친구를 찾고 있어. 그런데 길들인다는 게 무슨 말이니?"

"모두들 잊고 있는 건데, 관계를 맺는다는 뜻이란다." 여우가 대답했다.

"관계를 맺는다구?"

"응. 지금 너는 다른 애들 수만 명과 조금도 다름없는 사내애에 지나지 않아. 그리구 나는 네가 필요없구, 너는 내가 아쉽지도 않을 거야. 네가 보기엔 나도 다른 수만 마리 여우와 똑같잖아? 그렇지

만 네가 나를 길들이면 우리는 서로 아쉬워질 거야. 내게는 네가 세상에서 하나밖에 없는 존재가 될 거고, 네게도 내가 이 세상에 하나밖에 없는 여우가 될 거야."

"이젠 좀 알아듣겠어. 나에게 꽃이 하나 있는데, 그 꽃이 나를 길들였나 봐. 보고 싶거든."

"그럴 수도 있지. 지구에는 없는 게 없으니까."

"아니, 지구에 있는 게 아니야."

"그럼, 다른 별에 있어?"

"응."

"그 별에는 사냥꾼이 있니?"

"아니."

"야, 거 괜찮은데! 그럼, 닭은?"

"없어."

"그래, 안전한 곳은 절대로 없다니까." 여우는 한숨을 쉬었다. 그리고 여우는 자기 이야기로 말머리를 돌렸다.

"내 생활은 늘 똑같애. 나는 닭을 잡구, 사람들은 나를 잡는데, 사실 닭들은 모두 비슷비슷하구, 사람들도 모두 비슷비슷해. 그래서 나는 좀 따분하단 말이야. 그렇지만, 네가 나를 길들이면 내 생활은 달라질 거야. 난 보통 발소리하고 다른 발소리를 알게 될 거야. 보통 발자국 소리가 나면 나는 굴 속으로 숨지만, 네 발자국 소리는 음악 소리처럼 나를 굴 밖으로 불러낼 거야. 그리구 저기 밀밭이 보이지? 난 빵을 안 먹으니까 밀은 나한테 소용이 없구, 밀밭을 보아도 내 머리에는 떠오르는 게 없어. 그게 참 안타깝단 말이야. 그런데 너는 금발이잖니. 그러니까 네가 나를 길들여 놓으면 정말 기막힐 거란 말이야. 금빛깔이 도는 밀밭을 보면 네 생각이 날 테니까. 그리구 나는 밀밭을 스치는 바람 소리까지도 좋아질 거야."

여우는 말을 그치고 어린 왕자를 한참 바라보다가 말했다.

"제발, 나를 길들여 줘."

"그래. 그렇지만 나는 시간이 별로 없어. 친구들을 찾아야 하거든." 어린 왕자가 대답했다.

여우는 힘없이 말했다.

"사람들은 이제 무얼 알 시간조차 없어지고 말았어. 사람들은 다 만들어 놓은 물건을 가게에서 산단 말이야. 그렇지만 친구는 파는 데가 없으니까, 사람들은 이제 친구가 없게 되었단다. 친구가 필요하거든 나를 길들여."

"어떻게 해야 되는데?"

"아주 참을성이 많아야 해. 처음에는 내게서 좀 떨어져서 그렇게 풀 위에 앉아 있어. 내가 곁눈으로 너를 볼 테니 너는 아무 말두 하지 마. 말이란 오해의 근원이니까. 그러다가 매일 조금씩 더 가까이 앉는 거야."

이렇게 해서 어린 왕자는 여우를 길들였다. 어린 왕자가 떠날 시간이 가까워지자 여우가 말했다.

"난 아무래도 눈물이 날 것 같애."

"그건 너 때문이야. 나는 너를 괴롭힐 생각이 조금도 없었는데, 네가 길들여 달라구 그랬잖아."

"그래."

"그런데 눈물이 날 것 같다면서?"

"그래."

"그러면 손해만 본 셈이구나."

"아니, 이득이 있어. 저기 밀밭 빛깔 말이야." 여우가 말했다.

"장미꽃밭에 다시 가 봐. 네 장미꽃이 딴 꽃들과는 다르다는 걸 알게 될 거야. 그리구 나한테 작별인사를 하러 오면 선물로 비밀 하나를 가르쳐 줄게."

어린 왕자는 장미꽃들을 다시 만나러 갔다.

"너희는 내 장미꽃하구 전혀 달라. 너희는 아직 아무것도 아니야. 아무도 너희를 길들이지 않았잖아. 내 여우도 전에는 너희와 마찬가지였어. 다른 여우들하고 똑같은 여우였어. 그렇지만 그 여우를 내 친구로 삼으니까 지금은 이 세상에 하나밖에 없는 여우가 되었어."

그러자 장미꽃들은 어쩔 줄을 몰라 했다. 어린 왕자는 또 이런 말도 했다.

"너희는 곱긴 하지만 속이 비었어. 누가 너희를 위해서 죽을 수는 없단 말이야. 물론 보통 사람들은 내 장미도 너희들과 비슷하다구 생각할 거야. 그렇지만 그 꽃 하나만 있으면 너희를 모두 당하구두 남아. 그건 내가 물을 주고 고깔을 씌워 주고 병풍으로 바람도 막아 주었으니까. 내가 벌레를 잡아 준 것도 그 장미꽃이었어. 나비를 보여 주려구 두세 마리는 남겨 두었지만. 그리고 원망이나 자랑이나 모두 들어준 것도 그 꽃이었으니까. 그건 내 장미꽃이니까."

어린 왕자는 여우한테 다시 와서 작별인사를 했다.

"잘 있어."

"잘 가. 이제 내 비밀을 가르쳐 줄게. 아주 간단한 거야. 세상을 잘 보려면 마음으로 보아야 한다는 거지. 제일 중요한 것은 눈에는 보이지 않거든."

"제일 중요한 것은 눈에는 보이지 않는다." 어린 왕자는 그 말을 되뇌었다.

"네가 그 장미꽃에 바친 시간 때문에 그 장미꽃이 그렇게 중요하게 된 거야."

"내 장미꽃에 바친 시간 때문에…."

어린 왕자는 잊어버리지 않으려고 되풀이해서 말했다.

"사람들은 이 진리를 잊어버렸어. 하지만 너는 잊어버리면 안 돼. 네가 길들인 것에 대해서는 영원히 네가 책임을 지게 되는 거야. 너는 네 장미꽃에 대해서 책임이 있어."

"나는 내 장미꽃에 대해서 책임이 있다."

어린 왕자는 머리에 새겨 두기라도 하듯이 다시 한 번 말했다.

〈생텍쥐페리의 『어린 왕자』에서〉

2. 현대인의 외로움

생텍쥐페리의 우화적 소설 『어린 왕자』에 나오는 어린 왕자와 여우는 현대사회를 살아가는 우리의 모습이다. 바쁘게 돌아가는 경쟁사회 속에서 피상적인 인간관계를 맺으며 마음속 깊이 외로움을 안고 살아가는 우리의 모습을 상징적으로 나타내고 있다. 인간은 나약하고 외로운 존재다. 그래서 인간은 다른 사람과 관계를 맺고자 하는 소망을 지닌다. 여우가 말하듯이 '길들이기'를 통해 친밀한 정서적 유대관계를 맺고자 하는 깊은 갈망을 지니고 있다. 그러나 현대사회는 이러한 소망과 갈망을 충족시킬 수 있는 좋은 토양이 아니다. 현대사회에서 깊이 있고 친밀한 인간관계를 형성하는 일은 쉽지 않다. 그래서 많은 현대인은 외로움을 안고 산다.

살아가면서 외로움을 느껴 보지 않은 사람은 없을 것이다. 사노라면 누구나 외롭다고 느낄 때가 있다. "나는 혼자다", "나에게 진정으로 관심과 애정을 기울여 주는 사람은 없다", "나를 이해해 주는 사람은 아무도 없다", "정말 믿고 정을 나눌 수 있는 사람은 찾기 어렵다"는 생각이 밀려들 때가 있다. 이런 생각이 밀려들면 마음이 허전하고 쓸쓸해진다. 사는 것 자체가 공허하고 무의미하게 느껴지기도 한다. 소위 '외로움'을 느끼게 되는 것이다. 더구나 "다들 행복하게 잘 살아가는데 나만 이렇게 외톨이가 되어 괴로워한다"고 생각되면 외로움은 더욱 참기 어려운 고통으로 느껴진다.

외로움(loneliness)은 주관적으로 느끼는 사회적 고립감으로서 개인의 사회적 욕구가 충족되지 않을 때 경험하게 되는 심리적인 고통이다. 외로움은 많은 사람들이 고통 받는 심리적 문제일 뿐만 아니라 현대사회로 진행될수록 점점 더 증가하고 있다. 실제로 미국인의 경우 전체 인구의 20%가 상당한 정도의 외로움을 느낀다고 보고했다(Cacioppo & Partrick, 2008). 또한 미국인의 12%는 자유 시간을 함께 보내거나 중요한 문제를 상의할 수 있는 사람이 한 명도 없다고 응답했다(Christakis & Fowler, 2009). 1985년부터 2004년 사이의 사회조사자료에 따르면, 중요한 문제를 상의할 사람이 아무도 없다고 응답한 사람들의 비율이 30년 사이에 3배나 증가했다(Olds & Schwartz, 2009).

우리나라의 경우에도 '혼족', '혼밥', '혼술'이라는 말이 유행하고 있듯이 혼자서 생활하는 1인 가구의 비율이 급증하고 있다. 통계청(2017a)에 따르면, 2015년에 조사된 전국의 1인 가구 수는 전체 가구의 27%에 해당하는 520만 명을 넘어섰다. 1995년에 12%였던 1인 가구가 20년 사이에 3배 이상 증가하여 2015년에 27%에 도달한 것이다. 외로움은 1인 가구로 살아가는 사람들이 가장 큰 걱정거리라고 응답한 심리적 문제였다(서정주, 김예구, 2017).

많은 현대인이 외로움을 느끼며 살고 있다.

외로움은 현대인이 공통적으로 겪는 마음의 병이다. 실존심리학자인 롤로 메이(May, 1953)는 "현대인들이 산업문명에의 중독으로 거대한 사회구조의 노예가 되어 인간상실과 자아상실의 이중적 고통 속에서 외로움과 공허감을 경험하고 있다"고 진단한 바 있다. 특히 현대인의 심리적인 문제를 가장 가까이에서 다루고 있는 상담 및 심리치료 전문가들은 많은 사람들이 외로움과 소외감으로 고통받고 있음을 절실하게 느끼게 된다. 매년 연말이면 외로워서 자살한 사람들에 대한 기사를 보게 된다. 다른 사람들은 다들 행복하게 살아가는데 나만 홀로 불행한 채로 남겨진 듯한 불행감이 밀려들고 삭막한 광야에 홀로 버려진 듯한 소외감에 휩싸이게 된다. 이러한 상태가 오래 지속되면 때로는 우울증으로 이어지고, 심지어는 자살에까지 이르게 된다.

현대인은 고독해지기 쉽다. 현대사회의 여러 가지 특성이 인간을 고독하게 만든다. 첫째, 현대사회는 조직화되고 거대화되어 가고 있다. 거대한 조직사회 속에서 개인의 역할은 점점 더 왜소해지고 따라서 개인의 존재가치와 존재의미는 점점 미약해져 간다. 개인은 거대한 조직사회 속에 파묻혀 '있어도 그만, 없어도 그만'인 존재가 되어 버린다.

둘째, 현대사회는 효율성과 신속성을 강조하는 경쟁사회다. 이러한 사회 속에서 사는 사람은 늘 바쁘고 여유없이 업무에 쫓기며 산다. 타인에게 관심을 갖고 애정과 정성을 기울일 시간적 여유를 찾기가 어렵다. 뿐만 아니라 주변에서 만나고 부딪히는 사람들은 실질적인 또는 잠재적인 경쟁상대이기 때문에 속마음을 나눌 수가 없다.

셋째, 현대사회는 다원화된 사회다. 다원화된 사회에서는 사람마다 추구하는 가치관, 사회정치적 신념, 생활양식, 기호, 취미 등이 다양해짐에 따라 사람들 간의 공통분모는 감소하고 대립되는 갈등의 요소가 증가한다. 개성은 발달하지만 함께 나눌 수 있는 공통성은 줄어든다. 공통적인 관심을 나눌 사람을 찾기 어려워진다.

넷째, 자본주의가 주도하는 현대사회에서는 필연적으로 물질적 가치가 강조되고 따라서 정신적 가치가 경시된다. 이러한 사회에서 사람들은 재물, 권력, 지위를 중요하게 생각하고 이러한 가치를 획득하기 위해 많은 시간과 재원을 투자하기 마련이다. 따라서 사람과 사람 사이의 친밀한 교제와 따뜻한 애정을 나누는 일은 상대적으로 경시될 뿐만 아니라 사람을 물질적 가치를 얻기 위한 수단으로 보는 경향이 생겨난다. 이런 풍토에서는 진정한 인간관계가 이루어지기 어렵다.

다섯째, 현대사회는 전자통신기술로 인한 연결망이 발전되어 있다. 핸드폰, PC통신, 인터넷 등의 전자통신수단은 사람 간 접촉의 양을 증가시켰지만 접촉의 질은 피상적인 것으로 약화되었다. 재택근무라는 말이 나올 만큼, 직접적이고 대면적인 인간관계는 점점 감소하고 전자통신매체를 통한 사이버공간 속에서의 간접적이고 원격적 인간관계가 증가해 간다. 이러한 피상적 만남으로는 깊이 있고 친밀한 인간관계를 맺고자 하는 인간의 욕구를 충족시키기 어렵다.

외로움은 주관적인 고립감으로서 사회적 접촉의 양보다 질에 의해서 더 많은 영향을 받는다. 그래서 많은 사람과 접촉하면서도 외로움을 느낄 수 있다. 피상적이고 간접적인 만남을 통해서는 개인의 사회적 욕구가 충족될 수 없기 때문이다. 우리는 이처럼 진정한 인간적인 만남의 기회가 점점 줄어들고 있는 사회적 환경에서 살고 있다. 즉, 우리는 외로움으로 고통받기 쉬운 사회에서 살고 있다. 인간관계에 관심을 두고 깊이 있는 인간관계의 형성을 위해 노력하지 않으면 외로움이라는 불행의 함정에 빠지게 된다. 이러한 점에서 현대는 어느 시대보다도 인간관계의 의미를 더 깊이 생각하고 친밀한 인간관계의 형성을 위해 더 많은 노력을 기울여야 하는 시대인 것이다.

자기평가: 나는 외로움을 얼마나 많이 느끼는가?

다음은 여러분이 요즘 자신의 대인관계에 대해서 어떻게 느끼고 있는지를 알아보기 위한 문항들입니다. 문항을 하나씩 잘 읽은 다음, 자신이 얼마나 자주 그와 같이 느끼는지를 적절한 숫자 위에 ○표 하십시오.

	거의 그렇지 않다	가끔 그렇다	종종 그렇다	자주 그렇다
	0	1	2	3

1. 나에겐 친한 친구가 없다고 느껴진다. ⋯⋯⋯⋯⋯ 0 1 2 3
2. 다른 사람을 믿는 것이 두렵다. ⋯⋯⋯⋯⋯⋯⋯ 0 1 2 3
3. 나에겐 이성친구가 없다고 느껴진다. ⋯⋯⋯⋯⋯ 0 1 2 3
4. 내 고민을 얘기하면 가까운 사람들이 부담스럽게 느낀다. ⋯⋯ 0 1 2 3
5. 나는 다른 사람에게 필요하지도 중요하지도 않은 사람이라고 느낀다. ⋯ 0 1 2 3
6. 나는 누구와도 개인적인 생각을 나누기 어렵다고 느낀다. ⋯ 0 1 2 3
7. 나는 다른 사람들로부터 이해받지 못하고 있다고 느낀다. ⋯ 0 1 2 3
8. 나는 다른 사람에게 다가가는 것이 편안하지 않다. ⋯⋯ 0 1 2 3
9. 나는 외로움을 느낀다. ⋯⋯⋯⋯⋯⋯⋯⋯⋯⋯ 0 1 2 3
10. 나는 어떤 친목집단이나 조직에도 소속감을 느낄 수 없다. ⋯ 0 1 2 3
11. 나는 오늘 다른 사람과 교류를 가졌다는 느낌이 들지 않는다. ⋯ 0 1 2 3
12. 나는 다른 사람에게 할 말이 별로 없다고 느낀다. ⋯⋯ 0 1 2 3
13. 나는 다른 사람과 함께 있으면 평소의 내 모습과 달라지는 것 같다. ⋯ 0 1 2 3
14. 나는 다른 사람 앞에서 당황해할까 봐 두려워한다. ⋯⋯ 0 1 2 3
15. 나는 재미있는 사람이 아니라고 생각한다. ⋯⋯⋯⋯ 0 1 2 3

> ▪ **채점 및 해석**
>
> 1번부터 15번 문항까지의 점수를 모두 합하여 총점을 구한다. 총점의 점수대에 따라서 다음과 같은 해석이 가능하다.
>
> ➡ 0~10점인 경우: 외로움을 거의 느끼지 않는 것 같다.
>
> ➡ 11~20점인 경우: 보통 사람들이 느끼는 평균적인 수준의 외로움을 느끼고 있다.
>
> ➡ 21~28점인 경우: 보통 사람들보다 높은 수준의 외로움을 느끼고 있다.
>
> ➡ 29점 이상인 경우: 상당히 심한 외로움을 느끼고 있다.

출처: 권석만(1997).

3. 사회적 존재로서의 인간

인간관계는 삶의 가장 중요한 바탕이다. 아리스토텔레스도 주장했듯이, 인간은 사회적 존재다. 인간의 삶은 인간관계의 바탕 위에서 펼쳐진다. 인간은 진화 과정에서 집단을 이루며 협동적 관계를 통해 의식주를 해결하고 다양한 위협에 대항하며 생존해 왔다. 인간은 대인관계를 추구하는 유전자를 지니고 태어나며 다른 사람과 친밀한 관계를 통해서 사랑과 우정을 나누고자 하는 내면적 욕구를 지닌다.

사회적 존재인 인간에게 고독은 두려운 것이다. 타인으로부터 소외된 고독한 삶은 고통스럽고 불행하게 느껴진다. 고독은 인간이 죽음 다음으로 두려워하는 것이다. 이러한 사실은 인간사회에서 타인을 처벌하는 방식에서도 알 수 있다. 인간에게 가하는 가장 일반적인 형벌은 감금이다. 즉, 교도소에 감금하여 타인과의 관계를 강제적으로 차단하고 고립시키는 것이다. 특히 독방 수감은 가장 참기 어려운 가혹한 형벌로 알려져 있다.

고독, 즉 타인으로부터 차단되고 격리된 상태가 왜 고통스러운 것일까? 고독이 괴로운 이유는 인간이 근본적으로 타인과의 관계 속에서 살아가야 하는 사회적 존재이기 때문이다. 사회적 존재가 비사회적 삶을 살아갈 때 고통이 따르게 되는 것이다.

사람 인(人)자는 형상 그대로 사람과 사람이 서로 의지하며 살아가는 사회적 존재임을 상징적으로 나타낸다. 인간(人間)이라는 글자에는 이러한 의미가 다시 한 번 강조되어 사람은 '사람과 사람 사이'에서 살아가야 하는 사회적 존재라는 의미를 내포한다.

인간이 사회적 존재인 이유는 먼저 인간의 생물학적 조건에서 찾아볼 수 있다. 인간은 가장 무력한 상태로 태어나는 동물이다. 태어나자마자 서고 걷고 뛰는 다른 동물에 비하면 인간의 신생아는 너무도 미숙하다. 혼자서는 도저히 생존할 수 없는 미숙한 상태로 태어난다. 뿐만 아니라 인간은 독립적 생활을 하기까지 가장 오랜 양육 기간을 필요로 하는 존재다. 신생아가 일어서서 걷기까지 적어도 1년 이상의 시간이 필요하며 스스로 자신의 몸을 자유롭게 움직이기까지는 2~3년이라는 시간이 필요하다. 이렇게 미숙한 상태에서 태어나는 인간은 출생 시부터 장기간 부모의 보호 아래 양육되어야 하는 존재다. 즉, 인간은 태어날 때부터 타인의 보호와 도움을 필요로 하는 의존적인 존재다.

인간은 사회적 존재로서 인간관계를 추구한다.

신생아가 선천적으로 행하는 행동패턴 중에는 부모의 관심을 끌고 보호와 애정을 얻으려는 목적과 관련된 것이 많다. 발달심리학자에 따르면, 신생아는 여러 가지 반사행동을 나타낸다. 이러한 반사행동 중에는 손에 무언가가 닿으면 강하게 붙잡는 **잡기반사**(grasping reflex)가 있는데, 이는 양육자를 붙잡아 매달리고 떨어지지 않으려는 생존가치를 지닌 본능적 행동으로 이해된다. 또한 태어난 지 얼마 되지 않은 신생아들이 사람을 보고 웃음을 짓는 배냇 웃음은 상대방을 알아보고 웃는 웃음이 아니라 부모나 양육자의 보호본능을 자극하는 본능적 행동으로 이해되고 있다.

부모 역시 자신의 자녀에 대해 무조건적인 보호본능을 지닌다. 모든 부모에게는 자신의 자녀가 가장 귀엽고 사랑스럽게 느껴진다. 어린 자녀의 행동은 부모에게 더없이 사랑스런 재롱으로 느껴진다. 따라서 자녀에 대한 애정이 더욱 강화되고 보호와 양육을 위한 행동이 촉진된다. 부모에게 있어서 어린 자녀의 고통을 지켜보는 것만큼 괴로운 것은 없다. 위험에 빠진 자녀를 구하기 위해 한순간의 망설임도 없이 자신의 몸을 내던지게 만드는 모성애는 부모의 무조건적 보호본능을 잘 보여 주는 예다. 이렇듯 인간은 출생 시부터 부모와의 밀착된 관계를 통해 장기간 보호를 받아야 하는 생물학적 조건을 가지고 태어난다.

또한 개체로서의 인간은 생물학적으로 매우 나약한 존재다. 생존에 필요한 영양분을 습득하고 위험으로부터 자신을 보호하기 위한 강력한 신체적 능력이 부족하다. 날카로운 이와 발톱도 없고 신속하게 오래 달릴 수 있는 체력을 가지고 있지도 않다. 이처럼 불리한 신체적 조건을 가지고 약육강식의 환경에서 생존할 수 있는 유일한 방법은 서로 힘을 합치는 협동적인 생활방식을 택하는 것이다. 따라서 인간은 함께 모여 사는 군집생활을 해야만 했을 것이다. 뿔뿔이 흩어져 산 인간은 진화의 과정 속에서 도태될 수밖에 없었던 것이다. 인간은 집단생활을 통해 개체의 경험을 공유하고 누적시키는 과정에서 문명을 형성하고 발전시켜 나갈 수 있었던 것이다. 이렇듯 신체적 나약함이라는 인간의 생물학적 조건은 인간을 타인과의 관계 속에서 살아가야 하는 사회적 존재로 만들어 왔다.

  뿐만 아니라 인간은 어린 시절의 성장 과정에서 사회적 존재로 학습되고 교육된다. 인간은 집단을 이루어 공동체, 즉 사회를 구성하여 살아간다. 인간 공동체에는 가족, 친족, 종친회와 같은 혈연공동체, 지역사회나 동향회와 같은 지연공동체, 학교나 동문회와 같은 학연공동체, 회사나 정치적 집단과 같은 이익공동체 그리고 민족이나 국가와 같은 민족공동체 등의 다양한 공동체가 있다. 이러한 공동체는 다른 공동체와 때로는 협동하며, 때로는 경쟁하고 투쟁하며 존속해 간다. 모든 공동체는 지속적인 발전을 추구한다. 즉, 모든 공동체는 응집력 있는 강력한 공동체로 발전해 나가기 위해 구성원 개개인에게 공동체에 대한 소속감과 상호의존적인 협동적 관계를 강조하고 교육해 나간다. 인간사회에서 응집력을 형성하지 못하고 협동적 관계를 이루지 못하는 공동체는 유지되고 발전할 수 없기 때문이다. 인간은 누구나 태어나면서부터 여러 가지 공동체에 소속되고 그 공동체의 양육방식과 교육체계를 통해 타인과의 상호의존적 관계를 중요한 가치관으로 습득하게 된다. 이러한 후천적 학습을 통해 인간은 삶에 있어서 타인의 존재가 반드시 필요하며 타인과의 친밀한 관계가 중요함을 의식적 또는 무의식적으로 내면화한다. 따라서 인간은 고립과 소외를 두려워하고 집단으로부터의 배척과 축출을 무서워하게 된다. 뿐만 아니라 집단에 대한 안정된 소속감과 타인의 애정을 추구하는 사회적 존재가 된다.

  우리가 살아가는 현대사회의 구조적 여건 역시 인간을 더욱 사회적인 존재로 만들고 있다. 자급자족이 가능했던 과거와는 달리, 현대사회는 분업화를 통해 타인의 도움 없이는 효율적으로 살아갈 수 없는 사회다. 생존의 가장 기본적 조건인 의식주의 해결을 위해서도 다른 사람의 노력에 의존할 수밖에 없다. 또한 모든 기능이 전문화된 현대사회에서 직업인으로 살아가기 위해서는 타인으로부터 전문지식과 기술을 오랜 기간 배우지 않으면 안 된다. 분업화와 전문화가 이루어진 현대사회에서는 각자가 창출한 가치를 서로 교환하며 살아가야 한다. 교환은 타인과의 밀접한 관계를 의미하는 것이다. 현대사회에 있어서 교환의 영역은 점점 더 확대되고 다양해지고 있으며 교환의 방식 역시 점점 더 복잡해지고 있다. 현대인이 하루에 만나는 사람의 수는 과거 어느 시대보다도 많다. 또한 현대인이 한평생 인간관계를 맺어야 하는 사람의 수나 유형은 과거 어느 시대보다도 많고 다양하다. 이렇듯 현대사회의 구조적 특성은 현대인으로 하여금 많은 사람과 복잡한 인간관계를 맺으며 살아갈 수밖에 없는 사회적 존재로 만들고 있다.

이상에서 살펴보았듯이, 인간은 원하든 원치 않든 사회적 존재로 살아가야 한다. 인간의 생물학적 조건이 필연적으로 인간을 사회적 존재로 만들어 왔고, 공동체의 양육방식과 교육체계가 인간의 사회성을 강화시키고 있다. 뿐만 아니라 현대사회의 구조적 특성이 인간을 사회적 존재로 몰아가고 있다. 사회적 존재로서 현대사회를 살아가야 하는 우리 현대인에게 있어서 타인과의 관계, 즉 인간관계는 중요한 삶의 과제인 것이다.

 휴대전화가 인간관계에 미치는 영향

우리가 살고 있는 21세기에는 인터넷이나 휴대전화와 같은 새로운 커뮤니케이션 테크놀로지의 발전과 확산으로 인해서 인간관계에도 커다란 변화가 나타나고 있다. 인류가 생긴 이래 지난 세기까지 인간관계는 대부분 서로 얼굴을 맞대거나 신체적 접촉을 하면서 대화를 나누는 면대면 방식의 의사소통으로 이루어졌다. 그러나 현재 급속히 확산되고 있는 휴대전화와 다양한 소셜 네트워크 서비스(SNS)는 언제 어디에서든 많은 사람들과 쉽게 접촉할 수 있는 의사소통 수단으로서 현대인의 삶과 인간관계를 변화시키고 있다.

특히 휴대전화는 우리의 인간관계에 커다란 영향을 미치고 있다. 우리나라는 이미 2008년에 휴대전화 가입자 수가 4,500만 명에 달하여 전체 인구 대비 보급률이 95%였다. 현재는 사실상 거의 모든 한국인이 휴대전화를 사용하고 있다. 휴대전화는 인간관계를 형성하고 그 관계를 유지하는 방식에 강력한 영향을 미치고 있다. 휴대전화는 과연 우리의 인간관계에 어떤 영향을 미치고 있을까?

휴대전화는 인간관계에 다양한 긍정적 영향을 미치는 것으로 알려져 있다. 첫째, 휴대전화는 인간관계의 폭과 깊이를 확장하고 심화시키는 데 커다란 도움이 된다(배진한, 2009; Ling, 2008). 휴대전화는 언제든 어디서든 손쉽게 다른 사람과 소통할 수 있게 해 주기 때문에 알고 지내는 사람들과의 인간관계를 더욱 공고하게 해 준다. 둘째, 휴대전화는 문자메시지나 카카오톡과 같은 메신저 프로그램을 통해서 다수의 사람들과 손쉽게 소통할 수 있게 함으로써 집단적 결속과 유대를 강화하는 데 유용하다. 셋째, 휴대전화는 정보탐색 기능을 통해 대화의 다양한 소재를 제공함으로써 인간관계를 좀 더 원활하게 만들어 준다. 넷째, 휴대전화는 사진 기능을 통해서 인간관계의 즐거운 경험을 저장하고 교환하며 회상하는 데에 도움을 준다. 다섯째, 휴대전화는 자투리 시간에 멀리 떨어져 있는 친구와 대화를 나눌 수 있게 해 준다. 이밖에도 휴대전화는 사람들과의 접촉과 연결을 용이하게 해 줌으로써 인간관계에 커다란 도움을 줄 수 있다.

현대인의 필수품인 휴대전화는 인간관계에 다양한 영향을 미친다.

그러나 여러 학자들(예: Ling, 2008; Turkle, 2010)은 휴대전화가 인간관계에 다양한 부정적 영향도 미치고 있음을 지적한다. 첫째, 휴대전화는 다른 사람과 손쉽게 의사소통을 할 수 있게 해 주기 때문에 면대면 대인관계를 축소시킬 수 있다. 인간관계를 심화하는 최선의 방법은 면대면 만남이다. 상대방과 직접 만나 얼굴을 맞대고 표정과 몸짓을 주고받을 수 있으며 다양한 신체적 접촉과 활동을 통해서 친밀감과 유대감을 형성할 수 있기 때문이다. 그러나 휴대전화는 다른 사람들과의 소통에는 도움을 주지만 인간관계를 피상적으로 만들 수 있다. 현대인들이 휴대전화와 SNS를 통해서 많은 사람들과 빈번하게 접촉하며 소통하지만 마음 깊은 곳에서 외로움을 느끼는 이유가 여기에 있다.

둘째, 휴대전화 사용은 면대면 상호작용에 장애가 될 수 있다. 예기치 않게 걸려 오는 전화는 면대면 대화를 중단시키고 상대방에 대한 집중을 방해한다. 휴대전화 사용이 지나치게 빈번하거나 길어지면 면대면 대화를 손상시키는 파괴적인 요인이 될 수 있다. 더구나 상대방이 휴대전화 통화 내용을 들을 수 있는 거리 안에 있을 경우에는 그 내용에 따라 면대면 대화에 심각한 영향을 미칠 수 있다. 상대방에게 집중해야 하는 중요한 만남에서는 휴대전화 사용을 자제할 필요가 있다.

셋째, 너무 잦은 휴대전화 사용은 개인의 사적 영역을 침범하거나 방해함으로써 인간관계를 저해하거나 갈등을 유발할 수 있다. 특히 휴대전화는 연인들에게 있어서 먼저 전화를 거는 빈도의 불균형이나 불쾌감정을 과도하게 표현하는 수단이 되어 갈등을 증폭할 수 있다.

넷째, 공적인 상황(수업, 세미나, 발표회, 영화관, 버스 안)에서 휴대전화를 사용하는 것은 다른 사람을 짜증나게 만든다. 특히 공적인 상황에서 휴대전화 사용 예절을 지키지 않으면 불필요한 갈등을 초래할 수 있다.

이밖에도 휴대전화와 SNS는 다른 사람을 음해하거나 거짓 정보를 퍼뜨리는 수단이 될 수 있을 뿐만 아니라 직접적인 대인관계를 회피하게 하는 수단이 되어 은둔형 외톨이와 같은 부적응적인 삶의 양식을 유발할 수 있다. 때로는 휴대전화나 SNS를 통해 개인의 행복한 장면만을 과도하게 유포함으로써 다른 사람들에게 상대적 불행감을 조장하기도 한다.

모든 문명의 도구들은 양날을 지니고 있다. 휴대전화를 비롯한 다양한 소셜 미디어는 다른 사람과의 연결과 소통을 촉진하지만 인간관계를 피상적인 것으로 만들 수 있다. 가족이나 친구들이 함께 식사를 하면서도 대화 없이 각자의 휴대전화만을 바라보는 장면을 자주 목격하게 된다. 많은 사람과 소통하는 것도 중요하지만 행복한 삶을 위해서는 가까운 사람들과 친밀하고 신뢰로운 관계를 맺는 것이 더 중요하다. 휴대전화나 SNS와 같은 현대의 소통 수단이 우리의 삶에 미치는 역기능을 최소화하고 순기능이 최대화될 수 있도록 하기 위한 노력과 지혜가 필요하다.

4. 인간관계라는 삶의 과제

인간은 태어나면서부터 인간관계 속에 던져진다. 그리고 인간의 삶은 인간관계 속에서 펼쳐진다. 삶에서 우리가 해결해야 할 주요한 과제는 함께 살아가야 할 여러 영역의 사람들과 불필요한 갈등 없이 친밀하고 협동적인 인간관계를 형성함으로써 우리의 삶을 풍요롭고 행복하게 만들어 나가는 일이다. 즉, 삶의 문제는 인간관계의 문제로 귀착될 수 있다.

그러나 인간관계, 즉 '사람과 사람 사이'는 미궁과 같이 매우 복잡하고 오묘하다. 많은 사람들이 이러한 미궁 속에서 헤매며 인간관계 문제로 고민하고 괴로워한다. 인간관계는 고통과 불행의 가장 중요한 원천이다. 많은 사람들을 대상으로 시행된 연구(Veroff, Douvan, & Kulka, 1981)에서 '최근에 일어난 가장 괴로운 일'이 무엇이냐고 물었을 때 응답자의 50% 이상이 인간관계, 특히 중요한 사람과의 갈등이나 이별을 들었다. 사람들이 상담이나 심리치료를 받게 되는 가장 흔한 문제 역시 인간관계 문제다(Pinsker et al., 1985). 인간이 경험하는 대부분의 심리적 갈등과 고통은 인간관계 문제에서 파생되는 것이기 때문이다. 사람과 사람 사이에는 필연적으로 갈등과 다툼이 존재하고 따라서 미움과 분노가 생겨난다. 인간관계에서 사랑과 애정의 욕구는 흔히 좌절되기 마련이므로 우울, 불안, 절망을 경험하게 된다. 다른 사람들로부터 버림받고 따돌림 당하는 것처럼 괴로운 일은 없다. 그래서 우리는 고독과 소외를 두려워한다. 이러한 미움과 증오, 우울과 불안, 고독과 소외, 배신과 거부, 시기와 질투 등 수없이 많은 심리적 함정이 인간관계 속에 숨어 있다.

인간관계는 행복과 불행의 가장 중요한 원천이다.

　인간관계는 불행의 주된 원천인 동시에 행복의 가장 주요한 원천이기도 하다. "우리의 인생에서 가장 큰 행복은 누군가를 사랑하고 누군가로부터 사랑받고 있다는 확신에서 나온다"고 주장한 프랑스의 대문호 빅토르 위고의 말처럼, 인간은 사랑과 우정을 주고받는 인간관계에서 가장 큰 행복을 경험한다. 여러 국가에서 시행된 방대한 조사자료를 종합하여 분석한 디너(Diener, 2001)의 연구에서도 개인의 행복을 가장 일관성 있게 잘 예측하는 요인은 인간관계로 나타났다. 2,000명 이상의 미국인을 대상으로 조사한 연구(Campbell, Converse, & Rodgers, 1976)에 따르면, 인생의 주요한 영역 중에서 전반적인 삶의 만족도를 가장 잘 예측하는 것은 결혼 및 가정생활이었다. 또한 인생에서 가장 소중한 것이 무엇이냐고 물었을 때 가장 많이 나온 대답은 친밀한 인간관계였다(Emmons, 1999). 사랑에 관한 대표적인 연구자인 라이스와 게이블(Reis & Gable, 2003)은 삶의 만족과 행복에 기여하는 가장 중요하면서도 단일한 원천은 다른 사람과의 긍정적인 관계라고 결론내렸다.

　이처럼 인간관계는 개인에게 있어서 행복과 불행의 주요한 근원이다. 나아가서 인간관계의 문제는 사회적 차원에서도 평화롭고 안정된 사회의 유지를 위해 매우 중요한 문제다. 사회의 구성원은 누구나 자신의 욕망을 충족하고 이익을 추구하고자 한다. 이러한 사람들이 모여 사는 인간사회에서는 필연적으로 갈등과 대립이 발생할 수 있기 때문에, 이를 조정하고 해결하기 위한 여러 가지 사회적 장치들이 고안되고 적용되어 왔다. 동서고금을 막론하고 모든 종교, 철학, 도덕, 사회적 사상, 정치경제적 이론은 인간의 행복한 삶과 평화로운 사회를 만들기 위해서 인간관계의 문제를 다룬다. 사회구성원의 대립과 갈등을 최소화하며 구성원 모두의 행복과 만족을 최대화할 수 있는 사회를 구현하는 것은 모든 사회의 궁극적 목표다. 그래서 과거의 여러 성현과 사회적 사상가들이 인간의 심리적 속성을 밝히고 인간이 조화롭게 살아갈 수 있는 개인적 또는 집단적 삶의 방식을 제시하고자 한 것이다.

　사회는 그 구성원인 개인들 간의 관계로 구성된다. 사회의 안정과 발전을 위해서는 성숙하고 효율적인 인간관계가 바탕이 되어야 한다. 그래서 성숙한 삶과 건전한 사회의 구현에 관심을 두는 종교, 철학, 도덕체계에서는 올바른 인간관계를 강조하고 있다. 예컨대, 기독교에서는 '사랑'을 강조하고 불교에서는 '자비(慈悲)'를 귀중하게 여기며 유교에서는 인간관계의 기본적 규범인 '예(禮)'를 중요한 덕목으로 삼고 있다. 이러한 사랑, 자비, 자유, 평등, 정의 등의 가치는 평화롭고 복된 사회를 구현하기 위해 필요한 인간관계의 덕목으로서 강조되어 온 것이다. 이처럼 인간관계의 문제는 개인의 삶뿐만 아니라 사회의 질서와 안정에 있어서도 매우 중요한 문제다.

　인간은 누구나 자기중심적이고 이기적인 속성을 가지고 있다. 이런 속성을 지닌 인간 간의 관계에서는 갈등과 투쟁이 필연적일 수밖에 없다. 이러한 갈등과 투쟁은 한편으로 인간문명의 발전에 기여한 것이 사실이지만, 많은 경우 불필요하고 소모적인 다툼에 휩싸이게 하고 때로는 파괴적인 결과를 초래한 것도 사실이다. 이러한 소모적이고 파괴적일 수 있는 불행한 인간관계를 극복하기 위해서는 우리의 내면에 도사리고 있는 이기적 욕망과 자기중심적 속성을 깊이 자각하는 것이 필요하다. 아울러 이러한 이기적 욕망과 자기중심적 속성을 잘 다스려 조절된 형태로 표출하는 것이 중요하다. 즉, 성숙한 인간관계를 위해서는 자기이해와 자기조절이 중요하다.

　인간관계는 사람 간의 상호작용이므로, 성숙한 인간관계를 위해서는 그 대상이 되는 주요한 타인, 나아가서 인간 일반에 대한 깊은 이해가 필요하다. 타인은 어떤 욕구를 지니고 있으며, 어떤 생각을 하고, 어떻게 반응하며, 나의 말과 행동이 그에게 어떤 영향을 미치고 변화를 끌어내는지에 대한 이해가 깊을수록 인간관계는 더 효율적이고 원활하게 된다.

　또한 인간관계에서는 인간 개개인의 특성 그 이상의 독특한 현상이 일어난다. 각자 개성을 지닌 사람들이 만나 상호작용하며 이루어지는 인간관계는 여러 가지 법칙이 작용하는 복잡한 과정으로 구성되어 있다. 이러한 인간관계의 속성과 과정에 대한 이해 역시 매우 중요하다.

　'나'와 '너' 그리고 '우리 사이'에 대한 깊은 이해가 성숙한 인간관계의 필수조건이다. 이해는 실천을 위한 밑거름이다. 인간관계에 대한 이해가 깊어지고 인간관계의 개선을 위한 실천적 노력이 이루어질 때, 우리의 인간관계는 바람직한 방향으로 변화할 것이다. 친밀하고 깊이 있는 인간관계는 저절로 이루어지는 것이 아니다. 인간관계에 대한 깊은 관심과 더불어 실제적인 노력과 훈련을 통해서 이루어지는 소중한 열매인 것이다.

> **탐구문제**
>
> - 나는 대학생활(또는 직장생활)에 잘 적응하고 있는가? 나는 대학(또는 직장)에서 인간관계를 원만하게 잘 하고 있는가? 만약 현재의 인간관계에 만족하지 않는다면, 어떤 불만족 또는 어려움을 겪고 있는가?
> - 수업을 같이 듣고 캠퍼스 생활을 함께 할 수 있는 친구들은 충분한가? 점심식사나 저녁모임을 같이 할 수 있는 친밀한 친구들이 있는가? 나의 개인적인 고민을 털어놓고 도움을 청할 수 있는 '절친'이 있는가?
> - 가정에서 부모님과의 관계는 원만한가? 그렇지 못하다면, 아버지 또는 어머니와 어떤 갈등이 있는가? 이러한 갈등을 해결해 나가기 위한 구체적인 방법을 지니고 있는가?

5. 대학생과 인간관계

개인의 삶은 평생을 통해서 어떤 사람들을 만나 어떤 인간관계를 맺었느냐에 의해 결정된다. 인간관계의 대상과 내용은 인생의 단계에 따라서 달라진다. 아동기에서 노년기에 이르기까지 모든 단계에서의 인간관계는 그 나름대로 중요한 의미를 지닌다. 그러나 인생에서 대학생 시기는 인간관계의 측면에 있어서 특히 중요한 시기라고 할 수 있다(권석만, 2010).

첫째, 청년기 전기에 속하는 대학생 시기는 인간관계가 가장 활발한 시기다. 한국사회에서는 대학입시라는 커다란 부담에서 해방되어 자유로움을 만끽하는 대학생 시기가 그동안 억눌렸던 인간관계의 욕구를 발산하며 다양한 대인관계를 형성하는 시기가 된다. 대학에 진학하면 전공학과의 동료나 선후배를 비롯하여 여러 동아리, 동문회, 학술모임 등과 같이 다양한 인간관계의 장이 열려 있다. 뿐만 아니라 본격적인 이성교제가 이루어지는 시기도 대학생 시기다. 또한 이 시기에 만나 깊은 우정과 애정을 쌓은 사람들은 평생을 두고 오랜 기간 의미 있는 인간관계의 대상이 되는 경우가 많다. 이런 점에서 대학생 시기는 가장 활발하고 의미 있는 인간관계가 이루어지는 시기다.

둘째, 대학생 시기는 가장 많은 인간관계 갈등을 경험하는 시기다. 인간관계가 활발한 만큼 갈등이 뒤따를 소지가 많다. 뿐만 아니라 중·고등학교에서 경험한 인간관계와는 질적으로 다른 인간관계가 펼쳐지기 때문에 적응하는 데에 어려움이 따르게 된다. 대학의 학생상담소를 찾아 도움을 요청하는 학생들의 가장 주된 문제는 인간관계의 문제다. 대학생이 경험하는 인간관계의 문제는 매우 다양하지만 주된 문제를 간략히 소개하면 다음과 같다. 교우관계의 경우는 고립감과 교우관계 형성의 어려움, 교우관계에서의 갈등과 대립, 교우관계에서 느끼는 정서적 문제(분노, 배신감, 우울, 열등감, 불안감 등), 너무 피상적인 교우관계 등이 있다. 이성관계의 경우는 이성관계의 부재, 이성으로부터의 반복적 거부, 진행 중인 이성관계의 갈등, 실연으로 인한 심리적 고통, 이성관계에 대한 부모의 반대, 성적인 문제 등이 있다. 가족관계의 경우는 부모의 과도한 간섭과 통제, 부모와의 갈등과 대립, 부모 간의 갈등과 불화, 형제자매 간의 갈등 등이 있다. 이처럼 대학생 시기는 여러 가지 인간관계 문제를 예민하게 경험하고 이를 해결하기 위한 적극적인 노력을 통해 인간관계 문제의 이해와 해결 능력을 터득해 가는 시기라고 할 수 있다.

셋째, 대학생 시기는 부모에 대한 의존상태에서 벗어나 독립적인 성인으로 성장하는 시기다. 그러나 부모는 대학생이 된 자녀를 여전히 '어린아이'로 간주하고 간섭하며 통제하려는 행동을 나타내는 경우가 많다. 반면, 대학생이 된 자녀는 이러한 부모의 간섭에 대해서 저항하고 벗어나려는 노력을 하게 된다. 예컨대, 옷차림새, 생활방식, 직업선택, 이성교제 등에 있어서 부모와 자녀 간에 견해 차이가 발생하게 되고 갈등이 증폭될 수 있다. 한편, 부모의 간섭과 통제를 수용하며 의존적인 삶의 방식에 안주하는 것도 이 시기의 대학생에게는 문제가 될 수 있다. 즉, 대학생 시기는 부모와 자녀 간의 갈등이 증폭되는 시기가 될 수 있으므로 이를 지혜롭게 잘 해결하며 부모에 대한 의존에서 서서히 벗어나 독립적인 성인으로 성장하려는 노력이 중요하다.

넷째, 대학생 시기는 미래의 인생을 설계하고 준비하는 시기다. "무엇을 위해 어떻게 살 것인가?"라는 삶의 근본적 문제에 대해서 본격적인 탐색과 고민이 시작된다. 따라서 대학생 시기에는 다양한 삶의 가치와 방법에 대해서 탐색하고 나름대로 자신의 인생을 구체적으로 설계하게 된다. 아울러 이러한 인생의 실현을 위해 본격적으로 준비하는 시기다. "한 인간의 삶은 그가 20대에 무엇을 했는가에 의해 결정된다"는 말이 있듯이, 대학생 시기는 인생을 설계하고 준비하는 중요한 시기다. 인생의 설계에서 중요하게 고려해야 할 점은 졸업 후의 진로선택, 즉 직업의 선택뿐만 아니라 인간관계에 대한 설계다. 행복한 삶에 있어서 만족스러운 직업적 활동과 더불어 긍정적인 인간관계는 필수적이다. 직업적 성공에는 오랜 준비와 노력이 필요하듯이, 인간관계에서도 마찬가지다. 인생을 설계하는 대학생 시기에 인간관계에 대해서 깊은 관심을 지니고 이에 관한 지식과 이해를 습득하는 동시에 다양하고 원만한 인간관계를 형성해 가는 것이 매우 중요하다.

인간관계는 개인의 행복과 불행을 결정하는 삶의 중요한 영역이다. 그러나 인간관계에 대해서 아무도 체계적으로 가르쳐 주지 않는다. 각자 일상생활 속에서 체험을 통해 터득해야 한다. 또 인간관계는 너무나 복잡하고 미묘하여 체계적으로 이해하고 효율적으로 실행하기 어려운 것도 사실이다. 그러나 심리학에는 인간 및 인간관계를 이해하기 위한 많은 지식과 인간관계를 향상시키기 위한 많은 경험이 축적되어 있다. 이러한 지식과 경험을 함께 나누는 것이 이 책의 목적이다.

 대학생의 5가지 유형

대학생 시기는 인생에서 중요한 가치를 탐색하고 실험하며 추구하는 시기라고 할 수 있다. 대학생들이 대학생활에서 추구하는 가치는 매우 다양하다. 대학생활의 모습은 대학생들이 추구하는 목표와 가치에 따라 크게 달라지며 5가지 유형으로 구분될 수 있다.

첫째 유형은 **인생파**다. 이런 유형에 속하는 학생들은 삶의 궁극적 의미에 대한 고민이 많다. 삶과 죽음의 문제에 깊은 관심을 갖고 있으며 "무엇을 위해 어떻게 살 것인가?"라는 물음에 대한 나름대로의 답을 얻기 위한 탐색과 노력을 하게 된다. 이들은 전공공부보다는 종교, 철학, 심리학 등에 대한 공부나 활동에 관심이 많으며 심리적 고민과 방황을 많이 하는 경향이 있다.

둘째 유형은 **학구파**다. 이들은 전공학과의 학문세계에 깊은 관심을 지니며 전공공부를 열심히 하는 학생들이다. 학구파에 속하는 학생들은 전공과 관련된 직업분야로 진출하거나 대학원에 진학하여 학자적 삶을 살아가고자 하는 경우가 많다. 이들은 전공학과를 중심으로 대학생활을 하며 전공과목의 학점이 좋은 편이다.

셋째 유형은 **출세파**다. 이들은 사회적으로 인정받는 고수익의 안정된 직업을 빠른 시일 내에 확보하려는 학생들이다. 각종 고시나 자격시험 등을 준비하는 데에 몰두하기 때문에 전공공부를 소홀히 하는 경향이 있다. 자칫 시험공부에 지나치게 집착하게 되면 인간관계가 고립되거나 시험결과가 뜻대로 나타나지 않을 경우 심리적 충격과 혼란을 경험할 수 있다.

넷째 유형은 **낭만파**다. 이들은 젊음의 시기에 누려야 할 삶의 즐거움과 낭만을 만끽하려는 학생들이다. 활발한 이성교제를 비롯하여 취미활동이나 문화활동에 깊은 관심을 지니고 많은 시간을 할애한다. 자칫 주된 관심이 무분별한 이성교제나 무절제한 유희적 활동에 편중되게 되면 대학생활이 소홀해지거나 예상하지 못한 무거운 책임이 뒤따를 수도 있다.

다섯째 유형으로 **정의파**가 있다. 이들은 우리 사회의 부조리, 불의, 불평등 등에 대해 깊은 사회적 관심을 지니고 있다. 정의파에 속하는 학생들은 사회참여적 성향을 지닌 학생단체, 시민단체, 사회단체에 깊이 관여하며 사회적 활동이나 시위 등에 적극적으로 참여하는 경향이 있다.

　이상은 대학생활의 주요한 활동내용에 따라 대학생의 유형을 나누어 본 것이다. 대부분의 학생들은 2가지 이상의 유형에 속하는 특성을 공유하는 경우가 많으며, 학년에 따라 유형이 변화하기도 한다. 어떤 경우이든 이러한 유형은 인생에서 중요한 5가지의 가치, 즉 삶의 의미 탐색, 전문적 지식의 습득, 직업적 안정의 확보, 인생의 낭만 향유, 사회적 관심과 책임의식이라는 가치를 탐색하는 대학생들의 다양한 삶의 모습을 보여 준다.

요약

1. 인간은 사회적 존재로서 다른 사람과의 친밀한 관계를 통해 애정과 유대감을 경험하려는 깊은 내면적 욕구를 지닌다. 그러나 현대사회는 조직의 거대화, 효율성과 경쟁의 강조, 다원화에 따른 공감대의 축소, 물질적 가치의 중시, 사이버공간에서의 활동 증가로 인해서 친밀하고 깊이 있는 인간관계가 저해되고 있다. 그 결과, 많은 현대인들은 피상적인 관계에서 외로움을 경험하며 살아간다.

2. 인간은 진화과정에서 협동적인 집단활동을 통해 의식주를 해결하고 다양한 위험에 대항하며 생존해 왔다. 또한 인간은 무력한 존재로 태어나기 때문에 타인의 보호와 도움을 필요로 할 뿐만 아니라 성장 과정에서 사회적 존재로 학습되고 교육된다. 이처럼 사회적인 존재로서 현대사회를 살아가야 하는 우리 현대인에게 있어서 타인과의 관계, 즉 인간관계는 매우 중요한 삶의 과제라고 할 수 있다.

3. 인간관계는 행복의 가장 주요한 원천이다. 실증적인 연구 결과, 개인의 행복을 가장 잘 예측하는 요인은 긍정적인 인간관계로 나타났다. 그러나 인간관계는 불행의 주된 원천이기도 하다. 많은 사람들이 가장 고통스럽게 느끼는 것은 인간관계의 갈등으로서 상담이나 심리치료를 받게 만드는 가장 흔한 문제다. 인간사회에서는 필연적으로 갈등과 대립이 발생하기 때문에 동서고금을 막론하고 모든 종교, 철학, 도덕, 사회적 사상, 정치경제적 이론은 인간의 행복한 삶과 평화로운 사회를 만들기 위해서 인간관계의 문제를 다룬다. 이처럼 인간관계는 개인의 행복뿐만 아니라 사회의 질서와 안정을 위해서도 매우 중요한 삶의 과제다.

4. 특히 청년기 전기, 즉 대학생 시기는 인간관계의 측면에 있어서 매우 중요한 시기다. 대학생 시기는 인간관계가 급격하게 확대되는 시기로서 다양한 인간관계에서 많은 갈등을 경험할 수 있기 때문이다. 또한 대학생 시기는 부모에 대한 의존상태에서 벗어나 독립적인 성인으로 성장하는 중요한 시기이기도 하다. 아울러 미래의 인생을 설계하는 대학생 시기에는 다양한 사람들과 긍정적인 인간관계를 맺을 수 있는 역량을 키우는 것이 매우 중요하다.

제2장

다양한 인간관계

1. 인간관계에 대한 주요한 분류방식을 제시할 수 있다.
2. 인생의 발달단계에 따른 인간관계의 변화를 이해한다.
3. 우리의 삶에 있어서 '의미 있는 타인'이 어떤 존재인지를 이해한다.
4. 행복한 삶을 위해 필수적인 4가지 동반자를 설명할 수 있다.

　　우리는 한평생을 살아가면서 수많은 사람들을 만나 그들과 인간관계를 맺게 된다. 우리의 인생은 어떤 시기에 어떤 사람을 만나서 어떤 인간관계를 맺었느냐에 의해 결정된다고 해도 과언이 아니다. 이 장에서는 우리가 맺게 될 다양한 인간관계를 몇 가지 기준에 따라 분류하고, 인생의 발달단계에 따라 변화해 가는 인간관계의 양상을 살펴볼 것이다. 그리고 우리의 삶에 중요한 영향을 미치는 의미 있는 타인과 인생의 동반자에 대해서 살펴본다.

1. 인간관계의 분류

　　인간은 누구나 평생에 걸쳐 다양한 인간관계를 경험하게 된다. 인생의 각 시기마다 새로운 인간관계 속으로 들어가게 되고 그때마다 새로운 위치에서 새로운 역할을 담당하게 된다. 우리의 인생은 여러 가지 인연으로 다양한 사람들을 만나 인간관계를 맺고 그 관계 속에서 희로애락을 경험하며 펼쳐진다. 우리가 경험하게 되는 다양한 인간관계는 그 특성에 따라 여러 가지 유형으로 나누어 볼 수 있다.

1) 일차적 인간관계와 이차적 인간관계

인간관계는 그 형성 요인에 따라 일차적 인간관계와 이차적 인간관계로 나누어 볼 수 있다. **일차적 인간관계**는 혈연, 지연, 학연 등에 의해 형성되는 인간관계를 말한다. 부모, 형제자매, 친척, 동문, 동향 사람들과의 관계가 이에 속한다. 일차적 인간관계는 다음과 같은 몇 가지 특성을 지닌다. 첫째, 일차적 인간관계는 본인의 선택이나 의사와 상관없이 부여되는 인간관계다. 즉, 운명적으로 부여된 인간관계다. 둘째, 일차적 인간관계에서는 가입과 탈퇴가 자유롭지 못하다. 대부분의 사람들은 한 번 일차적 인간관계 속에 들어가게 되면 평생 그 관계 속에서 지내게 된다. 셋째, 일차적 인간관계는 흔히 공식적이고 집단적인 관계다. 일가족, 친인척, 종친회, 동문회 등과 같이 다수의 사람들로 구성된 집단의 소속원으로 관계를 맺게 된다.

이에 반해, **이차적 인간관계**는 개인적인 매력, 직업적 이해관계, 가치(또는 이념, 사상, 신념, 종교, 취미)의 공유에 의해 형성되는 인간관계다. 직장동료, 애인, 친구, 친목단체의 구성원 등이 이에 해당된다. 이차적 인간관계의 대상은 본인의 의사에 따라 자유롭게 선택될 수 있다. 또한 이차적 인간관계에서는 그 가입과 탈퇴가 비교적 자유로우며 일차적 인간관계에 비해 그 관계가 일시적일 수 있다.

2) 수직적 인간관계와 수평적 인간관계

인간관계는 구성원의 나이, 촌수, 학번, 계급, 지위, 권한 등의 동등성 여부에 따라 수직적 인간관계와 수평적 인간관계로 나눌 수 있다. **수직적 인간관계**는 윗사람과 아랫사람 간의 불평등 관계를 말하며 가정에서의 부모와 자녀 관계, 학교에서의 스승과 제자 관계 또는 선배와 후배 관계, 직장에서의 상사와 부하 관계가 이에 속한다. 이러한 관계에서는 윗사람에게 아랫사람에 대한 지휘, 통솔, 명령, 책임, 보살핌 등의 역할이 기대되는 반면, 아랫사람에게는 윗사람에 대한 복종, 순응, 존경, 지지의 역할이 기대된다. 특히 동양문화권에는 이러한 수직적 인간관계가 잘 발달되어 있으며 윗사람과 아랫사람의 행동규범인 '예의'가 잘 체계화되어 있다. 반면, **수평적 인간관계**는 서로 동등한 위치에 있는 사람들 간의 평등한 관계로서 교우관계, 연인관계, 부부관계가 이에 속한다.

한국사회에서의 인간관계는 수직적 인간관계와 수평적 인간관계가 복합적으로 얽혀 있다. 유교적 전통의 영향을 받고 있는 한국사회에서는 사회적 상하관계가 비교적 명백한 수직적인 위계질서가 있고, 그 위계질서 속의 위치와 신분에 따라 행동규범이 결정된다. 또한 수직적 상하관계에 따라 규범적 행동양식이 정해지게 되어 상위자는 지도적이고 가부장적인 권위를 행사하는 대신 체통과 위신을 지켜야 하는 부담을 지니는 반면, 하위자는 상위자에 대해서 의존적이고 수동적인 역할을 맡게 되며 예의와 순종적 행동을 나타내도록 기대된다. 그러나 현대의 한국사회에서는 평등과 자유를 중시하는 서구의 개인주의적 가치관이 확산되면서 수직적인 인간관계를 중시하는 기성세대의 가치관과 갈등을 빚는 경우가 많다. 이러한 과정에서 젊은 세대는 기성세대의 권위적 태도와 사고방식에 대해서 저항적이고 도전적 태도를 나타내는 반면, 기성세대는 젊은 세대의 개인주의적이고 자기주장적인 태도에 대해서 불만을 느낀다. 이처럼 전통적 인간관계와 서구적 인간관계가 혼재하는 현대의 한국사회에서는 대상과 상황에 따라 지혜로운 대인행동을 하는 것이 중요하다.

현대인은 다양하고 복잡한 인간관계 속에서 살아간다.

3) 우호적 인간관계와 적대적 인간관계

인간관계는 다른 사람과의 상호작용을 의미한다. 대인관계가 대물(對物)관계와 다른 점은 상호작용을 한다는 점이다. 즉, 내가 다른 사람에게 영향을 미치고 또 그가 나에게 영향을 미치는 관계라는 점이다. 인간관계는 이러한 상호작용적 관계로서 이러한 상호작용의 내용과 질에 따라 다양하게 구분할 수 있다.

인간관계는 상대방에 대해 느끼는 감정과 태도의 우호성 여부에 따라 우호적·협동적 인간관계와 적대적·경쟁적 인간관계로 나눌 수 있다. **우호적 인간관계**에서는 서로에 대해서 우호적인 호감을 지니고 서로를 도우며 공동의 목표를 향해 함께 일하는 협동적인 상호작용이 일어난다. 반면에 **적대적 인간관계**에서는 서로를 적이나 경쟁상대로 인식하여 적대감정을 갖고 상대가 하는 일을 방해하거나 비협조적인 태도를 나타내게 된다.

4) 애정중심적 인간관계와 업무중심적 인간관계

인간관계는 그 형성과 유지 요인에 따라서 애정중심적 인간관계와 업무중심적 인간관계로 구분될 수 있다. 애정중심적 인간관계에서는 상대방에 대한 매력이나 호감에 의해서 관계가 형성되며 상대방과 사랑이나 우정을 주고받는 것이 관계 유지에 중요한 요인이자 목적이 된다. 이런 관계는 애정교환의 만족도에 의해 관계가 유지되며 사람 자체를 중요하게 여기는 인간관계다. 반면, 업무중심적 인간관계는 어떤 사람이든 상관없이 그와 함께하는 작업이나 업무 때문에 관계가 형성되고 유지되는 인간관계다. 이러한 관계에서는 상대방과의 상호작용을 통해 얻게 되는 이득과 성과가 주요한 목적이 된다.

5) 공유적 인간관계와 교환적 인간관계

사회심리학자인 클락(Clark, 1985)은 현대인의 인간관계를 공유적 관계와 교환적 관계로 구분하여 분석하고 있다. 공유적 인간관계의 특징은, 첫째, 관계를 맺고 있는 각자가 상대방의 행복과 불행에 각별한 관심과 책임감을 느낀다. 둘째, 서로의 관계에서 주는 것만큼 받고 받는 것만큼 되돌려주어야 하는 호혜성의 원칙이 무시되고 초월된다. 셋째, 공유적 관계에서는 상호작용하는 두 사람이 서로를 별개의 독립적 개체로 지각하기보다 '우리는 하나'라고 느끼는 상호의존적 존재로 인식한다. 이러한 공유적 관계는 상대방을 자신의 이기적 목적에 이용하는 관계가 아니라 만족스러운 친교의 경험을 함께 나누는 관계다. 공유적 관계에서는 두 사람의 내면적 특성이 공유되어 상호의존성이 높고 강한 친밀감을 느끼게 된다. 그러므로 이러한 관계에서는 타인의 행복이 자신의 행복이며 타인의 고통이 자신의 고통으로 경험된다. 일반적으로 공유적 관계는 가족과 연인 또는 매우 친밀한 친구들 사이에서 나타나는 인간관계의 유형이다.

이에 반해, 교환적 인간관계에서는 자신의 행복을 타인에게 의탁하지 않으며 타인의 행복에 특별한 책임감을 느끼지 않는다. 이러한 관계는 서로 필요한 것을 주고받는 거래적이고 교환적인 성격을 지니게 된다. 아울러 거래와 교환의 공정성, 즉 이득과 손실의 균형이 무엇보다 중요하다. 교환적 관계에서는 주는 만큼 받고 받는 만큼 주어야 한다는 호혜성의 원칙과 투자한 만큼 보답이 되돌아와야 한다는 형평성의 원칙이 적용된다. 이득과 손실의 불균형은 갈등과 대립을 초래하여 지속적인 관계를 위협하게 된다. 이러한 관계에서는 상대방으로부터 무언가를 받았을 때 그에 상응하는 것을 주어야 한다는 부담을 느끼게 된다. 또 상대방에게 무언가를 주었을 때는 그 대가가 자신에게 돌아오기를 기대한다. 이러한 교환적 관계를 지배하는 호혜성과 형평성의 원칙은 경제적인 이윤 추구를 지향하는 자본주의 체제와 개인의 독립성을 강조하는 개인주의 사회의 인간관계를 설명하는 원리라고 할 수 있다.

클락이 인간관계를 공유적 관계와 교환적 관계로 구분한 것은 철학자인 마틴 부버(Buber, 1954)가 인간관계를 '나와 너(I-You)의 관계'와 '나와 그것(I-Thou)의 관계'로 구분한 것과 유사하다. 부버에 따르면, '나와 너의 관계'는 진실된 모습으로 두 인간이 교류하는 실존적인 만남이며 사랑, 성장, 통합을 경험하는 만남이다. 반면에 '나와 그것의 관계'는 겉으로 꾸민 가면적인 모습으로 교류하는 역할적 만남으로서, 역할을 수행하는 것이고 게임을 하는 것이며 다른 사람을 나의 목적 달성의 수단으로 보는 관계다.

우리의 삶 속에는 공유적 관계와 교환적 관계가 얽혀 있다. 그러나 현대인이 경험하는 고독의 문제는 현대사회의 인간관계에 교환적 관계가 만연해 있다는 점과 관련되어 있다. 달리 말하면, 공유적 관계와 교환적 관계에 적용되는 원칙이 다름에도 불구하고 모든 관계에 교환적 관계의 원칙을 적용시키려 한다는 점이다. 심지어 부모자녀관계, 부부관계, 형제자매관계, 친구관계, 연인관계가 이러한 교환적 관계로 파악되고, 따라서 그 관계에 호혜성과 형평의 원칙을 적용시키려 한다는 것이다. 이러한 관계 속에서 그 원칙들이 충족되지 않으면 관계는 깨어지거나 불안정해진다. 이러한 교환적 관계 속에서는 타인과의 친밀한 유대와 신뢰의 욕구가 충족될 수 없다. 우리의 삶 속에서 공유적 관계를 맺지 못하고 교환적 관계만으로 인간관계가 이루어질 경우 필연적으로 외로움이라는 문제에 직면하게 될 것이다.

2. 인생의 단계와 인간관계

우리의 인간관계는 인생의 발달단계에 따라 변화한다. 인생의 발달단계에 따라 만나는 사람들이 달라지고 경험하게 되는 인간관계의 양상도 달라진다. 여기서는 요람에서 무덤까지 한평생 경험하게 되는 인간관계의 변천 과정을 살펴보기로 한다.

1) 유아기의 인간관계

우리는 태어나면서 가장 먼저 가족관계 속으로 들어가게 된다. 출생과 더불어 한 가족의 구성원이 된다. 무력한 존재로 태어난 신생아는 전적으로 부모의 보호와 양육을 받게 된다. 이러한 양육과정에서 **부모자녀관계**가 발전한다. 이러한 부모자녀관계는 한 인간의 성격형성에 중요한 바탕이 된다. 태어날 당시의 가족적 상황이나 부모의 성격적 특성과 양육방식이 성격발달에 중요한 영향을 미친다. 뿐만 아니라 신생아는 고정된 성격특성을 지니고 태어나지는 않지만 독특한 반응경향성, 즉 **기질**(temperament)을 가지고 태어난다는 것이 발달심리학자들의 공통된 의견이다. 예를 들면, 예민해서 사소한 소리에 잘 깨고 놀라 우는 아이가 있는 반면, 소란스러운 상황에서도 잘 자고 밤새도록 한 번도 깨지 않는 아이도 있다. 젖을 먹고 잠을 자고 배변을 하는 생활패턴이 매우 규칙적인 아이가 있는 반면, 매우 불규칙하여 부모의 애를 먹이는 아이도 있다. 유아기의 부모자녀관계는 유아의 기질적 특성과 부모의 성격적 특성이 상호작용하는 매우 미묘한 관계다. 이러한 관계에서 부모가 나타내는 반응방식이 유아의 성격형성에 중요한 영향을 미치게 되고 나아가서 성장 후의 부모자녀관계에 지속적인 영향을 미치게 된다.

뿐만 아니라 신생아는 태어남과 동시에 **형제자매관계** 속으로 들어가게 된다. 먼저 태어난 형이나 누나가 있는 경우에는 동생으로서 부모의 관심과 애정을 함께 나누어 가져야 하는 보다 복잡한 역동적 가족관계 속에서 성장하게 된다. 형제자매관계는 한 인간의 생애에 있어서 가장 오랜 기간 지속되는 인간관계다. 형제자매관계는 같은 부모의 피를 나눈 가장 친밀한 혈연관계로서 다른 인간관계보다 더 강한 정서적 유대와 친밀감을 형성하게 된다. 그러나 다른 한편으로 형제자매관계에는 부모의 애정과 관심을 나누어 가져야 하는 경쟁적 요소가 내포되어 있다. 이러한 **형제간 경쟁**(sibling rivalry)은 형제의 수나 서열 그리고 부모의 태도에 따라 복잡한 양상을 나타낼 수 있으며 성격형성에 중요한 영향을 미칠 수 있다.

또한 출생과 더불어 친족공동체의 한 구성원으로 소속된다. 친가와 외가에 속하는 여러 친인척들과의 관계 속으로 들어가게 된다. 가족의 형태가 핵가족화되어 가는 경향이 강하고 집안마다 친인척과의 친밀도가 다르지만, 한국사회에서 친인척관계는 중요한 인간관계의 영역이

아동기에는 부모자녀관계와 형제자매관계가 중요하다.

다. 신생아는 조부모, 삼촌, 고모, 이모, 사촌 등 여러 친족들과의 관계 속에서 성장하게 된다.

2) 학령 전 아동기의 인간관계

신생아가 3~4세의 아동으로 성장하면 신체적인 운동기능의 발달과 더불어 활동반경이 확대된다. 뿐만 아니라 이 시기에는 언어능력이 급격히 발달함에 따라 의사소통 능력이 증대된다. 따라서 이 시기의 아동은 집 밖으로 나가 놀게 되고 동네의 같은 또래 아동들과 초보적인 교우관계를 맺기 시작한다.

한 발달심리학 연구에 따르면, 아동은 같은 연령대의 또래에게 깊은 관심을 나타낸다. 여러 연령대 사람들의 사진을 보여 주면 아동은 또래의 사진에 가장 깊은 관심을 보이며 오래 바라보았다. 인간의 얼굴모습은 나이가 듦에 따라 얼굴 전체 면적에서 이마가 차지하는 면적은 줄어드는 반면, 눈·코·입이 차지하는 영역이 점점 커지는 경향이 있는데, 어린 아동들은 이러한 단서를 활용하여 어른의 얼굴과 아이의 얼굴을 잘 변별하는 것으로 추측된다. 이 시기의 아동은 같은 또래와 여러 가지 놀이를 하게 되고 간단한 의사소통을 하며 최초의 교우관계를 형성한다. 유치원에 입학하면서 이러한 교우관계의 폭과 깊이가 증대되고 사회성이 발달한다. 흔히 소꿉친구, 골목친구, 죽마고우라고 부르는 친구들이 이 시기에 형성된 친구들을 일컫는다.

3) 아동기: 초등학생의 인간관계

우리나라에서는 만 7세가 되면 초등학교에 입학하게 된다. 초등학교 입학은 아동의 인간관계에 많은 변화를 가져온다. 우선, **친구관계**가 양적으로 급격하게 증대된다. 같은 학급 또는 학교에 소속된 많은 또래 아동들과 어울리게 되며, 이 시기에는 친구관계의 질도 변화한다. 인지적 능력이 발달하고 감정의 세분화가 진행됨에 따라 친구관계가 이전 시기에 비해 한층 복잡한 양상을 띠게 된다. 친구를 외모, 운동능력, 학업성적, 사회경제적 지위에 따라 선별하여 사귀고 함께 어울리는 또래집단을 형성한

초등학교 시절에는 또래친구나 교사와의 인간관계가 중요하다.

다. 이 시기에는 동성 간의 친구관계가 주로 이루어지지만, 초등학교 고학년이 되면 이성친구에 대한 관심이 생겨난다. 그래서 황순원의 소설 『소나기』에 나오는 내용과 같이 이성에 대한 호감과 수줍음으로 '가슴앓이'를 경험하는 아동이 생겨난다. 또한 학업능력이 평가되는 학교 상황에서는 학업성적에 따라 우월감과 열등감을 경험하게 되며 자의식이 생겨나 부끄러움과 수치심을 느끼게 된다.

아동기에는 초등학교 입학과 더불어 교사라는 새로운 양육자와 관계를 맺게 된다. 배우며 따르고 의지할 수 있는 교사와의 교류 속에서 초보적인 **사제관계**를 경험하게 된다. 흔히 이 시기에 이사나 전학을 하게 되면 안정된 교우관계나 사제관계를 떠나 새로운 관계를 형성해야 하기 때문에 아동의 인간관계에 커다란 변화가 나타나기도 한다.

4) 청소년기: 중·고등학생의 인간관계

중학교와 고등학교에 진학하면서 친구관계는 한층 성숙해지고 활발해진다. 청소년기에 해당하는 이 시기는 부모로부터의 심리적 독립이 일어나는 시기로서 가족관계보다 **친구관계**가 주요한 인간관계로 자리 잡게 된다. 이 시기에는 친구를 선택하는 기준이 외모, 운동능력, 학업성적, 사회경제적 지위 등의 외적 기준에서 성격, 인간성, 가치관, 종교, 취미, 관심사 등의 심리적 특성으로 옮겨 가는 경향이 나타난다. 학급 및 학교 친구 외에 취미, 종교, 관심사에 따른 서클활동이 증대되어 다양한 친구관계가 형성된다. 아울러 선후배 간의 위계적 교우관계가 생겨나고 교사와의 관계도 좀 더 깊이 있는 관계로 발전하게 된다. 또한 사춘기에 해당하는 중·고등학교 시기에는 신체적 성장이 뚜렷이 나타나게 되고 이성에 대한 관심이 높아져 초보적인 **이성관계**가 시작되기도 한다.

특히 대학입시 준비가 강조되는 우리나라 중·고등학교의 교육현실에서는 공부에 대한 압력이 이 시기의 인간관계에 많은 영향을 미치게 된다. 공부와 교우관계가 갈등을 초래할 수도 있다. 지나치게 공부에 매달리게 되어 활발한 교우관계가 억제되는 경향이 있다. 이로 인해 교우관계가 협소해지고, 인간관계에 필요한 대인관계기술을 습득하는 기회를 놓치는 학생들도 있다. 반면에 교우관계나 이성관계로 인하여 학업을 소홀히 하는 학생들도 있다.

5) 청년기 전기: 대학생의 인간관계

고등학교를 졸업하면 대학에 진학하거나 직장으로 진출하게 된다. 이 시기는 청년기에 해당한다. 대학에 진학하게 되면 인간관계의 양상이 현저하게 달라진다.

첫째, 인간관계의 폭이 넓어진다. 일반적으로 청소년기는 인간관계가 가장 활발한 시기인데, 한국사회에서 청소년기에 해당하는 중·고등학교 시기는 학생들의 시간과 노력이 입시준비에 집중되기 때문에 대학에 진학하고 나서야 비로소 억눌렸던 인간관계의 욕구가 활발한 인간관계로 나타나게 된다. 중·고등학교 시절의 제한된 인간관계에 비해 대학에서는 학과, 동아리, 동문회, 동향회 등에서 만나게 되는 다양한 많은 사람들과의 활발한 친구관계가 이루어진다.

둘째, 인간관계가 이루어지는 상황에도 현저한 변화가 일어난다. 중·고등학교에서는 같은 반의 지정된 좌석에서 정해진 수업을 받아야 하기 때문에 반 친구, 분단 친구, 짝 등과 같이 노력하지 않아도 주어지는 인간관계의 틀이 있다. 그러나 대학에서는 이렇게 주어지는 인간관계의 틀이 거의 없다. 대학에서는 부모나 교사의 규제와 제약이 사라지고 학생 개인에게 많은 자유와 자율이 주어지기 때문이다. 물론 같은 학과 또는 학부라는 소속의식이 있지만 그 집단의 응집력이나 구속력이 매우 약하다. 특히 소속인원이 많은 학과나 학부에서는 더욱 그렇다. 학생 개인이 스스로 적극적인 노력을 하지 않으면 인간관계의 형성이 어렵다. 이렇듯 상황의 급격한 변화 때문에 대학 초기에 인간관계를 형성하지 못하는 어려움을 겪는 학생들이 많다.

셋째, 인간관계의 질도 변화한다. 친밀한 인간관계의 대상을 선택할 수 있는 폭이 넓어질 뿐만 아니라 선택의 기준도 변화한다. 중·고등학교에서 같은 학교나 같은 반의 소속의식에 근거했던 친구관계보다는 성격, 가치, 이념, 취미, 관심사, 졸업 후 진로 등 다양한 기준에 근거한 친구관계로 변화한다. 또한 인간관계를 형성하고 유지하는 요인도 변화한다. 많은 선택대상이 있기 때문에 인간관계의 형성과 와해도 빈번하게 나타난다.

넷째, 대학생 시기에는 이성교제가 활발해진다. 이성관계에 대해서 자유롭고 허용적인 분위기를 조성하는 대학에서는 미팅, 소개팅 등을 통해 이성과의 만남이 빈번해진다. 깊이 있는 실질적인 이성관계가 처음으로 이루어지는 시기는 청년기 초기에 해당하는 대학생 시기다. 성인으로서 진지하고 깊이 있는 이성관계를 형성하고 **낭만적 사랑**(romantic love)을 경험하게 된다. 이러한 이성관계를 통해 강렬한 감정이 개입되는 새로운 인간관계를 경험하게 된다. 만남과 이별을 통해 여러 이성을 탐색하기도

대학생 시기는 인간관계가 가장 활발하게 펼쳐지는 시기다.

하고 때로는 이 시기에 만난 이성과 결혼을 하게 되는 경우도 있다.

마지막으로, 한국사회에서 대부분의 남자들은 대학시절에 군복무의 경험을 하게 된다. 군대라는 특수한 조직사회에서 새로운 인간관계를 경험하게 된다. 철저한 위계사회이며 개인적 자유가 극히 제한되는 군대사회에서 다양한 계층, 출신지역, 학력을 지닌 동료들과 생활하게 된다. 부하로서 또는 상관으로서 다양한 인간관계를 군대생활에서 경험하게 된다.

6) 청년기 후기: 직장인의 인간관계

대학을 졸업하는 20대 중후반은 인생의 발달단계 중 청년기 후기에 속한다. 이 시기에는 사회에 진출하여 직장인으로서 새로운 인간관계를 경험하게 된다. 이 시기에는 대학시절에 비해 인간관계의 폭이 좁아지는 경향이 있다. 대부분의 시간을 직장에서 지내야 하기 때문에 직장에서의 인간관계가 중요한 비중을 차지하게 되는 반면, 친구관계는 상대적으로 위축되는 경향이 있다.

직장의 가장 큰 특성은 잘 짜인 조직사회라는 점이다. 조직사회는 위계적 구조를 가지고 있으며, 그 조직사회의 구성원인 개인에게는 직위와 업무가 주어진다. 직업적 업무를 수행하는 과정에서 직장동료들과 긴밀한 관계를 맺게 된다. 직업사회에서는 친목단체와 달리 구성원의 업무수행 능력과 성과를 중요시하기 때문에 자신의 능력을 효율적으로 발휘하는 일이 중요하다. 이러한 업무수행 과정에서 직장동료나 상사와 협동적이고 효율적인 인간관계를 맺는 것이 중요하다.

우리 사회에서는 직업활동을 통해 경제적 독립과 안정을 이루는 과정에서 결혼을 하게 되는 것이 일반적이다. 따라서 이 시기는 평생을 같이할 배우자를 적극적으로 탐색하고 선택하는 시기다. 결혼을 함으로써 독립된 가정을 이루고 남편-아내의 부부관계를 형성하게 된다. 자녀가 출생하게 되면 부모의 위치에서 부모-자녀의 관계를 경험하게 된다.

20대 중반에서부터 30대에 해당되는 청년기 후기는 사회에 진출하여 유능한 직장인으로서 활발한 직업적 활동을 하는 시기다. 아울러 이 시기에는 배우자를 선택하고 결혼을 하여 부부관계를 형성하고 어린 자녀를 양육하는 일이 중요한 과업이 된다.

7) 중년기의 인간관계

40~50대에 해당되는 중년기에 접어들면서 인간관계에 새로운 양상이 나타나게 된다. 이 시기는 개인의 인생에서 사회경제적 능력이 최고의 수준에 오르는 절정기다. 직장 내에서 진

급을 통해 지위가 서서히 높아지게 됨에 따라 직장에서 권한이 확대되고 상급자의 위치에 서게 된다. 이 시기에는 부하직원을 지휘하고 통솔하는 상급자로서 리더십을 발휘해야 하는 새로운 인간관계를 경험하게 된다.

이 시기에 자녀들은 성장하여 청소년기에 접어들게 된다. 자녀들이 부모로부터 심리적으로 독립하게 되면서 자녀에 대한 부모의 심리적 유대감이 약화된다. 자녀들이 결혼적령기에 접어들어 혼인을 하면 사위나 며느리를 보게 되고 따라서 시부모 또는 처부모의 위치에 서게 된다. 이 시기는 자녀를 독립시켜 떠나보내는 시기인 것이다. 흔히 **빈둥지 증후군**(empty nest syndrome)이라는 말로 표현되듯이, 자녀가 떠나간 텅 빈 가정을 지켜야 되는 부모의 심리적 상실감을 이 시기에 경험하게 된다. 특히 전업주부로서 자녀의 양육에 정성을 기울이고 자녀가 성장하는 것에 삶의 중요한 의미를 두었던 여성의 경우 이러한 심리적 상실감은 더욱 클 수밖에 없다.

자녀의 결혼과 함께 손자녀가 태어나게 되고 '할아버지' 또는 '할머니'의 위치에 서게 된다. 이로써 3대에 걸친 많은 식구를 거느린 집안의 어른이 된다. 이렇듯 직장에서는 지도자의 역할을 하고 가정에서는 자녀를 독립시키는 일이 중년기의 중요한 과제다.

8) 노년기의 인간관계

우리 사회에서는 60세를 전후하여 직장에서 은퇴하게 된다. 이 시기는 활발했던 직업생활에서 물러나 인생을 마무리하는 시기다. 노년기는 일반적으로 신체적 노쇠와 더불어 사회경제적 능력이 감퇴되고 인간관계의 폭도 좁아지게 된다. 반면에 직업생활의 청산과 더불어 한가한 시간도 많아지게 된다.

일반적으로 노년기는 사회적 인간관계가 감소하는 대신 가족관계에 대한 의존도가 증대되는 시기다. 부부가 같이 지낼 시간이 많아지면서 서로에 대한 의존도가 높아질 뿐만 아니라 자녀에 대한 경제적·심리적 의존성도 증가된다. 노년기에는 사회경제적 능력이 약화된 상태에서 자녀에 대한 의존성을 잘 해결하는 것이 중요한 과제가 된다.

노년기는 인간관계의 해체기라고 할 수 있다. 그동안 맺어 온 여러 인간관계가 서서히 소원해지고 해체되어 간다. 과거 직업생활을 통해 빈번하고 긴밀한 관계를 유지했던 사람들과의 만남이 줄어들면서 그들과의 관계도 서서히 소원해지게 된다. 뿐만 아니라 절친했던 친구나 동료의 부음을 듣게 된다. 먼저 떠나간 이를 애도하면서 자신의 죽음을 준비하게 된다.

노년기에는 친구나 친척과의 이별뿐만 아니라 한평생을 같이 살아온 배우자와의 영원한 이별을 경험하게 된다. 우리 사회에서는 부부 중 남편이 먼저 사망하는 것이 일반적이다. 평균

수명의 남녀 차이가 5~7년 정도이고 부부간의 연령 차이가 3년 내외이므로, 노년기의 여성은 남편을 먼저 떠나보내고 7~10년간을 홀로 살아가야 한다.

이렇게 우리는 발달단계에 따라 다양한 사람과 다양한 인간관계를 맺으며 살아가게 된다. 각 단계마다 형성하게 되는 인간관계의 내용과 질이 개인의 행복과 불행을 결정하게 된다. 즉, 한 인간의 인생은 어떤 사람을 만나 어떤 인간관계를 맺었느냐에 의해 결정된다고 할 수 있다.

3. 의미 있는 타인

우리는 평생 동안 수많은 사람들을 만나 인간관계를 맺고 살아간다. 그러나 우리가 인간관계를 맺은 사람들은 각기 우리의 삶에 미치는 영향력에 있어서 차이가 있다. 우리의 삶에 중요한 영향을 미치는 사람일수록 **의미 있는 타인**(significant others)이 된다. 과연 의미 있는 타인은 어떤 기준에 의해서 평가될 수 있는지에 대해서는 다양한 주장이 제기되고 있다. 그러한 주장을 몇 가지 소개하면 다음과 같다(Kiesler, 1996).

- 내가 매우 좋아하고, 또한 나를 매우 좋아하는 사람
- 내가 닮고 싶어 하는 사람, 즉 나의 이상(理想)이 되는 사람
- 내가 조언과 충고를 얻기 위해 찾는 사람
- 나의 인생과 관련된 중요한 사안에 대해서 결정을 하는 사람
- 나의 의견과 행동에 중요한 영향을 미치는 사람, 즉 내가 그 사람으로부터 인정받기를 원하며 나에 대한 그 사람의 평가를 중요하게 여기는 사람
- 나의 개인적 성장을 촉진하는 사람, 즉 그 사람과 함께 있으면, 내가 한 단계 넓고 깊어지며 인격적으로 향상되는 영향력을 느끼는 사람
- 내가 정서적으로나 심리적으로 가장 깊게 신뢰하는 사람
- 나와 같은 가치관을 공유하고 있는 사람
- 내가 실제적 관계이든 상상적 관계이든 많은 시간을 함께 보내는 사람, 즉 내가 자주 접촉하고 많은 시간을 보내며 많은 일을 함께 하는 사람
- 나에게 가장 적절하고 유용한 평가적 피드백을 제공하는 사람
- 나에게 친밀감과 존중감을 제공하는 실제적 또는 잠재적 원천이 되는 사람

　이러한 정의들을 종합하면, 의미 있는 타인은 크게 4가지 역할을 하는 것으로 요약될 수 있다(Larus, 1989). 첫째, 의미 있는 타인은 나에 대한 사회적 지지자의 역할을 한다. 내가 어려움에 처하거나 도움이 필요할 때, 이들은 정서적 또는 재정적 지원과 같이 다양한 형태의 지원을 제공한다. 변함없이 일관성 있게 많고 다양한 지원을 해 주는 사람일수록 나에게 의미 있는 타인이 된다. 둘째, 자기평가에 중요한 영향력을 미치는 사람이 의미 있는 타인이 된다. 인간은 타인의 눈을 통해서 자신을 가늠한다. 즉, 나에 대한 타인의 의견과 평가를 통해서 자기평가를 하게 된다. 이처럼 자기평가에 중요한 사람일수록 의미 있는 타인이 된다. 이들은 우리가 진정으로 인정받기를 원하는 사람들이며 우리의 행동에 중요한 영향을 미치는 사람들이다. 셋째, 서로 유사성이 많을수록 더 의미 있는 타인으로 여겨지는 경향이 있다. 즉, 성격이나 가치관 등에서 유사성을 많이 지닌 사람일수록 의미 있는 타인으로 여겨지게 된다. 넷째, 영향력의 상호성이 의미 있는 타인의 기준이 될 수 있다. 영향력을 주고받는 상호적 영향력이 큰 사람일수록 더 의미 있는 타인으로 느껴지게 된다. 우리의 삶에 있어서 중요한 의미를 지니는 사람은 강한 상호의존적 관계를 맺고 있는 사람이라고 할 수 있다.

　사람마다 타인을 자신의 삶에 의미 있는 사람으로 평가하는 기준이 다를 수 있다. 그러나 일반적으로 개인의 자기관과 세계관에 중요한 영향을 주었거나 주고 있는 사람이 의미 있는 타인이 된다. 대부분의 경우, 의미 있는 타인으로는 어머니, 아버지, 친구, 연인이나 배우자, 교사가 선택된다. 특히 어린 시기에 양육을 담당하고 사회화 과정에 일차적으로 관여했던 양육자, 즉 부모가 가장 의미 있는 타인으로 간주된다. 그러나 사람마다 개인적 경험에 따라서 의미 있는 타인은 달라질 수 있다.

　타인은 긍정적인 의미뿐만 아니라 부정적인 의미에서 개인에게 중요한 존재가 될 수 있다. 일반적으로, 긍정적인 의미에서 중요한 타인은 나를 지원하고 인정하며 함께 있으면 편안하고 재미있는 사람이거나 나의 잠재력을 성장시키고 실현하도록 돕는 사람을 뜻한다. 예컨대, 나를 키워 주시고 변함없는 애정으로 자식을 사랑해 주신 어머니가 긍정적인 의미에서 가장 중요한 타인이 될 수도 있다. 반면, 부정적 의미에서의 중요한 타인도 있을 수 있다. 나에게 깊은 심리적 상처를 주었거나 나의 삶을 가로막고 있는 사람이 그러한 타인이다. 예컨대, 가정에서 폭군처럼 행동하여 나에게 많은 심리적 갈등을 초래한 아버지는 부정적인 의미에서 중요한 타인이 될 수 있다. 긍정적인 점에서 의미 있는 타인뿐만 아니라 부정적인 점에서 의미 있는 타인 역시 우리의 인생관과 세계관에 중요한 영향을 미치게 된다.

🔍 **탐구문제**

우리는 많은 사람들과 관계를 맺으며 살아가지만, 우리의 삶에 중요한 것은 '의미 있는 타인들' 과 의 관계다. 과연 나에게 '의미 있는 타인들' 은 누구인지 탐색해 본다. 친구나 학우들과 '의미 있는 타인' 에 대한 서로의 의견을 나누어 본다.

① 내가 가장 소중하게 여기는 사람은 누구인가? ② 나를 가장 좋아하고 사랑하는 사람은 누구인가? ③ 내가 가장 많은 시간을 보내며 친밀하게 지내는 사람은 누구인가? ④ 나의 삶에서 가장 긍정적인 영향을 미친 사람은 누구인가? ⑤ 나의 삶에서 가장 부정적인 영향을 미친 사람은 누구인가? ⑥ 혼자 해결하기 어려운 삶의 문제에 직면했을 때, 조언을 구하고 싶은 사람은 누구인가? ⑦ 나의 미래의 삶에 가장 강력한 영향을 미칠 사람은 누구라고 생각하는가?

4. 인생의 4가지 동반자

인간관계는 다른 사람과 깊은 유대와 애정을 나누고 싶은 기본적 욕구를 충족시키며 삶의 활력을 얻는 터전이다. 이러한 인간관계의 욕구는 다양하며 여러 종류의 사람들과 친밀한 관계를 형성함으로써 충족될 수 있다. 슈미트와 서메트(Schmidt & Sermat, 1983)는 생활 속에서 이루어지는 인간관계의 영역을 크게 4가지 영역, 즉 ① 가족관계, ② 친구관계, ③ 이성관계, ④ 직업적 동료관계로 나누고 있다. 그리고 이러한 4가지 영역 중 어느 한 영역의 인간관계가 결핍되어 있거나 불만족스러울 때, 인간은 외로움을 느끼게 된다고 한다. 달리 말하면, 만족스럽고 행복한 삶을 위해서는 다음과 같은 네 유형의 동반자가 필요하다고 주장하고 있다.

1) 가족 동반자

우리의 삶에 필수적인 동반자 중 첫째는 가족 동반자다. **가족 동반자**(familial partner)는 부모, 형제자매, 가까운 친척과 같이 가족애를 나눌 수 있는 혈연적 동반자를 뜻한다. 가정의 모든 것을 공유하며 화목한 분위기 속에서 서로를 신뢰하는 가족애를 느낄 수 있는 동반자들이다. 가정은 인생이라는 등반에 있어서 베이스캠프와 같은 역할을 하는 곳이다. 사회생활 속에서 지치고 피곤해진 몸과 마음을 편안하게 쉬고 힘을 비축하는 곳이다. 이러한 가정 속에서 서로를 이해하고 위로하며 지원해 줄 수 있는 가족 동반자는 우리 삶에 있어서 가장 중요하고 필수적인 동반자라고 할 수 있다. 가족이 없거나 가족구성원 간의 관계가 화목하지 않을 경우에는 고독감을 느끼게 된다.

2) 사회적 동반자

우리의 삶을 즐겁고 풍요롭게 해 주는 중요한 동반자는 사회적 동반자다. 사회적 동반자(social partner)는 친구관계를 통해 우정(友情)을 느낄 수 있는 친구를 뜻한다. 이러한 동반자는 혈연관계나 직업적 이해관계보다는 개인적인 친근감과 신뢰에 바탕을 두고 긍정적인 정서적 교류를 하는 친구를 말한다. 친구는 서로에 대한 호감과 공통적 관심사에서 출발하여 서로의 개인적 정보를 공개하게 되고, 따라서 서로를 잘 이해하게 됨으로써 친밀감을 느끼는 편한 사람이다. 나아가서 생활 속에서 즐거움을 공유하고 괴로움을 함께 나누며 서로 돕는 인생의 중요한 동반자다. 우리 사회에서는 또래의 동성 간에 이러한 사회적 동반자 관계가 형성되는 경우가 많다.

3) 낭만적 동반자

우리의 삶에서 가장 뜨거운 감정을 느끼며 친밀하고 열정적인 관계를 맺는 대상은 낭만적

행복한 삶을 위해서는 인생의 4가지 동반자가 필요하다.

동반자다. 낭만적 동반자(romantic partner)는 사랑을 나눌 수 있는 연인을 말한다. 인간은 누구나 낭만적 사랑에 대한 욕구와 성적인 욕구를 지니고 있다. 낭만적 동반자는 이러한 인간관계 욕구를 충족할 수 있는 애정상대를 의미한다. 즉, 낭만적 사랑과 연애감정을 느낄 수 있고 육체적 친근감을 통해 성적인 욕구를 나눌 수 있는 이성상대를 뜻한다. 이러한 낭만적 동반자는 연인관계에 있는 애인을 말하며 결혼을 통해 부부관계를 형성한 경우에는 배우자(남편 또는 아내)가 이에 해당한다.

4) 직업적 동반자

직장에서 함께 일을 하는 직장동료는 우리의 인생에서 매우 중요한 인간관계의 대상이다. 직업적 동반자(working partner)는 이처럼 직업활동을 함께 하는 동료를 뜻한다. 인간은 추구하는 공통적인 목표를 실현하기 위한 목표지향적인 공동체에 속하게 된다. 직업적 동반자는 이러한 목표지향적 활동을 협력적으로 하게 되는 동반자다. 공동의 목표를 위해 직업적 활동을 함께 하는 직장동료, 같은 분야의 함께 공부하는 학우, 가치나 이념의 실현을 위해 함께 활동하는 동지가 직업적 동반자에 해당된다. 흔히 직업적 동반자는 사교적 동반자와 중복될 수 있다. 그러나 함께 일하는 직장동료가 항상 좋은 친구가 될 수 없듯이, 직업적 동반자와 사회적 동반자는 여러 가지 점에서 구분된다. 직업적 동반자는 공동의 목표를 달성하기 위한 목표지향성을 가지는 반면, 사회적 동반자는 함께 달성해야 할 특정한 목표를 지니지 않는다. 직업적 동반자와의 관계는 업무중심적 인간관계인 반면, 사회적 동반자와의 관계는 애정중심적 인간관계라고 할 수 있다. 직업적 동반자는 추구하는 목표가 달성되면 관계가 해체되지만, 사회적 동반자는 서로의 개인적 친밀감이 유지되는 한 관계가 지속된다.

이러한 4가지 동반자는 우리 삶의 주요한 인간관계 영역을 나타낸다. 이들과 친밀하고 효율적인 관계를 형성할 때 우리는 삶의 만족감과 행복을 느끼게 된다. 그러나 이들 중 한 가지 또는 그 이상의 동반자가 결여되었거나 그 관계가 원만하지 못할 때 우리는 고독과 좌절을 느끼게 되는 것이다. 인간관계의 주요한 네 영역인 친구관계, 이성관계, 가족관계 그리고 직장에서의 인간관계는 3부에서 상세하게 설명할 것이다.

자기평가: 조해리의 '마음의 창'

　나의 인간관계는 어떠한가? 나의 인간관계는 어떤 유형에 속하는가? 나는 다른 사람에게 나의 모습을 잘 내보이는가? 또 다른 사람이 나에 대해서 어떤 생각을 가지고 있는지 잘 아는가? 인간관계에서 나 자신을 다른 사람에게 내보이는 일은 매우 중요하다. 이를 **자기공개**(self-disclosure)라고 하며 인간관계를 심화시키는 중요한 요인으로 알려져 있다. 이렇게 자신을 다른 사람에게 나타내 보이는 점에 있어서 사람마다 차이가 있다. 또 인간관계에서 다른 사람들이 나에 대해 어떻게 느끼고 있는지를 잘 아는 일 역시 중요하다. 타인은 나를 비춰 주는 **사회적 거울**(social mirror)이라는 말이 있듯이, 다른 사람의 반응 속에서 나의 모습을 비춰 보는 일이 중요하다. 이렇게 다른 사람을 통해 나에 대한 **피드백**(feedback)을 얻음으로써 자기이해가 깊어지고 자신의 행동에 대한 조절능력이 커진다.

　자기공개와 피드백의 측면에서 우리의 인간관계를 진단해 볼 수 있는 방법이 **조해리의 '마음의 창'**(Johari's window of mind)이다. 조해리의 창은 심리학자인 조셉 루프트(Joseph Luft)와 해리 잉갬(Harry Ingham)에 의해서 개발되었으며 두 사람의 이름을 합성하여 조해리(Joe+Harry=Johari)의 창이라고 명명되었다. 조해리의 창을 이용하여 자신의 인간관계를 살펴보도록 하자. 먼저 다음 물음에 대해 자신을 평가해 보자.

1. 나는 다른 사람에게 나에 관한 이야기를 잘 하는가? 나는 다른 사람에게 나의 모습을 잘 나타내 보이는가? 나는 다른 사람에게 나의 속마음을 잘 내보이는가?

　이러한 물음에 대해서 자신의 상태를 생각해 보고 아래의 기준에 따라 적당한 숫자를 택한다.

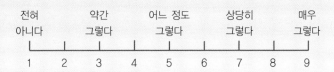

2. 다른 사람이 나에 대해 어떤 생각을 가지고 있는지 알려고 노력하는가? 나는 다른 사람이 나에 관해서 하는 말에 귀를 기울이는가? 다른 사람이 나를 어떻게 평가하고 있는지 잘 알고 있는가?

　이러한 물음에 대해서 자신의 상태를 생각해 보고 아래의 기준에 따라 적당한 숫자를 택한다.

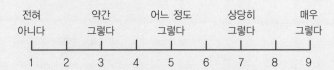

두 물음에 답한 숫자를 적용하여 다음과 같이 정사각형을 4분면으로 분할한다. 1번 물음에 대한 평정점수(예: 3점)는 사각형의 수직축의 분할점으로, 2번 물음에 대한 평정점수(예: 7점)는 수평축의 분할점으로 삼는다. 분할점에 따라 상하좌우로 선을 그으면 사각형은 4개의 영역으로 분할된다. 이것이 나의 '마음의 창'이다.

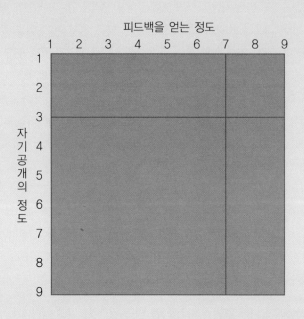

조해리의 창은 개인의 자기공개와 피드백의 특성을 보여 주는 네 영역으로 구분된다. 네 영역은 각각 공개적 영역, 맹목의 영역, 숨겨진 영역, 미지의 영역으로 나뉜다. 첫째, **공개적 영역**(open area)은 나도 알고 있고 다른 사람에게도 알려져 있는 나에 관한 정보를 의미한다. 둘째, **맹목의 영역**(blind area)은 나는 모르지만 다른 사람은 알고 있는 나의 정보를 뜻한다. 사람은 이상한 행동습관, 특이한 말버릇, 독특한 성격과 같이 '남들은 알고 있지만 자신은 모르는 자신의 모습'이 있는데 이를 맹목의 영역이라고 할 수 있다. 셋째, **숨겨진 영역**(hidden area)은 나는 알고 있지만 다른 사람에게는 알려지지 않은 정보를 의미한다. 달리 말하면, 나의 약점이나 비밀처럼 다른 사람에게 숨기는 나의 부분을 뜻한다. 넷째, **미지의 영역**(unknown area)은 나도 모르고 다른 사람도 알지 못하는 나의 부분을 의미한다. 심층적이고 무의식의 정신세계처럼 우리 자신에게 알려져 있지 않은 부분이 미지의 영역에 해당한다. 그러나 자신의 행동과 정신세계에 대한 지속적인 관심과 관찰을 통해서 이러한 부분은 자신에게 의식될 수 있다.

사람마다 마음의 창모양이 다르다. 개인이 인간관계에서 나타내는 자기공개와 피드백의 정도에 따라 마음의 창을 구성하는 네 영역의 넓이가 달라진다. 이렇게 다양하게 나타나는 창모양은 어떤 영역이 가장 넓은가에 따라 크게 4가지 유형으로 구분될 수 있다.

첫째는 **개방형**으로서 공개적 영역이 가장 넓은 사람이다. 개방형은 대체로 인간관계가 원만한 사람들이다. 이들은 적절하게 자기표현을 잘 할 뿐만 아니라 다른 사람의 말도 잘 경청할 줄 아는 사람들로서 다른 사람에게 호감과 친밀감을 주게 되어 인기가 있다. 그러나 지나치게 공개적 영역이 넓은 사람은 말이 많고 주책스러운 경박한 사람으로 비칠 수도 있다.

둘째는 맹목의 영역이 가장 넓은 **주장형**이다. 이들은 자신의 기분이나 의견을 잘 표현하며 나름대로의 자신감을 지닌 솔직하고 시원시원한 사람일 수 있다. 그러나 이들은 다른 사람의 반응에 무관심하거나 둔감하여 때로는 독단적이며 독선적인 모습으로 비쳐질 수 있다. 주장형은 다른 사람의 말에 좀 더 진지하게 귀를 기울이는 노력이 필요하다.

셋째는 **신중형**으로서 숨겨진 영역이 가장 넓은 사람이다. 이들은 다른 사람에 대해서 수용적이며 속이 깊고 신중한 사람들이다. 다른 사람의 이야기는 잘 경청하지만 자신의 이야기는 잘 하지 않는 사람들이다. 이들은 자신의 속마음을 잘 드러내지 않으며 계산적이고 실리적인 경향이

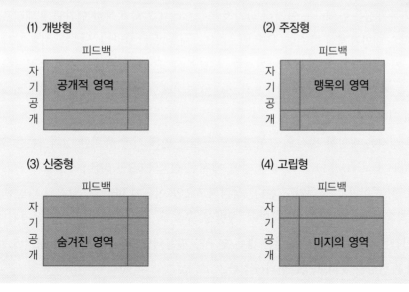

있다. 이러한 신중형은 잘 적응하지만 내면적으로 고독감을 느끼는 경우가 많으며 현대인에게 가
장 많은 유형으로 알려져 있다. 신중형은 자기개방을 통해 다른 사람과 좀 더 넓고 깊이 있는 교
류가 필요하다.

넷째는 미지의 영역이 가장 넓은 **고립형**이다. 이들은 인간관계에 소극적이며 혼자 있는 것을
좋아하는 사람들이다. 다른 사람과 접촉하는 것을 불편해하거나 무관심하여 고립된 생활을 하는
경우가 많다. 이런 유형 중에는 고집이 세고 주관이 지나치게 강한 사람도 있으나 대체로 심리적
인 고민이 많으며 부적응적인 삶을 살아가는 사람들도 많다. 고립형은 인간관계에 좀 더 적극적
이고 긍정적인 태도를 가질 필요가 있다. 인간관계의 개선을 위해서는 일반적으로 미지의 영역을
줄이고 공개적 영역을 넓히는 것이 바람직하다.

5. 성격과 인간관계의 개인차

백인백색(百人百色)이라는 말이 있듯이, 사람마다 인간관계를 맺는 방식이 다르다. 어떤 사
람은 많은 사람들과 넓은 인간관계를 맺는 반면, 어떤 사람은 소수의 사람들과 깊은 인간관계
를 맺는다. 어떤 사람은 주변 사람들과 원만한 관계를 맺는 반면, 어떤 사람은 주변 사람들과
갈등을 겪으며 반목한다. 이처럼 사람마다 인간관계의 넓이, 깊이, 원만성이나 갈등 정도가
다를 뿐만 아니라 자신의 인간관계에 대한 만족도가 각기 다르다.

인간관계의 개인차에 영향을 미치는 가장 중요한 심리적 요인은 성격이다. 성격(personality)
은 개인의 독특성을 반영하는 안정된 심리적 특성으로서 흔히 독특한 인간관계 패턴으로 나타
난다. 성격은 인간관계의 만족도, 안정성, 친밀도, 지속기간, 사랑의 스타일, 이혼 등과 밀접히
관련되는 것으로 알려져 있다. 일반적으로, 성격은 개인의 선천적인 기질과 후천적인 경험이
복합적으로 작용하여 형성되는 것으로서 청년기 초기에 비교적 안정적인 형태를 지니는 것으
로 알려져 있다.

인간의 성격은 다양한 방식으로 설명되고 있지만 현재 가장 유력한 성격이론은 코스타와
맥크레(Costa & McCrae, 1992, 1994)에 의해 제시된 **성격의 5요인 이론**(five factor theory)으로서
'Big Five 이론'이라고 불리기도 한다. 성격의 5요인 이론에 따르면, 인간의 다양한 성격은
5개의 성격특성, 즉 외향성, 신경과민성, 개방성, 우호성, 성실성에 의해서 잘 설명될 수 있다.
성격과 인간관계의 관계에 대해서는 많은 연구가 진행되었으며 여기에서는 성격 5요인과 인
간관계의 관련성을 살펴보기로 한다(권석만, 2015, 2017).

1) 외향성

외향성(Extraversion)은 다른 사람과 함께 교류하는 인간관계적 자극을 추구하는 성향을 뜻한다. 외향성이 높은 사람들의 가장 큰 특징은 사회성으로서, 사람을 만나면 더 먼저 더 많이 말하고 더 많이 눈을 맞추며 사회적 교류의 기회가 많은 곳을 찾아간다. 이러한 사람들은 직업 영역에서도 정치, 영업, 판매, 인사관리, 교사와 같이 많은 사람을 만나 교류하는 활동에 매력을 느끼고 그러한 일에서 더 성공하는 경향이 있다. 반면에 내향적인 사람들은 연구, 창작, 회계와 같이 혼자서 하는 일을 더 좋아하는 경향이 있다.

외향적인 사람들은 감각추구 성향이 높아서 다양하고 신기한 체험을 찾아 나서고 그러한 체험을 위해서 위험을 감수하는 경향이 있다. 따라서 새로운 일에 용기 있게 도전하여 성공함으로써 부와 지위를 얻을 수 있다. 그러나 이들은 위험한 일에 무모하게 도전하기 때문에 얻은 것을 쉽게 잃기도 하고 사고나 실패를 더 많이 경험한다. 외향적인 사람은 더 많이 도박과 폭음을 하고 더 많은 사람과 성관계를 맺으며 변화 없는 생활에 쉽게 지루함을 느껴 여러 번 결혼하는 경향이 있다.

	높음 ← **외향성** → 낮음						
	매우	상당히	약간	중간	약간	상당히	매우
말 많은	1	2	3	4	5	6	7	조용한
주장이 강한	1	2	3	4	5	6	7	주장이 약한
모험적인	1	2	3	4	5	6	7	모험적이지 않은
정력적인	1	2	3	4	5	6	7	정력적이지 않은
대담한	1	2	3	4	5	6	7	소심한

2) 신경과민성

신경과민성(Neuroticism)은 불안, 우울, 분노와 같은 부정 정서를 잘 느끼는 성격 특성을 뜻하며 정서적 불안정성(emotional instability)이라고 불리기도 한다. 이러한 성향이 높은 사람들은 정서적으로 예민하고 불안정하며 사소한 일에도 상처를 잘 받는 경향이 있다. 반면에 신경과민성이 낮은 사람들은 침착하고 편안하며 기분의 변화가 적고 스트레스에 대한 정서적 반응의 강도가 낮다.

신경과민성이 높은 사람들은 부정 정서를 잘 느끼고 그러한 정서를 조절하는 데 어려움을 겪기 때문에 주관적으로 괴로움과 불행감을 더 많이 느낀다. 이들은 부정적 사건과 문제들을 자초하는 경향이 있으며 특히 가족관계를 비롯한 인간관계에서 갈등과 불화를 많이 겪는다. 따라서 신경과민성이 높은 사람들은 불안장애나 우울장애를 비롯한 신경증 증상을 더 많이 경험할 수 있다.

신경과민성이 부정적인 측면만을 지닌 것은 아니다. 신경과민성이 높은 사람들은 현실의 부정적 측면과 실패가능성을 민감하게 포착하여 그에 대한 예방을 철저히 하기 때문에 직업적인 성공을 거두기도 한다. 또한 이들은 자신과 인간 그리고 세상에 대해서 보통 사람들이 보지 못하는 어두운 진실을 예리하게 포착하기 때문에 주관적 불행과 고통을 많이 경험하지만 자신의 고통을 치유하기 위한 노력으로 심신수양이나 창작활동에 몰두함으로써 보통 사람들이 이루지 못한 인격적 성숙과 위대한 성취를 이룰 수 있다.

높음 ← **신경과민성** → 낮음							
	매우	상당히	약간	중간	약간	상당히	매우
긴장된	1	2	3	4	5	6	7	이완된
불안한	1	2	3	4	5	6	7	편안한
불안정한	1	2	3	4	5	6	7	안정된
불만스러운	1	2	3	4	5	6	7	만족하는
감정적인	1	2	3	4	5	6	7	침착한

3) 개방성

경험에 대한 개방성(Openness to experience)은 호기심이 많고 새로운 체험을 좋아하며 다양한 경험과 가치에 대해서 열린 자세를 지닌 개방적인 성향을 뜻한다. 개방성이 높은 사람들은 독창적이고 독립적이며 예술적일 뿐만 아니라 기존의 사회적·종교적 가치에 도전적이어서 정치적으로 진보적인 성향을 나타낸다. 개방성이 높을수록 전통적 권위를 인정하지 않으며 도전, 변화, 진보, 개혁의 입장을 지니고 견해 차이에 대해서 관용적인 경향이 있다. 개방성이 높은 사람들은 유머감각이 있으며 이성과 친밀한 관계를 맺는 능력이 탁월하지만 그러한 관계를 오래도록 지속적으로 유지하지 못하는 경향이 있다.

반면에 개방성이 낮은 사람들은 현실적이고 관습적이며 권위와 전통에 대해서 수용적인 태도를 지니고 있어서 정치적으로 보수적인 성향을 나타낸다. 개방성이 낮을수록 전통, 권위,

안정, 질서를 좋아하고 전통적 권위에 순응적이며 의견통일을 중시하는 경향이 있다. 개방성이 낮은 사람은 스트레스 대처에 있어서 종교적 신앙에 의존하는 경향이 있다.

	매우	상당히	약간	중간	약간	상당히	매우	
상상력이 풍부한	1	2	3	4	5	6	7	상상력이 빈약한
창의적인	1	2	3	4	5	6	7	창의적이 아닌
호기심 많은	1	2	3	4	5	6	7	호기심이 없는
생각이 깊은	1	2	3	4	5	6	7	생각이 얕은
세련된	1	2	3	4	5	6	7	단순한

높음 ← **개방성** → 낮음

4) 우호성

우호성(Agreeableness)은 다른 사람에 대해서 우호적이고 협동적인 성향을 뜻하며 '친화성'이라고 불리기도 한다. 우호성이 높은 사람들은 따뜻하고 부드러우며 공감적이고 이타적인 행동을 나타낸다. 우호성은 인간관계의 질을 높여 주는 성격변인으로 알려져 있다. 우호성이 높은 사람들은 인간관계 만족도가 높을 뿐만 아니라 결혼생활도 안정적으로 잘 유지하는 경향이 있다.

반면에 우호성이 낮은 사람들은 적대적이고 호전적일 뿐만 아니라 다른 사람의 감정을 이해하는 공감능력이 부족하다. 이들은 자신의 욕구충족을 위해서 다른 사람의 감정을 무시하며 타인의 고통에 둔감하다. 이처럼 우호성이 극단적으로 낮은 사람들은 반사회성 성격장애로 진단될 수 있다. 그러나 우호성이 낮은 사람들은 자기주장을 잘 하기 때문에 이해관계가 대립되는 상황에서 자신의 이익을 잘 확보하는 경향이 있다.

높음 ← **우호성** → 낮음

	매우	상당히	약간	중간	약간	상당히	매우	
친절한	1	2	3	4	5	6	7	불친절한
협조적인	1	2	3	4	5	6	7	비협조적인
이타적인	1	2	3	4	5	6	7	이기적인
잘 믿는	1	2	3	4	5	6	7	잘 믿지 않는
관대한	1	2	3	4	5	6	7	인색한

5) 성실성

성실성(Conscientiousness)은 자기조절을 잘 하고 책임감이 강한 성취지향적인 성향을 말한다. 성실성이 높은 사람들은 주어진 일을 유능하게 잘 처리하며 계획적이고 신중하며 질서정연한 것을 좋아한다. 이들은 규칙적으로 생활하고 열심히 효율적으로 일하기 때문에 다양한 분야에서 직업적 성공을 거두는 경향이 있으며 대학생의 경우 평균학점이 높다. 성실성이 높은 사람들은 인간관계 만족도가 높을 뿐만 아니라 인간관계를 안정적으로 유지하는 경향이 있다. 그러나 성실성이 지나치게 높으면 일과 효율성에 집착하여 인간관계를 소홀히 여길 수 있으며 사소한 규칙과 기준을 완고하게 고집하기 때문에 인간관계에서 갈등을 경험할 수 있다.

반면에 성실성이 낮은 사람들은 산만하고 일관성이 없으며 분명한 목표와 계획 없이 나태한 삶을 영위하는 경향이 있다. 때로는 매사에 여유롭고 사소한 것에 개의치 않는 시원스러운 점이 매력적일 수 있으나 책임감이 부족하여 신뢰로운 인간관계를 유지하기 어렵다. 또한 흡연과 음주를 많이 하고 교통사고와 이혼의 가능성도 더 높다.

	높음 ← **성실성** → 낮음							
	매우	상당히	약간	중간	약간	상당히	매우	
체계적인	1	2	3	4	5	6	7	비체계적인
책임감 있는	1	2	3	4	5	6	7	무책임한
현실적인	1	2	3	4	5	6	7	현실적이 아닌
철저한	1	2	3	4	5	6	7	부주의한
근면한	1	2	3	4	5	6	7	게으른

6) 성격과 인간관계의 변화

인간관계는 개인이 처한 사회적 환경과 상황적 요인에 의해서 영향을 받게 되지만 성격에 의해서 가장 커다란 영향을 받는다. 성격은 선천적 요인과 후천적 요인이 결합하여 형성된 것으로서 일단 형성되면 잘 변하지 않는 것으로 알려져 있다. 성격은 우리가 받아들여야 할 운명 중 하나다. 특히 유전에 의해 결정되는 선천적 기질은 쉽게 변화하지 않기 때문에 더욱 그러하다.

성격이 결코 변화하지 않는 것은 아니다. 최근의 여러 연구(예: Bleindorn et al., 2009; Roberts,

Walton, & Viechtbauer, 2006)에 따르면, 성격이 단기적으로는 변하지 않지만 장기적으로는 변한다는 것이 공통적인 결론이다. 또한 모든 성격특질은 강점과 약점의 양면성을 지니고 있다. 본래부터 좋은 성격과 나쁜 성격이 존재하는 것은 아니다. 다만 우리의 성격특성이 특정한 사회적 상황이나 직업적 요구에 적합할 수도 있고 그렇지 않을 수도 있다. 따라서 자신의 성격특성에 적합하고 자신의 성격적 강점을 발휘할 수 있는 사회적 상황과 직업을 선택하는 것이 바람직하다. 그러나 보다 더 중요한 것은 주어진 상황과 과업에 적응하기 위해 자신을 유연하게 변화시키려는 노력이다.

성격은 기본적으로 변화에 저항적이다. 그러나 개인의 의지와 노력에 의해서 성격은 상당 부분 변화될 수 있다. 성격과 인간관계의 변화를 원한다면, 우선 어떤 성격적 요인을 얼마나 변화시킬 것인지 현실적인 목표를 설정하는 것이 중요하다. 성격의 모든 측면이 변화될 수 있는 것은 아니다. 예컨대, 내향적인 성격을 단기간에 외향적인 성격으로 변화시키는 것은 불가능하다. 비관적 성격은 짧은 기간에 낙관적 성격으로 바뀌지 않는다. 특히 선천적인 기질이나 성격의 5요인과 같은 기본적인 성격특질은 쉽게 변화시키기 어렵다.

그러나 성격을 구성하는 세부적인 하위요인들, 즉 동기, 사고나 신념, 행동적 습관이나 기술, 정서적 반응이나 대처방식은 좀 더 쉽게 변화시킬 수 있다. 비유하자면, 건물의 골조 자체를 변화시키기는 어렵지만 내부구조와 인테리어 그리고 가구들은 바꿀 수 있듯이, 성격의 기본적 특질을 변화시키기는 어렵지만 성격을 구성하는 좀 더 세부적인 동기적·인지적·행동적 요소는 상당 부분 변화가 가능하다. 예컨대, 내향적 성격을 외향적 성격으로 바꾸기는 쉽지 않지만, 대인관계를 좀 더 편안하게 할 수 있도록 사회불안을 감소시키고 효과적인 대인기술을 습득시키며 자신과 타인에 대한 부정적 신념을 변화시키는 것은 상대적으로 용이하다. 신경과민성을 급격하게 낮출 수는 없지만, 자신의 감정을 좀 더 객관적으로 바라보는 훈련, 불안과 긴장을 완화시키는 기술의 연습, 상황을 좀 더 긍정적으로 해석하는 인지적 훈련을 통해서 정서조절 능력을 증가시킬 수 있다. 인간관계에 영향을 미치는 성격적 요인들, 즉 대인동기, 대인신념, 대인기술은 이 책의 2부에서 상세하게 소개하고 있다. 아울러 인간관계의 개선을 위한 다양한 방법들은 이 책의 2부와 4부에서 구체적으로 제시하고 있다.

요약

1. 우리가 맺게 되는 인간관계는 그 특성에 따라 다양하게 분류될 수 있다. 인간관계는 관계의 형성 요인(일차적 대 이차적 인간관계), 관계의 동등성 여부(수직적 대 수평적 인간관계), 상대방에 대한 정서와 태도(우호적 대 적대적 인간관계), 관계유지 요인(애정중심적 대 업무중심적 인간관계), 관계의 본질(공유적 대 교환적 인간관계)로 구분될 수 있다.

2. 인간관계는 인생의 발달단계에 따라 변화한다. 유아기에는 가족, 특히 부모에 대한 의존적 관계가 중심을 이루지만, 아동기에는 또래친구나 교사와의 새로운 인간관계가 부각된다. 청소년기와 청년기에는 이성관계에 대한 관심이 급증하며 인간관계의 폭이 넓어진다. 청년기 후기에 취업과 더불어 직장동료와의 관계가 중요한 인간관계 영역으로 등장하는 동시에 결혼을 통한 부부관계와 자녀양육이 중요한 과업이 된다. 중년기는 자녀와 부모 그리고 직장동료를 비롯하여 인간관계가 가장 활발한 시기로서 특히 자녀를 결혼시켜 떠나보내는 과업을 갖게 되며, 노년기에는 은퇴와 더불어 인간관계가 축소될 뿐만 아니라 친구나 배우자가 사망하게 되는 상실을 감당하는 일이 중요하다.

3. 우리의 삶에 중요한 영향을 미치는 '의미 있는 타인들(significant others)'과의 인간관계가 중요하다. 의미 있는 타인은 친밀한 관계 속에서 사랑과 애정을 주고받는 사람뿐만 아니라 도움과 지지를 통해서 긍정적인 영향을 미치는 사람을 뜻한다. 또한 성격이나 가치관 등에서 유사성이 많은 사람일수록, 그리고 서로 영향력을 주고받는 상호의존적인 관계를 맺고 있는 사람일수록 의미 있는 타인으로 여겨지게 된다.

4. 외로움을 연구하는 심리학자들에 따르면, ① 가족관계, ② 친구관계, ③ 이성관계, ④ 직업적 동료관계 중 한 영역 이상의 관계가 결여되어 있거나 불만족스러울 때 인간은 외로움을 느끼게 된다. 행복하고 만족스러운 삶을 위해서는 4가지의 동반자, 즉 가족 동반자, 사회적 동반자, 낭만적 동반자, 직업적 동반자와 긍정적인 관계를 형성하는 것이 중요하다.

5. 인간관계의 개인차에 영향을 미치는 가장 중요한 심리적 요인은 성격이다. 성격은 개인의 독특성을 반영하는 안정된 심리적 특성으로서 흔히 독특한 인간관계 패턴으로 나타난다. 성격의 5요인 이론에 따르면, 인간의 성격은 5개의 성격특성, 즉 외향성, 신경과민성, 개방성, 우호성, 성실성에 의해서 잘 설명될 수 있다. 외향성은 다른 사람과 함께 교류하는 인간관계적 자극을 추구하는 성향을 뜻하며, 신경과민성은 불안, 우울, 분노와 같은 부정 정서를 잘 느끼는 성격 특성을 의미한다. 개방성은 호기심이 많고 새로운 체험을 좋아하며 다양한 경험과 가치에 대해서 열린 자세를 지닌 개방적인 성향을 말하고, 우호성은 다른 사람에 대해서 우호적이고 협동적인 성향을 뜻하며, 성실성은 자기조절을 잘 하고 책임감이 강한 성취지향적인 성향을 의미한다. 성격은 선천적 요인과 후천적 요인이 결합하여 형성된 것으로서 일단 형성되면 잘 변하지 않는 것으로 알려져 있지만, 개인의 의지와 노력에 의해서 상당 부분 변화될 수 있다.

제3장

부적응적 인간관계

학 습 목 표

1. 적응적 인간관계와 부적응적 인간관계를 구분하는 기준을 이해한다.
2. 부적응적 인간관계의 다양한 유형을 제시할 수 있다.
3. 부적응적 인간관계를 유발할 수 있는 주요한 성격장애를 설명할 수 있다.
4. 인간관계의 부적응으로 인해 발생할 수 있는 다양한 심리적 장애를 제시할 수 있다.

1. 인간관계의 부적응

인간관계는 행복의 주된 원천인 동시에 불행의 가장 중요한 원천이다. 인간은 누구나 특정한 사회적 상황(예: 가정, 학교, 직장)에서 다른 사람들과 상호작용을 하며 인간관계를 맺는다. 인간관계의 대상(예: 가족, 친구, 연인)이 어떤 사람이든 그들과 원만하고 친밀한 관계를 맺으면 인간관계는 행복감을 경험하는 주된 원천이 된다. 그러나 이들과 친밀한 관계를 맺지 못하거나 반목하면 인간관계는 심리적 고통을 경험하는 불행의 가장 주요한 원천이 된다.

우리는 인생의 발달단계에 따라 다양한 사회적 상황에서 다양한 사람들과 인간관계를 맺는다. 이런 점에서 인간관계는 우리가 대처해야 할 인생의 중요한 적응과제다. 인간관계는 우리와 모든 것이 다른 상대방과의 상호작용에 의해 결정되는 것이기 때문이다. **적응**(adaptation)은 변화하는 환경에서 만족스럽게 생존하기 위한 개인의 노력으로서 2가지의 과정, 즉 순응과 동화의 과정을 통해 이루어진다. **순응**(accommodation)은 주어진 환경에 맞추어 자신을 변화시키는 과정인 반면, **동화**(assimilation)는 자신의 욕구에 맞추어 환경을 변화시키는 과정을 뜻한다. 이러한 순응과 동화의 과정을 통해 인간은 주어진 환경과 원활하게 상호작용하며 적응해 나간다. 주어진 환경에 적응하지 못할 경우, 개인은 심리적 고통과 불행감을 경험하게 된다.

현대사회를 살아가는 우리는 대부분의 시간을 사람들과 만나면서 생활한다. 우리가 적응해야 하는 주된 환경은 인간사회다. 즉, 사람과의 관계 속에서 우리는 적응해 가야 한다. 우리는 다양한 사람과 여러 가지 상황에서 인간관계를 맺게 되는데, 이러한 인간관계에서 때로는 즐거운 감정을 느끼지만 때로는 불편하고 불쾌한 감정을 경험하게 된다. 인간관계는 늘 친밀하고 안정된 상태로 유지되는 정적인 관계가 아니라 끊임없이 변화하는 역동적인 관계다. 인간관계의 변화와 더불어 우리는 희로애락의 감정을 경험한다. 우리가 적응해야 하는 인간관계 상황은 다양하다. 낯선 사람과 새로운 인간관계를 형성해야 하는 상황, 형성된 인간관계를 유지하고 심화하여 발전시켜야 하는 상황, 갈등적인 인간관계를 해소하거나 청산해야 하는 상황과 같이 매우 다양하다. 이렇게 변화하는 여러 가지 인간관계 상황에 적용하는 일은 결코 쉽지 않다. 그래서 많은 사람들이 인간관계 속에서 고통을 느끼고 부적응을 경험한다.

인간관계의 **부적응**은 여러 가지 기준으로 정의할 수 있다. 첫 번째 기준은 인간관계 속에서 느끼는 **주관적 불편감**(subjective discomfort)이다. 이러한 불편감은 다양한 부정적인 불쾌감정을 뜻하며 인간관계 속에서 느끼는 불안, 분노, 우울, 고독, 좌절감 등을 포함한다. 이러한 불쾌감정은 인간관계 속에서 누구나 약간씩은 경험하는 것이지만 이러한 불쾌감정이 참기 어려울 정도로 과도한 상태를 부적응 상태라고 할 수 있다. 불쾌감정이 과도한 상태는 4가지 경우로 구분될 수 있다. 첫째, 인간관계에서 느끼는 불쾌감정의 강도가 지나치게 강한 경우로서, 예를 들어 낯선 이성을 만나는 미팅 상황이나 여러 사람 앞에서 발표를 해야 되는 상황에서는 누구나 약간의 긴장과 불안을 경험하게 되지만 그 정도가 심하여 얼굴이 굳고 말을 제대로 하지 못하는 경우가 이에 해당된다. 둘째, 불쾌감정의 지속기간이 지나치게 장기간 지속되는 경우로서 연인과의 실연으로 인한 우울감정이나 배신한 친구에 대한 분노감정이 수개월 동안 지속되어 고통받는 경우가 그 예라고 할 수 있다. 셋째, 불쾌감정을 느끼지 않을 상황에서 부적절하게 그러한 감정을 느끼는 경우인데, 그 예는 사람이 많은 전철 안에서 남들이 자신을 쳐다본다는 생각 때문에 불안해하거나 자신의 눈빛이 너무 강해서 남들을 불쾌하게 만든다고 생각하여 다른 사람의 눈을 쳐다보지 못하고 위축감을 느끼는 경우다. 넷째, 불쾌감정으로 인해 학업, 직업 그리고 사회생활에 현저한 지장을 받게 되는 경우다. 예를 들어, 수업시간에 발표하는 것이 두려워서 발표시간에 무단결석을 하는 경우, 수강하고 싶지만 발표를 해야 하는 과목을 피하는 경우, 낯선 사람과 접촉하는 것이 불편하여 판매직 직장인이 업무를 제대로 수행하지 못하는 경우가 이에 해당한다.

부적응의 두 번째 기준은 인간관계의 **역기능**(dysfunction)이다. 인간관계의 역기능이라 함은 개인의 사회적 적응에 결과적으로 부정적인 영향을 미치는 인간관계를 의미한다. 개인이 자신의 능력을 발휘하고 추구하는 목표를 달성하는 데에 결과적으로 손해와 지장을 초래하는 인간관계는 역기능적이며 부적응적인 인간관계라고 말할 수 있다. 예를 들어, 여러 부하직원을 거느리고 일하는 상급자가 지나치게 권위적이고 공격적이어서 부하직원의 사기를 저하시키고 반발을 야기하여 업무를 효율적으로 추진하지 못하는 경우다. 또는 여러 사람이 함께 협동적인 일을 해야 하는 상황에서 한 사람이 지나치게 지배적이거나 비판적이어서 다른 사람들을 괴롭게 하고 일의 진행을 더디게 하는 경우다. 그 사람은 스스로 불편함을 느끼지 않고 그런 행동을 하지만 다른 사람들로부터 따돌림을 당하고 집단 활동의 효율성을 떨어뜨려 결과적으로 자신에게도 손해를 자초하게 된다.

부적응적 인간관계는 자신과 주변 사람들을 고통스럽게 만든다.

인간관계 부적응의 세 번째 기준은 **사회문화적 규범의 일탈**(deviation from sociocultural norm)이다. 모든 사회와 집단에는 구성원의 행동규범이 외현적으로 또는 암묵적으로 정해져 있는 것이 일반적이다. 어느 사회이든 남녀노소를 막론하고 상황에 따라서 상대방에게 지켜야 할 여러 가지 행동규범이 있다. 특히 유교적 예의범절이 중요시되는 한국사회에서는 연소자와 연장자, 하급자와 상급자, 남자와 여자가 서로에게 사용하는 호칭, 인사법, 말투와 행동에 대한 행동규범이 정교하게 발달되어 있다. 뿐만 아니라 모든 사회에는 상황에 알맞은 적절한 행동양식이 있다. 축하를 해야 할 때, 애도를 표시해야 할 때, 부탁이나 요청을 할 때, 식당에서 음식을 주문할 때, 낯선 사람을 대할 때와 같이 다양한 상황에서 사회구성원들이 행동하는 행동양식이 있다. 이렇듯 인간관계의 대상과 상황에 따라 지켜야 할 행동규범과 행동양식에 대해서 무지하거나 부적절한 행동을 하는 사람은 주변 사람들에게 좋은 인상을 줄 수 없다. 예를 들어, 연장자에게 한 손으로 물건을 건네거나 상사의 심각한 지시를 받으면서 정면으로 입을 크게 벌려 하품을 하는 것은 예의에 벗어난 행동이다. 또한 가까운 직장동료가 슬픈 일을 당했을 때 위로의 말을 건넬 줄 모르는 것이나 낯선 사람을 처음 만나 개인의 성생활에 대해 묻는 것은 상황에 부적절한 행동이라고 할 수 있다. 이러한 행동을 하는 사람은 스스로 불편감을 느끼지 못하지만 주변 사람들을 불편하고 불쾌하게 하며 그들로부터 무례하고 이상한 사람이라는 평가를 받게 됨으로써 원활하고 친밀한 인간관계를 맺기 어렵다.

인간사회 속에서 일어나는 갈등과 불행은 이러한 인간관계의 부적응으로부터 파생되는 경우가 많다. 거대하고 다원화된 사회를 살아가는 현대인에게 있어서 다양한 상황에서 다양한 사람을 만나면서 부딪히는 인간관계에 적절히 적용하는 일은 쉽지 않다. 그래서 많은 현대인들이 인간관계의 어려움을 호소하고 있다. 실제로 상담가나 심리치료자에게 전문적 도움을 구하는 내담자들이 호소하는 주된 문제는 이러한 인간관계의 문제이거나 이로부터 파생된 심리적 문제인 경우가 대부분이다.

2. 부적응적 인간관계의 유형

인간관계에서 고통을 받고 부적응을 경험하는 사람들의 문제는 매우 다양하다. 인간관계 부적응은 그 원인, 발생양상, 내용, 심리적 결과 등에 따라 다양하게 분류될 수 있다. 개인의 인간관계 문제는 그 사람이 처한 주변 상황의 열악함 때문에 발생하는 경우도 있고, 그 사람의 개인적인 성격특성 때문에 발생하는 경우도 있다. 어떤 사람은 어린 시절부터 지속적으로 장기간 반복되어 온 만성적인 인간관계 문제를 지니고 있는 반면, 다른 사람은 어려움 없이 살아오다가 인생의 특정 시기에 갑자기 인간관계 문제에 봉착하기도 한다.

이렇듯이 부적응적인 인간관계의 문제는 다양한 유형으로 나타난다. 부적응적 인간관계에 대한 이해를 돕기 위해 필자의 상담경험에 근거하여 부적응적 인간관계를 몇 가지 유형으로 나누어 살펴보고자 한다. [그림 3-1]에 분류되어 있듯이, 부적응적 인간관계는 크게 4가지 유형, 즉 인간관계 회피형, 인간관계 피상형, 인간관계 미숙형, 인간관계 탐닉형으로 나누어 볼 수 있다. 좀 더 세분하면, 인간관계 회피형은 인간관계 경시형과 인간관계 불안형으로, 인간관계 피상형은 인간관계 실리형과 인간관계 유희형으로, 인간관계 미숙형은 인간관계 소외형과 인간관계 반목형으로, 그리고 인간관계 탐닉형은 인간관계 의존형과 인간관계 지배형으로 나뉘게 된다.

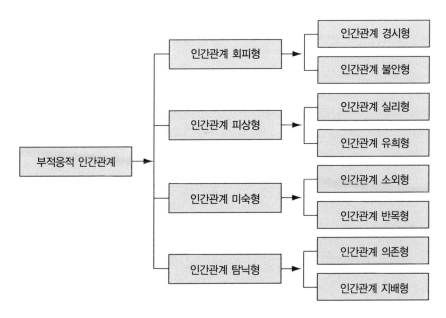

[그림 3-1] 부적응적 인간관계의 유형

1) 인간관계 회피형

인간관계의 부적응을 경험하는 사람 중에는 인간관계를 회피하며 고립된 생활을 하는 사람들이 많다. 이러한 사람들을 **인간관계 회피형**이라고 할 수 있다. 이러한 회피형 중에는 인간관계에 대한 욕구와 동기가 적은 사람들이 많다. 이러한 사람들은 인간관계에 매우 소극적이어서 거의 친구가 없거나 인간관계의 폭이 매우 제한되어 있기 때문에 **인간관계 고립형**이라고 지칭할 수 있다. 이들은 혼자 있을 때 가장 편안하게 느끼며 사람을 만나서 하는 일을 가능한 한 피한다. 또한 이들은 인간관계보다는 일, 특히 혼자 하는 일에 몰두하는 경향이 있다. 이러한 유형에 속하는 사람들은 인간관계를 회피하는 심리적 이유에 따라 2가지 하위유형, 즉 인간관계를 중요하게 생각하지 않는 인간관계 경시형과 인간관계에 대한 불안과 두려움을 지니는 인간관계 불안형으로 구분할 수 있다.

인간관계 경시형은 인간관계가 삶에 있어서 중요하지 않으며 실상 무의미하다고 생각하는 사람들이다. 달리 말하면, 인간관계보다는 학문이나 공부, 예술적 작업, 종교 활동이 중요하다고 믿는 사람들이다. 따라서 인간관계에 시간을 들여 신경 쓰는 것이 헛된 낭비라고 생각한다. 이러한 인간관계 경시형은 평소에 외로움을 느끼지 않으며 오히려 고독을 즐긴다. 그러나 이러한 기간이 장기화되면 이유 없는 권태감이나 무력감에 빠지는 경우가 많다. 사는 것이 재미가 없고 활기를 잃게 되며 허무주의나 비관주의로 흐르는 경향이 생겨난다. 인간은 기본적으로 애정이 필요하며 인간관계 속에서 애정을 공급받지 못하면 삶의 의욕이 저하될 수밖에 없기 때문이다.

이러한 사람들 중에는 독창적이고 창조적인 업적과 작품을 내놓는 경우도 있다. 그러나 이들의 생각이나 행동은 독단적이고 자폐적인 방향으로 흐를 가능성이 높다. 자신의 생각을 타인과의 교류를 통해 비교하고 교정받지 않기 때문에 자신만의 자폐적 생각에 머무르게 된다. 뿐만 아니라 다른 사람의 생각과 감정을 이해하고 공감하기 어렵기 때문에 원만한 의사소통에 어려움을 겪게 된다. 그 결과 다른 사람들이 보기에 이해하기 어려운 이상하고 기괴한 사람으로 여겨지게 된다.

인간관계 경시형은 인간관계를 부정적으로 보는 독특한 신념이나 인생관을 가지고 있는 경우가 많다. 그러한 신념의 몇 가지 예를 살펴보면, "인간은 어차피 고독한 존재다. 따라서 타인에게 의존하지 말고 혼자 사는 것에 익숙해져야 한다", "사람 사이에는 어차피 넘을 수 없는 벽이 존재한다", "인간의 가치는 인간관계보다 일, 공부, 업적에 의해 결정된다", "인간관계를 위한 노력은 정력과 시간의 낭비일 뿐이다", "인간은 누구나 이기적이다. 인간관계는 상처만 줄 뿐이다", "주변에는 신뢰할 만한 가치 있는 사람이 없다" 등이 있다. 이러한 부정적 신념과 인생관이 형성되는 과정은 다양하다. 첫째, 과거에 긍정적이고 의미 있는 인간관계를 경험해 보지 못한 사람의 경우다. 성장 과정에서 부모나 타인과 친밀하고 따뜻한 관계를 형성하지 못하고 고립된 채로 성장하여 인간관계에서 느낄 수 있는 즐거움과 기쁨을 경험해 보지 못했기 때문에 부정적 신념과 인생관이 형성된 것이다. 부모에 매달리고 의존하려는 아이가 부모로부터 거부당하고 좌절당하는 경험을 많이 하게 되면 부모와의 관계로부터 철수하여 혼자만의 세계 속에 안주하려는 경향을 나타내는데, 이러한 경향이 인간관계 경시형으로 발전할 수 있다. 둘째, 불행한 인간관계의 경험을 가진 사람들의 경우다. 부모나 가족의 불행한 관계를 목격하며 성장했거나 과거에 굳게 믿었던 사람으로부터 심한 배신감을 경험한 사람들은 인간관계 자체에 대해서 실망하고 좌절하여 인간관계에 대한 부정적 시각을 형성하게 되는 경향이 있다.

인간관계 불안형은 사람을 만나는 것이 불안하고 두려워서 인간관계를 피하는 사람들이다. 인간관계 불안형은 사람을 사귀고자 하는 욕구가 있으며 인간관계를 무시하지 않는다는 점에서 인간관계 경시형과는 다르지만 결과적으로 사람을 피하고 고립된 생활을 한다는 점에서는 유사하다. 이들은 사람 만나는 일을 몹시 불안해하고 힘들어한다. 사람을 만나면 왠지 긴장되고 불편하며 피곤하기 때문에 사람을 피하게 된다. 이러한 인간관계 불안형은 가족이나 소수의 친한 친구들, 즉 안심하고 편안하게 만날 수 있는 사람들과만 인간관계를 유지하며 새로운 인간관계를 형성하는 일이 어렵다. 이들의 인간관계 불안이 극심하게 악화되면 사회공포증으로 발전할 수도 있다.

인간관계 불안형에 속하는 사람들은 자기 자신과 타인에 대한 부정적 신념이나 사고를 지니고 있는 경우가 많다. 그러한 부정적 신념 중에는 "나는 무가치

인간관계에서 과도한 불안을 느끼는 사람들이 있다.

하고 무능하며 사람들과 함께 살기에 부적절한 사람이다", "나는 사람들로부터 인정받고 사랑받기엔 너무나 무가치한 존재다", "나는 사람들을 불편하고 불쾌하게 만든다", "사람들은 비판적이고 공격적이며 적대적이다", "내가 잘못하거나 적절히 행동하지 못하면 나를 무시하고 우습게 볼 것이다", "사람을 피하는 것이 상처를 덜 받는 최선의 방법이다" 등이 있다. 이러한 사람들은 타인의 반응을 지나치게 의식하고 인간관계에서 발생하는 위험과 위협에 대해 지나치게 예민한 과민성을 지니고 있으며 때로는 피해의식에 사로잡혀 있는 사람들도 있다. 따라서 인간관계속에서 쉽게 상처를 입고 괴로움을 느끼게 되므로 사람과의 관계를 가능하면 회피하려 한다. 혼자 있으면 외롭지만 안전하고 상처를 받지 않기 때문에 인간관계로부터 철수하여 자신만의 고립된 세계에 머무르는 경향이 있다. 이러한 사람 중에는 성장 과정에서 매우 엄격하고 비판적이며 평가적인 부모나 주변 사람의 영향으로 자기가치감이 저하되고 타인에 대한 두려움을 지니게 된 경우가 흔하다.

2) 인간관계 피상형

인간관계 피상형은 깊이 있고 의미 있는 인간관계를 맺지 못하고 피상적인 인간관계를 맺는 사람들이다. 이들은 겉으로 보기에 넓고 원만한 인간관계를 맺고 있는 듯이 보일 수 있다. 때로는 지나칠 만큼 교제 범위나 활동 범위가 넓으며 다양한 부류의 많은 사람들과 알고 지내는 사람도 있다. 그러나 자신의 속마음을 털어놓고 이야기할 수 있는 친한 친구가 없는 사람들이다. 즉, 아는 사람은 많지만 진정한 친구가 없는 사람들이다. 인간관계 피상형은 내면적으로 고독한 사람이다. 평소에는 커다란 갈등 없이 지내지만 어려움이 생기면 속마음을 털어놓고 자신의 고민이나 괴로움을 같이 나눌 사람이 없기 때문에 심한 외로움과 고독감에 빠져들게

된다. 인간관계 피상형은 다른 사람과 깊이 있고 밀착된 관계를 맺는 것에 대한 불편함과 두려움을 가지고 있는 경우가 많다. 친밀한 관계를 맺으면 자신이 상대방에게 구속되거나 종속됨으로써 자율성이나 자기정체감을 잃게 될 것이라는 두려움을 느낀다. 또 친밀한 관계를 형성하는 과정에서는 자기공개를 통해 서로에 대한 개인적인 정보를 주고받게 되는데, 인간관계 피상형은 자신의 개인적인 은밀한 정보나 속마음을 털어놓는 것에 대한 두려움을 지니며 상대방의 사적인 은밀한 신상 이야기를 듣는 것에 대해서 부담스러워하는 경향이 있다. 따라서 이러한 사람들은 다른 사람과 관계가 너무 가까워지는 것에 대해서 위협감을 느끼므로 다른 사람과 적당한 거리를 두고 피상적인 수준에서 사귀는 것을 편안하게 느낀다. 이러한 인간관계 피상형은 피상적 인간관계를 맺는 이유에 따라 인간관계 실리형과 인간관계 유희형으로 나누어 볼 수 있다.

인간관계 실리형은 인간관계의 주된 의미를 실리적인 목적에 두는 사람들이다. 이러한 사람은 인간관계를 현실적인 이득을 위한 거래관계로 생각하는 경향이 있다. 이들은 자신의 업무나 추구하는 목적에 도움이 될 수 있는 사람들에게 의도적으로 접근하여 넓은 인간관계를 형성하는 경향이 있다. 그러나 이들은 상대방으로부터 얻을 것이 없다고 생각되면 더 이상 관심을 가지지 않는다. 이들은 인간관계에서 손해 보는 일을 하지 않으며 따라서 순수한 마음으로 다른 사람을 돕는 일에 인색하다. 또한 이들은 인간관계를 현실적 이해관계의 관점에서 보기 때문에 상대방의 사적이고 내면적인 삶에는 관심을 갖지 않을 뿐만 아니라 자신의 약점이나 깊은 속마음을 내보이지도 않는다. 이들은 애정중심적 인간관계보다 업무중심적 인간관계에 과도하게 치중하는 사람들이다. 지나치게 성취중심적인 삶을 살아가는 사람들 중에는 인간관계 실리형이 많다.

인간관계 실리형 역시 인간관계에 대해서 나름대로 독특한 신념과 인생관을 지니고 있다. 그러한 신념들 중에는 "인간관계에서는 이해관계가 가장 중요하다", "현실적 이득을 위해서 인간관계는 필요하고 중요하다", "손해 보는 인간관계는 싫다", "넓은 인간관계는 성공하기 위해 필요하나, 사실 인간은 믿기 어려운 존재다", "많은 사람을 아는 것이 중요하고 현실적으로 도움이 된다", "나의 내면이 사람들에게 알려지면 아마도 사람들은 나를 무시하고 떠나갈 것이다", "나의 치부나 고민을 드러내는 것은 인간관계에서 부적절한 일이다" 등이 있다.

인간관계 실리형은 현대사회에서 가장 많이 발견할 수 있는 사람들이다. 현대인들은 '주고받음(give and take)'이라는 교환적 시장원리를 인간관계에 적용하는 경향이 있다. 또한 모든 것을 물질적 가치나 교환적 가치로 환산하는 자본주의 사회에서는 인간관계 역시 득실과 이해관계로 파악하는 태도가 확산되고 있다. 뿐만 아니라 사회가 복잡해지고 많은 사람들과 부딪히며 살게 되는 현대인들은 만나는 한 사람 한 사람에게 깊은 관심과 애정을 기울일 여유가 없기 때문에 업무중심적으로 피상적인 인간관계를 맺게 되는 경향이 생겨난다. 한국인이 인간관계에서 중요시했던 '정'이나 '의리'라는 가치는 퇴색되고 현실적 이득과 효율성을 강조하는 인간관계로 대체되어 가고 있다. 이렇듯이 우리가 살고 있는 현대사회는 사람들의 인간관계를 실리형으로 유도하는 경향이 있다.

인간관계 실리형은 현대사회에 효율적으로 적응하는 사람들일 수 있다. 그러나 이러한 경향이 강한 사람들은 실상 외로운 사람들이다. 내면적으로 고독을 느끼고 삶에서 무언가 허전함을 느끼게 된다. 그럼에도 불구하고 인간관계 실리형은 자신이 추구하는 성취나 업적이 잘 이루어질 때는 커다란 심리적 문제를 나타내지 않는다. 그러나 삶이 뜻대로 풀리지 않고 실패와 좌절을 경험할 때 심각한 심리적 혼란과 침체 속에 빠지는 경향이 있다. 자신의 고통과 속마음을 털어놓고 하소연하고 위로받을 사람이 없을 뿐만 아니라 자신의 어려운 상황을 도와줄 사람이 적기 때문이다.

인간관계 유희형은 쾌락과 즐거움을 인간관계에서 얻는 최고의 가치로 생각하는 사람들이다. 이들은 인간관계를 재미있고 신나게 놀고 즐기는 것이라고 생각한다. 따라서 이들은 사람을 만나면 함께 술 마시고 노래하고 유흥을 즐긴다. 항상 분위기를 명랑하게 만드는 가벼운 농담이나 재미있는 놀이를 좋아한다. 그러나 진지하고 무거운 주제의 이야기는 싫어한다. 이러한 인간관계 유희형은 다른 사람에게 자신의 고민이나 속마음을 진지하게 이야기하지 않을 뿐만 아니라 다른 사람의 무거운 이야기를 부담스러워하여 피하는 경향이 있다. 따라서 함께 놀 친구는 많지만 자신의 속마음을 털어놓을 깊이 있는 친구가 없다.

인간관계 유희형 중에는 깊이 있고 친밀한 관계에 대해서 불편함과 두려움을 지니고 있는 사람들이 많다. 이들은 피상적으로 즐겁게 노는 수준 이상으로 관계가 진전되면 부담스러워한다. 친밀하게 가까이 다가오는 사람이 있을 때에도 그러한 관계를 부담스럽게 느껴 오히려 멀리하는 경향이 있다. 함께 놀고 즐길 수 있는 사람이면 쉽게 어울리지만 재미없고 부담스러워지면 관계를 청산한다. 따라서 한 사람과 지속적인 인간관계를 맺기보다 상대를 자꾸 바꾸는 경향이 있어서 이들의 인간관계는 불안정한 양상을 띠게 된다.

인간관계 유희형은 쾌락지향적인 신념과 사고를 지니고 있다. 그러한 신념 중에는 "인생에 있어서 사실 중요한 것은 즐거움과 쾌락이다", "인간관계에서는 재미와 즐거움을 얻는 것이 최선이다", "인생의 밝고 즐거운 면만을 보고 어둡고 괴로운 면은 외면해야 한다", "불필요하게 심각해질 필요 없다", "인간관계는 재미있어야 한다", "불편함과 고통은 피하는 것이 최선이다" 등이 있다.

인간관계 유희형은 즐거움과 쾌락을 지향하는 반면, 구속과 규제를 싫어한다. 이들은 자신이 원하는 대로 행동하고자 하는 자유분방함을 지닌다. 이들 중에는 자기조절능력과 자기통제능력이 부족한 사람들이 많으며 무책임한 경향이 있다. 따라서 학업이나 직업의 영역에서 자신의 능력을 충분히 발휘하지 못하여 무능하고 무책임한 사람으로 평가되기도 한다. 사실 인간관계 유희형은 내면적으로 고독한 사람인 경우가 많다. 고독하기 때문에 고독을 잊기 위해 사람을 만나 일시적인 쾌락과 즐거움을 추구하는 경향이 있다. 그러나 이러한 인간관계는 고독에 대한 일시적인 해소책일 수는 있지만 결국 인간관계를 피상적으로 만들기 때문에 더욱 고독한 상태로 빠져들게 한다.

3) 인간관계 미숙형

인간관계 미숙형은 대인기술 또는 사회적 기술이 부족하여 인간관계가 원활하지 못한 사람들이다. 이러한 사람들은 인간관계 회피형이나 피상형과 달리 다른 사람과 친밀하고 깊이 있는 인간관계를 맺고자 하는 상당한 욕구를 지니며 사람들에게 접근한다. 그러나 친밀한 인간관계는 이러한 욕구만으로 이루어지는 것이 아니다. 다른 사람이 호감을 느낄 수 있도록 자신을 적절하게 표현하는 기술이 필요하다. 또한 다른 사람의 마음을 잘 읽고 그에 알맞게 대응하는 사회적 기술이 원만하고 깊이 있는 인간관계를 형성하기 위한 필수조건이다. 인간관계에 필요한 언어적 또는 비언어적 기술을 **대인기술**이라고 하며 이에 대해서는 6장에서 자세히 설명될 것이다. 인간관계 미숙형은 이러한 대인기술이 부족하고 미숙한 사람들이다. 따라서

인간관계 미숙형은 사회적 기술의 부족으로 친밀한 관계를 맺지 못한다.

사람들에게 접근하고 친밀한 관계를 맺기 위해 노력하지만 결과적으로 친밀한 관계를 맺는데 실패한다. 흔히 이러한 유형의 사람들은 다른 사람과의 관계에서 소외당하거나 빈번한 갈등을 야기하는 경우가 많다. 인간관계 미숙형은 대인관계 기술의 미숙으로 인해 나타나는 부적응 문제의 양상에 따라 인간관계 소외형과 인간관계 반목형으로 나누어 볼 수 있다.

인간관계 소외형은 미숙한 대인기술로 인해 다른 사람들로부터 따돌림을 당하고 소외당하는 사람들이다. 이들은 흔히 인간관계에서 적극적이고 능동적인 태도를 보인다. 그러나 다른 사람에게 호감을 주지 못하고 오히려 불편하고 귀찮은 존재로 여겨지는 경우가 대부분이다.

인간관계 소외형이 다른 사람에게서 호감을 얻지 못하는 몇 가지 이유를 살펴보면 다음과 같다. 첫째, 이들 중에는 자신의 외모나 옷차림에 무신경하거나 부적절하여 다른 사람에게 혐오감을 주는 사람들이 있다. 몸에서 냄새가 나거나 상황에 부적절하게 기이하거나 현란한 옷을 입어 주변 사람들로 하여금 불쾌감이나 어색함을 느끼게 하는 경우가 그 예다.

둘째, 이들은 우리 사회의 인간관계에서 지켜야 할 예의나 규범에 대해서 무지하고 그에 어긋난 행동을 자주 한다. 따라서 이러한 사람들은 주변 사람들로부터 무례한 사람으로 여겨지는 경우가 많다. 예컨대, 상사나 선배에게 인사를 제대로 하지 않고 반말 투의 언어를 사용하는 사람, 친밀하지 않은 사람에게 사적인 질문이나 부적절한 농담을 해대는 사람, 처음 만난 이성 앞에서 콧구멍을 쑤시고 하품을 하는 등 무례하고 부적절한 행동을 하는 사람들이 이에 해당한다.

셋째, 인간관계 소외형에 속하는 사람은 자기중심적이고 상대방을 배려하는 마음이 부족한 경향이 있다. 달리 말하면, 이러한 유형의 사람은 타인의 입장에 서서 생각하고 행동하는 능력이 부족한 사람이라고 할 수 있다. 이들은 대화할 때 상대방의 이야기를 듣기보다 자신의 이야기를 일방적으로 하는 경우가 많다. 진지하게 이야기하는 상대방의 말을 제대로 듣지 않고 주의를 다른 곳으로 돌린다든가 이야기의 주제를 일방적으로 바꾸기도 한다. 상대방이 처한 상황을 고려하지 않고 무리한 부탁을 하거나 강요하는 행동을 하기도 한다. 또는 약속을 하고도 이를 잘 지키지 않으며 약속을 지키지 못한 것에 대해 사과할 줄 모르는 등 무책임한 사람으로 보일 수 있다.

넷째, 이들은 상황에 부적절한 행동을 하는 경향이 있다. 여러 사람이 중요한 토의를 하는 모임에서 엉뚱한 주제로 장황하게 이야기하거나 상황에 걸맞지 않은 행동이나 농담을 하여 분위기를 어색하게 만들어 다른 사람을 불편하게 한다. 따라서 주변 사람들에게서 이상한 사람이라는 평을 듣게 되고 결과적으로 따돌림을 당하게 된다.

다섯째, 인간관계 소외형의 주요한 특성은 앞에서 열거한 여러 가지 부적절하고 무례한 행동을 악의적인 의도를 가지고 행하는 것이 아니라는 점이다. 또한 이들은 자신의 행동이 타인에게 어떤 불쾌감과 불편함을 주는지에 대해서 잘 인식하지 못한다. 다른 사람과 친밀하게 지내고 싶은 마음이 앞설 뿐 적절한 행동이 뒤따르지 않는 미숙하고 순박한 사람인 경우가 많다.

인간관계 소외형은 이러한 이유로 인해 다른 사람들로부터 따돌림을 당하고 소외당하게 된다. 그러나 이들은 다른 사람들과 격렬한 갈등을 초래하지는 않는다. 주변 사람들은 이러한 사람을 귀찮고 불편하기 때문에 멀리할 뿐 특별히 미워하지 않는 경우가 많다.

인간관계 반목형은 여러 인간관계에서 다툼과 대립을 반복적으로 경험하는 사람들이다. 이들은, 인간관계 소외형과는 달리, 타인에게 호감을 주고 때로는 친밀한 관계를 형성하기도 한다. 그러나 상대방의 언행에 쉽게 감정이 상하고 또 상대방의 감정을 자주 상하게 함으로써 인간관계에서 반목을 많이 경험하는 사람들이다. 따라서 주변에는 친구도 있지만 서로 미워하는 경쟁자나 적을 다수 지니고 있는 경우가 많다.

다른 사람과의 밀접한 인간관계에는 필연적으로 다소의 갈등과 대립이 있기 마련이다. 이해관계의 측면에서나 감정교류의 측면에서 나의 뜻대로 상대방이 따라 주지 않거나 상대방이 나의 이익과 감정을 일방적으로 손상시키는 일이 흔히 발생한다. 이러한 갈등상황을 적절하게 잘 해결하는 것이 원만한 인간관계를 위해 필요한 중요한 대인기술이다. 갈등상황에서는 서로의 불쾌한 감정을 최소화하고 자신의 정당한 권리와 이익을 최대화하는 것이 중요하다. 인간관계 반목형은 이러한 갈등상황을 해결하는 기술이 미숙한 사람들이다. 따라서 갈등이 증폭되거나 확산되고 심한 감정손상을 경험하며, 나아가서 자신의 권리와 이익 역시 손상을 당하는 결과를 초래한다.

인간관계에서 **과도한 갈등과 반목을 나타내는** 사람들이 있다.

인간관계 반목형은 자신의 생각과 감정을 조절하여 표현하는 기술이 부족한 사람인 경우가 많다. 이들은 자신의 생각과 감정을 지나치게 직선적이고 강하게 표현하여 상대방의 감정을 상하게 하는 경향이 있다. 이러한 행동성향은 상대방의 입장을 충분히 고려하지 못하고 자신의 입장만을 내세우는 자기중심성과도 밀접한 관계가 있다. 아울러 이들은 행동하기 전에 자신의 행동이 초래할 결과를 깊이 생각하는 예측능력이 부족하거나 이성적 판단에 의해 행동을 조절하는 능력이 부족한 충동성(impulsivity)을 지니는 경우가 흔하다.

인간관계 반목형은 어떤 의미에서 신념과 주장이 강한 사람들이다. 이들은 인간관계에서 옳고 그름에 대해서 절대주의적이고 분명한 신념을 지니고 있는 경향이 있다. 달리 말하면, 다른 사람이 한 행동의 옳고 그름을 평가하는 완고한 기준을 가지고 있으며 타인이 이러한 기준에 맞게 행동하기를 기대하고 암묵적으로 강요한다. 따라서 이러한 기준에 벗어나는 행동은 부당한 잘못된 행동으로 평가되고 그러한 행동을 한 사람에 대해서 강한 불만과 분노를 느끼게 된다. 아울러 부당한 행동을 한 사람은 즉각적인 지적과 비난을 통해 질책하고 교정해야 한다는 생각을 통해 불만과 분노를 직선적으로 표현하게 된다. 이들은 이렇게 생각하고 행동하는 것이 옳고 바르게 사는 것이라는 신념을 지닌다. 그러나 자신과 타인에게 상처를 입히게 됨으로써 결과적으로 자신의 목적을 좌절시키는 미숙한 인간관계로 나타난다.

인간관계 반목형은 이러한 특성들로 인해 인간관계 속에서 여러 사람과 많은 갈등과 반목을 스스로 초래하고 또한 이미 발생한 갈등을 해결하는 데 어려움을 겪는 사람들이다. 이들은 미워해야 할 사람도 많고 자신을 미워하는 사람도 많은 사람이다. 따라서 이들은 스스로 인간관계에서 심리적 불편감과 불쾌감을 많이 느낄 뿐만 아니라 주변 사람들과 원만하고 효율적인 관계를 형성하기 어렵다.

4) 인간관계 탐닉형

인간관계 탐닉형은 다른 사람과의 친밀한 관계를 강박적으로 추구하는 사람들이다. 이러한 유형에 속하는 사람들은, 마치 인간관계에 중독된 것처럼, 혼자 있으면 불안하고 허전하여 참을 수 없다. 또한 다른 사람들에게서 버려지고 소외된 것 같아 괴롭다. 그래서 이러한 불안과 고통을 덜어 줄 사람을 찾아 헤맨다. 또한 다른 사람과 피상적인 관계가 아니라 서로 깊이 신뢰할 수 있는 밀접한 관계를 맺으려 한다. 이들은 항상 서로에 대해 관심과 애정을 가지고 서로의 요구를 무엇이든지 받아 주며 심지어 생명까지도 함께 나눌 수 있는 강렬한 인간관계를 원한다. 이러한 관계의 형성을 위해서 이들은 상당한 희생과 부담도 감수한다.

아울러 인간관계 탐닉형은 친밀해진 사람을 구속하는 경향이 있다. 항상 자신과 함께 있어 주기를 원할 뿐만 아니라 자신에 대해서 늘 관심과 애정을 가지고 배려해 주기를 원한다. 항상 붙어 다니며 다른 친구가 가까이 접근하지 못하게 하는 배타적인 단짝친구가 그 대표적인 예다. 이러한 유형에 속하는 사람은 흔히 질투가 강하다. 자신이 좋아하는 사람이 다른 사람에게 호감을 느끼고 친밀하게 지내는 것에 대해서 매우 강한 불쾌감과 분노를 느낀다. 이렇게 상대방을 구속하고 인간관계를 제한하게 되면, 상대방은 구속감과 부담감을 느끼게 되고 결국 그러한 인간관계에 불만을 느끼게 된다. 인간관계 탐닉형은 비교적 짧은 기간에 매우 친밀하고 깊은 관계를 형성하는 경향이 있지만 이러한 관계를 장기간 안정되게 유지시키지 못하는 경향이 있다. 또한 이들은 소수의 사람들과 배타적이고 제한적인 인간관계에 집착하기 때문에 폭넓은 인간관계를 형성하지 못한다.

인간관계 탐닉형은 다음과 같은 강렬한 인간관계에 대한 신념과 집착을 지니는 경우가 많다: "친구(또는 애인)는 모든 것을 서로 이야기하고 나누고 줄 수 있는 사람이어야 한다", "진정한 친구는 생명도 서로 나눌 수 있어야 한다", "진정한 친구는 어떤 요구도 서로 받아 주어야 한다", "진정한 친구는 한 명뿐이다. 나 외의 다른 친구를 사귀는 것을 원치 않는다", "혼자 있는 것은 정말 괴롭고 참을 수 없는 일이다", "친구와 늘 같이 지내며 서로의 신뢰와 애정을 확인해야 한다", "친구간에는 어디에서 무엇을 하는지 서로 알고 연락해야 한다." 이러한 인간관계 탐닉형은 인간관계에서 충족시키고자 하는 심리적 목적에 따라 인간관계 의존형과 인간관계 지배형으로 나눌 수 있다.

인간관계 의존형은 자신이 매우 외롭고 나약한 존재라는 생각이 내면에 깔려 있다. 따라서 혼자 살아가기에는 너무 힘들고 괴롭기 때문에 누군가에게 전폭적으로 자신을 맡기고 의지하려는 사람들이다. 이런 유형의 사람 중에는 애정에 굶주린 사람이 많다. 애정의 허기를 채우기 위해 모든 것을 바쳐 의존적인 관계를 맺고 그 속에서 흠뻑 애정을 느끼고 싶어 한다. 이들은 혼자 있는 것을 참지 못하고 의지할 사람을 늘 찾는다. 흔히 유능하고 강한 사람을 의지의 대상으로 택하는 경향이 있으며 이러한 대상에 대해서는 과대평가하고 때로는 우상화하기도 하는 등 상대방에게 매료되는 경우가 많다. 따라서 그렇게 의지할 만한 사람에게 적극적으로 접근하여 강렬하고 친밀한 관계를 급속하게 형성하는 경향이 있다. 이러한 과정에서 상대방을 전폭적으로 칭송하고 찬양하거나 자신의 많은 것을 희생적으로 제공하는 행동을 하기도 한다.

이렇게 형성된 인간관계 속에서 자신의 모든 것을 상대방에게 맡기고 자신의 삶을 의탁하게 된다. 크고 작은 여러 가지 일에서 스스로 결정과 판단을 내리지 못하고 의지하는 사람에게 조언과 지시를 구한다. 그리고 의지하는 사람의 곁에 항상 붙어 있으면서 관심과 애정을 지속적으로 받고 이를 확인하고자 한다. 인간관계 의존형은 이렇듯 다른 사람과 종속적인 인간관계를 맺으며 흔히 추종자의 위치에 만족한다.

인간관계 의존형은 의지하는 상대가 자신을 버리고 떠나가지 않을까 늘 두려워하고 의심한다. 그래서 자신의 많은 것을 주고 희생하며 의존적인 관계를 확인하고 유지하려고 매달린다. 그러나 이러한 행동이 지나치면 상대방에게 많은 심리적 부담감을 주기 때문에 인간관계가 불안정해지는 경향이 있다. 이들은 의존대상과 헤어지게 되면 강한 심리적 상실감과 정서적인 동요를 나타내게 된다. 그러나 많은 경우, 재빨리 다른 의존상대를 찾아 전과 마찬가지로 새로운 의존적 인간관계를 형성함으로써 이러한 심리적 고통과 불안정감을 해소하려고 시도한다.

인간관계 지배형 역시 혼자서는 허전함과 불안감을 느끼는 사람들이다. 그러나 이들은 인간관계 의존형과는 반대로, 자신의 주변에 누군가를 추종세력으로 거느리고 주도적인 역할을 하지 않으면 만족하지 못하는 사람들이다. 누군가를 자신의 뜻대로 지휘하고 통솔하는 지배자의 위치에 있을 때 행복감을 느낀다. 또한 자신을 신뢰하고 찬양하며 헌신적으로 따르는 사람을 원한다. 이런 사람들 중에는 실제로 사람을 끄는 매력과 지도력을 가진 사람들도 있다. 그래서 자신을 중심으로 세력과 집단을 만들려고 한다.

인간관계 지배형은 자기주장이 강하고 경쟁적인 경향이 있다. 특히 여러 사람이 동등한 위치에서 협력적인 일을 해야 하는 상황에서 많은 갈등을 유발한다. 자신이 지도적인 위치에 서기 위해 집단을 일방적으로 이끌어 나가려 하며 이를 제지하거나 경쟁하는 사람에 대해서는 공격적인 행동을 나타내기도 한다. 또한 이들은 실제로 집단에서 지도적인 위치를 맡게 되는 경우가 많다. 따라서 집단 속에서 지도자의 위치를 유지하고 구성원을 통솔하기 위한 심리적인 부담을 많이 지게 된다. 자신이 중심이 된 집단에서 경쟁자나 반발자가 나타나면 이를 용납하지 못하고 격렬한 감정대립으로 치닫게 되는 경향이 있다. 흔히 인간관계 지배형과 인간관계 의존형은 궁합이 잘 맞을 수 있다. 인간관계 속에서 충족하고자 하는 서로의 욕구가 보완적이기 때문에 이들은 서로에 대해 만족스러운 인간관계를 형성할 수도 있다. 즉, 추종세력을 원하는 사람과 의지대상을 찾는 사람은 서로 역할이 보완적이기 때문에 서로의 관계에 대해 만족감을 느낄 수 있다.

이상에서 부적응적 인간관계 유형을 크게 4가지의 유형, 세분해서 8가지의 유형으로 살펴보았다. 우리 인간은 완벽하지 않기 때문에 누구나 부적응적 인간관계의 요소를 조금씩 지니며 살아가는 것이 사실이다. 다만, 인간관계 속에서 스스로 심한 불편감을 느끼거나 주변 사람들을 불편하게 함으로써 그들과 원만하고 효율적인 인간관계를 맺지 못할 때 우리는 이러한 인간관계를 '부적응적'이라고 부르는 것이다. 이렇게 삶의 중요한 영역인 인간관계에서 적절하게 대응하지 못하는 사람의 삶은 불행할 수밖에 없다. 우리는 누구나 부적응적인 인간관계를 경험할 수 있으며, 이러한 인간관계의 부적응은 노력을 통해 개선될 수 있다. 스스로 자신의 인간관계를 살펴보고 부적응적 요소를 교정하도록 노력하면 인간관계는 개선될 수 있다.

탐구문제

• 완벽한 인간이 존재하지 않듯이, 자신의 인간관계에 100% 만족하는 사람들은 드물다. 누구나 정
  도는 다르지만 인간관계의 불만과 문제점을 지니며 살아간다. 나 자신은 앞에서 살펴본 다양한 인
  간관계 유형 중 어떤 유형에 가장 가까운가? 나의 인간관계를 어떤 방향으로 어떻게 개선해 나가
  야 할까?
• 만약 주변에 인간관계의 어려움을 겪는 사람들이 있다면, 그들은 어떤 유형에 속하는가? 그러한
  사람들과 인간관계를 맺어야 한다면, 어떻게 대처하는 것이 좋을까?

3. 부적응적 인간관계와 성격장애

부적응적 인간관계를 나타내는 사람 중에는 성격 자체가 특이하여 주변사람들과 친밀한 관
계를 맺지 못하거나 끊임없이 갈등과 반목을 일으키는 사람들이 있다. 특히 이러한 부적응적
성격특성이 극단적이어서 사회적 적응에 심각한 문제를 나타낼 경우, 이를 **성격장애**(personality
disorder)라고 한다.

성격장애를 지닌 사람들은 우리사회의 문화적 기대를 벗어나는 극단적인 사고방식, 정서반
응, 충동조절 그리고 대인관계 패턴을 지속적으로 나타낸다. 이들의 행동패턴은 융통성 없이
경직된 방식으로 개인생활과 사회생활 전반에 넓게 퍼져 있어서 사회적, 직업적, 그리고 다른
중요한 삶의 영역에서 심각한 고통이나 기능의 장애를 초래한다.

성격장애를 지닌 사람들이 가장 심각한 부적응을 나타내는 삶의 영역은 인간관계다. 성격
장애의 주된 진단기준 중 하나가 대인관계의 결함, 즉 공감과 친밀한 관계형성 능력의 부족이

성격장애를 지닌 사람들은 원만한 인간관계를 맺지 못한다.

다(권석만, 2015). 성격장애를 지닌 사람들은 자기정체감과 자기조절의 문제를 지닐 뿐만 아니라 대인관계에서 상대방의 감정상태를 공감하지 못하고 친밀한 관계를 안정적으로 형성하지 못하는 부적응을 나타낸다.

성격장애에는 매우 다양한 하위유형이 있다. 세계적으로 가장 널리 인정되는 심리적 장애의 분류체계인 DSM-5(American Psychiatric Association, 2013)에서는 성격장애가 A, B, C 세 군집의 10가지 하위유형으로 구분되고 있다(권석만, 2013).

1) A군 성격장애

A군 성격장애는 사회적 고립과 기이한 행동을 특징적으로 나타내는 성격적 문제를 뜻한다. 이러한 성격장애를 지닌 사람들은 인간관계를 잘 맺지 못하고 고립된 삶을 살아가며 다른 사람들이 이해하기 힘든 독특한 생각과 행동을 나타낸다. A군 성격장애는 3가지의 하위유형, 즉 ① 편집성 성격장애(paranoid personality disorder), ② 분열성 성격장애(paranoid personality disorder), ③ 분열형 성격장애(paranoid personality disorder)로 구분된다. A군에 속하는 3가지 성격장애의 대인관계 특성은 〈표 3-1〉과 같다.

〈표 3-1〉 A군에 속하는 3가지 성격장애의 대인관계 특성

- 편집성 성격장애
  - 타인이 자신을 속이거나 이용하지 않을까 과도하게 의심한다.
  - 타인이 자신을 이용할까봐 친밀한 관계를 꺼린다.
  - 타인의 언행에서 부정적인 의도를 발견하려고 노력한다.
  - 자신이 당한 비판이나 공격에 대한 원한을 풀지 않는다.
  - 대인관계에서 논쟁적이고 적대적인 행동을 나타낸다.

- 분열성 성격장애
  - 친밀한 관계를 원하지도 즐기지도 않는다.
  - 거의 항상 혼자서 생활하며 고립된 생활을 한다.
  - 타인의 칭찬이나 비평에 무관심해 보인다.
  - 무관심하거나 둔마된 감정반응을 보인다.

- 분열형 성격장애
  - 대인관계에서 부적절한 행동이나 정서반응을 나타낸다.
  - 대인관계를 오해하거나 망상적 사고를 나타낸다.
  - 괴이하고 엉뚱한 행동으로 타인에게 혐오감을 준다.
  - 가까운 친구나 친한 사람이 없다.
  - 대인관계에서 부적절한 불안을 느낀다.

📖 **편집성 성격장애의 사례**

한 중소기업의 기술연구소에 근무하는 30대 중반의 연구원인 C씨는 요즘 매우 우울하다. 이 세상에는 너무 부당한 일이 많으며 자신은 이런 세상을 살아가기에는 부적격자라는 생각이 들기 때문이다. 4남매 중 둘째 아들인 C씨는 어린 시절 똑똑하고 당돌한 소년이었다. 아버지는 매우 가부장적이고 봉건적인 사람으로 장남인 C씨의 형을 총애하고 동생들이 형에게 순종할 것을 강요했다고 한다. C씨는 초등학교 시절부터 이러한 아버지에게 저항하여 자주 대들었으며 아버지가 매질을 해도 절대 잘못했다고 빈 적이 없는 매우 고집 센 소년이었다. 초등학교에서 공부를 잘했으나, 담임교사가 부잣집 아이들에게 부당한 혜택을 준다고 불평을 하며 따지는 등 당돌한 행동을 하여 늘 교사로부터 미움을 사곤 했다. 중·고등학교에 진학한 후에는 교사를 비롯하여 학급동료들과 다투는 일이 많았다. 상대방이 한 말 중에서 C군을 무시하는 듯한 사소한 단서에 예민하게 반응하며 꼬치꼬치 따지고 들어 상대방을 기분 나쁘게 하거나 화나게 하는 일이 많았다.

대학에서 공학을 전공한 C씨는 매우 냉정하고 무미건조한 사람으로 이성관계에 관심이 없었으며 공부에만 몰두하였다. 학문적 토론에서는 매우 유능하였으나 대인관계에서 지나치게 까다롭고 타산적이어서 친한 친구가 없었다. C씨는 택시운전사, 음식점 주인, 상점판매원 등이 자신에게 부당한 요금을 청구한다고 다투는 일이 많았고 때로는 법적 소송을 제기하기도 했다. 졸업 후 대기업에 입사하였으나 직장 상사나 동료들의 부당함을 제기하며 다투는 일이 많아 6개월 만에 퇴사하였으며 이와 비슷한 문제로 인하여 현재 직장을 4번이나 바꾸었다. 현재 근무하는 연구소에서도 동료연구원들이 자신의 연구내용을 도용하거나 표절할 수 있다는 의심 때문에 논문 파일을 디스켓에 담아 항상 가지고 다니곤 한다. 얼마 전에는 자신이 발표한 연구내용에 대해서 비판을 한 상급 연구원에게 앙심을 품고 있다가 그가 발표할 때 신랄하게 약점을 들추어 여러 사람 앞에서 망신을 주었다. 이와 같은 일로 인해서 C씨는 연구소 내에 여러 명의 적을 만들어 놓았으며 동료들로부터 따돌림을 당하고 있다. 요즘 C씨는 자신이 해고당할 것에 대비하여 연구소의 비리사실을 모아 놓고 있으며 법적 소송에 대비할 준비를 하고 있으나, 살아가는 일이 너무 힘들다고 느낀다.

2) B군 성격장애

B군 성격장애는 강렬한 감정과 드라마틱 행동을 특징적으로 나타내는 성격적 문제를 의미한다. 이러한 성격장애를 지닌 사람들은 주변사람들과 원만한 관계를 맺지 못하고 심각한 갈등을 경험하며 분노나 우울과 같은 강렬한 감정과 더불어 사람들의 눈길을 사로잡는 드라마틱한 행동을 나타내는 경향이 있다. B군 성격장애는 4가지의 하위유형, 즉 ① 경계선 성격장애

(borderline personality disorder), ② **자기애성 성격장애**(narcissistic personality disorder), ③ **연극성 성 격장애**(histrionic personality disorder), ④ **반사회성 성격장애**(antisocial personality disorder)로 구분된 다. B군에 속하는 4가지 성격장애의 대인관계 특성은 〈표 3-2〉와 같다.

〈표 3-2〉 B군에 속하는 4가지 성격장애의 대인관계 특성

- 경계선 성격장애
  - 강렬한 애정과 분노가 교차하는 불안정한 대인관계를 나타낸다.
  - 상대방으로부터 버림받지 않기 위해서 극단적인 행동을 나타낸다.
  - 충동적인 행동(낭비, 폭음, 폭식, 성관계, 자살 시도)을 나타낸다.
  - 기분의 변화가 심하고 불안정하다.
  - 분노를 조절하기 못하고 부적절하게 강렬한 분노를 표출한다.

- 자기애성 성격장애
  - 자신이 특별한 존재라는 과장된 인식을 지니고 있다.
  - 자기자랑을 늘어놓으며 과도한 찬사와 찬양을 요구한다.
  - 다른 사람으로부터 특별한 대우를 받으려는 특권의식을 지닌다.
  - 대인관계가 착취적이며 자신의 목적을 타인을 이용한다.
  - 거만하고 방자한 행동을 보인다.

- 연극성 성격장애
  - 다른 사람의 관심과 호감을 끌기 위해서 과도하게 노력한다.
  - 연극조의 극적이고 과장된 감정표현을 나타낸다.
  - 성적으로 유혹적이거나 도발적인 행동을 나타낸다.
  - 실제의 관계보다 친밀한 행동을 과도하게 나타낸다.

- 반사회성 성격장애
  - 도덕과 법을 지키지 않는 반사회적 행동을 나타낸다.
  - 자신의 이익을 위해서 거짓말을 반복한다.
  - 싸움과 폭력을 통해서 호전성과 공격성을 나타낸다.
  - 직장생활이나 대인관계에서 무책임한 행동을 나타낸다.

📖 **경계선 성격장애의 사례**

대학원에서 석사과정을 공부하고 있는 20대 중반의 J양은 며칠 전 술에 만취한 상태에서 면도 날로 손목을 그어 자살을 시도하였다. 다행히 가족에게 발견되어 목숨은 건졌지만 심하게 우울 한 상태다. 어려서부터 예쁘고 다재다능했던 J양은 주변 사람들의 관심을 한몸에 받으며 자랐다.

중학교 시절에는 잘생기고 멋있는 국어교사를 매우 좋아하였고 교사 역시 예쁜 여학생을 귀여워했다. J양은 국어교사에 대해 사제관계 이상의 감정을 지니고 집착하게 되었으며, 어린 학생이 애정을 가지고 강력하게 다가오자 국어교사는 J양을 의도적으로 멀리하게 되었다. 이때 J양은 국어교사에 대해서 강력한 실망감과 분노를 느꼈으며 자신의 손목을 면도날로 그어 자해를 시도하였다. 결국 국어교사는 이 문제와 관련되어 전근을 가게 되었다. 고등학교 시절에 J양은 과외공부를 지도하던 명문대학교 대학생과 사랑에 빠졌다. J양은 그 대학생 오빠를 이상적인 남성으로 여겼으며 부모에게 거짓말을 하고 밤늦게까지 데이트를 하곤 했다. 그러나 매일 만나 주기를 요구하는 J양에게 그 대학생은 부담감을 느끼기 시작했다. 만나자는 J양의 요구에 그 대학생이 거절을 하면, J양은 강한 분노를 느끼고 상대방이 모욕감을 느낄 만한 심한 욕설을 퍼부었다. 이때부터 부모 몰래 혼자 술을 마시기 시작했으며 아버지가 소장하고 있는 양주를 밤새 마셔대곤 했다.

J양은 대학에 진학한 후에도 이성관계가 복잡했다. J양은 혼자 있으면 왠지 허전하고 우울했으며 주변에 있는 누군가를 사랑할 때 생기를 느낄 수 있었으나 대부분의 이성관계가 불행하게 끝나곤 했다. 대부분 강력하게 좋아하다가 사소한 갈등이 계기가 되어 상대방에게 분노를 느끼고 심한 상처를 주고 헤어지는 패턴을 반복했다. 학부전공에 불만을 지녔던 J양은 전공을 바꾸어 다른 대학의 석사과정에 진학했다. 대학원 과정에 진학한 후 J양은 박사과정의 한 남자 선배에게 매혹을 느끼게 되었다. 그 선배는 기혼자였으나 J양은 개의치 않고 강력한 애정을 표시했고 그 선배는 몹시 주저했으나 J양의 적극적인 구애에 결국 서로 사랑하는 사이로 발전하였다. 급기야 성관계를 맺게 되었고 J양은 선배에게 자신이든 현재 부인이든 택하라고 압력을 가했다. 아들까지 한 명 두고 있는 그 선배는 절대 가정을 버릴 수 없다고 판단하고 J양에게 관계를 청산하자고 했다. 그날 밤 J양은 술에 만취되어 선배의 집을 찾아가 행패를 부리고 모든 것을 폭로한 후 집에 돌아와 자살을 시도한 것이다.

3) C군 성격장애

C군 성격장애는 대인관계에서 불안과 두려움을 많이 느끼며 다른 사람을 지나치게 의식하는 조심스러운 행동패턴을 뜻한다. 이러한 성격장애를 지닌 사람들은 다른 사람에 대한 두려움을 지니고 있어서 친밀한 인간관계를 맺지 못하고 회피적이거나 의존적인 대인행동을 나타내는 경향이 있다. C군 성격장애는 3가지의 하위유형, 즉 ① 회피성 성격장애(avoident personality disorder), ② 의존성 성격장애(dependent personality disorder), ③ 강박성 성격장애(obsessive-compulsive personality disorder)로 구분된다. C군에 속하는 3가지 성격장애의 대인관계 특성은 〈표 3-3〉과 같다.

〈표 3-3〉 C군에 속하는 3가지 성격장애의 대인관계 특성

- 회피성 성격장애
  - 비난과 거절이 두려워 대인관계를 회피한다.
  - 대인관계에서 비난이나 거부를 당하는 것에 예민하다.
  - 새로운 대인관계에서는 부적절감을 느끼며 위축된다.
  - 개인적 위험이 따르는 일이나 새로운 활동에는 참여하지 않는다.

- 의존성 성격장애
  - 스스로 결정하지 못하고 다른 사람에게 조언과 충고를 구한다.
  - 인생의 중요한 영역을 떠맡길 수 있는 타인을 필요로 한다.
  - 두려움 때문에 타인에게 반대의견을 말하지 못한다.
  - 타인의 보살핌과 지지를 얻기 위해 희생을 감수한다.
  - 혼자 버려지는 것에 대한 극심한 불안을 지닌다.

- 강박성 성격장애
  - 세밀한 것에 집착하며 과도한 완벽주의를 나타낸다.
  - 일에 지나치게 몰두하여 인간관계와 여가활동을 희생한다.
  - 지나치게 고지식하고 융통성이 없으며 감정표현이 적다.
  - 매사에 꼼꼼하고 지나치게 인색하다.

📖 회피성 성격장애의 사례

　　대학교 3학년 학생인 P군은 사람을 만나는 일이 두렵고 힘들다. 특히 낯선 사람을 만나거나 여러 사람 앞에서 무언가를 해야 하는 상황에서는 너무 불안해서 가능하면 이런 상황을 회피하고 있다. 어떤 강의를 수강했다가도 교수가 발표를 시키거나 조별활동을 해야 한다고 하면 그 과목을 취소한다. 학과의 지도교수를 만나야 하는 일이 있지만 왠지 지도교수가 무섭게 느껴지고 야단을 칠 것 같은 느낌 때문에 지도교수를 찾아가지 못한다. 학교 캠퍼스에서도 여러 사람이 앉아 있는 앞을 지나가는 일이 두려워 먼 길을 돌아다닌다. 버스나 전철을 탈 때도 다른 사람들이 자신을 쳐다보며 무언가 흉을 볼 것 같아 긴장하게 된다. P군은 미팅에 대한 호기심이 있지만 처음 만난 낯선 이성과 만나서 대화를 이어 나가지 못하고 어색해할 것을 생각하면 끔찍하여 대학 3학년이 되도록 미팅 한 번 하지 못했다. 현재 P군은 고등학교 동창이나 익숙한 학과 친구 한두 명 외에는 만나는 사람이 없다.

　　P군은 어려서부터 조용한 성격이었으며 수줍음이 많았다. P군은 중·고등학교 시절에 성적은 매우 우수했으나 다른 사람 앞에 나서는 것을 싫어했다. 특히 반장이나 회장 같은 학교임원으로 선발되는 일을 극히 싫어하여 심지어 임원을 선출하는 날은 일부러 결석까지 하곤 했다.

4. 부적응적 인간관계와 심리적 장애

성격장애와 같이 지속적인 인간관계의 문제를 지니지 않은 사람도 일시적으로 인간관계의 부적응 상태가 지속되면, 여러 가지 심리적 문제를 나타낼 수 있다. 비교적 원만한 인간관계를 유지하던 사람도 새로운 상황(예: 이사, 전학, 상급학교로의 진학, 새로운 직장)의 인간관계에서 심리적 부적응 상태를 나타낼 수 있다. 특히 이러한 부적응 상태로 인하여 심한 심리적 고통을 받거나 사회적·직업적 적응에 현저한 장해가 초래될 경우에는 심리적 장애로 간주될 수 있다. 이처럼 심리적 장애는 인간관계의 부적응으로 인해 발생하는 경우가 많으며 또한 이러한 장애로 인하여 인간관계 부적응 상태가 더욱 악화될 수 있다. 여기에서는 특히 인간관계 부적응과 밀접한 관계를 맺고 있는 심리적 장애를 살펴보기로 한다.

1) 우울증

📖 **우울증의 사례**

대학교 1학년 학생인 K군은 요즘 아침에 눈을 뜨자마자 무거운 마음이 밀려온다. 학교에 가서 하루하루 생활하는 것이 너무 괴롭고 힘들기 때문이다. K군은 고등학교 시절까지만 해도 학교에서 주목받는 우수한 모범생이었다. 그러나 대학에 진학하고 나서, K군은 자신이 인간적 매력도 없고 능력도 없는 못난 열등한 존재라는 생각을 지울 수가 없었다.

다소 내성적인 K군은 입학 초기에 친구를 사귀는 데 적극적이지 못했다. 고등학교 때에는 특별히 노력하지 않아도 늘 주변에 친구들이 있었고 공부를 잘하는 K군 주변으로 친구들이 다가오곤 했다. 그러나 대학에서는 아무도 K군에게 주목하고 다가오는 친구가 없었고 K군 역시 친구를 사귀기 위해 적극적인 노력을 기울이지 않았다. 동료학생에게 먼저 다가가서 말을 걸거나 아는 척하는 것은 마치 인간관계를 구걸하는 것 같아 그렇게 할 수가 없었다. 이렇게 몇 달을 생활하다 보니 K군은 외톨이가 되었다. 다른 학생들은 삼삼오오 어울려 다니며 강의를 듣고 점심식사도 같이 하고 공부도 같이 하는데, K군은 함께 어울릴 친구가 없어 늘 혼자 다니게 되었다.

K군의 하루 생활은 학교에 나와 혼자 강의를 듣고 캠퍼스와 도서관을 배회하다 집으로 돌아가는 외롭고 재미없는 생활의 반복이다. 학교에 나오면 자신을 반겨 주고 함께 어울릴 친구가 없었다. 또 K군은 자신이 혼자 다니는 모습을 같은 학과 학생들이 보면 이상하게 생각할 것 같

아늘 피해 다녔다. 점심시간에는 함께 식사를 할 친구가 없어 빵을 사서 혼자 먹거나 학과친구들이 모두 식사를 하고 간 늦은 오후에 식당에서 혼자 식사를 하곤 했다.

이런 상태에서 생활하는 K군에게는 학교에 오는 일이 고통스럽고 괴로운 일이었다. 따라서 K군은 학교에 오지 않는 날들이 늘어났고 학업성적도 나빠졌으며 대인관계는 점점 더 위축되어 갔다. 이러한 자신의 비참한 모습을 보이기 싫어, 과거에 친했던 고등학교 친구들도 만나기를 피했다. 그 결과, K군은 자신이 무능할 뿐만 아니라 다른 사람과 어울리지도 못하는 못난 존재라는 생각에 휩싸이게 되었고 급기야 이렇게 대학을 다닐 바에는 차라리 자퇴하는 것이 낫다고 생각하게 되었다.

우울증(depression)은 우울하고 슬픈 기분을 주된 증상으로 하는 가장 흔한 심리적 장애로서 우울장애(depressive disorder)라고 불리기도 한다. 이러한 우울증 상태에서는 우울하고 슬픈 감정을 비롯하여 좌절감, 죄책감, 외로움, 무가치감, 허무감, 절망감 등과 같은 고통스러운 정서 상태가 지속된다. 이러한 우울한 기분과 더불어 일상활동에 대한 흥미와 즐거움이 저하되어 매사가 재미없고 무의미하게 느껴진다. 또한 어떤 일을 하고자 하는 의욕이 현저하게 저하되어 생활이 침체되고 위축된다.

우울증은 흔히 대인관계에서의 심한 좌절과 상실을 경험할 때 나타난다. K군의 경우처럼 대학생활에서 친구관계를 형성하지 못하고 고립된 상태에서 장기간 인간관계의 좌절을 경험하면 자존감의 손상과 더불어 열등감이 확대되고 사회적 행동이 더욱 위축되는 악순환에 휘말려 우울증에 빠질 수 있다. 이밖에도 사랑하는 가족의 사망이나 이별, 친구들로부터의 배척이나 따돌림, 연인과의 충격적인 실연, 친구나

부정적이고 비관적인 생각이 몰려드는 우울증

가까운 사람이 없는 지속적 상태 등은 우울증을 유발할 수 있다.

우울증 상태에서는 부정적이고 비관적인 생각이 증폭된다. 자신이 무능하고 열등하며 무가치한 존재로 여겨지는 자기비하적인 생각을 떨치기 어렵다. 또한 타인과 세상은 비정하고 적대적이며 냉혹하다고 생각한다. 따라서 산다는 것이 참으로 힘겹고 버거우며, 미래가 비관적이고 절망적으로 보인다. 아울러 인생에 대해 허무주의적인 생각이 증가되어 죽음과 자살에

대한 생각을 자주 하는 경향이 있다. 아울러 인지적 기능도 저하되는데, 주의집중이 잘 되지 않고 기억력이 저하되며 판단에도 어려움을 겪게 되어 어떤 일에 결정을 내리지 못하고 우유부단한 모습을 보이게 된다. 이러한 사고력의 저하로 인해 자신의 능력을 발휘하지 못하고 학업이나 직업 활동에 어려움을 겪게 된다.

우울한 사람은 어떤 일을 시작하는 데에 어려움을 겪는다. 해야 할 일을 자꾸 미루고 지연시키는 일이 반복된다. 활력과 생기가 저하되어 아침에 잘 일어나지 못하고 쉽게 지치며 자주 피곤함을 느낀다. 아울러 사회적 활동을 회피하여 위축된 생활을 하게 된다. 우울증 상태에서는 행동과 사고가 느려지고 활기가 감소하여 행동거지가 둔하고 처지게 된다. 우울한 사람들은 흔히 수면장애를 겪는데, 불면증이 나타나서 잠을 이루지 못하거나 반대로 평소보다 훨씬 많은 시간을 자거나 졸음을 자주 느낀다. 또한 우울증이 심한 경우에는 자학적인 행동이나 자살시도를 할 수 있다.

우울증 상태에서는 여러 가지 신체생리적인 변화가 나타난다. 우선 식욕과 체중에 변화가 나타날 수 있다. 흔히 식욕이 저하되어 체중이 현저하게 감소하는 경우가 많다. 그러나 때로는 식욕이 증가하여 많이 먹게 되어 갑자기 살이 찌는 경우도 있다. 아울러 우울한 사람들은 피곤함을 많이 느끼고 활력이 저하되며 성적인 욕구나 성에 대한 흥미가 감소한다. 또한 소화불량이나 두통과 같은 신체적 증상을 나타내고 이러한 증상에 집착하는 경우도 있다. 그리고 면역력이 저하되어 감기와 같은 전염성 질환에 약하고 한번 감기에 걸리면 오래가는 경향이 있다.

우울증은 삶을 매우 고통스럽게 만드는 심리적 장애인 동시에 '심리적 감기'라고 불릴 정도로 매우 흔한 심리적 문제이기도 하다. 우울증은 개인을 부적응 상태로 몰아가고 때로는 자살에 이르게 하는 치명적인 장애이지만, 전문적 치료나 심리적 상담을 받으면 회복이 잘 되는 장애이기도 하다. 그러나 우울증을 지닌 많은 사람들이 이러한 사실을 잘 알지 못하기 때문에 적절한 치료를 받지 않은 채 우울증 상태에서 고통스러운 삶을 살아가는 경향이 있다.

2) 사회불안장애

📖 **사회불안장애의 사례**

평소에 내성적이고 수줍음이 많던 S양은 대학에 입학한 후 동아리 모임에 가입하고 첫 모임에서 자신을 소개하려고 할 때 심한 불안을 경험했다. 자기소개를 해야 할 순서가 다가오게 되면서 불안과 긴장이 심해지고 심장이 빨리 뛰었으며, 막상 자기소개를 하기 위해 일어났을 때는 얼굴이 붉어지고 손발이 떨렸으며 정신이 멍해져 어떤 말을 해야 할지 몰라 말을 더듬고 횡설수설하게 되었다. 이런 일이 있고 나서 S양은 여러 사람이 모이는 자리에 가기만 하면 심한 불안을 느끼게 되어 가능하면 이러한 자리를 기피하게 되었을 뿐만 아니라 발표를 해야 하는 수업은 수강할 자신이 없었다. 이처럼 S양은 여러 사람이 자신을 주시하거나 자신이 평가받게 되는 상황에 대한 불안이 심하여 인간관계가 위축되고 대학생활에 많은 어려움을 겪고 있다.

사회불안장애(social anxiety disorder)는 사회적 상황이나 과제 수행 상황에 대해 현저한 지속적 공포를 지니는 것이 주된 특징이며 **사회공포증**(social phobia)이라고 불리기도 한다. 이러한 장애를 지닌 사람은 사회적 상황에서 다른 사람에게 관찰되는 것, 부정적 평가를 받는 것, 모욕당하는 것, 당황하게 되는 것을 두려워한다. 대표적인 예로는 여러 사람들 앞에서 발표를 하거나 무대에서 연주할 때 느끼는 무대공포증, 얼굴이 붉어지는 것을 다른 사람이 알게 되는 것을 두려워하는 적면공포증, 공공장소에서 음식 먹는 것을 두려워하는 식사공포증 등이 있다. 이러한 사회적 상황에 처하면 대부분 즉각적인 불안반응이 나타난다. 얼굴이 붉어지고 근육이 긴장되며 심장박동이 빨라지고 손발이 떨린다. 또한 진땀이 흐르고 배가 아프거나 설사를 하며 정신이 혼미해짐을 느끼기도 한다.

이러한 장애를 지닌 사람은 자신의 공포가 과도하고 비합리적이라는 것을 알고 있다. 사회적 상황에서 그렇게까지 두려워할 현실적 이유가 없다는 것을 알고 있지만, 그러한 상황에 대한 두려움을 떨쳐 버릴 수가 없다. 따라서 사회불안장애를 지닌 사람은 대부분의 경우 사회적 상황이나 수행 상황을 회피하려고 한다. 이러한 심리적 문제가 6개월 이상 나타나서 일상생활은 물론 직업적 또는 사회적 생활에 심각

대인관계 상황이 두려운 사회불안장애

한 장해가 초래될 경우에 사회불안장애로 간주한다. 사회불안장애는 매우 흔한 심리적 장애이며 치료적 노력을 기울이면 극복될 수 있다. 그러나 사회불안장애를 지닌 사람들은 치료기관을 찾지 않고 오히려 사회적 관계를 회피하며 살아가는 경우가 흔하다.

3) 알코올 사용장애

알코올은 적당히 섭취하면 긴장을 완화시키고 인간관계를 촉진하는 기능을 할 수 있다. 그러나 과도한 양의 음주를 너무 자주 하게 되면 **알코올 사용장애**(alcohol use disorder)로 발전할 수 있다. 알코올 사용장애를 지닌 사람들은 알코올에 대한 내성(tolerance)이 생겨나서 점점 더 많은 양의 술을 마시게 될 뿐만 아니라 술을 마시지 않으면 고통을 느끼는 **금단증상**(withdrawal symptom)을 경험한다. 이들은 술을 마시고 싶은 강렬한 충동을 자주 느끼며 대부분의 경우 과음을 하고 그로부터 회복하는 데 많은 시간을 허비한다. 또한 과도한 알코올 섭취로 인해 학교나 직장에서 주어진 과업을 수행하지 못할 뿐만 아니라 폭언이나 폭행과 같은 과격한 행동으로 인해서 대인관계 문제가 반복적으로 발생한다.

인간관계의 갈등이나 스트레스를 많이 경험하고 과도한 음주를 통해서 이를 해소하려는 사람들이 알코올 사용장애를 나타낼 가능성이 높다. 특히 평소에 자기주장을 잘 하지 못하고 인간관계 문제의 해결능력이 부족한 사람들이 술에 의지하여 심리적 고통을 해소하려는 과정에서 알코올 사용장애로 발전될 수 있다. 우리나라는 1인당 알코올 소비량이 세계적으로 높은 국가이며, 특히 남자에게 알코올 사용장애의 유병률이 높다.

4) 인터넷 게임장애

우리사회에서 인터넷은 중요한 소통수단일 뿐만 아니라 교육, 유희, 매매 등의 다양한 기능을 담당하고 있다. 그러나 인터넷에 대한 과도한 몰두로 인해서 다양한 부적응 문제가 나타나고 있다. 특히 인간관계의 어려움을 지닌 사람들이 빠져들기 쉬운 심리적 장애 중 하나가 인터넷 게임장애다.

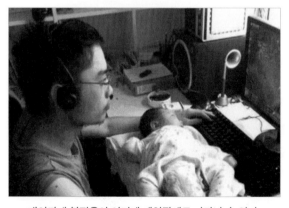

대인관계 부적응이 인터넷 게임장애로 나타날 수 있다.

인터넷 게임장애(internet game disorder)는 과도하게 인터넷 게임에 몰두함으로 인해서 발생하는 다양한 부적응 문제를 뜻한다. 인터넷 게임장애는 ① 인터넷 게임에 자주 많은 시간 과도하게 몰두하고, ② 인터넷 게임을 하지 않으면 안절부절못하거나 기분이 저하되는 등 금단증상이 나타나며, ③ 인터넷 게임을 하는 횟수나 양을 조절하려는 노력이 반복적으로 실패하고,

④ 인터넷 게임 이외의 활동에 대한 흥미가 감소하며, ⑤ 스트레스를 경험할 때마다 이를 회피하기 위해서 인터넷 게임을 하고, ⑥ 타인에게 인터넷 게임을 한 시간을 속이는 행동을 하며, ⑦ 이처럼 인터넷 게임에 대한 과도한 몰두로 인해서 학업, 직업, 대인관계 등에서 현저한 부적응을 나타내는 경우를 의미한다.

원만한 인간관계를 맺지 못하거나 인간관계의 스트레스를 적절하게 해소하지 못하는 사람들이 인터넷 게임에 과도하게 몰두하는 경향이 있다. 또한 인터넷 게임에 과도하게 몰두함으로써 학교나 직장의 과업을 수행하지 못할 뿐만 아니라 대인관계가 더욱 협소해지거나 고립될 수 있다.

5) 은둔형 외톨이 증후군

인간관계에 적응하지 못하고 인터넷에만 의존하여 세상과 소통하면서 고립된 생활을 지속하게 되면 은둔형 외톨이 증후군으로 발전할 수 있다. 은둔형 외톨이는 칩거 생활을 하면서 가족 이외의 사람들과는 인간관계를 맺지 않은 채 6개월 이상 사회적 접촉을 하지 않은 사람을 의미한다. 은둔형 외톨이의 존재가 처음으로 보고된 일본에서는 '히키코모리(ひきこもり)'라고 한다.

은둔형 외톨이는 스스로를 왕따로 자처하며 대화를 거부하고 일상생활의 대부분을 방 안에서 텔레비전을 보거나 인터넷 써핑을 하면서 보낸다. 인터넷과 게임에 몰두하면서 현실과 가상의 사이버 세계를 혼동하여 폭력을 휘두르거나 스스로 영웅시하며 자기만족을 꾀하기도 한다. 현실생활에 대한 부적응과 열등감으로 인해서 대인관계를 회피하고 외부와의 유일한 창구인 인터넷에 몰두하면서 인터넷 중독증에 빠져드는 경우가 많다.

은둔형 외톨이 증후군은 자기만의 공간에 종종 칩거하는 가벼운 증상으로 시작되지만 고립된 생활에 익숙해지면서 점차 타인과의 교류를 회피할 뿐만 아니라 인터넷 중독증에 빠져들면서 심각한 고립상태로 악화될 수 있다. 은둔형 외톨이는 심각한 스트레스나 좌절을 경험했을 때 대인관계를 최소화하면서 고립된 삶을 1~2년 동안 지속할 수 있으나 심한 경우에는 10년 이상 두문불출한 채로 세상과 완전히 단절한 삶을 살기도 한다. 20~30대의 젊은이에게 주로 나타나는 은둔형 외톨이는 여자보다 남자의 수가 압도적으로 많다. 이러한 은둔형 외톨이 증후군은 치열한 경쟁에서 반복적인 좌절을 경험한 젊은이들에게 흔히 나타나는데, 타인에게 관심을 두지 않고 자신의 일에만 집중하는 '나홀로 문화'가 낳은 현상이라고 볼 수 있다.

6) 신체증상장애

인간관계의 갈등이 심해지면 신체적인 증상을 통해 표출되는 경우가 있다. **신체증상장애** (somatic symptom disorder)는 심리적 원인으로 인한 다양한 신체적 증상을 호소하는 경우를 뜻한다. 이 경우에 호소하는 가장 흔한 신체적 증상은 통증 증상(두통, 복통, 요통, 관절통, 흉통, 월경통 등)과 소화기 증상(메스꺼움, 위 팽창감, 구토, 설사 등)이다. 이밖에 유사신경학적 증상(신체마비, 감각상실, 시력감퇴, 청력감퇴, 삼키기 어려움, 목에 무언가 걸려 있는 느낌, 목소리가 나오지 않음, 기억력 저하 등), 성적 증상(불규칙한 월경, 과다한 월경량, 성적 무관심, 발기부전 등)이 함께 나타날 수도 있다. 이러한 신체적 증상을 호소함에도 불구하고 신체검사에서는 그에 대응하는 신체적 손상이 발견되지 않는 경우가 대부분이다.

이와 유사한 신체형 심리장애의 한 유형인 **건강염려증**(hypochondriasis)은 실제로 건강에 이상이 없음에도 불구하고 자신의 몸에 심각한 질병이 있다는 생각에 집착하고 불안해하는 경우를 말한다. 흔히 몸에서 느끼는 사소한 증상을 심각한 질병(예: 암, 간경화, AIDS 등)으로 잘못 해석해서 생기는 경우가 많다. 이러한 신체형 심리장애들은 인간관계의 갈등으로 인한 심리적 문제를 부인하고 신체적 증상에 집착함으로써 자신의 책임을 회피하려는 경향과 관련되어 나타날 수 있다.

7) 섭식장애

인간관계의 스트레스는 젊은 여성에게 섭식장애를 유발할 수 있다. **섭식장애**(eating disorder)는 식사행동에 심각한 문제를 나타내는 경우로서 2가지 하위유형이 있다. 그 하나는 **신경성 식욕부진증**(anorexia nervosa)으로서 체중 증가와 비만에 대한 극심한 두려움을 지니고 있어서 음식 섭취를 현저하게 줄이거나 거부함으로써 체중이 비정상적으로 저하되는 경우를 뜻한다. 이 장애는 여자 청소년에게서 흔히 나타나는데, 이들은 실제로 날씬함에도 불구하고 자신의 몸이 뚱뚱하다고 왜곡하여 생각하는 경향이 강하다. 또한 체중이 현저하게 저하되어 건강에 심각한 문제가 발생해도 이를 인정하지 않고 음식 섭취를 거부하여 사망하는 경우도 있다.

다른 유형은 **신경성 폭식증**(bulimia nervosa)으로서 짧은 시간에 많은 양을 먹는 폭식행동과 이로 인한 체중 증가를 막기 위해 구토 등의 보상행동이 반복되는 경우를 말한다. 이러한 장애를 지닌 사람들은 보통 사람들이 먹는 것보다 훨씬 많은 양의 음식을 단기간(예: 2시간 이내)에 먹어 치우는 폭식행동을 나타내며 이럴 때는 음식 섭취를 스스로 조절할 수 없다. 이렇게 폭식을 하고 나면 체중증가에 대한 두려움으로 인해 심한 자책을 하게 되고, 스스로 구토를 하거나 이

뇨제, 설사제, 관장약 등을 사용하게 된다. 이러한 섭식장애는 인간관계 스트레스, 과잉통제적인 부모와의 갈등, 외모와 체형에 대한 과도한 예민성으로 인해 유발될 수 있다.

이밖에도 인간관계의 갈등이 극심한 경우에는 정신분열증과 같은 장애로 발전할 수 있다. 정신분열증은 망상과 환각을 주된 증상으로 나타내는 매우 심각한 정신장애로서 조현병(調絃病)이라고도 한다. 이러한 장애를 지닌 사람은 특정한 권력기관이나 타인으로부터 부당하게 박해를 당하고 있다는 피해망상, 자신이 매우 중요한 임무를 띤 중요한 인물이라는 과대망상, 주변에서 일어나는 일들이 모두 자신과 관련되어 있다는 관계망상 등을 나타낸다. 아울러 자신을 비난하거나 조롱하는 소리를 듣게 되는 환청을 경험하기도 한다.

이처럼 인간관계 스트레스는 다양한 심리적 장애를 유발할 수 있다. 심리적 장애의 원인은 아직 분명하게 밝혀져 있지 않으나 선천적인 요인과 후천적인 요인이 복합적으로 작용하는 것으로 알려져 있다. 그러나 인간관계의 스트레스가 이러한 장애를 유발하는 촉발요인으로 작용한다는 점에는 대부분의 정신건강전문가들이 동의하고 있다. 이처럼 심리적 장애는 인간관계의 부적응으로 인해 발생할 뿐만 아니라 인간관계의 부적응을 더욱 악화시키는 결과를 초래하기도 한다. 긍정적인 원만한 인간관계는 삶의 행복뿐만 아니라 정신건강을 유지하는 필수조건이라고 할 수 있다.

요약

1. 인간관계는 개인이 주어진 사회적 상황에서 적응해야 하는 중요한 삶의 과제다. 적응은 사회적 상황에 맞추어 자신을 변화시키는 순응과정과 사회적 상황을 자신에 맞추어 변화시키는 동화과정으로 구성되는데, 이에 실패하게 되면 인간관계의 부적응이 나타나게 된다. 인간관계의 부적응은 인간관계에서 과도한 주관적 불편감과 고통을 경험하거나, 추구하는 목표의 달성을 방해하는 역기능적인 인간관계를 나타내거나, 개인이 속한 사회문화적 규범으로부터 현저하게 일탈된 인간관계를 나타내는 경우를 의미한다.

2. 부적응적 인간관계는 그 원인, 발생양상, 내용, 심리적 결과에 따라 다양하게 분류될 수 있다. 인간관계 문제로 심리상담의 도움을 청한 내담자들을 분석하면, 부적응적 인간관계는 크게 4가지 유형, 즉 인간관계 회피형, 인간관계 피상형, 인간관계 미숙형, 인간관계 탐닉형으로 나누어 볼 수 있다. 좀 더 세분하면, 인간관계 회피형은 인간관계 경시형과 불안형으로, 인간관계 피상형은 인간관계 실리형과 유희형으로, 인간관계 미숙형은 인간관계 소외형과 반목형으로, 그리고 인간관계 탐닉형은 인간관계 의존형과 지배형으로 구분할 수 있다.

3. 부적응적 인간관계를 나타내는 사람 중에는 성격장애로 인하여 주변사람들과 친밀한 관계를 맺지 못하거나 끊임없이 갈등과 반목을 일으키는 사람들이 있다. 부적응적 인간관계를 나타내는 성격장애는 A, B, C 세 군집의 10가지 하위유형으로 구분된다. A군 성격장애는 사회적 고립과 기이한 행동을 특징적으로 나타내는 성격적 문제로서 편집성 성격장애, 분열성 성격장애, 분열형 성격장애가 이에 속한다. B군 성격장애는 강렬한 감정과 드라마틱 행동을 특징적으로 나타내는 부적응적 성격을 의미하며 하위유형에는 경계선 성격장애, 자기애성 성격장애, 연극성 성격장애, 반사회성 성격장애가 있다. C군 성격장애는 대인관계에서 불안과 두려움을 많이 느끼며 다른 사람을 지나치게 의식하는 조심스러운 행동패턴을 뜻하며 회피성 성격장애, 의존성 성격장애, 강박성 성격장애로 구분된다.

4. 인간관계의 부적응 상태가 지속되면 다양한 심리적 장애로 발전할 수 있다. 우울증은 우울하고 슬픈 기분을 주된 증상으로 하는 가장 흔한 심리적 장애로서 대인관계에서의 심한 좌절과 상실을 경험할 때 나타날 수 있다. 사회불안장애는 사회적 상황에서 심한 불안과 공포를 경험하는 것이 주된 특징이며, 알코올 사용장애는 과도한 음주행위로 인해서 발생하는 부적응 문제로서 인간관계의 갈등이나 스트레스와 밀접하게 관련되어 있다. 인터넷 게임장애는 과도하게 인터넷 게임에 몰두함으로 인해 발생하는 다양한 부적응 문제를 뜻하며, 은둔형 외톨이 증후군은 인간관계에 적응하지 못하고 인터넷에만 의존하여 세상과 소통하면서 고립된 생활을 지속하는 경우를 말한다. 인간관계의 갈등이 심해지면 신체적인 증상을 통해 표출되는 신체증상장애가 나타날 수 있으며, 젊은 여성에게는 과도한 절식과 폭식을 나타내는 섭식장애를 유발할 수 있다. 긍정적인 원만한 인간관계는 삶의 행복뿐만 아니라 정신건강을 유지하는 필수조건이라고 할 수 있다.

인간관계는 '나'와 '너'의 만남을 통해 이루어진다. 인간관계는 나와 너를 서로에게 의미 있는 존재로 만들어 가는 과정이다. 나와 너는 서로 다른 환경에서 성장하여 각기 다른 욕구, 가치관, 사고방식 그리고 행동패턴의 독특한 개성을 지니고 있다. 이렇듯 독특한 개성을 지닌 나와 너가 만나 서로를 의미 있는 존재로 만들어 가는 과정에서는 많은 일들이 일어난다. 때로는 서로에게 호감을 가져 우정과 사랑을 주고받는 친밀한 관계로 발전하기도 하지만, 때로는 서로에게 거부감을 갖고 상처를 주고받으며 미움과 증오를 느끼는 적대적인 관계로 발전하기도 한다. 과연 나와 너의 어떤 특성이 우리의 인간관계를 때로는 친밀한 관계로 때로는 적대적인 관계로 만드는 것일까? 과연 나와 너의 만남 속에서 벌어지는 어떤 과정들이 서로에 대해서 때로는 사랑을 때로는 증오를 느끼게 만드는 걸까?

인간은 누구나 하나의 작은 우주라고 할 만큼 여러 가지 심리적 특성으로 이루어진 복잡한 존재다. 인간관계는 이러한 복잡한 심리적 특성을 지닌 나와 너의 상호작용이며 이러한 상호작용의 내용과 방식에 의해서 인간관계의 질이 결정된다. 나와 너의 상호작용 속에서 일어나는 심리적 과정은 매우 복잡하고 오묘하여 이해하기 쉽지 않다. 그러나 복잡한 인간관계의 과정을 좀 더 단순화하여 [그림 4-1]과 같은 설명모델로 이해해 볼 수 있다.

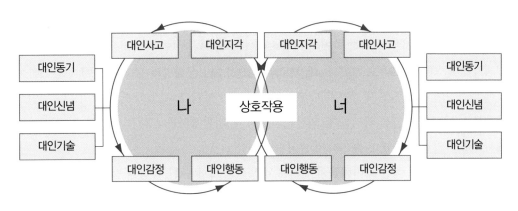

[그림 4-1] 인간관계에 대한 심리학적 설명모델

이 설명모델은 인간관계에 영향을 미치는 요인을 크게 3가지로 구분하고 있다. 첫째는 인간관계의 주체인 나의 심리적 요인이며, 둘째는 인간관계의 상대인 너의 심리적 요인이다. 그리고 셋째는 나와 너 두 사람 사이에서 일어나는 상호작용의 요인이다.

인간관계의 주체인 나와 너는 성장 과정에서 형성된 여러 가지 독특한 심리적 특성을 지니고 있다. 인간관계에 개입되는 주요한 성격적 특성은 크게 3가지 요인, 즉 대인동기, 대인신념

그리고 대인기술로 나누어 볼 수 있다.

대인동기는 인간관계에 임하는 개인의 내면적인 욕구를 말한다. 인간은 인간관계에서 충족시키고자 하는 다양한 대인동기를 지니고 있다. 그리고 사람마다 중요시하는 대인동기의 종류와 강도는 각기 다르다. 이러한 대인동기는 대인행동을 결정하는 주요한 심리적 요인이다.

대인신념은 개인이 인간과 인간관계에 대해 가지고 있는 지적인 이해, 지식, 믿음을 의미한다. 인간은 자신이 믿는대로 행동한다. 인간은 누구나 자기 자신, 타인 그리고 인간관계에 대해서 나름대로의 신념을 가지고 있으며, 이러한 신념은 인간관계에 강력한 영향을 미친다.

대인기술은 사람을 사귀는 행동적 기술을 말한다. 즉, 개인이 인간관계에서 구사할 수 있는 언어적 또는 비언어적 기술을 의미한다. 사람들은 각기 자신을 타인에게 표현하거나 타인의 행동에 반응하는 사회적 기술에 커다란 차이가 있다. 이러한 대인기술은 대인동기나 대인신념을 실제적인 인간관계에서 구체적인 행동으로 표현하는 중요한 심리적 요인이다.

나와 너는 각기 독특한 대인동기, 대인신념, 대인기술을 지닌 상태에서 만나게 된다. 개성을 지닌 나와 너가 만나서 상호작용을 하며 인간관계를 맺어 나간다. 이러한 상호작용은 두 사람이 주고받는 언어적 또는 비언어적 행동으로 구성되는 의사소통 과정이다. 이러한 의사소통 과정에서 나와 너는 여러 가지 생각과 느낌을 갖게 되고 그에 따라 행동하게 된다. 인간은 외부세계에서 들어오는 자극과 정보의 의미를 끊임없이 해석하고 이러한 해석 내용에 기초하여 외부세계에 반응한다. 인간관계에서도 마찬가지다. 상대방이 나에게 한 언행에 대해서 그 의미를 파악하는 인지적 과정이 마음속에서 일어난다. 이러한 과정을 심리학자들은 대인지각 또는 대인사고라고 부른다. **대인지각**과 **대인사고**는 상대방의 외모나 언행에 근거하여 그에 대한 인상을 형성하고 심리적 특성을 판단할 뿐만 아니라 그가 한 행동의 의도나 원인을 추론하는 인지적 과정을 의미한다. 인간관계에서 흔히 발생하는 오해는 이러한 인지적 과정에서 상대방의 의도를 잘못 해석하여 생기는 것이다.

상대방의 언행에 대한 의미해석의 결과로서 우리는 그에 대한 감정을 느끼게 된다. 상대방이 나를 돕고 있다고 생각될 때는 고마움의 감정을 느끼는 반면, 그가 나를 방해하고 있다고 생각될 때는 분노의 감정을 느낀다. 이렇듯 나와 너의 인간관계에서 느끼는 여러 가지 감정을 **대인감정**이라고 한다. 대인감정에는 인간관계에서 느낄 수 있는 애정, 사랑, 기쁨, 감사 등의 긍정적 감정뿐만 아니라 불안, 분노, 슬픔, 질투, 시기, 외로움 등의 부정적 감정이 포함된다. 이러한 대인감정은 여러 가지 행동으로 표현되어 상대방에게 전달된다. 때로는 직접적이고 강한 표현으로, 때로는 유보적이고 우회적인 표현으로 전달될 수 있다. **대인행동**은 상대방의 언행에 대한 행동적 반응으로서 내가 상대방에게 나타내는 외현적인 반응을 의미한다. 이러한 반응은 언어적 행위로 나타날 수도 있고 비언어적 방식으로 표현될 수도 있다. 나의 대인행동에 대해서 상대방은 대인지각과 대인사고를 통해 대인감정을 느끼고 대인행동으로 나에게 반응하게 된다. 이러한 상대방의 대인행동에 대해서 나 역시 똑같은 심리적 과정과 반응을 나타내는데, 이러한 반복적인 과정이 나와 너의 인간관계를 구성하는 상호작용 과정이다. 우리의 인간관계는 이러한 상호작용이 끊임없이 계속되는 과정이며 이러한 상호작용의 내용과 방식에 따라 인간관계의 질이 결정된다.

인간관계의 이해를 위해서는 이러한 심리적 요인에 대한 깊은 이해가 필요하다. 2부에서는 인간관계를 체계적으로 이해하기 위해 인간관계에 관여하는 심리적 요인과 과정들, 즉 대인동기, 대인신념, 대인기술, 대인지각 및 대인사고 그리고 대인감정 및 대인행동에 대해서 살펴본다.

제4장

대인동기

1. 대인동기의 의미와 기능을 이해한다.
2. 인간관계를 맺도록 촉진하는 다양한 대인동기를 제시할 수 있다.
3. 대인동기의 개인차가 발생하는 이유를 설명할 수 있다.
4. 부적응적인 인간관계를 초래하는 대인동기의 특성을 이해한다.

1. 대인동기란 무엇인가

인간이 다른 사람과 관계를 맺고자 하는 이유는 무엇일까? 우리는 왜 고립되는 것을 두려워하는 것일까? 우리가 다른 사람을 만나서 교제를 하려는 내면적 동기는 무엇일까? 우리가 집단활동이나 사회적 모임에 참여하는 내면적 욕구는 무엇일까? 우리는 인간관계를 통해서 어떤 욕구들을 충족시키려고 하는 것일까?

인간은 집단을 이루며 함께 모여 사는 **군집성 동물**(gregarious animal)이다. 우리 인간은 대부분의 시간을 사람들 속에서 살아간다. 가족뿐만 아니라 사회를 구성하는 매우 다양한 사람들과 접촉하며 생활한다. 동물 중에는 홀로 살아가는 동물이 많다. 뱀이나 곰처럼 교미 기간이나 동면 기간을 제외하면 대부분의 시간을 홀로 살아가는 동물이 많다. 또 집단생활을 하더라도 가족단위의 소규모 집단을 구성하여 살아가는 동물이 대부분이다. 반면, 개미나 벌은 거대한 공동체 집단을 이루어 생활한다. 개코원숭이처럼 수백 마리가 집단을 이루어 살아갈 뿐만 아니라 매우 복잡한 위계적 조직을 이루며 살아가는 동물도 있다. 그러나 인간만큼 거대하고 복잡한 사회적 조직을 형성하여 집단적으로 살아가는 동물은 없다.

1) 동기의 정의

인간의 사회적 행동을 이해하기 위해서는 그러한 행동을 유발하는 심리적 원인을 이해하는 것이 중요하다. 인간이 특정한 행동을 하도록 만드는 심리적 요인은 무엇인가? 이러한 물음에 답하기 위해 심리학자들은 '동기'라는 개념을 사용한다. **동기**(motive)는 특정한 목표를 향해 행동하도록 만드는 내면적인 원동력이자 운전대의 역할을 하는 심리적 요인이다.

우리는 배가 고프면 먹을 것을 찾고, 목이 마르면 마실 것을 찾으며, 성적인 욕구를 느끼면 매력적인 이성을 찾아 나선다. 이처럼 인간의 마음속에서는 개인으로 하여금 특정한 방향으로 행동하게 하는 심리적 세력이 있다고 가정하고, 이러한 심리적 세력을 동기라고 지칭하는 것이다. 이러한 동기는 개인으로 하여금 특정한 목표를 원하게 하고 그 목표를 달성하기 위한 행동을 하도록 유인한다.

이러한 동기는 흔히 욕구(need or desire), 충동(impulse), 본능(instinct)이라는 용어로 불리기도 한다. 인간의 사회적 행동에는 이러한 동기적 요인에 의해 유발되는 것이 많다. 인간관계를 지향하게 하고 사회적 행동을 유발하는 동기적 요인을 **대인동기**(對人動機: interpersonal motives)라고 한다. 이러한 대인동기는 인간으로 하여금 인간관계를 맺도록 촉진하는 원동력이라고 할 수 있다.

2) 동기의 기능

인간의 동기는 진화 과정을 통해서 형성된 것으로 생존과 번식을 위한 다양한 순기능을 지닌다. 동기는 크게 3가지 기능을 지닌다(Ford, 1992). 첫째, 동기는 목표지향적 행동을 유발한다. 즉, 목표의 달성을 위해 특정한 행동을 하도록 행동의 방향을 결정한다. 목마를 때는 밥을 찾지 않고 물을 찾아 마시듯이, 다른 행동이 아닌 목마름의 해소라는 목표를 향한 일련의 행동을 하도록 인도한다. 둘째, 목표지향적 행동을 지속하게 하는 추진력, 즉 에너지를 제공하는 기능을 한다. 목이 마를 때 물을 발견하지 못하면 지속적으로 물을 찾도록 하며 여러 가지 난관이 있더라도 이를 감내하면서 물을 찾는 행동을 계속하게 하는 기능을 한다. 셋째, 동기는 목표지향적 행동을 조절하는 기능을 한다. 목마른 자가 물을 충분히 마시면 더 이상 물을 찾지 않듯이, 목표지향적 행동을 시작하고 지속하며 종결하게 하는 기능을 한다.

3) 동기의 구분

동기는 그 내용이나 발생 원인에 따라 여러 가지 방식으로 구분될 수 있다. 우선 동기는 생리적 동기와 심리적 동기로 구분될 수 있다. **생리적 동기**는 그 생리적 근거가 분명하고 태어날 때부터 갖추어진 동기로서 모든 인간들이 공유하는 동기이다. 이들은 개체와 종족의 보존에 기여하고 진화의 과정에서 선택되어 왔으며 우리의 생물학적 유산을 이룬다. 여기에는 음식, 수분, 산소, 따뜻함, 고통회피, 자극추구 등에 대한 개인의 생리적 욕구들을 비롯하여 번식을 위한 생물학적 욕구가 포함된다. **심리적 욕구**는 생리적 근거보다는 학습의 영향이 더 뚜렷한 동기이다. 이들은 다른 종들과 공유되지도 않고 모든 개인들에서 발견되지도 않는다. 왜냐하면 개인은 환경과의 상호작용의 과정에서 이러한 동기들을 습득하기 때문이다. 따라서 사람마다 다른 동기를 지니게 되며 동기를 만족시키는 방법도 달라진다.

동기는 선천적 동기와 후천적 동기로 구분되기도 한다. 동기는 유전에 의해 선천적으로 주어지는 것도 있고 후천적으로 학습되는 것도 있다. 선천적 동기를 본능이라고 부르는 학자도 있다. 맥도걸(McDougall, 1960)과 같은 사회심리학자는 인간의 군집성을 본능이라고 보았다. 즉, 마치 개미가 집단을 이루어 살듯이 인간도 본능적으로 집단생활을 하는 것이라고 보았다. 인간은 오랜 진화의 과정에서 생존력을 높이는 많은 행동양식을 유전자 속에 간직하여 대대손손 전달해 왔다. 유전자 속에 저장된 행동정보는 뇌신경구조나 생리적 기제에 영향을 주어 특정한 자극이 주어지면 일련의 행동이 의식적 자각 없이 유발되게 한다. 그러나 일반적으로 본능은 특정한 종에만 나타나고 그 행동패턴이 구체적으로 정형화되어 있는 선천적 반응성향을 지칭하는데, 인간의 선천적 동기는 매우 다양한 행동으로 융통성 있게 나타나기 때문에 본능과 구분하기도 한다.

인간의 대인동기에는 후천적인 경험에 의해 학습된 것들이 많다. 또 선천적인 동기는 후천적 경험에 의해서 강화되거나 약화될 수 있으며 변형되기도 한다. 특히 부모의 양육태도는 아동의 대인동기에 중요한 영향을 미친다. 예를 들어, 신생아는 무력하기 때문에 음식, 안전, 편안함을 위해서 부모에게 의존해야만 한다. 이러한 기본적 욕구가 부모에게서 적절히 잘 충족되면, 부모와 긍정적 감정이 연합되어 부모와 타인에 대한 긍정적인 대인동기로 발전될 수 있다. 그러나 이러한 욕구가 좌절되면 부모와 타인에 대해서 회피적이거나 적대적인 대인동기가 형성될 수도 있다.

4) 동기의 위계와 발달

다양한 동기는 서로 밀접한 관계를 지니고 있으며 일정한 방향으로 발달하는 경향이 있다. 저명한 인본주의 심리학자인 매슬로(Maslow, 1954, 1970)는 동기가 발달하는 순서와 원리를 제시하는 욕구위계이론을 주장하였다. 그에 따르면, 인간의 욕구는 [그림 4-2]와 같이 다섯 단계의 위계에 따라 발달한다.

가장 낮은 위계에 있는 것은 생리적 욕구(physiological needs)로서 음식, 물, 산소에 대한 기본적인 동기를 말한다. 이러한 동기는 개체가 생존하기 위한 기본적인 조건을 공급받기 위한 것으로서 다른 동기에 비해 기본적이며 일차적인 동기다. 둘째는 안전 욕구(safety needs)로서 위험으로부터 보호받을 수 있으며 안전하고 편안한 피난처를 갈구하는 동기를 뜻한다. 또한 안전한 삶을 항상 지속적으로 유지하려는 안정의 욕구도 이에 속한다. 셋째는 애정 및 소속 욕구(love/belonging needs)다. 인간은 다른 사람과 사람을 주고받으며 집단에 소속되고자 하는 욕구를 지닌다. 이러한 애정 및 소속 욕구는 타인과의 친밀하고 밀접한 관계를 통해 충족될 수 있는 대인동기의 바탕이 된다. 넷째는 존중 욕구(esteem needs)로서 자신이 가치 있는 존재라는 것을 느끼고자 하는 욕구다. 자기긍지와 자기만족을 느끼기 위해 자신을 발전시키려는 욕구이기도 하다. 마지막으로, 가장 높은 위계에 있는 것이 자기실현 욕구(self-actualization needs)다. 이는 자신이 지니고 있는 잠재능력을 충분히 표현하고 발현하려는 욕구를 의미한다.

[그림 4-2] 매슬로가 제시한 욕구위계이론

매슬로는 이렇게 다섯 가지 종류의 동기를 위계적으로 분류하고 이들 간의 발달적 관계를 설명하고 있다. 동기는 낮은 위계의 하위동기로부터 높은 위계의 상위동기로 발달해 간다. 특히 하위동기가 만족되지 않으면, 상위동기로의 발달이 이루어지지 않는다. 따라서 상위동기로의 발달은 하위동기의 충족을 전제로 이루어진다. 예를 들어, 배고프고 목마르고 위험에 쫓기는 상황에서 애정 욕구나 존중 욕구는 뒤로 밀려나며 음식과 물을 찾아 안전한 곳에 피신하려는 욕구와 행동이 우선적으로 나타나게 된다. 뿐만 아니라 애정 욕구가 충분히 충족되지 않은 사람에게는 존중 욕구나 자기실현 욕구가 잘 발달되지 않는다. 하위욕구의 충족에 의해 상위욕구가 발전하여 행동에 영향을 미치더라도 하위욕구에 불만족이 생겨나면 우리의 행동은 하위욕구의 충족을 위해 퇴행되게 된다. 이렇듯이 인간의 동기는 서로 위계적인 관계를 지니고 있으며 상위동기로의 발달은 하위동기의 안정된 충족을 필요로 한다.

앨더퍼(Alderfer, 1969, 1972)는 매슬로의 5단계 욕구위계를 3단계로 축소하여 수정한 욕구위계이론을 제시하였다. 3단계 욕구란 생존 욕구, 관계 욕구, 성장 욕구를 말한다.

생존 욕구(existence needs)는 생존에 필요한 여러 유형의 물질적 · 생리적 욕구를 포함한다. 즉, 굶주림, 갈증, 월급, 상여금, 물리적 작업환경에 대한 욕구와 관련된다. 매슬로의 욕구위계로 보면, 생리적 욕구와 안전 욕구(물리적 안전)가 포함된다. 생존 욕구는 구체성이 높아서 인간이 지닌 욕구 중 가장 분명하다.

관계 욕구(relatedness needs)는 중요한 타인과 친밀하고 신뢰로운 인간관계를 형성하고 유지하려는 욕구를 말한다. 매슬로의 안전 욕구(대인관계에서의 안전), 애정 욕구, 존중 욕구(대인관계에서의 자존심) 등과 같은 사회적 동기가 모두 관계욕구에 포함된다.

성장 욕구(growth needs)는 개인이 중요하게 생각하는 능력이나 잠재력을 발전시키려는 욕구를 말한다. 이러한 욕구는 타인과의 비교를 통해서 얻는 자기존중감이 아니라 스스로 자기확신을 통해 얻게 되는 자기존중감의 욕구가 포함된다. 성장 욕구는 매슬로의 자기실현 욕구와 유사하다.

앨더퍼의 주장은 세 욕구를 지칭하는 영어 명칭의 첫 글자를 따서 ERG 이론이라고 불리기도 한다. 이 이론은 특히 산업조직 현장의 연구에 근거하고 있으며 직장인의 동기를 이해하는 데에 적용되고 있다. 앨더퍼는 세 욕구들간의 역동적 관계를 다음과 같이 제시하고 있다: ① 특정한 욕구가 덜 충족될수록 그 욕구에 대한 갈망은 더욱 강해진다. ② 한 욕구가 충족되면 상위욕구가 일어난다. ③ 상위욕구의 충족이 좌절되면 하위욕구가 일어난다.

2. 다양한 대인동기

인간은 사회적 동물이다. 인간은 집단생활을 하고 다른 사람과 사회적 관계를 맺으며 살아간다. 인간으로 하여금 사회적 행동을 하게 하는 여러 가지 동기적 요인들이 있다. 이러한 대인동기를 이해하는 일은 인간관계를 이해하는 데에 매우 중요하다.

과연 어떤 동기들이 사회적 행동을 유발하는 것일까? 사회심리학자인 아자일(Argyle, 1983)은 사회적 행동을 유발하는 인간의 보편적인 대인동기들을 제시한 바 있다. 그의 주장에 기초하여 인간의 주요한 대인동기를 살펴보기로 한다.

1) 생물학적 동기

인간은 생존을 위해 영양분을 공급받고 환경의 위협으로부터 안전을 유지하기 위한 여러 가지 생물학적 동기를 지닌다. 이러한 생물학적 동기에는 먹고 마시고 따뜻함과 안락함을 추구하며 위험으로부터 자신을 보호하는 등의 생존을 위한 기본적인 동기가 포함된다. 이러한 생물학적 동기의 충족을 위해서 인간은 타인을 필요로 한다.

개체로서의 인간은 생물학적으로 매우 나약한 존재다. 진화의 과정에서 다른 여러 동물과 생존경쟁을 해야 하는 인간은 먹이를 얻고 위험으로부터 자신을 보호하기 위한 신체적 능력이 미약하다. 날카로운 이와 발톱도 없고 신속하게 오래 달릴 수 있는 체력을 가지고 있지도 않다. 이러한 신체적 조건을 가지고 약육강식의 환경 속에서 생존할 수 있는 방법은 서로 힘을 합치는 협동적인 생존방식밖에 없다. 따라서 인간은 함께 모여 사는 군집생활을 해야만 했을 것이다. 뿔뿔이 흩어져 산 인간은 진화의 과정 속에서 도태될 수밖에 없었던 것이다.

영양공급과 안전유지의 문제가 많이 해결된 현대사회에서도 인간의 생물학적 동기는 사회적 관계를 유지하게 하는 중요한 원인이 되고 있다. 현대사회는 사회적 기능이 극히 분화되고 전문화되어 있기 때문에 혼자서는 의식주의 해결이 쉽지 않다. 타인과의 협동적 관계 속에서 인간의 기본적인 생물학적 동기가 보다 용이하게 충족될 수 있다. 이러한 생물학적 조건은 인간을 사회적 존재로 만드는 중요한 요인이 된다.

2) 의존 동기

인간은 다른 사람에게 의지하고 보호받으려는 **의존**(dependence)의 동기를 지닌다. 인간은 태어나는 순간부터 부모의 보살핌을 필요로 하는 의존적인 존재다. 이러한 의존 동기는 인간의 생물학적 조건과 관련되어 있다. 인간은 가장 무력한 상태로 태어나는 동물이다. 혼자서는 도저히 생존할 수 없는 미숙한 상태로 태어난다. 뿐만 아니라 인간은 독립적 생활을 하기까지 가장 오랜 양육기간을 필요로 하는 존재다. 이렇게 미숙한 상태로 태어나는 인간은 출생 시부터 장기간 부모의 보호 아래 양육되어야 한다. 즉, 인간은 태어날 때부터 타인의 보호와 도움이 필요한 의존적인 존재다.

동물이든 인간이든 매달리고 보호받고 싶은 의존 동기를 지닌다.

신생아가 선천적으로 행하게 되는 행동패턴 중에는 부모의 관심을 끌고 보호와 애정을 얻기 위한 것이 많다. 신생아가 나타내는 **잡기반사**(grasping reflex)는 양육자를 붙잡고 매달려서 떨어지지 않으려는 의존적 본능을 반영하는 것이라고 볼 수 있다. 태어난 지 얼마 되지 않은 신생아들이 사람을 보고 웃음을 짓는 배냇 웃음도 부모나 양육자의 보호본능을 자극하는 본능적 행동으로 이해되고 있다. 또한 신생아는 선천적으로 두 눈과 여자 목소리에 예민하게 반응하는 선천적 경향을 지닌다고 한다.

이러한 의존 동기는 성인이 되어서도 중요한 타인으로부터 사랑과 인정을 얻고 보호와 보살핌을 받으려는 주요한 대인동기로 발전한다. 따라서 인간은 타인으로부터 거부당하고 버림받는 것, 즉 의존 동기의 좌절에 대한 두려움을 지니게 된다. 의존 동기의 지속적인 좌절은 우울증의 원인이 되기도 한다. 이러한 의존 동기는 타인과의 관계 속에서만 충족될 수 있는 것으로서 인간의 보편적이고 근본적인 대인동기라고 할 수 있다.

3) 친화 동기

　인간은 주변 사람들과 어울리며 친밀한 관계를 맺고자 하는 친화(affiliation)의 동기를 가지고 있다. 의존 동기는 자신보다 강하고 높은 위치에 있는 사람에 대해 의지하려는 대인동기인 반면, 친화 동기는 대등한 위치에 있거나 유사한 상황에 처한 사람들과 가깝게 지내며 친밀한 관계를 맺고자 하는 대인동기다. 즉, 친화 동기는 친구나 벗을 얻고자 하는 욕구라고 할 수 있다.

　아동은 성장 초기부터 같은 또래에 대해 각별한 관심을 보인다. 만 2~3세가 되면, 아동은 벌써 얼굴사진만으로도 같은 또래인지 나이가 많은 어른인지를 구분하는 변별능력이 발달한다. 그리고 같은 또래의 아동 사진에는 동공이 확대되고 신체적 흥분을 나타내는 등 높은 관심과 호기심을 보인다는 연구결과가 있다. 뿐만 아니라 아동들이 사회적 활동에서 같은 또래들과의 놀이나 활동을 즐겨하고 가장 많은 시간을 투여한다는 점은 친화 동기의 중요성을 보여 준다. 성인 역시 인간관계의 대상으로 같은 또래집단을 선호하는 경향이 강하다. 나이, 성별, 직업, 가치관, 관심사 등에서 공통점이 있거나 자신과 처해 있는 입장이 비슷한 사람들과 어울리며 친구관계를 형성해 가는 것이 일반적이다.

인간은 같은 또래와 어울리려는 친화 동기를 지닌다.

　친화 동기는 여러 가지 적응적 기능을 한다. 첫째, 같은 또래와 가깝게 지냄으로써 자신을 평가할 수 있는 정보를 얻을 수 있다. 인간은 타인과 비교함으로써 자기 자신을 평가한다. 이때 자신과 비슷한 특성과 위치에 있는 사람으로부터 얻은 정보가 자신을 평가하는 데 보다 적절한 정보가 되기 때문이다. 사회심리학자인 페스팅어(Festinger, 1954)는 인간의 친화 행동이 자신을 평가하기 위한 준거자료를 얻기 위한 것이라는 사회비교이론을 제안한 바 있다. 둘째, 친화 행동은 불안을 완화시켜 주는 역할을 한다. 샤흐터(Schachter, 1959)는 실험적 연구를 통해 이러한 사실을 검증한 바 있다. 그는 한 집단의 실험참여자에게는 앞으로 시행할 실험에서 고통을 당할지도 모른다는 지시를 통해 불안을 느끼게 한 반면, 다른 실험참여자 집단에게는 그러한 불안을 유발하지 않았다. 이러한 상태에서 같은 실험에 참여할 낯선 사람들과 함께 기다리는 동안 각 집단의 실험참여자들이 나타내는 사회적 행동을 관찰하였다. 그 결과, 불안을 느낀 참여자 집단은 그렇지 않은 집단보다 다른 사람과 더 적극적으로 교류하며 친화 행동을 보였다. 이러한 연구 결과는 불안이 사람들간의 교류를 증진시키며 사회적 교류를 통해 불안을 감소시키는 경향이 있음을 보여 준다. 이밖에도 같은 또래나 같은 입장에 처해 있는 사람들은 지식, 의견, 태도, 흥미 등에 있어서 유사점이 많기 때문에 교류 속에서 보다 많은 공감과 지지를 받는 긍정적 경험을 하게 된다. 이와 같이 친화 동기는 사회적 교류를 통해 여러 가지 긍정적인 보상을 얻게 하는 적응적 기능을 지니고 있다.

4) 지배 동기

인간은 다른 사람에게 자신의 영향력을 행사하려는 지배(dominance)의 동기를 지닌다. 다른 사람을 자신의 뜻대로 움직이고 싶어 하며 다른 사람이 자신의 뜻에 따라 복종해 주기를 원한다. 즉, 인간에게는 다른 사람을 지배하고자 하는 동기가 내재해 있다. 이러한 지배 동기는 사회적 행동을 유발하는 주요한 대인동기의 하나로 여겨지고 있다.

지배 동기는 권력을 추구하는 욕구다. 권력은 타인의 행동과 운명을 조정할 수 있는 능력을 뜻한다. 인간은 인간관계 속에서 이러한 권력의 욕구를 충족시키고자 한다. 군집생활을 하는 동물들은 대부분 위계구조를 가지고 있다. 개미나 원숭이의 경우에도 권력의 서열이 있어서 높은 위치의 구성원에게 낮은 위치의 구성원은 먹이나 교미상대를 양보한다. 따라서 높은 서열에 오르기 위한 도전과 투쟁이 집단구성원 간에 벌어지곤 한다. 인간사회도 마찬가지다. 그러나 인간사회는 다른 동물보다 훨씬 정교한 위계적 권력구조를 가지고 있으며 권력의 내용, 쟁취방식 그리고 행사방식이 매우 다양하다. 인간은 권력을 얻기 위해 힘을 규합하여 집단을 형성하기도 하고 그 집단 내에서 권력을 갖기 위해 구성원 간에 권력투쟁을 벌이기도 한다. 인간의 지배 동기는 거시적 관점에서 보면 인류의 정치사에 영향을 미치는 심리적 동기라고 볼 수 있다.

지배 동기는 타인을 대상으로 하여 충족될 수 있는 대인동기이며 다양한 인간관계에서 나타나게 된다. 어떤 사람은 자녀의 행동과 진로를 자신의 뜻대로 좌지우지함으로써 지배 동기를 충족시킨다. 어떤 사람은 부하직원을 대상으로 하여 지배동기를 충족시키기도 하고 때로는 친구나 연인을 대상으로 하여 충족시킬 수도 있다.

5) 성적 동기

다양한 인간관계 중 특히 이성관계에 영향을 미치는 대인동기가 **성적 동기**(sexual motive)이다. 성적 동기는 이성에 대한 관심과 호기심을 나타내게 하고 이성에게 접근하여 구애행동을 하게 한다. 이러한 성적 동기는 종족보전을 위해 필수적인 생물학적 동기라고 할 수 있다. 모든 동물은 성적 동기를 지니며 특히 성호르몬이 분비되는 발정기나 배란기를 전후하여 이성에게 적극적으로 구애하여 교미를 한다. 그러나 동물은 이러한 기간이 지나면 이성에 대한 성적 동기가 현격히 감소하는 주기적 양상을 나타낸다.

인간의 경우, 사춘기가 되어 성호르몬이 분비되면서 신체에 여러 가지 이차성징이 나타나고 이성에 대한 성적 동기가 높아지게 된다. 여성의 경우는 성호르몬이 주기적으로 분비되어 성적 동기에 영향을 주지만 그 영향력이 적다. 즉, 인간은 동물과 달리 지속적인 성적 동기를 지니게 될 뿐만 아니라 성호르몬 수준보다 외부적인 성적 단서에 의해 더 큰 영향을 받게 된다. 이러한 성적 동기는 인간으로 하여금 이성에 대한 접근행동을 유발하는 주요한 대인동기가 된다.

프로이트를 위시한 정신분석학자들은 성적 동기를 인간의 가장 기본적이고 근원적인 욕구로 보았다. 성적 동기는 인간사회의 도덕적 규범에 의해 억압되기도 하지만 인간의 행동을 결정하는 주요한 심리적 동기라는 것이다. 이들에 따르면, 다른 심리적 동기는 성적 동기로부터 파생된 것이며 성적 동기가 사회적 규범에 맞도록 위장되거나 승화된 것이다. 물론 현대 심리학자들은 이러한 주장이 과장된 것이라고 보지만 성적 동기가 인간의 행동을 결정하는 주요한 동기라는 점에는 동의하고 있다.

6) 공격 동기

인간은 때때로 다른 사람을 해치는 공격행동을 한다. 인간관계에서 신체적으로든 언어적으로든 상대방에게 상처를 주는 공격행동이 흔히 일어난다. 청소년 문제로 대두되고 있는 집단 괴롭힘의 경우와 같이, 때로는 공격행동이 특별한 이유 없이 행해지는 경우도 있다. 이러한 적대적 행동은 공격성에 의해 유발된다. **공격**(aggression)의 동기는 기본적으로 타인을 해치고 손상시키려는 욕구를 의미한다.

공격 동기는 개체보존과 종족보전을 위해 적응적 기능을 하는 주요한 동기이다. 육식동물은 먹이를 얻기 위해 약한 동물을 공격하고 교미상대를 빼앗기 위해 경쟁자를 공격한다. 때로는 집단 내에서 지배적인 위치를 차지하기 위해 구성원을 공격하고 공격자에 대한 방어로서 공격행동을 하기도 한다. 인간의 공격성은 기본적으로 동물의 공격성과 유사한 점이 많지만, 훨씬 더 복잡한 양상을 나타낸다. 인간은 공격행동을 자제하게 하는 여러 가지 심리적 기제를 지니고 있지만 때로는 더 파괴적인 공격행동을 하기도 한다. 동물의 경우, 일반적으로 배고픔이 해소되면 더 이상 약한 동물을 공격하지 않으며 같은 종끼리는 공격을 하더라도 살상하지는 않는 경향이 있다. 그러나 인간은 무자비한 공격을 통해 타인을 살상하기도 하며 현실적인 필요 이상으로 공격적인 행동을 나타내기도 한다. 프로이트는 성적 동기와 더불어 공격 동기를 인간의 삶에 가장 강력한 영향을 미치는 두 가지 동기로 여겼다.

공격은 크게 분노적 공격과 도구적 공격으로 나누어 볼 수 있다(Lorenz, 1968). **분노적 공격**(angry aggression)은 좌절에 대한 반응으로 유발되는 공격을 의미한다. 인간은 좌절을 경험하면 좌절을 유발한 대상에 대해 공격행동을 나타낸다. 좌절을 유발한 대상에 대해 미움과 분노의 감정을 지니고 복수하기 위한 공격행동을 나타낸다. 좌절을 유발한 대상을 직접 공격할 수 없을 때는 다른 대상에게 공격행동을 나타내기도 한다. 이와 달리 재물이나 권력과 같은 현실적 이득을 얻기 위해 방편적으로 행해지는 공격을 **도구적 공격**(instrumental aggression)이라고 한다. 이러한 경우에는 공격하는 대상에 대한 분노나 미움의 감정을 느끼지 않는다. 다만 얻고자 하는 목표를 달성하기 위해 상대를 공격할 뿐이다. 이 밖에도 자신의 능력을 확인하고 과시하기 위한 공격행동이나 타인을 괴롭힘으로써 쾌락을 얻기 위한 공격행동도 있다.

7) 자기존중감과 자기정체성의 동기

인간으로 하여금 사회적 행동을 하게 하는 주요한 대인동기 중에는 **자기존중감**(self-esteem)의 동기가 있다. 자기존중감의 동기는 자기 자신을 가치 있는 존재로 여기고자 하는 욕구를 의미한다. 이러한 자기존중감은 긍정적인 자기평가에 근거하며, 긍정적인 자기평가는 다른 사람과의 관계 속에서 그들의 긍정적 반응을 통해 확인되는 것이다.

또한 인간은 일관성 있고 명료한 자기상을 가지려는 **자기정체감**(self-identity)의 동기를 지닌다. 즉, 자신을 타인과 구분되는 개성 있는 독특한 존재로 인식하려는 욕구를 지닌다. 이러한 자기정체감을 형성하기 위해서는 다른 사람들과의 관계 속에서 비교를 통해 자신의 독특성을 확인함으로써 가능한 것이다. 청소년들이 독특한 외모, 의상, 행동을 선호하는 이유도 이러한 동기에 기인한 것이라고 할 수 있다.

이밖에도 대인동기는 지향하는 목표에 따라서 구분되기도 한다. 포드(Ford, 1992)는 인간의 대인동기를 지향하는 목표에 따라 크게 개인지향적 동기와 집단지향적 동기로 나누고 있다. 개인지향적 동기는 개인의 발전과 성장을 목표로 하는 동기로서 개별성의 동기, 자율성의 동기, 우월성의 동기, 의존성의 동기가 이에 해당된다. 반면에, **집단지향적 동기**는 개인보다 집단의 화합과 통합을 목표로 하는 동기로서 소속감의 동기, 사회적 책임의 동기, 형평성의 동기, 이타성의 동기로 구성된다. 각 동기가 지향하는 목표와 내용은 〈표 4-1〉에 제시되어 있다.

〈표 4-1〉 지향목표에 의한 대인동기의 구분

개인 지향적 동기	개별성의 동기	자신이 독특하고 특수한 존재라는 것을 느끼고 확인하고자 하는 동기
	자율성의 동기	자신의 행동을 스스로 선택하고 자유롭게 행동하고자 하는 동기
	우월성의 동기	다른 사람과의 비교를 통해 자신이 지위나 자질에 있어서 긍정적이고 우월하다는 것을 느끼고자 하는 동기
	의존성의 동기	다른 사람으로부터 인정, 지지, 도움을 얻고자 하는 동기
집단 지향적 동기	소속감의 동기	다른 사람들과 친근감이나 애정을 교환하고 일체감과 집단의식을 느끼고자 하는 동기
	사회적 책임의 동기	대인관계에서 자신에게 기대되는 역할과 의무를 수행하고 사회적 또는 윤리적 규범을 따르고자하는 동기
	형평성의 동기	다른 사람과 공정하고 정의로우며 상호보완적인 관계를 형성하고 유지하고자 하는 동기
	이타성의 동기	다른 사람을 사랑하고 지지하며 도움을 주고자 하는 동기

탐구문제

대인동기에 따라 대인관계의 양상이 달라진다. 다른 사람들과의 만남을 통해서 충족시키고자 하는 나의 주된 대인동기는 무엇일까? 어떤 사람들과 어떤 경험을 할 때 가장 만족스럽고 행복한가? 그러한 만남이 만족스러운 것은 나의 어떤 대인동기가 충족되었기 때문일까? 다른 사람들과의 만남에서 실망하거나 분노하는 것은 나의 어떤 대인동기가 좌절되었기 때문일까?

3. 대인동기의 개인차

어떤 사람은 사람 사귀기를 좋아하는 반면, 어떤 사람은 혼자 있는 것을 즐긴다. 어떤 사람은 강한 사람에게 의지하기를 좋아하는 반면, 어떤 사람은 다른 사람 위에 군림하기를 원한다. 어떤 사람은 간절히 이성과 사귀고자 하는 반면, 어떤 사람은 이성과 사귀는 것을 두려워한다. 이렇듯이 인간은 다른 사람에게 접근하고자 하는 동기의 종류가 다르다. 어떤 사람은 많은 희생을 감수하면서 이성과의 관계를 유지하려는 강렬한 동기를 지니는 반면, 어떤 사람은 이성과의 관계를 쉽게 포기한다. 이처럼 동일한 동기라 하더라도 그 강도가 사람마다 다르다.

동기는 그 지속성에 따라서 만성적 욕구와 일화적 욕구로 구분될 수 있다(Alderfer, 1972). 만성적 욕구(chronic desire)는 비교적 오랜 기간 지속되는 욕구로서 욕구충족이라는 일관성 있는 목표를 향한 일련의 행동들을 유발한다. 반면에 일화적 욕구(episodic desire)는 특정한 상황에서 나타나는 일시적인 욕망상태로서 상황이 변화하면 사라지는 욕구를 말한다. 이런 구분에 따르면, 개인의 만성적 대인동기가 그 사람의 성격과 대인관계 방식을 결정하는 데에 중요한 영향을 미치게 된다. 사람마다 대인관계 방식에 차이가 나타나는 주요한 원인은 대인관계에서 충족시키고자 하는 만성적 동기가 개인마다 다르기 때문이다.

정신분석학자인 호나이(Horney, 1937)는 대인동기와 관련해서 인간관계에 대한 세 가지 성향을 구분하고 있다. 첫째는 인간 접근적 성향(trend toward people)이다. 이러한 성향을 지닌 사람은 타인에게 접근하여 친밀한 관계를 형성하고자 한다. 이러한 성향은 정상적이고 바람직한 것이지만, 지나칠 경우에는 의존적인 행동으로 나타날 수 있다. 둘째는 인간 회피적 성향(trend away from people)으로서 이러한 성향을 지닌 사람은 인간관계를 회피하려 하며 인간관계를 맺더라도 친밀한 관계를 불편해하고 두려워한다. 이러한 사람들은 혼자 있는 상태를 더 편안하게 느끼며 타인과 가까워짐으로써 발생되는 부담과 갈등을 두려워하는 경향이 있다. 마지막은 인간 적대적 성향(trend against people)이다. 이러한 성향을 지닌 사람들은 타인을 경쟁상대나 적으로 느끼게 되어 공격적이거나 지배적인 태도를 나타내게 된다. 이들은 타인에 대한 분노와 적개심을 자주 표출하게 되어 다툼과 갈등을 초래하는 경향이 있다.

이렇듯이 사람마다 각기 다른 대인동기를 지니며 그 결과 대인관계의 양상이 달라진다. 대인동기의 개인차는 다음과 같은 요인에 의해 발생할 수 있다.

1) 선천적 요인

대인동기의 개인차는 성격적 기질과 마찬가지로 유전적인 또는 선천적인 요인에 기인하기도 한다. 갓 태어난 신생아는 환경적 자극에 반응하는 방식이나 그 적극성에 있어서 차이를 보인다. 어머니의 젖을 빨고 어머니에게 매달리는 행동에서도 아이마다 차이가 있다. 뿐만 아니라 쌍생아 연구나 가계연구에 따르면, 특정한 성격특성은 유전적으로 가까운 사람일수록 서로 유사한 경향이 있다. 예컨대, 수줍음이나 공격성 등은 유전적 소인에 의해 영향을 받는다는 증거들이 있다. 그러나 이러한 유전적 요인에 의해서만 특정한 심리적 속성이 결정되는 경우는 드물며, 대부분의 경우 후천적 경험과 상호작용하여 개인의 행동에 영향을 미치게 된다.

2) 욕구의 충족 경험

인간의 욕구는 충족 경험에 따라 욕구의 강도가 달라진다. 갈증은 물을 마시게 되면 사라지듯이, 대인동기도 충분히 충족되면 감소하는 경향이 있다. 그러나 물을 마시지 못하면 갈증이 더욱 심해지듯이, 오랜 기간 충족되지 못한 대인동기는 더욱 강해져서 욕구충족을 위한 행동을 유발하게 된다. 대부분의 심리학자들은 개인의 행동을 유발하는 동기의 강도는 그러한 욕구의 충족 여부가 중요하다고 보고 있다.

정신분석학을 창시한 프로이트는 인간의 모든 행동을 내면적 욕구의 발산과정으로 보았다. 인간의 모든 욕구는 발산되어 해소되기를 추구한다. 그러나 발산되지 못한 욕구는 내면적으로 축적되어 끊임없이 발산의 기회를 찾는다. 프로이트에 따르면, 인간의 성적인 욕구가 발현되는 아동기의 경험이 성격특성을 결정하는 데에 중요하다. 즉, 구강기, 항문기, 남근기를 거치면서 아동의 성적 욕구가 부모와의 관계에서 어떻게 충족되었느냐에 따라 성격적 특성이 결정된다. 특정한 발달단계에서 욕구가 과도하게 좌절되면, 그러한 욕구를 충족시키려는 강한 경향이 지속되어 부적응적인 성격이나 대인관계를 나타낼 수 있다. 프로이트는 욕구의 과도한 좌절경험뿐만 아니라 과도한 충족경험도 그러한 욕구와 관련된 부적응적인 성격특성을 유발할 수 있다고 보았다. 예컨대, 구강기에 욕구가 지나치게 좌절되거나 충족되면, 의존적이고 자기중심적이며 요구가 많은 구강기적 성격특성을 형성하게 된다. 반면에 욕구가 적절히 충족되면, 자신감 있고 관대하며 외부세계에 대해 신뢰감을 지니는 안정된 성격특성을 형성하게 된다고 주장하고 있다.

매슬로나 앨더퍼 같이 욕구위계이론을 주장하는 심리학자들도 특정한 욕구의 충족 여부가 개인의 동기를 이해하는 데에 중요하다고 보았다. 이들 역시 현재의 삶 속에서 특정한 욕구가 덜 충족될수록 그 욕구에 대한 갈망은 더욱 강해진다고 보고 있다. 아울러 한 가지 욕구가 충족되면, 그 욕구의 강도는 약화되고 상위의 다른 욕구가 행동에 중요한 영향을 미치게 된다.

정신분석학의 인간론

정신분석학(psychoanalysis)은 지그문트 프로이트(Sigmund Freud: 1856~1939)에 의해 창시된 심층심리학으로서 인간의 무의식 세계를 설명하고 있다. 정신분석학에 따르면, 인간은 자신이 자각하지 못하는 무의식적 동기에 의해서 행동한다. 인간을 움직이는 근원적인 무의식적 동기는 성적인 내용을 지닌다. 사회적으로 금기시되는 성적인 동기는 무의식적인 과정을 통해서 사회적으로 수용될 수 있는 그럴듯한 내용으로 변형되어 자각된다.

지그문트 프로이트

프로이트는 인간의 심리적 세계를 성적인 육체적 욕망과 이를 억제하려는 사회문화적 규범이 서로 갈등하며 투쟁하는 과정으로 보았다. 그는 성적인 원초적 욕구를 충동적으로 발산하려고 하는 심리적 측면을 **원초아**(id)라고 불렀으며, 도덕적인 사회문화적 규범이 내면화된 심리적 측면을 **초자아**(superego)라고 지칭했다. 아울러 원초아와 초자아의 요구를 절충하며 환경의 현실적 조건을 고려하는 적응적 기능을 지닌 심리적 측면을 **자아**(ego)라고 불렀다. 자아는 현실적인 환경적 여건을 인식하고 판단하며 통제하는 기능과 더불어 만족 지연, 감정 조절, 좌절 인내와 같은 다양한 적응적 기능을 담당한다. 인간의 마음속에서는 원초아, 자아, 초자아가 서로 힘겨루기를 하게 되는데, 심리적으로 건강한 사람의 경우에는 자아가 성격의 중심적 역할을 하게 된다. 원초아가 강한 사람은 매우 충동적이고 무책임한 행동을 나타내는 반면, 초자아가 강한 사람은 과도하게 도덕적이며 금욕적인 행동을 나타내게 된다. 이러한 설명을 **성격의 삼원구조이론**(tripartite theory of personality)이라고 한다.

자아는 특히 원초아의 요구가 강해지면 불안을 느끼게 되는데, 이러한 불안을 감소시키기 위한 **방어기제**(defense mechanism)를 사용하게 된다. 주요한 방어기제로는 성욕이나 공격욕과 같은 원초아적 욕구가 의식되는 것을 막는 억압(repression), 수용하기 힘든 욕망을 부정하는 부인(denial), 자신의 욕망과 반대되는 행동을 하는 반동형성(reaction formation), 수용되기 어려운 욕망에 대해서 그럴듯한 현실적 이유를 붙여 불안을 회피하는 합리화(rationalization), 욕망충족을 위해 지적인 합리적 의미를 부여하는 주지화(intellectualization), 한 대상에 대한 욕구를 다른 대상을 통해 대리적으로 충족시키는 대치(displacement), 자신이 지닌 욕구를 다른 대상이 지닌 것으로 간주하는 투사(projection) 등이 있다. 이러한 방어기제는 무의식적인 과정을 통해 작동하며 그 결과 우리는 자신의 행동에 영향을 미치는 진정한 동기를 자각하지 못하게 된다.

정신분석학은 어린 시절의 경험이 성격형성에 매우 중요한 영향을 미친다고 본다. 프로이트에 따르면, 어린아이는 성적인 욕구를 지니고 있으며 나이에 따라 욕구충족을 추구하는 신체부위가 입, 항문, 성기로 변해 간다. 이러한 주장을 심리성적 발달이론(theory of psychosexual development)이라고 한다. 구강기(oral stage)는 어머니의 젖을 빨면서 입을 통해 성적 욕구를 충족하는 시기다. 이 시기에 욕구가 과도하게 충족되면, 의존적이고 자기중심적이며 요구가 많은 구강기적 성격특성을 형성하게 된다. 항문기(anal stage)는 아동이 배변을 참거나 배설하면서 긴장감과 배출의 쾌감을 경험하는 시기로서 부모로부터 배변훈련을 받게 되는 시기다. 이 시기에 욕구가 지나치게 좌절되면, 완벽주의적이고 청결과 질서에 집착하며 인색한 항문기적 성격특성이 형성되거나 불결하고 분노를 잘 느끼며 양가감정적인 성격특성을 지니게 된다. 남근기(phallic stage)에는 아동이 남근에 많은 관심을 갖고 쾌감을 느끼려는 성향이 나타난다. 이 시기에 아동은 이성부모의 애정을 독점하려 하며 동성부모에 대해 경쟁심을 느끼게 되는데, 이를 오이디푸스 콤플렉스(Oedipus complex)라고 한다. 오이디푸스 콤플렉스는 흔히 동성부모에게 동일시함으로써 해결되는데, 이러한 갈등이 잘 해결되지 못하면 권위적 인물에 대해 과도한 두려움이나 복종적 태도를 나타내거나 지나치게 경쟁적인 성격특성을 나타낼 수 있다. 이처럼 어린 시절에 성적인 욕구를 충족시키는 부모와의 관계에서 어떤 경험을 했느냐에 따라 성격과 인간관계 방식이 달라질 수 있다. 요컨대, 프로이트는 성적 동기를 가장 근본적인 것으로 보았으며 나중에 공격 동기도 중요한 것으로 여겼다. 이러한 무의식적 욕구를 사회문화적 규범과의 갈등 속에서 자아의 중재하에 충족시키려 하는 것이 인간의 삶이며 인간관계라고 보았다.

정신분석학에 따르면, 인간이 나타내는 심리적 장애나 인간관계의 문제는 무의식적 갈등의 결과이며 그러한 무의식적 갈등을 의식화함으로써 극복될 수 있다. 이러한 무의식에 접근하는 가장 중요한 길은 꿈을 분석하는 것이다. 따라서 정신분석치료에서는 꿈 분석을 비롯하여 자유연상, 전이분석, 저항분석 등을 통해 내담자로 하여금 무의식적 갈등을 자각하게 하고 실제적 생활 속에서 이러한 갈등이 부적응적으로 표출되지 않도록 훈습하는 과정이 이루어진다.

3) 부모와의 애착경험

대인동기는 후천적인 경험에 의해 강력한 영향을 받는다. 특히 어린 시절의 경험이 중요한 영향을 미친다고 보는 심리학자들이 많다. 발달심리학적 연구에 따르면, 어린 시절의 양육자, 특히 어머니와의 관계가 이후의 대인동기에 중요하다. 동물은 출생 초기부터 어머니에 대한 애착행동을 보인다. 독립적인 생존능력이 형성되지 않은 유아는 먹이와 보호를 제공하는 사람에게 신체적으로 접근해야만 생존할 수 있다. 이러한 애착행동은 생득적이며 진화론적으로 볼 때 생존가치를 지닌 행동이다. 이러한 행동은 대부분의 동물들이 갖추고 태어난다. 동물행동학자인 로렌츠(Lorenz, 1937, 1950)는 알에서 부화된 오리가 처음 접하게 되는 움직이는 대상(대개의 경우, 어미)을 계속해서 따라다니는 선천적 행동을 발견하고 이를 **각인**(imprinting)이라고 불렀다.

　할로우(Harlow, 1958, 1962; Harlow & Harlow, 1966)는 원숭이를 대상으로 애착행동에 관한 연구를 하였다. 새끼 원숭이를 어미 원숭이로부터 떼어 내어 모조 원숭이와 함께 살도록 하였다. 모조 원숭이 중에는 철망으로 만들어진 몸에 우유병이 달려 있는 것도 있고 부드러운 털로 만들어진 것도 있었다. 어린 원숭이는 배가 고

어미를 졸졸 따라다니는 오리의 각인 행동

플 때를 제외하면 대부분의 시간을 털로 만들어진 모조 원숭이의 품에서 지내는 애착행동을 보였다. 이러한 결과는 신체적인 피부접촉이 애착행동에 중요한 요인임을 시사하는 것이다. 뿐만 아니라 어미 원숭이와 떨어져 고립된 상태로 성장한 원숭이는 자신의 새끼를 잘 돌보지 못했으며 교미과정에서도 부적절한 행동을 보였다. 이러한 결과는 어린 시절에 부모와의 안정된 애착경험이 성장 후의 양육행동과 성적 행동에 영향을 미친다는 것을 보여 주는 것이다.

　인간의 애착행동을 연구한 볼비(Bowlby, 1969)는 어린 시절 어머니와의 애착관계가 성장 후의 인간관계에 영향을 미친다고 주장하였다. 에인스워스와 그녀의 동료들(Ainsworth, Blehar, Waters, & Wall, 1978)은 어린아이를 대상으로 한 낯선 상황 검사를 통해서 애착유형을 안정 애착과 불안정 애착으로 구분했다.

　어린아이는 어머니에게 매달리고 따라다니는 애착행동을 보이게 되는데, 이때 그러한 아이의 행동에 대해 어머니가 일관성 있게 수용적이고

부드러운 털로 만든 모조 어미를 껴안고 있는
새끼 원숭이

우호적인 행동을 보이게 되면 아이는 안정 애착(stable attachment)을 형성하게 된다. 이렇게 안정 애착을 형성한 아이는 어머니에게 신뢰를 형성하게 되어 자발적이고 독립적으로 바깥세상을 탐색할 뿐만 아니라 어머니가 보이지 않는 상황에서도 비교적 안정된 감정상태를 유지하

게 된다. 어머니와 안정 애착을 형성한 아이는 성장해서도 타인에게 신뢰감을 느끼며 지나치게 의존함이 없이 안정되고 친밀한 인간관계를 형성하게 된다.

반면, 아이의 애착행동에 대해 어머니가 적절하게 반응해 주지 못하여 아이의 애착욕구를 좌절시키게 되면 아이는 **불안정 애착**(unstable attachment)을 형성하게 된다. 불안정 애착에는 두 가지 유형이 있다. 아이의 애착행동에 대해 어머니가 수용적 행동과 거부적 행동을 일관성 없이 나타내게 되면, 아이는 **불안 애착**(anxious attachment)을 형성하게 된다. 어머니의 비일관적이고 변덕스러운 반응으로 인해 아이는 어머니에 대한 안정된 신뢰를 갖지 못하고 어머니의 사랑에 대해 불안감을 느끼게 된다. 따라서 어머니의 사랑을 잃지 않으려고 지나치게 매달리는 의존적인 행동을 보이거나 눈치를 보는 등 불안한 행동을 보이게 된다. 때로는 어머니에 대한 강렬한 애증감정으로 인해 불안정한 감정반응과 행동패턴을 나타내게 된다. 이러한 아이는 성장하여 타인의 인정과 사랑에 지나치게 의존적인 사람이 되거나 타인의 사랑을 믿지 못하고 타인의 거부에 지나치게 예민하게 반응하는 불안정한 인간관계를 나타낼 수 있다.

불안정한 애착의 두 번째 유형은 **회피 애착**(avoidant attachment)이다. 회피 애착은 아이의 애착행동에 대해 어머니가 지속적으로 거부적인 반응을 보일 경우에 형성된다. 회피 애착을 형성한 아이는 어머니에 대해 매달리는 행동을 포기하고 혼자 시간을 보내거나 놀이를 하는 등

부모와의 애착경험이 성인기의 대인관계에 영향을 미친다.

혼자만의 세계로 후퇴하게 된다. 이런 아동은 성인이 되어서도 타인과의 인간관계에 관심을 보이지 않고 친밀한 관계를 회피하게 된다. 인간관계보다는 혼자 할 수 있는 일을 즐겨 하고 그러한 개인적 활동에서 만족을 얻는 경향이 있다. 이밖에도 불안정한 애착은 적대 애착과 혼란 애착의 형태로 나타날 수도 있다(Main & Solomon, 1990).

이처럼 대인동기는 어린 시절의 양육자, 특히 어머니와의 애착경험에 의해 크게 영향을 받는 것으로 알려져 있다. 자녀를 키우는 어머니의 양육행동은 어머니의 성격, 당시의 심리적 상태나 스트레스, 당시의 환경적 상황 등에 의해 영향을 받을 뿐만 아니라 자녀의 선천적인 기질에 의해 달라질 수도 한다. 예컨대, 순한 자녀에 대해서는 안정된 양육태도를 보였던 어머니도 수유, 수면, 배변과정에서 까다로운 반응을 보이는 자녀에게는 좀 더 불안정하고 공격적인 양육행동을 보일 수 있기 때문이다. 이런 점에서 애착형성은 어머니와 자녀의 상호작용의 결과라고 할 수 있다. 또한 대인동기는 어머니뿐만 아니라 아버지, 형제자매, 교사, 친구, 연인 등과의 관계경험을 통해서 영향을 받게 된다.

4) 대인동기의 목표 추구 방식

대인동기는 지향하는 목표뿐만 아니라 목표를 추구하는 방식에 있어서도 현저한 개인차를 나타낸다(Ford & Nichols, 1987). 이러한 개인차가 나타나는 첫째 차원은 **능동성-수동성**의 차원이다. 이 차원은 특정한 대인동기를 충족하기 위한 행동을 스스로 시작하는가 아니면 다른 환경적 요인에 의해 시작하는가를 의미한다. 능동적인 사람은 대인동기를 충족하기 위해 스스로 행동의 방향과 계획을 설정하며 미래에 대해 예상하고 준비하는 경향을 나타낸다. 반면, 수동적인 사람은 다른 사람에 의해 시작된 상황에 대해서 반응적으로 행동하며 순응적이고 개방적인 태도를 나타내는 경향이 있다.

둘째 차원은 **접근-회피**의 차원이다. 접근지향적인 사람은 대인행동을 통해 성취하게 될 결과의 긍정적인 측면에 초점을 둔다. 따라서 대인관계에서 다른 사람에게 접근적인 태도를 나타내게 된다. 반면에 회피지향적인 사람은 대인행동을 통해 초래될 결과의 부정적인 측면에 더 많은 관심을 기울인다. 따라서 다른 사람에게 접근하기보다는 회피하는 행동을 나타내게 된다.

셋째 차원은 **유지-변화**의 차원이다. 유지지향적인 사람은 현재의 상태를 변화시키지 않고 안정된 상태로 지속시키려는 현상유지적 태도를 취한다. 따라서 새로운 행동이나 변화를 통해서 불필요한 혼란과 동요를 경험하지 않으려 한다. 반면에 변화지향적인 사람은 현재의 상태에 만족하지 않고 변화와 개선을 추구한다. 따라서 이러한 사람은 현재의 상황을 변화시키기 위한 새로운 시도를 끊임없이 하게 된다.

이상에서 살펴보았듯이 사람마다 인간관계를 맺는 내면적 동기가 다르다. 또한 이러한 동기가 지향하는 구체적 목표나 행동방식에서도 현저한 개인차를 나타낸다. 이러한 개인차는 유전적 요인에 기인하기도 하지만 후천적인 성장 경험에 의해 커다란 영향을 받는다. 사람마다 인간관계 방식이 다르고 대인행동이 다른 이유를 이러한 대인동기에서 찾아볼 수 있다.

 탐구문제

사람마다 대인동기가 다르기 때문에 대인관계의 양상도 달라진다. 나는 혼자 있는 것을 좋아하는 조용한 기질의 소유자인가 아니면 주변사람들과 어울리는 것을 좋아하는 외향적 기질의 소유자인가? 성장과정에서 충족되지 못한 대인동기가 있다면, 어떤 것일까? 나는 부모로부터 충분한 사랑과 애정을 받았는가? 내가 어머니와 형성한 애착관계는 어떤 유형에 속할까? 이러한 과거경험이 나의 현재 대인관계에 어떤 영향을 미치고 있을까?

4. 부적응적 대인동기

📖 대인동기가 부적응적인 대학생의 사례

대학교 2학년 남학생인 J군이 상담실을 찾아왔다. 대인관계가 혼란스럽고 성적이 매우 저조하다는 것이 상담문제였다. J군은 고등학교 시절 공부에 지나치게 집착하여 대인관계가 매우 빈약했으며 친구들에게 인기가 없었다. 수학을 잘 했던 J군은 경시대회에 나가서 우수한 성적을 거둔 적이 있는데, 담임교사가 J군을 축하해 주기 위해 박수를 치자고 제안했을 때 같은 반 학생 중에 반수 이상이 박수를 치지 않았다고 한다. 이때 충격을 받은 J군은 대학에 진학하자, 이제부터는 인간관계를 위해 노력하기로 마음 먹고 8개의 동아리에 가입하여 열심히 활동했다. 일부 동아리에서는 간부의 책임을 맡기도 했는데, 대학생활은 온통 동아리활동이 되어 버렸다. 하루에도 2~3개 동아리 일로 여러 사람을 만나야 했고 수업에 참석하지 못하는 일이 많았으며 저녁에는 회식이 겹치는 경우가 많았다. 공부를 할 시간이 없어 성적이 매우 저조하게 되었을 뿐만 아니라 동아리에서 맡은 책임도 다할 수가 없었다. 따라서 동아리 동료들로부터 책임감이 없다는 비난을 듣게 되었으며 대인기술이 미숙했던 J군은 동아리 친구들과 갈등을 빚는 경우가 많았다. 대학에서 활발한 대인관계를 맺으려고 노력했던 J군에 돌아온 것은 결국 좌절감과 성적부진 뿐이었다. 이미 몇 개의 동아리에서 탈퇴했지만, 동아리 활동을 축소하면 인간관계에서 소외되지 않을까 하는 두려움을 지니고 있다.

J군의 경우처럼 부적응적인 인간관계를 나타내는 사람들 중에는 대인동기에 문제를 지니는 경우가 많다. 개인이 지닌 대인동기의 내용과 강도 그리고 그러한 동기를 충족시키기 위한 행동방식이 부적절할 때, 흔히 부적응적 인간관계가 나타나게 된다. 대인관계에서 부적응을 경험하는 사람들이 나타내는 대인동기의 특성을 살펴보면 다음과 같다.

1) 극단적인 대인동기

대인동기의 강도가 지나치게 강하거나 약한 경우에 인간관계에서 부적응을 나타낼 수 있다. 특정한 대인동기가 지나치게 강한 사람은 그러한 동기의 충족을 위해 과도한 노력을 하게 되며 이로 인해 생활의 다른 측면이 희생되거나 타인에게 부담을 주게 됨으로써 부적응적 인간관계를 나타내게 된다. 앞의 사례에서 소개한 J군의 경우, 대학에서 대인관계를 넓고 활발하게 하려는 동기가 너무 강하여 지나치게 많은 동아리에 가입하고 이를 감당하지 못함으로써 결국 추구했던 목표를 실현하지 못하고 오히려 좌절하는 결과를 초래하게 된 것이다.

의존 동기가 지나치게 강한 사람은 주변 사람들에게 과도하게 집착하고 의지하려 함으로써 그들로부터 거부당하는 결과를 초래하는 경우가 흔하다. 인간은 누구나 어느 정도의 의존 동기를 지니며 부모, 교사, 선배, 연인과 같은 주변 사람들로부터 사랑과 인정을 받고 그들에게 의지하고 싶어 한다. 그리고 그들과의 관계에서 적절한 관심과 애정을 받게 되면 행복감을 느끼며, 때때로 의존 욕구가 좌절되더라도 이를 참아내며 그들과의 인간관계를 지속하는 것이 일반적이다. 그러나 의존 동기가 지나치게 강한 사람은 마치 오랫동안 굶주린 사람처럼 상대방으로부터 아무리 사랑과 애정을 받아도 만족하지 못한다. 이런 사람은 혼자 있는 것을 참지 못하며 항상 의존상대와 함께 있고 싶어 한다. 늘 애정을 확인하려 하며 상대방에게 무리한 기대와 요구를 하게 된다. 따라서 상대방에게 과도한 부담을 주게 되어 그로부터 거부당하는 결과를 초래하게 된다. 이렇듯 의존 동기가 지나치게 강한 사람은 자신도 인간관계에서 고통을 겪게 될 뿐만 아니라 상대방에게 과도한 부담을 주기 때문에 만족스러운 인간관계를 지속하기가 어렵다.

이와는 반대로 대인동기가 지나치게 결여되어 있는 사람도 인간관계에서 부적응을 나타내게 된다. 예컨대, 친화 동기가 현저하게 부족한 사람은 타인과 친밀한 관계를 맺으려는 욕구나 의지가 결여되어 있으므로 타인과 친밀한 관계를 맺기 어렵다. 따라서 결과적으로 고립되고 소외된 대인관계 양상을 나타내게 된다.

2) 부적절한 대인동기

대인관계에서 부적응을 경험하는 사람 중에는 상황에 부적절한 대인동기를 지니는 경우가 많다. 부적절한 대인동기란 특정한 대인관계 상황에서 다른 사람이 자신에게 기대하는 역할과 어긋나는 동기를 의미한다. 따라서 부적절한 대인동기를 지닌 사람은 다른 사람을 불편하게 하거나 당혹스럽게 만든다. 인간은 다양한 대인동기를 지니며 자신이 처한 대인관계 상황에 적절한 동기를 일으켜 행동하게 된다. 이러한 과정에서 대인관계의 상대나 상황에 알맞은 대인동기를 갖는 것이 중요하다. 사노라면 때로는 주도적이고 지배적인 위치에서 인간관계를 맺어야 할 상황에 처하기도 하고 때로는 지시와 명령을 받으며 일을 해야 할 상황에 처하기도 한다. 예를 들어, 나이 어린 후배와 일을 할 때는 좀 더 주도적인 역할을 하도록 기대되는 반면, 부모나 선배와 일을 할 때는 좀 더 순종적이며 추종적인 역할을 하도록 기대된다. 그러나 함께 일하는 상대나 상황에 상관없이 항상 자신이 주도적이고 지배적인 위치에 서고자 하는 사람은 필연적으로 인간관계에서 갈등을 겪게 된다.

3) 비현실적 대인동기

대인관계에서 현실적인 대인동기를 갖는 것이 중요하다. 현실적인 대인동기란 주어진 대인관계 상황에서 실현가능한 욕구를 의미한다. 비현실적인 대인동기를 지니게 되면 결과적으로 좌절과 불만을 경험하게 된다. 예를 들어, 다른 사람이 항상 자신에게 호감을 갖고 친밀한 행동만을 하리라고 기대하는 것은 비현실적이다. 이미 확고한 조직체계가 구성되어 있는 집단에 새로 가입하여 단기간에 자신이 중심적인 위치에서 주도적인 역할을 하려고 기대하는 것은 실현가능성이 낮은 욕심이다. 일시적인 모임에서 타인들과 깊이 있는 친밀한 관계를 형성하고 그들로부터 정서적 지지와 이해를 받고자 하는 사람은 좌절감을 느끼기 쉽다. 이렇듯 비현실적인 대인동기를 지닌 사람은 인간관계에서 스스로 좌절감과 불만족감을 많이 느끼게 된다.

4) 불균형적인 대인동기

대인동기의 적절성과 아울러 대인동기들간의 균형이 중요하다. 앞에서 설명하였듯이 인간은 의존, 친화, 지배, 공격, 자기존중감 등의 다양한 대인동기를 지닌다. 이러한 대인동기들 중 어느 하나에만 지나친 중요성을 부여할 경우 대인관계는 원활하게 지속되기 어렵다. 예를 들어, 타인에게 의존하기만 하거나 타인을 지배하려고만 하는 사람은 타인과 원만한 인간관계를 형성하기 어렵다.

이밖에도 대인동기를 행동화하는 방식이 부적절한 경우에 인간관계의 부적응이 생겨나게 된다. 지배동기를 지닌 사람이 수동적이고 회피지향적인 경향을 지니게 되면 지배동기의 충족이 실현되기 어렵다. 반면, 친화 동기를 가진 사람이 지나치게 조급하고 과격한 행동을 나타내게 되면 다른 사람에게 거부감을 주어 오히려 친밀한 관계를 형성하지 못하게 되는 경우도 있다.

5) 부적응적 대인동기의 극복

부적응적 대인동기는 개인에게 좌절감을 초래할 뿐만 아니라 타인에게도 불편감을 유발하여 원만한 인간관계를 저해하게 된다. 과도하고 부적절한 대인동기로 인해 생겨나는 인간관계의 문제는 대인동기의 변화를 통해서 극복될 수 있다. 그렇다면 부적절한 대인동기를 어떻게 변화시킬 것인가?

첫 번째 방법은 현실의 대인관계 속에서 대인동기를 충분히 충족시키는 것이다. 배가 고플 때 충분한 음식 섭취를 통해서 배고픔이 가셔지듯이, 대인동기를 만족시키면 그러한 동기는 부적절하게 나타나지 않는다. 흔히 특정한 대인동기가 강한 사람은 현실생활 속에서 그러한 동기를 충족시킬 기회를 충분히 갖지 못한 경우가 많다. 예를 들어, 어린 시절에 부모로부터 충분한 애정을 받은 사람은 성장하여 애정을 얻기 위해 다른 사람에게 지나치게 의존하려 들지 않는다. 어린 시절에 애정욕구가 좌절되어 과도한 의존 동기를 지니는 사람의 경우, 성인이 되어 타인과의 친밀한 관계 속에서 의존욕구를 충분히 충족시키게 되면 타인에 대한 의존동기가 감소될 수 있다. 그러나 불행하게도 부적절한 의존 동기를 가진 사람이 현실적인 인간관계에서 그러한 체험을 하는 일은 결코 쉽지 않다.

부적절한 대인동기를 변화시키는 두 번째 방법은 의식적인 조절을 하는 방법이다. 흔히 부적절한 대인동기를 지니는 사람은 자신이 부적절한 대인동기를 지니고 있어서 불만스런 인간관계가 초래된다는 사실을 자각하지 못하는 경우가 많다. 이런 사람은 흔히 다른 사람이나 상황을 탓하는 경우가 많다. 부적절한 대인동기가 스스로에게는 당연한 것으로 여겨지며 다른 사람과의 관계에서 자신도 모르게 그런 욕구가 자꾸 솟아오르게 된다. 이러한 부적절한 대인동기의 변화를 위해서는 자신의 인간관계 방식을 스스로 잘 관찰하여 이러한 동기가 자신에게 내재해 있음을 자각하는 일이 필수적이다. 아울러 이러한 부적절한 대인동기가 어떻게 불만족스러운 부적응적 인간관계를 초래하게 되는지를 깊이 이해하는 일이 중요하다. 이러한 자각과 이해의 바탕 위에서 부적절한 대인동기를 조절하려는 노력을 기울이게 되면 대인관계의 개선이 가능하다. 특정한 대인동기가 현실적인 대인관계 속에 과도하게 그리고 부적절하게 나타날 때, 이를 자각하고 조절할 수 있는 능력을 기르는 것이 중요하다.

　대인동기의 변화를 위한 개인적인 노력이 효과를 거두지 못할 경우에는 심리전문가의 도움을 받는 것이 바람직하다. 심리전문가들은 인간관계의 문제를 야기하는 부적절한 대인동기를 자각하도록 도울 뿐만 아니라 대인동기의 충족과 변화를 위한 전문적인 지식과 방법을 제공할 수 있다. 심리전문가와의 신뢰로운 관계를 통해 여러 가지 대인동기를 충족시킬 수 있을 뿐만 아니라 대인동기의 의식적인 조절을 위한 구체적인 도움을 얻을 수 있다.

 요약

1. 동기는 특정한 목표를 향해 행동하게 만드는 심리적 원동력을 뜻한다. 대인동기는 인간으로 하여금 대인관계를 지향하게 하고 사회적 행동을 하도록 유발하는 내면적 동기를 의미한다.

2. 동기는 목표지향적 행동을 유발하며 그러한 행동을 지속하도록 추진하는 에너지를 제공할 뿐만 아니라 목표지향적 행동의 시작과 지속 그리고 종결을 조절하는 기능을 한다. 인간의 동기는 지향하는 목표나 유발 원인에 따라 다양한 방식으로 구분된다. 매슬로(Maslow)의 욕구위계이론에 따르면, 인간의 동기는 생리적 욕구, 안전 욕구, 애정 및 소속 욕구, 존중 욕구, 자기실현 욕구로 구분되며 이러한 욕구들은 위계적 구조를 지니고 있어서 하위욕구가 충족되어야 상위욕구로 발달하게 된다.

3. 인간으로 하여금 타인과 관계를 맺고 집단생활을 하도록 촉진하는 대인동기는 매우 다양하다. 주요한 대인동기로는 나약한 존재로서 생존을 위해 타인의 도움과 협동을 필요로 하는 생물학적 동기뿐만 아니라 다른 사람에게 의지하고 보호받으려는 의존 동기, 사람들과 어울리며 친밀한 관계를 맺고자 하는 친화 동기, 다른 사람에게 자신의 영향력을 행사하려는 지배 동기를 비롯하여 성적 동기, 공격 동기, 자기존중감과 자기정체성의 동기 등이 있다.

4. 사람마다 대인관계의 양상이 다른 이유 중 하나는 각기 대인동기가 다르기 때문이다. 대인동기의 개인차는 선천적으로 타고나는 기질, 대인욕구의 충족 경험, 부모와의 애착경험 등에 의해서 생겨난다. 애착이론에 따르면, 대인동기는 어린 시절의 양육자, 즉 어머니와의 애착경험에 의해 강력한 영향을 받는다. 어머니와의 애착관계는 안정 애착과 불안정 애착(불안애착, 회피애착)으로 구분되며 성인기의 인간관계에 영향을 미치는 것으로 알려져 있다.

5. 부적응적인 인간관계는 대인동기의 특성으로 인해 유발될 수 있다. 특정한 대인동기가 지나치게 강하거나 약할 경우, 대인동기가 주어진 상황과 역할에 부적절하거나 현실에서 충족되기 어려운 경우, 그리고 여러 대인동기가 균형을 이루지 못하는 경우에 부적응적인 인간관계가 나타날 수 있다. 부적응적인 대인동기는 자각과 조절의 의식적인 노력을 통해서 개선될 수 있다.

제5장

대인신념

1. 대인신념의 의미와 기능을 이해한다.
2. 인간관계에 영향을 미치는 대인신념의 주요한 내용을 설명할 수 있다.
3. 자기개념이 자기존중감과 인간관계에 미치는 영향을 제시할 수 있다.
4. 부적응적인 인간관계를 초래하는 대인신념의 특성을 이해한다.

1. 대인신념이란 무엇인가

인간은 자신이 믿는 대로 행동한다. 자신이 옳다고 믿는 대로 행동한다. 대인관계에서도 마찬가지다. 신념은 개인이 옳다고 믿는 지적인 이해나 믿음을 의미한다. 이러한 신념은 인간의 행동을 결정하는 중요한 심리적 요인이다. 대인신념(interpersonal beliefs)은 대인관계와 대인행동에 영향을 미치는 개인의 신념을 말한다. 이러한 신념은 과거의 대인관계 경험을 체계화한 기억내용이며 또한 미래의 대인관계에 영향을 미치는 지적인 바탕이 된다.

인간은 지적인 존재로서 세상에 대한 지적인 이해를 추구하며 지식을 축적하여 행동과 판단의 근거로 삼는다. 인간은 어린 시절부터 세상에 대한 초보적인 형태의 지적인 이해를 형성하기 시작한다. 출생 초기엔 부모나 양육자와의 상호작용을 통해 타인과 세상에 대한 막연한 인식을 형성해 간다. 이러한 과정에서 '나'라는 자기의식이 싹트고 타인과 상호작용하며 자신에 대한 인식과 타인에 대한 감정이 발달하기 시작한다. 인간은 성장 과정에서 부모뿐만 아니라 형제자매, 친척, 교사, 친구, 선후배, 연인을 만나 다양한 인간관계의 체험을 하게 된다. 이러한 체험은 우리의 기억에 남아 미래의 행동에 영향을 미친다.

대인신념은 이렇듯 과거의 직접적 또는 간접적 인간관계 체험에 근거한 개인의 굳은 믿음을 말한다. 이러한 대인신념은 대인관계 상황에서 개인의 행동을 결정하는 주요한 요인이 된다. 대인신념은 다음과 같은 속성을 지닌다(권석만, 1995; Beck, Rush, Shaw, & Emery, 1979).

첫째, 대인신념은 일시적인 사고내용이 아니라 지속적으로 지니는 안정된 사고내용을 의미한다. 개인은 누구나 과거의 인간관계 경험을 자신의 기억 속에 나름대로 체계적인 형태로 저장한다. 대인신념은 이렇게 수많은 경험내용을 체계적으로 추상화하여 마음 깊숙이 지속적으로 지니는 심층적이고 안정된 신념으로서 인간관계관(人間關係觀)이라고 할 수 있다. 인간은 누구나 나름대로의 대인신념을 지니고 있으나 사람에 따라 그 신념의 내용을 자각하는 수준이 다르다.

둘째, 대인신념은 새로운 인간관계 상황에 대한 기대와 예측의 근거가 된다. 인간은 과거 경험을 바탕으로 미래를 예측한다. 그리고 예측내용에 따라 행동이 달라진다. 예를 들어, 과거의 이성관계에서 실망과 배신을 여러 번 경험한 사람은 '이성은 믿기 어려운 존재'라는 믿음을 지니게 되고 따라서 앞으로 만날 이성상대도 그러할 것이라는 예측을 함으로써 이성관계에서 소극적이거나 회피적인 태도를 취하게 된다. 이와 같이 대인신념은 대인관계 상황에서 개인의 행동과 판단을 결정하는 중요한 심리적 요인이 된다.

셋째, 대인신념은 새로운 경험의 의미를 해석하고 평가하는 근거가 된다. 인간은 과거 경험에 비추어 새로운 경험의 의미를 해석한다. 인간관계 상황은 상대방과 주고받는 수많은 언어와 행동으로 구성된다. 우리는 상대방이 행한 크고 작은 모든 언행에 주의를 기울이기 어렵기 때문에 그중 일부의 언행에 선택적으로 주의를 기울인다. 뿐만 아니라 상대방의 언행이 어떤 의미를 지니는지에 대해서 수시로 해석하고 평가한다. 그러한 해석과 평가에 따라 감정을 느끼고 행동을 통해 반응한다. 예를 들어, 과거의 인간관계에서 거부를 자주 경험한 사람은 다른 사람이 행한 여러 가지 언행 중에서 자신을 비난하거나 질책하는 듯한 말에 유독 더 많은 주의를 기울이고 그러한 말을 자신을 미워하고 거부할 것이라는 의미로 해석해 불안과 좌절감을 느낄 수 있다. 이렇듯 대인신념은 상대방의 언행에 선택적인 주의를 기울이고 그 의미를 해석 및 평가하는 틀의 역할을 한다. 이렇게 새로운 경험을 해석하는 데 바탕이 되는 인지적 틀을 사회인지 연구자들(예: Fiske & Linville, 1980; Fiske & Taylor, 1991; Hastie, 1981)은 인지도식(schema)이라고 부르기도 한다.

넷째, 대인관계에 주요한 영향을 미치는 대인신념의 내용은 크게 3가지 영역의 신념으로 구분할 수 있다. 그 첫 번째 영역은 인간관계에 대한 신념으로서 인간관계의 본질과 속성에 대한 지적인 이해와 믿음을 의미한다. 두 번째 영역은 인간관계의 주체인 자기 자신에 대한 신념이다. 이러한 신념은 자신의 여러 가지 속성에 대한 인식내용과 평가내용으로 구성되며 흔히 자기개념이라고 한다. 자기개념은 인간이 경험의 내용을 저장하는 가장 기본적이고 중추적인 인식의 틀로 간주된다. 대인신념의 세 번째 영역은 인간관계 대상인 타인 및 인간 일반에 대한 신념으로서 인간관에 해당한다. 이러한 세 영역의 대인신념은 서로 밀접한 관계를 맺고 있으며 상호적으로 영향을 미친다. 또한 대인신념은 앞 장에서 설명한 대인동기와도 매우 밀접한 관계를 지닌다(Bandura, 1986; Ford, 1992; Schunk, 1991).

 심리적 문제에 대한 인지적 입장

　심리학에는 인간이 나타내는 부적응 문제의 원인을 설명하는 다양한 이론적 입장이 존재한다. 정신분석적 입장은 부적응 문제의 근원을 어린 시절의 경험에 근거한 무의식적 갈등으로 여기는 반면, 행동주의적 입장은 부적응 문제가 과거의 잘못된 학습에 기인한 것으로 본다. 인본주의적 입장은 인간의 자기실현 경향이 좌절되어 부적응 문제가 생겨난다고 주장하는 반면, 생물학적 입장은 부적응 문제가 유전적 요인이나 뇌의 비정상적 상태에 의해서 발생한다고 여긴다. 이러한 입장과 더불어 현재 심리학계에서 가장 각광받고 있는 이론적 입장은 **인지적 입장**(cognitive perspective)이다. 인간의 부적응 문제를 인지적 입장에서 설명한 대표적인 학자는 앨버트 엘리스(Albert Ellis)와 아론 벡(Aaron Beck)이다.

앨버트 엘리스　　　　　　아론 벡

　인지적 입장에서는 인간을 능동적으로 세상에 대한 의미를 구성하는 존재로 본다. "인간이 고통받는 것은 상황 자체 때문이 아니라 상황에 부여한 의미 때문이다"라는 스토아 철학자 에픽테토스(Epictetus)의 말과 같이, 개인이 처한 상황이나 사건에 부여한 의미에 의해서 인간의 감정과 행동이 좌우된다는 것이다. 인간은 지적인 존재로서 매순간 직면하는 환경적 자극에 의미를 부여한다. 동일한 상황에 대해서 사람마다 감정과 행동을 달리하는 이유는 각기 그 상황을 해석하는 방식이 다르기 때문이다. 인간은 어떤 자극을 해석할 때 백지 상태에서 하는 것이 아니라 과거 경험에 근거한 지식과 믿음에 근거하여 해석한다. 동일한 상황에서 해석을 달리하는 이유는 사람마다 과거 경험이 다르고, 따라서 지식과 신념의 내용이 다르기 때문이다. 대인행동을 비롯한 인간의 다양한 행동을 이해하려면, 개인이 지니고 있는 신념의 내용과 더불어 환경적 자극에 대해서 의미를 부여하는 방식에 초점을 두어야 한다는 것이 인지적 입장의 기본적 주장이다.

인지적 입장에 의하면, 사람마다 인간관계 방식이 다른 것은 각기 인간관계에 대한 신념이 다르고 매순간 타인의 행동에 대해 의미를 부여하는 방식이 다르기 때문이다. 이 장에서는 이러한 인지적 입장에 근거하여 인간관계에 영향을 미치는 개인의 믿음과 신념, 즉 대인신념을 설명하고 있다. 대인신념은 일시적으로 떠올랐다가 사라지는 사고내용이 아니라 개인이 과거 경험에 근거하여 비교적 지속적으로 지니고 있는 믿음을 의미한다. 사실상 대인신념은 매우 복잡한 내용으로 구성되어 있으나 자기 자신, 타인 그리고 인간관계에 대한 신념이 그 핵심적 내용을 구성한다. 이러한 신념은 매순간 접하는 타인의 행동에 의미를 부여하는 바탕이 된다. 구체적인 대인관계 상황에서 타인의 행동에 의미를 부여하는 인지적 과정에 대한 설명은 7장(대인지각과 대인사고)에서 제시한다.

인지적 입장에 따르면, 인간관계의 부적응 문제가 발생하는 이유는 개인이 지닌 대인신념과 의미부여 방식이 비현실적이고 부적절하기 때문이다. 따라서 부적응 문제를 야기하는 대인신념과 대인사고를 구체적으로 밝혀내어 이를 좀 더 현실적이고 적절한 것으로 변화시킴으로써 인간관계가 개선될 수 있다. 이러한 인지적 입장에 근거하여 심리적 장애를 치료하는 방법을 인지치료(cognitive therapy)라고 하며, 행동적 기법을 결합하여 사용하는 경우에는 인지행동치료(cognitive behavior therapy)라고 부른다.

2. 인간관계에 대한 신념

인간관계는 삶에 있어서 얼마나 중요한 것인가? 어떤 인간관계가 이상적인 인간관계인가? 사람과 사람 간의 관계는 얼마나 진실되고 친밀해질 수 있는 것인가? 어떻게 행동해야 다른 사람과 친해질 수 있을까? 어떤 아버지(또는 어머니)가 좋은 아버지(또는 어머니)인가? 결혼은 행복의 필수조건인가, 아니면 불행의 근원인가? 직업적 업무나 사업을 할 때 사적인 인간관계가 얼마나 중요하고 어떤 영향을 주는가?

이러한 물음에 대해서 사람마다 다른 생각과 믿음을 가지고 있다. 예를 들어, 삶에 있어서 인간관계가 매우 중요하다고 믿는 사람은 인간관계를 위해 많은 시간과 노력을 아낌없이 투자할 것이다. 그러나 중요하지 않다고 믿는 사람은 인간관계에 소극적인 행동을 나타낼 것이다. 좋은 아버지는 자상하고 친구 같은 아버지라고 믿는 사람은 자녀에게 권위를 내세우기보다 함께 장난치고 놀이하는 친근한 행동을 나타낼 것이다. 그러나 집안의 기강을 바로잡고 예의범절을 잘 가르치기 위해서는 엄격한 아버지가 좋은 아버지라고 믿는 사람은 자녀에게 권위적이고 근엄하게 행동할 것이다. 이렇듯이 한 개인이 대인관계의 본질과 속성에 대해서 어떤 신념과 태도를 가지느냐에 따라 대인행동이 달라진다.

인간관계에 대한 신념은 매우 다양한 영역과 주제에 대한 믿음으로 구성되어 있다. 대인행동에 중요한 영향을 미치는 신념을 내용에 따라 몇 가지로 나누어 살펴보면 다음과 같다. 첫째, 인간관계의 중요성에 대한 신념이다. 삶에 있어서 인간관계가 중요하다고 믿는 정도가 사람마다 다르다. 인간관계가 삶에 있어서 그다지 중요하지 않다고 믿는 사람들도 상당수 있다. 그 이유도 다양하다. 어떤 사람은 주변 사람들과 원만한 인간관계를 맺는 것보다 유능한 능력을 갖추어 뛰어난 성취를 이루는 것이 인생에서 더 중요하다고 믿는다. 따라서 이러한 사람들은 인간관계보다는 자신의 능력을 향상시키고 개인적 성취를 위해 많은 시간과 노력을 투자할 것이다. 어떤 사람은 사람과 사람 사이에는 넘을 수 없는 벽이 있기 때문에 친밀해지는 데는 한계가 있으며 따라서 인간관계에 많은 투자를 하는 것은 낭비라고 믿는다. 인간은 누구나 이기적이기 때문에 전적으로 사람을 믿는다는 것은 바보같은 짓일 뿐만 아니라 인간관계는 필연적으로 서로 상처를 주고 배신감만 느끼며 끝난다고 믿는 사람도 있다. 반면, 인간관계는 삶에 있어서 매우 중요하다고 믿는 사람도 많다. 어떤 사람은 인간의 행복이 사람끼리 서로 깊이 이해하고 신뢰하며 우정과 애정을 나누는 데서 비롯된다고 믿는다. 어떤 사람은 이 사회에서 성공하고 출세하기 위해서 많은 사람과 넓은 교제를 하는 것이 필요하다고 믿는다. 이렇듯이 인간관계의 중요성과 그 이유에 대한 신념은 인간관계에 대한 관심과 그에 투자하는 시간과 노력 그리고 인간관계방식에 심대한 영향을 미친다.

둘째, 중요시하는 인간관계의 영역이다. 인간관계는 가족관계, 친구관계, 이성관계, 직장의 동료관계 등 다양한 영역이 있다. 어떤 사람은 다른 인간관계보다 가족관계를 매우 중요시한다. 역시 믿을 사람은 결국 가족밖에 없다고 생각하며 많은 시간을 가족과 함께 보내는 반면 다른 영역의 인간관계는 소홀히 한다. 교우관계를 중요시하는 사람은 서로 취미를 공유하고 화통하게 대화를 나눌 수 있는 친구가 삶에 있어서 가장 소중한 존재라고 생각한다. 따라서 시간만 나면 친구들과 어울리므로 가족과 함께 지내는 시간을 내기 어렵다. 또 친구가 도움을 요청하면 가정의 희생을 감수하더라도 경제적 지원을 제공하여 가족으로부터 원성을 살 수 있다. 또 어떤 사람은 직장에서의 인간관계를 지나치게 중요시하여 일하는 동료는 많아도 일을 떠나 함께 여가를 즐길 친구가 없는 경우도 있다.

셋째, 이상적 인간관계에 대한 신념이다. 많은 사람과 넓은 인간관계를 맺는 것을 이상적으로 보는 사람이 있는 반면, 소수의 사람과 깊은 인간관계를 맺는 것을 이상적으로 보는 사람도 있다. 어떤 사람은 생명도 같이 나눌 수 있는 매우 강력한 인간관계를 원하는 반면, 어떤 사람은 서로 구속하지 않는 편안한 인간관계를 원하기도 한다. 또 어떤 사람은 자신을 따뜻하게 감싸 주고 인정해 주는 지지적인 친구를 이상적인 친구로 여기는 반면, 어떤 사람은 자신의 잘못을 지적하고 비판해 주어 서로의 발전과 성숙을 촉진하는 친구를 이상적인 친구로 여기기도 한다. 이러한 이상적 인간관계는 가족관계, 친구관계, 이성관계, 직장 내 동료관계 등의 인간관계 영역별로 세분된 이상상을 가질 수 있다. 이상적 인간관계에 대한 신념은 인간관계에서 기대하는 타인의 역할뿐만 아니라 자신의 역할에 대한 신념을 포함한다. 따라서 이상적이라고 믿는 인간관계의 속성에 따라서 타인에 대한 기대뿐만 아니라 자신의 대인행동도 영향을 받는다.

넷째, 친밀한 인간관계를 맺는 방법에 대한 신념이 인간관계에 영향을 미칠 수 있다. 어떤 사람은 인간관계는 의도적 노력 없이 자연스럽게 이루어지며 그래야 한다고 믿는 사람이 있다. 이런 사람은 인간관계가 만족스럽지 않아도 특별히 개선을 위한 의도적 노력을 기울이지 않는다. 오히려 인간관계의 기회가 자연스럽게 찾아오기를 기다린다. 반면 인간관계는 지속적인 관심과 노력에 의해서 개선될 수 있다고 믿는 사람도 있다. 따라서 이런 신념을 지닌 사람은 인간관계에 대한 지식을 얻기 위한 노력을 하고 자신이 부족하거나 잘못된 인간관계의 측면을 고치고자 의도적으로 노력하게 된다.

가족관계에 대한 대인신념이 사람마다 다르다.

3. 자기에 대한 신념: 자기개념

인간은 자기 자신에 대해서 지니고 있는 생각과 신념에 따라 다른 사람을 대하는 태도가 달라진다. 자신은 장점이 많은 유능한 사람이라고 믿는 사람은 대인관계에서 자신 있고 당당하게 행동한다. 반면 자신은 나약하고 단점이 많은 사람이라고 믿는 사람은 자신감이 없고 소극적인 대인행동을 나타낸다. 즉, 자기 자신에 대한 신념체계인 **자기개념**(self-concept)은 대인관계에 영향을 미치는 매우 중요한 심리적 요인이다.

인간은 생의 초기에 육체를 중심으로 '나'와 '나 아닌 것'을 변별하게 되고 자기의식을 발달시킨다. 성장 과정에서 다른 사람과의 사회적 상호작용을 통해 자기에 대한 지식을 습득하여 저장하고 자기 자신을 평가한다. 이렇게 자기에 대한 지적인 인식과 평가내용이 자기개념을 구성한다. 이러한 자기개념은 자기존중감의 기초가 되며 대인행동에 강력한 영향을 미친다.

심리학자들에 따르면, 자기개념은 생활 속의 여러 가지 경험내용을 저장하는 인지구조로서 여러 가지 하위요소로 구성되어 있다. 심리학 역사의 초기에 『심리학의 원리』를 저술하여 심리학의 연구방향을 제시한 윌리엄 제임스(James, 1890)는 자기개념을 크게 3가지 구성요소로 나누었다. 첫째, **물질적 자기**(material self)다. 물질적 자기는 나의 육체와 그 특성 그리고 나의 소유물 등을 포함한다. 나를 이루고 있으며 나와 관계된 가시적인 물질적 측면을 말한다. 둘째, **심리적 자기**(psychic self)로서 성격, 능력, 적성 등과 같이 나의 내면적 특성을 말한다. 셋째, **사회적 자기**(social self)다. 사회적 자기는 타인과의 관계 속에 나타나는 나의 위치와 신분을 의미한다. 예를 들어, 대학생의 경우 자기개념의 구성요소는 [그림 5-1]과 같이 위계적으로 세분할 수 있다. 사람들은 각자 자기개념을 구성하는 개개 요소에 대해 부여하는 중요성이 다를 수 있다.

인간은 의식적이든 무의식적이든 생활경험에 근거하여 자기개념의 요소들을 끊임없이 평가한다. 그 평가결과는 자기존중감의 기초가 된다. 자신에 대한 평가가 긍정적일 때는 만족과 기쁨을 느끼지만 부정적일 때는 불만과 좌절감을 경험하게 된다. 특히 자신이 중요하다고 생각하는 자기요소에 부정적 평가가 내려질 때 심한 좌절감을 느낀다.

자기개념은 다측면인 구조를 지닌다(권석만, 1996a; Higgins, 1987; Markus, 1990). 첫째, 현재의 나에 대한 정보를 포함하는 **현실적 자기**(real self)다. 둘째, 이상적으로 되기를 바라는 나의 모습인 **이상적 자기**(ideal self)다. 셋째, 부모와 같이 중요한 사람들에 의해 기대되는 나의 모습인 **의무적 자기**(ought self)다. 넷째, 앞으로 노력하면 가능하다고 보는 나의 모습인 **가능한 자기**(possible self)다.

자기평가는 이러한 여러 측면들 간의 비교를 통해서 이루어진다. 첫째, 우리는 현실적 자기와 이상적 자기를 비교한다. 현실적 자기와 이상적 자기의 괴리가 클수록 좌절감과 실패감은 강해진다. 예를 들어, 주변 사람들과 비교하여 현실적 자기가 우월하다 하더라도 자신의 이상적 자기에 훨씬 못 미칠 때는 불만족감을 느끼는 것이다. 즉, 자기 자신에 대한 만족감은 현실적 자기뿐만 아니라 이상적 자기의 수준에 의해 결정되는 것이다.

또 다른 비교는 현실적 자기와 의무적 자기의 비교다. 이 괴리가 크면 불안과 부담감을 느낀다. 부모나 주변 사람들의 기대수준이 높고 현실적 자기가 그것에 못 미치면 심한 부담감을 안게 된다. 자신이 생각하는 이상적 자기와 현실적 자기 간에 차이가 없다 하더라도 주변 사람들이 기대하는 의무적 자기가 높은 사람은 불안을 느끼게 된다.

가능한 자기도 자기평가에 중요한 역할을 한다. 현재는 현실적 자기에 불만족할 뿐만 아니

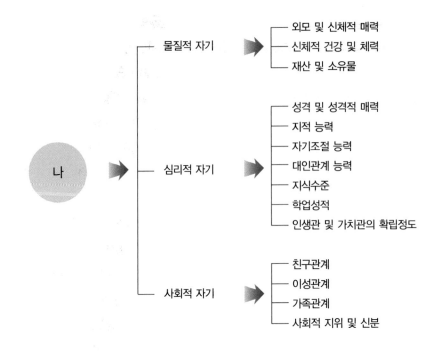

[그림 5-1] 자기개념의 구성요소와 위계구조

라 이상적 자기나 의무적 자기와 괴리가 있더라도, 앞으로 자신이 노력하면 그러한 기준에 도달할 수 있다고 믿는 가능한 자기의 수준이 높다면 좌절감 대신 희망을 지닐 것이다. 그러나 앞으로 아무리 노력해도 이상적 자기나 의무적 자기에 도달할 수 없다고 느낄 때는 좌절감과 절망감이 더욱 심해질 것이다.

이처럼 자기개념은 개인의 자존감과 행동에 강력한 영향을 미치며 복잡한 구조를 지닌다. 그러나 대부분의 사람은 자기 자신에 대해서 막연한 생각을 지닐 뿐 구체적이고 체계적으로 자기개념을 자각하는 경우는 드물다. 이처럼 자기개념은 특별한 노력을 기울이지 않으면 잘 자각되지 않지만 인간관계에 강력한 영향을 미친다. 자신의 자기개념을 좀 더 구체적으로 이해하고자 하는 사람은 14장(453~462쪽)에 제시된 횡단적 자기분석의 평가 부분을 참고하기 바란다.

자기개념에 따라 대인행동이 달라진다.

 **탐구문제**

　　자기개념은 대인관계에 강력한 영향을 미치는 인지적 요인이다. 과연 나는 나 자신에 대해서 어떤 생각과 신념을 지니고 있을까? 우리는 자신을 구성하는 다양한 측면에 대해서 긍정적 또는 부정적 평가를 하고 있으며, 이러한 평가가 대인관계에 영향을 미치게 된다.

1. 내가 가장 자랑스럽게 여기는 나의 구성요소는 무엇인가? 다른 사람이 인정해 주기를 바라는 나의 긍정적인 부분은 무엇인가? 나의 긍정적인 구성요소는 대인관계에 어떤 영향을 미치고 있는가?
2. 내가 가장 열등하다고 여기는 나의 구성요소는 무엇인가? 다른 사람에게 결코 밝히고 싶지 않은 나의 모습은 무엇인가? 이러한 나의 열등감은 대인관계에 어떤 영향을 미치고 있는가? 나의 열등한 모습이 다른 사람에게 알려지면, 어떤 부정적인 결과가 나타날 것을 두려워하는가? 나의 열등감을 극복하고 대인관계에서 당당해지려면 어떤 노력이 필요할까?

4. 타인에 대한 신념

　　인간관계는 자기개념뿐만 아니라 타인에 대한 신념에 의해서 강력한 영향을 받는다. 예컨대, 인간은 이기적이고 적대적이며 신뢰할 수 없는 존재라고 믿는 사람은 타인을 경계하고 의심하며 회피하는 대인행동을 나타내게 될 것이다. 반면에 사람들이 선하고 호의적이며 신뢰로운 존재라고 믿으면 그들에게 호감을 갖고 접근하여 능동적인 인간관계를 맺으려 할 것이다.

　　사람마다 인간 일반에 대한 신념은 각기 다르다. 인간의 본성은 선한가 아니면 악한가? 인간은 이기적인가 아니면 이타적인가? 주변 사람들은 기본적으로 호의적인가 아니면 적대적인가? 사람은 과연 믿고 의지할 만한 신뢰로운 존재인가? 다른 사람들은 나보다 강한가 아니면 약한가? 이러한 물음에 대해서 어떤 믿음을 지니고 있느냐에 따라 타인을 대하는 태도가 달라진다.

　　이렇듯이 대인관계의 대상이 되는 타인에 대한 심리적 표상, 즉 타인표상은 대인행동에 영향을 미치는 중요한 요인이다. 타인표상은 타인이 어떤 심리적 속성과 의도를 가지고 있는지에 대한 지적인 정보와 믿음을 의미하며 타인의 행동을 예상하는 바탕이 된다. 타인에 대한 신념은 크게 특정한 타인에 대한 신념, 특정한 집단에 대한 신념 그리고 인간 일반에 대한 신념으로 나누어 볼 수 있다.

　　일상생활에서 만나게 되는 특정한 타인에 대해서 어떤 신념을 지니느냐에 따라 그 사람과의 인간관계가 달라진다. 예컨대, 아버지를 독선적이고 신경질적이며 폭력적인 사람으로 생각하는 경우에는 아버지에게 두려움을 느끼며 회피하는 행동을 나타내게 될 것이다. 반면에 따뜻하고 부드러우며 이해심이 많다고 생각되는 어머니에게는 어리광을 피우며 친밀한 행동을 나타낼 수 있을 것이다. 특히 우리의 삶에서 중요한 '의미 있는 타인'에 대한 신념은 그들과의 관계에 영향을 미치고 그 결과 우리의 삶을 크게 변화시킬 수 있다.

우리는 특정한 집단에 대한 신념을 지니게 된다. 인간은 성별, 인종, 나이, 직업, 출신지역, 사회적 계층, 교육수준 등에 의해서 범주화되며 이러한 범주에 의해 나누어진 집단의 속성에 대해서 나름대로의 평가적 신념을 지니게 된다. 예를 들어, 어떤 여자는 대부분의 남자들이 포용력 있고 책임감 있는 믿음직한 존재라고 여기는 반면, 남자는 모두 이기적이고 지배적이며 공격적인 존재라고 생각하는 여자도 있다. 이처럼 여자가 남자에 대해서 지니고 있는 신념의 내용에 따라 남자에 대한 대인행동과 이성교제의 모습이 크게 달라질 것이다. 뿐만 아니라 우리 사회에는 특정한 지역출신집단, 직업집단, 계층집단, 연령집단의 성격적 특성에 대한 여러 가지 신념이 퍼져 있다. 예를 들면, 어떤 지역출신은 권력지향적이고 권위적이며 어떤 지역출신은 표리부동하여 믿기 힘들다는 등의 신념을 지니는 사람이 있다. 이러한 신념은 대부분 과장되거나 왜곡되어 있는 편견이다. 그러나 이러한 편견을 신념으로 지니고 있는 사람에게는 이러한 편견이 대인행동에 강력한 영향을 미칠 수 있다.

이 밖에 인간 일반에 대한 신념도 대인행동에 영향을 미친다. 인간의 본성에 대해서는 많은 철학자와 심리학자에 의한 주장이 있다. 인간은 기본적으로 선한 존재라는 성선설이 있는 반면, 인간은 본성적으로 악한 존재라는 성악설이 있다. 또 인간은 선하지도 악하지도 않으며 환경에 의해서 영향을 받게 된다는 주장도 있다. 이러한 주장은 학자들만의 논의주제가 아니라, 인간은 누구나 타인에 대한 자신의 체험을 근거로 하여 인간의 본성에 대해 나름대로의 신념을 지니게 된다.

인간에 대한 신념은 인간성에 대한 평가적 신념, 즉 긍정적 신념과 부정적 신념이 가장 주된 내용을 이룬다. 인간성에 대한 긍정적 신념이란 인간이 기본적으로 선하고 착하며 믿을 만한 존재라는 믿음을 말한다. 인간은 때때로 악하고 일관성없는 행동을 나타낼 수 있지만 기본적으로 선한 성품과 양심을 지니고 있어서 신뢰할 수 있다는 믿음을 의미한다. 이러한 신념을 지닌 사람들은 다른 사람에 대해서 호의적이고 접근적인 태도를 보일 것이다. 또한 일시적으로 다른 사람에게 실망한다 하더라도 인내하며 희망적이고 낙관적인 인간관계를 지속할 수 있을 것이다. 이러한 긍정적 신념과 달리, 인간은 기본적으로 이기적이고 악하며 믿기 어려운 존재라는 부정적 신념을 지니고 있는 사람들도 많다. 이러한 신념을 지닌 사람은 타인에 대해서 회피적인 태도를 보이거나 적대적인 태도를 나타내게 될 것이다.

개인은 과거의 직접적 또는 간접적 인간관계 경험에 근거하여 인간에 대한 나름대로의 신념을 지니게 된다. 따라서 과거에 특수한 경험을 한 사람은 인간에 대해 매우 독특한 신념을 지닐 수 있다. 예를 들어, 폭력적인 부모 아래서 성장한 사람은 부모를 위협적이며 적대적인 존재로 보게 되고 이러한 인식이 다른 사람에게 일반화되어 인간은 모두 두려운 존재라는 믿음이 생길 수 있다. 백인백색(百人百色)이란 말이 있듯이, 인간은 매우 다양한 개인차를 나타낸다. 뿐만 아니라 인간은 상대방의 행동에 따라 달리 반응하는 존재다. 이러한 인간의 다양성과 반응성을 무시하고 모든 인간을 부정적으로 평가하는 신념은 흔히 원만한 대인관계를 저해하는 요인이 된다. 예를 들어, 대인관계의 부적응을 나타내는 사람 중에는 타인에 대해 부정적이고 피해의식적인 신념을 지닌 사람들이 많다. 이러한 사람들은 흔히 "사람은 근본적으로 이기적이고 이해타산적이다", "주변 사람들은 모두 공격적이고 비판적이다", "내가 조금만 서툰 짓을 하고 실수를 하면 나를 비웃고 조롱할 것이다", "사람들은 잘 변해서 믿을 수가 없다", "모든 사람은 적대적이며 나를 이용하려고 한다"라는 신념을 갖고 있는 경우가 많다. 이러한 신념은 과잉일반화된 편견인 경우가 대부분이다. 사람들 중에는 그러한 사람도 있고 그렇지 않은 사람도 많다. 또한 우리가 어떻게 행동하느냐에 따라 상대방이 그렇게 행동할 수도 있고 그렇지 않게 행동할 수도 있는 것이다.

 자기평가: 나는 어떤 자기개념과 타인개념을 지니고 있을까?

다음은 자기 자신에 대한 생각, 즉 자기개념을 평가하기 위한 것입니다. 평가항목의 양쪽에 제시된 형용사가 부분에 해당되는 정도에 따라 적절한 숫자에 ○표 하십시오. 한 항목도 빠짐없이 모든 항목에 표시하는 것이 좋습니다. 만약 타인에 대한 생각을 평가해 보고 싶다면 '나' 대신에 평가하고자 하는 특정한 타인(예: 나의 아버지, 어머니, 동생, 친구, 연인)을 대상으로 응답하십시오.

◈ '나'는 _____사람이다.

	매우 그렇다	상당히 그렇다	약간 그렇다		약간 그렇다	상당히 그렇다	매우 그렇다	
나쁜	1	2	3		4	5	6	좋은
차가운	1	2	3		4	5	6	따뜻한
공격적인	1	2	3		4	5	6	호의적인
이해심이 적은	1	2	3		4	5	6	이해심이 많은
딱딱한	1	2	3		4	5	6	부드러운

나약한	1	2	3	4	5	6	강인한
무능한	1	2	3	4	5	6	유능한
게으른	1	2	3	4	5	6	부지런한
추진력 없는	1	2	3	4	5	6	추진력 있는
사회적으로 실패한	1	2	3	4	5	6	사회적으로 성공한
비사교적인	1	2	3	4	5	6	사교적인
대인관계가 좁은	1	2	3	4	5	6	대인관계가 넓은
감정표현을 못하는	1	2	3	4	5	6	감정표현을 잘 하는
자기주장을 못하는	1	2	3	4	5	6	자기주장을 잘 하는
대인관계에서 소극적인	1	2	3	4	5	6	대인관계에서 적극적인

◆ '타인(○○○)'은 _____사람이다.

	매우 그렇다	상당히 그렇다	약간 그렇다	약간 그렇다	상당히 그렇다	매우 그렇다	
나쁜	1	2	3	4	5	6	좋은
차가운	1	2	3	4	5	6	따뜻한
공격적인	1	2	3	4	5	6	호의적인
이해심이 적은	1	2	3	4	5	6	이해심이 많은
딱딱한	1	2	3	4	5	6	부드러운
나약한	1	2	3	4	5	6	강인한
무능한	1	2	3	4	5	6	유능한
게으른	1	2	3	4	5	6	부지런한
추진력 없는	1	2	3	4	5	6	추진력 있는
사회적으로 실패한	1	2	3	4	5	6	사회적으로 성공한
비사교적인	1	2	3	4	5	6	사교적인
대인관계가 좁은	1	2	3	4	5	6	대인관계가 넓은
감정표현을 못하는	1	2	3	4	5	6	감정표현을 잘 하는
자기주장을 못하는	1	2	3	4	5	6	자기주장을 잘 하는
대인관계에서 소극적인	1	2	3	4	5	6	대인관계에서 적극적인

자기 자신이나 특정한 타인에 대해서 여러 가지 정보와 다양한 생각을 지니게 된다. 그러나 이러한 내용들은 크게 3가지 차원, 즉 호의성, 유능성, 사교성 차원으로 평가되는 경향이 있다(권석만, 김지영, 2002). **호의성**은 "그가 좋은 사람인가 아니면 나쁜 사람인가?"를 평가하는 차원을 의

미하며 상대방에 대한 '호감-적대감'에 영향을 주게 된다. **유능성**은 "그가 능력이 있는 강한 사람인가 아니면 약한 사람인가?"를 반영하며, **사교성**은 "대인관계에서 활발한 적극적인 사람인가 아니면 소극적인 사람인가?"를 평가한다. 이러한 차원들은 상대방에 대한 호감이나 적대감의 표현방식에 영향을 미친다. 예컨대, 유능성 차원은 호감을 느끼는 대상에게는 '보호-의존'의 선택에 영향을 주게 되는 반면, 적대감을 느끼는 대상에게는 '회피-공격'에 영향을 준다. 즉, 호감을 느끼지만 약하다고 생각되는 대상에게는 보호행동을 하게 되는 반면, 강하다고 평가되는 대상에게는 의존하려는 행동을 취하게 된다. 반면 적대감을 느끼는 강한 대상에게는 회피나 경계 행동을 나타내는 반면, 약한 대상에게는 공격적이거나 비판적인 행동을 나타내게 된다. 한국 대학생을 대상으로 자기 자신, 자신의 아버지와 어머니 그리고 주변 동료들에 대한 생각을 평가하게 한 연구(권석만, 김지영, 2002)에 따르면, 중요하게 평가하는 차원이 대상에 따라 달랐다. 자기 자신에 대한 평가에서는 '사교성'을 가장 중시하는 경향이 있는 반면, 아버지에 대해서는 '유능성'을 중시했고, 어머니와 주변 동료에 대해서는 '호의성'을 중시하는 경향이 나타났다. 중시하는 차원에서 부정적인 평가가 나오면, 대상에 대한 전반적 평가에 강한 영향을 미치게 된다.

　앞의 척도에서 처음에 제시된 5문항은 호의성 차원을 평가하며, 가운데 5문항은 유능성 차원을, 그리고 마지막 5문항은 사교성 차원을 평가한다. 각 차원 별로 5문항씩 구성되어 있으므로 문항점수를 합산하면, 차원마다 5~30점 범위의 점수가 나오게 된다. 각 차원별로 5~10점은 강한 부정적 평가, 11~15점은 약한 부정적 평가, 16~19점은 중립적 평가, 20~24점은 약한 긍정적 평가, 25~30점은 강한 긍정적 평가를 의미한다. 예컨대, 아버지에 대한 평가에서 호의성 26점, 유능성 8점, 사교성 14점이 나왔다면, 아버지를 '매우 착하고 선하지만 대인관계가 다소 위축되어 있고 현실적으로 매우 무기력한 사람'으로 평가하고 있어 아버지에 대해서 보호와 돌봄의 행동이 나타날 가능성이 높다. 특히 자기 자신을 매우 능력 있고 호의적인 사람으로 평가한다면, 아버지에 대해 적극적인 보호와 지원 행동이 나타날 것이다. 그러나 자신 역시 무능하다고 평가할 경우에는 무력감을 느끼거나 방관적인 행동이 나타날 수도 있다.

5. 자기개념과 타인개념의 관계

　자신과 타인에 대한 신념은 서로 밀접한 관계를 지니며 대인행동에 영향을 미친다. 대인행동은 자신의 능력에 대한 신념과 타인의 호의성에 대한 신념에 의해서 설명될 수 있다. 자신의 능력에 대한 신념이란 자신이 어떤 상황에서 효과적으로 행동할 수 있는 능력과 기술을 가지고 있는지에 대한 평가적 신념을 의미한다. 즉, 자기능력의 강약에 대한 신념이다. 반면, 타인의 호의성에 대한 신념은 타인이 대인관계상황에서 얼마나 호의적이고 긍정적인 반응을 나

타낼 것인가에 대한 평가적 신념을 의미한다. 이러한 2가지 신념, 즉 자기능력의 강함-약함
과 타인의 호의성-적대성에 대한 신념의 2×2 조합에 의해 대인행동의 양상을 [그림 5-2]와
같이 4가지 유형으로 나누어 볼 수 있다.

첫째 유형은 자기능력이 강하고 타인이 호의적이라는 신념을 지닌 사람들이다. 이런 사람
은 긍정적인 자기개념을 지니고 있을 뿐만 아니라 다른 사람들이 자신에 대해서 호의적인 태
도를 지닐 것이라는 기대를 지니고 있다. 따라서 대인관계에서 자신감이 있고 능동적이며 접
근적인 사회적 행동을 나타낸다. 또한 이들은 대인관계상황에서 주도적이고 확신에 차 있으
며 안정된 대인행동을 나타내게 된다. 이러한 유형의 사람들은 **확신형**이라고 할 수 있다.

둘째 유형은 자기능력이 강하지만 타인이 적대적이라는 신념을 지닌 사람들이다. 이런 사
람의 대인행동은 수용형 또는 반항형으로 나타날 수 있다. **수용형**은 대인관계에서의 어려움과
불만을 조용히 참는 행동패턴을 보인다. 그러나 이들은 내면적으로 자신감을 가지고 있다. 반
면, **반항형**은 분노나 적개심을 적극적으로 표현하는 행동패턴을 보인다. 이 두 유형은 모두 대
인환경과 타인에 대한 불신과 적개심을 가지고 있는 동시에 자기 자신에 대한 효능감과 자신
감을 지니고 있다. 이들은 대인관계에서 생기는 문제나 실패에 대해 자기 자신보다는 타인을
탓하고 책망하는 경향이 있다.

셋째 유형은 자기능력이 약하고 타인이 호의적이라는 신념을 지닌 사람들로서 **의존형**이라
고 할 수 있다. 이들은 외현적으로는 비교적 무난한 대인관계를 나타낼 수 있으나 대인관계에
서 소극적이고 수동적이며 타인에게 의존적인 행동패턴을 보인다. 아울러 타인의 공격이나
거부에 쉽게 상처받고 자기 자신을 비하할 수 있는 취약성을 지닌 사람들이다.

넷째 유형은 자기능력이 약하고 타인이 적대적이라는 신념을 지닌 사람들이다. 이들은 대
인관계에 대한 동기가 미약할 뿐만 아니라 대인관계에서 부정적인 결과를 예측하게 되고 그

	강한 자기	약한 자기
호의적 타인	확신형	의존형
적대적 타인	수용형/반항형	무기력형

[그림 5-2] 자기개념과 타인개념에 따른 대인행동 유형

러한 결과를 변화시키고 호전시키는 데에 무기력한 태도를 보인다. 이런 점에서 이들은 **무기력형**이라고 할 수 있다. 이들은 대인관계에서 흔히 부적응적인 양상을 보이며 우울증과 같은 심리적 장애를 나타낼 수 있다.

6. 부적응적 대인신념

일상생활에서 부적응을 나타내는 사람들은 비현실적인 내용의 완고한 신념을 지니고 있는 경우가 많다(Beck, 1976; Ellis, 1958, 1962). 특히 인간관계에서 부적응을 나타내는 사람들은 원만하고 효과적인 대인관계를 방해하는 여러 가지 부적응적인 대인신념을 지니게 된다. 이러한 부적응적인 대인신념의 특성을 살펴보기로 한다.

📖 부적응적인 대인신념을 지닌 대학생의 사례

공과대학 3학년생인 L군은 요즘 특별한 이유도 없이 늘 불안하고 초조하여 상담실을 찾게 되었다. 상담결과, L군은 이성관계에서 좌절이 많았으며 여성에 대한 강한 분노를 지니고 있었다. 3형제 중 두 번째인 L군은 대학에 진학하기 전까지 전혀 이성교제의 경험이 없었다. L군은 대학 초기에 친구와 함께 몇 번의 단체미팅을 했으나 여러 번 좌절경험을 하게 되었다. 남녀 학생이 각각 서너 명씩 함께 모여 이야기도 나누고 놀이도 하다가 파트너를 정하곤 했는데, L군은 늘 여학생에게 선택되지 못하거나 마음에 들지 않는 여학생과 짝이 되는 경우가 많았다. 그 이유를 L군은 키가 약간 작고 체격에 비해 머리가 다소 큰 자신의 외모 때문이라고 생각했으며 그로 인해 외모에 대한 열등감을 갖게 되었다. 몇 달 전에는 친구소개로 개별적인 미팅을 하게 되었는데, 상대방 여학생이 좌석에 앉은 지 5분도 되지 않아 바쁜 약속이 생겼다며 급하게 일어나 버렸다. 아마도 자신의 외모가 마음에 들지 않아 핑계를 대는 것이라 생각되어 매우 불쾌하고 화가 났다. 이런 경험을 하면서 요즘 여자들은 기본적인 예의도 없고 외모나 재력에 의해 남자를 평가하는 천박한 존재라는 생각을 굳히게 되었다. 최근에도 친구의 권유로 미팅에 나가지만 자신이 또 거부당할 것이라는 생각을 미리 하게 되고 상대방 여학생에게 냉소적인 행동을 하게 되어 때로는 여학생과 언쟁을 벌이는 일이 생기기도 했다. 이런 일이 반복되면서 L군은 여성에 대한 분노와 복수심을 강하게 갖게 되었으며 요즘은 여학생을 거짓으로 유혹하여 자신을 좋아하게 만든 후에 냉정하게 차 버리는 공상을 자주 하곤 한다.

1) 부정적인 대인신념

부적응적 인간관계를 나타내는 사람들 중에는 부정적인 대인신념을 지니고 있는 경우가 많다. 위의 사례에서 L군은 자신의 외모에 대한 부정적 생각과 더불어 여성에 대한 부정적 믿음이 이성관계를 가로막고 있다. 이처럼 원활한 인간관계를 저해하는 부정적인 대인신념은 매우 다양하다.

인간관계의 가치와 의미에 대해서 회의적이고 비관적인 신념을 지닌 사람들이 있다. 이러한 부정적인 신념의 예로는 "인간관계는 무의미하다. 사람과 사람 사이에는 넘지 못할 벽이 있다", "인간관계는 무능한 사람들이 출세하려는 야비한 처세술에 불과하다", "인간관계는 서로 상처만 주는 소모적인 것이다", "인간관계는 지배와 종속의 관계로서 지배하느냐, 아니면 지배당하느냐의 투쟁이다", "인간관계는 서로 속고 속이는 과정일 뿐이다. 우정이나 사랑은 환상이다. 사랑은 성욕에 불과한 것이다"가 있다. 이러한 신념을 지닐 경우 원만한 인간관계가 이루어지기는 어려울 것이다.

또한 자기 자신에 대해서도 부정적인 생각, 즉 부정적인 자기개념을 지니게 되면 열등감과 우울감을 느끼게 되어 대인관계에서 위축되고 회피적인 태도가 나타나게 된다. 자기 자신에 대한 부정적 신념 중에는 "나는 무능하다. 나는 무가치한 사람이다. 나는 다른 사람에게 호감을 줄 만한 외모를 지니지 못했다. 나는 사랑받지 못할 사람이다"가 있다. 아울러 타인에 대한 부정적 신념 역시 대인관계에 부정적인 영향을 미치게 된다. "사람들은 누구나 이기적이며 다른 사람을 이용하려고만 한다. 사람들은 적대적이며 항상 다른 사람을 눌러 우위를 차지하려고만 한다. 요즘 사람들은 예의가 없고 무례하다" 등의 신념이 있다.

모든 것이 그러하듯이, 인간관계와 인간에게는 긍정적인 면과 부정적인 면이 공존하기 마련이다. 부정적인 신념은 이러한 양면 중 한쪽 측면에만 초점을 맞춘 신념이다. 부정적인 신념은 설혹 그 내용에 타당성이 있다 하더라도 인간의 한 측면에 대한 신념이라는 점에서 편향된 신념, 즉 편견이라고 할 수 있다. 이러한 신념은 물론 과거의 여러 가지 부정적인 대인관계 경험으로부터 형성된 것이다. 그러나 현재의 인간관계 상황에는 적절하지 않으며 부정적인 결과를 초래하기 때문에 역기능적인 신념이라고 할 수 있다.

🎓 대인신념의 자기강화적 속성

인간의 삶에 있어서 신념은 매우 중요하다. 신념은 과거경험에 근거하여 어떤 대상의 속성에 대해 지니고 있는 믿음이다. 이러한 신념은 기본적으로 잘 변하지 않으며 스스로 옳음을 입증하려는 속성이 있어 점점 더 강화되는 경향이 있다. 특히 대인신념의 경우는 더욱 그러하다. 대인신념은 과거경험의 결과인 동시에 타인의 행동을 예측하는 근거가 된다. 또한 타인이 한 행동의 의미를 해석하고 평가하는 근거가 된다.

예컨대, 어린 시절에 가끔 야단을 치며 엄한 모습을 보였던 아버지에 대해서 '무서운 사람'이라는 생각을 하게 된 자녀의 경우, 성장과정에서 이런 생각을 유지하거나 더욱 강화시키는 경향이 있다. 이런 생각을 하게 된 자녀는 아버지가 가정에서 나타내는 다양한 모습 중에서 화를 내거나 야단을 치는 모습에 바짝 긴장하며 더 많은 주의를 기울이고 이를 아버지의 진정한 모습으로 받아들이는 한편, 따뜻하고 재미있는 모습에 대해서는 아버지의 일시적 모습으로 무시해 버리는 경향이 있다. 또한 '무서운 아버지'에 대해서 친밀하고 애교스러운 행동을 보이는 대신 회피적인 태도를 나타내게 되므로 아버지 역시 자녀에게 거리감을 느끼고 좀 더 무뚝뚝하고 엄한 반응을 나타내게 된다. 그 결과, 자녀는 '무서운 아버지'에 대한 생각을 강화하게 되고 아버지에 대해서 회피적 태도가 더욱 강해지는 악순환에 빠져들게 된다. 그러나 아버지의 입장에서는 과거에 어린 자녀의 훈육을 위해서 엄하게 대했지만 이제 성장한 자녀에 대해서는 좀 더 친밀하고 편안한 관계를 원하고 있으나 자녀가 자신을 두려워하고 회피하기 때문에 불만감을 지닐 수 있다. 그 결과, 아버지와 자녀는 영원히 친밀한 관계를 형성하지 못한 채 오히려 관계가 더욱 악화될 수 있다.

특히 부정적인 대인신념은 신념의 자기강화적 속성에 의해서 인간관계를 악화시키는 결과를 초래하는 경우가 많다. 즉, 부정적 대인신념은 타인의 행동에 대해서 부정적인 예상을 하게 만들고, 부정적 측면에 선택적으로 주의를 기울여 정보를 수집하고, 행동의 의도나 의미를 부정적으로 해석하며, 그 결과 타인에게 부정적 행동을 함으로써 자신에 대한 부정적 행동을 유발하게 만듦으로써 다시 부정적 대인신념을 확인하고 강화하는 결과를 초래하게 된다. 우리의 인간관계에는 이처럼 처음에 형성한 부정적 인상이나 신념의 자기강화적 속성에 의해서 불필요하게 적대적인 관계를 이루게 되는 경우가 흔하다.

2) 왜곡된 대인신념

대인관계의 부적응을 경험하는 사람은 흔히 왜곡된 대인신념을 지니고 있다. 사실과 다른 잘못된 내용의 신념을 지니는 경우가 많다. 부족하거나 잘못된 정보와 지식에 근거하여 인간관계나 인간에 대한 왜곡된 신념을 지니는 경우가 많다. 왜곡된 신념은 책이나 매스미디어를 통해 얻은 파편적인 간접적 정보에 근거하여 인간관계나 타인에 대해 왜곡된 관점을 형성하는 경우도 있다. 예를 들면, 매우 회의적이고 비관적인 인간관을 가지고 있는 철학자나 소설가의 책을 읽고 신봉하는 경우다. TV나 신문에 나오는 범죄나 비리를 접하게 되면서 인간은 악하고 믿을 수 없는 존재라는 생각을 굳혀 나가게 된다. 또 왜곡된 대인신념은 자기 체험에 대한 왜곡된 해석에 근거하는 경우가 많다. 예를 들면, 자위행위를 하는 소년이 자신의 자위행위 빈도가 다른 친구에 비해 지나치게 많다고 생각하여 스스로를 부도덕한 나쁜 놈이라고 생각할 뿐만 아니라 자위행위를 통해 호르몬이 지나치게 배출되어 자신의 신체적 건강과 뇌 발달에 나쁜 영향을 줄 것이라고 생각한다. 또한 자신의 소극적 성격은 유전적인 것이며 따라서 노력해도 변화하지 않을 것이며 이러한 소극적 성격으로는 이 세상을 살아가기 힘들다고 믿는다. 이처럼 다양한 내용의 왜곡된 신념은 인간관계에 부정적 영향을 미치게 된다.

3) 경직된 대인신념

인간관계의 부적응을 경험하는 사람들은 경직된 대인신념을 지니고 있는 경우가 많다. 대인신념의 경직성이란 당위적이고 절대주의적이며 완벽주의적이고 융통성이 없는 완고함을 의미한다. 엘리스나 벡과 같은 심리치료자들은 부적응을 나타내는 사람들이 "…해야 한다" 또는 "…해서는 안 된다"라는 당위적 형태의 경직된 신념을 지니고 있다고 주장한다. 예를 들면, "인간관계는 항상 따뜻하고 신뢰로운 것이어야만 한다. 인간은 절대로 거짓말을 해서는 안 된다. 사랑은 열정적이어야만 한다. 나는 다른 사람들로부터 항상 인정을 받아야 한다. 나는 결코 다른 사람으로부터 미움을 받아서는 안 된다"는 믿음이 이에 해당한다. 이러한 믿음은 개인의 소망을 나타낸 것이라고 할 수 있으나 현실에서 실현되기 어려운 신념이다. 따라서 이러한 신념을 자기 자신이나 타인에게 강요하는 사람은 현실의 대인관계에서 실망하거나 좌절하며 부정적인 감정을 느낄 가능성이 높기 때문에 결과적으로 부적응적인 인간관계를 나타내게 된다.

탐구문제

　　저명한 심리치료자인 앨버트 엘리스에 따르면, 대인관계의 부적응은 현실세계에서 충족되기 어려운 비합리적 신념에 기인한다. 이러한 비합리적 신념은 자신과 타인에 대한 당위적 요구(demandingness)로 이루어져 있다.

　　자신에 대한 당위적 요구의 대표적인 예는 "나는 항상 다른 사람들로부터 인정과 칭찬을 받아야 한다", "나는 결코 다른 사람에게 나의 약점을 보여서는 안 된다", "실수를 하면 다른 사람들이 나를 싫어할 것이다"는 신념이다.

　　타인에 대한 당위적 요구의 전형적인 예는 "사람들은 항상 나에게 친절하고 공평하게 대해야 한다", "다른 사람들은 결코 나를 비판하거나 무시해서는 안 된다", "진정한 친구라면 항상 내편을 들어줘야 한다", "그렇지 않으면, 그들은 존중한 가치가 없는 나쁜 사람들이며 징벌을 받아 마땅하다"와 같은 신념이다.

　　나는 자신과 타인에 대한 어떤 비합리적 신념을 지니고 있을까? 이러한 신념들은 어떤 과정을 통해서 인간관계의 부적응 문제를 유발하는 것일까? 자신과 타인에 대해서 어떤 신념과 기대를 지니는 것이 바람직한 것일까?

4) 부적응적 대인신념의 극복

　　부적응적인 대인신념은 과거의 인간관계에 대한 경험과 지식의 결과로서 내면 깊숙이 자리 잡고 있는 것이기 때문에 자각하기 어렵다. 또한 자각한다 하더라도 당연하고 자명한 것으로 느껴진다. 이러한 부적응적 대인신념을 변화시키기 위해서는 다음과 같은 단계적 노력이 필요하다. 첫 번째 단계는 대인관계의 문제를 야기하는 대인신념을 탐색하여 자각하는 일이다. 대인관계의 갈등상황에서 "내가 내 자신에게 또는 타인에게 요구하는 것은 무엇인가?"라는 물음을 스스로에게 던져 보는 일이 필요하다. 예를 들어, "왜 나는 자신 있게 타인 앞에 나서지 못하는가?", "왜 나는 인간관계에서 불편함과 불안을 경험하는가?", "왜 나는 타인보다 우월하고 지배적인 위치에 서기를 원하는가?", "왜 나는 타인과 친밀해지는 것을 회피하는가?" 등의 질문을 스스로에게 던져 볼 필요가 있다. 이러한 질문에 답하는 과정에서 "나는 못나고 무능하다. 따라서 다른 사람들이 나를 싫어하고 거부할 것이다", "나는 타인에게 완벽하게 보여야 한다", "나는 타인보다 항상 우월해야만 한다", "친밀해지면 상대방이 나를 구속할 것이다"와 같은 신념이 그 기저에 존재함을 자각할 수 있다.

　　두 번째 단계는 이러한 신념의 사실성, 현실성, 유용성의 측면에서 자문하고 논박해 보는 일이다. 예를 들어, "과연 나는 못나고 무능한가? 그래서 남들이 나를 항상 싫어하고 거부할 것인가?'라는 물음을 스스로에게 던져보고 이러한 신념이 과연 사실인지를 깊이 생각해 보는 일이다. 또 "나는 항상 타인에게 완벽하게 보여야 하고 타인보다 우월해야 한다"는 신념이 현실적인 인간관계에서 과연 실현가능한 것인지 그 현실성을 살펴보아야 한다. 이러한 신념이 실현되기 어려운 것이라면 나에게 좌절만 초래하는 부적응적인 신념이라는 것을 깨닫고 보다 실현가능한 유연한 신념으로 변화시켜야 할 것이다. 그러나 대인신념의 사실성과 현실성을 확인하기 어려운 경우도 많다. 이 경우에는 대인신념이 나의 인간관계 개선을 위해 어떤 도움이 되고 있는지 그 유용성을 살펴볼 필요가 있다. 예를 들어, "친밀해지면 상대방이 나를 구속할 것이다"라는 신념이 인간관계에서의 소외감과 외로움을 극복하는 데 과연 도움이 되고 있는지를 검토해 보는 것이다. 이러한 신념이 타인과 정서적 거리를 두게 하여 피상적인 인간관계를 맺게 하고 그 결과 소외감과 외로움을 유발하는 것이라면 그러한 신념은 나의 삶에 유용한 것이 아니라고 볼 수 있다.

세 번째 단계는 보다 유연하고 적응적인 신념으로 대체하는 것이다. 유연하고 적응적인 신념이란 사실적이고 실현가능하며 유용한 신념을 뜻한다. 예를 들면, "나는 사실 특정한 측면에서 부족하여 다른 사람에게 호감을 주지 못할 수도 있다. 그러나 과연 항상 모든 사람이 나를 싫어하고 거부할 것인가? 또 내가 어떻게 행동하느냐에 따라 상대방의 반응은 얼마든지 달라질 수 있다", "나는 완벽하고 우월해지고 싶다. 그러나 불완전한 인간인 내가 항상 모든 사람들에게 완벽하고 우월한 존재로 보여질 수 있겠는가? 또 설혹 불완전하고 우월하지 못한 모습으로 비쳐진다한들 과연 나에게 어떤 치명적인 결과로 돌아올 것인가?", "친밀해지면 서로 구속하는 관계가 될 수도 있다. 그러나 친밀해진다고 해서 항상 구속적인 관계가 되는 것은 아니다. 또한 현실적인 인간관계에서는 상대방으로부터 신뢰와 애정을 얻는 대신 어느 정도의 구속감과 부담을 느끼는 것이 자연스럽고 당연한 일은 아닌가? 내가 구속과 부담이라는 부정적인 측면만을 부각시켜 친밀한 인간관계를 회피하고 있는 것은 아닐까?' 등의 유연한 신념과 생각으로 대체하는 것이 필요하다.

부적응적인 대인신념은 새로운 인간관계 속에서 만족스러운 체험을 하게 되면 변화하는 경우도 있다. 과거의 부정적인 인간관계 경험을 통해 형성되었던 대인신념이 긍정적인 관계의 체험을 통해 자기 자신, 타인 그리고 인간관계에 대한 긍정적 신념으로 변화하는 경우도 있다. 뿐만 아니라 인간은 간접적인 경험을 통해서 대인신념을 변화시키기도 한다. 인간관계의 부정적인 측면만을 부각시켜 편파적으로 인간관계를 묘사한 책, 소설, TV 드라마, 영화 등의 간접적 체험을 통해 부정적인 신념을 형성한 사람도 있다. 이와 마찬가지로 인간과 인간관계를 올바르고 균형 있는 관점에서 기술하고 묘사한 서적과 드라마를 접하게 되면 부정적이고 왜곡된 대인신념은 수정될 수 있다.

요약

1. 신념은 인간의 행동을 결정하는 중요한 심리적 요인이다. 대인신념은 대인관계에 영향을 미치는 개인의 신념을 뜻한다. 대인신념은 과거의 대인관계 경험을 체계화한 기억내용으로서 새로운 인간관계 상황에 대한 기대와 예측의 근거가 될 뿐만 아니라 새로운 경험의 의미를 해석하고 평가하는 바탕이 된다. 대인신념의 내용은 크게 3가지 영역, 즉 인간관계, 자기 자신, 그리고 타인 및 인간 일반에 대한 신념으로 구분될 수 있다.

2. 인간관계에 대해서 어떤 생각과 믿음을 지니느냐에 따라 개인의 대인행동이 달라진다. 인간관계에 대한 신념은 인간관계의 본질과 속성에 대한 지적인 이해와 믿음을 의미한다. 이러한 신념은 인간관계의 중요성, 중요시하는 인간관계의 영역, 이상적 인간관계 그리고 친밀한 인간관계를 맺는 방법에 대한 신념으로 구성된다.

3. 인간관계의 주체인 자기 자신에 대한 신념, 즉 자기개념은 대인관계에 영향을 미치는 매우 중요한 심리적 요인이다. 자기개념은 과거경험에 근거하여 자신을 인식하고 평가한 내용으로 구성되며 자기존중감의 기초가 될 뿐만 아니라 대인행동에 강력한 영향을 미친다. 자기개념은 물질적 자기, 심리적 자기, 사회적 자기의 영역으로 구성되며 현실적 자기, 이상적 자기, 의무적 자기, 가능한 자기 등의 다측면적인 구조를 지닌다.

4. 인간관계의 대상인 타인 또는 인간 일반에 대한 신념 역시 대인행동에 영향을 미치는 중요한 요인이다. 개인은 타인과의 관계경험에 근거하여 타인 또는 인간에 대해 긍정적 또는 부정적 신념을 형성하게 된다. 타인에 대한 신념은 자기개념과 서로 밀접한 관계를 지니며 대인행동에 영향을 미친다.

5. 부적응적인 인간관계는 대인신념의 특성으로 인해 유발될 수 있다. 대인신념이 지나치게 부정적인 경우, 사실과 다른 왜곡된 대인신념을 지니는 경우, 대인신념이 융통성 없이 경직되고 완고한 경우에 부적응적인 대인관계가 유발될 수 있다. 부적응적 대인신념을 변화시키기 위해서는 대인관계 문제를 야기하는 대인신념을 탐색하여 자각하고, 그러한 신념의 타당성을 평가하여, 유연하고 적응적인 신념으로 대체하는 노력이 필요하다.

제6장

대인기술

1. 대인기술의 의미와 기능을 이해한다.
2. 비언어적 대인기술의 주요 내용을 설명할 수 있다.
3. 인간관계에 중요한 영향을 미치는 언어적 대인기술을 제시할 수 있다.
4. 부적응적인 인간관계를 나타내는 대인기술 미숙형과 대인기술 억제형의 특성을 설명할 수 있다.

1. 대인기술이란 무엇인가

인간관계는 상대방에게 전달될 수 있는 외현적인 행동의 상호교환으로 이루어진다. 앞 장에서 살펴본 대인동기나 대인신념은 구체적 행동을 통해 상대방에게 표출된다. 그런데 사람마다 타인에게 호감을 주고 자신이 원하는 바를 전달하는 행동적 기술은 다르다. 즉, 사람마다 사람을 사귀는 기술이 다르다. 어떤 사람은 자신이 원하는 대로 다른 사람과 좋은 관계를 맺을 수 있는 세련된 사교적 기술을 가지고 있는 반면, 어떤 사람은 타인과 사귀고 싶어도 미숙한 행동 때문에 실패한다.

인간관계를 성공적으로 이끌어 갈 수 있는 사교적 능력을 **대인기술**(interpersonal skill)이라고 한다. 즉, 대인기술은 인간관계에서 자신이 추구하는 목표를 달성하기 위해 구사할 수 있는 언어적 또는 비언어적 능력을 의미하며 **사회적 기술**(social skill)이라고 부르기도 한다. 필립스(Phillips, 1978)는 대인기술을 좀 더 구체적으로 다음과 같이 정의하고 있다. 대인기술이란 "자신의 권리, 요구, 만족 또는 의무를 효율적으로 수행하며 동시에 타인의 유사한 권리, 요구, 만족, 의무를 손상시킴이 없이 자유스럽고 개방적인 교환관계 속에서 자신과 타인의 권리 등을 생산적으로 공유하는 방식으로 의사소통할 수 있는 능력"이다. 좀 더 풀어서 설명하면, 첫째,

대인기술은 자신의 권리, 요구, 만족, 의무와 같이 자신이 원하는 바를 타인과의 관계 속에서 효과적으로 수행하는 행동적 능력이다. 둘째, 대인기술은 자신의 바람을 수행하되 타인의 권리, 요구, 만족, 의무를 손상시킴이 없이 행하는 기술이다. 인간관계는 동등한 인격과 권리를 지니고 있는 사람들 간의 상호작용이기 때문에 타인에 대한 배려 없이 자신의 욕구만을 채우는 자기중심적이고 일방적인 행동적 능력을 대인기술이라고 하지는 않는다. 셋째, 대인기술은 효과적인 의사소통 능력으로서 자신의 의도를 상대방에게 잘 표현하여 전달할 뿐만 아니라 상대방의 의도를 잘 파악하고 이해하는 능력을 포함한다. 즉, 대인기술은 상대방의 마음을 잘 읽을 줄 알고, 자신의 마음을 잘 전달할 수 있는 능력을 의미한다. 넷째, 대인기술은 나와 타인의 욕구가 생산적으로 공유되어 모두 만족할 수 있는 결과를 가져오게 하는 행동적 기술을 의미한다. 자신의 욕구나 이익만을 추구하는 이기적 행동은 결국에는 인간관계를 훼손하기 때문에 결코 좋은 사회적 기술이라고 할 수 없다. 나와 상대방이 모두 이득을 얻고 만족하게 될 때 그 관계는 지속되고 심화될 수 있다. 이러한 대인기술은 대인관계에 영향을 미치는 매우 중요한 행동적인 요인이다.

미켈슨 등(Michelson et al., 1983)은 대인기술의 특징을 다음과 같이 4가지로 정리한다. 첫째, 대인기술은 기본적으로 학습을 통해 획득되는 것이다. 대인기술은 출생 후의 성장과정에서 후천적 경험을 통해 의식적 또는 무의식적으로 배워 습득하는 것이다. 부모를 위시한 가족, 친척, 친구, 동료와의 직접적인 관계 속에서 강화와 보상을 통해 학습되기도 하고 타인의 행동을 관찰함으로써 모방학습에 의해 습득할 수도 있다. 둘째, 대인기술은 언어적 행동과 비언어적 행동으로 구성된다. 인간의 주요한 의사소통 수단인 언어뿐만 아니라 다양한 비언어적 행동 역시 대인기술에 포함된다. 셋째, 대인기술의 적절성과 효과는 행위자, 상대방 그리고 상황의 특성에 의해 결정된다. 행위자와 상대방의 나이, 성별, 지위 등에 따라서 특정한 사회적 행동이 적절할 수도 있고 그렇지 않을 수도 있다. 뿐만 아니라 특정한 행동이 행해지는 상황이나 시기에 따라 그 효과는 달라질 수 있다. 즉, 대인기술에서는 인간관계에 관련된 사람의 특성과 상황적 특성에 대한 고려가 중요한 요소다. 넷째, 대인기술은 타인으로부터의 사회적 보상을 극대화한다. 즉, 적절한 대인기술은 인간관계에서 얻게 되는 긍정적 성과를 최대화한다. 달리 말하면, 대인기술의 적절성은 인간관계에서 얻게 되는 긍정적 성과에 의해서 평가될 수 있다.

🎓 사회지능: 대인관계 능력

지능(intelligence)은 개인의 적응능력을 의미한다. 현대사회에 잘 적응하기 위해서는 공부를 잘하고 전문 지식을 학습하는 인지적 능력도 중요하지만 다른 사람과 원활한 관계를 맺으며 협동하는 사회적 능력도 중요하다. 이러한 적응능력은 사람마다 개인차가 있다. 공부는 잘하지만 인간관계를 잘 맺지 못하는 사람들이 있는 반면에, 공부는 잘 못하지만 인간관계는 능숙하게 잘 맺는 사람들이 있다.

사회지능(social intelligence)은 다른 사람의 속마음을 잘 이해하고 인간관계를 원활하게 만드는 심리적인 능력을 뜻한다. 사회지능은 **정서지능**(emotional intelligence)과 유사한 개념으로서 일상적인 인간관계를 원활하게 만드는 능력인 동시에 사람을 대상으로 하는 전문직(예: 교사, 상담자, 세일즈맨, 협상전문가, 변호사)에서 직업적 성공을 이루게 하는 능력으로 간주된다.

사회지능의 약 20%는 인지지능과 중복되지만 80% 정도는 독립적인 것으로 여겨지고 있다. 또한 사회지능과 인지지능은 뇌의 다른 부위와 관련되는 것으로 밝혀졌다. 사회지능이 높은 사람들은 다른 사람들과 긍정적인 인간관계를 맺을 뿐만 아니라 사회적 성취도 높은 것으로 나타났다(Lopez, Salovey, Cote & Beers, 2005; Lam & Kirby, 2002). 또한 사회지능은 조직을 관리하는 리더십의 중요한 요소이기도 하다(Goleman, 2001).

사회지능은 다양한 능력으로 구성된다. 일부의 연구자(O'Sullivan, Guilford, & deMille, 1965)에 따르면, 사회지능은 다음과 같은 6가지 영역의 능력으로 구성된다: ① 사람들의 다양한 내면적 심리상태를 파악하는 능력, ② 유사성에 근거하여 다양한 심리상태를 유형화하는 능력, ③ 행동들 간의 관계를 연결지어 해석하는 능력, ④ 사회적 행동에 영향을 미치는 요인이나 원리를 이해하는 능력, ⑤ 사회적 행동의 변화를 융통성 있게 해석하는 능력, ⑥ 대인관계 상황에서 다음에 무슨 일이 일어날지를 예측하는 능력.

가드너(Gardner, 1983, 1993)는 인간의 적응능력, 즉 지능이 다양한 능력으로 구성된다는 다중지능이론을 주장하면서 다음과 같은 8가지 유형의 지능을 제시했다. ① 언어 지능, ② 논리수학 지능, ③ 음악 지능, ④ 공간 지능, ⑤ 신체운동 지능, ⑥ 인간친화 지능, ⑦ 자기성찰 지능, ⑧ 자연친화 지능. 이러한 분류에 따르면, 사회지능은 인간친화 지능과 자기성찰 지능을 포함하는 개념이다. 인간친화 지능은 다른 사람의 감정이나 욕구를 잘 이해하고 그에 적절하게 반응할 수 있는 대인관계 능력을 의미한다. 반면에 자기성찰 지능은 자신의 내면세계를 잘 관찰하고 인식하는 능력을 뜻한다. 즉, 사회지능은 자신과 다른 사람의 심리적 상태를 잘 파악하며 서로의 욕구가 잘 충족될 수 있도록 인간관계를 원활하게 이끌어가는 능력이라고 할 수 있다.

골먼(Goleman, 1995, 1998)은 사회지능 또는 정서지능이 자신의 감정을 자각하고 자신의 행동을 조절하는 개인적 능력과 더불어 다른 사람의 감정을 공감하고 대인관계를 조절하는 다양한 능력(의사소통, 유대감 형성, 갈등관리, 리더십, 협동적 관계)을 포함한다고 주장했다. 그에 따르면,

사회지능은 후천적인 경험을 통해서 사회적 능력을 발달시킬 수 있는 선천적인 잠재능력을 의미한다. 즉, 사회지능은 후천적 경험과 노력을 통해서 발현되고 함양될 수 있는 것이다. 따라서 대인기술은 사회지능의 핵심적인 구성요소라고 할 수 있다.

2. 비언어적 대인기술

대인기술은 크게 비언어적 대인기술과 언어적 대인기술로 나누어 볼 수 있다. 먼저 비언어적 대인기술에 대해 살펴보기로 한다. 비언어적 대인기술은 비언어적인 행동을 통해 자신의 의사와 감정을 표현하는 기술을 의미한다. 동양문화권에 속하는 한국사회는 서구사회에 비해 언어적 행동보다는 비언어적 행동을 통해 의사소통을 하는 비언어적 문화를 지니고 있다(권석만, 1996b; 최상진, 1993). 따라서 비언어적 행동을 잘 구사하여 자신의 의사를 표현하는 기술이 중요하다. 뿐만 아니라 비언어적 행동에 의해서 표현되는 타인의 의도와 감정을 잘 파악하는 것이 매우 중요하며 이러한 능력을 '눈치'라고 한다. 한국사회에서는 비언어적 행동과 눈치를 통해 의사소통이 이루어지는 경우가 많으므로 비언어적 대인기술을 잘 이해할 필요가 있다.

비언어적 대인기술로 활용될 수 있는 비언어적 소통수단은 매우 다양하다. 첫째, 몸의 움직임은 의사소통의 중요한 수단이 된다. 얼굴 표정, 눈 맞춤 또는 눈 바라봄, 몸동작이나 제스처, 몸의 자세 등과 같은 몸 움직임을 통해 많은 의미를 전달하게 된다. 둘째, 우리는 신체적 접촉을 통해 타인에 대한 감정과 태도를 표현한다. 악수, 어루만짐, 팔짱 낌, 어깨에 손 얹기, 포옹, 키스, 애무 등의 다양한 신체적 접촉을 통해 서로에 대한 감정을 주고받을 수 있다. 셋째, 머리 모양, 옷차림새, 장신구, 화장, 향수와 같은 외모의 치장을 통해 많은 의미를 표현할 수 있다. 넷째, 공간의 사용 역시 여러 가지 의미를 전달하는 수단이 될 수 있다. 상대방과의 공간적 근접도 및 거리, 혹은 상대방을 대하는 방향 등의 공간적 요인도 중요한 소통수단이 될 수 있다. 또한 만남의 장소, 상황, 분위기 등의 환경적 요인을 잘 활용하는 것도 중요한 대인기술이다. 다섯째, 말의 강약, 완급, 음색, 말하는 방식 등 언어적 의미가 없는 음성적 행동도 의미를 전달하는 중요한 수단이 되는데 이를 **부언어**(副言語, paralinguistics)라고 한다.

1) 얼굴 표정

얼굴 표정은 인간이 감정을 표현하는 주된 비언어적 수단이다. 우리는 얼굴에 웃음을 지어 상대방에 대한 호의나 만족감을 표현하는 반면, 상대방에 대해서 분노나 불쾌감을 표현할 때는 얼굴을 찡그리거나 험한 인상을 짓는다. 우리의 얼굴 표정은 안면 전체에 퍼져 있는 약 40여 개의 근육에 의해 조절된다. 이러한 근육은 대뇌의 지배를 받으며 수의적으로 또는 불수의적으로 조절될 수 있다. 인간관계 상황에서는 상대방에 대한 사고나 감정의 내용에 따라 얼굴 근육이 특정한 패턴으로 움직여서 독특한 얼굴 표정을 만들어 내는 것이다. 에크만(Ekman, 1971)에 따르면, 인간의 6가지 기본정서(기쁨, 놀람, 공포, 슬픔, 분노, 혐오)를 나타내는 독특한 얼굴근육 운동패턴, 즉 얼굴 표정이 존재한다고 한다. 이러한 기본정서에 대한 얼굴 표정은 문화와 종족에 상관없이 거의 동일하다고 한다.

감정을 나타내는 얼굴 표정은 흔히 우리의 의도와 상관없이 얼굴에 나타나게 된다. 그러나 지속적인 노력과 훈련에 의해서 얼굴 표정은 의도적으로 조절될 수 있다. 특히 영화배우나 TV 탤런트는 훈련을 통해 자신의 얼굴 표정을 의도적으로 조절하여 다양한 감정과 의사를 표현하는 능력이 잘 발달된 사람이다. 우리는 때로 감정을 겉으로 드러내지 않아야 할 때도 있고 때로는 감정을 좀 더 분명하게 드러내야 할 때도 있다. 이렇듯 필요에 따라 원하는 얼굴 표정을 잘 조절하는 능력은 매우 중요한 비언어적 대인기술이다.

얼굴 표정은 감정을 표현하는 주된 비언어적 수단이다.

얼굴 표정을 잘 조절하는 것뿐만 아니라 상대방의 얼굴 표정을 잘 지각하는 것 역시 중요한 대인기술이다. 얼굴 표정을 정확하게 잘 지각하는 것은 상대방의 감정과 의사를 정확하게 포착하는 것을 의미하기 때문이다. 특히 한국사회와 같은 비언어적인 문화에서는 상대방의 얼굴 표정을 위시한 비언어적 단서에 의해 상대방의 마음을 잘 읽는 것이 중요하다. 이렇게 비언어적 단서의 의미를 잘 포착하지 못하는 사람을 두고 우리는 흔히 '눈치가 없는 답답한 사람'이라고 한다. 그러나 얼굴 표정을 통해 상대방의 감정을 읽는다는 것은 쉬운 일이 아니다.

강렬한 감정은 얼굴 표정을 통해 확연히 드러나는 경우가 많지만, 약하고 미묘한 감정은 얼굴 근육도 미세하게 움직이기 때문에 감지하기가 어렵다. 그러나 얼굴 표정의 변화를 정확하게 탐지하는 것은 노력과 훈련에 의해서 향상될 수 있다. 감정은 얼굴 전체를 통해서 전달되지만, 특히 입과 눈썹이 가장 중요한 역할을 한다. 따라서 상대방의 감정을 파악하고자 할 때는 입과 눈썹의 미세한 움직임에 주목할 필요가 있다.

2) 눈 맞춤

눈은 '마음의 창'이라는 말이 있듯이, 눈은 우리의 감정을 표현하는 주요한 통로다. 우리는 눈을 통해 자신의 마음을 전달하고 또 상대방의 마음을 읽는다. 상대방에 대해서 관심과 호감을 지니게 되면 우리는 상대방을 주목한다. 특히 연인 사이에서는 서로의 눈을 마주 쳐다보는 행동을 통해 서로의 애정을 교환한다. 그러나 상대방에게 적대감을 지니고 있을 때는 상대방을 강렬하게 노려보게 된다. 이렇듯 눈 맞춤을 통해 눈빛을 주고받음으로써 우리는 많은 것을 표현하게 된다.

눈 맞춤(eye contact)은 상대에 대한 관심을 표현하고 여러 가지 감정을 표현하는 수단이다. 눈 맞춤은 눈빛과 쳐다보는 시간에 따라 다양한 의미를 전달한다. 눈빛의 강렬함은 눈동자의 크기와 비례하며 심리적 흥분의 정도를 반영한다. 아울러 강렬한 눈빛은 눈 주위의 근육움직임과 얼굴 표정에 따라 애정어린 눈빛이 될 수도 있고 적의를 담은 노려보는 눈빛이 될 수도 있다. 뿐만 아니라 눈을 마주치는 시간 역시 관심의 정도를 나타내는 중요한 단서다. 특히 강렬한 눈빛으로 오래 쳐다보는 응시(gaze)는 강렬한 관심과 감정을 나타내는 주요한 소통수단이다. 우리는 애정이든 적의이든 강한 감정을 지니게 되면 상대방을 강한 눈빛으로 오래 응시하는 경향이 있다.

따라서 대인관계 상황에서 상대방과 적절하게 눈빛을 주고받는 일은 매우 중요하다. 그러나 이러한 눈빛 처리에 어려움을 느끼는 사람들이 있다. 어떤 사람은 대화할 때 상대방의 눈을 빤히 쳐다보는 일이 매우 어색하고 불편해서 땅을 내려다보거나 시선을 피하기도 한다. 이런 사람은 자신감이 없거나 상대방에게 무관심한 사람으로 비칠 수 있다. 이와는 반대로 지나치게 빤히 쳐다봐서 상대방을 불편하게 하는 사람도 있다. 특히 동양문화권에서는 윗사람의 눈을 오래도록 빤히 쳐다보는 일은 무례한 행동으로 여겨진다. 우리는 대화할 때 적절한 기간 동안 상대방과 눈을 마주치며 쳐다보기도 하고, 때로는 눈을 깜빡이기도 하고, 때로는 눈빛을 다른 곳에 주기도 하는 것이 자연스러운 행동이다. 이렇게 눈을 통해 자신의 감정을 잘 전달하고 또 상대방의 마음을 잘 읽는 것은 매우 중요한 대인기술이다.

3) 몸동작

우리는 대화하는 동안 손, 팔, 머리, 몸통을 끊임없이 움직인다. 이러한 몸의 움직임을 통해 우리는 많은 것을 표현하고 전달한다. 몸동작을 통해 의사를 표현하는 제스처는 **신체언어**(body language)의 주요한 범주다. 우리는 자신의 이야기를 강조할 때는 손을 번쩍 들거나 주먹을 불끈 쥐어 들고, 상대방의 이야기를 반대하거나 중단시킬 때는 손을 내젓기도 한다. 또한 상대방의 의견에 대해 고개를 끄덕여서 동의를 표현하기도 하고 고개를 가로저어 반대를 나타내기도 한다. 또한 내면의 형상이나 그기를 나타내기 위해 눈과 발을 사용하기도 한다. 이렇게 몸의 움직임을 적절히 잘 사용하는 것은 말의 의미를 더욱 분명하게 하거나 강렬하게 만드는 기능을 지닌다. 훌륭한 연설가나 웅변가는 대부분 적절하고 강력한 제스처를 잘 활용하여 연설의 효과를 극대화할 줄 아는 사람들이다. 이렇듯 몸동작은 언어적 의미 전달을 돕는 주요한 보완적 수단이다.

인간관계에서 특히 중요한 몸동작은 인사행동이다. 인사행동은 여러 문화권에서 주로 몸동작을 통해 표현된다. 인사행동은 상대방에 대한 반가움, 호감, 경의, 존경 등을 표현하는 행동이다. 이러한 인사행동은 문화권마다 매우 다르다. 고개를 숙이는 방법, 악수를 하는 방법, 엎드려 절을 하는 방법, 코를 비비거나 몸을 껴안는 방법 등 매우 다양하다. 유교적 전통이 살아있는 우리 문화에서 인사행동은 예의를 나타내는 주요한 방법 중의 하나다. 이러한 인사예법에는 정교한 규칙이 있으며, 특히 상대방의 지위에 따라 인사행동이 달라진다. 예를 들어, 윗사람에게 고개를 숙여 인사할 때는 아랫사람이 먼저 고개를 숙여야 하며 고개를 숙이는 각도나 고개를 숙이고 있는 시간에 의해서 상대방에 대한 경의의 정도가 달리 전달된다. 악수를 할 경우에는 아랫사람이 먼저 손을 내밀고 먼저 손을 놓는 것은 결례가 된다. 이밖에도 명절에 집안어른이나 윗사람에게 극진하게 인사할 때는 무릎을 꿇고 엎드려 절을 하는 것이 일반적이다. 이렇게 우리 문화에서 일반적으로 받아들여지고 있는 인사예법을 알고 적절하게 인사행동을 하는 것도 몸동작을 통한 중요한 대인기술이다.

몸의 자세 역시 상대방에 대한 태도를 표현하는 중요한 수단이다. 우리는 대화를 할 때 팔짱을 끼거나 다리를 꼬고 몸을 숙이는 각도를 달리하는 등 여러 가지 자세를 취한다. 흔히 상대방에 대해 호의와 관심을 지니고 있을 때는 그를 향해 몸을 앞으로 기울이는 경향이 있다. 반면, 자신을 과시하려 하거나 상대방에 대해서 지배적 태도를 나타내려는 사람은 가슴을 펴고 목에 힘을 준 상태로 몸을 약간 뒤로 젖히는 자세를 취한다. 특히 우리 문화에서는 윗사람과 대화를 나누는 상황에서 팔짱을 끼거나 다리를 꼬고 몸을 지나치게 뒤로 젖히는 자세를 취하는 것은 결례로서 무례하고 건방진 사람으로 오인될 수 있다.

4) 신체적 접촉

우리는 때로 신체적 접촉을 통해서 상대방에 대한 감정과 태도를 표현한다. 이러한 신체적 접촉은 감정을 표현하는 가장 원초적인 방식인 동시에 가장 직접적인 방식이다. 인생의 초기에 우리는 부모와 신체적 접촉을 통해 의사소통한다. 어린 유아에게 부모가 애정을 표시하는 주요한 방법은 신체적 접촉이다. 안아주고 비비고 쓰다듬어 줌으로써 애정을 표시하고 때로는 때리거나 밀치거나 꼬집는 방식으로 야단을 치기도 한다.

신체적 접촉은 성인에 있어서도 여러 가지 감정을 표현하는 중요한 수단이다. 첫째, 친밀감은 흔히 신체접촉을 통해 표현된다. 가까운 친구 사이에서는 서로 손을 만지고 몸을 기대고 어깨동무를 한다. 특히 여자가 남자보다 신체적 접촉을 통해 친밀감을 표현하는 경향이 강하다. 이렇게 서로의 몸과 몸을 접촉하는 것은 친밀감을 표현하는 가장 직접적인 방법이다.

둘째, 신체접촉은 강한 애정을 표현하는 가장 중요한 수단이다. 신체접촉은 말이나 몸동작에 비해 강렬한 감정을 가장 직접적으로 표현하고 전달하는 방식이다. 그래서 연인들은 팔짱, 키스, 포옹, 애무와 같이 몸과 몸을 맞대는 신체접촉을 통해 애정을 표현한다. 또한 오랜만에 만난 친한 친구나 애정이 각별한 부모와 자식 사이에는 서로 꼭 껴안는 신체접촉을 통해 강한 애정을 표현한다.

셋째, 신체접촉은 지배와 종속의 관계를 나타내는 방식으로 사용되기도 한다. 어른은 아이의 머리를 쓰다듬거나 등을 토닥임으로써 격려와 아울러 자신이 지배적 위치에 있음을 나타낸다. 대부분의 문화에서는 윗사람이 아랫사람을 만지는 것이 허용되나 아랫사람이 윗사람을 만지는 것은 금기시된다. 이와 같이 신체적 접촉은 우월과 지배를 나타내는 행동적 의미도 지니고 있다.

신체적 접촉은 친밀감과 애정을 표현하는 중요한 수단이다.

5) 공간행동

심리적으로 가까운 사람과는 공간적으로도 가깝게 지낸다. 친밀한 사람과 대화를 나눌 때는 서로 가깝게 앉는다. 그러나 낯선 사람과는 어느 정도의 거리를 유지한다. 이렇듯 사람은 공간행동을 통해서 의사소통을 한다. 두 사람 사이의 물리적 거리는 친밀감이 높을수록 좁아지는 경향이 있다. 대부분의 동물은 자신만의 공간적 영역을 확보하려는 본능이 있으며 나름대로 영역을 표시하여 다른 동물이 그 영역에 침입하면 공격한다. 마찬가지로 인간도 자신만의 개인적인 공간을 가지려 하고, 이러한 영역 안으로 타인이 들어오면 불편심와 위협감을 느낀다. 따라서 공원벤치와 같은 공공장소에서 낯선 사람 옆에 앉을 때는 각자의 개인적 공간을 침범하지 않기 위해 적당한 거리에 떨어져 앉는다. 그러나 친한 사람에게는 이러한 영역 안으로 들어오는 것을 허용한다. 홀(Hall, 1966)에 따르면, 사람들은 주위 공간을 자신을 중심으로 친밀역(0~60cm), 개인역(60~120cm), 사회역(120~330cm), 공공역(330cm 이상)으로 나누고 매우 친밀한 사람은 친밀역 안으로 들어오는 것을 허용한다고 한다. 이렇듯 물리적 거리는 상대방에 대한 친밀감을 표현하는 주요한 공간적 수단이다. 이러한 공간행동은 문화에 따라 차이가 있다. 예를 들어, 아랍인과 남미인들은 매우 가까이에서 대화하는 반면, 아시아인과 유럽인들은 상당히 떨어져서 대화하는 경향이 있다.

물리적 거리뿐만 아니라 서로 앉는 방향도 상대방에 대한 태도를 표현하는 중요한 수단이 된다. [그림 6-1]과 같이 A와 B 두 사람이 직사각형의 탁상에 앉아 서로 대면하는 방식은 여러 가지 경우가 있다. 예를 들어, A가 먼저 와서 앉아 있는 경우, 나중에 나타난 B가 앉는 위치는 A와의 심리적 관계를 나타낸다. A와 B가 서로 매우 친밀한 사이이거나 서로 협동적인 일을 할 경우에 B는 B₁의 자리를 택할 것이다. 특히 두 사람이 이성친구인 경우에 B가 B₁에 앉는다면, B는 A에 대해서 상당히 친밀한 애정을 느끼고 있음을 나타낸다. 반면, 정면으로 마주보는

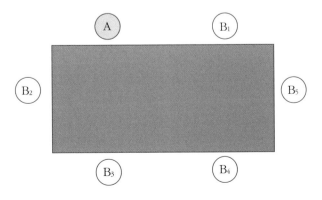

[그림 6-1] 인간관계를 반영하는 좌석의 위치

자리인 B₃는 두 사람이 서로 낯선 사이이거나 면접 및 협상을 하는 경우에 선택하게 되는 자리이다. 특히 두 사람이 경쟁적이거나 대립적인 관계에서 협상이나 토론을 할 때는 B_3에 앉는 경향이 있다. 그러나 두 사람이 어느 정도 친밀하거나 대화 및 협의를 하고자 할 때는 흔히 B_2의 자리를 선택하는 경향이 있다. B_4와 B_5는 보통 잘 앉지 않는 자리이며 상대방에게 관심이 없거나 만남에 대한 적극적인 태도를 보이지 않는 것을 나타낼 수 있다. 이렇듯 상대방에 대한 물리적 거리, 대하는 방향 그리고 만남의 장소 등과 같은 공간적 요인을 잘 활용하여 효과적인 의사소통을 하는 것도 중요한 대인기술이다.

이밖에도 만남의 목적에 적절한 대화 장소나 문화시설에 대한 정보도 중요한 사회적 기술이 될 수 있다. 적절한 대화 장소를 찾지 못해 우왕좌왕하거나 부적절한 공간에서 만남의 분위기가 서먹해지는 경우가 종종 있다. 우리 주변에는 일반적인 지리정보뿐만 아니라 좋은 음식점, 분위기 있는 카페, 특색 있는 문화시설이나 여행지 등을 잘 알고 있어 친구들 사이에서 인기가 있는 사람들이 있다. 어떤 만남이든 그러하지만 특히 데이트를 할 때 아름답고 쾌적한 장소를 선택하여 기억에 남는 유쾌한 시간을 갖는 것은 관계 증진에 도움이 된다.

이러한 여러 가지 비언어적 대인기술은 의사소통을 촉진하는 다양한 기능을 갖는다. 비언어적 대인기술은, 첫째, 언어적 소통 내용을 대체하거나 보완해 준다. 둘째, 시각적인 정보 등을 추가적으로 제공함으로써 언어적 소통의 강조사항이나 정서적 내용을 풍부하게 전달해 준다. 셋째, 화자와 청자 간의 의사소통의 흐름을 조절하는 데 도움을 준다. 넷째, 언어적 소통만으로는 표현할 수 없는 타인에 대한 미묘한 태도나 감정을 전달하는 의사소통적 기능을 갖는다(Hargie, Saunders, & Dickson, 1981).

탐구문제

친구들과 모임을 가질 경우, 모임의 장소를 결정하지 못하고 우왕좌왕 하는 사람이 있는 반면, 저렴한 가격에 맛난 음식을 먹을 수 있는 맛집 정보를 풍부하게 지닌 사람이 있다. 연인과 데이트를 할 경우, 어디에서 무엇을 해야 할지 몰라 허둥대는 사람이 있는 반면, 상대방의 취향에 맞는 찻집이나 맛집으로 안내하여 즐거운 시간을 보내는 사람이 있다. 이처럼 친구나 연인과 편안하게 대화를 나누거나 맛있는 음식을 즐길 수 있는 장소를 잘 알고 있는 것도 비언어적 대인기술 중 하나다.

1. 당신은 자신 있게 친구들을 안내할 수 있는 맛집을 몇 곳이나 알고 있는가? 네 명의 친구와 함께 주말의 저녁시간을 보낼 경우, 당신은 어떤 장소를 추천할 것인가? 어디에서 무엇을 하며 저녁시간을 보낼 것인가?
2. 당신은 연인과 오붓한 시간을 보낼 수 있는 찻집이나 음식점을 잘 알고 있는가? 만약 연인과 데이트를 한다면 어떤 곳에서 어떤 활동을 하며 시간을 보낼 것인가?

3. 언어적 대인기술

인간의 의사소통에 있어서 비언어적 행동이 중요한 기능을 하지만, 주된 의사소통의 통로는 언어다. 언어는 인간의 내면적인 상태와 의도를 전달하는 가장 효과적이고 강력한 의사소통 수단이다. 따라서 대인관계는 언어적 의사소통의 내용과 질에 의해 크게 영향을 받게 된다. 대인관계를 촉진하는 언어적 대인기술을 몇 가지 요소로 나누어 살펴보면 다음과 같다.

1) 경청

언어적 의사소통에서 상대방의 이야기를 잘 듣는 것만큼 중요한 것도 없다. **경청**(listening)은 의사소통의 기본적인 과정이며 상대방이 보내는 소통 내용에 주의를 기울이고 그것을 이해하기 위해 노력하는 행동을 의미한다. 이러한 경청하기는 상대방의 소통 내용에 대한 관심과 흥미를 표현하며 상대방으로 하여금 개방적이고 솔직한 표현을 하도록 촉진하는 기능을 갖는다. 의사소통기술에서 경청하기는 그 중요성이 점점 더 부각되고 있다. 스미스(Smith, 1968)의 연구에 따르면, 다양한 종류의 의사소통에서 사람들은 경청에 가장 많은 시간을 소비했고 그다음이 말하기였다고 한다.

상대방의 이야기를 경청하는 방법은 다양하며 크게 적극적 경청과 소극적 경청으로 나누기도 한다. 적극적 경청은 자신이 상대방의 이야기에 주의를 집중하고 있다는 외적인 행동적 표현을 하며 듣는 것을 말한다. 예를 들면, 상대방이 한 말 중에서 불확실하거나 이해가 되지 않는 부분을 질문하거나 자신이 이해한 내용을 상대방에게 확인하는 발언을 하고, 때로는 상대방의 발언 내용과 감정에 공감하는 발언을

상대방의 말을 잘 경청하는 것은 중요한 대인기술이다.

할 수도 있다. 뿐만 아니라 상대방의 눈을 응시하고 상대방 쪽으로 몸을 기울이며 상대방의 이야기 중 중요한 부분에 대해서 고개를 끄덕이는 비언어적 행동은 주의를 집중하여 열심히 듣고 있다는 행동적 표현이 된다. 이에 반해 소극적 경청은 상대방의 이야기를 특별한 외현적 표현 없이 수동적으로 듣는 경우를 말한다. 즉, 상대방이 특정한 화제에 대해 말할 때 화제를

돌리거나, 반박하지 않고 상대방의 이야기를 수동적으로 따라가는 것을 말한다.

우리는 자신의 이야기를 진지하게 잘 들어 주는 사람에 대해서 호감을 느낀다. 특히 적극적 경청을 통해 상대방이 자신의 이야기에 깊은 관심과 공감을 나타낼 때 우리는 이해받고 있다는 느낌을 갖는다. 이런 점에서 다른 사람의 이야기를 잘 경청한다는 것은 매우 중요한 대인기술이다.

 탐구문제

자신의 생각을 명료한 언어로 재미있게 표현하는 것은 매우 중요한 대인기술 중 하나다. 그러나 다른 사람의 말을 인내심 있게 공감적으로 잘 경청하는 것은 더 중요한 대인기술이다. 우리 주변에는 다른 사람의 이야기에 정성껏 귀를 기울이지 못하고 자신의 이야기만을 늘어놓는 사람들이 많다.

친구들과의 만남에서 자신과 친구들이 어떤 방식으로 대화를 나누는지 유심히 관찰해 보자. 어떤 친구가 가장 말을 많이 하는지, 그 친구는 자신의 의견을 어떻게 표현하고 있는지, 그리고 그 친구가 이야기를 할 때 다른 친구들은 어떤 반응을 나타내는지 살펴보자. 어떤 친구가 다른 사람의 이야기를 가장 주의 깊게 잘 경청하는지, 그리고 상대방의 이야기에 어떻게 공감적인 반응을 해 주는지 살펴보자. 당신 자신은 친구들과의 만남에서 어떻게 자신의 의견을 이야기하고 어떻게 친구들의 이야기를 경청하는지 관찰해 보자.

2) 질문

대인관계는 상호작용을 통해 서로 다양한 정보를 교환하는 과정이라고 할 수 있다. **질문**(questioning)은 이러한 상호작용을 촉진하는 중요한 대인기술이다. 질문은 기본적으로 상대방에게 추가적인 정보를 요청하고 상대방의 태도, 감정, 의견을 확인하는 행동이다. 이러한 행동은 상대방과 그의 화제에 대한 관심 및 호기심을 표현하는 것이기도 하며 때로는 의사소통 과정을 통제하는 수단이 되기도 한다.

질문은 언어적 의사소통에서 매우 중요한 기능을 한다. 예를 들어, 소크라테스는 상대방과의 철학적 논쟁에서 자신의 의견을 제시하기보다는 상대방의 주장에 대해 적절한 질문을 던짐으로써 상대방으로 하여금 자기주장의 모순과 비합리성을 자각하도록 유도하였다. 이렇게 질문은 상대방에게 정보를 요청하는 소극적인 기능뿐만 아니라 상대방의 의견을 변화시키는 적극적인 기능도 지니고 있다. 그러나 질문을 적절하게 잘 하는 것은 쉽지 않다. 적절치 못한 질문은 상대방을 당혹하게 하거나 조롱과 비난으로 받아들여져 인간관계를 악화시킬 수도 있다. 특히 낯선 사람과 처음 만나는 상황에서는 상대방을 이해하기 위해 많은 질문을 하게 된다. 이때 질문은 상대방에 대한 관심과 호기심의 표현이지만 적절한 내용의 질문을 하는 것이 중요하다. 예를 들어, 그다지 신뢰와 친밀감이 형성되어 있지 않은 사람에게 지나치게 개인적인 사생활이나 열등한 신체적 특성 등에 대해 질문하는 것은 적절하지 않다. 뿐만 아니라 질문을 주고받는 균형도 중요하다. 상대방에 대해 관심이 있다고 해서 일방적으로 질문공세를 퍼붓는 것보다는 상대방의 질문을 받고 또 상대방에게 질문을 하는 균형 있는 상호작용이 필요하다. 아울러 질문을 할 때는 적절한 시기를 포착하는 것이 중요하다. 상대방이 한창 중요한 이야기를 하는 중간에 질문을 하기보다는 이야기의 한 마디가 끝났을 때 궁금했던 점을 묻는 것이 자연스러운 대화를 위해서 효과적이다.

3) 반영과 공감

대화에는 상대방이 필요하다. 우리는 사물을 향해 말하지 않는다. 그 이유는 자신의 이야기를 듣고 이해해 줄 사람이 필요하기 때문이다. 우리는 대화를 통해서 자신이 한 이야기에 대해 이해받고 공감받고자 하는 내면적 욕구를 지닌다. 따라서 인간은 자신을 잘 이해해 주는 사람을 좋아하고 깊은 인간관계를 맺고자 한다. 이렇듯 상대방의 발언 내용을 정확하고 깊이 있게 이해하며 감정적으로도 공감하는 반응을 보여 주는 것은 깊이 있는 인간관계를 촉진하는 필수적인 요소다.

반영(reflecting)은 상대방의 표현 내용에 대한 사실적 또는 정서적 이해를 보여 주는 대인기술을 말한다. 반영은 상대방의 표현 내용에 대한 자신의 이해 정도를 전달하며 자신의 이해 내용이 정확한지를 확인하는 기능을 한다. 반영을 통해 대화 과정에서 자신의 소통 내용이 상대방에게 관심을 받고 있을 뿐 아니라 충분히 이해받고 있다는 느낌을 갖게 됨으로써 대화와 대인관계에 대한 참여의 정도가 높아진다.

특히 상대방의 표현 내용에 대한 사실적인 이해를 넘어서 상대방의 주관적인 기분과 입장에 대한 정서적 이해는 반영의 중요한 요소다. 이러한 정서적 이해를 특히 **공감**(empathy)이라고 부른다. 공감을 통해 우리는 상대방이 자신의 상황과 감정을 잘 이해하며 수용하고 있다는 느낌을 받게 된다. 즉, 공감은 '내 마음을 나와 같이 알아준다'는 느낌을 갖게 함으로써 상대방에 대한 신뢰를 증대시키고 자기공개를 촉진한다. 이렇듯 공감은 인간관계를 심화시키는 매우 중요하고 강력한 대인기술이다. 이러한 공감은 노력과 훈련에 의해서 증진될 수 있다. 공감을 잘 해 주는 사람의 특성은, 첫째, 상대방의 이야기를 자신의 입장과 관점에서 듣기보다 상대방의 입장과 관점에서 이해하려고 노력한다. 이런 점에서 자기중심적인 사람은 타인의 감정을 공감하기 어렵다. 둘째, 상대방이 하는 이야기에 담긴 사실적 의미와 더불어 그 이면에 깔려 있는 정서적 의미를 포착하려고 노력한다. 상대방이 느끼고 있는 감정을 그가 처한 입장과 상황에서 느껴 보려는 노력이 중요하다. 그래서 공감을 '감정이입'이라고 부르기도 한다. 셋째, 이렇게 느낀 감정을 상대방에게 적절하게 전달해 준다. 특히 상대방이 충분히 표현하지 못한 감정을 적확한 언어로 표현해 주는 것은 더욱 강력한 효과를 지닌다. 이런 경우 상대방은 자신이 충분히 이해받고 있다는 느낌을 갖는다.

4) 설명

우리는 인간관계 속에서 자신의 입장, 생각, 지식을 상대방에게 전달해야 하는 상황에 자주 부딪히게 된다. 예를 들어, 자신이 처한 상황을 상대방에게 납득시켜야 하는 경우, 상대방에게 자신의 의견을 이해시키고 설득시켜야 하는 경우, 자신이 알고 있는 지식을 여러 사람 앞에서 발표하는 경우와 같이 자신의 생각을 전달해야 하는 상황이 많다. 이렇듯 자신의 생각을 표현하고 설명하는 일은 중요한 대인기술의 하나다.

설명(explaining)은 자신이 소유하고 있는 정보를 상대방에게 제공하고 공유하기 위한 중요한 의사소통기술이다. 이뿐만 아니라 설명하기는 어떤 현상에 대한 불확실성을 감소시키고 자신의 지식, 이해, 의견, 태도, 가치를 표명하는 기능을 갖는다. 따라서 자신이 소유한 정보나 의견을 상대방에게 정확하고 신속하며 충분하게 전달하는 것이 설명하기의 주요한 목적이다.

설명을 잘 하기 위해서는 몇 가지 노력이 필요하다. 첫째, 설명하는 상황과 대상에 대한 고려가 필요하다. 개인적인 입장을 설득하기 위한 설명과 여러 사람 앞에서 공부한 내용을 발표하기 위한 설명의 경우에는 그 방식이 달라질 수 있다. 또한 설명을 듣는 사람의 이해 수준에 맞추어 설명하는 것이 중요하다. 둘째, 설명할 내용, 순서, 방식 등에 대해서 미리 계획하고 준비하는 노력이 필요하다. 설명할 내용의 골격을 메모지에 정리해 보거나 간략한 경우에는 머릿속으로 정리해 보는 것이 좋다. 셋째, 설명할 내용을 간결하고 분명하며 정확하고 체계적으로 표현하는 것이 바람직하다. 장황하고 불분명하며 비논리적인 설명은 상대방이 이해하기 어렵다. 물론 이런 점들은 설명의 내용과 목적에 따라 조절되어야 할 것이다. 설명하는 상황에 따라 때로는 간결하게, 때로는 구체적으로 상세하게, 때로는 명쾌하게, 때로는 감동적으로 설명해야 할 때가 있다. 넷째, 보조적인 발표도구를 활용하는 것도 도움이 된다. 특히 여러 사람 앞에서 발표를 해야 하는 상황에서는 그림이나 표와 같은 시각적 자료를 슬라이드나 동영상을 사용하여 제시하는 것도 효과적인 설명에 도움이 된다.

🎓 인본주의 심리학: 인간에 대한 긍정적 관점

인본주의 심리학(humanistic psychology)은 정신분석적 입장과 행동주의적 입장을 비판하면서 1950~1960년대에 긍정적 인간관에 근거하여 새롭게 대두되었으며, 제삼의 심리학이라고 불리기도 한다. 인본주의 심리학을 주도한 인물 중에서 가장 중요한 위치를 차지하는 학자는 칼 로저스(Carl Rogers, 1902~1987)다. 그는 임상심리학자로 일하면서 쌓은 심리치료 경험에 근거하여 **인간중심치료**(person-centered therapy)를 발전시켰는데, 현대의 심리치료자들에게 가장 많은 영향을 준 사람으로 평가되고 있다(Norcross & Prochaska, 1982).

칼 로저스

로저스(Rogers, 1961, 1980)에 따르면, 인간은 근본적으로 자기 실현을 추구하는 존재다. 인간은 자신을 좀 더 가치 있는 존재로 성장시키기 위해서 자신의 모든 잠재력을 발현해 좀 더 유능한 인간이 되고자 하는 선천적인 성향을 지니는데, 로저스는 이를 **자기 실현 성향**(self-actualization tendency)이라고 불렀다. 이러한 자기실현 성향이 차단되거나 봉쇄되었을 때 인간은 심리적 부적응 문제를 나타내게 된다. 어린아이는 기질, 욕구, 선호 등과 같은 유기체적 성향을 갖고 태어나는데, 부모는 어린아이의 이러한 유기체적 성향을 충분히 수용하지 못하고 자신들의 가치와 기대에 맞추어 조건적으로 수용하게 된다. 따라서 아이는 부모의 애정을 얻기 위해 자신의 진정한 유기체적 경험을 왜곡하거나 부인하고 부모의 기대에 따라 자기개념을 형성하게 된다. 이런 과정을 통해서 자기개념과 유기체적 경험의 괴리가 점점 확대되면 개인은 점점 더 심한 불안을 경험하게 되고 부적응 상태를 나타내게 된다.

로저스에 따르면, 심리치료는 내담자가 자기개념에 대한 위협이 없는 상황에서 유기체적 경험을 왜곡 없이 지각하여 이를 자기개념에 통합하도록 하는 일이다. 이를 위해 치료자는 이전에 부모가 제공했던 조건적이고 가치평가적인 관계와는 다른 새로운 관계를 제공해야 한다. 이러한 성장촉진적 관계를 위해서 치료자가 지녀야 할 중요한 3가지 자세는 **무조건적인 긍정적 존중**(unconditional positive regard), **공감적 이해**(empathic understanding), **진솔함**(genuineness)이다. 즉, 내담자는 자신의 모든 것을 무조건적으로 수용하고 긍정적으로 존중하는 치료자와의 관계 속에서 자신의 경험에 대한 공감적인 이해를 받고 진솔한 대화를 나눌 수 있을 때, 그동안 왜곡하고 부인해 왔던 자신의 진정한 모습을 자각하고 수용함으로써 자기개념과의 통합을 이루게 된다. 달리 말하면, 유기체적 경험과 자기개념이 통합됨으로써 자신의 잠재능력을 원활하게 발현하는 자기실현적 인간으로 성장하게 되는 것이다. 로저스가 제시한 무조건적인 긍정적 존중, 공감적 이해, 진솔함의 자세는 심리치료자의 자세일 뿐만 아니라 성숙한 인간관계를 위해서 필요한 자세다. 상대방을 있는 그대로 존중적인 태도로 수용하고 공감하며 진솔하게 대하는 자세는 상대방을 깊이 있게 공개하게 하고 체험을 공유할 수 있게 함으로써 편안하고 깊은 인간관계를 형성하게 한다.

5) 강화

인간의 모든 행동이 그러하듯이, 대인관계도 보상적일 때 촉진된다. 따라서 타인에 대한 강화(reinforcement)는 대인관계에서 중요한 역할을 한다. 강화는 타인에 대한 인정, 긍정, 칭찬, 격려, 지지를 전달하는 언어적 표현을 의미한다. 강화를 통해 상대방은 자신이 따뜻하게 이해받고 수용되고 있다는 느낌을 가짐으로써 현재의 대인관계에 관심을 보이고 참여를 높인다. 아울러 강화는 상대방의 자신감과 자존심을 높여 주게 되어 대인관계를 즐겁고 보상적인 것으로 느끼게 한다(Hargie et al., 1981).

6) 자기공개

대인관계의 심화에 중요한 대인기술이 자기공개(self-disclosure)다. 자기공개는 대인관계에서 주변 사람들에게 일반적으로 알려져 있지 않은 자신의 개인적인 정보를 상대방에게 의도적으로 노출시키는 행위다(Fisher, 1984; Worthy, Gary, & Kahn, 1969). 자기공개를 통해 상대방은 경계심과 두려움을 완화하고 신뢰감을 증진한다. 이로써 자기공개는 상대방의 자기공개 또한 촉진하는 효과를 지닌다. 따라서 좀 더 솔직하고 깊이 있는 대화가 가능해지며 서로 사적인 정보를 공유하게 된다. 따라서 상대방에 대한 개방성과 신뢰가 높아지게 되어 대인관계가 심화된다.

7) 자기주장

자기주장(self-assertion)은 여러 심리학자가 오래전부터 주목해 온 중요한 대인기술이다. 이론적 입장에 따라 달리 정의될 수 있지만, 일반적으로 자기주장은 자신의 개인적 권리를 옹호하고 향상시키기 위해서 타인의 권리를 존중하면서 동시에 자신의 사고, 감정, 신념을 직접적이고 솔직하게 표현하는 행동을 의미한다(Lange & Jakubowski, 1976). 이러한 자기주장은 타인의 권리를 손상하고 위협하는 공격적 행동과는 구분된다. 자기주장의 주된 내용을 라자루스(Lazarus, 1971)는 4가지로 구분한 바 있는데, 그 첫째는 들어주기 어려운 타인의 요청을 거절하는 것, 둘째는 타인에게 부탁을 하거나 요청을 하는 것, 셋째는 긍정적 감정과 부정적 감정을 표현하는 것, 마지막으로 대화를 원하는 때에 시작하고 원하는 때에 종결하는 것을 들고 있다.

8) 유머

유머(humor)는 유쾌한 익살, 해학, 농담으로서 인간관계를 맛깔나게 하는 양념과 같은 것이다. 유머는 인간관계의 긴장을 해소하여 상대방을 편안하게 만드는 기능을 한다. 아울러 유머를 통해 함께 웃음으로써 인간관계는 유쾌해진다. 인간관계가 항상 재미있고 유쾌할 수만은 없지만, 지나치게 진지하고 딱딱한 인간관계는 부담스러울 수 있다. 적절하게 재미있는 이야기를 통해 만남을 편안하고 유쾌하게 만드는 것은 중요한 대인기술이다.

그러나 유머를 사용할 때는 여러 가지 주의가 필요하다. 부적절한 상황에서 농담을 하게 되면 오히려 역효과를 가져올 수 있다. 특히 유머나 농담의 주제는 성적인 내용이 많은데, 성적인 내용의 유머는 자칫 이성 상대나 연장자에게는 결례가 될 수 있다. 또한 농담에는 타인에 대한 조롱, 무시, 모욕, 비난, 험담과 같은 공격적 내용을 담고 있는 것이 많다. 이러한 농담은 주의해서 사용해야 한다. 악의 없이 무심코 던진 농담이 때로는 상대방의 감정을 상하게 하여 인간관계를 악화시키는 경우가 종종 있다. 또한 농담을 지나치게 자주 사용하는 것은 인간관계에 부정적인 영향을 미칠 수 있다. 따라서 유머와 농담은 때와 장소 그리고 대상을 고려하여 적절하게 사용하는 것이 중요하다.

유머와 농담 중에는 철학과 지혜가 담겨 있는 건설적인 것도 많다. 평소에 이러한 유머에 관심을 기울이는 것이 필요하다. 때로는 다른 사람에게서 들은 재치 있고 기분 좋은 유머를 기억해 두었다가 적절하게 활용하는 것도 좋은 방법이다. 유머는 같은 내용이라도 어떻게 표현하느냐에 따라서 그 유쾌함의 정도가 달라진다. 따라서 유머를 재미있게 잘 표현하는 사람의 특징을 유심히 관찰해 두는 것도 도움이 된다.

 비폭력대화: 대인관계 갈등을 평화적으로 해결하는 대화 방법

미국의 심리학자인 마샬 로젠버그(Marshall Rosenberg)는 부정적인 감정을 지혜롭게 표현하는 **비폭력대화**(Non-Violent Communication: NVC)를 제시했다. 로젠버그(Rosengerg, 2003)에 따르면, 우리 사회에 갈등이 증가하는 주된 원인 중 하나는 다른 사람에게 마음의 상처를 주는 폭력적인 대화 때문이다. 개인 간이든 집단 간이든 갈등이 생기면 우리는 갈등의 원인을 상대방의 탓으로 돌리며 그의 잘못을 지적하고 비난하면서 상대방이 먼저 변하기를 요구한다. 상대방도 마찬가지로 나를 비난하며 먼저 변하기를 요구한다. 이렇게 서로를 비난하고 공격하는 과정에서 상대방에게 심리적 상처를 입히는 정신적 폭력을 휘두르게 되면서 갈등은 점점 더 깊어진다. 결국 갈등이 대화로 해결되지 않으면 육체적 폭력을 휘두르게 되고 급기야 범죄행위로 발전하게 된다. 과연 이러한 폭력적 대화에서 승자는 누구인가? 불쾌한 감정과 갈등이 증폭될 뿐, 쌍방 모두에게 어떤 이득이 있는가?

폭력적 대화는, ① 상대방의 행동을 평가하여 비판하는 표현, ② 책임을 상대방에게 전가하여 질책하는 표현, ③ 상대방의 행동을 강요하거나 금지하는 표현, ④ 상대방의 인격을 침해하는 표현으로 이루어진다. 이러한 표현은 정신적 폭력으로서 상대방의 마음에 상처를 입힌다. 로젠버그는 상대방이 변하기를 기다리지 말고 자신이 먼저 변하도록 노력해야 한다고 주장한다. 내가 먼저 변하면 상내방이 변하고, 그러면 세상도 바꿀 수 있다. 우리 자신을 바꾸는 노력은 우리가 매일 사용하는 언어와 대화 방식을 바꾸는 데서 시작한다.

로젠버그(Rosengerg, 2003)가 제시하는 비폭력대화는 상대방에게 마음의 상처를 주지 않으면서 나의 감정과 바람을 전달함으로써 내가 원하는 결과를 얻도록 노력하는 지혜로운 대화법을 말한다. 비폭력대화는 네 단계의 표현, 즉 ① 관찰, ② 감정, ③ 욕구, ④ 요청으로 이루어진다.

① 관찰: 상대방의 행동을 있는 그대로 관찰하고 구체적인 언어로 표현한다. 이때 상대방의 행동을 가치판단이나 평가의 언어로 표현하지 않는 것이 중요하다. 예컨대, 상대방이 나를 무시한다는 생각에 화가 나는 경우 "너 말투가 왜 그래. 내가 우습게 보여. 넌 얼마나 잘났는데 날 무시하니?"라고 표현하기보다 "오늘 대화 중에 네가 '너는 잘 모르는 것 같은데', '넌 너무 순진하니까' 이런 표현을 자주 사용하는구나"라고 상대방의 구체적인 행동을 비평가적 언어로 표현하는 것이다.

② 감정: 상대방의 행동으로 인한 나의 부정 감정을 알아차리고 표현한다. 예를 들어, 위의 경우에 "넌 왜 그렇게 기분 나쁘게 말하니? 네 말투가 나를 화나게 하잖아"라고 표현하기보다 "네가 그런 표현을 할 때 내가 무시당하는 것 같아서 기분이 상하고 화가 나기도 해"라고 상대방의 행동으로 인해 경험된 나의 감정을 나-표현법(I-message)으로 전달한다.

③ 욕구: 부정 감정을 일으킨 나의 내면적 욕구와 기대를 찾아낸다. 이러한 욕구를 의식함으로써 나의 부정 감정에 대해서 상대방의 책임을 묻지 말고 스스로 책임지는 것이 중요하다. 앞의 예에서, 내가 기분이 상하고 화가 난 것은 상대방의 그러한 표현으로 인해서 나의 어떤 욕구(예: 상대방으로부터 존중받거나 인정받고 싶은 마음)가 좌절되었기 때문이다. 내가 부정 감정을 느낀 것은 상대방의 행동 때문만이 아니라 상대방에게 존중받고자 하는 나의 욕구 때문이기도 하므로 나에게도 책임이 있는 것이다. 따라서 "너의 말에 마음이 상한 것은 내가 너에게 존중받고 싶은 바람이 있기 때문이거든"라는 식의 표현으로 나의 욕구를 상대방에게 전달하는 것이 중요하다.

④ 요청: 나의 욕구와 바람을 전달하면서 상대방에게 구체적인 행동을 요청한다. 예컨대, "너 앞으로 그런 식으로 말하지 마. 날 화나게 하지 말란 말이야"라는 표현보다는 "네가 앞으로 나를 좀 더 존중해 주는 표현을 해 줬으면 좋겠어. 나도 너와 동등한 인격적 존재로 존중받고 싶거든"과 같은 표현을 통해서 나의 바람을 상대방에게 명료하게 전달하는 것이 바람직하다. 이러

한 표현에 상대방이 나의 요청을 거절하거나 불쾌한 감정을 느끼지는 않을 것이다. 상대방은 나의 바람을 분명하게 인식했기 때문에 자신의 표현을 바꾸려고 나름대로 노력할 것이다.

우리의 일상적 대화패턴을 비폭력 대화로 변화시키는 일은 쉽지 않다. 우리는 부정 감정을 공격적으로 표현하는 대화 방식에 익숙하기 때문이다. 그러나 상대방을 비난하는 공격적 대화 방식이 인간관계에 결코 도움이 되지 않는다는 점을 인식하고 비폭력대화를 통해 부정 감정을 좀 더 지혜로운 방식으로 표현하려는 노력이 필요하다. 비폭력대화의 구체적인 내용은 15장의 '부정 정서 표현하기'에서 좀 더 자세하게 소개되어 있다.

4. 부적응적 대인기술

대인기술은 대인관계에서 원하는 목표를 실현하기 위한 행동적 수단이라고 할 수 있다. 대인기술은 앞에서 살펴보았듯이 매우 복합적이고 미묘한 행동기술로서 그 진실성, 양과 빈도, 다양성, 시기적절성, 맥락 등에 따라 그 효과가 현저하게 달라질 수 있다. 새로운 대인환경에서 타인에게 접근하여 인사를 건네고, 대화를 시작하고, 대화를 재미있고 유익하게 이끌어 나가고, 지속적인 만남을 통해 교우관계를 심화해 나가기 위해서는 여러 가지 대인기술이 필요하다. 이러한 대인기술이 부족한 사람은 친구를 사귀고 싶은 대인동기가 강해도 어떻게 행동해야 하는지를 잘 모른다. 따라서 타인에게 접근하여 대화를 나누는 것에 대해 매우 어색해하고 자신감이 없다. 또 이런 사람들은 타인에게 미숙한 행동을 하여 타인으로부터 거부당하는 결과를 초래하기도 한다. 이렇듯이 대인관계 부적응을 겪는 사람 중에는 대인기술에 문제가 있는 사람이 있다. 대인기술의 문제로 부적응을 겪는 사람은 크게 대인기술 미숙형과 대인기술 억제형으로 나누어 볼 수 있다.

1) 대인기술 미숙형

📖 대인기술 미숙형의 사례

대학교 2학년 학생인 M군은 요즘 친구들로부터 은근히 따돌림을 당하고 있다. 1학년 때 가깝게 지냈던 학과 친구들은 여행을 가면서 자신에게는 알리지도 않았다. 또 고등학교 동창들은 그

룸미팅을 하면서 자신에게는 연락도 하지 않았다. 활달한 성격인 M군은 캠퍼스 내에 알고 지내는 사람은 많은 편이나 M군을 좋아하고 신뢰하는 친구는 거의 없는 상태다. 학교에서 마주치는 대부분의 친구들은 건성으로 M군과 인사를 나눌 뿐 오랜 시간 이야기하려 들지 않는다.

사실 학과동료나 친구 사이에서 M군은 기피 대상이었다. 우선 M군은 주의가 산만해서 상대방의 말을 주의 깊게 듣지 않는다. 흔히 상대방의 이야기를 도중에 자르며 일방적으로 자신의 결론을 제시한 후 다른 주제로 옮겨 가는 경향이 있다. 여러 친구들이 M군과 함께 집단토의를 하면, 토의 주제와 관계없는 부적절한 말을 자주 해대는 M군 때문에 한 가지 주제를 깊이 있게 논의할 수가 없다. 뿐만 아니라 M군은 회식을 할 때면 마치 독상을 받은 듯 다른 사람의 눈치를 보지 않고 마구 먹어댄다. 또한 M군은 주변 사람들에게 강의노트를 빌려 달라거나 리포트를 대신 써 달라거나 노트북을 빌려 달라는 등 요구가 많은 반면, 빌려 가면 잘 잊고 돌려주지 않는 습성이 있다. 친구들 사이에 M군은 '나쁜 애는 아닌데 몹시 피곤한 사람'으로 알려져 있다.

부적응적인 인간관계를 나타내는 사람들 중에는 M군의 경우처럼 대인기술이 현저하게 부족한 사람이 있다. 이러한 사람은 상대방에게 호감을 주고 서로 만족스러운 관계를 발전시키는 대인기술이 부족하기 때문에 친밀한 인간관계를 맺지 못하거나 다른 사람들에게 따돌림을 당하게 된다. 이처럼 대인기술이 현저하게 부족하여 원활한 인간관계를 맺지 못하는 사람을 대인기술 미숙형이라고 지칭할 수 있다.

대인기술 미숙형은 성장 과정에서 적절한 대인기술을 습득하지 못한 사람이다. 이러한 유형의 사람은 대인기술이 부족하여 대상과 상황에 적절하게 행동하지 못하며, 상대방에게 호감을 주지 못하고 오히려 불쾌감을 주는 경우가 많다. 따라서 다른 사람과 친밀한 관계를 맺고 싶은 대인동기는 강해도 대인기술의 미숙으로 원하는 대인관계를 맺지 못한다.

대인기술 미숙형은 타인이 호감을 느끼도록 자신을 나타내지 못할 뿐만 아니라 타인의 행동에 적절하게 반응하지 못한다. 예를 들어, 사람을 만나면 무슨 말을 해야 할지 적절한 화제를 찾지 못하고 자신의 의사를 명료하고 정확하게 표현하지 못하는 사람이 있다. 만나는 상대나 상황에 적절하지 못한 옷차림새로 인해 상대방에게 거부감이나 불쾌감을 주는 사람도 있다. 상대방의 이야기를 진지하게 경청하지 않고 화제를 자기 멋대로 돌리거나 부적절한 화제를 내놓는 사람도 있다. 상대방의 말을 비꼬거나 비판적으로 물고 늘어져 기분을 나쁘게 하는 사람도 있다. 거칠고 공격적인 언행이 습관화되어 불필요하게 주변 사람들과 다투거나 싸우게 되는 사람도 있다. 이렇듯이 대인기술이 미숙한 사람은 다른 사람에게 호감을 주지 못하므로 관심을 받지 못하거나 거부당하게 된다.

2) 대인기술 억제형

📖 대인기술 억제형의 사례

취업준비생인 K양은 요즘 실의에 빠져 사람들과의 만남을 피하고 있다. 대학교를 졸업한 이후 지난 1년 반 동안 수십여 곳의 기업체에 입사 지원을 했으나 매번 취업에 실패했기 때문이다. 대학시절에 열심히 공부하여 학업성적이 매우 좋은 K양은 서류심사나 필기시험에서는 우수한 성적으로 통과되었지만 매번 면접에서 떨어졌다.

K양은 면접을 할 때마다 너무 긴장하여 면접위원의 질문에 적절하게 답변하지 못했다. 면접준비를 많이 했음에도 불구하고 막상 면접실에 들어서면 심한 불안으로 인해서 면접위원의 질문을 잘 이해하지 못하거나 횡설수설 답변하곤 했다. 면접에서 반복적인 실패를 경험한 K양은 면접에 대한 공포증을 지니게 되었다.

K양은 평소에 가족이나 친구들과 원만한 관계를 맺고 있는 평범한 사람이다. 그러나 미팅처럼 낯선 사람을 만나거나 면접처럼 권위적인 인물에게 자신이 평가받는 상황에서는 심한 불안을 느끼기 때문에 그동안 이러한 상황을 회피하며 지내 왔다. 하지만 취업을 위한 면접 상황에서 커다란 어려움을 겪고 있다.

탁월한 운동기술을 지니고 있으면서도 중요한 시합마다 과도한 불안으로 실수하여 메달을 따지 못하는 운동선수들이 있다. 인간관계에서도 K양의 경우처럼 적절한 대인기술을 갖추고 있지만 과도한 불안으로 인해 자신의 대인기술을 발휘하지 못한 채 대인관계의 부적응을 나타내는 사람들이 있다. 모든 기술이 그러하듯이 과도한 불안을 느껴 긴장하면 대인기술도 억제되어 적절한 행동으로 표현되지 못한다. 이처럼 적절한 대인기술을 갖추고 있지만 특정한 상황에서 이러한 기술이 억제되어 적절한 대인행동을 나타내지 못하는 사람이 대인기술 억제형에 속한다.

대인기술 억제형에 속하는 사람은 가족이나 친한 친구와 같이 익숙하고 편안한 대상에게는 자기표현도 잘하고 상대방에 대해서 적절한 대인행동을 나타낸다. 그러나 익숙하지 않고 위협적인 상황, 예를 들면 낯선 사람을 만나 부탁을 해야 하는 상황, 낯선 이성을 만나는 미팅 상황, 자신이 평가되는 면접 상황, 여러 사람 앞에서 발표를 해야 하는 상황 등에서는 긴장되고 불안하여 적절한 행동을 하지 못한다. 말을 더듬고 할 말을 찾지 못하거나 당황하여 횡설수설하는 등 자기표현을 제대로 하지 못할 뿐만 아니라 손발이 떨리고 땀이 나고 몸이 굳는 등 심한 긴장과 불안을 경험한다. 따라서 이러한 상황을 두려워하여 회피한다.

대부분의 경우, 대인기술 억제형은 사회불안(social anxiety)이 높은 사람이다. 사회불안이 높은 사람은 다른 사람들에게 좋은 인상을 주려는 욕구가 지나치게 높은 반면에 자신의 능력에 대한 자신감이 부족할 뿐만 아니라 다른 사람의 거부나 비판에 대한 강한 두려움을 지닌다. 따라서 이들은 자신의 행동이 관찰되거나 평가받는 상황을 지속적으로 회피한다. 특수한 대상(예: 낯선 사람, 이성, 권위적 인물)에게 평가받는 특수한 상황(예: 면접, 맞선, 발표)을 회피하는 경우가 일반적이지만, 다양한 인간관계 상황을 회피하며 고립된 삶을 살아가는 사람들도 있다.

 자기평가: 나의 대인기술은 어떤 수준일까?

아래의 문장이 평소의 대인관계에서 나타내는 당신의 모습에 얼마나 잘 부합되는지를 판단하여 적절한 숫자에 ○표 하시오.

전혀 아니다	약간 그렇다	상당히 그렇다	매우 그렇다
0	1	2	3

	전혀 아니다	약간 그렇다	상당히 그렇다	매우 그렇다
1. 나는 눈치가 빨라서 다른 사람의 감정을 잘 인식한다.	0	1	2	3
2. 나는 다른 사람의 이야기를 참을성 있게 잘 경청한다.	0	1	2	3
3. 나는 처음 만난 사람과도 큰 불편 없이 대화를 나눌 수 있다.	0	1	2	3
4. 내가 원하는 바를 다른 사람에게 잘 주장하는 편이다.	0	1	2	3
5. 나는 유머나 재미있는 이야기로 다른 사람을 웃게 만들 수 있다.	0	1	2	3
6. 도움이 필요할 경우, 다른 사람에게 부탁하는 일이 어렵지 않다.	0	1	2	3
7. 나는 어떤 사람을 만나든 적절한 화제를 잘 찾아낸다.	0	1	2	3
8. 다른 사람에 대한 분노를 적절히 조절하여 표현할 수 있다.	0	1	2	3
9. 나는 다른 사람을 적절한 말로 칭찬하거나 위로할 수 있다.	0	1	2	3
10. 나는 많은 사람들 앞에서 큰 불안 없이 말하거나 발표할 수 있다.	0	1	2	3

▪ **채점 및 해석**
각 문항에 ○표 한 숫자들을 합산하여 총점을 구한다. 총점의 의미는 다음과 같다.

➜ 0~5점: 당신은 대인기술이 매우 부족한 상태이므로 대인기술의 향상을 위해서 적극적인 노력이 필요하다.

→ 6~15점: 당신은 대인기술이 부족한 편이므로 대인기술을 개선하기 위한 노력이 필요하다.

→ 16~22점: 당신은 대인기술을 대체로 잘 갖추고 있으나 더 나은 대인기술을 위해서 노력할 필
요가 있다.

→ 23~30점: 당신은 대인기술이 우수한 편이므로 이러한 사회적 능력을 자신의 강점으로 발전
시킬 필요가 있다.

5. 대인기술을 향상시키는 방법

대인관계를 개선하는 가장 효과적인 방법은 대인기술을 향상시키는 것이다. 대인기술은 성
장 과정에서 자연스럽게 학습되기도 하지만 의식적인 노력을 통해 개선되고 향상될 수 있다.
누구나 처음부터 훌륭한 연극배우가 될 수 없듯이, 대인기술은 선천적으로 주어지는 것이 아
니다. 끊임없는 노력을 통해서 훌륭한 배우가 되듯이, 대인기술도 노력과 훈련을 통해서 향상
될 수 있다. 그림 그리는 다양한 기술을 익히고 연습한 후에 자신이 원하는 창조적 그림을 그
릴 수 있는 화가처럼, 인간관계도 다양한 대인기술을 배워 익혀야 자신이 원하는 인간관계를
현실에서 창출할 수 있는 것이다.

원만하고 효율적인 인간관계를 맺는 사람 중에는 남모르는 혼자만의 노력과 훈련을 하는
사람이 많다. 자신의 모습과 행동을 거울에 비추어 보고 타인에게 거부감을 주거나 어색하게
느껴지는 부분을 수정하기도 한다. 자신의 말을 녹음하여 들어보고 자신의 목소리, 말투, 사
용 단어, 어법 등에 대해서 스스로 분석하고 새로운 변화를 시도하여 평가해 보기도 한다. 자
신이 의식하지 못하는 자신의 대인행동에 대한 피드백을 얻기 위해 가까운 사람의 의견을 경
청하기도 한다. 또는 실제 상황이나 TV 드라마를 통해 다른 사람의 행동을 유심히 관찰하여
바람직한 점들은 받아들여서 자신의 것으로 만들기도 한다.

이 책의 마지막 장인 15장에서 대인관계를 개선하는 다양한 방법을 소개한다. 그 주된 방법
은 다양한 대인기술을 향상시키는 것이다. 특히 사회적으로 고립되어 있거나 분노조절의 어
려움으로 심각한 갈등을 경험하는 사람들의 대인관계를 개선하는 가장 효과적인 방법은 대인
기술훈련과 인지적 재구성법으로 알려져 있다(서수균, 권석만, 2005; Masi, Chen, Hawkley, &
Cacioppo, 2011).

1) 대인기술훈련

대인기술훈련(interpersonal skill training)은 친밀한 인간관계를 형성하고 다양한 대인관계 상황에 적절히 대처할 수 있는 대인기술을 체계적으로 습득시키는 방법으로서 **사회기술훈련**(social skills training)이라고 부르기도 한다. 대인기술훈련의 목적은 개인이 원하는 목표를 효과적으로 성취할 수 있도록 새로운 행동을 학습시키는 것이다. 대인기술훈련에서는 대인관계 상황에서 자신의 생각, 감정, 바람을 적절하게 표현하거나 주장하는 기술뿐만 아니라 상대방에게 수용될 수 있는 언어적·행동적 기술을 교육하고 훈련시키는 데 초점을 둔다(Masters, Burish, Hollon, & Rimm, 1987).

대인기술은 교육과 훈련을 통해서 향상될 수 있다.

대부분의 대인기술훈련에서 공통적으로 중요시하는 것은 의사소통 기술(communication skills)을 향상시키는 것이다. 의사소통 기술은 다양한 상황(예: 면접, 비공식적 모임, 데이트)에 적절하게 대처하기 위한 언어적 기술(예: 적절한 화제 찾기, 대화 시작하기, 대화 이어나가기 및 마무리하기, 감정 적절하게 표현하기, 공감적 반응하기, 칭찬 또는 지지하기 등)과 더불어 비언어적 기술(예: 상대방과 적절한 눈 맞춤 하기, 미소 짓기, 공감하는 표정 짓기, 경청하는 행동 나타내기 등)을 포함한다. 이밖에 대인기술훈련에서는 다른 사람의 반응을 포착하여 인식하는 능력을 향상시키는 데에도 초점을 맞춘다. 대인기술이 부족한 사람들은 눈치가 부족하여 상대방의 기분이나 의도를 잘 파악하지 못하기 때문이다. 따라서 상대방의 언어적·비언어적 단서를 민감하게 포착하여 그 의미를 파악하고 적절한 반응을 나타내는 능력을 함양한다.

대인기술훈련은 대인관계에 필요한 여러 가지 기술을 설명하고 가르칠 뿐만 아니라 다양한 방법(관찰하기, 모방하기, 역할연습하기, 피드백하기, 긍정적 강화 주기, 숙제를 통해 실제 상황에서 적용하기 등)을 통해서 이루어진다. 대인기술훈련은 인간관계의 개선을 원하는 대부분의 사람에게 도움을 줄 수 있지만, 특히 대인기술 미숙형에게 큰 도움이 될 수 있는 필수적인 훈련이다.

 행동주의 심리학: 학습의 원리를 밝히려는 노력

　심리학의 행동주의적 입장은 20세기 초에 미국에서 시작되어 현재까지 강력한 영향력을 미치고 있다. 행동주의적 입장에 따르면, 인간의 내면 과정은 객관적으로 관찰할 수 없으므로 과학의 대상이 될 수 없으며, 외현적으로 드러나는 행동만을 연구대상으로 해야 한다. 행동은 환경적

이반 파블로프　　　　　버러스 프레더릭 스키너

자극에 대한 개체의 반응으로 볼 수 있고, 환경과의 상호작용 속에서 학습된 것으로 본다. 따라서 행동주의 심리학은 인간의 행동이 학습되는 원리와 과정에 주된 관심을 갖는다. 대표적인 학자로는 파블로프(Ivan Pavlov), 스키너(B. F. Skinner), 밴듀라(Albert Bandura) 등이 있다.

　어떤 행동이 학습되는 원리는 크게 고전적 조건형성, 조작적 조건형성, 사회적 학습으로 나눌 수 있다. **고전적 조건형성**(classical conditioning)은 먹이(무조건 자극)를 보면 침(무조건 반응)을 흘리는 개에게 먹이와 종소리(조건 자극)를 짝지어 제시하면 나중에는 종소리만 제시해도 침(조건 반응)을 흘리는 새로운 행동이 학습되는 원리다. 어떤 대상에 대한 두려움이든 모두 이러한 조건형성에 의해서 학습될 수 있다. 예컨대, 토끼인형에 대해 무서움을 느끼지 않던 아이에게 토끼인형과 함께 커다란 굉음을 짝지어 여러 번 제시하면, 토끼인형에 대한 공포반응과 회피행동이 학습될 수 있다.

　조작적 조건형성(operant conditioning)은 어떤 행동의 결과가 보상적이면 그 행동이 증가하는 반면, 그 결과가 처벌적이면 행동의 빈도가 감소하는 학습의 원리를 의미한다. 우리는 어떤 새로운 행동을 했을 때 상대방으로부터 칭찬을 받게 되면 그 행동을 더 자주 하게 된다. 또한 그러한 행동에 대해 꾸중을 받게 되면 더 이상 그 행동을 하지 않게 된다. 인간의 대인기술이나 대인행동은 이처럼 성장 과정에서 부모, 교사, 친구들로부터 강화를 받은 행동들이 습득된 것이라고 볼 수 있다.

　특히 대인기술과 관련해서 중요한 학습의 원리는 **사회적 학습**(social learning)이다. 사회적 학

습은 다른 사람의 행동을 관찰하고 모방함으로써 새로운 행동을 학습하는 원리를 의미한다. 예컨대, 남자아이들은 아빠가 하는 행동을 흉내 내어 따라함으로써 남성적 행동을 습득하게 된다. 또한 다른 사람이 어떤 행동을 했을 때 긍정적 결과가 나타나는 것을 관찰하게 되면 더욱 그러한 행동을 모방하게 된다. 밴듀라는 이러한 사회적 학습이 인간의 복잡한 행동을 설명하는 데에 더 적절한 방식이라고 주장한다. 우리가 지니고 있는 대부분의 대인기술은 성장 과정에서 부모, 형제자매, 교사, 친구들의 행동을 관찰하고 모방하여 습득한 것이다. 대인기술이 부족한 사람들 중에는 성장 과정에서 훌륭한 대인기술을 습득할 모방대상이나 관찰경험이 부족했던 경우가 많다. 이러한 학습의 원리는 새로운 대인기술을 습득하고자 할 경우에 어떤 노력이 필요한지를 보여 준다. 주변 사람들과 원만한 대인관계를 맺고 있는 사람의 대인행동을 잘 관찰하고 모방하여 적절한 상황에서 실제로 행동해 보는 노력이 필요하다.

2) 인지적 재구성법: 부적응적 인지의 변화

인지적 재구성법(cognitive restructuring)은 대인관계에서 부적절한 감정과 행동을 유발하는 비합리적 신념과 인지적 왜곡을 교정하는 것을 뜻한다. 대인관계에서 과도한 불안이나 분노를 경험하는 사람들은 역기능적인 대인신념과 대인사고를 지니는 경향이 있다. 이러한 사람들은 5장에서 소개한 바와 같이 인간관계에 대한 비현실적인 기대나 믿음을 지닐 뿐만 아니라 다른 사람의 행동을 부정적인 방향으로 과장하거나 왜곡하는 경향을 지닌다.

인지적 재구성법은 개인이 부적절하게 경험하는 불안이나 분노에 관여하는 비합리적인 신념과 인지적 왜곡을 구체적으로 찾아내고 이러한 신념과 사고의 타당성을 검토하게 한다. 효과적인 논의와 토론을 통해 좀 더 합리적인 신념과 현실적인 사고로 전환하도록 돕는다. 이러한 인지적 재구성법을 통해서 개인은 현실적인 신념과 기대를 지니고 일상생활에 임할 뿐만 아니라 사건의 의미를 과장하거나 왜곡하지 않게 되기 때문에 불필요한 불안이나 분노를 경험하지 않는다.

대인관계 상황에서 과도한 불안을 경험하는 대인기술 억제형의 경우에는 인지적 재구성법을 통해서 도움을 받을 수 있다. 사회불안을 유발하는 역기능적인 대인신념과 대인사고를 인식하여 변화시킴으로써 불안을 완화하게 되면 대인기술을 적절하게 발휘할 수 있기 때문이다. 인지적 재구성법의 구체적인 내용은 15장(517~526쪽)에서 자세하게 소개한다.

요약

1. 대인기술은 인간관계를 성공적으로 이끌어 갈 수 있는 사교적 능력으로서 자신이 추구하는 대인관계 목표를 달성하기 위해 구사할 수 있는 언어적 또는 비언어적 능력을 의미하며, 사회적 기술이라고 지칭되기도 한다. 대인기술은 후천적인 학습을 통해 획득되는 것으로서 대인기술의 적절성은 행위자, 상대방 그리고 상황의 특성에 의해 결정된다.

2. 비언어적 대인기술은 개인의 의사와 감정을 표현하는 비언어적인 행동을 의미한다. 인간관계에서 활용할 수 있는 주요한 비언어적 기술로는 몸의 움직임(얼굴 표정, 눈 맞춤, 몸의 동작과 자세), 신체적 접촉(악수, 어루만짐, 팔짱 낌, 포옹, 키스), 외모의 치장(머리모양, 옷차림새, 화장, 향수), 공간행동(장소 선택, 좌석 배치), 부언어(말의 강약, 완급, 음색) 등이 있다.

3. 언어는 개인의 내면 상태와 의도를 전달하는 가장 효과적이고 강력한 의사소통 수단이다. 언어적 대인기술은 언어를 통해서 자신의 의사와 감정을 표현하고 전달하는 능력을 의미하며 매우 다양하다. 대표적인 언어적 대인기술로는 경청, 질문, 반영과 공감, 설명, 강화, 자기공개, 자기주장, 농담이 있다.

4. 대인기술의 문제로 인간관계의 부적응을 겪는 사람은 크게 대인기술 미숙형과 대인기술 억제형으로 구분할 수 있다. 대인기술 미숙형은 적절한 대인기술을 습득하지 못한 사람으로서 상대방과 상황에 적절하게 행동하지 못하여 긍정적인 관계를 맺는 데 어려움을 겪는다. 대인기술 억제형은 적절한 대인기술을 갖추고 있으나 높은 사회적 불안으로 인해 자신의 대인기술을 구사하지 못함으로써 원활한 대인관계를 맺지 못하는 사람이다. 대인기술은 성장 과정에서 자연스럽게 학습되는 것이지만 의식적인 노력을 통해 개선되고 향상될 수 있다.

5. 대인관계를 개선하는 가장 효과적인 방법은 대인기술을 향상시키는 것이다. 특히 사회적 고립이나 분노조절 장애로 인간관계의 부적응을 경험하는 사람들에게는 대인기술훈련과 인지적 재구성법이 효과적인 것으로 알려져 있다. 대인기술훈련은 친밀한 인간관계를 형성하고 다양한 대인관계 상황에 적절히 대처할 수 있는 대인기술을 체계적으로 습득시키는 방법인 반면에, 인지적 재구성법은 부적응적 인간관계를 유발하는 비합리적 신념과 인지적 왜곡을 교정하는 방법이다.

1. 대인지각과 인상형성

우리는 누군가를 만날 때마다 그 사람의 내면적 속성을 판단한다. 그리고 이러한 판단에 근거하여 그 사람의 행동을 예측하고 자신의 행동을 결정한다. 이와 같이 다른 사람의 속성에 대한 지각은 대인행동을 결정하는 매우 중요한 심리적 요인으로서 사회심리학에서는 대인지각(person perception)이라고 지칭한다.

대인지각은 물체에 대한 인식활동인 대물지각(object perception)과 대별되는 용어로서 사람에 대한 인식활동을 뜻한다. 대인지각과 대물지각은 여러 가지 측면에서 커다란 차이점을 지닌다. 가장 중요한 차이는 대인지각에서는 그 지각 내용이 정확한 것인지를 판단할 분명한 기준이 없다는 것이다. 대물지각에서는 물체의 크기나 무게를 측정하는 객관적 기준이 있어서 판단의 정확성을 확인할 수 있다. 그러나 사람에 대한 지각에서는 그런 기준이 없거나 애매모호한 경우가 대부분이다. 인간의 성격, 능력, 의도, 감정과 같은 심리적 속성은 다른 사람에 의해 객관적으로 평가되기 어렵기 때문이다. 또 다른 차이점은 대인지각의 대상인 사람이 능동적으로 반응하는 존재라는 점이다. 사람은 자신을 잘 보이게 하기 위해 지각이나 판단의 근거가 되는 단서를 조작해서 지각자의 판단을 오도할 수 있다. 이런 점에서 대인지각은 대물지각에 비해 훨씬 더 복잡한 과정을 거친다. 따라서 사람을 정확하게 지각하고 판단하는 일은 매우 어렵다. 인간관계가 복잡하고 오묘한 이유도 여기에 있다.

인간관계에서 가장 먼저 일어나는 일은 상대방에 대한 첫인상을 형성하는 일이다. 우리는 어떤 사람을 처음 만나는 즉시, 또는 몇 마디의 말을 나누고 나면 곧 그 사람에 대한 인상을 갖는다. 이러한 인상형성은 자기도 모르는 사이에 그리고 순식간에 일어난다. 이렇게 형성된 인상은 정확한 것일 수도 있고 그렇지 않을 수도 있다. 그러나 첫인상은 이후의 대인행동을 결정하는 중요한 요인이 된다. 첫인상은 상대방과의 지속적인 상호작용을 통해 재확인되기도 하고 수정되기도 한다. **인상형성**(impression formation)은 대인행동을 결정하는 주요한 심리적 요인으로서 사회심리학자에 의해서 많은 연구가 이루어졌다. 이러한 연구에 근거하여 인상형성에 대해서 좀 더 자세히 살펴보기로 한다.

1) 인상형성의 단서

인상형성은 매우 신속하게 일어난다. 어떤 사람을 처음 만나는 즉시 또는 몇 마디 말을 나누고 나면 곧 그에 대한 인상을 형성하게 되는데, 도대체 무엇에 근거하여 이토록 신속하게 인상형성이 이루어지는 것인가? 상대방을 이해하기 위한 충분한 대화나 접촉도 없이 무엇에 근거하여 인상을 형성하는 것인가? 인상형성에 사용되는 지각단서는 무엇인가? 이러한 물음을 제기하지 않을 수 없다. 일반적으로 우리는 사람의 외관적 특성에 근거하여 인상형성을 하는 경향이 있다. 특히 얼굴 생김새, 옷차림새, 비언어적인 행동단서 등이 인상형성에 중요한 역할을 한다.

(1) 얼굴 생김새

낯선 사람을 만나면 우리는 제일 먼저 그 사람의 얼굴을 보게 된다. 얼굴의 여러 가지 특징을 통해 그 사람에 대한 인상을 형성한다. 특히 얼굴 생김새와 얼굴 표정은 그 사람에 대한 인상을 형성하는 매우 중요한 단서가 된다. 얼굴생김새는 우리가 생각하는 것보다 인상형성에 훨씬 더 중요한 역할을 하는 것으로 알려져 있다. 이미 4~5세경의 아이는 잘생기고 못생긴 것에 대해서 판단하게 되며 그들의 판단은 매우 높은 일치율을 보인다. 아울러 얼굴 생김새에 근거하여 개인의 지능이나 성격과 같은 내면적 특성에 대한 인상을 형성한다. 한

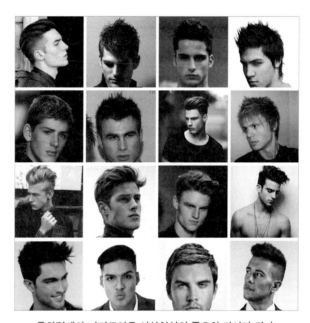

옷차림새와 머리모양은 인상형성의 중요한 단서가 된다.

연구에서 교사에게 같은 성적을 받았지만 얼굴생김새가 다른 두 학생에 대한 평가를 하게 한 결과, 잘생긴 학생이 그렇지 않은 학생보다 더 똑똑하고 인기가 있으며 상급학교로의 진학 확률도 높을 것이라고 평가하였다(차재호, 1995). 얼굴 생김새와 아울러 얼굴 표정 역시 개인의 성격을 판단하는 중요한 단서로 사용된다. 같은 얼굴이라도 웃는 얼굴 표정과 찡그린 얼굴 표정은 매우 다른 인상을 주게 된다. 이렇듯 얼굴은 매우 많은 정보를 제공하고 있으며 우리는 얼굴 속에서 인상형성을 위한 지각단서를 얻는다.

(2) 옷차림새

'옷이 날개'라는 말이 있듯이, 옷차림새는 인상형성에 중요한 영향을 미친다. 옷은 사람의 몸에서 가장 넓은 면적을 차지하고 있으며, 따라서 옷차림새는 개인에 대한 많은 정보를 제공

한다. 옷차림새는 개인의 사회경제적 지위, 교육 수준, 직업뿐만 아니라 성격, 가치관, 흥미 등과 같은 심리적 특성에 대한 인상형성에 영향을 미친다.

예를 들어, 양복 차림에 넥타이를 단정하게 차려입은 20대 청년과 헐렁한 셔츠에 무릎 부분이 찢어진 청바지 차림의 20대 청년을 상상해 보자. 우리는 두 청년에 대해 다른 인상을 갖는다. 양복 차림의 청년에 대해서는 예의 바르고 책임감이 강하며 다소 고지식할 것 같은 인상을 받는 반면, 청바지 차림의 청년에 대해서는 자유분방하고 솔직하며 다소 저항적일 것 같은 인상을 받을 수 있다. 이렇듯 인상형성은 옷차림새에 의해 크게 영향을 받는다. 그러나 옷차림새는 여러 가지 요인에 의해 인상형성에 매우 미묘하게 영향을 줄 수도 있다. 예를 들어, 같은 양복 차림이라도 검정색 양복을 입은 경우와 분홍색 양복을 입은 경우에 우리에게 주는 인상은 다를 것이다. 이처럼 옷의 스타일이나 색깔, 유행의 정도, 깨끗하고 단정한 정도, 품질이나 추정 가격 등은 인상형성에 중요한 영향을 주게 된다. 또한 양복 차림과 청바지 차림을 한 청년의 경우, 취업을 위한 면접 상황인지 아니면 이성과의 부담 없는 데이트 상황인지에 따라 옷차림새가 주는 인상이 다를 것이다. 이처럼 옷차림새는 상황의 특성이나 적절성에 따라 인상형성에 다른 영향을 주게 된다.

우리가 옷차림새에 근거하여 다른 사람의 사회적 지위와 성격적 특성을 판단하는 것은 옷을 선택하는 과정에 이러한 여러 가지 특성이 영향을 미칠 것이라는 생각에 근거한다. 만약 다른 충분한 단서가 없을 경우 우리는 가장 눈에 잘 띄는 옷과 같은 단서에 근거하여 인상을 형성한다. 그러나 옷은 쉽게 바꾸어 입을 수 있고 옷차림새는 일시적인 기분이나 상황적 요인에 의해 영향을 받을 수 있다. 따라서 옷차림새는 어떤 사람의 매우 내면적인 심리적 특징을 판단하는 좋은 단서가 될 수 없다.

(3) 행동단서

우리는 어떤 사람이 행동하는 것을 보고 그 사람에 대한 인상을 형성한다. 인상형성에 영향을 미치는 행동단서에는 몸의 움직임과 제스처, 몸의 자세, 타인과의 거리 등과 같이 다양한 비언어적 단서가 포함된다. 이러한 행동단서들은 사람의 성격, 능력, 가치관, 사고방식 등을 추론하는 단서가 된다. 예를 들어, 몸의 움직임이 매우 빠르고 민첩한 사람과 천천히 움직이는 사람에 대해서 우리는 다른 인상을 갖게 된다. 몸이 빠른 사람에 대해서는 성격이 급하고 감정표현을 잘하며 일처리도 능숙한 사람이라는 인상을 받는 반면, 행동이 느린 사람에게서는 성격이 느긋하고 감정표현을 잘 하지 않는 신중한 사람이라는 인상을 받을 수 있다.

그러나 이러한 행동단서들은 사람의 고정된 성격적 특징보다는 기분, 의도, 태도와 같은 일시적인 특성을 알아내는 데 이용된다. 6장의 대인기술에 대한 내용에서 상세히 살펴보았듯이, 비언어적 행동은 대인관계에서 우리의 감정과 의사를 표현하는 주요한 수단이 된다. 따라서 이러한 비언어적 행동단서가 상대방의 심리적 상태를 파악하는 근거가 되는 것은 당연한 일이다. 물론 행동단서를 의도적으로 조작하여 나타낼 수도 있기 때문에 인상형성의 단서로는 한계가 있다. 하지만 비언어적 행동은 말의 내용에 비해서 의도적인 조절이 어렵기 때문에 인상형성을 위한 중요한 단서가 된다.

우리는 처음 만나는 사람의 외관적 단서에 근거하여 첫인상을 형성하는데, 이러한 첫인상은 여러 차원으로 구성된다. 첫인상을 형성하는 이러한 차원들은 개인차가 있기는 하지만 대체로 많은 공통점을 나타낸다. 오스굿 등(Osgood et al., 1957)은 의미미분법을 사용하여 인상형성에 있어서의 범문화적인 차원들을 찾아내려고 노력한 결과, 3가지 기본적인 차원을 발견하였다. 첫째 차원은 '좋다-나쁘다(good-bad)'로 대표되는 평가의 차원이다. 이 차원은 만난 사람이 좋은 사람인지 나쁜 사람인지를 평가하는 것이며, 나아가서 앞으로 좋아하여 접근할 것인지 아니면 싫어하여 회피할 것인지를 판단하는 차원을 의미한다. 둘째는 '강하다-약하다 (strong-weak)'로 대표되는 능력의 차원이며, 셋째는 '적극적이다-소극적이다(active-passive)'로 대표되는 활동성의 차원이다. 이 3가지 차원 중에서 특히 평가 차원의 영향은 압도적이다. 사람들은 주로 평가 차원에 따라 타인의 인상을 분류하는 경향이 강하다. 우리는 누군가를 처음 만나면 무엇보다도 먼저 좋은 사람인지 나쁜 사람인지를 가려내는 경향이 있다. 이러한 평가 차원은 대인지각의 가장 기본적인 차원이다.

2) 인상형성의 과정

외관적 단서에 근거하여 사람의 사회적 신분, 직업, 풍모 등을 유추할 수 있지만, 우리는 거기에서 멈추지 않고 더 나아가 그 사람의 성격, 능력, 감정, 가치관, 취미 등을 짐작한다. 이러한 심리적 특성은 외관적 단서로부터 직접 파악되는 것이라기보다는 그러한 단서로부터 추론하여 판단되는 것이다. 이렇듯 인상형성에는 단순한 지각뿐만 아니라 복잡한 추리의 과정이 개입된다. 그렇다면 과연 우리는 외관적 단서로부터 어떠한 심리적 과정을 거쳐 다른 사람의 성격적 특성에 대한 인상을 갖게 되는 것일까?

예를 들어, '이마가 좁다'는 외모의 특성은 '속이 좁다', '인색하다', '고지식하다' 등과 같이 성격에 대한 인상으로 번진다. 이렇게 외관적 인상에서 다른 성격적 인상으로 파생되어 나가는 것은 특정한 외관적 특성이 특정한 성격적 특성과 연합되어 있다는 통념이 있기 때문이다. 흔히 곱슬머리인 사람은 고집이 세고 꼼꼼하다고 여겨지고, 키가 큰 사람은 관대하지만 책임감이 부족하다고 생각된다. 우리는 여러 사람에 대한 직접적 또는 간접적 경험에 근거하여 외모와 심리적 특성 간의 관계에 대해서 나름대로 소박한 이론체계를 지니고 있다. 이렇게 우리는 자신도 모르는 사이에 인간의 성격특성에 대한 이론체계를 구성하여 인상형성에 사용하고 있는데, 이러한 이론체계를 **암묵적 성격이론**(implicit personality theory)이라고 한다. 암묵적 성격이론은 외관적 단서에 근거하여 성격 특성을 추론하는 인지 판단의 기초가 된다.

그러나 동일한 외모 특성을 지닌 사람들은 각기 매우 다른 성격적 특성을 나타낸다. 이러한 개인차를 무시하고 암묵적 성격이론이 융통성 없이 적용될 때 **고정관념**(stereotype)이 생긴다. 예를 들어, '곱슬머리인 사람은 고집이 세다'라는 고정관념을 지닌 사람은 어떤 사람이 곱슬 머리라는 사실 하나만으로 그 사람을 고집이 센 사람으로 생각하게 된다. 외모의 특성뿐만 아니라 혈액형, 체형, 출생연도, 출신 지역 등에 근거하여 성격적 특성을 판단하게 하는 고정관념도 있다.

고정관념은 매우 다양한 사람들을 몇 가지 유형으로 단순화하여 지각하게 함으로써 지각자의 수고를 덜어 준다. 그러나 이러한 고정관념은 다음과 같은 이유 때문에 주의가 필요하다. 첫째, 고정관념은 집단의 특성을 사실적으로 반영하기보다 그 집단에 대한 편향적 태도에 의해서 왜곡된 경우가 많다. 둘째, 개인을 소속집단에 대한 고정관념으로 파악하는 것은 그 개인이 지닌 독특한 개성을 무시하는 결과를 가져온다. 셋째, 특정 집단에 대한 부정적 고정관념은 그 집단의 구성원에 대한 차별을 초래할 수 있다. 고정관념의 부정적 영향은 소수집단의 문제와 관련될 때 더욱 심각해진다.

3) 인상형성의 경향성

우리는 대체로 한 사람에 대해서 여러 가지 정보를 접한다. 얼굴 생김새, 옷차림새, 행동단서로부터 여러 가지 정보가 동시에 주어진다. 또 어떤 사람에 대한 사전 지식이나 인물평과 같은 정보도 주어진다. 예를 들어, 특정한 사람에 대한 인물평을 하라고 했을 때 어떤 이는 긍정적인 평을 하고 어떤 이는 부정적인 평을 한다. 또는 한 사람에 대한 긍정적인 정보와 부정적인 정보가 함께 전달되기도 한다. 이렇게 이질적이고 혼합적인 정보를 접하게 되었을 때 우리는 이런 정보를 어떻게 통합하여 일관성 있는 인상을 형성하는가? 또한 여러 정보들이 동시에 전달되기도 하고 시차를 두고 전달되기도 하는데, 이러한 정보 전달의 방식이나 순서는 인상형성에 어떤 영향을 미치는가?

(1) 핵심특성의 중시

우리는 한 사람의 특성에 대한 여러 가지 정보를 접했을 때 모든 정보를 똑같이 중요시하지는 않는다. 그러한 정보 중에는 전체 인상을 좌우하는 중요한 정보가 있다. 이렇게 전체 인상을 형성하는 데 큰 비중을 차지하는 특성을 **핵심특성**(central trait)이라고 부른다. 예를 들어, '인사성이 바르다', '따뜻하다', '책임감이 있다'라는 평을 받은 사람의 전체 인상을 형성하는 데 어떤 특성이 더 중요하게 작용하는가? 이 경우 '따뜻하다'는 특성이 중요한 역할을 할 수 있다. 만약 '따뜻하다' 대신 '차갑다'라는 특성으로 대체하게 되면 전체 인상이 크게 변화하게 될 것이다. 이와 같이 '따뜻하다'거나 '차갑다'와 같은 특성은 전체 인상을 형성하는 데 중요한 영향을 미치는 핵심특징으로 알려져 있다.

특히 인상형성에서 '좋다-나쁘다'의 평가 차원이 중요한 역할을 하듯이, '좋은 사람' 또는 '나쁜 사람'이라는 평가정보가 중요한 핵심특성을 이루는 경우가 많다. 어떤 사람에 대해서 '좋은 사람'이라는 평을 들으면 그 사람이 잘생기고 똑똑하며 예의가 바를 것이라는 예상을 하게 된다. 이처럼 어떤 사람에 대해서 좋은 사람이라는 인상을 형성하면 다른 긍정적 특성을 모두 가지고 있을 것이라고 평가하는 경향이 있는데, 이를 **후광효과**(halo effect)라고 한다. 사실 이러한 특성들은 서로 관계가 없지만, 사람들은 좋은 속성은 좋은 속성끼리 그리고 나쁜 속성은 나쁜 속성끼리 모여 있다고 믿기 때문에 이러한 후광효과가 나타나는 것이다.

우리는 몇 가지 정보에 근거하여 특정인에 대한 인상을 형성한다.

(2) 나쁜 평의 중시

사람들은 일반적으로 다른 사람에 대해 부정적인 평가를 하기보다는 긍정적인 평가를 하는 경향이 있다. 이를 **긍정성 편향**(positivity bias)이라고 한다. 이러한 경향성은 다른 사람에 대해 악평을 하기보다 관대하게 보아 주려고 하는 경향을 나타내는 것으로서 **관용 효과**(leniency effect)라고 불리기도 한다. 그러나 한 사람에 대해서 좋은 평과 나쁜 평을 함께 접하게 되면 좋은 평보다 나쁜 평이 전체 인상을 결정하는 데 중요한 역할을 하는 경향이 있다. 어떤 사람의 장점과 단점에 대한 정보의 양이 비슷할 때, 우리는 그 사람에 대해서 중립적인 인상을 형성하는 것이 아니라 부정적인 인상 쪽으로 기운다. 이렇게 긍정적인 정보보다 부정적인 정보가 인상형성에서 더 큰 비중을 차지하는 현상을 **부정성 효과**(negativity effect)라고 부른다. 그 이유는 사람들이 대체로 다른 사람에 대해서 칭찬은 잘 해도 좀처럼 단점을 말하지는 않는 사회적 분위기에서 부정적인 평을 듣게 되면 훨씬 더 중요하고 신뢰로운 정보로 느끼기 때문이다. 또 그 사람과 직접 접촉해야 하는 처지에 있는 사람은 상대방의 단점이 줄 부담에 대해서 더 민감해질 수밖에 없기 때문이다.

(3) 첫인상의 중시

어떤 사람에 대한 여러 가지 정보를 순차적으로 전달받게 되면 전달되는 순서에 따라 인상형성이 달라진다. 만약 먼저 전달되는 정보와 나중에 전달되는 정보가 상충된다면 어떻게 상충된 정보가 통합되어 전체 인상을 형성하는가? 인상정보의 통합 과정을 알아보기 위해 애쉬(Asch, 1946)는 다음과 같은 실험을 하였다. 그는 '똑똑하다', '부지런하다', '충동적이다', '비판적이다', '고집스럽다', '샘이 많다'의 6개 단어를 제시하되, 첫 집단에는 이 순서대로 제시하고 둘째 집단에는 순서를 거꾸로 해서 제시했다. 그러고 나서 각 집단의 참여자에게 그런 특성을 지닌 가상인물에 대한 인상을 적게 했다. 두 참여자 집단이 적어 낸 인상을 비교해 본 결과, 첫 집단은 그 가상인물에 대해서 긍정적인 인상을 형성한 반면, 둘째 집단은 부정적인 인상을 형성하였다. 이런 결과는 먼저 접하는 정보가 나중에 접하는 정보보다 최종적인 인상형성에 더 중요한 역할을 한다는 것을 보여 준다. 이런 현상은 **초두효과**(primacy effect)라고 한다. 초두효과가 나타나는 이유는 먼저 접하는 정보에 근거하여 일단 인상을 형성하게 되면 나중에 접하는 정보는 그 인상에 일치하도록 받아들여지기 때문이다. 또 처음 제시되는 정보에 대해서는 더 많은 주의를 기울이지만 나중에 들어오는 정보에 대해서는 주의를 덜 기울이기 때문이기도 하다.

(4) 기타 특성

사람들은 일반적으로 다른 사람들이 자신과 비슷할 것이라고 가정하는 경향이 있다. 성격이 활달한 사람은 다른 사람들도 자신처럼 스스럼없이 말을 잘 할 것이라고 생각하며, 대중가요를 좋아하는 사람은 다른 사람들도 대중가요를 좋아할 것이라고 판단하는 경향이 있다. 이러한 현상을 **가정된 유사성**(assumed similarity)이라고 하며, 특히 상대방의 나이, 고향, 학력, 사회경제적 지위 등이 자신과 유사할 때 더욱 두드러지게 나타난다. 또 자신과의 관련성 여부에 의해 인상형성의 왜곡이 생겨날 수 있다. 이 중 대표적인 것이 자기봉사적 지각(self-serving perception)이다. 자기봉사적 지각은 자존심을 유지하기 위한 편향적인 지각을 뜻한다. 사람들은 자신이 속한 집단의 구성원을 다른 집단의 구성원보다 더 호의적으로 지각하는 경향이 있다. 소수집단 또는 경쟁집단에 대해서 갖고 있는 부정적 감정은 그 집단 구성원을 부정적으로 지각하도록 만들기도 한다. 또한 지각자의 기분도 인상형성에 영향을 미치게 되는데, 기분이 좋을 때는 상대방의 긍정적인 특성을 더 잘 발견하는 경향이 있다.

 탐구문제

　　편견과 고정관념은 개인에 대한 객관적 이해를 왜곡하는 주요한 원인이다. 그럼에도 불구하고 우리 사회에는 개인의 얼굴 모습, 혈액형, 출신지역 등이 그의 성격이나 대인관계 방식과 관련되어 있다는 잘못된 편견이 존재한다. 특히 사회적으로 널리 퍼져 있는 편견은 다른 사람에 대한 우리의 인상형성에 영향을 미칠 수 있다. 나는 다른 사람에 대한 인상을 형성할 때 어떤 특성에 주목하는가? 다른 사람에 대한 인상형성에 영향을 미치는 나의 고정관념이나 편견에는 어떤 것들이 있는가? 혈액형과 성격은 관련성이 없음이 밝혀졌음에도 불구하고, 많은 사람들이 혈액형에 따라 성격이 다르다고 믿는 이유는 무엇일까?

2. 대인사고의 의미와 역할

　이 세상에 그 자체로 의미를 지니는 것은 없다. 즉, 인간이 의미를 부여하지 않고서 그 자체로 의미를 지니는 것은 없다. 모든 현상과 사건의 의미는 인간이 그렇게 의미를 부여했기 때문에 그러한 의미를 지니는 것이다. 이런 점에서 인간은 매우 능동적으로 환경과 상호작용하는 존재다. 외부적 사건에 의해 수동적으로 영향을 받는 존재라기보다는 사건의 의미를 능동적으로 해석하여 반응하는 존재다. 즉, 인간은 세상에 의미를 부여함으로써 세상을 능동적으로 구성하는 존재다.

　특히 대인관계에서 일어나는 사건에 대해서는 인간의 의미부여 기능이 더욱 활발해진다. 대인관계에서 접하게 되는 사건들은 그 의미가 모호하거나 복합적인 경우가 많다. 사건의 의미뿐만 아니라 사건의 발생 원인이나 타인의 내면적인 의도를 추측해야 되는 경우도 많다. 이런 경우 추측한 내용이 올바르고 정확한 것인지 확인할 방법이 대인관계 상황에서는 드물다. 이런 점이 인간관계에서 많은 오해가 생기고 결과적으로 인간관계를 어렵게 만드는 주요한 이유가 된다.

대인관계 상황에서 우리는 매순간 상대방의 행동이 어떤 의미를 지니는지 그리고 어떻게 대응할 것인지 마음속으로 판단해야 한다. **대인사고**(對人思考)는 대인관계에서 일어나는 다양한 사건의 의미를 해석하고 대처행동을 결정하는 심리적 과정을 말한다. 대인사고는 대인지각에 근거하여 진행되는 후속과정으로서 대인지각보다 더 복잡하고 상위수준의 인지기능이 관여하는 심리적 과정이다.

대개 대인사고 과정은 매우 신속하고 자동적으로 일어나기 때문에 우리 자신에게 잘 자각되지 않는 경우가 많다. 우리의 마음속에서는 많은 정보처리가 일어나고 있지만 우리에게 자각되는 부분은 극히 적다. 그래서 자신이 특정한 감정을 느끼고 특정한 행동을 하게 되는 심리적 이유를 스스로 잘 알지 못하는 경우가 많다. 인지치료를 창시한 아론 벡(Beck)은 이렇게 매우 자동적으로 처리되고 신속하게 마음속을 지나가기 때문에 잘 자각되지 않는 사고를 **자동적 사고**(automatic thoughts)라고 불렀다. 그러나 이러한 자동적 사고는 우리의 감정과 행동을 결정하는 중요한 심리적 요인이 된다. 우리가 주의를 기울여 우리의 사고과정을 관찰하게 되면 이러한 자동적 사고를 자각할 수 있다.

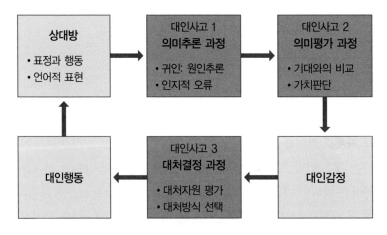

[그림 7-1] 3가지의 대인사고가 대인감정과 대인행동을 결정하는 과정

대인관계에서 발생한 사건의 의미를 파악하여 반응하기까지 우리의 마음 속에서 진행되는 대인사고 과정은 매우 복잡하다. [그림 7-1]에 제시되어 있듯이, 대인사고 과정은 크게 3가지의 하위과정, 즉 의미추론 과정, 의미평가 과정, 대처결정 과정으로 구분할 수 있다.

의미추론 과정은 대인관계에서 일어나는 사건의 의미를 추론하는 일차적인 심리적 과정이다. 특정한 사건이 발생하게 된 원인에 대해 귀인하거나 특정한 행동을 한 사람의 내면적 의도를 파악하는 것이 의미추론 과정에서 이루어지는 주된 일이다. 이러한 의미추론 과정에 다양한 인지적 오류가 개입되면 사건의 의미가 부정적인 방향으로 과장되거나 왜곡될 수 있다.

의미평가 과정은 앞 단계인 의미추론 과정에서 파악된 의미의 긍정성과 부정성을 평가하는 과정이다. 즉, 특정한 의미로 해석된 타인의 행동이 자신에게 어떤 영향을 미치는지에 대해서 평가하는 과정을 뜻한다. 이러한 의미평가 과정에서는 개인이 지니고 있는 기준이나 기대와의 비교가 일어나게 되며, 그 결과에 따라서 타인에 대한 대인감정이 결정된다.

대처결정 과정은 대인상황에서 자신이 어떻게 행동하여 대처할 것인가를 판단하고 결정하는 심리적 과정이다. 이러한 결정 과정에서 자신이 동원할 수 있는 대처자원을 평가하고 가능한 대처방식을 고려하여 선택하는 판단이 이루어지게 된다. 이러한 판단 내용에 따라서 우리의 대인행동이 결정된다.

 대인지각과 대인사고의 중요성

하늘에 떠 있는 구름을 바라보다 보면, 구름이 어떤 의미 있는 모양처럼 보이는 때가 많다. 때로는 토끼 모양처럼 보이기도 하고, 때로는 화난 사람 모습처럼 보이기도 한다. 또한 같은 구름을 바라보는 두 사람이 서로 다른 모양으로 볼 때도 있다. 이러한 예는 인간이 의미를 구성하는 존재라는 점을 보여 준다. 아울러 인간은 의미를 구성할 때 자신의 내면적인 심리적 특성을 투사하여 구성하게 된다. 그래서 사람마다 같은 자극을 각기 달리 해석하게 되는 것이다. 아래의 그림을 통해서 이러한 점을 체험해 보기로 하자.

왼쪽 그림에서 무엇이 보이는가? 하얀 옷을 입은 천사들이 보이는가, 아니면 검을 옷을 입은 악마들이 보이는가? 또 오른쪽 그림에서는 어떤 사람이 보이는가? 큰 코를 가진 노파가 보이는가, 아니면 아리따운 젊은 여인의 옆모습이 보이는가? 동일한 그림임에도 불구하고 사람마다 다른 모양을 보게 된다. 그 이유는 무엇일까?

우리가 세상을 인식하는 과정은 자극의 속성을 있는 그대로 받아들이는 수동적인 과정이 아니라 우리의 마음을 통해 의미를 구성하는 능동적인 과정이다. 즉, 동일한 자극을 대할 때 어떤 마음 상태에서 어떤 기대를 하며 어떤 자극 측면에 주의를 기울였느냐에 따라 각기 다른 의미를 구성하게 된다. 구름이나 그림과 같은 물리적 대상의 모양을 지각하는 과정에도 이처럼 미묘한 심리적 과정이 개입된다. 하물며 더욱 모호하고 복잡한 대인관계에서는 이러한 주관적인 심리적 과정이 더 깊이 개입된다. 우리는 매순간 타인의 표정과 행동에서 그 의미를 추리하고 해석하는데, 이때 우리 자신의 대인동기나 대인신념과 같은 주관적인 요인이 개입된다. 그리고 그렇게 부여한 의미에 따라 타인에 대한 감정을 느끼며 행동적 반응을 하게 된다. 그러나 자신의 해석이 과연 타인의 의도나 마음을 정확히 반영한 것인지는 확인하기 어렵다. 여기에 인간관계의 오묘함과 복잡함이 있다.

우리는 대인관계에서 자신의 생각에 집착하여 타인의 의도를 오해하거나 왜곡하는 경우가 많다. 그리고 이러한 오해가 대인관계를 저해하고 악화시키게 된다. 대인지각과 대인사고는 이러한 오해가 일어나는 심리적 과정을 설명한다.

3. 대인사고 1: 의미추론 과정

대인관계에서 발생하는 사건의 의미를 추론하는 것은 여러 가지 사고과정이 개입하는 매우 복잡한 인지적 작업이다. 의미추론 과정에서는 특정한 사건이 발생하게 된 원인에 대해 귀인하거나 특정한 행동을 한 사람의 내면적 의도를 파악하는 것이 중요한 과제라고 할 수 있다. 개인이 의미추론 과정을 통해서 해석한 사건의 의미가 얼마나 사실에 가까운 것이냐에 따라 대인관계의 적응 여부가 영향을 받게 된다. 특히 귀인을 잘못하거나 인지적 오류가 개입되면 사건의 의미가 왜곡됨으로써 개인의 부적응을 초래할 수 있다.

1) 귀인: 사건의 원인 추론

우리는 대인관계에서 다양한 사건을 접하게 된다. 대인관계는 우리 자신과 상대방의 행동이 교환되는 크고 작은 사건의 연속이다. 대인관계에서 중요한 것은 사건 자체보다 그 사건의 의미다. 어떤 사건이 있었느냐보다는 그 사건을 어떤 의미로 받아들였느냐가 우리의 대인관계에 중요한 영향을 미치기 때문이다. 그래서 우리는 의식적이든 무의식적이든 대인관계에서 벌어지는 사건들의 의미를 나름대로 추론한다.

대인사고의 핵심 중 하나는 대인관계에서 일어난 사건의 원인을 추론하는 것이다. 예를 들어, 친구와 말다툼을 했다면 우리는 그런 일이 벌어지게 된 원인을 생각하게 된다. 나의 잘못 때문인가 아니면 친구의 잘못 때문인가? 만약 친구의 잘못이라고 생각한다면, 그의 일시적 행동 때문인가 아니면 그의 평소 성격 때문인가? 말다툼의 원인을 무엇에 돌리느냐에 따라 자신의 감정과 행동이 달라진다. 자신의 잘못 때문이라고 생각한다면 자책감과 후회감을 느끼면서 친구에게 사과하는 행동을 할 수 있지만, 친구의 잘못 때문이라고 판단한다면 그에 대한 분노감과 더불어 공격행동이 유발될 수 있다. 또한 친구의 일시적 행동 때문이라면 쉽게 용서할 수 있지만, 그의 성격 때문이라면 결별을 고려할 수 있다.

이처럼 우리가 일상생활에서 경험하는 다양한 사건의 원인을 추론하는 심리적 과정을 '귀인'이라고 한다. 귀인(歸因, attribution)은 사건이 발생한 원인을 무엇에 돌리느냐는 판단, 즉 사건의 원인을 귀속시키는 인지적 과정을 의미한다. 귀인의 결과는 사건에 대한 감정과 행동에 중요한 영향을 미치게 된다.

(1) 귀인의 방향

우리는 한 사람의 행동이나 결과의 원인을 여러 가지 방식으로 귀인하게 된다. 가장 주된 귀인 방향은 내부적-외부적 귀인이다. 내부적 귀인(internal attribution)은 행동을 한 당사자, 즉 행위자의 내부적 요인(예: 성격, 능력, 동기)에 그 원인을 돌리는 것이다. 이와는 반대로 외부적 귀인(external attribution)은 행위자의 밖에 있는 요소, 즉 환경, 상황, 타인, 우연 등의 탓으로 돌리게 되는 경우를 말한다.

귀인의 두 번째 방향은 안정적-불안정적 귀인이다. 안정적 귀인(stable attribution)은 그 원인이 내부적인 것이든 외부적인 것이든 비교적 변함 없는 지속적인 요인에 원인을 돌리는 경우다. 반면, 불안정적 귀인(unstable attribution)은 자주 변화될 수 있는 요인에 원인을 돌리는 경우다. 예를 들면, 내부적 요인 중에서도 성격이나 지적 능력은 비교적 안정된 요인이라고 할 수 있지만 노력의 정도나 동기수준은 변화되기 쉬운 것이다.

귀인의 또 다른 방향은 전반적-특수적 귀인(global-specific attribution)이다. 이 차원은 귀인요인이 얼마나 구체적으로 한정되어 있는지의 정도를 의미한다. 예를 들면, 이성에게 거부당한 일에 대해서 성격이라는 내부적-안정적 귀인을 한 경우에도 그의 성격 전반에 귀인할 수도 있고 그의 성격 중 '성급하다'는 일부 특성에 구체적으로 귀인할 수도 있다. 수학과목에서 성적이 나쁘게 나와 자신의 능력부족에 귀인할 경우, '나는 머리가 나쁘기 때문'이라고 전반적인 지적 능력의 열등함에 귀인할 수 있고 '나는 수리능력이 부족하기 때문'이라고 구체적인 지적 능력에 귀인할 수도 있다. 이밖에도 여러 가지 방식으로 행동의 원인은 귀인될 수 있다. 그러나 이상에서 언급한 3가지 귀인 방향이 가장 일반적이다.

이러한 귀인방식을 인간관계 상황에 적용하여 살펴보자. 예를 들어, A군이 B양에게 데이트를 신청했는데 거절당했다. A군은 자신이 거절당한 원인을 추정하게 되는데, 여러 가지 원인에 귀인할 수 있다. 이 경우 〈표 7-1〉에 제시되어 있듯이 크게 4가지 방식의 귀인이 가능하다.

〈표 7-1〉 데이트 신청 거절의 가능한 원인들

	내부적 원인	외부적 원인
안정적 원인	A군의 외모, 성격, 능력	B양의 쌀쌀하고 거만한 성격
불안정적 원인	A군의 데이트 신청 행동	B양의 기분상태, 친구와 함께 있음

첫째, A군은 거절당한 원인을 자신의 부족함 때문이라고 내부적 귀인을 할 수 있다. 예컨대, 자신의 특성 중에서도 준수하지 못한 외모나 우수하지 못한 능력 또는 활달하지 못한 성격 때문이라고 생각할 수 있다. 외모, 능력, 성격은 개인의 내부적 특성인 동시에 지속적인 특성이므로 이 경우 A군은 내부적-안정적 귀인을 한 것이다.

둘째, A군은 자신의 데이트 신청 방식이 부적절했기 때문이라고 생각할 수 있다. 예컨대, B양에게 데이트를 신청할 때의 말투나 행동에 간곡함이나 정성이 부족해서 거절당했다고 생각할 수 있다. 이러한 데이트 신청 행동은 A군이 노력에 의해 변화시킬 수 있는 내부적 요인이므로 이 경우는 내부적-불안정적 귀인을 한 것이다.

셋째, A군은 자신이 거절당한 이유를 B양의 오만하고 쌀쌀맞은 성격 때문이라고 생각할 수 있다. 이 경우는 자신보다 타인의 성격에 원인을 돌리는 외부적-안정적 귀인을 한 것이다.

넷째, A군은 데이트 신청을 할 당시 B양의 기분이 좋지 않았다거나 주변에 친구가 있었기 때문에 거절한 것이라고 생각할 수 있다. 이 경우는 외부적-불안정적 귀인을 한 것이라고 볼 수 있다.

이렇듯 데이트 신청이 거절당한 부정적인 결과에 대해서 그 원인을 여러 가지 방식으로 돌릴 수 있다. 또 어떤 원인에 귀인했느냐에 따라 결과적인 감정과 행동이 달라진다. 이 경우 거절당한 이유에 대해 자신의 열등한 외모나 성격과 같이 내부적-안정적 귀인을 한 경우에 A군은 자신에 대한 열등감을 느끼고 기분이 상당히 우울해져 위축된 행동을 보일 수 있다. 반면, 거절당한 원인이 B양의 기분상태나 주변에 있었던 친구 때문이라고 외부적-불안정적 귀인을 한 경우에는 A군의 기분이 그다지 상하지 않을 것이다. 또 B양의 쌀쌀맞고 거만한 성격 때문이라고 외부적-안정적 귀인을 한 경우에 A군은 B양에 대해서 분노감정을 느끼고 공격적인 행동을 할 수도 있다. 이처럼 대인관계에서 일어난 사건의 원인을 어떤 방향으로 귀인하느냐에 따라 감정과 행동이 달라진다.

(2) 귀인의 일반적 경향

사람들은 자신이나 타인의 행동에 대해 귀인할 때 몇 가지 일반적인 경향을 나타낸다. 이러한 귀인경향 중에는 현실을 왜곡하는 편향적인 것도 있다.

첫째, 사람들은 행동의 원인을 외부적 요인보다는 내부적 요인에 귀인하는 경향이 강하다. 사람들은 전반적으로 남의 행동이든 자신의 행동이든 상황적 요인에 귀인하기보다는 행동한 사람의 특성이나 동기에 귀인하려는 경향이 있다. 인간이 특정한 행동을 하는 이유는 그가 처한 상황적 요인보다 그 사람의 성격이나 신념과 같은 내부적 요인 때문이라고 생각하는 습관이 있기 때문이다.

둘째, 사람들은 일반적으로 자신의 행동에 대한 귀인과 타인의 행동에 대한 귀인에 있어서 차이를 보인다. 사람들은 대체로 외부적 요인보다 내부적 요인에 귀인하는 경향이 있는데, 자신의 행동에 대해서는 좀 더 외부적 요인에 귀인하려는 경향을 보인다. 이와 같이 타인의 행동에 비하여 자신의 행동을 외부적 요인에 귀인하려는 경향은 그 행동이 옳지 못한 것이어서 책임을 벗어나고 싶을 경우에 더욱 현저하게 나타난다.

셋째, 사람들은 타인의 행동이 외부 압력에 의해 일어났다고 보게 되면 내부적 요인의 역할을 삭감하는 경향이 있다. 이처럼 행동에 작용하는 외부적 요인이 강할수록 행동의 원인을 상대적으로 내부적 요인에 덜 귀인하는 현상을 **할인효과**(discounting effect)라고 부른다. 어떤 행동을 액면 그대로 받아들이지 않고 행동에 작용한 외부적 압력요인을 참작하여 내부적 요인의 영향력을 깎아내린다는 뜻에서 할인효과라고 한 것이다. 이러한 현상은 켈리(Kelly, 1972)가 제안한 **할인원리**(discounting principle)에 의해 설명될 수 있다. 이 원리는 어떤 행동에 공헌하는 요인이 많아지면 원인의 책임이 이러한 요인들에 분산된다는 생각이다. 즉, 외부적 요인이 없으면 행동의 책임이 전적으로 내부적 요인에 돌아가지만, 외부적 요인이 개입했다는 증거가 있으면 행동의 책임은 이 외부적 요인과 내부적 요인에 분산되어 내부적 요인에 의한 책임이 줄어든다는 것이다(차재호, 1995).

넷째, 사람들은 자신이 행한 행동의 결과가 좋으면 내부적 귀인을 하는 반면, 행동의 결과가 좋지 않으면 외부적 귀인을 하는 경향이 있다. '잘 되면 내탓, 못 되면 남탓'이라는 말이 이러한 경향성을 잘 표현하고 있다. 이러한 귀인경향을 **방어적 귀인**(defensive attribution)이라고 한다. 방어적 귀인은 자기지각에 주로 나타나는 현상으로서 자신의 자존심을 유지하기 위한 한 방법이다. 이러한 방어적 귀인은 우리의 일상생활에서 흔히 관찰될 수 있다. 하는 일이 잘 되지 않을 때, 우리는 부모 탓, 조상 탓, 세상 탓으로 돌리기도 하고 심지어는 사주 탓, 조상의 묏자리 탓과 같은 미신적 귀인을 하기도 한다.

(3) 우울유발적 귀인

귀인방식은 인간의 감정과 행동에 심각한 영향을 미친다. 자신이 한 일의 실패나 성공에 대해서 어떤 방식의 귀인을 했느냐에 따라 결과적인 감정상태가 달라질 수 있다. 우울증을 연구하는 심리학자들은 우울한 사람들이 부정적인 결과에 대해서는 내부적, 안정적, 전반적 귀인을 하고 긍정적인 결과에 대해서는 외부적·불안정적·특수적 귀인을 하는 경향이 있다는 것을 발견하였다. 이를 **우울유발적 귀인**(depressogenic attribution)이라고 하는데, 이는 방어적 귀인과 반대되는 방향의 귀인방식이다. 예를 들어, 성적이 나쁘게 나온 과목에 대해서는 나의 지적인 능력이 부족해서라고 내부적으로 귀인하고 성적이 잘 나온 과목에 대해서는 어쩌다 운이 좋아서 또는 원래 그 과목은 학점을 잘 주는 과목이기 때문이라고 외부적으로 귀인하는 방식을 말한다.

우리는 대인관계에서 일어나는 긍정적 또는 부정적 사건에 대해서 그 원인을 생각하게 된다. 그 경우, 어떤 방향으로 귀인하느냐에 따라 우리의 감정과 행동이 달라진다. 어떤 사람은 자신의 자존심을 지키기 위해서 방어적 귀인을 습관적으로 하는 반면, 어떤 사람은 우울유발적 귀인을 하여 자신의 열등감을 키우고 우울한 감정을 지속적으로 지니게 된다. 이렇게 인간관계에서 일어나는 사건의 원인을 편향되게 왜곡하기보다는 사실적으로 파악하는 것이 매우 중요하다.

 귀인 오류로 인해 발생한 인간관계 문제

대학원생인 K군은 최근에 매우 당혹스런 경험을 하게 되었다. 이성교제의 경험이 없었던 K군은 최근에 같은 학과의 대학원생인 P양을 좋아하게 되었다. 다른 학과에서 전공을 바꿔 대학원에 진학한 P양은 미모에 활달한 성격이었다. 내성적인 성격의 K군에게 P양은 자주 전공공부에 관한 것을 물어 왔으며 K군의 해박한 지식에 경탄하곤 했다. K군을 만날 때마다 P양은 매우 반가운 표정을 지었고 장난을 걸기도 했으며 종종 K군의 연구실에 찾아와 이야기를 나누다 가곤 하여 서로 친밀한 사이가 되었다. 한 달 전에는 K군의 도움을 받아 보고서를 제출하게 된 P양이 감사의 뜻으로 저녁을 사겠다고 제의했다. 두 사람은 저녁식사를 하고 나서 술집에 들렸는데 P양은 자신의 개인적인 고민을 이야기하며 K군이 편안하게 느껴진다고 말했다. 이날 P양은 "데이트할 사람도 없는데 K씨와 함께 있는 시간이 너무 좋다."며 밤늦게까지 술을 마시면서 "K씨와 같이 좋은 사람에게 애인이 없다는 것이 이해가 되지 않는다."고 말했다. 이런 모습을 보면서, K군은 P양이 자신을 좋아하고 있다고 확신하게 되었으며 P양에 대해 사랑의 마음을 갖게 되었다. 이렇게 마음속으로 사랑을 키워 나가던 K군은 마침내 P양과 둘만의 시간을 마련하여 사랑을 고백하였다. 그러나 이때 P양의 반응은 뜻밖이었다. K군을 대학원 동료 이상으로 생각해 본 적이 없다는 것이었다. K군은 마치 배신을 당한 느낌에 분노를 느끼는 한편, 착각 속에서 사랑을 키워 온 자신의 바보 같은 모습에 심한 자책감을 느끼게 되었다. 사실 P양은 성격적으로 타인에게 친밀감을 다소 과장되게 표현하고 상대방의 기분을 잘 맞추어 주는 경향이 있었다. 따라서 P양은 K군뿐만 아니라 대부분의 대학원 동료 남학생에게 비슷한 태도로 친밀하게 대했던 것이다.

　　P양이 다른 남학생들에게 하는 행동을 충분히 관찰할 기회가 없었던 K군은 P양이 자신에게만 각별히 호의적인 행동을 보이는 것이라고 생각했던 것이다. 즉, P양의 호의적 행동은 K군에 의해 유발된 것이라기보다 P양의 성격에 의해 나타난 것이었다. 즉, K군은 P양의 호의적 행동에 대한 귀인을 잘못하여 빚어진 사건이라고 할 수 있다.

(4) 귀인의 3차원 입체 이론

　　사회적 상황에서 타인이 나에게 어떤 행동을 했을 때, 그 행동에 대한 원인을 좀더 정확하게 판단하기 위해서는 여러 가지 정보가 필요하다. 켈리(Kelly, 1967)는 사람들이 사회적 상황에서 일반적으로 3가지 차원의 정보, 즉, 일반성, 독특성, 일관성의 정보에 근거하여 귀인의 판단을 한다고 주장한다. 즉, 사회적 행동을 한 행위자, 행위 대상, 행위가 이루어진 맥락이나 상황에 대한 체계적인 관찰이 필요하다.

　　예컨대, 남학생인 나에게 같은 학과의 여학생인 M양이 오늘 활짝 웃으며 나를 반기는 행동을 했다고 하자. M양이 나를 보고 웃은 이유는 매우 다양할 것이다. 예를 들면, M양이 나를 각별히 좋아하기 때문일 수도 있고, 본래 잘 웃는 M양의 특성 때문일 수도 있으며, 학과 동료들끼리 반기는 학과의 좋은 분위기 때문일 수 있고, 아니면 일반적으로 내가 여학생들에게 인기가 좋기 때문일 수도 있다. 이처럼 다양한 가능성 중에서 좀 더 구체적인 원인을 판단하기 위해서는 다음과 같은 정보가 필요하다.

　　첫 번째 정보는 **일반성**(consensus)의 정보다. 즉, 개인이 속해 있는 집단이나 사회에서 특정한 사회적 행동이 얼마나 일반적 행동이냐는 정보다. 이 예의 경우, "다른 여학생들도 나를 만나면 잘 웃어 주는가?" 하는 점이다. 만약 그렇다면, M양이 나를 보고 웃은 이유는 M양만의 유별난 행동이 아니라 나에 대한 여학생들의 일반적 행동이라고 할 수 있다. 그러나 그렇지 않다면, M양이나 나의 특성이 함께 관여된 현상이라고 볼 수 있다.

두 번째 정보는 **독특성**(distinctiveness)의 정보로서 행위자가 특정 대상에게만 독특하게 나타내는 행동인가 하는 정보다. 이 경우, "M양이 다른 학우에게는 잘 웃어 주지 않는데, 나에게만 웃어 주는가?"에 대한 정보를 뜻한다. 만약 그렇다면 나의 어떤 속성이 M양을 웃게 만든 것이라고 할 수 있다. 그러나 M양이 다른 학우에게도 잘 웃어 준다면, M양이 나를 보고 웃은 것은 M양의 잘 웃는 특성이 나타난 것이라고 볼 수 있다.

세 번째 정보는 **일관성**(consistency)의 정보다. 행위자가 같은 대상에 대해서 항상 동일한 행동을 나타내는 정도를 말한다. 이 경우, "M양이 과거에 다른 상황에서도 나를 보고 항상 웃어

〈표 7-2〉 여학생이 웃은 원인에 대한 귀인에 필요한 정보와 그 결과

조건	일반성 정보 다른 여학생도 나를 보고 웃는가?	독특성 정보 M양은 다른 남학생에게 잘 웃어 주는가?	일관성 정보 과거에 M양은 항상 나를 보고 웃었는가?	귀인 오늘 M양이 나를 보고 웃은 이유
1	그렇다	그렇다	그렇다	잘 웃는 M양의 속성이거나 나에 대한 여학생들의 일반적 호감
2	그렇다	그렇다	아니다	잘 웃는 M양이 (여학생에게 인기 있는) 나에게 지속적 호감은 없으나 오늘은 예외적으로 웃음(원인 모호)
3	그렇다	아니다	그렇다	나에 대한 여학생들의 일반적 호감
4	그렇다	아니다	아니다	잘 웃지 않는 M양의 나에 대한 예외적 행동(상황 요인)
5	아니다	그렇다	그렇다	잘 웃는 M양의 특성
6	아니다	그렇다	아니다	잘 웃는 M양이 (여학생에게 인기 없는) 나에게 지속적 호감은 없으나 오늘은 예외적으로 웃음(원인 모호)
7	아니다	아니다	그렇다	나에 대한 그녀만의 특별한 호감
8	아니다	아니다	아니다	오늘은 예외석인 날(상황 요인)

주었는가" 하는 점에 대한 정보다. 만약 그렇다면, M양이 나에게 특별한 호감을 느끼기 때문에 웃은 것이라고 볼 수 있다. 그렇지 않다면, 그 당시의 M양의 심리적 상태(예: 기분이 좋은 상태)에 의해서 나를 보고 웃은 것이라고 추측할 수 있다.

켈리에 따르면, 이와 같은 3가지 정보를 종합적으로 고려함으로써 타인이 나타낸 특정한 사회적 행동의 원인을 추론할 수 있다. 위에 든 예의 경우, 3가지 정보에 따라 〈표 7-2〉와 같이 M양이 나를 보고 웃은 원인을 다양하게 추론할 수 있다.

이처럼 사회적 귀인에서 3차원의 정보를 종합적으로 고려해야 된다는 점에서 켈리의 주장을 3차원 입체 이론(cube theory)이라고 부른다. 이 이론은 다양한 사회적 상황에 적용될 수 있다. 예컨대, 전공학과의 어떤 교수에게 인사를 했는데 인사를 제대로 받는 둥 마는 둥 무뚝뚝한 반응을 보였을 경우, 그 교수가 그러한 행동을 보인 이유에 대해서 의문을 가질 수 있다. 그 교수가 나를 싫어하기 때문인가? 교수의 성격이 무뚝뚝해서인가? 그 교수는 다른 학생들에 대해서도 인사를 잘 받지 않는가? 우리 학과의 교수들은 일반적으로 학생의 인사를 잘 안 받는가? 이런 물음에 답하기 위해서는 일반성, 독특성, 일관성에 관한 다양한 측면의 정보가 필요하다. 만약 이러한 충분한 정보 없이 특정한 요인에 잘못 귀인하게 되면, 타인의 의도를 오해하게 되고 그 결과 대인관계에 문제가 초래될 수 있다.

2) 의미추론의 오류

인간은 의미를 부여하고 의미를 창조하는 존재다. 대인관계에서도 마찬가지다. 대인관계에서 부딪치게 되는 여러 가지 사건들에 대해서 우리는 그 의미를 부여한다. 다른 사람이 한 말이나 행동에 대해서 우리는 그 의미를 추론하게 된다. 예를 들어, 친구가 눈을 찡긋한 것에 대해서 우리는 그 행동 자체보다는 그러한 행동을 한 친구의 의도가 무엇인지에 대해서 생각하게 된다. 오랫동안 사귀어 온 이성친구가 "나 어제 미팅에 나갔어"라고 말했을 때, 우리는 그 친구가 그렇게 말한 속뜻에 대해서 생각하게 된다.

이렇듯이 대인관계에서 타인이 보인 행동이나 상황이 의미하는 바를 생각하는 과정이 의미추론 과정이다. 즉 "상대방의 저런 언행은 무슨 의미인가?", "상대방이 지금 나에게 어떤 메시지를 전달하고 있는가?", "어떤 의도로 저런 행동을 하는 것일까?"와 같은 물음에 대해서 생각하는 과정이다. 특정한 사건이 발생하게 된 원인에 대해 추론하거나 특정한 행동을 한 사람의 내면적 의도를 파악하는 일이 의미추론 과정에서 이루어지는 일이다.

의미추론 과정에서 도출된 내용은 사실일 수도 있고 왜곡된 것일 수도 있다. 그러나 대인관계에서 일어나는 일들은 그 사실적인 의미를 분명하게 확인할 수 있는 방법이 적다. 상대방에게 그 의도를 직접 물어 본다 하더라도 상대방이 자신의 진심을 밝힌다는 보장이 없다. 이러한 점이 인간관계에서 상대방의 마음을 정확하게 읽기 어려운 이유다. 흔히 타인의 행동에 대한 의미를 추론하는 과정에서 왜곡이나 오류가 발생하면 오해가 생기게 된다.

인지치료자인 벡(Beck, 1976; Beck et al., 1979)에 따르면, 정서장애를 경험하는 사람들은 사건의 의미를 부정적으로 왜곡하는 경향이 있다. 이처럼 의미추론 과정에서 범하는 왜곡을 **인지적 오류**(cognitive error)라고 한다. 이러한 인지적 오류는 대인관계에서 상대방의 의도나 사건의 의미를 왜곡하여 오해하게 하는 주된 원인이 된다. 대인관계 상황에서 나타날 수 있는 다양한 인지적 오류에 대해서 살펴보기로 한다(권석만, 1993).

(1) 흑백논리적 사고

사건의 의미를 이분법적인 범주(예: 선악, 호오, 성패) 중 한 가지로 해석하는 오류를 **흑백논리적 사고**(all or nothing thinking) 또는 **이분법적 사고**(dichotomous thinking)라고 한다. 예를 들어, 타인의 반응을 '나를 좋아하고 있는가' 아니면 '나를 싫어하고 있는가'의 둘 중의 하나로 해석하며 그 중간의 의미를 인정하지 않는 경우이다. 자신의 성취에 대해서 '성공 아니면 실패'로 판정하며 대인관계에서는 '나를 받아들이는가 아니면 나를 거부하는가' 또는 '내편인가 아니면 상대편인가'와 같이 흑백논리적으로 판단하며 회색지대를 생각하지 못하는 경우다.

흑백논리적 사고가 개입된 예를 살펴보기로 하자. A군은 상점에 가서 물건을 살 때마다 기분이 좋지 않다. 왜냐하면 판매원이 자신을 싫어한다고 생각하기 때문이다. 자신을 싫어한다고 생각하는 이유는 그들이 아무 말도 없이 무표정하게 물건을 건네주기 때문이다. A군은 상점에 가서 판매원이 웃음을 짓거나 상냥하게 인사를 건네며 친절하게 대하지 않으면 자신을 싫어한다고 생각한다. A군에게는 좋아함-싫어함의 2가지 구분밖에 없기 때문이다. 많은 경우, 낯선 사람을 대할 때 좋지도 싫지도 않은 중립적인 감정을 지니는 경우가 많다. 그러나 이렇게 흑백논리적인 이분법적 사고를 지닌 사람은 그러한 중립지대를 인정하지 않는다.

(2) 과잉일반화

과잉일반화(overgeneralization)는 한두 번의 사건에 근거하여 일반적인 결론을 내리고 무관한 상황에도 그 결론을 적용시키는 오류다. 이성으로부터 한두 번의 거부를 당한 후부터 자신은 '항상', '누구에게나', '어떻게 행동하든지' 거부를 당한다고 생각하는 것이 그 예다. 또는 타인으로부터 비난을 당하고 나서 '누구나', '항상', '어떤 상황에서나' 적대적이고 공격적이라고 생각하는 경우도 이러한 오류에 해당된다.

B군은 미팅에 나가서 파트너에게 다시 만날 것을 제의하였으나 거절당한 경험이 서너 번

두 사람의 관계를 다양하게 해석할 수 있는 주제통각검사(TAT)의 그림 자극들.
상대방의 의도를 왜곡하거나 과장하는 인지적 오류는 대인관계의 오해와 갈등을 초래할 수 있다.

있다. 이렇게 거절당한 이유는 자신의 키가 작기 때문이라고 생각했다. 이런 경험을 하게 된
B군은 요즘 여자들은 '누구나' 사람을 키와 같은 외모로 판단한다고 생각한다. 따라서 자신이
'어떻게 행동하든지' 여자로부터 거절당할 것이라고 생각하여 다시는 미팅에 나가지 않으며
모든 여성에 대한 분노감정을 지니게 되었다. B군은 서너 번의 거절경험에 근거하여 자신이
모든 여성으로부터 항상 거절당할 것이라는 과잉일반화의 오류를 범하고 있는 것이다.

(3) 정신적 여과

　우리는 사건의 다양한 측면에 모두 주의를 기울일 수 없기 때문에 일부를 선택하여 판단을
하게 된다. **정신적 여과**(mental filtering)는 대인상황의 주된 내용은 무시하고 특정한 일부의 정
보에만 주의를 기울여 전체의 의미를 해석하는 오류로서 **선택적 추상화**(selective abstraction)라
고 지칭하기도 한다. 예컨대, 친구와의 대화에서 주된 대화내용이 긍정적이었음에도 불구하
고 친구의 몇 마디 부정적인 내용에 근거하여 "그 녀석은 나를 비판했다"거나 "그 녀석은 나
를 좋아하지 않는다"라고 해석하는 경우가 일례다.

　수십 명의 학생에게 강의하는 교수는 졸고 있는 서너 명의 학생을 보고 "내 강의가 재미없
나 보다. 내가 강의를 잘 못하나 보다"라고 생각하여 낙담하는 경우다. 대다수의 학생들은 졸
지 않고 열심히 강의를 듣고 있음에도 불구하고 그러한 사실보다는 졸고 있는 서너 명의 학생
에만 주의를 선택적으로 기울여 자신의 강의를 부정적으로 평가하게 되는 것이다.

(4) 의미확대 또는 의미축소

의미확대 또는 의미축소(magnification or minimization)는 대인사건의 중요성이나 의미를 지나치게 확대하거나 축소하는 오류다. 흔히 부적응적인 사람은 부정적인 사건의 의미는 크게 확대하고 긍정적인 사건의 의미는 축소하는 오류를 범하는 경향이 있다. 예를 들면, 친구가 자신에게 한 칭찬에 대해서는 듣기 좋으라고 생각 없이 한 얘기로 그 중요성을 축소하는 반면, 친구의 비판에 대해서는 평소 친구의 속마음을 드러낸 것으로 중요성을 확대하여 받아들이는 경우이다. 자신의 단점이나 약점은 매우 중요한 것으로 걱정하면서 자신의 장점이나 강점은 별 것 아닌 것으로 과소평가하는 경우다.

이런 경향성은 자신을 평가할 때와 타인을 평가할 때 적용하는 기준을 달리하는 **이중기준**(double standard)의 오류로 나타날 수 있다. 예를 들어, 자신의 잘못에 대해서는 매우 엄격하고 까다로운 기준을 적용하여 큰 잘못을 한 것으로 자책하는 반면, 타인이 행한 같은 잘못에 대해서는 매우 관대하고 후한 기준을 적용하여 별 잘못이 아닌 것으로 평가하는 경우 이러한 오류를 범하고 있는 것이다.

(5) 개인화

개인화(personalization)는 자기 자신과 무관한 사건을 자신과 관련된 것으로 잘못 해석하는 오류다. 예를 들어, C군이 도서관 앞을 지나가는데 마침 도서관 앞 벤치에 앉아서 이야기 중이던 학생들이 크게 웃었다. 사실 이들은 자신들의 이야기 때문에 웃은 것이다. 그러나 C군은 그들이 자신을 보고 웃었다고 생각한다면 이는 개인화의 오류를 범한 것이다.

또 다른 예로, D양은 저멀리서 걸어오는 친구를 보고 가까이 오면 반갑게 인사를 건네려고 하였다. 그런데 그 친구는 오던 방향을 바꾸어 옆 골목으로 들어가 버렸다. 실은 옆 골목에 있는 가게에 가는 중이었다. 그런데 D양은 이를 보고 "그 친구가 나에게 나쁜 감정이 있어서 날 피하는 것이다"라고 해석하는 경우, 개인화의 오류를 범한 것이다.

(6) 잘못된 명명

사람의 특성이나 행위를 기술할 때 과장되거나 부적절한 명칭을 사용하여 기술하는 오류를 **잘못된 명명**(mislabelling)이라고 한다. 예를 들어, 자신의 잘못을 과장하여 "나는 실패자다", "나는 인간쓰레기다"라고 부정적인 명칭을 자신에게 부과하는 것이다. 자기 자신이나 타인에게 '돌대가리', '성격이상자', '정신이상자', '변태' 등의 과장된 명칭을 부과하는 경우도 잘못된 명명의 예다.

또한 어떤 행동이나 사건을 기술할 때 사용하는 용어가 과장되거나 부적절한 경우도 이에 속한다. 예를 들어, 데이트 신청을 상대방이 받아들이지 않을 때 "나는 차였다"라고 기술함으로써 자신의 상황을 더 비참한 것으로 만들기도 한다. 이러한 잘못된 명명은 개인의 행동을 그러한 명칭에 맞도록 유도하는 결과를 초래할 수도 있다. 밴듀라(Bandura, 1986)에 의하면, 인간은 자기가 선정한 기대에 스스로 자신의 행동을 맞추어 가는 경향이 있다고 한다. 그는 이러한 경향성을 자기충족적 예언(self-fulfilling prophecy)이라고 불렀다. 즉, 자신을 '실패자'라고 규정하는 사람은 미래의 상황에서도 자신이 실패자로 행동할 것이라고 예측하게 되고 실제 상황에서 실패자처럼 행동하게 될 수 있다는 것이다.

(7) 독심술적 사고

마치 다른 사람의 마음을 들여다볼 수 있는 독심술사처럼 충분한 근거 없이 다른 사람의 마음을 추측하고 단정하는 오류를 독심술적 사고(mind reading)라고 한다. 이런 오류를 범하는 사람들은 자신이 타인의 마음을 정확하게 꿰뚫어 볼 수 있는 남다른 능력을 지녔다고 믿는 경우가 많다. 또 이런 경우가 상대방의 마음을 확인할 방법이 없기 때문에 자신의 판단이 옳았다고 생각하게 된다. 뿐만 아니라 그러한 판단하에서 상대방에게 행동하기 때문에 상대방의 반응이 자신의 예측과 비슷하게 나타나게 되어 자신의 판단이 옳았다고 확신하게 된다.

예를 들어, E군은 여자친구가 예전처럼 자신에게 밝은 표정을 보여 주지 않자 자신에 대한 애정이 식은 것으로 생각했다. 나아가서 그녀에게 다른 남자친구가 생겼는데 누구를 선택해야 할지 갈등이 생겨서 표정이 어두워진 것이라고 독심술적인 사고를 하였다. 이렇게 생각한 E군은 기분이 상해서 여자친구에게 은근히 불쾌한 말을 하게 되었다. 그러자 불쾌한 말을 들은 그녀 역시 반발하게 되었고 급기야 두 사람 사이가 악화되었다. 이러한 결과에 대해서 E군은 그녀가 본래 자신에 대한 애정이 식었기 때문에 이렇게 예민하게 반응하게 된 것이며 자신의 판단이 옳았다고 생각했다. 이러한 행동을 계속적으로 보이자 여자친구는 E군에 대해서 실망하고 자신에게 호감을 보이던 다른 남자와 자주 만나게 되었다. 이를 알게 된 E군은 역시 자신의 판단이 옳았다는 확증을 얻게 되었다. 그러나 이러한 결과를 초래한 것은 E군의 잘못된 독심술적 사고 때문인 것이다.

(8) 예언자적 사고

예언자적 사고(fortune telling)는 충분한 근거 없이 미래에 일어날 일을 단정하고 확신하는 오류를 뜻한다. 마치 미래의 일을 미리 볼 수 있는 예언자처럼, 앞으로 일어날 결과를 부정적으로 추론하고 이를 굳게 믿는 오류다. 예를 들면, 미팅에 나가면 보나마나 호감 가는 이성과 짝이 되지 않거나 호감 가는 이성에게 거부당할 것이 분명하다고 믿는 경우이다. 만족스럽지 못했던 과거의 경험에 근거하여 이렇게 단정하고 미팅에 나가지 않는 학생의 경우, 이러한 예언자적 오류를 범하고 있는 것이다. 미팅에 나가지 않기 때문에 자신의 예언이 잘못되었다는 것을 확인할 길이 없다. 또 미팅에 나간다 하더라도, 밴듀라의 자기충족적 예언과 마찬가지로, 스스로 거부당할 것이라는 기대에 맞추어 적극성을 보이지 않음으로써 상대방으로부터 거부당하게 된다. 따라서 자신의 예언이 맞았다는 확신을 갖게 되는 오류를 범하게 되는 것이다.

이러한 인지적 오류들은 그 왜곡의 정도가 다양하지만 대인관계에서 많은 사람들이 혼하게 범하는 오류다. 이러한 인지적 오류를 범하게 되면 대인관계 상황이나 사건을 사실과 다르게 왜곡하거나 과장하게 되어 오해가 발생한다. 이러한 오해는 상대방의 의도를 잘못 파악한 것으로서 대인관계의 갈등을 초래하게 된다. 대인관계에서 충분한 근거 없이 다른 사람의 의도를 함부로 단정하거나 과장하는 일이 없도록 주의하는 것이 필요하다.

 탐구문제

> 최근에 다른 사람과의 관계에서 강한 부정 정서(분노, 우울, 불안 등)를 경험한 사건들을 몇 가지 떠올리며 그에 개입한 대인사고를 찾아본다. 부정 정서를 유발한 사건 또는 상황은 어떤 것이었나? 그 사건에 대한 대인사고는 무엇이었는가? 그 사건을 어떤 의미로 받아들였길래 그토록 강한 부정 정서를 느꼈는가? 강한 부정 정서를 유발한 대인사고에 위에 제시한 인지적 오류가 관여하지는 않았는지 곰곰이 살펴본다. 강한 정서경험을 유발하는 대인사고에는 인지적 오류가 개입되는 경우가 대부분이다.

4. 대인사고 2: 의미평가 과정

의미평가 과정은 의미추론 과정에 이어서 진행되는 대인사고 과정이다. 의미추론 과정을 통해서 사건의 의미를 부여하게 되면, 우리는 그 의미가 기대에 부합하는지를 판단하게 되는데 이러한 과정이 바로 의미평가 과정이다. 의미추론이 사건에 대한 사실판단에 관한 것이라면, 의미평가는 가치판단에 관한 것이라고 할 수 있다. **의미평가 과정**은 사건의 의미에 대한 긍정성과 부정성을 평가함으로써 대인감정을 결정하는 중요한 대인사고 과정이다.

4. 대인사고 2: 의미평가 과정

1) 의미의 긍정성-부정성 평가

우리는 대인관계에서 다른 사람의 행동이 의미하는 바를 파악하고 나면, 그 의미가 나에게 미치는 영향을 평가하게 된다. 다른 사람의 행동이 긍정적인 것인지 아니면 부정적인 것인지, 나에게 이로운 것인지 아니면 해로운 것인지, 내가 수용할 수 있는 것인지 아니면 수용하기 어려운 것인지를 평가하게 된다. 이처럼 앞 단계에서 의미추론을 통해 파악된 의미의 긍정성과 부정성을 평가하는 과정이 의미평가 과정이다. 의미평가 과정은 대인사건에 대해 '좋다-나쁘다'의 판단을 내리는 과정이다. 앞에서 기술한 의미추론 과정은 대인사건에 대한 사실판단에 관여하는 과정인 반면, 의미평가 과정은 대인사건에 대한 가치판단 또는 선악판단의 과정이라고 할 수 있다. 이러한 의미평가 과정이 중요한 이유는 대인감정을 결정하는 주요한 심리적 과정이기 때문이다.

평가는 어떤 기준과의 비교를 통해서 이루어진다. 대인사건에 대한 의미평가는 의미추론 과정을 통해 해석된 사건의 의미와 개인이 지니고 있는 판단기준과의 비교를 통해서 이루어진다. 이러한 판단기준은 우리가 대인관계에 임할 때 지니는 기대다. 5장에서 살펴본 대인신념의 내용들이 이러한 판단기준으로 작용하게 된다.

예를 들어, 친구에게 돈을 빌려달라고 부탁했는데 그 친구는 돈이 없다고 말한다. 이 경우, 돈이 없다는 말은 돈 빌려 주기를 거절하는 것으로 그 의미가 해석될 수 있다. 이때, 그 친구가 반드시 자신의 부탁을 들어 주리라고 기대한 경우에는 이 사건이 크게 실망스럽게 느껴질 것이다. 그러나 그 친구가 거절할 수 있다는 기대를 한 경우에는 그다지 실망스럽지 않을 것이다. 이처럼 돈이 없다는 말을 거절의 의미로 받아들인 경우에도, 그 의미를 평가하는 방식에 따라서 결과적 감정이 달라진다. 또 "친구는 어떤 어려운 부탁이라도 항상 도와주어야 한다"는 대인신념을 지닌 사람에게 이러한 사건은 매우 불쾌한 사건이며 친구에 대해서 서운함과 분노가 생겨날 수 있다. 그러나 "들어 주기 어려운 부탁의 경우 부담 없이 거절할 수도 있는 친구 사이가 정말 좋은 친구 사이다"라는 대인신념을 지닌 사람에게는 이러한 사건이 별다른 감정의 동요를 일으키지 않을 것이다.

벡(Beck, 1976; Beck et al., 1979)이나 엘리스(Ellis, 1958, 1962)와 같은 인지치료자들에 따르면, 정서장애를 나타내는 사람들은 현실 속에서 실현되기 어려운 당위적이고 절대적이며 완벽주의적인 신념과 기준을 지니고 있다. 엘리스(Ellis, 1962)에 의하면, 대인관계에서 부적응을 경험하는 사람들은 "타인은 항상 나에게 …해야 한다" 또는 "나는 언제나 타인과의 관계에서 …해야 한다"라는 절대적인 명제형태의 신념과 기대를 지니고 있다고 한다. 이처럼 "…해야 한다" 또는 "…해서는 안 된다"라는 당위적인 명제형태의 신념을 자신이나 타인에게 부과하며 그러한 신념에 어긋나는 결과가 발생하면 매우 부정적이고 재난적인 것으로 평가하게 된다. 대인 관계와 관련된 비현실적 신념의 예 중에는 "나는 항상 다른 사람들로부터 애정과 존중을 받아야 한다", "나는 다른 사람 앞에서 절대로 실수해서는 안 된다", "친구는 항상 모든 것을 함께 나눌 수 있어야 한다"와 같은 신념들이 있다. 이러한 신념은 누구나 소망하는 것이지만 현실 속에서 충족되기 어려운 비현실적인 신념들이다. 따라서 이러한 신념을 지닌 사람은 기대와 현실의 괴리를 자주 느끼게 되며 심리적인 동요와 더불어 부정적인 감정을 경험하게 되는 것이다.

예를 들어, "친구 사이에는 어떤 경우에도 서로 비난해서는 안 된다"라는 신념을 지닌 사람에게 어떤 친구가 비난을 가했다고 하자. 이 경우, 친구의 비난은 이 사람의 신념에 위배된다. 따라서 이 사람은 친구의 비난을 '결코 있을 수 없는 일'이자 '도저히 참을 수 없는 일'로 평가하여 그 친구에게 강렬한 분노감정을 느낄 것이다. 그러나 "친구 사이에도 경우에 따라서는 서로 비난할 수 있다"라는 신념을 지닌 사람에게는 친구의 비난이 '유쾌하지는 않지만 있을 수 있는 일'로 평가되어 그 친구에 대해서 과도하게 불쾌한 감정을 느끼지 않게 된다. 이렇듯 이 의미평가 과정은 실제 일어난 사건의 의미와 자신이 지니고 있는 신념을 비교하여 평가함으로써 사건에 대한 감정을 결정하게 된다.

2) 대인감정을 결정하는 의미평가 과정

의미평가 과정은 의미추론 과정은 거의 동시에 일어나는 매우 밀접한 사고과정이라고 할 수 있다. 그러나 이 두 과정은 대인감정을 결정하는 과정에서 분명히 구분되는 역할을 한다. 예컨대, 어떤 모임에서 한 친구가 나에게 모호한 웃음을 지어 보였다. [그림 7-2]에 제시되어 있듯이, 그 웃음이 무엇을 의미하는지에 대한 의미추론 과정에서 '나를 좋아한다'는 의미로 해석할 수도 있고 '나를 비웃으며 조롱하는 것'으로 해석할 수도 있다. 전자의 경우에 의미평가 과정에서 '좋아한다는 웃음은 당연한 것'으로 평가하면 약한 유쾌감정이 경험될 것이다. 그러나 '그 친구가 나에게 웃음을 보여 주다니 기대하지 않았던 긍정적 일'이라고 평가하게 되면 강한 유쾌감정을 느끼게 될 것이다. 또한 의미추론 과정에서 '나를 비웃는 것'이라고 해석한 경우에도 의미평가 과정에 따라서 결과적 감정이 크게 달라질 수 있다. '비웃음을 받는 것을 수용하기는 어렵지만 그럴 수도 있는 일'이라고 평가하게 되면 약한 불쾌감정을 느끼게 되겠지만, "나를 비웃다니 도저히 있을 수 없는 일"이라고 평가하면 강한 분노감정을 느끼게 될 것이다. "비웃는 것은 당연하다. 오늘 모임에서 내가 바보 같은 짓을 많이 했으니 비웃음을 당해 마땅하다"라고 평가했다면, 분노보다는 자괴감이나 자책감을 느끼게 될 것이다. 이처럼

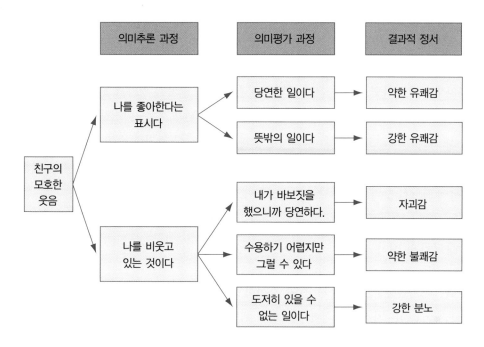

[그림 7-2] 의미추론 과정과 의미평가 과정의 구분

어떤 사건에 동일한 의미를 부여할지라도 그 의미를 어떻게 평가하느냐에 따라 결과적 감정이 현저하게 달라질 수 있다.

의미평가 과정은 라자루스(Lazarus, 1981, 1991)가 주장하는 일차적 평가(primary appraisal)와 매우 유사한 인지적 과정이라고 할 수 있다. 라자루스(Lazarus, 1991)에 따르면, 사람들은 어떤 사건에 직면하게 되면 그 사건이 자신에게 긍정적인지 부정적인지 또는 이로운 것인지 해로운 것인지를 판단하게 된다. 이러한 일차적 평가의 내용은 그에 상응하는 정서를 유발한다. 사건이 이롭고 긍정적이라는 평가는 기쁨, 유쾌함, 사랑, 만족, 해방감 등의 긍정적인 감정반응을 가져오는 반면, 해롭고 부정적이라는 평가는 불안, 두려움, 분노, 죄책감, 부러움, 질투, 혐오 등의 부정적인 감정반응을 초래한다.

5. 대인사고 3: 대처결정 과정

우리는 인간관계에서 일어난 사건의 의미를 평가하고 나면, '어떻게 할 것인가?' 또는 '어떻게 대응할 것인가?'에 대해서 생각하게 된다. 이러한 물음에 대해서 사고하는 과정이 대처결정 과정이다. **대처결정 과정**은 대인상황에서 자신이 어떻게 행동하여 대처할 것인가를 판단하고 결정하는 사고과정을 의미한다.

대처결정 과정은 라자루스(Lazarus, 1991)가 말하는 이차적 평가에 해당되는 심리적 과정이다. 라자루스에 의하면, 사람들은 스트레스 사건에 대한 일차적 평가를 하고 나서 의식적이든 무의식적이든 '무엇을 할 것인가'에 대하여 결정하게 된다. 그는 이러한 과정을 **이차적 평가**(secondary appraisal)라고 지칭했다. 대처결정 과정은 자신이 동원할 수 있는 대처자원을 평가하는 과정과 여러 가지 대처방법을 고려하여 선택하는 과정으로 구성된다. 이러한 결정과정의 결과에 따라서 우리의 대인행동이 결정된다.

1) 대처자원 평가 과정

우리는 대처행동을 결정하기 전에 자신이 지니고 있는 대처자원을 고려한다. **대처자원**(coping resources)은 자신이 상황에 대처하기 위해 동원할 수 있는 신체적·물질적·심리적·사회적 자원을 뜻한다. 예를 들어, 친구의 배신에 대해서 분노를 느낀 사람은 친구에게 불쾌감을 표현하고자 할 것이다. 이때 어떻게 분노감을 표현할 것인가를 결정하기 위해 자신이 사용할 수 있는 자원을 살펴볼 것이다. 자신의 신체적 힘과 싸움능력, 경제력, 감정표현능력이나 언어구사능력, 도움을 줄 수 있는 주변의 사회적 세력 등을 평가할 것이다. 신체적으로 싸워서 상대방을 제압할 수 있을 만한 힘이 있다고 판단되면 신체적 폭력도 한 가지 대처방법으로 고려될 수 있다. 그러나 그럴 만한 힘이 없다면 그러한 대처방법은 고려에서 제외될 것이다. 이처럼 대처자원이 많을수록 선택 가능한 대처방법은 다양해진다.

분노는 대인관계나 조직사회에서 흔히 경험되는 부정 정서로서 사회적 지위나 권력이 대처결정과정에 강력한 영향을 미친다(권석만, 2016). 높은 지위나 강한 권력을 지닌 사람들은 분노를 표현할 수 있는 대처자원이 풍부한 사람들이다. 따라서 자신보다 낮은 지위에 있는 사람들에게 공격충동을 주저 없이 직접적이고 강력한 행동으로 나타낼 수 있다. 이러한 행동이 우리 사회에 회자되고 있는 소위 '갑질' 행동이라고 할 수 있다. 반면에 지위가 낮은 사람들은 공격할만한 대처자원이 부족하기 때문에 분노를 억제하거나 수동공격적인 표현방식을 선택하게 된다. 특히 상대방의 부당한 행동에 대해서 자신의 분노를 표출하지 못한 채 억제해야만 하는 서비스 직종의 종사자들은 '감정노동'에 시달리게 된다.

그러나 대처자원에 대한 평가는 주관적인 것이다. 강렬한 분노상태에서는 자신과 상대방의 대처자원에 대한 왜곡이 발생할 수 있다. 분노상태에서는 자신이 정당하며 우월하다고 생각하는 사고성향이 나타나게 된다. 분노하는 사람은 누구나 자신의 분노가 정당하다는 믿는 동시에 자신이 도덕적으로 우월하다고 생각한다. 따라서 자신은 상대방을 공격할 권리를 지니며 다른 사람들도 자신을 지지할 것이라고 생각한다. 또한 강렬한 분노상태에서는 상대방에게 보복을 가하고 싶은 강력한 충동으로 인해서 자신의 대처자원은 과대평가하는 반면 상대방의 대처자원은 과소평가하는 낙관적인 편향적 사고가 나타난다. 아울러 공격행동으로 인해서 결과적으로 초래될 자신의 피해 보다 상대방이 입게 될 피해에 초점을 맞추게 된다. 자신의 공격으로 인하여 상대방이 치명적인 피해를 입고 괴로워하는 모습을 상상하는 것은 매우 달콤하고 유혹적이기 때문에 자신이 입게 될 심각한 피해가 있더라도 충분히 감수할 수 있다는 생각을 하게 된다. 대처결정과정에서 나타나는 이러한 편향적 사고는 무모한 공격행동을 유발하여 분노의 역기능적 표현을 초래하게 된다.

2) 대처방식 선택 과정

대처자원에 대한 평가가 이루어지면, 자신이 동원할 수 있는 대처자원을 사용하여 상황에 대처하기 위한 다양한 방법을 고려하고 그 중에서 가장 효과적인 방법을 선택하여 실행에 옮기게 된다. 이러한 사고과정이 대처방식 선택과정으로서 여러 가지 **대처방안**(coping option)의 장·단점과 그 결과에 대한 평가가 이루어진다. 예를 들어, 배신한 친구에게 분노를 표현하고자 하는 경우, 여러 가지 대처방안이 고려될 수 있다. 예컨대, 신체적 폭력을 사용하는 방법, 언어적으로 분노를 표현하는 방법, 다른 친구들에게 그 친구의 배신행위를 폭로하는 방법, 주변사람들을 동원하여 그 친구를 고립시키는 방법 등을 고려할 수 있다. 또한 각각의 방법으로 분노를 표현했을 경우에 예상되는 효과와 부담에 대해서 평가한다. 이러한 평가에 따라 가장 효과적이고 가장 부담이 적은 대처방법을 선택하게 된다. 즉 상대방에게 가장 치명적인 피해를 입혀 최대의 고통을 주는 대신, 자신은 가장 적은 비용을 부담하고 가장 적은 피해가 예상되는 방법이 최종적인 대처행동으로 결정된다.

라자루스는 불쾌감정을 느끼는 대인관계 상황에 대처하는 다양한 방식을 크게 문제초점적 대처와 정서초점적 대처로 구분했다(Lazarus, 1981). **문제초점적 대처**(problem-focused coping)는 갈등이 발생한 상황을 해결하기 위한 대처노력을 의미한다. 즉, 갈등이 발생한 원인을 분석하고 그 원인을 변화시켜 갈등을 해결하고자 하는 현실적이고 직면적인 대처방식이다. 만약 동아리 활동에서 역할분담을 놓고 친구와 언쟁을 하여 기분이 몹시 상한 경우라면, 언쟁의 원인을 생각해 보고 나서 친구를 다시 만나 서로 한 발씩 양보하여 갈등을 해소하거나 또는 동아리 선배에게 중재를 구하여 서로 납득할 수 있는 해결책을 강구하는 것이 문제초점적 대처의 한 가지 예라고 할 수 있다. 문제초점적 대처는 흔히 자신이 문제해결이나 상황변화를 유도할 수 있다고 생각되는 경우에 적용하게 된다.

정서초점적 대처(emotion-focused coping)는 갈등으로 인해 발생된 정서적 불쾌감을 해소하기 위한 대처노력을 의미한다. 이러한 대처에는 여러 가지 다양한 방법이 있다. 첫째, 정서적 발산(emotional catharsis)은 불쾌한 감정을 적극적으로 표출하여 불쾌감정을 감소시키는 방식으로서, 가족이나 친한 친구에게 자신의 불쾌한 감정을 이야기하며 호소하는 것이 그 예다. 둘째, 주의전환(distraction)은 다른 일에 주의를 돌림으로써 불쾌한 감정을 잊으려는 노력을 말한다. 예컨대, 불쾌한 기분이 들 때 영화를 보거나 운동을 하거나 술을 마심으로써 기분의 변화를 시도하는 방법이 이에 속한다. 셋째, 인지적 재구성(cognitive restructuring)의 방법도 있는데, 이는 갈등상황의 중요성이나 그 의미를 재해석함으로써 불쾌감을 감소시키는 방법이다. 예를 들어, 갈등상황의 중요성을 현저하게 감소시킴으로써 불쾌감정을 완화시킬 수 있다. 또는 갈등상황 속에 내포되어 있는 긍정적 의미를 찾아내어 갈등상황을 오히려 성장과 발전의 기회로 재해석하게 되면 그 상황은 더 이상 갈등적인 상황으로 느껴지지 않는다. 넷째, 반추(rumination)는 불쾌한 감정과 그 당시 상황을 자꾸 반복해서 생각하는 것이다. 그러나 이 방법은 불쾌감정을 지속시키거나 악화시키는 것으로 알려져 있다. 다섯째, 환상추구(fantasy seeking)는 갈등이 잘 해결된 상황을 상상하면서 대리적인 만족을 느끼는 대처방법이다. 이성친구를 갈구하는 사람은 실제 행동을 취하기보다 가상의 이성 친구를 생각하며 즐겁게 지내는 장면을 상상하면서 대리적인 만족을 느끼는 경우가 그 예다. 여섯째, 소망적 사고(wishful thinking)는 기도나 기원을 통해서 갈등이 해결되기를 바라고 희망함으로써 갈등상황에 대처하는 방식이다. 흔히 종교적 절대자의 도움을 통해 갈등을 해결하려고 기원하거나 자신의 기원이 현실을 변화시키는 힘을 가지고 있다고 믿는 미신적인 행동이 그 예다.

대처방식은 그 유형에 따라 갈등상황을 해결하는 효율성이 다르다. 또한 갈등상황의 특성에 따라 효율적인 대처방식도 달라진다. 따라서 일반적으로 어떤 대처방식이 더 효율적이라고 평가하기는 어렵다. 인간은 직면한 갈등상황에 대한 평가, 대처자원에 대한 평가, 특정한 대처방식의 효율성에 대한 평가를 통해 대처행동을 선택하게 된다. 이렇게 선택된 대처행동의 효율성에 따라 때로는 갈등상황이 해결되기도 하고 때로는 오히려 악화되기도 한다.

3) 대처결정의 신중성

우리는 대인관계에서 특정한 사건을 접하면 그 의미를 추론하고 평가하는 과정을 통해서 대인감정을 경험하게 되는데, 이러한 과정은 마음 속에서 진행되는 내면적 과정이다. 따라서 다른 사람은 개인의 대인사고와 대인감정을 인식하기 어렵다. 대처결정 과정을 통해 비로소 대인행동이 표출되었을 때 다른 사람에게 실제적인 영향을 미치게 된다. 이처럼 대인관계에 직접적인 영향을 미치는 것은 대인행동이다.

한 순간의 잘못된 대처결정이 인간관계에 지속적인 악영향을 미칠 수 있다.

　대인행동은 상대방의 대인행동을 유발함으로써 지속적인 상호작용이 일어나게 된다. 긍정적인 인간관계는 우호적인 대인행동을 선택하여 상대방의 긍정적 대인행동을 유발함으로써 지속적인 선순환이 일어나는 관계를 의미한다. 반면에, 부정적인 인간관계에서는 적대적인 대인행동을 표출하여 상대방의 부정적 대인행동을 유발함으로써 악순환이 반복된다.

　부적응적인 대인관계를 나타내는 사람들은 사건의 의미를 부정적으로 왜곡하여 다른 사람에 대한 불쾌감정을 과도하게 느낄 뿐만 아니라 그에 대한 대처방식을 잘못 선택함으로써 악순환의 덫에 걸려 있는 경우가 대부분이다. 예컨대, 대인관계 불안형은 다른 사람의 반응을 거부적인 것으로 잘못 해석하여 불안을 느끼고 회피 행동을 선택함으로써 점점 더 고립된 상태로 빠져들게 된다. 대인관계 반목형은 다른 사람의 반응을 공격적인 것으로 잘못 해석하여 분노를 느끼고 보복 행동을 선택함으로써 대인관계의 갈등이 심화된다.

　대인관계를 개선하는 가장 중요한 방법은 악순환에 빠진 관계를 선순환으로 변화시키는 것이다. 대인관계의 악순환을 제거하기 위해서는 대인사고를 변화시키는 노력이 필요하다. 다른 사람의 행동을 과도하게 부정적인 것으로 해석하는 의미추론 및 의미평가 과정을 좀 더 현실적이고 긍정적인 것으로 변화시키는 노력이 필요하다. 보다 더 중요한 것은 신중한 대처결정 과정을 통해서 대인행동을 지혜롭게 조절하는 것이다.

　분노는 대인관계에서 가장 빈번하게 경험되는 부정 정서일 뿐만 아니라 대인관계에 가장 강력한 영향을 미치는 부정 정서이기도 하다. 대부분의 대인관계 갈등은 분노에 의해서 유발되고 악화된다. 특히 분노가 조절되지 않은 채 공격적인 과격한 행동으로 표출되었을 때 대인관계에 파괴적인 영향을 미치게 된다. 이러한 공격행동은 갈등과 싸움으로 비화되어 보복의 악순환과정을 통해 대인관계를 악화시킨다.

분노조절에 어려움을 겪는 충동적인 사람들은 불쾌감정을 인내하지 못하고 서둘러 해소하려는 **부정정서 조급성**(negative urgency)을 지니고 있어서 신중한 대처결정 과정을 거치지 못하고 충동적으로 행동하는 경향이 있다. 부정정서 조급성이 높은 사람들은 스트레스를 견디지 못하고 이를 쉽게 해소할 수 있는 부적절한 행동(예: 폭식, 게임, 쇼핑, 음주)에 몰두함으로써 다양한 중독행동에 빠져들 수 있다. 또한 충동적인 사람들은 행동하기 전에 계획을 세우지 못하고 자신의 행동이 어떤 결과를 초래할지 예상하지 못할 뿐만 아니라 과격한 행동을 통해서 쾌감과 스릴을 경험하려는 경향을 지닌다(Whiteside & Lynam, 2001).

긍정적인 인간관계를 위해서는 대처방식 선택과정의 신중성이 중요하다. **신중성**(prudence)은 선택을 조심스럽게 함으로써 불필요한 위험에 처하지 않으며 나중에 후회할 말이나 행동을 하지 않으려는 태도를 말한다. 우리 주변에는 충동적이고 경박한 언행을 하여 다른 사람과 불필요한 갈등을 불러일으키거나 추진하던 일을 그르치는 사람들을 보게 된다. 때로는 주변 상황에 대한 신중한 고려 없이 성급하고 무모하게 일을 추진하여 실패를 자초하는 사람들을 접하게 된다. 신중성은 언행을 사려 깊고 조심스럽게 할 뿐만 아니라 자신이 추구하는 장기적 목표가 효과적으로 성취되도록 체계적으로 접근하는 태도를 말한다(권석만, 2011).

신중한 사람들은 다음과 같은 4가지의 특성을 지니는 것으로 알려져 있다(Peterson & Seligman, 2004). 그 첫째 특성은 자신의 미래에 대한 숙고적 태도다. 자신이 처하게 될 미래의 상황을 미리 내다보고 준비하는 태도를 의미한다. 자신의 미래에 대해 깊이 생각하고, 계획을 세우고, 장기적 목표와 열망을 유지한다. 둘째, 자기파멸적인 충동에 저항하는 능력을 지닌다. 이는 자신의 충동과 감정에 대한 우수한 조절능력을 의미한다. 아울러 즉각적인 매력은 없지만 장기적으로 이득이 되는 행동을 끈기 있게 지속하는 능력을 지닌다. 셋째, 사려가 깊으며 반성적이다. 일상생활에서의 선택에 대해서 현실적인 점들을 심사숙고하여 고려할 뿐만 아니라 자신의 선택과 결과에 대해서 반성적인 태도를 지니고 있다. 넷째, 신중한 사람들은 조화와 균형을 중시한다. 자신에게 동기를 부여하는 다양한 목표와 관심사를 조화롭게 유지하면서 인생을 일관성 있고 안정되며 통합된 형태로 이끌어간다.

요약

1. 대인지각과 대인사고는 인간관계 상황에서 상대방에 대한 인상을 형성하고 그의 내면적 의도를 파악할 뿐만 아니라 자신의 행동을 선택하는 인지적 과정을 의미한다. 대인동기, 대인신념, 대인기술은 특정한 인간관계 상황에 임하기 전에 개인이 지니고 있는 성격적 특성인 반면, 대인지각과 대인사고는 인간관계 상황에서 다른 사람과 상호작용하며 개인이 내면적으로 경험하게 되는 인지적 활동이다.

2. 대인지각의 가장 중요한 과정은 상대방에 대한 첫인상을 형성하는 일이다. 인상형성은 매우 복잡한 과정으로서 얼굴생김새, 옷차림새, 비언어적인 행동과 같은 외부적 단서에 의해서 이루어진다. 또한 개인은 자신의 암묵적 성격이론에 근거하여 상대방의 인상뿐만 아니라 성격특성까지 추론한다.

3. 대인사고는 대인관계에서 일어나는 사건의 의미를 해석하고 평가하는 과정으로서 대인지각에 비해 더 복잡하고 상위수준의 인지기능이 관여하는 심리적 과정이다. 대인사고 과정은 의미추론 과정, 의미평가 과정, 대처결정 과정으로 구분할 수 있다.

4. 의미추론 과정은 대인관계에서 일어나는 사건의 의미를 추론하는 심리적 과정을 뜻한다. 귀인은 자신이나 타인이 나타낸 행동의 원인을 추론하는 과정으로서 크게 3가지 방향, 즉 내부적-외부적 귀인, 안정적-불안정적 귀인, 전반적-특수적 귀인으로 이루어진다. 의미추론 과정에는 다양한 인지적 오류가 개입될 수 있으며 그로 인해 상대방의 의도에 대한 왜곡과 오해가 발생할 수 있다. 사람들이 흔히 범하는 인지적 오류에는 흑백논리적 사고, 과잉일반화, 정신적 여과, 의미확대 또는 의미축소, 개인화, 감정적 추리 등이 있다.

5. 의미평가 과정은 의미추론 과정에서 파악된 의미의 긍정성과 부정성을 평가하는 과정을 의미한다. 의미평가 과정은 개인이 지닌 판단기준과의 비교를 통해서 이루어지며 그 결과에 따라 타인에 대한 대인감정이 결정된다. 이 과정에서 대인신념이 판단기준으로 영향을 미치게 되는데, 비현실적이고 경직된 대인신념을 지닌 사람은 부정적 평가를 통해서 부정적인 대인감정을 경험할 가능성이 높다.

6. 대처결정 과정은 대인관계 상황에서 자신이 어떻게 대처할 것인가를 판단하고 결정하는 심리적 과정이다. 이러한 결정과정에서 자신이 동원할 수 있는 대처자원을 평가하고 대처방법을 선택하는 판단이 이루어지게 된다. 대인행동은 의미추론 및 의미평가 과정과 더불어 대처결정 과정을 통해서 결정된다.

제8장

대인감정 및 대인행동

학 습 목 표

1. 긍정적 대인감정과 그러한 감정을 체험하는 심리적 과정을 이해한다.
2. 대인관계에서 경험하는 주요한 부정적 대인감정들을 제시할 수 있다.
3. 파괴적인 대인감정인 분노가 유발되고 행동으로 표출되는 과정을 설명할 수 있다.
4. 불안과 공포에 대한 다양한 대처행동을 제시할 수 있다.
5. 죄책감과 수치심의 공통점과 차이점을 설명할 수 있다.

1. 대인감정과 대인행동

우리가 인간관계에 관심을 갖는 이유는 그 안에 행복과 불행이 담겨 있기 때문이다. 인간관계에서 긍정적 감정을 많이 경험하면 행복감을 느끼게 되는 반면, 부정적 감정을 자주 경험하면 불행감을 느끼게 된다. 대인감정(interpersonal emotions)은 타인과의 관계 속에서 경험하는 다양한 정서적 체험을 의미한다. 인간이 느끼는 대부분의 정서, 즉 기쁨, 애정, 분노, 불안, 우울, 공포, 시기, 질투 등은 인간관계 속에서 체험하는 것이다. 아울러 이러한 감정은 행동적 반응을 수반한다. 이처럼 인간관계 상황에서 타인에게 표출하는 행동적 반응을 대인행동(interpersonal behaviors)이라고 한다. 우리의 인간관계는 대인감정을 느끼고 대인행동을 주고받는 과정이다.

이러한 대인감정과 대인행동을 결정하는 데에는 앞 장에서 설명한 대인동기, 대인신념, 대인기술, 대인지각과 대인사고가 개입한다. 그러나 이러한 과정들은 개인의 내면적 세계에서 작용하기 때문에 잘 의식되지 않는다. 복잡한 심리적 과정이 개입하는 인간관계에서 우리가 실제로 체험하는 것은 대인감정이며 우리가 겉으로 드러내는 것은 대인행동이다.

대인감정은 인간관계의 만족도를 결정하는 가장 중요한 심리적 요인으로서 인간관계의 발전 과정에 영향을 미친다. 기쁨, 애정, 편안함 등의 긍정적인 감정을 많이 느끼게 되는 인간관계는 만족스러워 그 관계를 지속하거나 더욱 심화시키게 된다. 반면, 불안, 분노, 우울 등의 부정적 감정을 많이 느끼게 되는 인간관계는 불만스럽고 고통스럽다. 이러한 불만스러운 인간관계는 갈등 해결을 위한 노력을 시도해야 하거나 아니면 종결시켜야 한다.

1) 인간의 감정

감정 또는 **정서**(emotion)는 외부적 자극에 대한 반응으로 경험하게 되는 느낌을 말한다. 감정은 주로 외부적 자극에 의해 유발되지만 때로는 내부적 자극(예: 기억, 상상, 생각 등)에 의해서 유발되는 경우도 있다. 인간의 감정은 매우 다양하지만 대부분 인간관계의 맥락에서 체험되는 것이다.

감정은 크게 3가지 요소, 즉 정서적 체험, 생리적 반응 그리고 행동준비성으로 구성된다. 첫째, 유쾌함–불쾌함 또는 좋음–싫음을 포함하는 주관적인 정서적 체험이다. 이러한 감정은 개인이 추구하는 목표와 관련된 사건에 대한 평가에 의해서 유발된다. 일반적으로 목표 달성이 진전되고 있다고 평가할 때는 긍정적인 감정을 느끼는 반면, 목표 달성이 방해받고 있다고 평가할 때는 부정적인 감정을 느낀다.

둘째, 감정은 생리적 반응을 수반한다. 특정한 감정은 그에 상응하는 자율신경계의 생리적 반응을 동반하게 된다. 예컨대, 불안을 느끼게 되면 근육이 긴장되고 심장이 빨리 뛰며 소화기 활동이 위축된다.

셋째, 감정의 핵심적 요소는 **행동준비성**(action readiness)이다. 특정한 감정을 느끼게 되면 그와 연관된 특정한 행동들을 표출하게 되는 압력을 느낌으로써 그러한 행동을 준비하게 된다. 예컨대, 두려움을 느끼면 도망가는 행동을 준비하게 되는 한편, 분노를 느끼면 상대방을 공격하는 행동을 준비하게 된다. 특정한 행동과 감정의 연합은 오랜 진화 과정에서 생존과 적응을 위해 형성되어 온 것으로 생각된다. 이러한 행동준비성은 감정을 유발한 사건에 대해서 효과적인 대처를 하도록 돕는 감정의 핵심적 기능이라고 할 수 있다.

감정은 흔히 기본감정과 복합감정으로 구분된다. **기본감정**(basic emotions)은 모든 인간에게 공통적으로 나타나는 원형적 감정을 뜻하는 반면, **복합감정**(complex emotions)은 기본감정의 조합에 의해 파생되는 감정을 뜻한다. 기본감정의 수는 학자마다 달리 주장하는데, 플루칙(Plutchik, 1980)은 8개의 기본감정을 주장하고 있다. 이러한 기본감정은 공포(fear), 분노(anger), 기쁨(joy), 슬픔(sadness), 수용(acceptance), 혐오(disgust), 기대(expectancy), 놀람(surprise)이다.

또한 이러한 기본감정들이 혼합되면 복합감정이 생겨난다. 예를 들면, 기쁨과 수용이 혼합되어 사랑의 감정이 생겨나고, 놀람과 슬픔의 혼합은 실망을, 혐오와 분노의 혼합은 경멸을, 그리고 기대와 기쁨의 혼합은 낙관의 감정을 생성한다.

인간이 경험하는 다양한 감정은 서로 밀접한 관계를 맺고 있다. 이러한 다양한 감정을 몇 개의 차원에 체계적으로 분류하려는 노력이 시도되었다. 그러한 노력을 기울인 사람 중의 한 명인 러셀(Russell, 1980)은 28개의 감정단어들을 사람들에게 유사성에 근거하여 평정하게 하였다. 다차원기법을 사용하여 자료를 분석한 결과, 감정은 크게 2차원, 즉 유쾌–불쾌 차원과 흥분–이완 차원에 배열될 수 있다는 것을 발견하였다. [그림 8-1]은 다양한 감정단어들이 2차원상에 공간적으로 배열된 위치를 나타내고 있다.

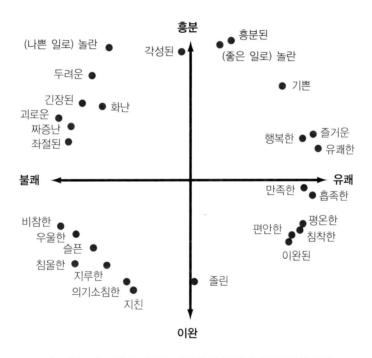

[그림 8-1] 러셀이 제시한 감정의 두 차원과 개별정서의 위치

2) 대인감정

인간의 경우, 대부분의 감정은 인간관계에서 체험된다. 인간의 감정은 진화 과정에서 형성한 생물학적 기반을 지니고 있지만 주로 인지적 평가의 결과로 발생한다. 이런 점에서 대인감정은 대인사고와 매우 밀접한 관계를 지니고 있다.

라자루스(Lazarus, 1991)는 정서가 사건에 대한 인지적 평가에 의해 유발된다는 가정하에, 평가과정을 일차적 평가와 이차적 평가로 구분하고 있다. 일차적 평가(primary appraisal)는 개인이 추구하는 목표와 관련지어 사건의 의미를 평가하는 과정인 반면, 이차적 평가(secondary appraisal)는 사건 상황에 효과적으로 대응하기 위한 대처방법을 평가하는 과정을 의미한다.

라자루스에 따르면, 감정은 일차적 평가의 산물이다. 일차적 평가과정에서 개인은 직면한 사건을 목표관련성, 목표합치성, 자아관여성의 측면에서 평가한다. 목표관련성(goal relevance)은 특정한 사건이 내가 현재 추구하는 목표와 관련되어 있는 정도를 말한다. 나의 목표와 무관한 사건에 대해서는 관심을 갖지 않게 되며 따라서 감정을 유발하지 않게 된다. 그러나 목표와 매우 밀접한 관련성을 지닌 사건에 대해서는 강한 관심을 갖게 된다. 목표합치성(goal congruence)은 사건이 목표추구에 도움이 되는 정도를 뜻한다. 목표추구에 도움이 된다고 평가하는 사건에 대해서는 긍정적 감정을 느끼게 되는 반면, 오히려 방해가 된다고 평가하는 사건에 대해서는 부정적 감정을 느끼게 된다. 좀 더 세부적인 감정은 사건이 개인의 안녕과 자존감에 어떤 영향을 미치고 있는지에 대한 평가, 즉 자아관여성(ego-involvement)의 평가에 의해 결정된다. 이처럼 일차적 평가의 내용과 그에 따라 체험되는 정서의 관계가 [그림 8-3]에 제시되어 있다.

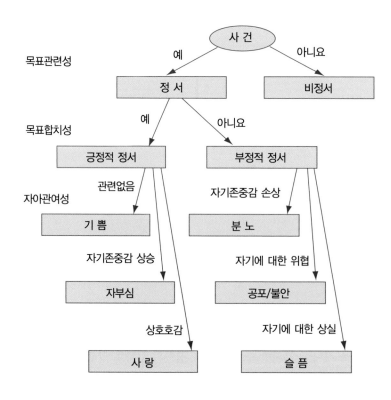

[그림 8-3] 사건의 단계적 평가와 정서의 체험

라자루스가 주장하는 일차적 평가는 앞 장에서 설명한 대인사고 중 의미추론 과정과 의미평가 과정에 대응되는 인지적 과정인 반면, 이차적 평가는 대처결정 과정에 해당되는 것으로 볼 수 있다. 라자루스(Lazarus, 1991)는 다양한 감정과 관련된 일차적 평가의 핵심적 사고내용을 〈표 8-1〉과 같이 제시하고 있다.

〈표 8-1〉 주요한 감정의 핵심적 사고내용

분노	나와 나의 것을 손상시키는 부당한 공격을 당했다.
불안	나에게 무언가 위험한 상황이 다가오고 있다.
슬픔	내가 소중하게 여기는 것을 상실했다.
죄책감	나는 도덕적인 잘못을 저질렀다.
수치감	나의 이상에 미치지 못하는 바보 같은 행동을 했다.
외로움	나는 타인들로부터 소외되고 있다.
사랑	특정한 사람을 좋아하며 그와 애정을 나누고 싶다.
연민	타인의 고통이 완화되도록 도와주고 싶다.
기쁨	내가 추구하는 소중한 목표가 실현되었다.
자기가치감	나는 가치 있는 소중한 존재다.
감사	나에게 주어진 것들이 축복이다.
안도감	위험한 상황이 사라지고 안전한 상태로 복귀했다.

3) 대인행동

대인행동은 인간관계 상황에서 개인이 겉으로 드러내는 언어적·비언어적 행동을 말한다. 우리는 상대방의 행동에 대한 일차적 평가, 즉 의미추론과 의미평가 과정을 통해 대인감정을 경험하게 된다. 그러나 인간관계 상황에서 경험된 특정한 감정은 다양한 방식의 대인행동으로 표현될 수 있다. 대인감정은 대인행동으로 표현되어야 비로소 상대방에게 영향을 미칠 수 있다. 대인감정은 이차적 평가, 즉 대처결정 과정을 통해서 특정한 대인행동으로 표출된다.

대인감정을 경험하면 생리적 반응과 더불어 대인행동이 촉발된다. 감정은 자율신경계 반응을 수반하기 때문에 근육긴장, 심장박동, 소화액 분비, 피부의 온도와 습도가 변화한다. 에크만 등(Ekman et al., 1983)에 따르면, 감정의 유형에 따라 수반되는 신체생리적 반응이 다르다. 예컨대, 심장박동은 행복, 놀람, 혐오보다 분노, 공포, 슬픔 등에서 더 빠르다. 피부의 온도는 공포나 슬픔의 경우보다 분노의 경우에 더 높다. 강렬한 불쾌감정을 지속적으로 경험하면 자율신경계가 과도하게 흥분되어 여러 가지 신체적 증상과 장애를 나타낼 수도 있다.

대인감정은 얼굴의 표정을 통해서 가장 먼저 겉으로 표현된다. 상대방이 어떤 감정을 느끼고 있는지는 그의 표정을 세심하게 살핌으로써 알 수 있다. 특정한 감정과 표정 간에는 밀접한 관계가 있다. 에크만(Ekman, 1984)에 따르면, 공포, 놀람, 분노, 혐오, 슬픔, 기쁨과 같은 기본정서는 여러 문화권에서 공통적인 표정으로 표현된다. 감정과 얼굴근육은 신경회로에 의해 연결되어 있어 특정한 감정을 느끼면 자동적으로 그에 상응하는 얼굴근육이 움직여 특정한 표정을 만들어 낸다. 그러나 수치심, 죄책감, 경멸과 같은 이차적 감정은 표정의 공통성이 상대적으로 적은 것으로 알려져 있다.

대인감정이 특정한 대인행동으로 표현되는 심리적 과정은 매우 복잡하다. 라자루스(Lazarus, 1991)에 따르면, 대인행동은 이차적 평가에 의해서 결정된다. **이차적 평가**(secondary appraisal)는 상대방에게 자신의 감정과 의사를 표현하는 다양한 가능성을 평가하는 것으로서 대처자원을 고려하여 최선의 대처방식을 선택하는 대처결정과정으로 이루어진다. 예컨대, 상대방의 무시하는 말투에 화가 난 사람은 속으로 분노를 느끼게 되고 상대방을 공격하고 싶은 욕구를 느낄 것이다. 그러나 강한 상대방에게 육체적 공격을 가할 경우, 오히려 더 큰 피해를 입을 수 있다는 생각을 하게 된다. 그러나 분노를 표현하지 않은 채 대화를 계속하기에는 괴롭다고 느낀다. 따라서 급한 일이 생겼다는 핑계를 대고 상대방을 회피하는 행동을 할 수 있다. 즉, 분노라는 감정을 내면적으로 체험하더라도 그러한 감정이 표현되는 방식은 이차적 평가 과정을 통해 다양하게 나타날 수 있다. 충동적인 사람은 이러한 사고과정의 중재 없이 감정을 즉각적이고 직접적인 행동으로 표출하게 되는데, 그러한 충동적 행동의 결과에 대한 책임을 지게 된다. 반면에 신중한 사람은 가능한 여러 가지 행동과 그 결과를 평가한 후에 자신의 행동을 결정하게 된다.

대인감정의 표현은 문화에 따라 달라질 수 있으며 개인마다 차이가 있다. 사람들은 감정표현의 정도에 따라 실제 감정보다 과장해서 표현하는 **외현형**(externalizer)과, 반대로 축소해서 표현하는 **내면형**(internalizer)으로 구분할 수 있다(민경환, 1995). 대체로 여성은 외현형에 속하고 남성은 내면형에 속하는 경향을 보인다고 한다. 또 동양문화권의 사람들은 감정표현을 억제하는 내면형이 많은 반면, 서구문화권에는 감정을 잘 드러내는 외현형의 사람이 많다. 특히 한국사회는 유교문화권으로서 감정표현을 억제하는 경향이 있으나 현대에 접어들면서 세대 간 차이를 나타내고 있는 듯하다. 젊은 세대는 기성세대에 비해 좀 더 적극적인 감정표현을 하는 경향이 있다.

인간관계는 대인행동을 서로 주고받는 과정으로서, 상대방의 행동에 대한 반응으로 자신의 대인행동을 나타내고, 그에 대한 반응으로 상대방은 대인행동을 하게 된다. 이처럼 서로의 대인행동이 꼬리를 물고 연쇄적으로 교환되며 나타나는 과정이 인간관계이기 때문이다. 대인행동은 타인의 행동에 대해서 느끼는 감정을 표현하는 경우가 대부분이다.

2. 긍정적인 대인감정과 대인행동

인간관계는 긍정적인 감정을 경험할 수 있는 행복의 가장 중요한 원천이다. 여러 국가에서 시행된 방대한 조사자료를 종합하여 분석한 디너(Diener, 2001)에 따르면, 행복감을 가장 일관성 있게 잘 예측하는 요인은 인간관계였다. 인간관계를 통해서 경험할 수 있는 긍정적인 감정은 매우 다양하다.

1) 애정과 사랑

애정(affection)은 호감을 느끼거나 좋아하는 사람에 대한 우호적인 긍정적 감정으로서 사랑의 마음을 의미한다. 애정은 사랑하는 사람을 향한 대인감정으로서 주로 인간관계에서 경험할 수 있는 대표적인 긍정적 감정이다. 낭만적 사랑에 빠져본 사람은 누군가를 사랑한다는 것이 얼마나 행복한 것인지 잘 알 것이다. 사랑의 감정을 느끼게 되면, 상대방에 대한 호감과 관심이 증가할 뿐만 아니라 그 사람과 가까이 있고 싶은 강렬한 욕구가 생겨나게 된다.

사랑의 감정은 3가지의 인간관계 경험에 뿌리를 두고 있다. 그 첫째는 부모에 대한 아이의 사랑이다. 어린아이는 부모에게 의지할 뿐만 아니라 부모와 함께 있을 때 안전감을 느끼기 때문에 항상 부모 곁에 있기를 원한다. 이처럼 우리에게 애정, 보호, 보살핌을 제공하는 사람에

누군가를 사랑하고 누군가로부터 사랑받는 것은 행복의 주된 원천이다.

대해서 느끼는 긍정적 감정이 사랑이다.

사랑의 두 번째 유형은 자녀에 대한 부모의 사랑이다. 자신이 보살펴야 할 어린 자녀에 대해서 애정을 느끼며 지극한 정성으로 보살피는 부모의 사랑이다. 이처럼 보호와 도움을 필요로 하는 사람에게 애정 어린 관심과 보살핌을 제공하려는 마음을 '내리사랑'이라고 부른다. 내리사랑은 애정을 느끼는 사람을 보호하고 지원할 뿐만 아니라 그 사람을 위해 희생을 감수하는 행동도 기꺼이 하도록 만든다.

마지막 세 번째 유형은 연인들이 느끼는 낭만적 사랑이다. 두 남녀가 서로에게 호감과 애정을 느끼며 정서적인 친밀감뿐만 아니라 성적인 열정을 나누는 사랑이다. 이러한 사랑은 두 사람이 대등한 입장에서 서로를 특별한 존재로 여기면서 애정과 보살핌을 주고받는 애착관계를 의미한다.

이처럼 사랑의 원형적 감정은 부모와 자녀 간의 사랑 그리고 연인 간의 낭만적 사랑에 근거하고 있다. 어떤 사람에게 사랑의 감정을 느끼게 되면, 그 사람에 대해서 호의적인 관심과 더불어 가까이 하고 싶은 그리운 감정이 생겨나며 접근적인 행동을 나타내게 된다. 사랑하는 사람과 함께 있으면 기쁨과 환희를 느끼게 되며 오래도록 함께 있기를 원한다.

사랑의 감정은 상대방과의 관계가 심화되는 단계에 따라 변화하게 된다. 초기 단계에서는 상대방에 대해서 약한 강도의 호감을 느끼게 되지만, 관계가 지속됨에 따라 호감과 친밀감이 증가하게 되면, 관계가 더욱 심화되면 강렬한 애정과 사랑으로 발전하게 된다. 사랑의 감정은 다양한 형태로 체험될 수 있으며 그러한 감정을 느끼는 대상과 관계에 따라서 가족애, 형제애, 우정, 동료애, 낭만적 사랑으로 지칭될 수 있다. 사랑은 사람뿐만 아니라 신, 자연, 반려동물 등 다양한 대상에 대해서도 경험할 수 있다. 사랑과 애정을 경험하게 되는 친밀한 관계에 대해서는 이 책의 3부에서 상세하게 설명될 것이다.

2) 기쁨과 환희

기쁨(joy)은 긍정적인 사건이나 변화로 인해 느끼는 흥분된 즐거운 감정이다. 특히 소망하는 목표를 달성했거나 그러한 목표에 근접하고 있다고 판단될 때 느끼는 긍정적 감정이 기쁨이자 환희다. 기쁨은 대인관계에서 성취하고자 하는 목표에 따라 다양한 상황에서 경험될 수 있다. 예를 들어, 구애를 하던 사람이 좋아하는 이성으로부터 사랑한다는 고백을 듣게 되었을 때는 환희를 느낀다. 부모, 상사, 스승으로부터 업적과 능력을 인정받고 칭찬받을 때 우리는 기쁨을 느낀다. 후배로부터 진정으로 존경과 경의의 칭송을 들을 때 우리는 만족감과 행복감을 느낀다.

애정이 누군가를 사랑할 때 느끼는 긍정적 감정이라면, 기쁨은 누군가로부터 사랑을 받을 때 느끼는 행복한 감정이라고 할 수 있다. 기쁨의 감정을 느끼게 되면 얼굴 표정이 웃는 모습으로 변한다. "뛸 듯이 기쁘다"는 말이 있듯이, 몸의 움직임이 많아지고 노래를 흥얼거리는 등의 외현적 행동이 증가한다. 자기의 확장감과 팽창감을 느끼게 되며 미래에 대해 낙관적이고 희망적인 사고가 증대된다. 아울러 불안과 죄책감을 망각하게 되고 그러한 부정적 감정으로부터 해방감을 느끼게 된다. 타인에 대해서도 관대해지고 이타적 행동이 늘어난다.

뛸 듯이 기쁜 환희의 감정

기쁨이나 환희와 같은 긍정적 감정은 대인관계에서 일어난 긍정적 사건에 대한 반응이지만 개인의 성격적 특성과 밀접한 관계를 가지고 있다고 주장하는 심리학자도 있다. 그러한 사람들은 '행복감을 느끼는 능력'이라는 용어를 쓰기도 한다. 어떤 사람은 사소한 사건에서도 긍정적 의미를 찾아내어 기쁨을 느끼는 반면, 어떤 사람은 누구나 기뻐할 만한 상황에서도 별다른 기쁨을 느끼지 못한다. 행복감을 느끼는 능력은 대인관계 속에서 일어나는 수많은 변화의 긍정적인 측면에 주의를 기울일 뿐만 아니라 크고 작은 사건의 의미를 긍정적인 것으로 해석하는 사고방식과 깊은 관계가 있다. '행복은 주어지는 것이 아니라 찾아내는 것'이라는 점을 깊이 음미할 필요가 있다.

3) 자기가치감

자기가치감(self-worthiness)은 자신을 가치 있는 소중한 존재로 느끼는 긍정적 감정으로서 **자기존중감**(self-esteem) 또는 **자부심**(pride)이라고 지칭되기도 한다. 자기가치감은 자신에 대한 타인의 긍정적 평가에 근거한다는 점에서 인간관계를 통해서 경험할 수 있는 대인감정이라고 할 수 있다.

인간이 자신을 가치 있는 존재로 판단하게 되는 가장 중요한 근거는 타인의 평가다. 자신이 다른 사람들로부터 소중한 존재로 존중받거나 자신의 행동과 수행에 대해서 인정과 칭찬을 받을 때, 인간은 자기가치감과 자부심을 느끼게 된다. 예를 들어, 자신의 성취에 대해서 주변의 많은 사람들이 "당신은 참 대단한 일을 했다. 당신의 성취에 대해서 경탄과 찬사를 보낸다. 당신은 참으로 유능하다"라는 반응을 보일 때, 스스로도 "나는 가치 있는 존재다. 나는 유능하고 대단한 사람이다"라는 생각과 더불어 자신에 대해 대견하고 뿌듯한 기분이 든다. 이러한 자기가치감은 자신을 자랑스럽게 느끼는 감정으로서 자기긍지감과 자신감의 바탕이 된다.

우리가 다른 사람들로부터 인정과 칭찬을 받을 때 기쁨을 느끼는 것은 자기가치감이 고양되기 때문이다. "칭찬은 고래도 춤추게 한다"는 말이 있듯이, 자기가치감이 고양되면 어떤 일에서든 성공할 수 있다는 자기효능감과 자신감이 증가할 뿐만 아니라 미래에 대한 낙관적 생각이 증대된다. 자기가치감을 느끼는 사람은 다른 사람을 대할 대에도 자신감 있고 자기주장적이며 당당한 행동을 나타내게 된다.

그러나 자기가치감이 지나치면, 부정적인 결과를 초래할 수도 있다. 특히 자기도취적이고 자기과시적인 행동을 나타내게 되면, 다른 사람에게 오만한 모습으로 비쳐질 수 있기 때문이다. 특히 겸양지덕을 강조하는 우리 사회에서는 자기가치감을 과도하게 나타내게 되면, 다른 사람에게 거부감을 줄 수 있다.

4) 감사

감사(gratitude)는 자신에게 주어진 것에 대해서 고마워하는 긍정적 감정을 뜻한다. 선물을 받았을 때 느끼는 행복한 마음이 바로 감사다. 감사는 선물을 받았다는 기쁨과 더불어 선물을 준 사람에 대한 고마움과 애정이 혼합된 긍정적 감정이다. 자신의 삶을 긍정적으로 평가하면서 "나는 참 많은 것을 받았다. 축복 받은 삶이다. 나는 행운아다"라고 여기는 행복감이 바로 감사다. 일반적으로, 감사는 자신의 현재 상태가 과분한 혜택을 받은 것이라는 축복감과 함께 이러한 혜택을 베풀어준 사람에 대한 고마움으로 구성된다.

감사는 자신에게 베풀어진 다른 사람의 수고와 배려를 인식하고 고마움을 느낄 뿐만 아니라 그에 보답하려는 행동적 성향을 포함한다. '선물을 받았을 때'의 경험에서 알 수 있듯이, 감사는 다른 사람의 행위로 인해서 혜택과 이익을 얻었다는 인식과 더불어 그에 수반하는 긍정적인 감정으로 이루어진다. 감사의 감정은 복합적인 것으로서 수혜를 받은 긍정적 상황에 대한 기쁨과 수혜를 베푼 존재에 대한 애정으로 구성되어 있다(Ortony, Clore, & Collins, 1987). 아울러 감사의 감정은 수혜를 베푼 존재에게 보답하려는 동기와 행동을 유발한다. 이러한 감사는 다음과 같은 3가지의 구성요소로 이루어진다. 그 첫째 요소는 수혜를 받은 사실에 대한 기쁨과 축복감이다. 둘째는 수혜를 베푼 사람에 대한 고마움과 우호적인 감정이다. 마지막 셋째 요소는 수혜를 베푼 사람에게 고마움과 우호적 감정을 표현하려는 행동적 성향이다. 이처럼 감사의 감정은 수혜를 베푼 사람에 대한 긍정적 감정과 호의적 행동을 유발할 뿐만 아니라 그 사람과의 긍정적인 연결감을 제공한다.

5) 유희감

유희감(amusement)은 어떤 활동을 하면서 재미있다고 느끼는 즐거움과 흥겨움의 긍정적 감정을 의미한다. 아이들이 놀이를 하면서 배고픔마저 잊고 빠져드는 행복한 마음이 바로 유희감이다. 유희감은 놀이, 오락, 예술 행위, 취미 활동을 하면서 "참 즐겁다. 재미있다. 신난다. 다음에 무슨 일이 벌어질까? 계속하고 싶다"고 느끼는 유쾌한 마음으로서 흔히 몰입과 무아지경에 빠져들게 만든다. 영화나 코미디를 감상하면서 예기치 못한 뜻밖의 상황에서 재미와 즐거움을 경험하는 것도 이러한 유희감에 속한다.

즐거운 흥겨움은 주로 인간관계 속에서 경험할 수 있는 주요한 긍정적 감정이다. 사람들이 모여야 웃고 떠들며 흥겨운 즐거움을 맛볼 수 있다. 현대인의 힘겹고 고단한 삶을 즐겁고 여유롭게 만들어 유희감을 느끼게 하는 것 중 하나가 유머다. 유머를 통해서 기분 좋게 웃을 수 있고 일상의 긴장을 해소하며 즐거운 마음을 갖게 된다. 유머는 삭막한 인생을 즐겁게 만드는 청량제라고 할 수 있다. 인생의 긴장감과 중압감을 즐거움으로 반전시키는 기폭제가 바로 유머다. 뛰어난 유머감각으로 주변 사람들에게 웃음과 즐거움을 선사하는 사람들이 환영받는 이유가 여기에 있다.

6) 안도감과 평온감

안도감(relief)은 주요한 긍정적 정서체험으로 여겨지고 있다. 안도감은 고통스러운 상황이 사라졌거나 더 나은 상태로 변화했다는 인식에 의해 생겨나는 긍정적 감정이다. 안도감을 느끼면 근육긴장이 이완되고 주변에 대한 경계를 풀게 되며 편안감을 수반하게 된다. 안도감 상태에서는 신체적으로 부교감 신경이 활성화되어 안정되고 이완된다.

우리는 인간관계에서 여러 가지 갈등과 불안을 경험할 수 있다. 이러한 갈등과 불안이 해소될 때 느끼는 긍정적 감정이 바로 안도감이다. 안도감은 부정적 감정이 사라질 때 느끼는 긍정적인 심리상태로서 불안, 죄책감, 긴장, 우울감과 같은 부정적 감정으로부터의 해방감이 수반된다.

평온감(serenity)은 편안하고 쾌적한 평화로운 마음이다. 평온감은 신뢰로운 사람들과 함께 있을 때 느끼는 긍정적인 대인감정으로서 안전감에 기반을 두고 있다. 신뢰로운 사람들과 함께 있다는 것은 다양한 위협으로부터 보호받을 수 있는 안전한 상태를 의미하기 때문에 불안이나 슬픔과 같은 부정적 감정으로부터 해방된 평온감을 느끼게 되는 것이다.

3. 부정적인 대인감정과 대인행동

인간관계는 행복의 주된 원천인 동시에 불행을 초래하는 가장 주요한 원천이기도 하다. 많은 사람들을 대상으로 최근에 경험한 고통스러운 사건을 조사한 연구(Veroff, Douvan, & Kulka, 1981)에서 응답자의 50% 이상이 인간관계, 특히 중요한 사람과의 이별이나 갈등을 들었다. 인간관계 문제는 사람들이 상담이나 심리치료를 받게 되는 가장 흔한 문제이기도 하다(Pinsker et al., 1985). 중요한 사람과의 갈등이나 이별은 우울증을 비롯한 다양한 자기파괴적 행동의 중요한 원인이 된다. 고통스러운 인간관계는 신체적 건강에도 해로운 영향을 끼쳐서 면역기능을 저하시킨다(Kiecolt-Glaser, 1999). 인간관계에서 경험할 수 있는 다양한 부정적인 감정을 잘 이해하고 적절한 대인행동을 통해 지혜롭게 대처하는 것이 매우 중요하다.

1) 분노

분노(anger)는 대인관계를 파괴하는 대표적인 부정적 감정이다. 기본적으로 분노는 개인의 가치를 떨어뜨리는 공격적 행동에 대한 반응적 감정이다. 개인적 가치를 떨어뜨리는 공격적 행동은 다양하다. 분노를 유발하는 첫 번째 유형의 공격적 행동은 개인의 신체나 소유물을 손상하는 행동이다. 신체적인 상해를 유발할 수 있는 신체적 가해행위나 개인의 소유물을 파괴하고 손상시키는 물리적 훼손행동은 분노를 유발하게 된다. 두 번째 유형의 공격적 행동은 비난, 무시, 모욕, 비하, 경멸, 푸대접 등과 같이 개인의 인격을 손상하는 비하적 공격행동이다. 세 번째 유형의 공격적 행동은 개인이 추구하는 목표달성을 방해하고 좌절시키는 행동이다. 분노는 이렇듯 개인의 가치를 훼손하는 여러 가지 공격적 행위에 대한 적극적인 대응감정이다. 흔히 분노감정은 공격적 행위를 한 대상에게 향해진다. 이러한 분노감정의 강도는 공격행동에 의한 손상의 정도에 비례하며 공격행동이 의도적이고 악의적이었을 때 더욱 강한 분노를 느끼게 된다.

분노는 공격과 복수의 행동을 유발한다. 분노감정의 표현에는 '눈에는 눈, 이에는 이'라는 탈리오 법칙이 흔히 적용된다. 분노의 감정을 느끼게 되면 상대방에 대해 공격적인 행동을 하고 싶은 공격충동이 일어난다. 동물의 경우, 분노를 느끼면 이빨을 드러내게 되고 발톱을 세우는 등 공격을 위한 준비행동을 나타내게 된다. 사람의 경우에도 분노를 느끼면 자율신경계가 활성화되고 눈매가 사나워지며 이를 꽉 깨물고 주먹을 불끈 쥐는 등 공격행위와 관련된 행동들이 나타나게 된다. 특히 분노감정이 강하고 상대방이 약할수록 공격충동은 행동화되는

분노는 대인관계를 파괴하는 가장 위험한 감정이다.

경향이 있다.

　분노감정은 직접적인 공격행동 외에 다양한 방법으로 표현되고 해소될 수 있다. 첫째, 대치행동(displacement)으로서 분노를 유발한 사람이 아닌 제삼의 대상에게 공격행동을 하는 것이다. "종로에서 뺨맞고 한강에서 분풀이 한다"는 말이 있듯이, 분노를 일으킨 대상이 아닌 다른 약한 대상에게 분노감정을 대치하여 표출하는 방법이다. 직장 상사에게 심한 야단을 맞고 집에 돌아와 부인이나 자녀에게 화를 내는 것이 대치행동의 한 예다. 이러한 대치행동은 분노유발자가 강하여 직접적인 공격행동이 불가능한 경우에 분노 감정을 표출하는 우회적 방법의 하나다.

　둘째, 수동적 공격(passive aggression)으로서 겉으로는 공격적 의미가 드러나지 않지만 상대방을 간접적으로 괴롭히는 우회적인 공격방법이다. 예를 들면, 우연을 가장하여 상대방과의 약속을 어겨 기다리게 하거나 상대방이 필요로 하는 정보나 자료를 제공하지 않는 행동 등이 수동적 공격행동에 속한다.

　셋째, 분노감정을 내향화하는 방법이다. 상대로부터 공격을 당해 나의 가치가 훼손된 것은 결국 내가 약하고 잘못했기 때문이라고 문제의 근원을 자기 자신에게 돌림으로써 자책하는 것이다. 이러한 방법은 때때로 분노감정을 우울감정으로 변화시키기도 한다.

　넷째, 승화의 방법이다. 승화는 개인에게 향해진 분노감정을 직접 발산하기보다는 사회적으로 용인된 건설적인 방법으로 발산하는 방법이다. 스포츠를 통해 발산하거나 창조적인 작업에 매진함으로써 분노감정을 해소하는 방법이다. 이는 분노감정을 해소하는 성숙한 발산법으로 여겨지고 있다.

　다섯째, 마지막 방법은 용서다. 용서는 개인의 종교적 또는 철학적 가치관에 근거하여 상대방에 대한 분노감정과 공격충동을 스스로 해소하는 것이다. 이러한 용서는 분노감정을 처리하는 가장 성숙된 방법인 동시에 가장 어려운 방법이기도 하다. 흔히 분노는 공격행동을 낳고 공격행동은 상대방의 분노를 유발하여 다시금 공격행동을 받게 되는 복수의 순환과정으로 발전될 수 있다. 이러한 상호적 공격행위를 통해 승부를 떠나 쌍방은 힘을 낭비하고 피해를 입는 경우가 대부분이다. 분노감정과 공격충동의 이러한 파괴성을 깊이 인식하고, 상대방과의 대결적 관계를 협력적 또는 비대결적 관계로 전환하며, 서로의 성장과 발전을 위한 미래지향적인 대처가 용서인 것이다. 그러나 분노에 의한 공격충동은 자제하기 어려운 충동의 하나다. 용서는 이러한 충동을 의식적으로 조절하는 강한 자기통제력이 뒷받침되어야 한다는 점에서 진정으로 강한 사람만이 용서를 할 수 있다.

사람마다 분노를 느끼는 정도가 다르다. 분노를 잘 느끼는 사람이 있는 반면, 그렇지 않은 사람도 있다. 심리치료자인 엘리스(Ellis, 1972)는 분노감정을 잘 느끼는 사람의 심리적 특성과 그 유발과정에 대해서 다음과 같이 분석하고 있다.

첫째, 우리는 옳고 그름 또는 선하고 악함에 대해 나름대로의 정의를 내리고 있다. 예를 들면, 우리는 다른 사람을 돕고 진실을 말하는 것은 옳은 것이며 다른 사람을 해하고 거짓말을 하는 것은 나쁜 일이라는 선악에 대한 관습적 정의를 내면화하고 있다. 뿐만 아니라 개인적인 관점에서 "나를 관대하게 대하는 타인의 행동은 옳은 것이며 나를 무시하고 공격하는 타인의 행동은 옳지 못하다"는 선악에 대한 개인적 정의를 지니고 있다. 분노를 잘 느끼는 사람은 삶에 있어서 옳고 그름을 중요시하며 옳고 그름에 대해 이분법적이고 절대적인 정의를 내리는 경향이 있다.

둘째, 선악의 정의에 기초하여 행위적 계율을 타인에게 부과한다. 옳은 일은 행해야 하며 악한 일은 행해서는 안 된다는 계율을 다른 사람에게 강요한다. 예를 들면, "당신은 나를 관대하게 대해야 하며 나를 무시하거나 공격해서는 안 된다"라는 개인적 계율을 다른 사람에게 암묵적으로 강요하고 있다. 분노를 잘 느끼는 사람은 여러 가지 정교한 계율들을 타인에게 엄격하게 부과하는 경향이 있다. 그리고 이러한 계율을 지키지 못하는 많은 사람에게 분노를 느끼게 된다.

셋째, 상대방이 계율을 어긴 것에 대한 평가과정이 뒤따르게 된다. 분노를 잘 느끼는 사람은 계율을 어긴 것에 대해서 과장된 평가를 하는 경향이 있다. 개인적 계율을 어긴 행동에 대해서 "이런 일은 도저히 인간으로서 할 수 없는 일이다. 당신은 사람도 아니다. 짐승만도 못하다. 당신은 결코 그렇게 행동해서는 안 된다. 이런 일을 하다니 도저히 참을 수 없다" 등의 판단을 내리고 단죄하게 된다.

넷째, 계율을 어긴 사람에 대한 처벌을 하게 된다. "그런 행동을 한 당신은 비난받아야 하고 처벌되어야 한다"라는 처벌에 대한 당위성 부여와 더불어 처벌 또는 복수의 행동이 뒤따르게 되는 것이다.

　엘리스는 이러한 분석에 근거하여 불필요한 분노감정을 조절하는 몇 가지 제안을 하고 있다. 첫째, 선악에 대한 유연한 기준을 지닌다. 선악의 정의와 기준은 사람과 상황에 따라 달라질 수 있는 것이며 절대적인 선악의 기준은 찾기 어렵다. 둘째, 타인에게 과도한 당위적 계율을 엄격하게 부과하지 않는다. 즉, 타인의 행동에 대해서 현실적인 기대를 한다. 셋째, 타인이 계율이나 기대에 어긋나는 행동을 했을 때 이에 대해서 현실적인 평가를 한다. 실질적으로 나에게 돌아온 피해와 손해에 대해서 과장된 평가를 하지 않는다. 넷째, 처벌보다는 방지에 초점을 맞춘 대응을 한다. 중요한 것은 상대방을 처벌하는 것이 아니라 내가 원치 않는 행동을 상대방이 더 이상 하지 않도록 하는 것이다. 이처럼 분노감정을 지혜롭게 잘 조절하는 능력은 원만한 인간관계를 유지하는 데에 필수적인 요건이라고 할 수 있다.

🔍 탐구문제

　　분노는 대인관계를 파괴하는 위험한 감정이다. 최근에 누구와 어떤 갈등을 겪으면서 분노를 느꼈는지 살펴본다. 나를 화나게 한 사람은 누구인가? 그 사람과 어떤 일로 분노를 느꼈는가? 분노를 경험했을 때 어떤 방식으로 표현했는가? 그러한 방식으로 분노를 표현하고 나서 그 사람과의 관계가 좋아졌는가 아니면 나빠졌는가? 어떤 방식으로 분노를 표현했어야 내가 원하는 결과를 얻을 수 있을까?

---

2) 불안과 공포

　불안과 공포는 위험에 대한 반응적 감정이다. **불안**(anxiety)은 막연하고 모호한 위험에 대한 반응인 반면, **공포**(fear)는 구체적이고 임박한 강력한 위험에 대한 반응으로 구분된다. 흔히 비유로 설명하여, 밀림 속에서 동물의 소리가 들리지만 어디에 있는 어떤 동물의 소리인지가 불확실한 상황에서는 불안을 느끼게 되지만, 갑자기 사자가 발톱을 세우고 덤벼드는 상황에서는 공포를 느끼게 된다.

　대인관계에서 가장 흔히 경험하는 부정적 감정은 불안일 것이다. 불안은 개인의 가치나 인격이 손상될 위험성이 높은 상황에서 경험된다. 첫째, 개인의 능력과 인격이 평가되는 상황에서는 불안을 경험하게 된다. 즉, 평가적인 상대방 앞에서는 불안수준이 높아진다. 특히 호감을 얻고 높은 평가를 받고자 하는 상대 앞에서는 더욱 불안해진다. 일상적인 대화상황보다는 입시면접이나 취업면접의 상황에서 더욱 불안해진다. 멋진 이성의 앞에서는 그렇지 않은 이성을 대할 때보다 더욱 긴장된다.

불안과 공포는 위험에 대한 정서적 반응이다.

둘째, 상대방의 반응을 예측할 수 없거나 적대적인 태도를 지니고 있다고 판단될 때 불안이 높아진다. 낯선 사람을 만날 때 불안이 높아지는 이유는 상대방이 어떻게 반응할 것인지를 예측할 수 없고 따라서 위협적인 상황으로 지각되기 때문이다. 아울러 무섭고 난폭한 상사를 대할 때 불안해지는 이유는 적대적인 태도로 인해 개인의 인격과 가치가 손상될 가능성이 높은 상황에 노출되기 때문이다.

셋째, 대인관계 상황에서의 대처능력에 대한 자신이 없을 때 불안이 더욱 증대된다. 예측하지 못한 상황이거나 적대적인 상대에 대해서 적절하게 대응할 수 있다는 자신감이 있는 사람은 불안을 느끼지 않는다. 즉, 자신의 가치나 인격이 손상될 위험상황에 대한 대처능력이 부족하다고 생각하는 경우에 불안이 높아지게 되는 것이다.

불안과 공포에 대한 가장 일반적인 대처행동은 회피와 도피다. 위험하고 두려운 상황을 벗어나 안전한 상황으로 도망가는 것이다. 동물의 경우에도 불안은 도주반응과 밀접하게 연결되어 있다. 불안한 상황을 피하는 것은 위험가능성을 줄이는 최선의 대응방법이다. 그러나 회피나 도피가 인간사회의 대인관계에서는 비효과적일 때가 많다. 우리는 불안하다고 해서 입시면접이나 취업면접을 회피할 수 없다. 불편하다고 해서 이성과의 만남을 마냥 회피할 수는 없다. 직장 상사가 무섭다고 해서 업무보고를 마냥 미룰 수는 없는 일이다. 뿐만 아니라 불안한 상황을 자꾸 회피하게 되면, 그 상황에 적절하게 대처하는 행동을 배울 기회를 잃게 된다. 누구나 낯선 상황에서는 약간의 불안을 느끼게 마련이지만 그러한 상황을 자꾸 접하게 되면 대처하는 기술이 늘게 되어 불안 없이 그 상황을 대할 수 있게 된다.

대인상황에서의 불안이 매우 심하여 이러한 상황을 지속적으로 회피하는 경우를 사회불안장애(social anxiety disorder)라고 한다(권석만, 2013). 이러한 장애를 지닌 사람은 낯선 사람과 만나는 상황, 여러 사람들과 함께 지내야 하는 상황, 다른 사람 앞에서 발표를 해야 하는 상황을 피한다. 따라서 그러한 상황이 실제로는 위험하지 않다는 점과 그러한 상황에서 어떻게 대처해야 하는지를 배우지 못하게 된다. 그 결과 사회적 상황에 대한 두려움이 증폭되고 사회적 상황을 더욱 회피하게 되는 악순환에 빠지게 된다. 이와 같이 대인관계에서 느껴지는 불안에 대한 회피 및 도피 행동은 비효과적이며 부적응적인 결과를 초래하는 경우가 많다.

불안과 공포에 대한 두 번째 대처행동은 위험상황을 기다리며 경계하고 대비하는 것이다.

급박한 위험상황에 대응하기 위해 자율신경계가 흥분하여 동공이 확대되고 혈압이 상승하며 내장이 수축되는 등의 신체적 대응반응이 나타난다. 아울러 몸의 근육이 긴장하고 발생할 위험상황에 주의를 기울이며 경계를 하고 행동이 조심스러워진다. 이러한 신체적 · 심리적 상태는 불쾌하고 고통스럽게 느껴진다.

세 번째의 대처행동은 불안을 감소시키기 위한 행동이다. 불안은 불쾌한 감정상태이므로 이러한 감정상태에서 벗어나기 위해 불안 자체를 감소시키기 위한 여러 가지 행동이 증가한다. 예를 들어, 취업면접을 앞둔 불안한 사람이 줄담배를 태우거나 커피를 마시거나 가만히 있지 못하고 손을 비비고 부산하게 움직이는 행동을 하는 이유는 긴장수준을 감소시키기 위한 것이다.

불안과 공포의 네 번째 대처행동은 분노를 느끼고 선제공격을 가하는 것이다. 자신에게 위험을 초래할 수 있는 대상, 즉 불안하게 만드는 대상에 대해서 분노를 느끼고 먼저 공격적 행동을 하는 것이다. "겁이 많은 개가 잘 짖는다"는 말이 있듯이, 동물은 위협을 느끼게 되면 방어적인 공격행동을 하게 된다. 화를 잘 내는 사람 중에는 실상 내면적으로 불안하며 이러한 불안을 해소하기 위한 방어적 대처로서 화를 내는 사람도 있다. 분노는 불안과 매우 밀접한 관계를 가지고 있는 감정이다.

대인관계에서 불안을 느끼는 정도는 사람마다 다르다. 불안을 많이 느끼는 사람은 4가지의 인지적 특성을 지닌다. 첫째, 대인관계에서 부정적인 결과를 초래할 수 있는 위험요소에 주의를 기울이고 이에 예민하다. 예컨대, 대인불안이 높은 사람은 앞으로 만나게 될 낯선 사람의 가능한 행동 중 자신을 위협할 수 있는 부정적 행동을 다양하게 상상한다. "나를 싫어하지 않을까? 나를 무시하지 않을까? 나를 거부하지 않을까? 나에게 화를 내지는 않을까? 무리한 요구를 하지 않을까?" 등과 같이 대인관계에서 발생할 수 있는 위험요소에 관심과 주의를 기울인다. 아울러 실제 만남에서 다른 사람이 하는 여러 가지 행동 중에서 비호의적이고 거부적인 행동에 선택적으로 주의를 기울이고 이를 중요하게 생각하여 예민하게 반응하는 경향이 있다.

둘째, 대인불안이 높은 사람은 위험한 일이 일어날 확률을 과대평가하는 경향이 있다. 예를 들어, 다른 사람에게 어떤 부탁을 할 경우, 그가 화를 내며 거절할 가능성을 지나치게 높게 평가함으로써 불안이 높아지게 된다. 셋째로, 이들은 두려워하는 위험한 일이 실제로 발생할 경우에 초래될 부정적 결과를 과대평가하는 경향이 있다. 앞의 예에서, 상대방이 화를 내며 요청을 거절할 경우 자신에게 돌아올 결과와 영향을 과장해서 예상한다. 당황하고 무안해서 매우 괴로울 것이라거나 그 사람과의 관계가 앞으로 치명적으로 악화될 것이라거나 그가 다른 사람들에게 나쁜 소문을 퍼뜨릴 것이라는 등의 부정적 결과를 비현실적으로 과장해서 예상하게 되면 더욱 불안해질 것이다.

셋째, 대인불안이 높은 사람은 이러한 부정적 결과가 실제로 발생할 경우 대응하는 자신의 대처능력에 대해서 과소평가하는 경향이 있다. 설혹 상대방과의 관계가 악화되고 자신에 대한 나쁜 소문이 퍼진다고 하더라도 이를 회복시키고 수정할 수 있는 능력이 자신에게 있다고 믿게 되면 불안은 감소한다. 그러나 대인불안이 심한 사람은 자신의 대처능력을 과소평가하고 적절한 대처방법을 갖고 있지 못하다고 판단하기 때문에 심한 불안을 경험하게 되는 것이다.

3) 슬픔과 우울

슬픔(sadness)은 기본적으로 상실에 대한 인간의 정서적 반응으로서 인간관계에서 흔히 경험되는 부정적 감정이다. 슬픔은 사랑하는 사람과의 이별과 같이 인간관계의 상실을 경험할 때 느끼게 되는 고통스러운 감정이다. 특히 그러한 상실이 어떠한 방법으로도 복원할 수 없는 것일 때 슬픔은 더욱 커진다. 슬픔의 감정이 지속되면서 의욕상실과 무기력 상태가 나타나면 우울(depression)로 발전할 수 있다.

슬픔과 우울은 다양한 대인관계 상황에서 경험된다. 첫 번째 상황은 사랑하는 사람의 죽음이나 이별이다. 사랑하는 사람에는 가족, 연인, 친구, 동료 등이 포함된다. 서로 애정을 느끼며 친밀감과 신뢰감을 느끼는 사람은 사회적 자기의 중요한 일부다. 그러므로 이러한 사람들과의 이별은 나의 중요한 일부를 상실하는 부정적 사건이다. 자신에게 중요한 사람일수록, 그리고 그러한 사람의 상실을 예상하지 못한 상태에서 갑자기 발생할수록 슬픔은 더욱 커진다.

두 번째 상황은 다른 사람으로부터의 긍정적인 관심과 애정을 상실했을 때다. 자신에게 각별한 애정을 기울여 주는 사람이 어떠한 계기로 그러한 애정을 철회하거나 냉정한 반응을 나

대인관계에서의 상실과 이별은 우울감을 유발한다.

타낼 때 우리는 슬픔을 경험한다. 또는 간절히 기대하고 갈망하던 애정을 얻지 못하고 포기해야 하는 상황도 우리에게 슬픔을 준다. 예를 들어, 다른 사람에게 표현한 애정이 무정하게 거부당하여 그로부터 애정을 기대할 수 없는 상황에서 우리는 슬픔을 느끼게 된다.

슬픔을 느끼게 되는 세 번째 상황은 자신의 중요한 가치나 역할을 상실했을 때다.

신체의 일부를 크게 손상당하거나 사회적 지위를 잃어버리는 경우와 같이 자신의 중요한 가치를 상실했을 때 슬픔을 느낀다. 오랜 직장에서 퇴직을 해야 하는 상황과 같이 자신의 사회적 역할을 상실하게 되면 우리는 슬픔을 느끼게 된다.

슬픔의 행동적 표현은 매우 다양하다. 슬픔을 표현하는 방식은 슬픔의 강도에 따라 다르고 개인마다 다르며 문화에 따라서도 차이가 있다. 슬픔에 대한 행동적 반응은, 첫째, 슬픈 감정을 표출하는 애도행동이다. 눈물을 흘리고 통곡을 하거나 가슴을 치는 등 슬프고 괴로운 감정을 표출하게 된다. 아울러 상실한 사람을 그리워하고 아쉬워하며 상실의 아픔을 괴로워하는 행동이 나타난다.

둘째, 무활동(inactivity)이다. 슬픔을 느끼면 활동수준이 감소한다. 외부에 대한 관심과 욕구가 줄고 외부환경으로부터 철수하여 자기 속으로 침잠하는 경향이 나타난다. 두문불출하여 칩거하거나 음식섭취를 중단하고 즐거운 활동을 멀리하게 된다.

셋째, 상실한 사람에 대한 과거기억을 떠올리고 반추하는 행동이 나타난다. 즐거운 경험을 아쉬운 마음으로 되새기고 괴로운 경험에 대해서는 후회를 하기도 한다.

넷째, 슬픔을 혼자 감당하기 힘들 경우에는 다른 사람의 도움이나 정서적 지지를 추구한다. 이 경우, 주변 사람들의 위로와 지지는 슬픔을 극복하는 데 커다란 도움이 된다. 아울러 다른 수단에 의해 상실한 대상을 복원하거나 보상하려는 노력을 기울인다. 흔히 가까운 사람을 상실한 슬픔을 잊고 극복하기 위해 다른 사람과 급격하게 친밀한 관계를 맺는 경우가 이에 속한다.

다섯째, 슬픔으로 인한 고통이 심할 경우에는 이러한 고통을 주고 떠나간 사람에 대한 분노와 원망이 나타나기도 한다. 아울러 중요한 사람을 잃고 살아가야 하는 미래에 대한 불안감정이 수반될 수도 있다.

여섯째, 상실이 개인의 삶에 매우 중요하여 슬픔이 장기간 지속되는 경우에는 우울 또는 절망의 상태로 발전할 수 있다. 대체로 상실의 슬픔은 시간의 흐름과 더불어 자연적으로 회복되는 것이 일반적이다. 그러나 이러한 깊은 슬픔이 장기간 지속되어 일상적 생활에 현저한 곤란과 장애를 보일 정도가 되어 우울증으로 발전하는 경우도 있다. 일반적으로 슬픔을 충분히 표현하지 못할 때 슬픔이 오래가는 경향이 있다. 슬픔을 다른 사람에게 표현하고 상실의 슬픔과 아픔을 다른 사람으로부터 충분히 공감받는 것은 슬픔을 이겨내는 가장 효과적인 방법이다. 아울러 상실의 빈자리를 다른 사람이나 의미 있는 일을 통해 서서히 채워가는 노력이 필요하다.

4) 외로움

외로움(loneliness)은 다른 사람들과 단절되어 있다고 느끼는 주관적인 고립감으로서 인간관계에서 흔히 경험하는 부정적 감정이다. 외로움은 사회적 관계에 대한 개인의 바람과 현실의 괴리에 의해서 경험되는 주관적인 감정이다. '군중 속의 고독'이라는 말이 있듯이, 인간은 많은 사람들과 함께 있으면서도 외로움을 느낄 수 있다. 특히 사회적 관계에 대한 기대가 높아서 많은 사람들과 강렬한 유대관계를 원하는 사람은 이러한 기대가 충분히 충족되지 않을 경우에 외로움을 느낄 수 있다. 반면에 사회적 관계에 대한 기대가 낮은 사람은 혼자 생활하는 고립된 상태에서도 외로움을 느끼지 않을 수 있다.

외로움은 혐오적인 불쾌감정으로서 다른 사람과의 사회적 연결을 하도록 동기화한다. 인간은 사회적 존재로서 생존과 발전을 위해서는 다른 사람과의 연결이 필요하다. 따라서 다른 사람과의 연결이 부족하거나 고립된 상태에서는 자신의 대인관계를 개선하고 확장하도록 동기화하는 불쾌감정이 바로 외로움이라고 할 수 있다.

외로움은 타인과의 관계에 대한 부정적 평가에 기인한다. 특히 타인과의 관계가 기대에 미치지 못하여 자신이 그들과 의미 있는 관계 속에 있지 못하고 홀로 단절되어 있다는 생각에 의해 외로움이 유발된다. 외로움을 느끼는 사람들은 자신의 인간관계를 평가하여 "나는 혼자다", "믿고 신뢰할 사람이 아무도 없다", "나를 진정으로 위해 주는 사람은 아무도 없다", "나의 어려움을 도와줄 사람이 아무도 없다"는 생각을 지니게 된다. 특히 "나는 다른 사람들로부터 버려졌다", "앞으로도 다른 사람들은 나에게 관심과 애정을 갖지 않을 것이다"라는 생각을 지니게 되면 외로움은 참기 어려운 고통이 된다. 외로움은 경미한 수준에서는 불안감과 유사하지만 외로움이 심하고 장기화되면 우울감으로 발전하게 된다.

외로움의 연구자(Schmidt & Sermat, 1993)에 따르면, 2장에서 설명한 바 있듯이, 인간은 4가지 영역의 동반자가 필요하다. 즉, 가족 동반자, 낭만적 동반자, 사회적 동반자, 직업적 동반자 중 한 영역의 동반자가 결여되어 있거나 불만족스런 관계를 갖게 되면 외로움을 경험하게 된다고 한다. 특히 이러한 동반자와의 관계가 개선될 수 없다는 예상을 하게 되면, 더욱 심한 외로움을 느끼게 된다. 아울러 타인에 대한 의존적 욕구나 친화적 욕구가 강한 사람들은 타인과의 관계에 대한 높은 기대를 지니게 되어 쉽게 외로움을 느끼는 경향이 있다.

일반적으로 외로움은 개인이 관계를 맺고 있는 사회적 연결망이 좁고 사회적 관계의 만족도가 낮을수록 더 커진다. 또한 절친이나 연인이 없을 경우에 외로움은 강화된다. 특히 새로운 곳으로 이사를 하거나 친한 친구나 연인과 헤어지는 사회적 상황은 외로움을 유발하게 된다. 외로움의 강도는 친밀한 관계의 차단에 의해서 유발되는 불쾌감의 수준에 의해서 결정된다.

외로움은 사회적 상황의 특수성에 의해서 촉발될 뿐만 아니라 개인의 심리적 특성에 의해서 유발되는 것으로 알려져 있다. 외로움을 많이 느끼는 사람은 자기가치감이 낮을 뿐만 아니라 자신과 타인을 부정적으로 평가하는 경향이 있다. 또한 이들은 다른 사람들이 자신을 거부할 것이라는 기대를 지닐 뿐만 아니라 타인을 불신하고 냉소적인 행동을 통해서 다른 사람들로부터 거부당할 가능성이 높은 행동을 많이 하는 경향이 있다(Masi et al., 2011).

5) 죄책감과 수치감

죄책감과 수치감은 자신의 잘못에 대해서 느끼는 부정적 감정이다. **죄책감**(guilt)은 도덕적 기준에 비추어 잘못한 행동에 대해서 느끼는 감정인 반면, **수치감**(shame)은 이상적인 자기모습에 비추어 잘못한 행동에 대해서 느끼는 감정이다. 우리는 성장과정에서 부모나 사회의 도덕적 기준을 내면화하여 자신의 부도덕한 행위에 대해서 스스로 자신을 비난하는 자기처벌적인 감정을 느끼게 되는데, 이러한 감정이 죄책감이다. 거짓말을 하거나 물건을 훔치거나 타인에 대해 음란한 성적인 상상을 하는 등의 부도덕한 행위나 소망에 대해 죄책감을 느낀다. 특히 자신의 행동으로 인해 타인이 괴로워하고 손상을 당하는 경우처럼 타인의 불행이 자신의 책임이라고 생각될 때 죄책감을 느끼게 된다. 이러한 죄책감은 자신으로 인해 타인이 경험하게 되는 고통과 불행에 대한 공감적 경험이라고 주장하는 사람도 있다. 정신분석학에서는 어린 시절에 부모에 의해서 수용되지 않은 충동, 즉 성적이거나 공격적인 충동에 대한 자기처벌적 반응으로서 죄책감을 느끼게 된다고 본다. 부도덕한 충동과 행위로 인해 부모의 사랑을 상실하거나 처벌을 받게 될 위협 때문에 느끼게 되는 두려움과 자기처벌이 죄책감을 유발한다는 것이다.

죄책감을 느끼면 여러 가지 행동적 반응이 나타난다. 첫째는 후회다. 후회는 자신이 한 행동이 잘못된 것임을 인정하고 뉘우치는 것이다. 둘째는 속죄로서 자신의 잘못을 인정하고 나아가서 피해를 입은 사람에게 사죄하고 용서를 비는 행동이다. 셋째는 보상행동으로서 상대방에게 입힌 피해를 복원하는 것이다. 넷째는 자신에게 스스로 상해를 입히는 자해행동이다. 이는 일종의 보상행동으로서 자신에게 스스로 고통을 부과함으로써 타인에게 입힌 고통을 상쇄하고 보상하려는 행동으로 볼 수 있다. 이러한 자해행동은 상대방이 사죄와 보상을 받아들이지 않을 경우 나타나는 것이 일반적이다. 다섯째는 상대방의 피해에 대한 자신의 책임을 축소하기 위한 변명과 합리화다. 때로는 자신의 잘못을 상대방의 잘못으로 전가함으로써 죄책감에서 벗어나려는 방어적 행동을 나타내기도 한다. 이러한 죄책감은 사회적으로 용인되지 않으며 사회적 비난과 처벌을 초래하게 될 행동을 스스로 억제하게 하는 예방적인 심리적 기능을 한다. 또한 죄책감에 수반되는 행동은 피해를 입은 상대방의 분노와 공격을 감소시켜 자신을 보호하려는 기능도 지닌다.

수치감은 죄책감과 유사한 점이 많지만 이와 구별되는 다른 감정이다. 우리는 자신의 이상적 모습에 대한 자아이상(ego ideal)을 지닌다. 유능하고 현명하며 당당한 이상적인 자기에 대한 기대를 가지고 있다. 자신의 행동이 이러한 자아이상에 미치지 못했을 때 느끼는 부정적 감정이 수치감이다. 수치감은 바보 같고 어리석은 자신의 행동에 대해 스스로 비난하는 자기처벌적인 감정이다. 특히 여러 사람이 있는 공개적 상황에서 자기가치가 손상되었을 때 수치감은 더욱 강해진다. 즉, 자신의 바보 같고 어리석은 행동으로 인해 다른 사람의 웃음거리가 되어 조롱당하거나 무시와 모욕을 당하게 되면 강한 수치감을 느끼게 된다. 요컨대, 죄책감은 타인으로부터 비난과 처벌을 당할 수 있는 행동에 대한 자기처벌적 감정인 반면, 수치감은 타인으로부터 조롱과 무시를 당할 수 있는 행동에 대한 자기처벌적 감정이다.

수치감에 대한 주된 행동적 반응은 숨는 것이다. 자신의 초라한 모습을 감추고 숨기는 것이다. 특히 타인의 시선으로부터 벗어나 어디론가 도망가 자신의 비참한 모습을 감추고 싶은 욕구를 느끼게 된다. 자신의 잘못에 대해 "몸둘 바를 모르겠다"거나 "쥐구멍이라도 찾고 싶은 심정"이라는 말은 수치심에 대한 이러한 반응적 충동을 표현하는 것이다. 수치감을 느끼게 되면 다른 사람 앞에 나서는 것을 회피하게 된다. 또는 자기비하를 하게 되어 우울감으로 발전하기도 하며 자기처벌의 욕구로 인해 때로는 자해행위로 나타날 수도 있다. 다른 사람의 웃음거리가 된 행동이 전적으로 자신의 책임이라고 판단되면 수치감에 빠지게 되지만, 수치스런 행동이 다른 사람의 강요에 의한 경우처럼 타인의 책임이라고 판단되면 그 사람에 대한 분노감정을 느끼게 된다. 수치감은 죄책감의 경우처럼 사죄를 통해 불편한 감정을 해소할 대상이 분명하지 않다는 점에서 해소하기 어려운 감정이며 오래도록 자신을 괴롭힐 수 있다.

수치감을 극복하는 가장 좋은 방법은 자기 자신을 용서하는 것이다. 자신의 이상적 기준에 이르지 못한 바보같은 자신을 스스로 인정하는 것이다. 불완전하고 미숙한 자신의 일부를 스스로 인정하고 수용하는 것이다. 마치 훌륭한 자녀의 모습을 기대하던 부모가 미숙한 행동을 한 자녀를 이해하고 용서하듯이, 자신의 미숙한 일부를 수용하면서 스스로 용서하는 것이다. 수치감을 극복하는 다른 방법은 자신의 긍정적인 면을 두 배로 강화하여 초라함을 보상하는 방법이다. 자신의 유능하고 당당한 모습을 스스로 재확인할 뿐만 아니라 자신을 비웃고 조롱했던 사람들의 인식을 불식시킴으로써 수치감은 완화될 수 있다.

6) 시기와 질투

　시기와 질투는 인간관계를 손상시키는 파괴적이고 해로운 감정으로 여겨져 왔다. 흔히 십계명이나 도덕적 계율에는 시기와 질투를 금기시하는 경우가 많다. **시기**(envy)는 내가 원하지만 갖지 못한 것을 다른 사람이 가지고 있을 때 느끼는 부러움과 시샘의 감정을 의미한다. "사촌이 땅을 사면 배가 아프다"는 말과 같이, 시기는 나보다 나은 상황에 있는 다른 사람과의 비교를 통해 느껴지는 상대적인 결핍감과 실패감에 기인한다. 특히 비교대상이 나와 유사한 특성과 조건을 가진 사람일수록 시기의 감정은 강해지는 경향이 있다. 시기의 감정에는 상대방의 성공이 부럽다는 선망과 나는 실패한 열등한 존재라는 좌절감과 상대방의 성공은 정당하고 온당한 것이 아니라는 분노감이 혼합되어 있다. 따라서 시기를 느끼면 상대방의 성공을 평가절하하려는 행동을 보이게 되는데, 성공의 가치를 깎아 내리거나 성공에 이른 방식의 부당성을 강조하거나 성공의 원인을 상대방의 내적 요인보다 외부적 요인에 돌리는 등 다양한 방식으로 나타난다. 이러한 행동은 자신의 상대적 결핍감과 실패감을 감소시키기 위한 노력이다. 아울러 시기의 감정 이면에는 성공한 사람에 대한 은밀한 분노감이 숨어 있다. 자신에게 상대적인 결핍감과 실패감을 느끼게 하여 고통을 부과한 상대방은 일종의 소극적 공격자로서 분노의 대상이 될 수 있다. 그러나 상대방의 적극적인 공격의도가 없을 뿐 아니라 그러한 의도가 사회적으로 확인될 수 없기 때문에 상대방에 대한 분노는 사회적으로 인정될 수 없다. 따라서 이러한 분노는 은밀한 방식에 의해서 표현된다.

　질투(jealousy)는 시기와 달리 삼각관계 속에서 느끼는 감정이다. 두 사람 사이의 애정관계를 위협하는 경쟁상대에 대해 느끼는 감정이 질투다. 질투는 경쟁상대에 의해 현재의 애정관계가 약화되거나 종결될지도 모르는 위협적인 상황에서 느끼는 감정으로서 불안감이 질투감정의 주요한 일부를 이룬다. 아울러 이러한 위협적 상황을 초래한 경쟁상대에 대한 분노감정 역시 질투감정의 일부를 구성하고 있다. 이렇듯이 질투는 불안과 분노가 혼합된 매우 고통스러운 감정이다. 특히 경쟁상대가 자신의 애정관계에 적극적으로 침투하여 자신의 연인에게 구애할 경우에 경쟁상대에 대한 분노는 더욱 강해진다. 그러나 경쟁상대는 소극적인 태도를 취하고 있는데 자신의 연인이 그에 대한 호감을 나타내고 적극적인 관심을 보이게 될 때도 역시 경쟁상대에 대해서 질투감정을 느

질투는 삼각관계에서 느끼는 부정감정이다.

끼게 된다. 그러나 이러한 경우에 경쟁상대에 대한 분노는 약화되는 반면, 연인에 대해서 분노를 느끼고 원망하게 된다. 질투는 시기와 마찬가지로 사회적으로 금기시되기 때문에 솔직하게 외현적으로 표출하기 어렵다. 따라서 불안과 분노가 뒤섞인 질투감정은, 내면적으로 괴롭게 느껴지지만 그 표현이 어렵기 때문에, 해소하기 어려운 고통스러운 감정이다. 이러한 질투는 간접적으로 은밀하게 표현되기 때문에 여러 가지 오해를 초래하여 인간관계를 복잡하게 만들거나 와해시키는 경우가 많다.

7) 혐오감

혐오감(disgust)은 본래 썩거나 상한 음식의 맛에 대한 본능적 거부감에서 파생된 부정적 감정이다. 이러한 혐오감은 대인관계에서 사람이나 행동에 대해 느끼는 대인감정이기도 하다. 어떤 사람은 왠지 싫고 거부감이 느껴져 멀리 하고 싶은 경우가 있다. 이처럼 어떤 대상에 대해서 불쾌감을 느끼며 그것으로부터 멀리 떨어지고 싶은 마음이 바로 혐오감이다. 혐오감의 주된 요소는 '싫다'고 느끼는 거부감이다. 상한 음식의 맛에 대해서 메스꺼움을 느끼고 구역질을 하듯이, 혐오감과 거부감은 이러한 심리적 메스꺼움이며 구역질이라고 할 수 있다. 상한 음식의 맛을 보게 되면 구역질을 하고 구토를 하여 뱉어 내듯이, 이러한 거부감은 혐오스런 대상을 배척하여 멀리하는 행동을 촉발할 뿐만 아니라 혐오스런 대상이 가까이 있는 것조차 용납하지 않게 한다. 따라서 혐오감은 인간관계의 발전을 억제하는 가장 강력한 부정적 감정이다.

우리는 어떤 사람에게 혐오감을 느끼고 또 우리는 다른 사람에게 혐오감을 줄 수 있다. 혐오감을 느끼게 하는 사람은 여러 가지 특성을 지니고 있다. 그 첫째는 공격적인 사람이다. 우리는 공격적인 것, 즉 상해를 줄 가능성이 높은 것에 대해서 혐오감을 느끼는 동시에 그것을 제거하거나 회피하고자 하는 본능적 충동을 느끼게 된다. 둘째, 우리는 지나치게 이질적인 사람에 대해서 혐오감을 느낀다. 이질적이라 함은 우리 자신과의 괴리가 커서 매우 낯설고 익숙치 않은 것을 의미한다. 이질적인 것에 대해 혐오감을 느끼는 이유는 동일한 속성을 지닌 소속집단에 대한 애착과는 달리 다른 속성을 지닌 경쟁집단에 대해 느끼는 경계와 거부감에 기인한 것일 수 있다. 또 다른 설명은 이질적인 것에 대해서는 익숙하지 않기 때문에 그 속성과 반응을 예상하기 어렵고 따라서 위험한 것일 수 있다는 예상 때문이라는 것이다. 마지막으로, 심리적으로 소화하기 어려운 것에 대해서 우리는 혐오감을 느낀다. 심리적인 소화는 대상의 여러 가지 속성이 자신의 가치관과 일치하며 자신의 친분상대로 수용함을 의미한다. 흔히 수용할 수 없는 사람과 지나치게 근접해 있으면 더욱 혐오감이 증대된다. 이는 수용할 수 없는 사람이 멀리 떨어져 있으면 친분가능성이 저하되지만 가까이 있게 되면 그 가능성이 높아지기 때문에 이를 회피하기 위해 혐오감이 증대하는 것일 수 있다. 도저히 사랑할 수 없는 사람이 적극적으로 접근해 올 때 그 사람이 더욱 싫어지는 이유가 여기에 있다.

이 밖에도 동정심, 희망, 당황감, 놀라움, 수줍음과 같이 여러 가지 대인감정과 그에 수반되는 다양한 대인행동이 존재한다. 인간의 언어에는 긍정적 감정을 기술하는 어휘보다 부정적 감정을 기술하는 어휘가 훨씬 더 많고 다양하다. 심리학의 연구 역시 긍정적인 감정보다는 부정적인 감정에 대해서 더 많이 이루어져 왔다. 인간은 기본적으로 긍정적 감정보다 부정적 감정에 더 많은 주의를 기울이는 경향이 있다. 육체적 고통이 신체기관의 이상을 알리는 신호이듯이, 대부분의 부정적 감정은 우리의 삶과 인간관계를 되돌아보고 개선하라는 심리적 신호라는 점에서 적응적 가치를 지닌다. 이러한 부정적인 대인감정을 자주 경험하게 된다면, 우리 자신의 인간관계를 반성하며 개선하는 노력이 필요하다.

요약

1. 대인감정은 인간관계의 만족도를 결정하는 가장 중요한 심리적 요인으로서 인간관계의 지속 여부에 강력한 영향을 미친다. 대인행동은 인간관계 상황에서 타인에게 표출하는 행동적 반응으로서 대인감정과 밀접하게 연결되어 있다. 긍정적 감정을 경험하는 인간관계는 만족스럽게 느껴질 뿐만 아니라 호의적인 행동을 통해 관계가 심화되는 반면, 부정적 감정을 경험하는 인간관계는 불만스럽고 고통스럽게 느껴지기 때문에 회피적 또는 적대적 행동을 통해서 관계가 악화되거나 종결된다.

2. 대인관계에서 경험하는 대표적인 긍정적인 대인감정에는 애정과 사랑, 기쁨과 환희, 자기가치감, 감사, 유희감, 안도감과 평온감이 있다. 애정은 호감을 느끼거나 좋아하는 사람에 대한 우호적인 긍정적 감정으로서 사랑의 마음을 의미한다. 기쁨은 긍정적인 사건이나 변화로 인해 느끼는 흥분된 즐거운 감정이며, 자기가치감은 자신을 가치 있는 소중한 존재로 느끼는 긍정적 감정이다. 감사는 자신에게 주어진 것에 대해서 고마워하는 긍정적 감정을 뜻하며, 유희감은 어떤 활동을 하면서 재미있다고 느끼는 즐거움과 흥겨움의 긍정 정서를 의미한다. 안도감은 고통스러운 상황이 사라졌거나 보다 나은 상태로 변화했다는 인식에 의해 생겨나는 긍정적 감정인 반면, 평온감은 신뢰로운 사람들과 함께 있을 때 느끼는 평화로운 안전감을 의미한다.

3. 대인관계에서 경험하는 부정적인 대인감정은 매우 다양하며 분노, 불안과 공포, 슬픔과 우울, 외로움, 죄책감과 수치감, 시기와 질투, 혐오감이 대표적인 것이다. 분노는 대인관계를 파괴하는 대표적인 부정적 감정

으로서 상대방의 비난이나 공격에 대한 반응적 감정이다. 분노는 다양한 유형의 공격행동을 통해서 표출되지만 직접적인 공격이 불가능할 경우에는 수동적 공격을 비롯하여 간접적인 형태로 표현될 수 있다. 불안은 대인관계에서 가장 흔히 경험되는 부정적 감정이다. 불안은 개인의 가치나 인격이 손상될 위험이 존재하는 상황에서 경험되며 대부분의 경우 회피적 행동으로 표출된다. 슬픔과 우울은 사랑하는 사람과의 이별처럼 인간관계의 상실을 경험할 때 느끼게 되는 부정적 감정으로서 침체되고 위축된 행동을 유발한다.

4. 외로움은 다른 사람들과 단절되어 있다고 느끼는 주관적인 고립감으로서 불쾌한 감정이다. 죄책감과 수치감은 자신의 실수나 잘못에 대한 부정적 감정으로서, 죄책감은 도덕적 기준에 비추어 잘못한 행동에 대해서 느끼는 감정인 반면, 수치감은 이상적인 자기모습에 비추어 잘못한 행동에 대해서 느끼는 감정이다. 시기와 질투는 인간관계를 손상시키는 파괴적이고 해로운 감정으로 여겨져 왔다. 시기는 자신보다 우월한 타인과의 비교를 통해 느끼는 상대적 결핍감과 그에 대한 은밀한 분노를 의미하는 반면, 질투는 삼각관계에서 두 사람의 애정관계를 위협하는 경쟁상대에 대해 느끼는 불안과 분노의 부정적 감정을 뜻한다. 혐오감은 타인에 대한 거부감으로서 그로부터 멀리 떠나는 행동으로 표현되며, 외로움은 자신이 다른 사람들과 단절되어 고립되어 있다는 주관적 평가에 따른 부정적 감정으로서 지속되면 우울감으로 발전하게 된다.

친밀한 인간관계

외로운 어린 왕자는 여우와 친구가 되고 싶어 한다. 여우는 친구가 되기 위해 '길들이기'가 필요하다고 말한다. '길들이기'가 무엇이냐고 묻는 어린 왕자에게 여우는 대답한다.

"그건 관계를 맺는다는 뜻이란다."

이어서 여우는 말한다.

"지금 너는 다른 애들 수만 명과 조금도 다름없는 사내애에 지나지 않아. 나는 네가 필요 없고, 너도 내가 아쉽지 않을 거야. 네가 보기엔 나도 다른 수만 마리 여우와 똑같잖아? 그렇지만 네가 나를 길들이면 우리는 서로 애틋해질 거야. 내게는 네가 세상에서 하나밖에 없는 존재가 될 거고, 네게도 내가 이 세상에 하나밖에 없는 여우가 될 거야."

이렇게 길들여서 친밀한 관계를 형성하게 되면 삶이 변화한다고 여우는 말한다.

"내 생활은 늘 똑같아. 나는 닭을 잡고 사람들은 나를 잡는데, 사실 닭들은 모두 비슷비슷하고 사람들도 모두 비슷비슷해. 그래서 나는 좀 따분하단 말이야. 그렇지만 네가 나를 길들이면 내 생활은 달라질 거야. 난 보통 발소리하고 다른 발소리를 알게 될 거야. 보통 발자국 소리가 나면 나는 굴 속으로 숨지만, 네 발자국 소리는 음악 소리처럼 나를 굴 밖으로 불러낼 거야. 그리고 저기 밀밭이 보이지? 난 빵을 안 먹으니까 밀은 나한테 소용이 없고, 밀밭을 봐도 내 머리에는 떠오르는 게 없어. 그게 참 안타깝단 말이야. 그런데 너는 금발이잖니. 그러니까 네가 나를 길들여 놓으면 정말 기막힐 거란 말이야. 금빛깔이 도는 밀밭을 보면 네 생각이 날테니까. 그리고 나는 밀밭을 스치는 바람 소리까지도 좋아질 거야."

그러나 여우는 이렇게 삶을 의미 있고 풍요롭게 만드는 관계 형성이 쉽지만은 않음을 말한다.

"사람들은 이제 무얼 알 시간조차 없어지고 말았어. 사람들은 다 만들어 놓은 물건을 가게에서 산단 말이야. 그렇지만 친구는 파는 데가 없으니까, 사람들은 이제 친구가 없게 되었단다."

길들이기 위해서 어떻게 해야 하는 건지를 묻는 어린 왕자에게 여우는 대답한다.

"아주 참을성이 많아야 해. 처음에는 내게서 좀 떨어져서 그렇게 풀 위에 앉아 있어. 내가 곁눈으로 너를 볼테니 너는 아무 말도 하지 마. 말이란 오해의 근원이니까. 그러다가 매일 조금씩 더 가까이 앉는 거야."

인간은 누구나 친밀하고 의미 있는 인

간관계를 추구한다. 인간은 누구나 어린 왕자처럼 '길들이기'를 통해 서로에게 의미 있는 존재가 됨으로써 삶이 가치 있고 풍요로워지기를 원한다. 현대인은 사람들의 홍수 속에서 살아간다. 모든 사람과 의미 있는 관계를 맺는다는 것은 불가능하다. 우리는 수많은 사람들을 만나지만 어떤 사람은 그저 무심히 지나치고 어떤 사람에게는 왠지 호감이 생긴다. 호감을 느낀 사람에 대해서는 관심이 가고 그 사람에 대해 더 많은 것을 알고 싶은 마음이 생긴다. 그리고 다시 만날 기회가 생기면 좀 더 많은 대화와 정서적 교류를 나누면서 서로 의미 있는 관계로 발전하게 된다. 친밀한 인간관계를 이해하기 위해서는, 먼저 "사람들이 어떤 사람을 친교대상으로 선택하는가?" 또는 "사람들은 어떤 사람에게 호감을 느끼는가?"라는 물음을 이해하는 것이 필요하다.

서로 호감을 느낀다고 해서 자연히 의미 있는 관계로 발전하는 것은 아니다. 서로에게 의미 있는 존재가 되기 위해서는 많은 노력이 필요하다. 장미꽃이 어린 왕자에게 의미 있는 존재가 되기까지 어린 왕자는 많은 정성을 기울였다고 말한다.

"그건 내가 물을 주고 고깔을 씌워 주고 병풍으로 바람도 막아 주었으니까. 내가 벌레를 잡아준 것도 그 장미꽃이었어. 나비를 보여 주려고 두세 마리는 남겨 두었지만. 그리고 원망이나 자랑 모두를 들어준 것도 그 꽃이었으니까. 그건 내 장미꽃이니까."

친밀한 인간관계를 이해하기 위한 두 번째 물음은 "인간관계는 어떻게 발전하고 심화되는가?"이다. 친밀한 인간관계가 평생 지속되는 것은 아니다. 여러 가지 이유로 친밀한 관계가 서서히 소원해지면서 서로에 대해 무관심해지는 경우도 있고 때로는 심한 갈등이 생겨 서로를 미워하며 헤어지는 경우도 있다. 즉, 친밀한 인간관계를 이해하는 마지막 물음은 "친밀한 인간관계가 어떻게 해체되고 붕괴되는가?"다.

이렇듯 인간관계에는 인간관계의 대상 선택, 인간관계의 발전과 심화 그리고 인간관계의 해체와 종결의 과정이 있다. 이러한 인간관계의 변화 과정이 우연하게 일어나는 것은 아니다. 인간관계의 과정에는 법칙과 원리가 존재한다. 심리학자들은 인간관계를 지배하는 법칙과 원리를 밝혀내기 위해 많은 노력을 기울여 왔지만 그것은 매우 복잡하며 아직 밝혀지지 않은 것이 더 많다. 그러나 심리학자들의 노력에 의해서 인간관계의 발전 과정에 대한 이해는 더욱 깊어졌다. 3부에서는 인간이 살아가면서 맺게 되는 대인관계를 4가지 주요한 영역, 즉 친구관계, 이성관계, 가족관계, 직장에서의 인간관계로 나누어 살펴보기로 한다.

제9장

친구관계: 우정

(학)(습)(목)(표)

1. 인간의 삶에서 친구의 의미와 중요성을 이해한다.
2. 친구로 선택하게 되는 사람들의 특성을 제시할 수 있다.
3. 친구관계의 발전과 심화 과정을 설명할 수 있다.
4. 친구관계가 약화되고 해체되는 이유를 제시할 수 있다.

> 사랑은 꽃과 같고, 우정은 나무와 같다. 비를 피하고 그늘 아래 쉴 수 있는 나무와 같다.
>
> – 콜리지(Samuel Taylor Coleridge) –

1. 친구의 의미

인생에서 좋은 친구만큼 소중한 것도 없다. 우리는 인생의 여정에서 수많은 사람들을 만나지만 대부분 친밀한 관계를 맺지 못하고 그저 스쳐 보내는 것이 일반적이다. 그러나 소수의 사람들과는 잦은 만남을 통해 친밀한 관계를 맺게 된다. 이들과 서로를 잘 알고 서로 마음과 뜻이 통하며 정다움을 느끼는 친구가 된다. 이러한 친구는 우리의 마음속에 의미 있는 존재로 자리잡게 되며 우리의 삶에 소중한 존재가 된다.

한평생을 살아가면서 의미 있는 관계를 맺는 사람의 수는 많지 않다. 사람마다 차이가 있지만, 한 연구에 의하면 평생에 걸쳐 100명 이내의 사람들과 친밀한 인간관계를 맺는다고 한다. 인생의 동반자에는 4가지 유형이 있는데, 가족적 동반자와 낭만적 동반자는 그 수가 극히 제한되어 있고 직업적 동반자 역시 직업이나 업무와 관련된 동료들로 소수에 불과하다. 한평생을 살면서 인간관계의 대부분을 차지하는 것은 사교적 동반자인 친구들이다. 인간은 만 2세부터 또래에 관심을 보인다. 즉, 친구를 찾는다. 이처럼 친구를 찾고 우정을 느끼려는 친화동기는 인간의 기본적인 대인동기의 하나다.

1) 친구의 정의

친구란 무엇인가? 어떤 사람을 친구라고 하는가? 우정이란 무엇인가? 친구와 우정을 정의하는 일은 쉽지 않다. 친구의 사전적 정의는 '오래 두고 정답게 사귀어 온 벗'이다. 친구의 우리말인 '벗'은 '마음이 서로 통하여 친하게 사귄 사람'이나 '뜻을 같이하는 사람'이라고 정의된다. 이러한 친구와 나누는 정다운 애정을 우정이라고 한다. 우정은 연인에게 느끼는 낭만적 사랑이나 가족에게 느끼는 가족애와는 구분된다.

친구와 우정의 의미를 좀 더 자세히 이해하기 위해서는, 우리와 같은 시대를 살아가는 사람들이 친구라는 용어를 적용하는 인간관계를 분석해 볼 필요가 있다. 데이비스와 토드(Davis & Todd, 1985)는 250여 명의 대학생과 일반인을 대상으로 우정의 가장 대표적 특징을 조사하였다. 그 결과, 우정의 특징으로는 '함께 있으면 즐겁다', '있는 그대로 받아들인다', '서로 깊게 신뢰한다', '서로 존중한다', '서로 도와주고 믿을 수 있다', '서로 비밀이 없다', '서로 이해할 수 있다', '있는 그대로 내보일 수 있다' 등이 나타났다(김중술, 1994). 이러한 연구결과에 의하면, 친구는 수용, 신뢰, 존중의 바탕 위에서 인생의 즐거움을 공유하고 도움을 교환하는 동반자라고 정의할 수 있다.

그렇다면 친구의 고유한 특성을 살펴보기 위해서 '친구는 다른 유형의 동반자와 어떤 차이가 있는가?', '우정과 사랑은 어떻게 다른가? 즉, 친구에 대한 우정과 이성에 대한 낭만적 사랑은 어떤 차이가 있는가?', '이성친구와의 우정은 가능한가?'와 같은 물음이 제기될 수 있다. 우정과 사랑은 관련된 사람의 특성보다는 관계의 질에 의해서 구분된다는 것이 일반적인 견해다. 두 사람이 동성(同姓)이냐 이성(異性)이냐의 문제보다는 두 사람의 관계가 어떤 특징을 지니느냐에 의해 우정과 사랑은 구분된다. 즉, 상대방에 대해서 어떤 체험을 하며 어떤 태도를 지니고 있느냐가 중요하다.

데이비스와 토드에 의하면, 우정과 사랑은 매우 유사하며 많은 공통점을 지닌다. 그러나 낭만적 사랑에는 '열정'과 '보호'라는 요소가 추가되어 있다. 즉, 열정은 '매혹적이다', '이런 감정은 그대가 처음이다', '성적 욕망을 느낀다'라는 경험을 의미하는 반면, 보호는 '그대를 위해 무엇이든 할 수 있다', '우리는 무조건 한 편이다'라는 태도를 의미한다. 이들의 연구에 의하면, 우정과 사랑은 수용, 신뢰, 존중의 측면에서는 거의 차이가 없었으며 솔직함, 이해, 자발성, 상호협력의 측면에서도 다소 차이가 있지만 거의 유사했다. 그러나 낭만적 사랑을 경험

한 부부나 연인은 친구에 비해서 상대방을 훨씬
더 매혹적이라고 느낄 뿐만 아니라 '이 세상에
오직 하나뿐인 존재'라고 느끼는 정도가 더 강했
다(김중술, 1994).

친구에 대한 정의는 개인마다 매우 다를 수 있
으며, 규범적인 정의는 없다. 5장 대인신념에서
살펴보았듯이, 개인마다 친구에 대한 신념이 다
르다. 즉, 친구는 어떤 사람이며 친구는 어떠해
야 한다는 생각은 개인의 주관적 신념에 속하는

우정과 사랑은 성별보다 관계의 특성에 의해 구분된다.

것이다. 이러한 신념은 친구관계에 많은 영향을 미치게 된다. 다만 여기서는 이 시대를 사는
많은 사람들이 친구라는 용어에 어떤 의미를 부여하고 있는지에 대해서 살펴보기로 한다.

2) 친구의 특성

친구는 인생의 다른 동반자인 가족, 연인, 직장동료와는 구분된다. 친구관계가 지니는 몇
가지 일반적인 특성을 살펴보기로 한다.

첫째, 친구관계는 대등한 위치의 인간관계다. 친구관계는 흔히 나이나 출신지역, 출신학교
나 학력 그리고 사회적 신분 등에 있어서 비슷한 사람과 맺는 친밀한 관계다. 드물게는 이러
한 속성에 현저한 차이가 있는 사람 간에도 친구관계가 형성될 수 있지만, 친구관계는 수직적
관계보다는 수평적 관계의 속성을 지닌다. 이러한 점이 친구관계가 상사와 부하의 관계, 스승
과 제자의 관계, 부모와 자녀의 관계와 구분되는 점이다. 인간관계에서 가장 민주적인 관계를
경험하는 것이 친구관계다.

둘째, 친구관계는 가장 순수한 인간지향적인 대인관계다. 즉, 친구관계는 함께 추구해야 할
목표나 과업을 지니고 있는 업무지향적 관계와는 구분된다. 실리적 목적으로 친구관계를 형
성한다기보다는 상대방의 개인적 속성이 친구관계를 형성하는 주요한 요인이 되며, 이해관계
에 따라 친구관계를 유지한다기보다는 상대방에 대한 호감과 우정이 친구관계를 유지하는 주
요한 요인이 된다. 친구관계는 친구가 인간적으로 좋고, 친구와의 만남이 즐겁고 유쾌하기 때
문에 유지되는 것이다. 친구관계에서 얻게 되는 현실적인 이득은 2차적인 부수적 효과일 뿐이
다. 이런 점에서 친구관계는 우정과 친밀감을 지향하는 인간중심적 인간관계라고 할 수 있다.

셋째, 친구관계는 인간관계 중 가장 자유롭고 편안한 관계다. 친구관계는 대등한 위치에서
맺는 인간관계이기 때문에 위계적 관계에서 받는 심리적 부담과 제약이 적다. 윗사람에 대한

순종과 복종의 의무도 없으며 아랫사람에 대한 보호와 인도의 책임도 따르지 않는다. 뿐만 아니라 가족관계나 직장에서의 인간관계처럼 의무적으로 관계를 유지해야 하는 구속력도 적다. 또한 연인관계처럼 강렬한 심리적 애정을 투여하지 않으며 책임감을 덜 느끼는 관계다. 따라서 관계를 맺고 푸는 것은 전적으로 개인의 자유다. 자신을 가장 자유롭고 솔직하게 표현할 수 있는 인간관계가 친구관계다. 따라서 친구 사이에서는 자기공개가 가장 심도 있고 광범위하게 이루어질 수 있다. 가족이나 직장동료에게 할 수 없는 이야기를 가장 허심탄회하게 할 수 있는 것이 친구 사이다.

넷째, 친구는 여러 가지 측면에서 유사점을 지닌 사람들이기 때문에 서로 공유할 삶의 영역이 넓다. 친구관계는 나이, 학력, 지식 수준, 사회적 신분 등에 있어서 비슷한 사람들끼리 형성되는 경향이 있다. 따라서 삶의 체험이 유사하기 때문에 서로를 이해하고 공감할 수 있는 공유 영역이 가장 넓은 관계이기도 하다. 화제, 취미, 오락, 가치관 등에서 유사하기 때문에 서로의 만남이 즐겁고 편안하다.

다섯째, 친구관계는 구속력이 적어 해체되기 쉽다. 친구관계는 그 가입과 탈퇴가 다른 인간관계에 비해 자유롭다. 가족관계나 직장에서의 인간관계처럼 관계를 유지해야 하는 의무나 구속력이 적다. 친구관계는 유지해야 할 외부적 강제요인이 적기 때문에 관계의 해체가 어떤 인간관계보다 용이하다. 따라서 친구관계는 그 관계를 유지하기 위한 자발적이고 적극적인 노력을 기울이지 않으면 약화되고 해체되기 쉬운 인간관계이기도 하다.

3) 친구의 기능

좋은 친구는 삶의 소중한 요소로 간주된다. 친구는 왜 소중한가? 우리의 삶에 있어서 친구는 어떤 기능과 역할을 하는가? 과연 좋은 친구란 어떤 친구인가? 우리의 삶에 있어서 친구가 지니는 의미와 기능을 살펴보기로 한다.

첫째, 친구는 주요한 정서적 공감자이자 지지자가 된다. 친구는 만나면 편안하고 서로에게 힘이 되어야 한다. 서로를 이해하고 공감하며 인정하는 정서적 지지는 친구관계를 유지하고 심화시키는 주요한 요인이 된다. 힘들 때 힘이 되어 주는 친구가 좋은 친구라는 말이 있다. 자신의 고통, 갈등, 고민을 친구에게 공개하고 친구로부터 이해받고 위로받을 때 우리는 위안과 힘을 얻게 된다. 따라서 서로에 대한 공개수준이 넓고 깊어진다. 서로의 사생활을 잘 알고 이해하는 친구 간에는 우정이 깊어진다. 미국의 작가인 마크 트웨인(Mark Twain)은 "친구의 본래 임무는, 당신이 잘못했을 때 당신의 편을 들어 주는 것이다. 당신이 옳은 일을 했을 때는 누구나 당신의 편을 들어 줄 것이다"라고 친구의 역할을 재치 있게 표현한 바 있다. 내가 약해지고 비난받을 때 나를 이해하고 지지해 주며 위로해 줄 사람이 있다는 것은 인생의 큰 힘이 된다.

둘째, 친구는 자기 자신과 자신의 삶을 평가하는 주요한 비교준거가 된다. 우리는 타인과의 비교를 통해 자신을 평가한다. 자신과 여러 가지 조건에서 차이가 있는 사람보다는 비슷한 사람과의 비교자료가 자신을 평가하는 신뢰로운 자료가 될 수 있다. 따라서 어떤 인간관계 대상보다도 친구는 자신을 평가하는 데 필요한 풍부한 정보와 자료를 제공하는 유익한 대상이기도 하다.

셋째, 친구는 즐거운 체험을 공유하는 사람이다. 친구는 만나서 즐거워야 한다. 서로 만나 재미있게 놀 수 있어야 한다. 화제, 관심사, 취미가 같은 사람들끼리 서로 나누는 재미와 즐거움은 친구관계를 유지하는 주요한 원천이 된다. 여기서 즐거움이란 반드시 향락적 쾌락만을 의미하는 것은 아니다. 가치관, 인생관, 종교관 등이 같은 사람들은 대화를 통해서 서로의 생각에 공감하고 지지를 받기 때문에 자신의 사고방식과 신념에 대한 확인을 받게 되면서 만남이 즐거울 수 있다.

넷째, 친구는 안정된 소속감을 제공한다. 친구는 많은 경우 집단을 이루게 된다. 인간은 누구나 소속감을 느끼고자 하는 욕구를 지닌다. 친구집단에 소속됨으로써 그 집단을 자신의 준거집단으로 삼게 되고 앞에서 언급한 여러 가지 긍정적 경험과 도움을 안정적으로 공급받을 수 있게 된다. 이러한 친구집단에의 소속감은 자기가치감과 안정감을 느끼는 주요한 원천이 될 수 있다.

다섯째, 친구는 삶에 현실적인 도움을 준다. 곤경에 처했거나 도움이 필요한 상황에서 그러한 도움을 요청할 수 있는 주된 대상이 친구다. 현실적으로 도움이 되는 친구관계는 잘 유지될 수 있다. 현실적인 도움은 재정적 또는 물질적 도움뿐만 아니라 지식과 정보의 제공 및 교환도 포함한다. 인간관계는 주고받는 관계이며 친구관계도 마찬가지다. 도움이 일방적으로 주어지는 친구관계는 유지되기 어렵다. 도움의 내용과

서로에게 힘이 되어 주는 친구는 인생의 소중한 동반자다.

형태는 다르더라도 서로 균형 있게 도움을 주고받을 때 친구관계는 더욱 공고해질 수 있다.

이러한 기능과 역할이 원활하게 수행되면 친구관계는 잘 유지되고 심화된다. 그러나 그렇지 못할 때 친구관계는 약화되거나 해체된다. 이러한 기능을 제공할 수 있는 새로운 사람과 친구관계를 모색하게 된다. 따라서 친구관계를 유지하고 심화시키기 위해서는 이러한 기능과 역할을 고려하여 노력하는 것이 중요하다.

2. 친구관계의 다양성

1) 친구관계의 유형

우리는 여러 사람과 다양한 친구관계를 맺는다. 친구관계는 그 관계의 강도, 내용, 형성 요인 등에 따라 다양하게 분류될 수 있다. 먼저 친구관계는 우정의 강도에 따라 구분될 수 있다. 우리는 우정의 강도와 친밀도에 따라 친구를 다양한 용어로 표현하고 기술한다. 지기(知己), 친구, 절친한 친구, 단짝친구, 죽마고우, 생명도 나눌 수 있는 친구 등의 표현이 있다. 우정의 강도를 평가하는 것은 어렵다. 그러나 우정의 강도는 다음과 같은 몇 가지 기준에 비추어 평가될 수 있다.

첫째, 우정은 친구관계에서 경험하는 정서적 만족도에 비례한다. 정서적 만족도는 친구관계에서 경험하는 긍정적 감정과 부정적 감정의 비율에 의해서 평가될 수 있다. 유쾌하고 즐거우며 편안한 친구는 부담스럽고 불편한 친구보다 우정의 강도가 높다고 할 수 있다. 아울러 미래에 정서적 만족도가 높아질 것이라고 예상되는 친구관계는 그렇지 못한 관계보다 강한 우정을 느끼게 된다.

둘째, 우정은 현재의 친구관계에 투여하는 심리적 또는 물질적 투자의 양에 비례한다. 만남을 위해 많은 시간을 투여하고 심리적인 관심과 애정을 보여 주며, 때로는 물질적으로도 친구에게 투자하게 된다. 이러한 투자량은 친구관계의 강도를 반영하는 것이다.

셋째, 우정은 미래에 친구를 위해 투자할 수 있는 최대의 양에 비례한다. 만약 친구가 곤경에 처해서 도움을 요청했을 때 어떤 도움을 얼마나 투여할 의지가 있는가? 담보 없이 돈을 빌려 달라고 했을 때 과연 얼마나 흔쾌히 빌려 줄 수 있는가? 또한 보상이나 대가를 기대하지 않고 얼마나 도움을 줄 수 있는가? 즉, 우정은 친구에 대한 신뢰의 정도를 반영하며 친구를 위한 자기희생의 정도에 의해 평가될 수 있다.

넷째, 우정의 강도는 친구관계의 지속기간이나 만남의 빈도와도 관계가 있다. 오랜 기간 우정을 유지하고 빈번하게 많은 만남을 가져온 친구관계는 견고해진다. 이렇게 오랜 기간 친구관계를 유지해 왔다는 것은 그동안 많은 우여곡절 속에서 친구관계를 지탱하고 심화시키는 요인들이 충분히 시험되고 검증되었다는 것을 의미한다.

친구관계는 그 형성 요인에 따라 일차적 친구와 이차적 친구로 나눌 수 있다. 일차적 친구는 학연, 지연, 때로는 혈연에 근거하여 형성된 친구다. 달리 말하면, 일차적 친구는 상당 기간 반복적인 만남이 상황적으로 주어진 상태에서 맺어진 친구를 말한다. 흔히 오래도록 지속되는 친구관계는 어린 시절 같은 지역에서 자랐거나 같은 학교를 다닌 사람, 특히 동기들 사이에서 유지된다. 때로는 가까운 친척 중에 또래가 있는 경우 친척인 동시에 친구가 되기도 한다. 일차적 친구는 어린 시절부터 지속되는 경향이 있다. 반면, 이차적 친구는 관심사, 취미, 가치관 등의 공유로 인해 형성된 친구다. 이차적 친구는 상황적 요인보다는 개인적 특성에 근거한 친구다. 이러한 이차적 친구는 어린 시절보다 청소년기 이후에 생기는 경향이 있다.

아리스토텔레스는 친구관계를 형성하고 유지시키는 요인에 따라 쾌락적 친구, 효용적 친구, 인격적 친구로 나누고 있다. 쾌락적 친구는 즐거움과 쾌락을 위해 맺어진 친구다. 이러한 친구관계에서는 즐거움과 쾌락이 친구관계를 유지하는 주요한 요인이 되며 유흥, 취미, 여가와 관련된 활동이 많이 일어나게 된다. 효용적 친구는 실리적 필요와 현실적인 도움의 기대에 의해 맺어진 친구다. 이런 친구와는 물질적 · 직업적 · 사회적 측면에서 현실적인 도움을 주고받는 교류가 활발하게 일어난다. 반면에 인격적 친구는 상대방의 덕성(virtue)에 의해 맺어진 친구다. 덕성은 개인이 지니는 여러 가지 긍정적인 성격적 특징, 즉 수용성, 신뢰성, 지혜로움, 성숙성 등을 의미한다. 이러한 인간관계에서는 상대방의 인격적 가치에 대한 존중과 호감이 중요한 역할을 한다. 아울러 개방적이고 깊이 있는 대화, 정서적 지지 그리고 공감이 주요한 교류영역이 된다.

라이스만(Reisman, 1979, 1981)은 친구관계를 그 기능에 따라 연합적 친구관계, 수혜적 친구관계, 상호적 친구관계로 구분하였다. **연합적 친구관계**(associative friendship)는 공간적 근접성, 유사성, 업무의 공유 등에 의해서 맺어지는 친구관계로서 정서적 유대나 깊은 관여가 부족한 관계다. 따라서 이사를 하거나 전직을 하는 경우와 같이 환경이 변화하게 되면 친구관계는 종결된다. 이러한 친구관계는 단기적이며 피상적인 수준에서 가볍게 만나는 교제로서 현대사회에서는 이러한 친구 유형이 많다. **수혜적 친구관계**(receptive friendship)는 한 사람이 상대방에게 주로 베푸는 역할을 하는 친구관계다. 이러한 친구관계는 흔히 두 사람 사이의 사회적 지위나 역할에 있어서 차이가 있는 경우가 많다. 예를 들어, 스승과 제자, 고용주와 피고용인, 후견인과 피후견인, 지도자와 추종자의 관계가 이에 속한다. **상호적 친구관계**(reciprocal friendship)는 동등한 위치에서 서로에 대한 상호적 이해와 신뢰에 근거해 맺어지는 친구관계다. 이러한 친구관계는 상대방에 대한 깊은 정서적 유대와 헌신적 관여로 인해 오랜 기간 지속된다. 동양에서는 춘추시대 제나라 사람인 관중과 포숙아의 평생에 걸친 깊은 우정을 '관포지교(管鮑之交)'라 하여 이상적이고 모범적인 친구관계로 기리고 있다. 이러한 관포지교가 상호적 친구관계의 전형이라고 할 수 있다.

우정의 모범: 관포지교(管鮑之交)

춘추(春秋)시대 제(齊)나라 사람인 관중(管仲)과 포숙아(鮑叔牙)는 어릴 적부터 친구였으며 평생을 두고 깊은 우정을 나누었다. 두 사람이 젊었을 때는 장사도 같이 했고, 벼슬에 나아가서는 정적(政敵)이 되기도 했다. 관중은 제나라 양공(襄公)의 아들 규(糾)를 섬겼으며, 포숙아는 규의 동생 소백(小白)을 섬겼다. 규와 소백이 임금 자리를 놓고 대립하자 관중은 규를 왕위에 앉히기 위해 소백의 암살을 시도했지만 실패로 끝나고 말았다. 결국 소백이 왕위에 오르게 되었으니, 그가 춘추오패 중의 하나인 제환공이다. 환공은 자신을 암살하려 한 관중을 붙잡아 죽이려 했다. 이때 포숙아가 환공에게 다음과 같이 말하며 간절히 말렸다.

"왕께서 제나라만을 다스리겠다면 저와 고혜로 충분합니다. 하지만 천하의 패자가 되실 생각이시라면 관중을 중용해야 합니다."

환공은 자기가 신뢰하는 포숙아의 말에 따라 관중을 대부로 임명했다. 그러자 관중은 정말 자신의 역량을 발휘하여 환공을 패자로 군림하게 만들었다.

죽을 목숨인 관중이 오히려 환공에게 중용되어 자신의 역량을 발휘할 수 있었던 것은 관중에게 변함없는 우정을 보여 준 포숙아가 있었기 때문이다. 이와 같은 포숙아의 우정에 대해서 관중은 훗날 다음과 같이 말하고 있다.

"가난해서 포숙아와 함께 장사를 하던 시절, 나는 내 몫을 더 챙겼음에도 그는 나를 욕심쟁이라고 하지 않았다. 내가 가난하다는 것을 알고 있었기 때문이다. 또 그를 위해 해 준 일이 실패로 돌아가 그를 더욱 궁지에 빠뜨린 적이 있었다. 그래도 그는 나를 어리석은 자라고 하지 않았다. 일이란 성공할 때도 있고 실패할 때도 있다는 것을 알고 있었기 때문이다. 또 나는 세 번이나 벼슬을 했지만, 그때마다 쫓겨났다. 그때도 포숙아는 나를 무능하다고 하지 않았다. 내가 아직 때를 만나지 못했다는 것을 알고 있었기 때문이다. 또 나는 세 번 싸우다 세 번 도망친 일이 있는데, 그는 나를 비겁하다고 말하지 않았다. 나에게 늙은 어머니가 계신 것을 알고 있었기 때문이다. 또 규가 죽었을 때도 나는 사로잡히는 치욕을 당했다. 그런데도 그는 나를 부끄러움을 모르는 자라고 욕하지 않았다. 내가 작은 일에 구애받기보다는 천하에 공명을 떨치지 못하는 걸 부끄러워한다는 사실을 알고 있었기 때문이다. 나를 낳아 준 분은 부모지만 나를 알아준 사람은 포숙아다."

그래서 후세 사람들은 관중과 포숙아의 참된 우정을 두고 관포지교(管鮑之交)라고 하여 높이 칭송하고 있다.

2) 친구관계의 개인차

친구관계는 연령, 성별, 계층에 따라 차이가 나타난다. 인간은 2세경이 되어야 또래와 초보적이며 자기중심적인 상호작용을 시작하게 된다. 그리고 학령기가 되면 친구를 선별하여 사귀기 시작하는데, 이 시기에 중요시하는 특성은 용모나 소유물 등 아주 단순한 것이다. 그러나 점차 나이가 들면서 자기중심성이 감소하고 친구 선택에서 내면적 속성들이 중요하게 된다. 사춘기에 접어들면 친구관계는 더욱 친밀해지고 활발해진다. 이 시기의 청소년은 가족으로부터 심리적으로 이탈하여 친구들 간의 연결망을 형성하기 시작한다. 사춘기에는 단짝관계로부터 패거리나 동아리에 이르는 다양한 친구관계를 발전시킨다. 친구관계는 대체로 후기 청소년기와 초기 성인기에 정점을 이루는 경향이 있다. 이 시기는 일생에서 가장 많은 수의 친구를 가지고 있고 가장 빈번한 상호작용을 하는 시기다. 그러나 결혼을 하고 자녀가 생김에 따라 친구관계는 점차 감소하는 반면, 친족관계는 더욱 깊어진다. 나이가 들면서 친구의 수나 친구와의 접촉 빈도는 대체로 감소하지만 친밀감은 증가한다. 노년기에는 친구관계가 중요한 역할을 하게 되지만 일반적으로 친구관계가 감소하게 된다.

친구관계에는 뚜렷한 성차가 발견된다. 남자들은 보다 활동지향적인 친구관계를 맺는 반면, 여자들은 서로 비밀을 털어놓을 수 있는 친밀한 친구를 사귄다. 라이스만(Reisman, 1981)의 구분에 따르면, 남자들은 연합적 친구관계가 주류를 이루고 여자들은 상호적 친구관계를 유지하는 경향이 있다. 계층 간에도 친구관계의 차이가 발견된다. 중류계층이 보다 활발한 친구관계를 즐기는 반면, 노동계층은 보다 친족지향적인 경향이 있다.

친구관계를 맺는 방식에도 개인차가 있다. 어떤 사람은 소수의 사람과 깊은 친구관계를 맺는 반면, 많은 사람과 넓은 친구관계를 맺는 사람도 있다. 어떤 사람은 친목적인 애정중심의 친구관계를 맺는 반면, 어떤 사람은 실리적인 업무중심의 친구관계를 맺는다. 또한 친구 사이에서 주도적인 역할을 즐기는 지배적 친구관계를 맺는 사람이 있는 반면, 친구에게 의존하는 의존적 친구관계를 맺는 사람도 있다. 지배적인 친구관계를 맺는 사람은 자기보다 나이, 능력, 지식 수준, 사회적 지위 등에 있어서 자신보다 열등한 사람과 친밀한 관계를 맺어 자신이 주도적이고 지배적인 역할을 하게 된다. 그러나 의존적 친구관계를 선호하는 사람은 그와 반대로 자신이 의지하고 도움을 받을 수 있는 우월한 사람과 친구관계를 맺게 된다. 친구를 선택하는 기준도 사람마다 매우 다르다. 특히 자신과 유사한 사람을 친구로 선택하는 사람이 있는 반면, 자신과 보완적인 사람을 친구로 선호하는 사람도 있다.

대학생이 흔히 나타내는 친구관계의 부적응 문제

대학의 상담실을 찾는 학생들이 호소하는 대인관계의 어려움은 매우 다양하다. 그러나 역시 주된 어려움의 영역은 친구관계다. 대학생이 친구관계에서 겪는 어려움의 내용을 몇 가지로 나누어 보면 다음과 같다(권석만, 1995).

첫째, 대학에 입학하여 친밀한 친구관계를 형성하는 데 어려움을 겪는 학생들이 많다. 특히 저학년 학생 중에 이러한 어려움을 호소하는 학생이 많고, 때로는 3, 4학년이 되어서도 대학 내에 친한 친구를 한 명도 만들지 못한 학생들이 있다. 친구관계 형성에 어려움을 가진 학생들의 주된 호소 내용을 몇 가지 열거하면, "외롭다. 고독하다", "대학 내 어디에도 소속감을 느낄 수 없다", "강의만 듣고 집으로 가곤 한다", "점심을 늘 혼자 먹어야 한다", "공강시간에 같이 이야기할 사람이 없다", "강의를 대리출석해 주거나 강의노트를 빌려 줄 만한 친구가 한 명도 없다", "대학생활이 재미가 없고 학교에 오기가 괴롭다"이다.

둘째, 많은 대학생들이 친구관계를 심화시키는 데 어려움을 겪는다. 대부분의 대학생들이 피상적인 친구관계를 넘어서서 서로 신뢰하고 속마음을 나누며 심리적인 지지와 도움을 주고받을 수 있는 절친한 친구관계를 원한다. 그러나 많은 학생들이 친구관계를 좀 더 깊이 있고 친밀하게 심화하는 데에 실패하고 피상적인 친구관계에 머물고 있는 듯하다. 이러한 고민을 갖는 학생들의 호소 내용은 "아는 사람은 많지만 속마음을 털어놓을 진정한 친구는 한 명도 없다", "같이 놀 친구는 많아도 내 고민을 상의할 친구는 없다", "막상 어려움에 처했을 때 도와주는 친구가 없다. 또 도움을 선뜻 요청할 친구가 하나도 없다", "친구들 속에서 외로움과 공허감을 느낀다"이다.

셋째, 친구관계에서 다툼과 갈등으로 인해 어려움을 겪는 학생이 많다. 특정한 친구나 선후배와의 오해 및 다툼으로 인해 불편한 관계를 갖게 되는 경우다. 이러한 학생들의 호소는 "학과선배 또는 친구가 나를 미워한다. 내가 하는 일에 사사건건 시비를 건다", "과거 친했던 선배나 친구로부터 이용당했다는 생각이 들고 배신감을 느낀다", "주변 친구들이 공격적이다. 친구들과의 관계에서 자주 상처를 받게 되어 괴롭다", "친구가 질투를 하여 나에 대한 나쁜 소문을 퍼뜨리고 친구들 사이를 이간질한다"이다.

넷째, 학과나 동아리 등 친구집단 내에서 좀 더 주도적이고 주목받는 위치를 확보하려는 노력의 좌절을 호소하는 학생들이 상당수 있다. 이러한 학생들 중에는 중·고등학교에서는 중추적인 위치에서 학생활동을 해 온 데 반해, 대학에 진학해서 자신의 역할이 미미하고 협소해진 것에 대해 불만과 열등감을 경험하는 학생이 많다. "튀고 싶다. 그런데 오히려 모임에서는 주눅이 들어 말도 제대로 못한다", "친구들과의 관계에서 좀 더 재미있고 활발하며 인정받는 사람이 되고 싶다", "잘난 아이들 사이에서 열등감을 느낀다", "과대표 선출에서 떨어졌다. 내가 과 친구들 사이에서 인기가 없는 것 같다. 이젠 과 모임에 가기도 싫다", "과 대표를 맡고 있는데 과애들이 잘 따라오지 않고 비협조적이다", "나는 학과나 동아리에서 있어도 그만 없어도 그만인 사람이다. 내가 모임에 빠져도 누구 하나 묻는 사람이 없다"와 같이 어려움을 호소한다.

다섯째, 과다한 친구관계로 인해 학업 등의 생활관리에 어려움을 겪는 학생들이 있다. 이런 학생들은 대인관계를 지나치게 중요시하여 동아리, 학회, 동문회 등 여러 모임에 깊이 관여하게 됨으로써 자신의 학과공부, 진로준비, 시간 및 돈 관리 등의 개인적인 생활을 소홀히 하는 경우가 많다. 이러한 학생들이 호소하는 문제 중에는 "대인관계를 넓히고 다양하게 배우고 경험하기 위해 여러 동아리와 학회에 가입했다. 다 열심히 참여하고 싶은데 너무 시간이 없고 생활이 엉망이다. 어느 모임에도 충실하게 참여하지 못하고 시간약속을 지키지 못하는 등 무책임하다는 소리를 듣는다", "여러 동아리와 학회에 가입하여 임원을 맡게 돼서 부담이 많이 되며 빠져나오기가 힘들다", "학회나 동아리 일을 하느라고 공부할 시간이 없고 성적이 바닥이다. 무엇을 중요시해야 할지 모르겠다", "학회나 동아리 일에 학과공부 등 개인적인 일을 희생하며 헌신적으로 몰두했다. 졸업을 앞두고 남는 게 없어서 허망하다", "깊이 관여한 동아리나 학회에서 빠져나와 이젠 대학원 진학이나 유학 준비를 하고 싶은데 친하던 사람들이 이기적이라고 따돌리고 욕할 것 같다" 등이 있다.

이 밖에도 대학생들이 친구관계에서 경험하는 고민은 다양하다. 학과 내의 친한 소집단 간의 갈등과 경쟁, 단짝에 대한 지나친 집착과 편협한 친구관계, 친구들에 대한 지나친 피해의식과 공격행동, 입대·휴학·유학 등으로 떠나간 단짝친구에 대한 상실감 등 친구관계에서 여러 가지 어려움을 겪는 학생들이 있다.

3. 친교 대상의 선택

우리는 살아가면서 수많은 사람을 접하지만 그들 모두와 친해질 수는 없다. 우리는 친교의 대상을 선택할 수밖에 없으며, 또한 우리는 타인에게 친교의 대상으로 선택되기도 한다. 우리가 친구를 선택하는 과정에 여러 가지 조건과 기준이 영향을 미치게 된다. 친구를 선택하는 일반적인 기준을 조사한 한 실증적 연구(Dickens & Perlman, 1981)에 따르면, 사람들은 다음과 같은 속성을 지닌 사람에게 호감을 느끼고 이들을 친구로 선택한다.

① 인간은 자신을 좋아하는 사람을 좋아한다.
② 인간은 자신과 유사한 태도를 지닌 사람을 좋아한다.
③ 인간은 자신과 유사한 성격을 지닌 사람을 좋아한다.
④ 인간은 신체적으로 매력적인 사람을 좋아한다.

⑤ 인간은 자신 곁에 가까이 사는 사람을 좋아한다.
⑥ 인간은 자신과 나이가 비슷한 사람을 좋아한다.
⑦ 인간은 동성의 사람과 더 쉽게 친구가 된다.

이러한 기준들은 아동기부터 노년기에 이르는 친구관계에 적용된다. 이밖에도 다양한 요인이 친교 대상의 선택에 영향을 미치게 된다. 사회심리학자의 연구에 따르면, 친교 대상의 선택에는 5가지 요인, 즉 근접성, 친숙성, 유사성, 보상성 그리고 개인적 특징이 중요한 역할을 하게 된다.

1) 근접성

'이웃사촌'이라는 말이 있듯이, 우리는 물리적으로 가깝게 사는 사람과 친해지는 경향이 있다. 또 친한 친구도 물리적으로 먼 곳에 떨어져 살게 되면 멀어지는 경향이 있다. 이렇듯이 물리적 거리는 친교관계에 중요한 역할을 한다.

근접성(proximity)은 물리적 거리를 의미한다. 친교 대상의 선택에 근접성이 중요함을 보여 주는 한 실험연구가 있다. 이 연구에서는 서로 모르는 대학생들을 한 기숙사의 방에 배정하였다. 이렇게 몇 개월 생활을 하고 난 후 친한 사람을 조사한 결과, 공간적으로 가까운 사람들과 친한 사이가 되었다. 기숙사의 다른 층에 사는 사람보다는 같은 층에 사는 사람과 친했으며, 자신의 방과 떨어진 곳보다는 인접한 방에 있는 사람들과 친해지는 경향이 있었다.

우리는 왜 가깝게 사는 사람과 친해지는 것일까? 근접성이 친교관계를 촉진하는 이유를 살펴보면 다음과 같다. 첫째, 가깝게 사는 사람은 만날 기회가 많기 때문에 친해질 수 있다. 자주 접촉하게 되면 친숙해지고 호감도 증가하는 경향이 있다. 둘째, 가까이 사는 사람은 커다란 노력 없이 쉽게 접촉할 수 있기 때문에 만남의 부담을 줄여 준다. 물리적 거리가 멀어지면 그만큼 사귀는 데 심리적 부담이 증가한다. 따라서 근접성은 경제적인 접촉을 가능하게 하여 인간관계를 촉진한다. 셋째, 가까이 사는 사람은 서로 유사한 경우가 많기 때문에 친해지게 된다. 비슷한 지역에 사는 사람들은 흔히 사회경제적 수준, 교육

가까운 곳에 살면서 자주 접하는 사람이
친구가 될 가능성이 높다.

수준, 취미, 가치관 등이 유사한 경우가 많아 넓은 공감영역을 갖게 된다. 넷째, 가까이 사는 사람과는 친밀한 관계를 형성해야 한다는 인지적 압력이 친교의 노력을 증진시킬 수 있다. 이웃과 불편한 관계를 맺는 것은 서로 고통스러운 일이다. 따라서 우리는 이웃사람에 대해서는 친밀하고 긍정적인 관계를 맺으려는 노력을 더 많이 기울이게 된다.

2) 친숙성

우리는 무엇이든지 자주 접하는 것을 좋아하는 경향이 있다. 이렇게 친숙성(familiarity)이 호감을 증가시킨다는 것을 잘 보여 주는 실험이 있다. 미국에서 이루어진 이 실험에서는 대학생에게 전혀 모르는 사람의 얼굴이나 한자와 같이 잘 모르는 글자를 보여 주었는데, 제시하는 횟수를 각기 달리 하였다. 제시 후에 얼굴이나 글자에 대한 호감도를 평가한 결과, 제시 횟수가 많은 자극일수록 더 높은 호감을 나타냈다. 이렇게 단순한 접촉의 증가에 의해서 호감이 증가하는 현상을 **단순접촉효과**(mere exposure effect)라고 한다.

이러한 친숙성의 효과는 인간관계에서도 마찬가지다. 즉, 자주 접하는 사람에게 호감을 느끼게 되어 친한 관계로 발전하는 경향이 있다. 이러한 경향은 생물학적인 적응가치를 지니고 있다. 원시적인 생활조건에서 자주 접하는 사람은 양육자나 보호자이므로 이러한 사람들에 대해서 호감과 애착행동을 나타내는 경향성은 보살핌과 보호의 기회를 증가시킨다. 따라서 낯선 사람보다는 친숙한 사람에게 호감을 느끼는 것이 생존 가능성을 높여 준다. 또한 친숙한 사람은 잘 알고 익숙하기 때문에 그 사람의 행동을 이해하고 예측하기 쉽다. 이러한 예측 용이성이 친숙한 사람에 대해 편안함과 호감을 느끼게 하는 이유가 될 수 있다.

반복된 접촉이 항상 호감을 증가시키는 것은 아니다. 적어도 싫지 않은 자극에 대해서는 반복접촉이 호감을 증진시키는 경향이 있지만, 불쾌감을 느끼는 자극에 대해서는 이러한 단순접촉효과가 나타나지 않는다. 오히려 싫어하는 사람을 자꾸 만나게 되면 혐오감이 더욱 강화될 수도 있다. 뿐만 아니라 긍정적인 대상일지라도 접촉의 빈도가 어느 수준을 넘어서면 오히려 호감도가 감소하는 **과잉노출효과**(over-exposure effect)가 나타나기도 한다.

3) 유사성

우리는 자신과 비슷한 사람을 좋아하는 경향이 있다. 그래서 동양에는 '유유상종(類類相從)'이라는 말이 있고 서양에는 "같은 깃털을 가진 새들끼리 모인다"는 속담이 있다. 이러한 **유사성**(similarity)은 사람을 친하게 만드는 중요한 요인이다. 사람들은 서로 비슷한 사람끼리

유사성이 높을수록 친구관계로 발전할 가능성이 높다.

친구가 되며, 친한 사람들 간에는 태도나 취미의 유사성이 높다는 연구결과가 있다. 그러나 이러한 결과는 유사하기 때문에 친해졌다고 해석할 수도 있지만 친해졌기 때문에 유사해졌을 가능성도 배제할 수 없다. 따라서 친밀도와 유사성의 인과관계를 확인하기 위해 한 실험에서는 처음부터 태도가 비슷한 짝과 비슷하지 않은 짝을 만들어 한 방에 살게 한 후 일정한 기간이 지나서 그들이 각각 얼마나 친해졌는지를 알아보았다. 그 결과, 태도가 비슷한 쌍의 친밀도가 더 높았다. 이러한 결과는 태도나 취미의 유사성이 친교관계를 촉진하는 원인이 된다는 것을 입증하고 있다.

유사성이 친교관계를 촉진하는 이유를 살펴볼 필요가 있다. 첫째, 서로 유사하면 상대방의 속성을 이해하기 쉽고 두 사람 사이에 일어날 접촉의 성격을 예상하기 쉽다. 따라서 심리적 부담을 감소시켜 접촉을 용이하게 한다. 둘째, 우리는 유사한 상대에 대해서는 그가 자신을 좋아할 것이라고 기대하는 경향이 있다. 따라서 상대방과의 관계에 대한 긍정적 기대가 친교행동을 촉진시킬 수 있다. 셋째, 유사한 사람들 간의 관계는 서로에게 보상을 가져다준다. 유사한 사람끼리는 서로의 태도나 의견에 대해서 공감과 강화를 많이 주고받게 되므로 긍정적 체험을 하게 된다. 뿐만 아니라 태도나 취미가 유사한 사람과는 함께 할 수 있는 공통적인 활동이 많아져 접촉의 기회가 증대되므로 친한 사이로 발전할 수 있다.

4) 보상성

우리는 아무리 가깝게 살고 자주 접촉하는 유사한 사람이라도 손해만을 안겨 주는 사람과는 친해지지 않는다. 우리는 나를 좋아하고 나에게 즐거운 체험을 제공하며 도움을 주는 보상적인 사람을 좋아한다. 이렇듯이 **보상성**(rewardingness)은 사람 사이를 가깝게 만드는 중요한 요인이다. 인간관계에서 주고받는 보상은 매우 다양하다. 첫째, 상대방으로부터의 호감과 애정이다. 우리는 나를 좋아하고 나를 인정해 주는 사람을 좋아하는 경향이 있다. 둘째, 즐거운 체험을 나누는 사람과 친해진다. 함께 대화나 취미활동을 통해 즐겁고 유쾌한 시간을 갖는 것은 중요한 보상적 효과를 지닌다. 셋째, 정신적 또는 물질적 도움은 인간관계를 촉진하는 주요한 보상적 요인이 될 수 있다.

이러한 보상성과 관련된 속성이 보완성이다. 우리는 자신과 보완적인 사람을 좋아하는 경향이 있다. 예를 들어, 결혼한 부부 중에는 서로 보완적인 관계에 있는 사람들이 많다. 내향적인 아내는 활달하고 외향적인 남편에게 호감을 느끼는 반면, 남편은 아내의 조용하고 차분한 성격에 호감을 느낀다. 또는 부부 중 한 사람은 재력을 갖추고 있고 다른 사람은 학력이나 재능을 갖추고 있는 경우도 있다. 이렇듯이, **보완성**(complimentariness)은 친교관계를 촉진할 수 있다. 그 이유는 자신이 지니지 못한 속성을 지니고 있는 보완적인 상대방에게서 많은 보상을 받을 수 있기 때문이다. 또한 자신이 지니지 못해 더 큰 가치를 두는 속성을 지닌 사람을 더욱 높이 평가하여 호감이 증가되는 경향도 있다.

5) 개인적 특징

우리는 만나는 사람의 개인적인 특성을 보고 그 사람에게 호감을 갖게 되는 경우가 대부분이다. 이렇듯이 호감도에 영향을 미치는 개인적 특성은 크게 성격 특성, 능력 그리고 신체적 매력의 3가지로 나누어 볼 수 있다.

(1) 성격 특성

우리는 따뜻하고 친절한 성격을 지닌 사람은 좋아하지만 차갑고 적대적인 성격의 소유자는 싫어한다. 이렇듯이 우리는 바람직하고 긍정적인 성격 특성을 지닌 사람을 좋아한다. 앤더슨(Anderson, 1968)은 사람들이 어떤 성격 특성에 대해서 호감을 지니는지 알아보기 위해서 성격 특성을 기술하는 형용사 555개를 대학생들에게 제시하고 각각의 호감도를 평정하도록 하였다. 그 결과, 좋아하는 성격 특성에는 성실함, 정직함, 이해심 많음, 진실함, 지적임, 믿음직함, 사려깊음, 따뜻함, 친절함, 유쾌함, 유머 있음, 책임감 있음 등이 속하는 반면, 싫어하는 성격특성에는 예의 없음, 적대적임, 이기적임, 편협함, 말이 많음, 불성실함, 믿을 수 없음, 탐욕스러움, 불친절함, 잔인함, 야비함, 거짓말을 잘함 등이 속했다. 이러한 연구결과는 1960년대 미국의 대학생들이 성실성, 따뜻함, 유능함 등의 성격 특성을 좋아했다는 것을 보여 준다. 그러나 호감을 느끼는 성격 특성은 문화와 시대에 따라 변화하며 또한 개인에 따라 달라질 수 있다.

(2) 능력

우리는 유능한 사람을 좋아하는 경향이 있다. 앤더슨의 연구에서도 대학생들은 **유능성**(competence)을 좋아하는 주요한 특성으로 선정하였다. 일반적으로 사람들은 똑똑하고 유능하며 사회적으로 성공한 사람을 좋아한다. 이러한 사람들과의 접촉은 보다 많은 보상을 가져다줄 수 있다. 그러나 지나치게 유능하고 완벽한 사람은 오히려 상대방에게 위협적으로 느껴져서 호감을 얻지 못하는 경우도 있다. 그래서 유능한 동시에 때로는 실수도 하는 사람에 대해서 더 많은 호감을 느끼게 된다. 예를 들어, 아인슈타인은 천재이지만 매우 엉뚱한 실수를 많이 저지른 사람으로 유명하며 이러한 점이 많은 사람들로 하여금 그를 좋아하게 만들었다.

(3) 신체적 매력

우리는 잘생기고 아름다운 사람을 좋아한다. 축제나 미팅 등의 자리에서 누구나 잘생긴 파트너와 만나기를 바란다. 남자들은 아름다운 여인이 도움을 요청하면 잘 도와준다는 연구결과도 있다. 특히 젊은 학생들에게는 신체적 매력이 이성교제 시 상대를 고르는 데 매우 중요한 기준으로 작용한다. 이렇듯이 외모나 신체적 매력은 호감을 결정하는 매우 중요한 요인이다.

앞에서 살펴본 요인들은 친교 대상의 선택에 영향을 미치는 중요한 요인이지만 이밖에도 개인의 다양한 속성들, 동일한 집단에의 소속, 우연한 인연 등과 같은 여러 가지 요인이 친구 선택에 영향을 미치게 된다. 일차적인 친구집단은 혈연, 지연, 학연 등을 통해 형성된다. 같은 또래의 친척들, 동향회의 친구들, 각종 동문회의 친구들은 주요한 친구집단이 된다. 특히 폭넓은 인간관계가 이루어지기 전인 청소년기까지는 이러한 일차적 친구집단이 주류를 이루게 된다. 이들은 또한 근접성, 친근성, 유사성 등의 친교요인을 많이 지니고 있어서 평생 주요한 친구로 남는 경우가 많다. 그러나 대학 입학을 전후하여 활동의 폭과 자유가 증가하면서 인간관계는 넓고 다양해진다. 과거의 일차적 친구집단에서 벗어나 가치관과 인생관, 사상과 이념, 종교, 취미 등의 공유를 바탕으로 한 이차적 친구집단이 발전하게 된다. 사회적 진출을 하게 되면 직장의 동료들이 많은 시간을 함께 작업하고 친밀감을 나누는 주요한 친구집단이 되기도 한다.

🔍 **탐구문제**

현재 나의 삶에서 '친구'라고 부를 수 있는 사람은 몇 명이나 되는가? 그들 중에서 '절친'이라고 할 수 있는 사람들은 누구인가? 가족에게도 털어놓지 못할 고민이 있을 때, 내가 고민을 털어놓고 조언을 구할 수 있는 절친은 몇 명이나 되는가? 내가 어려움에 처했을 때 선뜻 도움을 청할 수 있는 친구들은 누구인가? 친구관계를 좀 더 깊이 있고 견고하게 만들려면 어떻게 해야 할까?

4. 친구관계의 발전과 심화

인생의 시기마다 다양한 친구를 만나게 되지만, 어떤 친구는 피상적인 관계에 머무르는 반면, 어떤 친구는 매우 깊고 친밀한 관계로 발전한다. 친구관계에서는 대상의 선택뿐 아니라 친구관계를 심화시켜 친밀하고 깊이 있는 관계로 발전시키는 것이 중요하다. 친구관계의 깊이를 알아보기 위해 흔히 던지는 물음들이 있다. 매우 사적인 고민을 털어놓고 의논할 수 있는 친구가 있는가? 내가 개인적인 곤경에 처했을 때 자신의 일처럼 도와줄 수 있는 친구가 있는가? 사전 양해 없이 불쑥 방문해도 개의치 않을 친구가 있는가? 다양한 취미와 오락을 함께 즐길 수 있는 편안한 친구가 있는가? 이런 물음에 "그렇다"라고 자신있게 대답할 수 있는 사람은 행복한 사람이다. 현대인은 많은 사람들을 알고 지내지만 깊이 있는 친구관계로 발전시키지 못하는 경향이 있다. 그래서 많은 사람들이 진정한 친구를 원한다.

그러나 친밀한 친구관계를 형성하는 일은 쉽지 않다. 과연 친구관계는 어떻게 깊어지는 것일까? 친구 간의 상호작용에는 여러 가지의 활동이 이루어지고 그 속에서 다양한 심리적 체험을 하게 된다. 친구관계는 이러한 상호작용의 내용과 질에 따라 그 관계가 심화되기도 소원해지기도 한다. 친밀하고 깊이 있는 친구관계를 형성하기 위해서는 이를 발전시키고 심화시키는 요인에 대한 이해가 필요하다.

1) 친구관계의 발전단계

인간관계는 시간이 흐름에 따라 발전한다. 처음에는 낯설던 사람에게도 만남의 횟수가 증가하면서 점차 친밀감을 느끼게 된다. 이렇게 친밀감이 증진되어 깊은 우정으로 발전한다. 인간관계의 발전 정도는 친밀감의 정도로 평가할 수 있다. 허스톤과 레빙거(Huston & Levinger, 1978)는 인간관계의 친밀성이 두 사람 사이의 상호의존성 정도에 따라 결정된다고 주장한다. 이들에 따르면, 친교관계는 세 단계를 통해 발전한다.

첫 단계는 두 사람 간의 직접적 접촉이 없이 다만 관찰을 통해 서로를 알고 있는 단계로서 **면식(面識)의 단계**라고 할 수 있다. 이 단계에서는 두 사람이 일방적으로 또는 서로 알고는 있으나 대화나 공동활동 등의 직접적인 접촉이 이루어지지 않는다. 다만 상대방에 대한 관심과 호기심을 지니고 있는 상태다.

두 번째 단계는 **접촉의 단계**로서 두 사람 사이에 직접적인 교류가 일어나는 단계다. 그러나 이 단계에서는 접촉이 피상적인 수준에 머무르거나 업무와 관련된 역할수행만을 위해서 접촉이 일어나는 형식적인 관계에 머무른다. 이러한 형식적 관계에서는 상대방을 독특한 인격적 존재로 대하기보다 상황이나 제도가 부여한 역할을 수행하는 역할수행자로 대하면서 상호작용을 하게 된다. 이러한 관계에서는 상대방의 독특한 인격적 특성에 대한 정보가 그다지 중요하지 않다. 즉, 역할을 수행하는 인간보다는 역할 자체가 중요시된다. 따라서 이러한 단계에서는 상호의존성이나 친밀감이 증진되기 힘들다. 뿐만 아니라 상호작용하는 두 사람 사이에는 교류의 공정성과 호혜성이 관계를 유지하는 주요한 요인이 된다.

마지막 세 번째 단계는 **상호의존의 단계**로서 두 사람 사이에 크고 작은 상호의존이 나타나는 단계다. 이 단계에서는 두 사람 사이의 교류가 증진되고 심화되어 공유된 경험의 영역이 확대된다. 특히 이 단계에서는 상호교류가 개인적 측면의 수준까지 발전하는 사적인 관계로 진전된다. 이러한 수준에서는 서로의 깊은 내면적 세계, 즉 상대방의 성격, 가치관, 고민 등을 공유함으로써 상호의존의 깊이가 깊어지고 영역이 넓어진다. 아울러 두 사람 사이에서 나타나는 상호작용은 호혜성의 원칙을 초월한다.

2) 친구관계의 발전 및 심화 요인

만남의 횟수가 많아지고 교제의 기간이 길어진다고 해서 친구관계가 깊어지는 것은 아니다. 어떤 친구는 수년간 사귀어 왔지만 그에 대해서 아는 것이 없고 왠지 친밀감과 신뢰감을 갖기 어렵다. 친구와의 만남에서 어떤 교류가 이루어지는지가 친구관계의 발전에 중요하다. 친구관계를 비롯한 인간관계를 심화시키는 주요한 요인으로는 자기공개, 정서적 지지와 공감, 현실적 도움의 교환, 즐거운 체험의 공유 등을 들 수 있다.

(1) 자기공개

인간관계의 심화를 위해서는 자신을 상대방에게 잘 알리는 동시에 상대방을 잘 이해하는 것이 중요하다. 서로에 대해서 깊이 알수록 서로에 대한 친밀감과 신뢰가 깊어진다. 인간관계에서 자신에 관한 정보를 타인에게 알리는 것을 **자기공개**(self-disclosure)라고 하며, 이는 인간관계를 심화시키는 중요한 요인으로 알려져 있다(Jourard, 1964, 1971). 자기공개를 많이 할수록 친밀해지며, 친한 사이일수록 자기공개가 증가한다.

타인에게 자기공개를 해 나가는 과정은 상당히 섬세한 과정으로서, 정교한 규칙에 의해 '누구에게 무엇을 어떤 단계에서 공개할 것인가'가 결정된다. 인간은 자신을 공감적으로 잘 이해해 주는 사람에게 자기공개를 많이 하게 된다. 자기공개는 상호적인 경향이 있어서, 한 사람이 자기공개를 하면 상대방도 자기공개를 하는 횟수가 증가한다.

또한 친밀해질수록 자기공개의 수준이 깊어진다. 깊은 자기공개에서는 자신에 관한 중요하고 비밀스러운 사적인 정보를 상대방에게 공개한다. 초기의 인간관계에서는 개인의 공적인 정보(이름, 나이, 학력, 직업이나 직장, 출생지 등)를 알리는 피상적인 자기공개가 이루어지며, 점차 관계가 진전될수록 개인을 이해하는 데 중요한 정보가 공개된다. 즉, 개인의 사적인 취향이나 태도(관심사, 취미, 사회적 이슈에 대한 의견이나 입장

자기공개는 친구관계를 발전시킨다.

등)가 공개된다. 그리고 깊은 수준의 자기공개에서 개인의 매우 사적이고 비밀스러운 정보(개인적 고민이나 가족갈등, 열등감, 신체적 결함, 재정 상황, 성적인 문제 등)가 공개된다. 자기공개의 수준은 친밀감이 증가할수록 점진적으로 깊어진다. 이러한 공개 수준 역시 상호적이어서, 한 사람이 좀 더 깊은 자기공개를 하면 상대방도 그에 준하는 수준의 자기공개를 하는 경향이 있다. 상대방을 잘 알수록 대화의 주제가 넓어지고 상대방의 언행을 공감적으로 잘 이해할 수 있다. 또한 상대방의 행동을 예측하기 쉬워지고 상대방의 의도를 오해하는 일이 줄어들기 때문에 갈등이 감소할 뿐 아니라 편안함을 느끼게 된다. 이처럼 자기공개를 통해 친밀감이 증진되고 친밀감이 증진되면 자기공개 수준이 심화되는 과정을 통해 우정과 신뢰가 깊어지게 된다.

(2) 정서적 지지와 공감

자신을 잘 이해하고 지지해 주는 친구에게는 편안함과 신뢰감을 느끼게 된다. "힘들 때 힘이 되어 주는 친구가 좋은 친구"라는 말이 있듯이, 어려움에 처했을 때 정서적 위로와 지지를 보내 주는 친구에게서 우정을 느끼게 된다. **정서적 지지**(emotional support)는 상대방에 대한 칭찬, 격려, 공감, 위안 등을 통해서 정서적으로 도움을 주는 행동을 말한다. 특히 **공감**(empathy)은 상대방이 느끼고 있을 감정을 함께 느끼고 전달해 주는 것으로 상대방에 대한 깊은 이해를 반영한다. 이러한 정서적 지지와 공감은 인간관계를 유지하고 심화시키는 중요한 요인이다.

정서적 지지와 공감은 상대방의 자기공개를 촉진한다. 자신에 관한 비밀스러운 고민을 이야기했을 때, 상대방이 이를 잘 이해하지 못하고 공감하지 않는다면 더 깊은 자기공개는 이루어지지 않는다. 또한 자기공개가 이루어지지 않으면 정서적 지지와 공감을 보여 줄 기회를 갖

기 어렵다. 예컨대, 절대로 자신의 어려움이나 고민을 이야기하지 않는 사람에게는 정서적 지지와 공감을 보여 주기 어렵다. 또한 자기공개의 교환을 통해 상대방에 대한 깊은 이해를 지니고 있을 때 상대방이 처한 어려움에 좀 더 쉽게 공감할 수 있게 된다. 이처럼 자기공개와 정서적 지지는 상호촉진적인 관계를 지니면서 인간관계를 심화시킨다.

(3) 현실적 도움의 교환

현실적 도움을 주고받는 친구관계는 심화되는 경향이 있다. "풍요로울 때는 벗들이 우리를 알아보고, 역경에 처했을 때는 우리가 벗들을 알아본다"라는 말이 있듯이, 특히 어려움에 처했을 때 정서적 지지뿐 아니라 현실적인 도움을 주는 친구에게 우정을 느낀다. 현실적인 도움은 재정적 또는 물질적 도움뿐만 아니라 정보의 제공과 교환을 포함한다.

우리는 살아가면서 다른 사람의 도움이 필요할 때가 많다. 이때 도움을 요청할 수 있고 도움을 받을 수 있는 친구가 있다면 삶의 커다란 힘이 된다. 사회적 기능이 분화되어 있는 현대사회에서는 친구가 정서적 지지뿐 아니라 현실적인 도움을 주고받을 수 있는 가장 중요한 대상이 된다.

인간관계는 대부분 교환적인 속성을 지닌다. 따라서 현실적 도움 역시 주고받는 균형적인 교환이 중요하다. 현실적인 도움을 일방적으로 주거나 받기만 하는 인간관계는 유지되기 어렵다. 현실적인 도움의 내용과 형태는 다르더라도 서로 균형 있게 도움을 주고받을 때 상호의 존성이 깊어지고 친구관계는 더욱 공고해진다.

(4) 즐거운 체험의 공유

즐거움과 유쾌함을 함께 나눌 수 있는 사람은 자꾸 만나게 된다. 취미나 관심사가 같은 사람들끼리 서로 나누는 재미와 즐거움은 인간관계를 유지하는 주요한 원천이 된다. 여기서 즐거움이란 반드시 향락적 쾌락만을 의미하는 것은 아니다. 가치관, 인생관, 종교관 등이 같은 사람들은 대화를 통해서 서로의 생각에 대한 공감과 지지를 받기 때문에 자신의 사고방식과 신념을 확인받게 되면서 만남이 즐거울 수 있다.

아자일과 펀햄(Argyle & Furnham, 1982)에 따르면, 친한 친구 간에는 취미활동, 여가활동, 운동, 식사, 음주 등과 같이 즐거움을 느끼는 활동이 활발하

즐거운 체험을 공유하면서 친구관계가 돈독해진다.

게 일어난다. 특히 동성의 친구 사이에서는 흥미의 공유가 만족을 느끼게 하는 주요한 원천이 된다. 이처럼 취미나 흥미를 공유하기 위해 잦은 만남이 이루어지고 그러한 과정에서 다양한 주제의 대화와 더불어 자기공개와 정서적 지지가 나타나게 된다. 즐겁고 의미 있는 체험을 공유할 수 있는 공통적인 취미나 흥미를 지니는 친구 간에는 그 관계가 지속적으로 발전하고 심화될 수 있다.

이처럼 친구는 다양한 활동을 함께 나누면서 우정이 깊어진다. 고대 그리스 철학자인 아리스토텔레스는 친구관계를 형성하고 유지시키는 주요한 요인으로 덕성(virtue), 효용성(utility), 쾌락(pleasure)을 들었다. 아울러 친구관계가 유지되는 주요한 요인에 따라서 친구를 인격적 친구, 효용적 친구, 쾌락적 친구로 나눈 바 있다. 대체로 친구관계는 이러한 3가지 우정의 요소들을 모두 포함한다. 그러나 남자들은 친구관계에서 쾌락을 중요시하는 반면, 여자들은 신뢰와 같은 덕성을 보다 중요시한다고 한다. 또 어린 시절에는 쾌락이 친구관계를 유지하는 중요한 요소인 데 반하여, 나이가 들면서는 효용성이 친구관계에서 더 중요한 역할을 하게 된다. 그러나 쾌락과 효용성보다는 덕성에 근거한 친구관계가 오랜 기간 지속되는 경향이 있다.

3) 친구관계 심화의 필수적 요건

친구관계가 심화되는 데에는 앞에서 설명한 여러 가지 요인들이 중요한 역할을 한다. 그러나 이러한 요인들을 교환하는 과정에서 몇 가지 필수적 요건이 충족되어야 친구관계가 더욱 심화될 수 있다. 넬슨-존스(Nelson-Jones, 1990)는 인간관계를 심화시키는 3가지 요인, 즉 보상성, 상호성, 규칙성을 제시하였다.

보상성(rewardingness)은 인간관계에서 얻게 되는 긍정적이고 보상적인 효과를 의미한다. 인간은 누구나 행복과 만족을 추구한다. 따라서 만족감과 행복감을 제공하는 보상적인 인간관계는 심화된다. 인간관계에서 얻게 되는 보상은 여러 가지 형태로 나타날 수 있다. 사람들이 인간관계에서 추구하는 보상은 정서적 지지와 공감, 즐거운 체험, 현실적 도움을 포함하여 따뜻한 보살핌, 친밀감, 신체적 접촉, 선물 등이 될 수 있다. 이러한 보상의 범위와 깊이가 확대될수록 인간관계는 점점 더 심화된다.

상호성(reciprocity)은 인간관계에서 보상적 효과가 균형 있게 교류됨을 의미한다. 인간관계에 소속된 사람들 모두가 보상을 균형 있고 공정하게 주고받을 때 그런 인간관계는 깊어진다. 인간관계의 유지를 위해서는 긍정적 상호교류와 상호적인 보상성이 중요하다. 긍정적인 상호교류가 이루어지는 정도, 빈도, 원활성이 높을수록 인간관계는 심화된다. 즉, 긍정적인 보상을 더 자주 주고받으며, 긍정적인 보상의 교류가 보다 더 균형적이고, 서로 주고받는 보상의 영역이 넓고 깊을수록 인간관계는 더 깊이 있게 발전한다.

규칙성(rules)은 인간관계에서 서로의 역할과 행동을 수행하는 일관성을 의미한다. 우리는 인간관계에서 각자의 역할과 행동방식에 대한 명시적 또는 암묵적 규칙에 따라 일관성 있게 행동한다. 예컨대, 친구와 함께 식사를 하고 음식값을 계산하는 방식은 여러 가지다. 내가 한 번 음식값을 내면 다음에는 친구가 음식값을 내는 방식이 있는가 하면, 매번 각자 자신이 먹은 음식의 값을 지불하는 방법도 있다. 어떤 방식이든 음식값을 지불하는 방식에 대해서 서로 합의된 규칙이 없으면 갈등이 초래될 수 있다. 이처럼 우리는 친구와 교류하는 과정에서 분명하게 합의를 하든 아니면 암묵적으로 인정하든 여러 가지 규칙에 따라 행동하게 된다. 친구 간에 상대방의 자존심을 상하게 하는 행동을 하지 않는다든가 친구의 연인을 유혹하는 행동을 하지 않는다든가 하는 규칙이 있다. 이러한 규칙을 무시하고 제멋대로 일관성 없게 행동하는 사람과는 인간관계를 지속하기 어렵다. 인간관계는 서로 다른 사고방식과 행동양식을 지닌 사람 간의 교류다. 따라서 상대방에 대한 기대나 표현 방식에 차이가 있을 수밖에 없으며 이러한 차이가 서로에 대한 불만을 초래할 수 있다. 이러한 차이를 해소할 수 있는 일관성 있는 교류 규칙을 지님으로써 상대방의 행동에 대한 예측가능성을 증대시켜야 한다. 또한 자신에게 기대되는 행동을 분명하게 자각하고 그에 적절한 행동을 하게 됨으로써 인간관계가 더욱 원활해지고 심화된다.

자유롭게 이루어지는 듯한 친구관계에는 이러한 관계를 지속시키고 심화시키는 숨겨진 규칙과 조건들이 존재한다. 이러한 규칙과 조건들을 잘 이해하고 실제적인 친구관계에 구체적인 행동을 통해 적용하는 것이 친구관계를 심화시키는 첩경이라고 할 수 있다.

5. 친구관계의 약화와 해체

친구관계의 주요한 특성은 구속력이 약하다는 점이다. 따라서 친구관계는 쉽게 약화되고 해체될 수 있다. "한 친구를 얻는 데는 오래 걸리지만, 잃는 데는 잠시면 충분하다"라는 존 릴리(John Lyly)의 말이 있듯이, 친구관계는 쉽게 와해될 수 있다. 한때 절친했던 친구와 멀어진 경험을 누구나 한 번쯤은 가지고 있을 것이다. 때로는 배신감을 느끼며 서로 경원하는 사이가 되기도 한다. 과연 어떤 요인들이 친구관계를 약화시키고 해체시키는 것일까?

1) 접촉과 관심의 감소

일반적으로 직장을 갖고 가족을 형성하면 친구에 대한 관심이 감소하게 된다. 뿐만 아니라 현대사회와 같이 바쁜 생활 속에서는 같은 도시에 사는 친구와도 자주 만나기가 쉽지 않다. 서양 속담에 "눈에서 멀어지면 마음에서도 멀어진다"는 말이 있듯이, 과거에 절친했던 친구도 만남의 빈도가 뜸해지면서 서로 소원해지고 서먹해지는 경우가 많다. 이사, 전학, 전근과 같이 물리적 거리가 멀어지거나 바쁜 일 혹은 업무로 인해 시간적 여유를 갖지 못하여 서로에 대한 관심과 만남의 횟수가 감소하게 된다. 일반적으로 친밀한 관계를 유지하기 위해서는 시간적 · 물질적 · 심리적 투자가 필요하다. 그러나 인간은 누구나 이러한 투자에 한계가 있기 때문에 친밀한 관계를 유지할 수 있는 사람의 수에는 제한이 있다. 일반적으로 평생 100명 이상의 사람과 친밀한 인간관계를 맺기 어렵다는 주장도 있다. 따라서 새로운 사람과 친밀해지면 그 사람과의 관계에 시간적 · 심리적 투자가 이루어지기 때문에 기존의 친밀한 관계는 상대적으로 소원해지게 마련이다. 따라서 특별한 갈등도 없이 만남의 횟수가 서서히 감소하면서 서로에 대한 관심도 줄게 되어 친밀한 인간관계가 소원해지게 된다.

또한 사회생활을 하면서 각기 직업분야나 사회적 지위에 차이가 생기게 된다. 따라서 서로에 대한 이질감이 증가하는 한편, 화제나 관심사의 공통영역은 감소한다. 이러한 여러 사회적 요인이 친구관계를 약화시키는 요인으로 작용할 수 있다. 로딘(Rodin, 1982)은 친구에게 호감을 느끼는 기준이 변화할 때 친구관계가 약화된다고 주장한다. 친구에게 바라고 기대하는 점은 나이나 경험 수준에 따라 변화한다. 따라서 점차 나이를 먹고 사회적 지위가 상승함에 따라 사람을 평가하는 기준이 변화한다. 그 결과, 과거에는 큰 호감과 매력을 느꼈던 친구에게서 더 이상 그러한 긍정적 감정을 느끼기 어렵게 되고 새로운 친구를 찾게 되는 것이다.

로즈(Rose, 1984)는 155명의 대학생을 대상으로 하여 친밀한 동성친구와의 관계가 약화되는 이유에 대해서 글을 쓰게 했다. 그 결과, 가장 주된 원인은 서로 자주 만나지 못하는 물리적 이별이었으며 그밖에 새로운 친구로 대체됨, 친구의 행동이나 성격에 대한 불만, 이성관계나 결혼관계의 방해와 간섭 등의 순서로 나타났다. 우정은 두 사람 사이의 내부적 요인보다는 외부적인 요인에 의해서 약화되는 경우가 더 많았다.

2) 갈등해결의 실패

원활한 교류가 이루어지는 친구 사이에는 크고 작은 갈등이 있게 마련이다. 이러한 갈등을 효과적으로 해결하지 못하여 갈등과 불만이 증폭되면 친구관계는 와해된다. 친구관계를 와

해시키는 것은 갈등 그 자체라기보다는 갈등을 해결하려는 노력이 실패하는 경우다. 흔히 갈등을 원만하게 해결하지 못하면 오히려 감정적 대립이 격화되어 갈등이 확대되는 경우가 많다. 이처럼 갈등이 도저히 해결하기 어려운 상태로 증폭되면 친밀한 인간관계가 와해된다.

인간관계에서 갈등은 해결 방식에 따라 관계를 훼손할 수도 있고 촉진할 수도 있다. 인간관계의 갈등과 불만에 대응하는 방식은 크게 4가지가 있다. 첫째, 정식으로 그 관계를 떠나는 것이다. 둘째, 상대방을 비판하고 문제를 무시하며 관계가 와해되도록 방치하는 것이다. 셋째, 문제를 토의하고 외부의 도움을 구하며 변화를 시도하는 것이다. 넷째, 기다리면서 개선을 희망하는 방식이다. 이러한 4가지 반응방식은 그 문제가 생기기 전의 관계에 대한 만족도, 관계에 투자한 양(예: 시간, 재산 등), 가능한 대안의 질에 좌우된다. 일반적으로 관계에 대한 만족도가 높고 투자의 양이 많으면 세 번째와 네 번째 반응양식을 선택하는 경향이 있다. 그러나 관계의 만족도나 투자의 양이 적고 또한 대안이 될 수 있는 다른 관계가 존재할 때는 첫 번째와 두 번째 반응양식을 선택하게 되고, 결과적으로 관계가 종결된다.

3) 친구에 대한 실망

친구 사이의 우정과 의리를 오래도록 유지시키는 일을 결코 쉽지 않다. 친한 친구 사이에는 서로에 대한 기대와 믿음이 존재한다. 이러한 기대를 서로 잘 충족시키는 것이 친구관계의 유지에 중요하다. 친구에 대한 기대와 믿음이 깨지면 친구관계에 위기가 발생한다. 친구에 대한 기대와 신뢰가 깨졌을 때 느끼게 되는 실망과 배신감은 매우 고통스럽다.

아자일과 헨더슨(Argyle & Henderson, 1984)은 친구에 대한 기대의 좌절이 우정을 약화시키는 주요한 요인이라고 보았다. 이들은 과거 친구에 대한 기대가 어긋나서 우정이 깨진 경우를 조사하였다. 그 결과, 우정을 약화시키는 중요한 요인은 친구의 질투와 비판, 다른 사람과의 관계에 대한 인내 부족, 서로의 비밀을 누설함, 곤경에 처해 있을 때 자발적으로 도와주지 않음, 공개적으로 잔소리하거나 비난함, 신뢰나 긍정적 존중 및 정서적 지지를 보여 주지 않음 등이었다. 이런 경우에 느끼게 되는 실망과 배신감은 분노와 적개심으로 발전해 친구 사이가 심지어 적대적인 관계로 바뀌는 경우를 주변에서 종종 보게 된다.

친구관계는 큰 도움을 주어야 할 때 깨지기 쉽다. "친구의 잔치에는 천천히 가되, 불행에는 황급히 가라"거나 "번영은 친구를 만들고 역경은 친구를 시험한다"는 말이 있듯이, 곤경에 처해 있는 사람은 친구의 신속하고 자발적인 도움을 기대한다. 이때 그러한 기대에 어긋나는 행동을 하는 친구에게 서운함과 실망을 느끼게 되어 우정이 약화될 수 있다. 또는 곤경에 처한 친구가 무리한 부탁이나 요청을 해 올 경우 느끼게 되는 심리적 부담 역시 친구관계를 소원하게 만들 수 있다. 친구가 부담이 될 수 있는 액수의 돈을 빌려 달라고 하거나 재정적 보증을 서 달라고 하거나 거처의 제공을 요청해 왔지만 이러한 도움 요청에 응할 수 없을 때 난처하다. 이러한 도움 요청에 대한 반응에 의해서 친구관계의 깊이가 평가될 수 있기 때문이다. 무리한 요청을 한 친구가 부담스러울 수 있고, 도움 요청을 거절당한 친구는 실망과 배신감을 느낄 수 있다.

4) 투자와 보상의 불균형

대부분의 인간관계는 거래적 교환관계의 속성을 지닌다. 즉, 투자와 보상의 상대적 비교를 통해 이득을 얻는 관계는 지속되는 반면, 손해가 거듭되는 관계는 종결된다. 구속력이 약하고 선택 범위가 넓은 친구관계에는 이러한 원리가 적용되기 쉽다. 친구관계를 유지하기 위해서는 여러 측면의 투자가 필요하다. 즉, 시간적 · 심리적 · 물질적 투자가 필요하다. 친구와 만나기 위해서 공부 시간을 축소해야 하고, 친구를 위로하기 위해 정서적 지지를 보내 주어야 하고, 회식비를 비롯하여 때로는 선물을 하는 등의 물질적 투자가 이루어져야 한다. 이러한 투자에 비해서 친구로부터 돌아오는 보상이 적을 경우에는 친구관계가 약화된다. 예를 들어, 멀리 떨어져 사는 친구를 만나기 위해서 많은 이동시간을 투여해야 하는데, 막상 만나서 정서적 만족이나 현실적 도움과 같은 보상이 적으면 지속적인 만남이 어렵게 된다.

그럼에도 불구하고 다른 친구가 없을 때에는 불만족스러운 친구관계를 지속할 수도 있다. 그러나 좀 더 만족스러운 친구가 나타나게 되면 이러한 친구관계를 떠나갈 수 있다. 우리가 친구관계에 투자할 수 있는 시간과 노력은 제한되어 있기 때문에, 만족스러운 친구들이 나타나서 그들에 대한 투자량을 늘리게 되면 기존의 친구에 대한 투자가 감소되어 관계가 약화된다. 이러한 투자와 보상의 관점에서 인간관계의 유지와 와해를 설명하고 있는 것이 사회교환이론(social exchange theory)이다. 이 이론은 10장(307~308쪽)에서 자세하게 설명할 것이다.

5) 이해관계의 대립

"친구를 잃지 않는 최상의 길은 친구에게 아무 빚도 지지 않고 아무것도 빌려 주지 않는 것이다"라는 말이 있듯이, 친구 사이에 이해관계가 개입되면 친구관계에 갈등이 초래되기 쉽다. 아무리 친한 친구라도 함께 자취를 하거나 사업을 하게 되면 원수가 되어 헤어지게 된다는 말이 있다. 함께 자취나 사업을 하면 생활비나 사업자금과 같은 재정의 분담문제, 식사 준비나 사업활동 등 업무의 분담문제, 이윤의 배분문제 등 제한된 자원을 놓고 서로 양보하기 힘든 대립적인 갈등상황이 많이 생겨나기 때문이다. 뿐만 아니라 장학금이나 조교 자리를 놓고 경쟁해야 하는 경우나 애인을 놓고 경쟁해야 하는 경우처럼 이해관계가 얽힌 경쟁관계에 들어가면 친구관계는 위기에 처하게 된다.

이렇게 친구관계를 약화 또는 악화시키는 여러 가지 심리적인 요인들이 있다. 사회적 비교이론에서 주장하듯이, 친구관계에서는 서로를 비교함으로써 자신의 위치와 상태를 평가하게 된다. 대부분의 경우, 친구들은 나이, 학력, 직업, 사회적 지위 등에 있어서 유사성과 공통점을 갖는다. 친구관계에는 우정을 나누는 우호적인 요소와 더불어 서로를 비교하는 경쟁적인 요소가 포함되어 있다. 친구의 출세와 성공은 상대적으로 자신의 무능과 실패를 의미하는 것으로 느껴질 수 있다. 따라서 친구관계에는 시기와 질투가 암초로 작용할 수 있다. 자신의 성공과 출세를 지나치게 자랑하고 과시하는 경우에는 다른 친구들에게 열등감을 느끼게 하거나 시기와 질투를 유발하여 배척을 당하게 된다. 또 친구의 성공과 출세를 축하하고 격려하기보다 이를 과소평가하고 부인하려는 사람 역시 친구를 잃기 쉽다.

요약

1. 친구는 인생의 중요한 동반자 중 하나다. 친구는 오래 두고 정답게 사귀어 온 벗으로서 수용, 신뢰, 존중의 바탕 위에서 인생의 즐거움을 공유하고 도움을 교환하는 동반자라고 정의할 수 있다. 친구는 즐거운 체험을 공유하고 정서적 공감과 지지, 안정된 소속감, 현실적 도움을 줄 뿐만 아니라 자신을 평가하는 비교기준이 된다.

2. 친구관계는 그 관계의 강도, 내용, 형성 요인 등에 따라 다양하게 분류될 수 있다. 우정의 강도는 친구관계의 지속기간이나 만남의 빈도뿐만 아니라 친구관계에서 경험하는 정서적 만족도와 심리적 또는 물질적 투자의 양에 비례한다. 친구는 지연과 학연에 의해 형성된 일차적 친구와 취향이나 가치관과 같은 개인적 특성에 의해 형성된 이차적 친구로 구분된다. 또한 친구관계를 형성하고 유지시키는 요인에 따라 쾌락적 친구, 효용적 친구, 인격적 친구로 구분할 수 있다.

3. 친구로 선택되는 사람들은 자신과 나이가 비슷한 또래로서 서로 호감을 느끼고 자주 접할 수 있을 뿐만 아니라 유사한 태도와 성격을 지니는 경향이 있다. 친교 대상의 선택에는 일반적으로 5가지 요인, 즉 근접성, 친숙성, 유사성, 보상성 그리고 개인적 특징이 중요한 역할을 하는 것으로 알려져 있다.

4. 친구관계에서는 대상을 잘 선택하는 것뿐 아니라 친밀하고 깊이 있는 관계로 발전시키는 것이 중요하다. 인간관계의 친밀도는 두 사람 사이의 상호의존 정도에 따라 결정되며 면식의 단계, 접촉의 단계, 상호의존의 단계를 통해 발전한다. 친구관계의 발전과 심화를 위해서는 자기공개, 정서적 지지와 공감, 현실적 도움

의 교환, 즐거운 체험의 공유가 중요하다.

5. 친구관계는 구속력이 약하기 때문에 쉽게 약화되고 해체될 수 있다. 친구관계를 약화시키는 주요한 요인으로는 접촉과 관심의 감소, 갈등해결의 실패, 상대방에 대한 실망, 투자와 보상의 불균형, 이해관계의 대립이 있다. 친구관계를 유지하기 위해서는 이러한 요인을 잘 이해하고 예방하면서 관계가 더욱 돈독해지도록 노력하는 것이 중요하다.

🎓 우정에 대한 명언들

✎ 진정한 우정은 건강과 같이 그것을 잃어버릴 때까지는 그 가치를 알기 어렵다.

– 찰스 콜톤(Charles C. Colton) –

✎ 물이 지나치게 맑으면 고기가 없고, 사람이 지나치게 살피면 따르는 사람이 없다.

– 명심보감(明心寶鑑) –

✎ 오만한 가슴에는 우정이 싹트지 않는다.

– 윌리엄 셰익스피어(William Shakespeare) –

✎ 가장 좋은 거울은 오랜 친구다.

– 조지 허버트(George Herbert) –

✎ 친구는 제2의 자기(自己)다.

– 아리스토텔레스(Aristotle) –

✎ 두 사람이 서로의 작은 실수조차 용서할 수 없는 사이라면 친구가 되기 힘들다.

– 라브뤼예르(La Bruyere) –

✎ 오래 찾아야 하고, 잘 발견되지 않으며, 유지하기도 힘든 것이 친구다.

– 프리드리히 실러(Friedrich Schiller) –

✎ 한 친구를 얻는 데는 오래 걸리지만, 잃는 데는 잠시면 충분하다.

– 존 릴리(John Lyly) –

✎ 대부분의 사람들은 자신의 가장 가까운 친구들의 열등함을 남몰래 즐긴다.

– 로드 체스터필드(Lord Chesterfield) –

✎ 진실한 사랑이 아무리 드물다 해도 진실한 우정만큼 드물지는 않다.

– 라로슈푸코(La Rochefoucauld) –

✎ 풍요로울 때는 벗들이 우리를 알아보고, 역경에 처했을 때는 우리가 벗들을 알아본다.

— 콜린스(J. C. Collins) —

✎ 친구를 책망할 때는 은밀하게 하고 칭찬할 때는 공개적으로 하라.

— 푸블릴리우스 시루스(Publilius Syrus) —

✎ 친구의 잔치에는 천천히 가되, 불행에는 황급히 가라.

— 킬론(Chilon) —

✎ 친구를 잃지 않는 최상의 길은, 친구에게 아무 빚도 지지 않고 아무것도 빌려 주지 않는 것이다.

— 찰스 폴드 코크(Charles Paul de Kock) —

✎ 삶은 우정에 의해서 보다 풍성해진다. 사랑하고 사랑받는다는 건 살아가는 데 있어서 최대의 행복이다.

— 시드니 스미스(Sidney Smith) —

✎ 진정한 행복은 많은 친구들 가운데 있는 것이 아니라 가치 있고 선택된 몇몇 친구들과 함께 있는 것이다.

— 벤 존슨(Ben Johnson) —

✎ 생애에 친구 하나면 족하다. 둘은 많고 셋은 불가능하다.

— 헨리 아담스(Henry B. Adams) —

✎ 서로 친구라고 해도 그것을 믿는 것은 바보다. 친구만큼 세상에서 흔한 것도 없고 실로 친구만큼 드문 것도 없다.

— 윌리엄 셰익스피어(William Shakespeare) —

✎ 물은 그릇의 모양을 따르고 사람은 친구의 선악(善惡)을 따른다.

— 한비자(韓非子) —

✎ 세월은 우정을 강화시키고 사랑을 약화시킨다.

— 라브뤼예르(La Bruyere) —

제10장

이성관계: 사랑

1. 인간의 삶에 있어서 사랑의 의미와 그 중요성을 이해한다.
2. 사랑의 삼각형이론을 설명할 수 있다.
3. 낭만적 사랑의 다양한 심리적 특성을 제시할 수 있다.
4. 연인관계가 발전하고 심화되는 과정을 설명할 수 있다.
5. 연인관계의 붕괴과정과 실연의 상처를 극복하는 방법을 이해한다.

사랑은 천국과 지옥을 왕복하는 열차의 한 계절 승차권이다.

– 돈 디커만(Don Dickerman) –

1. 사랑의 의미

사랑은 인간관계에서 경험할 수 있는 가장 행복하고 오묘한 감정이다. 사랑은 가장 황홀하면서 때로는 가장 고통스러운 체험이기도 하다. 사랑은 두 사람이 서로를 강렬하게 원하게 하며 서로를 융합시키는 신비스러운 마력을 지닌다. 사랑은 누구나 동경하는 체험이며 동서고금을 막론하고 예술과 문학의 변함없는 주제였다. 한 개인의 삶에 있어서도 사랑이 기쁨과 슬픔, 환희와 고통, 행복과 불행을 좌우하는 가장 중요한 요인임을 부정할 사람은 없을 것이다.

과연 우리의 삶에서 이토록 중요한 사랑은 무엇인가? 무엇을 사랑이라고 하는가? 사랑을 정의하는 것은 어렵다. 국어사전은 사랑을 '아끼고 위하는 따뜻한 인정을 베푸는 일 또는 그 마음' 또는 '마음에 드는 이성을 몹시 따르고 그리워하는 일 또는 그러한 마음'이라고 정의한다.

그러나 이러한 사랑의 정의와 설명에 만족하는 사람은 없을 것이다. 아름답고 성숙한 사랑을 하기 위해서는 그것에 대한 이해가 필요하다.

1) 사랑의 이해

사랑은 우리 인생에 있어서 가장 중요한 심리적 체험이다. 그러나 참으로 이상한 것은 이렇게 우리 삶의 중요한 요소인 사랑에 대해서 우리는 너무도 아는 게 없다는 사실이다. 사랑이 인간의 삶에 강력한 영향을 미친다는 것은 인간의 역사 수천 년 동안 수없이 체험되어 왔고 수없이 묘사되어 왔지만, 사랑을 지적으로 이해하려는 노력은 너무도 미미했다. 오늘날과 같이 인간이 우주선을 타고 외계를 넘나들 만큼 과학문명이 눈부시게 발달한 21세기에도 사랑에 대해서는 수천 년 전과 크게 다를 바 없는 원시적인 사랑관을 갖고 살아간다.

그 이유 중의 하나는 사랑을 신비화하려는 인간의 미신적 또는 낭만적인 성향이라고 할 수 있다. 사랑 앞에서 인간의 이성은 무력해지는 경향이 있다. 소설 속의 이야기지만, 파우스트 같은 대학자도 사랑 앞에선 자신의 영혼을 사탄에게 넘겨줄 만큼 비이성적인 존재로 변해 버린다. 인간은 이 세상 모든 것에 대해서 과학이라는 칼날로 그 실체를 밝히려 시도해 왔지만, 사랑에 대해서만은 그러지 못했다. 사랑에 대해서만은 이성적 이해를 유보한 채 신비의 영역으로 남겨 두려는 낭만적 태도가 지배적이었다. 많은 사람이 '사랑에 대한 과학적 연구'에 부정적이고 거부적인 태도를 보인다. 심지어 1960년대에 미국 의회에서는 사랑에 대한 연구를 금지해야 한다는 의견이 제기되기도 했다. 그 이유는 사랑이 과학적으로 해부되어 버리면 삶이 너무 무미건조해질 것이라는 우려 때문이었다. 이러한 태도 뒤에는 사랑이 과학적으로 연구되어 그 신비성이 사라지면 사랑의 가치가 상실될 것 같은 미신적인 불안감이 숨겨져 있는지 모른다. 마치 다이아몬드가 단지 탄소덩어리에 불과하다는 것이 밝혀지면 무가치한 돌덩어리로 변해 버리지 않을까 하는 다이아몬드 애호가의 불안 같은 것이라고 할 수 있다.

우리는 사랑에 대해서 가르치지도 않고 또 배우려 하지도 않는다. 사랑은 자연스럽게 이루어지는 것이고 또 그래야 한다는 생각이 일반적이다. 많은 경우, 성장 과정에서 소설, 영화, 드라마 등을 통해 사랑을 극히 왜곡되고 파편적으로 이해하게 되어 사랑에 대한 환상과 편견을 키워 나간다. 이렇게 사랑에 무지한 상태에서 이성관계에 노출되는 것이 일반적이다. 사랑에 대한 무지는 사랑에 대한 환상과 신비감을 증가시킬지는 모르나 사람들을 미숙하고 파괴적인 사랑으로 이끌어 불행과 고통 속에 빠지게 한다. 심리상담 전문가들은 사랑에 대한 편견, 오해, 착각으로 인해 얼마나 많은 사람들이 심리적인 상처를 입고 불필요한 고통 속에서 괴로워하는지를 잘 알고 있다. 진정으로 아름답고 성숙한 사랑을 하기 위해서는 사랑에 대한 깊은 이해가 필요하다.

남녀 간의 사랑은 기쁨과 고통을 수반하는 오묘한 관계체험이다.

2) 사랑의 다양한 유형

사랑이라는 용어는 다양한 맥락에서 다양한 관계를 지칭하는 데 사용된다. 이성관계에서도 사랑은 다양한 형태로 나타난다. 리(Lee, 1977, 1988)는 사랑의 의미를 내포하는 다양한 그리스어에 근거하여 사랑을 6가지 유형으로 구분하고 있다.

(1) 낭만적 사랑

낭만적 사랑(Eros: romantic love)은 뜨거운 열정과 욕망이 중요한 요소가 되는 강렬한 사랑이다. 흔히 첫 만남에서 상대방에게 강렬한 애정을 느끼고 사랑의 불꽃이 타오른다. 이러한 사랑은 이성이 지닌 외모의 아름다움으로 촉발된다. 지속적으로 연인을 생각하고 연인과 하나가 되고 싶은 욕망을 느끼며 강렬한 감정과 집착을 나타낸다. 사랑이 영원할 것이라고 믿으며 사랑을 위해선 무엇이든지 하려는 충동과 더불어 강렬한 성적인 요소가 개입된다. 이러한 사랑을 하는 사람은 낭만적 사랑이 세상에서 가장 중요하다고 믿는다. 이도령과 성춘향, 로미오와 줄리엣의 사랑이 대표적인 예라고 할 수 있다. 낭만적 사랑은 많은 사람들이 선망하는 사랑의 유형이지만 흔히 불안정하고 지속적이지 못하여 많은 심리적 고통을 수반한다.

(2) 우애적 사랑

우애적 사랑(Storge: companionate love)은 친한 친구에게서 느끼는 친밀감과 우정이 주된 요소가 되는 사랑이다. 이러한 사랑은 서서히 발달하며 오래도록 지속되는 경향이 있다. 가까이 지내면서 서로 편안함을 느끼고, 말이 잘 통하며, 관심과 취향이 비슷하여 서로를 잘 이해하는 친구로 여긴다. 이처럼 오랜 기간 친구로 사귀다가 연인으로 발전하는 경우가 있다. 이러한 연인관계에는 뜨거운 열정과 낭만은 없으나 편안하고 정다우며 신뢰가 바탕을 이룬다. 갈등이 생기더라도 온건하게 타협을 통해 해결하고, 연인관계가 서로 강한 상처를 주며 종결되는 경우는 드물다.

(3) 유희적 사랑

유희적 사랑(Ludus: playful love)은 마치 놀이를 하듯이 재미와 쾌락을 중요시하며 즐기는 사랑이다. 이러한 사랑에는 상대방에 대한 강력한 집착이나 관계의 지속을 위한 장기적인 계획이 없다. 유희적 사랑을 하는 사람들은 흔히 여러 명의 연인을 동시에 사귀며 고정된 이상적인 연인상을 가지고 있지도 않다. 이들은 한 사람과의 관계에 자신의 평생을 바치려 하지 않으며 상대방과의 관계에서 쾌락과 즐거움이 줄어들면 다른 대상을 찾는다. 돈후안이나 플레이보이들이 나타내는 사랑이 대표적인 예라고 할 수 있다.

리는 이상의 3가지를 일차적 사랑으로 보았으며, 마치 여러 가지 색깔을 만들어 내는 3원색과 같은 것으로 여겼다. 이러한 3가지 사랑 중 2가지가 혼합된 것이 이차적 사랑으로서 실용적 사랑, 헌신적 사랑, 소유적 사랑이 이에 속한다.

(4) 실용적 사랑

실용적 사랑(Pragma: pragmatic love)은 이성에 근거한 현실주의적이고 합리주의적인 사랑으로서 논리적 사랑이라고도 한다. 실용적 사랑을 하는 사람들은 사랑의 대상을 선택할 때에도 관계가 안정적이고 지속적일 수 있는 서로의 조건을 고려한다. 상대방의 성격, 가정배경, 교육수준, 종교, 취미 등을 고려하여 자신과 적합한 사람을 선택한다. 이처럼 여러 가지 조건을 고려하여 연인을 선택한 후에는 강렬한 애정감정과 열정이 뒤따르기도 한다. 리는 실용적 사랑을 우애적 사랑과 유희적 사랑이 혼합된 것으로 보았다. 우리나라에서 이루어지는 '선'이나 '중매'를 통해 자신에게 적합한 조건을 지닌 이성상대를 만나고 사랑하게 되는 경우가 이러한 사랑의 예라고 할 수 있다.

(5) 이타적 사랑

이타적 사랑(Agape: altruistic love)은 무조건적이고 헌신적으로 타인을 위하고 보살피는 사랑이다. 사랑의 대상이 사랑을 받을 자격을 가지고 있는지의 여부나 그로부터 돌아오는 보상적인 대가에 상관없이 변함없이 주어지는 헌신적인 사랑이다. 이런 종류의 사랑에는 자기희생이 중요한 요소가 된다. 진정한 사랑이란 받는 것이 아니라 주는 것이며, 자기 자신보다는 사랑하는 사람의 행복과 성취를 위해서 희생하는 것이라는 생각이다. 리에 따르면, 이타적 사랑은 낭만적 사랑과 우애적 사랑이 혼합된 것이다. 사랑하는 사람이 심리적 고통을 주더라도 너그럽게 받아들이고, 그를 위해서 자신을 희생하며 기쁨을 느낀다.

(6) 소유적 사랑

소유적 사랑(Mania: possessive love)은 상대방에 대한 강렬한 소유욕과 집착을 중요한 요소로 하는 강렬한 사랑이다. 사랑은 상대방을 완전히 소유하거나 상대방에게 자신이 소유당하는 것이라는 생각에 집착하기 때문에 강한 흥분과 깊은 절망의 극단을 오간다. 마치 사랑의 노예가 된 것처럼 상대방의 사랑을 확인하기 위해 모든 시간과 정력을 소모한다. 상대방이 자신을 버리고 떠나가지 않을까 하는 불안과 의심으로 항상 마음을 졸이며 잠을 이루지 못한다. 사랑을 얻기 위해서 헌신적인 노력을 기울이지만 배신의 기미가 보이면 뜨겁던 사랑이 일순간에 증오로 변한다. 리는 소유적 사랑을 낭만적 사랑과 유희적 사랑이 혼합된 것으로 본다.

이처럼 이성관계에서 나타날 수 있는 사랑의 양상은 다양하다. 사람마다 사랑을 하는 방식이 각기 다르다. 사랑의 모습은 개인의 성격, 내면적 욕구와 동기, 사랑에 대한 신념, 현재의 심리상태, 상대방의 특성, 환경적 상황 등에 따라 다양하게 나타난다. 리의 연구에 근거하여 라스웰과 라스웰(Lasswell & Lasswell, 1976)은 사랑의 6가지 유형을 측정하기 위한 검사를 개발하였다(김중술, 1994). 다음의 검사를 통해 자신을 평가하고 자신의 애정양식을 파악해 본다.

 자기평가: 사랑의 유형 검사

아래에는 사랑에 관한 다양한 태도가 제시되어 있다. 각 문항에 대해 당신이 해당되는지 여부를 '그렇다' 또는 '아니다'로 응답해야 한다. 애매해 보이더라도 가능한 한 어느 한 쪽을 택하여 대답해야 한다. 평소에 자신이 이성을 사랑하는 모습이나 사랑에 대한 자신의 견해가 어느 쪽으로 더 기우는 지를 판단하여 한 문항도 빠짐없이 응답한다.

1. 나는 '첫눈에 반한다'는 것이 가능하다고 생각한다. ················· 그렇다/아니다
2. 나는 한참 지난 다음에야 비로소 내가 사랑하고 있음을 알았다. ········· 그렇다/아니다
3. 우리 사이의 일이 잘 풀리지 않으면 나는 소화가 잘 되지 않는다. ········· 그렇다/아니다
4. 현실적인 관점에서 나는 사랑을 고백하기 전에 먼저 나의 장래 목표부터
   생각해 보지 않으면 안 된다. ················· 그렇다/아니다
5. 먼저 좋아하는 마음이 얼마 동안 있은 다음에 비로소 사랑이 생기는 것이
   원칙이다. ················· 그렇다/아니다
6. 애인에게는 나의 태도를 불확실하게 해 두는 것이 좋다. ········· 그렇다/아니다
7. 우리가 처음 키스하거나 볼을 비볐을 때, 나는 성기에 뚜렷한 반응(발기,
   축축함)이 오는 것을 느꼈다. ················· 그렇다/아니다
8. 전에 연애 상대였던 사람들 거의 모두와 나는 지금도 좋은 친구관계를 유지
   하고 있다. ················· 그렇다/아니다
9. 애인을 결정하기 전에 인생설계부터 잘 해 두는 것이 좋다. ········· 그렇다/아니다
10. 나는 연애에 실패한 후 너무나 우울해 자살까지도 생각해 본 적이 있다. ··· 그렇다/아니다
11. 나는 사랑에 빠지면 너무 흥분되어 잠을 이루지 못하는 때가 많다. ······· 그렇다/아니다
12. 애인이 어려운 처지에 빠지면 비록 그가 바보처럼 행동한다 하더라도 힘껏
    도와주려고 노력한다. ················· 그렇다/아니다
13. 애인을 고통받게 하기보다는 차라리 내가 고통받겠다. ········· 그렇다/아니다
14. 연애하는 재미란 두 사람의 관계를 발전시키면서 동시에 내가 원하는 것을
    거기서 얻어 내는 재주를 시험해 보는 데 있다. ················· 그렇다/아니다
15. 사랑하는 애인이라면 나에 관하여 다소 모르는 것이 있다 하더라도 그것
    때문에 그렇게 속상해하지는 않을 것이다. ················· 그렇다/아니다
16. 비슷한 배경을 가진 사람끼리 사랑하는 것이 가장 좋다. ········· 그렇다/아니다
17. 우리는 만나자마자 서로가 좋아서 키스를 했다. ················· 그렇다/아니다
18. 애인이 나에게 관심을 보이지 않으면 나는 온몸이 쑤시고 아프다. ········· 그렇다/아니다
19. 나의 애인이 행복하지 않으면 나도 결코 행복해질 수 없다. ········· 그렇다/아니다
20. 대개 제일 먼저 나의 관심을 끄는 것은 상대방의 외모다. ················· 그렇다/아니다
21. 최상의 사랑은 오랜 기간의 우정으로부터 싹튼다. ················· 그렇다/아니다
22. 나는 사랑에 빠지면 다른 일에는 도무지 집중하기 힘들다. ········· 그렇다/아니다
23. 애인의 손을 처음 잡았을 때 나는 사랑의 가능성을 감지했다. ········· 그렇다/아니다
24. 나는 어떤 사람과 헤어지고 나면 그의 좋은 점을 발견하려고 무척 애를 쓴다. ··· 그렇다/아니다
25. 나의 애인이 다른 사람하고 같이 있는 것 같은 생각이 들면 도저히 견딜 수 없다. ······· 그렇다/아니다
26. 내가 동시에 사귀었던 두 명이 애인이 서로 알지 못하도록 교묘하게 재주
    부린 적이 적어도 한 번은 있었다. ················· 그렇다/아니다

27. 나는 사랑했던 관계를 매우 쉽고 빠르게 잊어버릴 수 있다. ·········· 그렇다/아니다
28. 애인을 결정하는 데 한 가지 가장 고려해야 할 점은 그가 우리 가정을
    어떻게 생각하는가다.·············· 그렇다/아니다
29. 사랑에서 가장 좋은 것은 둘이 함께 살며, 함께 가정을 꾸미고, 함께 아이
    들을 키우는 일이다. ·············· 그렇다/아니다
30. 애인이 원하는 것을 위해서라면 나는 기꺼이 내가 원하는 것을 희생할 수
    있다. ·············· 그렇다/아니다
31. 배우자를 결정하는 데 있어서 가장 먼저 고려해야 할 점은 그가 좋은 부모
    가 될 수 있겠는지의 여부다. ·············· 그렇다/아니다
32. 키스나 포옹이나 성관계는 서둘러서는 안 된다. 그것들은 서로 충분히 친
    밀해지면 자연스럽게 이루어지는 것이다. ·············· 그렇다/아니다
33. 나는 매력적인 사람들과 바람피우는 것을 좋아한다. ·············· 그렇다/아니다
34. 나와 다른 사람들 사이에 있었던 일을 애인이 안다면 매우 속상해할 것이
    다. ·············· 그렇다/아니다
35. 나는 연애를 시작하기 전부터 나의 애인이 될 사람의 모습을 분명히 정해
    놓고 있었다. ·············· 그렇다/아니다
36. 만일 나의 애인에게 다른 사람과의 사이에서 낳은 아기가 있다면, 나는 그
    아기를 내 자식처럼 키우고 사랑하며 보살펴 줄 것이다. ·············· 그렇다/아니다
37. 우리가 언제부터 서로 사랑하게 되었는지 정확히 알 수 없다. ·············· 그렇다/아니다
38. 나는 결혼하고 싶지 않은 사람하고는 진정한 사랑을 할 수 없을 것 같다. ·············· 그렇다/아니다
39. 질투를 하고 싶지는 않지만 만약 나의 애인이 다른 사람에게 관심을 가진
    다면 참을 수 없을 것 같다. ·············· 그렇다/아니다
40. 내가 애인에게 방해물이 된다면 차라리 나는 애인을 포기하겠다. ·············· 그렇다/아니다
41. 나는 애인의 것과 똑같은 옷, 모자, 자전거, 자동차 등을 갖고 싶다. ·············· 그렇다/아니다
42. 나는 연애하고 싶지 않은 사람하고는 데이트도 하고 싶지 않다. ·············· 그렇다/아니다
43. 우리의 사랑은 이미 끝났다고 생각할 때도 애인을 다시 보면 옛날 감정이
    되살아나는 때가 적어도 한 번쯤은 있었다. ·············· 그렇다/아니다
44. 내가 가지고 있는 것은 무엇이든지 나의 애인이 마음대로 써도 좋다. ·············· 그렇다/아니다
45. 애인이 잠시라도 나에게 무관심해지면, 나는 그의 관심을 끌기 위해서 때
    로는 정말 바보 같은 짓도 할 때가 있다. ·············· 그렇다/아니다
46. 깊이 사귀고 싶지는 않아도, 어떤 상대가 나의 데이트 신청에 응하는지
    시험해 보는 것은 재미있는 일이다.·············· 그렇다/아니다
47. 상대를 택할 때 고려해야 할 한 가지 중요한 점은 그가 자신의 직업을
    어떻게 생각하는가 하는 것이다.·············· 그렇다/아니다

48. 애인과 만나거나 전화한 지 한참 지났는데도 아무 소식이 없다면 그에게

그럴 만한 이유가 있기 때문일 것이다. ·· 그렇다/아니다

49. 나는 누구와 깊게 사귀기 전에 우리가 아기를 가지게 될 경우 그쪽의 유전

적 배경이 나와 잘 맞는지부터 먼저 생각해 본다. ··························· 그렇다/아니다

50. 가장 좋은 연애 관계란 가장 오래 지속되는 관계다. ······················· 그렇다/아니다

* 이 척도는 김중술(1994)의 저서 『사랑의 의미』(pp. 49-52)에서 저자의 허락하에 인용한 것이다.

▪ 채점 및 해석

　아래 표에는 사랑의 유형별로 그에 속하는 문항의 번호가 제시되어 있다. 위 검사에서 '그렇다'라고 대답한 문항의 수를 유형별로 합쳐서 표의 아래 합계란에 적는다. 유형별로 '그렇다'라고 대답한 문항의 백분율을 계산한다. 예컨대, 8개의 문항으로 구성된 우애적 사랑의 경우 6문항에 '그렇다'라고 대답했다면 6/8, 즉 75%가 그 유형의 점수가 된다. 9개의 문항으로 구성된 실용적 사랑의 경우 6문항에 '그렇다'라고 대답했다면 6/9, 즉 66%가 그 유형의 점수가 된다. 이렇게 유형별로 점수를 구한 후 가장 높은 백분율 값을 얻은 유형이 자신이 나타내는 사랑의 유형이 된다. 예컨대, 낭만적 사랑은 50%, 우애적 사랑은 75%, 실용적 사랑은 66%가 나오고 다른 유형의 점수는 이보다 낮았다면, 당신은 우애적 사랑의 유형에 속한다고 볼 수 있다. 다른 유형의 점수보다 자신이 속한 유형의 점수가 현저하게 클수록 그 유형의 특성을 강하게 지니고 있다고 할 수 있다. 그러나 이러한 결과는 당신이 지닌 사랑의 유형을 간편하게 평가해 본 것이며 또한 다른 요인들의 영향을 받을 수 있으므로 확정적인 것으로 생각하지는 않기를 바란다.

사랑의 유형	낭만적 사랑	우애적 사랑	소유적 사랑	실용적 사랑	유희적 사랑	이타적 사랑
문항 번호	1	2	3	4	6	12
	7	5	10	9	14	13
	17	8	11	16	15	19
	20	21	18	28	26	24
	23	29	22	31	27	30
	33	32	25	38	33	36
	35	37	39	42	34	40
	41	50	43	47	46	44
			45	49		48
합계	(　　)	(　　)	(　　)	(　　)	(　　)	(　　)

2. 사랑의 삼각형이론

사랑은 매우 다양하고 미묘한 체험이라서 그 실체를 파악하기 어렵다. 그러나 사랑의 기본적인 구성요소와 사랑의 다양한 형태를 명쾌하게 설명하는 이론이 스턴버그(Sternberg, 1986; Sternberg & Grajek, 1984)가 주장한 **사랑의 삼각형이론**(triangular theory of love)이다. 스턴버그는 적어도 한 번 이상 사랑을 해 본 경험이 있는 여러 연령층의 사람들을 대상으로 하여 설문지와 면접을 통해 사랑을 연구하였다.

1) 사랑의 3가지 구성요소

스턴버그는 사랑이 친밀감, 열정, 헌신이라는 3가지 요소로 구성되어 있다고 주장한다. 친밀감(intimacy)은 가깝고 편하게 느낌, 서로를 잘 이해함, 함께 공유함, 원활한 의사소통, 긍정적인 지지 등을 의미한다. 친밀감은 사랑의 '따뜻한' 측면으로서 사랑이 따뜻하고 푸근하게 느껴지는 것은 이러한 친밀감 때문이다. 친밀감은 사랑의 정서적 측면을 반영하는 특성이다. 이러한 친밀감은 만남의 횟수와 교제기간에 비례하여 서서히 증가한다. 그러나 친밀감은 어느 정도 이상의 높은 친밀수준에 이르면 더 이상 증가하지 않으며 서로 친밀하다는 것을 의식하지 않는 상태가 된다.

사랑의 동기적 측면을 이루는 것이 열정(passion)으로서 사랑의 '뜨거움'을 반영한다. 열정은 연인들을 생리적으로 흥분시켜 들뜨게 하고, 사랑하는 사람과 함께 있고 싶고 일체가 되고 싶은 강렬한 욕망을 불러일으킨다. 열정은 친밀감과 달리 급속히 발전한다. 때로는 상대방을 처음 만난 순간부터 강렬한 열정을 느끼게 되기도 한다. 그러나 열정은 오래 지속되기 어렵다. 연인과의 교제기간이 길어짐에 따라 열정의 강도는 감소하거나 다른 형태로 변화하는 것이 일반적이다.

헌신(commitment)은 상대방을 사랑하겠다는 결정과 행동적 표현을 의미한다. 헌신은 사랑하는 사람과의 사랑을 지키겠다는 선택이자 결정이며 책임의식이기도 하다. 이러한 헌신은 사랑의 '차가운' 측면을 반영하는 동시에 사랑의 인지적 측면을 나타낸다. 아울러 헌신은 사랑하는 사람과의 지속적인 관계를 위해 자신을 구속하는 행위를 포함한다. 사랑의 가장 대표적인 헌신행위는 약혼과 결혼이며, 그밖에 사랑의 약속과 맹세, 사랑의 징표나 선물의 교환, 주변 사람들에게 연인을 소개하는 일, 연인과 함께 고통스러운 일을 돕고 견디는 일이 이에 해당한다.

이 밖에도 세 구성요소는 여러 가지 속성에 있어서 차이를 보인다. 〈표 10-1〉은 이러한 차이를 8가지의 속성에 따라 비교하여 제시한다.

〈표 10-1〉 사랑의 삼각형을 구성하는 세 요소의 속성

속성	구성요소		
	친밀감	열정	헌신
안정성	상당히 높음	낮음	상당히 높음
의식적 조절가능성	보통	낮음	높음
단기관계에서의 중요성	보통	높음	낮음
장기관계에서의 중요성	높음	보통	높음
애정관계에서의 보편성	높음	낮음	보통
생리적 반응의 관여도	보통	높음	낮음
의식적 자각도	상당히 낮음	높음	상당히 높음
체험되는 강도	불안정함	높음	불안정함

2) 사랑의 8가지 유형

사랑의 삼각형이론은 사랑의 유형을 분류하는 데에도 흥미 있는 관점을 제공한다. 세 요소 각각의 존재 여부에 따라서 8가지의 조합이 생길 수 있다. 그리고 이러한 조합에 의해 사랑의 유형을 8가지로 분류할 수 있다. 〈표 10-2〉는 사랑의 유형과 그 특징들을 보여 준다.

〈표 10-2〉 사랑의 유형에 대한 분류표

사랑의 유형	구성요소		
	친밀감	열정	헌신
비사랑	−	−	−
우정	+	−	−
짝사랑	−	+	−
공허한 사랑	−	−	+
낭만적 사랑	+	+	−
허구적 사랑	−	+	+
우애적 사랑	+	−	+
완전한 사랑	+	+	+

주: +는 '존재함'을, −는 '존재하지 않음'을 뜻한다.

- **비사랑**(nonlove): 세 요소 중 아무것도 갖추지 않은 관계는 사랑이라고 할 수 없으며, 우리가 일상적으로 만나 지나치게 되는 많은 사람들과의 무의미한 대인관계가 이에 속한다.
- **우정**(liking): 친밀감만 있는 경우로서 친구관계에서 느끼는 우정과 같은 것이다. 뜨거운 열정과 상대에 대한 헌신적 행동은 없지만 가까움과 따뜻함을 느끼는 상태를 말한다.
- **짝사랑**(infatuation): 열정만 있는 상태다. 우연히 어떤 사람을 보고 첫눈에 반해 뜨거운 사랑의 감정을 느끼지만 결코 말 한 번 걸어보지 못하고 혼자 가슴앓이를 하는 경우가 이에 해당한다. 서로 말 한 번 걸지 않았기 때문에 친밀감이나 헌신행위가 이루어질 기회가 없다. 그러나 짝사랑의 대상을 생각하거나 멀리서 보기만 해도 가슴이 뛰고 설레며 다리에 힘이 쭉 빠지는 등 신체적 흥분상태를 수반한 열정을 경험하게 된다.
- **공허한 사랑**(empty love): 열정이나 친밀감이 없이 헌신행위만 있는 경우다. 사랑 없이 결혼생활을 하는 부부가 이러한 공허한 사랑의 유형에 속한다. 열정과 친밀감 없이 돈과 사회적 지위를 가진 늙은 남자와 결혼하는 젊은 여자의 경우도 이런 사랑의 한 예다. 또는 사랑으로 결혼했지만 오랜 결혼생활에 열정은 다 식고 잦은 다툼으로 친밀감도 떨어진 상태에서 자녀를 위해 결혼관계를 유지하는 부부들이 이러한 예에 해당한다.
- **낭만적 사랑**(romantic love): 열정과 친밀감은 가지고 있지만 헌신행위가 없는 경우다. 서로 친밀하고 열정을 느끼지만 결혼과 같은 미래에 대한 약속이나 확신 없이 서로를 사랑하는 경우다. 휴가나 여행에서 만나 며칠 동안 뜨거운 사랑을 나누는 것이 그 예다.
- **허구적 사랑**(fatuous love): 열정을 느껴 헌신행위를 하지만 친밀감이 형성되지 못한 경우다. 흔히 할리우드식 사랑이라고도 한다. 만난 지 며칠만에 열정을 느껴 약혼하고 보름만에 결혼하는 식의 사랑을 말한다. 이 경우에는 열정을 가지고 있고 결혼이라는 헌신행위도 있다. 그러나 진정한 의미의 친밀감을 형성하고 서로를 깊이 이해할 시간이 부족하다. 흔히 이런 사랑은 지속되기 어렵다고 한다.
- **우애적 사랑**(companionate love): 친밀감과 헌신행위는 있으나 열정이 없거나 식어 버린 사랑이다. 오랜 결혼생활을 한 부부간의 관계에는 이런 사랑이 흔하다.
- **완전한 사랑**(consummate love): 3가지 요소를 모두 갖춘 완벽하고 이상적인 사랑이다. 이러한 사랑을 얻는 것은 마치 살을 빼는 노력과 같이 불가능하지는 않지만 매우 어렵다. 그러나 더욱 어려운 점은, 살을 뺀 후에 그 뺀 체중을 유지하기가 어렵듯이 이러한 사랑을 성취한 후 이를 지속시키는 일이다.

이상에서 살펴본 사랑의 8가지 유형은 사랑의 삼각형을 구성하는 3가지 요소의 유무에 근거한 구분이다. 사랑의 구성요소가 불연속적으로 존재하기보다는 연속선 상의 크기로 나타나므로 실제의 애정관계는 앞에서 살펴본 사랑의 유형들이 혼합된 형태이거나 사랑의 특정한 유형들 중간에 위치할 수도 있을 것이다.

사랑의 형태는 시간이 흐르고 관계가 지속됨에 따라 한 형태에서 다른 형태로 변해 가는 것이 일반적이다. 완전한 사랑으로 결혼한 부부의 경우, 세월이 흐름에 따라 열정은 식고 친밀감과 헌신만 남아 우애적 사랑으로 변하는 것이 일반적인 현상이다. 완전한 사랑으로 결혼했으나 부부간의 갈등으로 열정과 친밀감마저 상실한 채 자식들을 위해 살아가는 부부는 공허한 사랑으로 변한다. 사랑하는 사람들은 완전한 사랑을 어떻게 지속시키느냐의 문제에 부딪히게 된다. 스턴버그는 결론적으로 "중요한 것은 사랑의 표현 없이는 아무리 크고 완전한 사랑도 시들고 말라 죽고 말 것이다. 우리는 사랑의 표현방법을 연구해 볼 필요가 있다"라고 말했다.

3) 사랑의 도형적 분석

사랑의 삼각형이론은 사랑에 대한 재미있는 분석을 가능하게 한다. 즉, 사랑의 3가지 요소는 사랑 삼각형의 세 변을 구성한다. 각 변의 길이는 그 변이 대표하는 요소(친밀감, 열정, 헌신)의 정도나 강도를 의미한다. 이렇게 사랑의 세 요소를 삼각형의 세 변에 대응시키면 재미있는 시사점을 얻을 수 있다.

친밀감, 열정, 헌신의 세 요소를 수량화하여 측정하는 일은 매우 어려운 일이다. 그러나 스턴버그는 사랑의 요소를 측정하기 위해 '사랑의 삼각형이론 척도'를 제작하였다(281~283쪽 참고). 현재 누군가와 애정관계를 맺고 있는 사람은 이 척도를 통해 상대방에 대한 사랑을 평가해 볼 수 있다. '사랑의 삼각형이론 척도'에서 계산된 세 요소의 총점은 각 요소의 크기나 강도를 반영하며 사랑의 삼각형을 구성하는 세 변의 길이가 된다.

측정된 세 변의 길이로 삼각형을 만들어 보라. 이때 어느 한 변이 지나치게 길어서 그 길이가 다른 두 변의 길이의 합보다 크면 삼각형을 만들 수 없다. 또 다른 두 변이 짧아서 그 길이를 합해도 나머지 한 변의 길이에 미치지 못하면 삼각형이 되지 않는다. 즉, 삼각형을 구성하는 세 변 중 두 변의 길이의 합이 다른 한 변의 길이보다 짧을 때 삼각형이 구성될 수 없다는 기하학의 원리가 사랑에도 존재한다는 것이다. 사랑이 되기 위해서는 세 구성요소의 균형적 존재와 발달이 필요하다는 것이다. 사랑의 세 요소가 지나치게 불균형적으로 구성되어 있는 애정관계는 그만큼 불완전한 사랑이라고 할 수 있다.

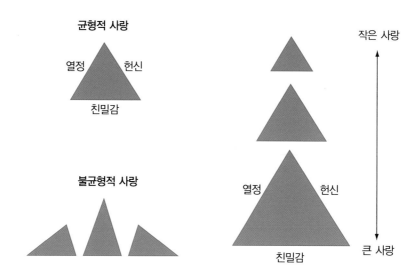

[그림 10-1] 사랑 삼각형의 모양과 크기에 의한 사랑의 평가

　또한 세 변으로 구성한 삼각형의 넓이는 사랑의 양 또는 크기를 반영한다. 그리고 삼각형의 모양은 사랑을 구성하는 요소들 간의 균형 정도를 나타낸다. [그림 10-1]은 다양한 넓이와 모양의 삼각형을 소개한다. 삼각형의 넓이, 즉 사랑의 크기는 3가지 구성요소가 균형 있게 증가할 때 최대로 커진다. 어떤 한 구성요소가 아무리 크다 하더라도 다른 구성요소가 함께 크지 않으면 모양이 납작해지고 그 면적은 협소해진다. 또한 아무리 두 구성요소가 크다 하더라도 나머지 하나의 구성요소가 작으면 역시 삼각형의 면적은 작아진다. 이런 점들은 3가지 구성요

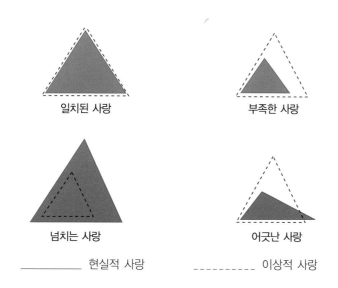

[그림 10-2] 현실적 사랑과 이상적 사랑의 비교

소가 균형적으로 잘 발달한 사랑이 크고 풍성한 사랑이 된다는 점을 시사한다.

사랑의 삼각형은 여러 관점에서 구성할 수 있다. 먼저 현실에서의 사랑을 나타내는 삼각형과 이상적인 사랑을 나타내는 삼각형을 구성할 수 있다([그림 10-2] 참조). 그리고 이 두 삼각형을 비교함으로써 현실적인 사랑과 이상적인 사랑 간의 괴리를 파악할 수 있다. 세 변의 길이뿐만 아니라 삼각형의 면적과 모양을 비교함으로써 현실적 사랑이 이상적 사랑에 비해 어떤 점에서 차이가 있는지 시각적으로 평가할 수 있다. 이러한 분석을 통해서 현실적 사랑에 어떤 요소가 부족하며 따라서 어떤 요소를 더욱 성장시켜야 하는지에 대한 시사점을 얻을 수 있다.

또 사랑의 삼각형은 사랑하는 두 연인 각자의 관점에서 그려질 수 있다. 사랑하는 두 사람이 현재의 사랑에 대해서 각자의 삼각형을 만들 수 있다. 각자가 만든 삼각형의 모양과 넓이에 의해서 서로에 대해 지니는 친밀감, 열정, 헌신의 정도를 평가해 볼 수 있다. [그림 10-3]에서처럼 두 사람의 삼각형을 비교함으로써 현재의 사랑에 대한 두 사람의 차이점을 비교할 수 있다. 이러한 비교를 통해서 서로에 대해서 사랑의 어떤 요소를 강하게 경험하고 있는지 또는 어떤 요소가 부족하다고 느끼고 있는지 알 수 있다. 따라서 상대방을 위해 사랑의 어떤 요소를 채워 주기 위한 노력이 필요한지 알 수 있다. 나아가서 두 사람이 각자 이상적으로 생각하는 사랑의 삼각형을 그려 볼 수도 있다. 그리고 이상적인 사랑의 삼각형을 서로 비교해 봄으로써 이상적으로 추구하는 사랑의 형태가 어떤 것인지 또 이상적인 사랑의 형태에 있어서 두 사람 간에 어떤 차이가 있는지 알 수 있다. 이상적으로 여기는 사랑 삼각형의 모양에 있어서 두 사람 간의 차이가 클수록 서로 추구하는 사랑이 다름을 의미한다. 이는 서로에 대해서 기대하고 서로에게 제공하는 사랑요소에 괴리가 있음을 뜻하며 두 사람 사이에 갈등이 생길 가

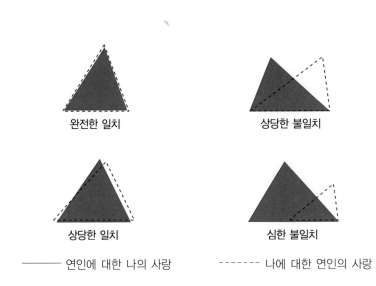

[그림 10-3] 두 연인의 사랑 삼각형 비교

능성이 높음을 시사한다. 따라서 서로 지향하는 사랑의 삼각형 모양이 비슷해지도록 대화하고 조정하는 것이 필요하다.

사랑의 삼각형을 이용한 사랑의 도형적 분석은 사랑에 대한 많은 시사점을 던져 준다. 그러나 오묘한 사랑의 체험을 삼각형에 비교한다는 것은 지나친 단순화다. 또한 사랑의 형태를 형상화하고 사랑의 크기를 수량화한다는 것은 상당히 무모한 일이기도 하다. 따라서 이러한 도형적 분석을 과신하는 것은 위험한 일이다. 다만 이러한 분석을 통해서 좀 더 온전하고 서로에게 만족스러운 사랑을 만들어 가기 위한 건설적인 시사점을 얻는 것이 중요하다.

 자기평가: 나의 사랑은 어떤 모양일까?

스턴버그(Sternberg, 1990)는 사랑의 세 구성요소를 측정하기 위해 **사랑의 삼각형이론 척도**(the Triangle theory of love scale)를 제작하였다. 현재 이성친구가 있고 이성친구에 대한 자신의 사랑을 삼각형이론에 비추어 살펴보고자 한다면, 아래의 척도를 활용하여 사랑의 삼각형 모양을 만들어 볼 수 있다.

• **사랑의 삼각형이론 척도**
아래의 문장들은 현재 당신이 사귀고 있는 이성친구에 대한 당신의 심리상태를 기술한 것이다. ○○는 이성친구의 이름을 뜻한다. 각 문장을 읽고 ○○에 대한 당신의 상태를 잘 나타내는 정도라고 생각되는 적절한 숫자에 ○표하라.

전혀 아니다	약간 그렇다	웬만큼 그렇다	상당히 그렇다	매우 그렇다
1 2	3 4	5 6	7 8	9

1. 나는 ○○의 행복을 위해서 적극적으로 지원한다. ·················· 1 2 3 4 5 6 7 8 9
2. 나는 ○○와(과) 따뜻한 관계를 맺고 있다. ·················· 1 2 3 4 5 6 7 8 9
3. 나는 힘들 때 ○○에게 의지할 수 있다. ·················· 1 2 3 4 5 6 7 8 9
4. ○○은(는) 힘들 때 나에게 의지할 수 있다. ·················· 1 2 3 4 5 6 7 8 9
5. 나는 ○○와(과) 나의 모든 것을 공유할 의향이 있다. ·················· 1 2 3 4 5 6 7 8 9
6. 나는 ○○로부터 상당한 정서적 지지를 받고 있다. ·················· 1 2 3 4 5 6 7 8 9
7. 나는 ○○에게 상당한 정서적 지지를 주고 있다. ·················· 1 2 3 4 5 6 7 8 9

8. 나는 ○○와(과) 말이 잘 통한다. ············ 1 2 3 4 5 6 7 8 9

9. 나는 내 인생에서 ○○을(를) 매우 중요시한다. ······ 1 2 3 4 5 6 7 8 9

10. 나는 ○○에게 친밀감을 느낀다. ············ 1 2 3 4 5 6 7 8 9

11. 나는 ○○와(과) 편안한 관계를 느낀다. ········· 1 2 3 4 5 6 7 8 9

12. 나는 ○○을(를) 정말 이해하고 있다고 느낀다. ····· 1 2 3 4 5 6 7 8 9

13. 나는 ○○이(가) 나를 정말 이해하고 있다고 느낀다. ·· 1 2 3 4 5 6 7 8 9

14. 나는 내가 ○○을(를) 정말 신뢰한다고 느낀다. ····· 1 2 3 4 5 6 7 8 9

15. 나에 관한 매우 개인적인 정보를 ○○와(과) 공유한다. ··· 1 2 3 4 5 6 7 8 9

16. ○○을(를) 보기만 해도 나는 흥분된다. ········ 1 2 3 4 5 6 7 8 9

17. 나는 낮에도 ○○을(를) 생각하는 나 자신을 자주 발견한다. · 1 2 3 4 5 6 7 8 9

18. ○○와(과) 나의 관계는 정말 낭만적이다. ······· 1 2 3 4 5 6 7 8 9

19. 나는 ○○이(가) 매우 매력적이라고 느낀다. ······ 1 2 3 4 5 6 7 8 9

20. 나는 ○○을(를) 이상화하고 있다. ·········· 1 2 3 4 5 6 7 8 9

21. 나는 ○○처럼 나를 행복하게 만들 수 있는 사람을 상상할 수 없다. ································ 1 2 3 4 5 6 7 8 9

22. 나는 다른 어떤 사람보다도 ○○와(과) 함께 있고 싶다. ····· 1 2 3 4 5 6 7 8 9

23. ○○와(과)의 관계보다 더 중요한 것은 이 세상에 없다. ···· 1 2 3 4 5 6 7 8 9

24. 나는 ○○와(과) 신체적으로 접촉하는 것을 특히 좋아한다. ·· 1 2 3 4 5 6 7 8 9

25. ○○와(과)의 관계에는 '마술적'인 점이 있다. ····· 1 2 3 4 5 6 7 8 9

26. 나는 ○○을(를) 찬미한다. ·············· 1 2 3 4 5 6 7 8 9

27. 나는 ○○ 없는 인생을 생각할 수 없다. ······· 1 2 3 4 5 6 7 8 9

28. ○○와(과) 나의 관계는 열정적이다. ········· 1 2 3 4 5 6 7 8 9

29. 낭만적인 영화나 책을 볼 때면 ○○을(를) 생각하게 된다. ··· 1 2 3 4 5 6 7 8 9

30. 나는 ○○에 대해서 공상을 하곤 한다. ········ 1 2 3 4 5 6 7 8 9

31. 나는 ○○에 대해서 염려하고 있다. ········· 1 2 3 4 5 6 7 8 9

32. 나는 ○○와(과)의 관계를 지속시키기 위해 최선을 다하고 있다. ································· 1 2 3 4 5 6 7 8 9

33. 다른 사람이 우리 사이에 끼어들지 않도록 나는 ○○에게 헌신할 것이다. ····························· 1 2 3 4 5 6 7 8 9

34. 나는 ○○와(과)의 관계가 흔들리지 않을 것이라는 점에 자신감을 가지고 있다. ························· 1 2 3 4 5 6 7 8 9

35. 나는 어떤 난관에도 불구하고 ○○에게 헌신할 것이다. ····· 1 2 3 4 5 6 7 8 9

36. ○○에 대한 나의 사랑은 남은 인생 동안 계속되리라고 예상

　　한다. ·· 1 2 3 4 5 6 7 8 9

37. 나는 ○○을(를) 위해서 항상 강한 책임감을 느낄 것이다. ········ 1 2 3 4 5 6 7 8 9

38. ○○에 대한 나의 사랑은 확고하다. ·································· 1 2 3 4 5 6 7 8 9

39. 나는 ○○와(과)의 관계가 끝나는 것을 상상할 수 없다. ······· 1 2 3 4 5 6 7 8 9

40. 나는 ○○에 대한 나의 사랑을 확신한다. ····················· 1 2 3 4 5 6 7 8 9

41. 나는 ○○와(과)의 관계가 영원히 지속될 것이라고 생각한다. ····· 1 2 3 4 5 6 7 8 9

42. 나는 ○○와(과) 사귀는 것을 잘한 결정이라고 생각한다. ······ 1 2 3 4 5 6 7 8 9

43. 나는 ○○에 대한 책임의식을 느낀다. ··························· 1 2 3 4 5 6 7 8 9

44. 나는 ○○와(과)의 관계를 계속 유지할 작정이다. ··············· 1 2 3 4 5 6 7 8 9

45. 설혹 ○○와(과) 갈등이 생긴다 해도, 나는 여전히 우리 관계를

　　유지할 것이다. ··· 1 2 3 4 5 6 7 8 9

▪ 채점 및 해석

　1번에서 15번까지의 점수를 합산한다. 이 점수가 당신의 친밀감 점수다. 16번에서 30번까지의 점수를 합산하면 당신의 열정 점수가 되며, 31번에서 45번까지의 점수를 합산한 것은 당신의 헌신 점수다.

　이러한 3가지 점수를 가지고 사랑의 삼각형 이론에 따라 다양하게 자신이 경험하는 사랑의 특성을 살펴볼 수 있다. 세 구성요소의 점수를 각각 세 변의 길이로 하여 삼각형을 구성해 보라. 당신의 사랑 삼각형은 어떤 모양을 하고 있는가? 어떤 구성요소가 가장 크고 어떤 구성요소가 가장 작은가? 이것은 당신의 사랑에 대해 무엇을 의미하는가?

　당신의 이성친구도 이 척도에 응답을 했다면, 이성친구의 사랑 삼각형은 어떤 모양인가? 당신의 사랑 삼각형과 비교할 때 어떤 차이가 있는가? 이러한 차이가 사랑의 관계에 어떤 영향을 미치는가? 이러한 차이가 이성관계의 갈등을 초래하고 있다면 서로 어떤 노력이 필요한가? 서로 상대방에게 원하는 삼각형의 모습은 어떤 것인가? 이런 삼각형은 과연 바람직하고 실현 가능한 것인가? 서로가 원하는 사랑의 삼각형을 실현하기 위해서는 어떤 노력이 필요한가? 이런 물음들에 관해 생각해 보면서 사랑의 관계를 이해하고 개선하는 계기가 되기를 바란다.

3. 낭만적 사랑

사랑의 삼각형 이론에서 시사하고 있듯이, 이성에 대한 사랑을 경험하는 초기에는 열정이 중요한 역할을 하게 된다. 특히 청년기에 이성을 사랑하는 연애 과정에서는 흔히 낭만적 사랑을 경험하게 된다. 낭만적 사랑에서는 상대방에 대한 강한 애정과 집착을 나타내고 그 결과 강렬한 기쁨과 고통을 수반하게 된다. 로미오와 줄리엣의 사랑이나 이도령과 성춘향의 사랑이 낭만적 사랑의 전형으로 이야기되듯이, 많은 문학작품이나 영상물 등에서 낭만적 사랑을 그린다. 그래서 많은 사람들은 낭만적 사랑을 사랑의 원형으로 생각하고 이러한 사랑을 동경하는 경향이 있다. 이러한 낭만적 사랑은 어떤 특성을 지니며 어떤 심리적 요인의 영향을 받게 되는지 살펴보기로 한다.

1) 낭만적 사랑의 특성

이성 간의 낭만적 사랑은 매우 독특한 인간관계의 체험이다. 낭만적 사랑은 다른 인간관계에서 경험할 수 없는 몇 가지 독특한 특성을 지닌다. 낭만적 사랑의 특성은, 첫째, 두 남녀 사이의 독점적이고 배타적 관계라는 점이다. 이러한 배타적 2인관계는 제삼자가 그들의 애정관계 속으로 들어오는 것을 용납하지 않는다. 이러한 애정관계에 제삼자가 침입하면 강렬한 질투감정과 분노감정을 느끼게 되며 그를 배제하려는 강렬한 노력을 하게 된다.

둘째, 낭만적 사랑은 그 발전속도가 매우 빠르다. 혈연, 지연, 학연과 같이 두 사람을 묶어맬 아무런 객관적 이유가 없는 두 남녀가 급속하게 강렬한 인간관계로 발전한다. 전혀 모르던 두 사람이 우연히 처음 본 순간 강렬한 사랑으로 발전하기도 한다. 그래서 모든 언어문화권에 이처럼 사랑의 급격한 발전을 기술하기 위해 "사랑에 빠진다(fall in love)"라는 표현이 있다.

셋째, 매우 강렬한 감정이 개입된다. 낭만적 사랑에서는 어떤 다른 인간관계에서도 경험할 수 없는 매우 강한 애착감정이 유발되어 상대방에 대한 강렬한 집착이 생긴다. 낭만적 사랑처럼 뜨겁고 강렬한 감정이 개입되는 인간관계는 없다. 아울러 연인관

낭만적 사랑에 빠진 두 남녀

계의 굴곡에 따라 감정변화가 매우 심하게 일어난다. 연인이 자신을 사랑하고 있다는 것을 확인했을 때는 강렬한 기쁨과 환희를 느끼는 반면, 연인이 자신을 거부하거나 떠나갈 때는 쓰라린 고통과 불행감을 경험하게 된다. 이성관계에서 경험하는 이러한 감정은 다른 인간관계에서 느낄 수 없는 매우 강렬한 것이다.

이러한 낭만적 사랑을 경험하는 사람들은 매우 유사한 심리적 상태를 나타낸다. 일반적으로 낭만적 사랑을 하는 사람들은 다음과 같은 심리적 경험 또는 증상을 공통적으로 경험한다 (Pope, 1980).

① 사랑하는 사람에게 강렬하게 집착하고 몰두한다.
② 사랑하는 사람과 늘 함께 있고 싶은 강렬한 욕망을 느낀다.
③ 함께 있든 아니든, 사랑하는 사람에 대해서 끊임없이 생각한다.
④ 사랑하는 사람을 보거나 생각하면 강렬한 애정과 더불어 신체적 흥분을 느낀다.
⑤ 사랑하는 사람에게는 모든 것을 다 주어도 아깝지 않을 것 같은 느낌이 든다.
⑥ 사랑하는 사람에게서 독점적인 관심과 애정을 받고자 한다.
⑦ 사랑하는 사람의 관심이 다른 사람에게 쏠리면 강렬한 질투를 느낀다.
⑧ 사랑하는 사람 없이는 자신의 존재가 불완전하다는 느낌을 갖는다.
⑨ 사랑하는 사람이 자신을 거부할지도 모른다는 강한 두려움에 사로잡힌다.
⑩ 사랑하는 사람과 이별하면 깊은 슬픔과 절망감을 느끼게 된다.

2) 낭만적 사랑에 대한 이론

(1) 진화심리학적 이론

인간의 행동을 진화론의 관점에서 설명하는 진화심리학에서는 사랑을 종족보존의 기능을 하는 심리적 현상으로 이해한다(Wilson, 1981; Buss, 1988). 인간은 기본적으로 진화의 산물이며 동물적 속성을 지니고 있다. 동물세계와 마찬가지로 인간의 이성관계는 생식행위와 관련되어 있다. 양성생식을 하는 인간은 생식기능이 성숙하는 청소년기부터 이성에 대한 관심이 증가하게 된다. 자손번식을 위한 성행위에 이르기 위해서는 사랑의 감정을 통해 이성에게 강렬하게 집착하는 것이 필요하다. 성적인 욕구와 더불어 상대방을 보호하고 상대방에게서 보호받고자 하는 욕구가 사랑의 바탕을 이룬다. 이러한 욕구는 자손을 생산하고 배우자와 자녀를 보호하는 적응적 기능을 지닌다. 남자와 여자는 사랑의 상대를 선택하고 사랑의 관계를 유지하는 방식에 차이를 나타낸다. 즉, 남자는 자신의 자손을 건강하게 낳아 기를 수 있는 건강하고 아름다운 여성에게 매혹을 느끼는 반면, 여자는 자신과 자녀를 안전하게 보호하고 돌볼 수 있는 강인하고 유능한 남성에게 매혹을 느끼게 된다. 이러한 특성은 남녀가 각기 자신의 자손을 보존하기 위해 발달시켜 온 진화의 산물이다. 이처럼 진화심리학에서는 종족보존을 위한 본능적 욕구가 낭만적 사랑의 바탕을 이룬다고 본다.

🎓 진화심리학에서 본 남녀의 성적 책략

　　최근에 심리적 현상을 진화론의 관점에서 설명하는 진화심리학적 이론들이 제기되고 있다. 버스(Buss, 1989, 1991)는 이성관계에서 남자와 여자가 취하는 성적 책략이 다름을 지적하고 이러한 차이를 진화론적 관점에서 설명한다. 남자와 여자는 자녀를 낳을 때 투자하는 노력의 양이 다르다. 남자는 한 번의 성행위만으로도 자손번식이 가능한 반면, 여자는 임신을 하게 되면 10개월 동안 태아를 키워야 하며 다른 임신이 불가능하고 남성에 비해 출산 가능한 연령 범위가 작다. 즉, 자녀생산을 위해서 여자는 남자에 비해 훨씬 더 많은 노력을 투자 한다는 것이며, 이러한 주장을 **부모투자이론**(parental investment theory)이라고 한다(Trivers, 1972). 또한 남자는 여자보다 자녀가 정말 자신의 유전자를 소유한 자식인지에 대한 확신이 낮다. 여자는 직접 자녀를 출산한 당사자이지만, 남자는 여자가 낳은 자식이 자신의 자식이라는 직접적인 증거가 없는 상태에서 상황적 증거와 외모의 유사성에 의존하여 판단할 수밖에 없기 때문이다. 이러한 주장을 **친자확률이론**(parenthood probability theory)이라고 한다(Trivers, 1972). 남자와 여자는 부모로서 투자하는 노력의 양이 다르고 친자에 대한 확신이 다름으로 인해서 다음과 같이 성적 책략을 달리한다(민경환, 2002).

1. 부모로서 더 많은 노력을 투자하는 여자는 배우자를 고를 때 남자보다 더 까다롭고 신중하다.
2. 남자는 단기적인 관계추구에 집중하는 반면, 여자는 장기적인 관계추구를 선호한다. 남자는 단기적인 관계를 통해서 많은 여자를 임신시키는 것이 목표인 반면, 여자는 자신과 자녀의 보호 및 지원을 지속적으로 제공할 남자를 선택하는 장기적 책략을 선호한다.
3. 남자는 생산 가능한 여자를 찾는 반면, 여자는 자신과 자식을 보호하고 양육하기 위한 자원이나 능력을 보유한 남자를 찾는다. 즉, 남자는 자녀생산이 가능한 젊고 건강하며 아름다운 여성에게 매력을 느끼는 반면, 여자는 지위와 재력을 지닌 유능하고 근면하며 신뢰로운 남자에게 매력을 느낀다.
4. 남자는 생산능력을 반영하는 여자의 애정행위에 끌리는 반면, 여자는 자원을 과시하는 남자의 애정행위에 끌린다. 즉, 남자는 여자의 육체적 건강이나 아름다움을 과시하는 행동에 잘 유혹되는 반면, 여자는 남자의 재력이나 비싼 선물에 잘 유혹된다.

5. 남자는 친자확률을 감소시키는 배우자의 행위에 민감한 반면, 여자는 배우자의 자원을 감소시키는 경쟁자의 존재에 민감하다. 즉, 남자는 배우자가 다른 남자와 성행위를 갖는 것에 민감한 반면, 여자는 배우자가 다른 여자에게 심리적 또는 물질적 애정을 투자하는 것에 예민하다.

6. 남자는 자손번식을 위한 단기적 책략과 관련하여 다음과 같은 점들이 주된 관심사가 된다. '어떤 여자가 성적으로 접근 가능한가?', '어떤 여자가 임신이 가능한가?', '어떻게 하면 투자와 헌신을 최소화할 수 있는가?' 장기적인 책략과 관련된 남자의 관심사는 다음과 같다. '어떤 여자가 건강한 자녀를 낳을 수 있는가?', '어떤 여자가 정조를 잘 지킬 수 있는가?(나의 자식임을 확실하게 보장할 수 있는 여자는 누구인가?)', '어떤 여자가 양육기술이 훌륭한가?', '어떤 여자가 장기간의 관계에 헌신할 용의와 능력을 지니고 있는가?'

반면에 여자는 단기적인 성적 책략과 관련하여 다음과 같은 점들이 주된 관심사가 된다. '어떻게 하면 남자로부터 즉각적으로 자원을 뽑아 낼 수 있을 것인가?', '어떤 남자가 장기적인 관계를 유지할 수 있는 사람인가?' 장기적인 책략과 관련된 여자의 관심사는 다음과 같다. '어떤 남자가 자신과 자녀에게 장기적으로 자원을 투자할 능력과 의사를 지닌 사람인가?', '어떤 남자가 아버지로서 훌륭한 양육기술을 가진 사람인가?', '어떤 남자가 공격적인 사람들로부터 자신과 자녀를 보호할 능력과 의사를 지닌 사람인가?'

이러한 주장은 진화론적 입장에서 남자와 여자의 일반적인 차이를 설명한다. 그러나 이성관계에서 나타내는 행동은 개인에 따라 커다란 차이가 있는 것이 사실이다. 또한 이성관계에서 나타나는 남자와 여자의 행동은 현대사회에 들어서 커다란 변화를 겪고 있기 때문에 진화심리학적 주장을 신중하게 받아들여야 할 것이다.

낭만적 사랑에서 경험하는 열정은 성적인 욕망과 관련되어 있으며 생물학적인 기제의 영향을 받는 것으로 알려져 있다(민경환, 2002). 인간의 뇌에서 성욕구를 조절하는 부위는 감정과 동기를 조절하는 변연계(limbic system)에 자리 잡고 있다. 따라서 성욕구는 강한 정서와 동기를 수반하는 열정과 밀접하게 관련된다. 또한 성욕구를 조절하는 뇌 부위는 쾌락과 고통을 느끼게 하는 뇌 부위와 신경화학적으로 밀접하게 연결되어 있다. 이러한 뇌 구조는 사랑의 열정이 기쁨과 고통을 동반한다는 것을 설명하는 생물학적 근거가 될 수 있다. 또한 낭만적 사랑은 마약중독과 유사한 속성을 지닌다. 낭만적 사랑을 하는 사람은 환희와 같은 고양된 기분을 경험하는 한편, 공허함과 같은 저조한 기분을 반복적으로 경험한다. 이는 마약을 투여했을 때 느끼는 황홀한 체험이나 약효가 떨어졌을 때 느끼는 고통스러운 금단증상과 유사하다. 생리학적 연구에 따르면, 사랑을 하는 사람이 경험하는 강렬한 감정의 변화는 뇌화학물질(예: 암페타민, 도파민 등)과 관련된 것으로 추정된다.

(2) 정신분석적 이론

정신분석학에서는 사랑을 성적 욕구가 승화해서 나타난 것으로 본다. 프로이트(Freud, 1905)는 성적인 욕구를 인간의 가장 기본적인 동기로 보았으며 어린아이도 성적인 욕구를 지닌다고 주장했다. 이러한 성적 욕구는 아동의 성장단계마다 신체의 여러 기관, 즉 입, 항문, 성기를 통해서 충족된다. 프로이트는 성적인 쾌감을 주로 느끼는 신체 부위에 따라 발달단계를 구순기, 항문기, 남근기, 잠재기, 성기기로 구분하였다. 구순기는 출생 직후부터 1년 반까지의 시기에 해당하며 입, 입술, 혀가 쾌락추구 기관이 된다. 유아는 어머니의 젖을 빨면서 허기를 채우는 동시에 성적 쾌감의 욕구를 충족한다. 항문기는 생후 1년 반에서 3년까지로 쾌감각의 중추가 입에서 항문으로 옮겨진다. 즉, 배변을 참거나 배설하며 긴장과 쾌감을 경험한다. 남근기는 3세경부터 5~6세까지의 기간으로 아동의 관심이 항문에서 자연스럽게 성기로 바뀐다. 즉, 남아의 경우 남근이 관심의 주된 대상이 되는 반면, 여아의 경우는 남아의 남근에 해당하는 음핵이 쾌감의 기관이 된다. 남아의 성에 대한 관심은 자연스럽게 어머니에 대한 관심으로 발전하고, 어머니를 독점하기 위한 유혹적인 행동을 나타내며 아버지를 경쟁자로 인식하게 되는데, 이를 오이디푸스 콤플렉스(Oedipus complex)이라고 부른다. 그러나 어머니에 대한 남아의 성적인 집착은 강력한 존재인 아버지의 위협에 의해 억제된다. 즉, 어머니를 유혹하면 남근을 잘릴지 모른다는 거세불안(castration anxiety)을 경험하면서 어머니에 대한 집착을 억제하게 된다. 대신 어머니를 차지할 수 있는 아버지 같은 남성적 존재가 되기 위해 아버지를 모방하는 노력을 하게 된다. 여아의 경우에는 애착의 대상이 아버지가 되고, 어머니를 사랑의 경쟁자로 인식하는 남아와 유사한 심리적 현상이 나타나는데, 이를 엘렉트라 콤플렉스(Electra complex)이라고 한다.

이러한 현상이 나타나는 남근기에 부모가 성숙하게 대응함으로써 아동이 세대 구분을 이해하고, 성과 애착을 구별하고, 부모의 금지와 기대를 내면화하면서 오이디푸스 콤플렉스가 해결된다. 오이디푸스 콤플렉스를 원만하게 해결하는 것은 건강한 성정체감의 형성, 초자아와 자아의 발달, 삼자관계의 수용을 통해 건강한 이성관계를 맺을 수 있는 능력의 발달이라는 긍정적인 결과를 낳게 된다. 그러나 오이디푸스 콤플렉스를 잘 해결하지 못하면 성장하여 이성관계를 비롯한 대인관계에서 어려움을 겪게 된다.

정신분석학에 따르면, 오이디푸스 콤플렉스는 아동이 처음으로 겪는 삼각관계 속에서의 연애경험이라고 할 수 있다. 이 시기에 이성부모에 대한 강한 애정과 집착, 동성부모에 대한 경쟁심과 질투심, 이성부모의 사랑을 잃는 것에 대한 불안, 경쟁자인 동성부모와의 비교를 통해서 느끼는 무력함과 열등감 등을 경험하게 된다. 오이디푸스 콤플렉스를 겪으면서 이성부모에게 느낀 성적 욕구의 충족 또는 좌절 경험은 성인기의 이성관계에 중요한 영향을 미치게 된다. 연애상대의 선택, 연인에 대한 기대, 사랑을 주고받는 방식 등에 영향을 미친다. 어린 시절의 오이디푸스 콤플렉스를 잘 해결하지 못한 사람들이 성인기의 이성교제에서 연인에 대한 과도한 집착, 거부의 두려움, 질투, 열등감, 의심 등과 강렬한 감정을 경험하는 경향이 있다.

(3) 애착이론

어린 시절의 애착경험이 성인기의 인간관계, 특히 이성관계에 영향을 미치는 것으로 알려져 있다. 볼비(Bowlby, 1969, 1973, 1980)에 따르면, 어머니와의 관계경험은 아동이 자기표상과 타인표상을 형성하는 데 강력한 영향을 미친다. 이러한 자기표상과 타인표상은 대인관계의 **내적 작동모델**(internal working model)이 되어 개인이 대인관계 상황을 파악하고 예측하며 타인에 대한 대인행동에 영향을 미친다. 에인스워스 등(Ainsworth et al., 1978)은 어린아이를 대상으로 한 낯선 상황 검사를 통해서 애착유형을 안정 애착과 불안정 애착(불안 애착, 회피 애착, 혼란 애착)으로 구분했다. 애착유형의 특성에 관해서는 4장(대인동기)에서 설명한 바 있다.

아동기의 애착경험은 성인기의 사랑에 영향을 미친다.

영아기에 형성된 애착유형은 전 생애에 걸쳐 지속적인 영향을 미치는 것으로 보고되고 있다. 조지 등(George et al., 1985)은 성인 애착 면접(Adult attachment interview)을 통해서 성인의 애착유형이 영아기의 애착패턴과 상당히 일치한다는 것을 발견했다. 특히 흥미로운 것은 유아기에 형성된 애착유형이 성인기의 이성관계에서도 유사하게 나타난다는 사실이다.

바돌로뮤와 호로위츠(Bartholomew & Horowitz, 1991)는 성인의 애착유형과 내적 작동 모델의 관계를 구체적으로 제시하고 있다. 그들은 연인관계에서 느끼는 불안의 정도와 친밀한 관계를 회피하는 정도에 따라 성인기 애착 유형을 다음과 같이 4가지로 구분하였다.

첫째, **불안-집착형**(anxious-preoccupied type)으로서 자신에 대한 부정적인 표상을 지니지만 타인에 대해서는 긍정적인 표상을 지니는 사람들이다. 이들은 연인관계에서 불안수준이 높을 뿐만 아니라 상대방에게 강렬하게 집착하는 관계패턴을 나타내는 사람들로서 연인과의 친밀감을 열망하는 동시에 거부에 대한 심한 불안을 지닌다.

둘째, 거부-회피형(dismissing-avoidant prototype)으로서 자신에 대해서는 긍정적인 표상을 지니지만 타인에 대해서 부정적인 표상을 지닌 사람들이다. 이들은 타인과의 친밀한 관계를 불편해하며 과도하게 독립적인 삶을 추구하는 사람으로서 연인과 적당한 거리를 두며 서로 구속하지 않는 자유로운 관계를 추구한다. 이들은 서로 집착하는 강렬한 애정관계가 되는 것을 불편해하며 회피한다. 이들은 자신의 애착 욕구를 억압하는 경향이 있으며 상대방에게서 거부당하지 않기 위해 상대방에게 가까이 다가가지 않으려는 방어적인 성향을 지닌다.

셋째, 공포-회피형(fearful-avoidant type)으로서 자신과 타인 모두에 대해서 부정적인 표상을 지닌 사람들이다. 이들은 타인을 두려워하며 회피하는 사람으로서 애정관계에 양가적인 태도를 지닌다. 한편으론 다른 사람과 가까워지고 싶지만, 다른 한편으론 가까워지는 것이 두렵고 불편하다. 이들은 자신과 타인 모두에 대해서 부정적인 생각을 지니고 있으며 자신은 좋은 연인이 아니라고 생각하는 동시에 상대방을 신뢰하지도 못한다. 그 결과 이들은 다른 사람과 친밀한 관계를 잘 맺지 못하거나 회피하는 경향이 있다.

넷째, 안정-애착형(secure-attachment type)으로서 자신과 타인에 대한 긍정적인 표상을 지니고 있기 때문에 자신감을 지니고 다른 사람에게 쉽게 다가가는 사람들이다. 이들은 상대방의 생각이나 욕구를 고려하여 호의적으로 반응하는 따뜻한 상호작용 패턴을 지니고 있으며 상대방을 신뢰하기 때문에 사소한 갈등이나 좌절에 과도한 감정반응을 나타내지 않는다. 또한 상대방과의 친밀한 관계를 편안하게 느낄 뿐만 아니라 서로의 독립성을 인정하며 상대방에게 과도하게 집착하지 않는다. 안정된 애착패턴을 지닌 사람은 대인관계에서 의존과 독립의 균형을 잘 이루는 사람이라고 할 수 있다. 이러한 안정 애착의 특성이 사랑 능력의 핵심 요소다.

안정 애착형에 속하는 성인은 자신의 연인관계에 더 만족한다. 그들의 관계에는 지속기간, 신뢰, 헌신, 상호의존성이 높다(Feeney, Noller, & Callan, 1994). 안정 애착형의 성인은 연인을 안전기지로 여기면서 세상을 더 적극적으로 탐색하는 경향이 있다(Fraley & Davis, 1997). 또한 안정 애착형의 성인들은 스트레스를 받을 때 연인에게서 지지받기를 원할 뿐만 아니라 스트레스를 받는 연인에게 지지를 제공한다(Mikulincer & Shaver, 2007). 반면에 불안-집착형의 성인들은 배우자와 갈등을 겪는 중에나 갈등이 종료된 후에도 배우자의 행동을 관계를 악화시키는 방향으로 귀인하는 경향이 있다(Simpson, Rholes, & Phillips, 1996).

탐구문제

> 　나는 이성관계에서 어떤 애착유형을 나타내는가? 나는 처음 만난 이성을 편안하게 대하는 편인
> 가, 아니면 수줍음을 많이 타는 편인가? 호감을 느끼는 이성에게 자연스럽게 데이트 신청을 잘 하는
> 가, 아니면 거절을 당할까 봐 두려워서 속만 태우면서 눈치를 보는가? 어떤 사람을 사랑한다면 모든
> 것을 던질 만큼 뜨거운 사랑을 원하는가, 아니면 친구처럼 편안한 사랑을 원하는가? 나의 성격특성
> 은 이성관계에서 어떻게 나타나는가?

(4) 인지이론

인지적 입장에서는 개인이 사랑에 대해서 지니고 있는 믿음이나 기대가 사랑의 체험과 행동에 영향을 미친다고 본다. 사랑에 대한 믿음과 기대는 대부분 사회적으로 학습된 것이다. 우리가 문학작품, 영화, 드라마 등에서 흔히 접할 수 있는 사랑의 이야기들은 대부분 강렬한 애정과 집착을 나타내는 낭만적 사랑을 다루고 있고 이러한 사랑을 미화시키는 경향이 있다. 따라서 이성 간의 사랑은 낭만적이어야 한다고 학습하며 그러한 사랑을 원하고 상상하게 된다. 아울러 낭만적 사랑에 대해서 비현실적인 과장된 환상을 지니게 된다. 예컨대, "뜨겁고 강렬한 사랑이 진짜 사랑이다", "강렬한 애정을 느끼지 못한다면 그것은 사랑이 아니다", "진정한 사랑은 모든 현실적인 난관을 극복하며 이루어 가는 것이다", "진정으로 사랑한다면 나만을 생각하고 사랑해야 한다", "사랑하는 연인끼리는 일심동체가 되어야 한다"는 생각을 지니게 된다. 이렇게 사회적으로 학습된 사랑에 대한 생각과 환상이 실제적인 이성관계에 투영되어 강렬한 감정을 생성시킨다. 즉, 사랑에 대한 비현실적인 과장된 생각이 강렬한 애정을 초래하지만 그러한 생각과 기대는 대부분 실제적인 이성관계에서 실현되지 못하기 때문에 갈등과 좌절을 경험하게 되는 것이다.

　사랑의 체험에는 2가지 요소, 즉 정서적·신체적 흥분과 인지적 평가가 중요하다는 주장이 제기되었는데, 이를 2요인 인지적 명명이론(two-component cognitive-labeling theory)이라고 한다(Walster & Berscheid, 1974). 이를 입증하는 재미있는 실험연구(Dutton & Aron, 1974)가 있어 소개한다. 젊은 남자 피험자를 대상으로 절벽 위의 구름다리를 건너가게 했는데, 한 집단에게는 심한 불안을 느낄 만큼 요동이 심한 다리를 건너게 한 반면, 다른 집단에게는 탄탄한 다리를 건너게 하여 거의 불안을 느끼지 않도록 했다. 다리를 건넌 후에는 젊은 남자 또는 여자 실험보조원이 나타나서 몇 가지 질문을 하고 난 후에 "집에 돌아간 후에도 다리를 건널 때 느낀 경험에 대해서 생각나는 점이 있으면 기록을 해 두거나 나에게 전화를 해 달라. 생각나는 것이 있으면 언제든지 집으로 전화를 해도 좋다"고 지시를 했다. 과연 어떤 피험자들이 어떤 실험

보조원에게 전화를 많이 했겠는가? 연구결과에 따르면, 요동이 심한 다리를 건넌 피험자들이 특히 여자 실험보조원의 집으로 전화를 많이 했으며 이들이 자신의 체험을 기록한 내용 속에는 여자 실험보조원에 대한 호감이나 성적인 공상내용이 많았다. 이러한 결과는 피험자들이 자신의 신체적 흥분을 여자 실험보조원에 대한 애정과 관련된 것으로 생각했기 때문인 것으로 해석되었다. 신체적 흥분을 경험하지 못한 집단은 여성 실험보조원을 만난 경우에도 전화를 한 사람이 드물었고, 신체적 흥분을 경험했더라도 남자 실험보조원을 만난 집단은 자신의 흥분을 다른 이유로 돌렸기 때문에 전화를 한 사람이 많지 않았다. 이러한 결과는 신체적 흥분을 경험하고 그러한 흥분을 이성에 대한 사랑으로 여기는 인지적 평가가 사랑의 체험에 중요함을 시사한다.

 낭만적 사랑의 신화적 설명

낭만적 사랑에는 두 남녀가 하나로 합쳐지고자 하는 강렬한 욕구가 내재해 있다. 남녀 두 성으로 나뉜 인간은 마치 잃어버린 반쪽을 찾듯이 사랑의 상대로서 이성을 갈구한다. 이성에 대한 강렬한 갈망을 추구하는 낭만적 사랑에는 신비적인 요소가 있다. 이러한 신비적 요소를 설명하기 위해 플라톤은 『향연(Symposium)』에서 낭만적 사랑의 기원에 대한 신화적 전설을 소개하고 있다.

인간은 원래 양성을 다 소유하고 있었다. 그 당시 인간은 머리 하나에 얼굴이 2개, 그리고 손과 발이 각각 4개였으며 남녀의 생식기가 모두 한 몸에 있었다. 이 양성의 인간은 교만해져서 신에 대항하여 공격을 감행했다. 신들은 이들의 무례를 더 이상 참을 수 없었으나 만약 이들을 죽여 버린다면 신들을 숭배하고 제물을 바칠 존재가 없어지기 때문에 이들을 어떻게 처벌해야 할지 고민하게 되었다. 제우스는 마침내 해결책을 발견했다. 인간들을 계속 살려 주되 반쪽으로 잘라 버리는 것이었다. 그러면 인간은 힘이 반으로 약해질 것이고 신들은 더 이상 인간을 두려워할 필요가 없다. 그래서 인간은 반으로 나뉘었고 아폴로의 도움으로 상처는 보이지 않게 되었다. 그리고 두 반쪽을 각각 반대방향으로 가게 하여 평생 다른 반쪽을 애타게 찾아 헤매도록 하였다.

이러한 신화적 설명은 인간의 속성과 낭만적 사랑에 대한 많은 시사점을 던져 준다. 그것은 인간이 자기 능력을 과신한 교만함으로 인해 처벌받은 불완전한 존재라는 것이다. 불완전한 존재인 인간은 늘 완전한 존재가 되기 위해 잃어버린 반쪽을 애타게 찾는다. 따라서 사랑은 잃어버린 반쪽을 찾아 온전한 하나를 이루려는 노력인 것이다. 즉, 사랑은 전체성을 회복하기 위해 불완전한 반쪽들이 재결합하는 과정인 것이다.

3) 낭만적 사랑의 함정

낭만적 사랑은 양면성을 지닌다. 사랑에는 밝은 면과 더불어 어두운 면이 있다. 사랑은 행복과 기쁨의 원천인 동시에 불행과 고통의 원천이기도 하다. 특히 낭만적 사랑은 사랑에 빠진 사람을 황홀한 행복감에 젖게 하지만 다른 한편으로 많은 갈등과 고뇌 속으로 몰아넣는다. "사랑은 나의 천국, 사랑은 나의 지옥"이라는 노래가사가 있듯이, 사랑은 행복·기쁨·환희를 체험하는 천국의 요소를 지니는 동시에 불안·슬픔·고통을 겪게 하는 지옥의 속성을 함께 지니고 있다(Peabody, 1989).

이렇듯이 사랑에 있어서 갈등과 고통은 필연적인 요소인 듯하다. 사랑을 다룬 동서고금의 문학작품 중에서 사랑의 갈등과 고통을 다루지 않은 작품은 없다. 심지어 '사랑은 죽음보다도 고통스럽고 독약보다도 쓴 것'이라고 묘사하는 이도 있다. 강한 밝음이 있으면 그 뒤에 강한 어둠이 있듯이, 사랑이 그토록 강렬한 기쁨을 주는 것은 그 이면에 이토록 지독한 괴로움이 있기 때문인지도 모른다. 과연 낭만적 사랑에는 어떤 고통과 갈등이 따르는 것인가? 과연 낭만적 사랑에는 어떤 함정이 있는가?

"사랑을 하게 되면 영웅호걸도 바보 겁쟁이가 된다"는 말이 있듯이, 사랑을 하게 되면 사람이 변한다. 흔히 나약하게 변해서 아픔을 많이 느끼게 된다. 그래서 사랑을 '열병'이라고 하기도 하고 누구나 한 번씩 치르는 '홍역'이라고 하기도 한다. 특히 낭만적 사랑은 신경증적인 병적 상태라고 보는 사람도 있다. 과연 사랑을 하게 되면 어떤 변화가 나타나는 것일까? 어떤 변화가 나타나길래 사랑이 그토록 고통스럽게 느껴지는 것일까?

(1) 과민성

사랑을 하게 되면 매우 예민해진다. 사랑하는 사람의 반응에 예민하게 촉각을 곤두세우게 된다. 사랑하는 사람의 말 한마디, 눈빛 하나, 몸짓 하나에도 주의를 기울이고 그 의미를 찾으려고 한다. 사랑하는 사람의 기분과 감정에도 주의깊게 살피게 된다. 특히 사랑하는 사람의 행동 하나하나가 과연 나를 좋아한다는 표현인지 아니면 나를 거부하는 표현인지에 대해서 촉각을 곤두세우게 된다.

(2) 감정의 동요

사랑을 하게 되면 감정동요가 심해진다. 평소보다 감정의 변화가 심해진다. 다양한 감정을 경험할 뿐만 아니라 감정의 강도와 감정변화의 진폭이 커진다. 또한 감정이 수시로 변화하기 때문에 매우 불안정한 감정상태가 된다. 이러한 변화는 증가된 예민성의 결과이기도 하다. 상대방의 반응에 예민해지면서 그의 반응에 따라 감정이 변하기 때문이다. 상대방이 나를 사랑하는 듯한 반응을 보일 때는 날아갈 듯한 기쁨과 행복감에 젖지만, 상대방이 나를 멀리하는 듯한 행동을 보이면 갑자기 절망감과 불안에 휩싸이게 된다.

(3) 거부의 두려움

사랑이 고통스러운 심리적 이유 중의 하나는 거부에 대한 두려움 때문이다. 사랑을 하게 되면 사랑하는 사람으로부터 거부당할 것에 대한 과도한 두려움이 생긴다. 특히 서로 사랑의 마음을 확인해 가는 탐색적 애정교환단계에서 이러한 두려움이 가장 심하다. 그토록 상대방을 좋아하고 사랑하면서도 사랑을 고백하기가 어렵고 힘든 이유가 여기에 있다. 상대방이 나의 사랑을 받아들이지 않을까 봐 두렵기 때문이다. 그래서 자신의 마음을 솔직하게 내보이지 못하고 대신에 매우 모호하고 우회적인 방식으로 사랑을 은밀히 표현한다. 설혹 상대방이 나의 사랑을 거부하더라도 내가 받을 상처를 줄이기 위해서다.

(4) 열등감의 확대

사랑을 하게 되면 자신의 열등감이 확대된다. "그대 앞에만 서면 나는 왜 작아지는가?"라는 유행가 가사가 있듯이, 사랑을 하게 되면 나 자신이 작고 초라하게 느껴진다. 평소에 작게 느껴지던 자신의 결점이 크게만 느껴지는 반면, 자신의 장점은 작게만 느껴진다. 또한 사랑을 하게 되면 평소에 잠복해 있던 열등감이 의식의 전면에 떠오르게 된다. 사랑을 해 봐야 자신의 진정한 모습을 알 수 있다고 한다. 평소에 잠재되어 있던 열등감, 콤플렉스, 무의식적 갈등과 같이 자신의 숨겨진 면들이 부각되기 때문이다. 이렇게 자신이 작게 느껴지는 이유는 상대방이 커 보이기 때문이다. 사랑을 하게 되면 상대방에 대해서 과대평가하고 이상화하는 경향이 생겨난다. "사랑을 하면 눈이 먼다"는 말이 있듯이, 상대방의 단점과 결점은 보이지 않는다. 대신 상대방의 장점은 실제 이상으로 커다랗게 느껴진다. 따라서 사랑하는 사람 앞에서 흔히 자신감을 잃고 위축된다. 천하의 영웅호걸도 사랑하는 사람 앞에서 겁쟁이가 되는 이유가 여기에 있다.

(5) 의심

사랑을 하게 되면 의심이 많아진다. 상대방의 사랑에 대해서 자꾸만 의심과 회의가 생겨난다. 과연 그 사람이 정말 나를 사랑하고 있는가? 과연 나만을 사랑하고 있는가? 다른 사람과 사귀고 있지는 않은가? 나를 속이고 있는 것은 아닌가? 이런 의문과 의심이 연기처럼 피어오른다. 상대방의 모호한 말 한마디에 근거하여 여러 가지 피해의식적 공상과 의심을 하게 될 때도 있다. 이럴 경우에는 흔히 최악의 상황을 상상하며 의심하게 된다. 따라서 상대방의 사랑을 자꾸 확인하려 한다. 좀 더 분명한 방법으로 상대방의 사랑을 확인하고 싶어진다. 그러나 사랑에 대해서 아무리 확실한 확인을 해도 사랑의 의심은 쉽게 잠재워지지 않는다. 이러한 의심은 사랑의 위험한 함정 중의 하나다. 의심하는 마음으로 상대방을 보면 상대방의 언행에서 의심스러운 점들을 발견하게 된다. 이렇듯이 의심은 오해를 낳고 오해는 확신으로 변한다. 이러한 현상이 극단적으로 나타난 불행한 경우가 배우자의 불륜에 대한 망상적 확신을 갖게 되는 의처증과 의부증이다.

(6) 질투

사랑하게 되면 질투가 심해진다. "질투는 사랑의 자매다. 악마가 천사의 형제이듯이"라는 명구가 있듯이, 사랑을 하게 되면 사랑의 잠재적 경쟁상대에 대해서 질투를 느끼게 된다. 사랑하는 사람에게 호의적으로 접근하는 모든 사람에 대해서 경계심을 갖게 된다. 특히 두 사람 사이의 애정관계를 위협하는 경쟁상대에 대해서는 적개심을 느끼게 된다. 또 사랑하는 이가 관심을 보이거나 호의적으로 평가하는 사람에 대해서 질투를 느끼게 되고 그 사람을 은근히 깎아내리고 싶어진다. 이러한 질투감정은 의심과 짝을 이루어 서로를 증폭시키기도 한다. 대부분의 사회에서 질투나 시기는 금기시하는 감정이기 때문에 질투를 느끼면서도 그것을 표현하기가 어렵다. "질투는 영혼의 황달"이라는 말이 있듯이 질투는 강렬한 불쾌감정이지만 표출하기가 어렵기 때문에 그만큼 해소하기 어려운 마음의 고통이 된다. 따라서 질투는 간접적이며 우회적으로 표현되는 경우가 많다. 질투하는 마음을 드러내지 않은 채 은근히 냉소적인 태도를 보이거나 사소한 일에도 짜증과 화를 내는 등 다양한 방법으로 표출한다. 따라서 상대방에게 오해를 불러일으켜 사랑의 관계에 위기를 초래할 수 있다.

(7) 외로움과 불완전감

사랑을 하게 되면 고독을 알게 된다. 사랑을 알기 전에는 혼자서도 잘 지내던 사람이 사랑을 하게 되면 혼자 있을 때 외로움을 느낀다. 사랑하는 사람과 떨어져 있게 되면 무언가 부족하고 불완전한 느낌에 휩싸인다. 그래서 사랑하는 사람과 늘 함께 있고 싶어 하며 헤어질 때마다 몹시 아쉽다. 헤어지고 나서 혼자 있게 되면 마음이 안정되지 않고 허전해지며 다시 만날 때를 손꼽아 기다리게 된다. 이렇듯이 사랑을 하게 되면 혼자 있는 상태가 힘들다. 혼자 있음은 사랑하는 사람과 떨어져 있음을 의미하기 때문이다. 더구나 상황적 이유로 사랑하는 사람과 오래도록 헤어져 지내야 하거나 실연을 통해 이별하게 되는 경우에 이러한 외로움과 불완전감은 더욱 커진다.

4) 부적응적인 낭만적 사랑: 강박적 사랑

이상에서 살펴보았듯이, 낭만적 사랑에는 여러 가지 함정이 숨어 있다. 이러한 심리적 함정은 낭만적 사랑을 하는 사람에게 여러 가지 고통과 갈등을 안겨 준다. 뿐만 아니라 서로에 대한 오해와 갈등을 낳게 하며 사랑의 관계에 위기를 초래할 수 있다. 이러한 갈등과 오해를 잘 해결하지 못하고 오히려 악화되면 사랑의 관계는 불행한 종말을 맞는다.

물론 낭만적 사랑을 하는 모든 사람들이 이러한 심리적 함정에 빠지는 것은 아니다. 그러나 이러한 심리적 함정에 빠져 자기 자신과 상대방을 모두 고통스럽고 불행하게 만드는 사람들이 의외로 많다. 사랑의 문제로 고통받는 많은 사람을 대상으로 연구한 테노프(Tennov, 1979)는 이들의 사랑방식이 지나치게 비이성적이라는 공통점을 발견하였다. 그녀는 이렇게 타인에게 비이성적이고 강렬하게 집착하는 병적인 사랑을 **강박적 사랑**(obsessional love)이라고 불렀다. 아울러 강박적 사랑은 다음과 같은 6가지 특성을 지닌다고 보고하고 있다.

① 사랑하는 사람에게 지나치게 강박적으로 집착한다.
② 사랑하는 사람도 자신과 마찬가지로 똑같이 강렬한 사랑을 보여 주어야 한다는 매우 강한 기대를 지닌다.
③ 사랑하는 사람의 행동을 왜곡하여 해석하고, 따라서 극단적 감정변화를 나타낸다.
④ 사랑하는 사람이 사랑을 보여 주지 않으면 심한 불안과 우울에 빠진다.
⑤ 사랑하는 사람을 비현실적으로 이상화하고 과대평가하며 그 사람의 결점을 보지 않으려 한다.
⑥ 사랑하는 사람의 관심과 사랑을 얻기 위해 무모한 행동을 한다.

테노프의 연구자료에 따르면, 이러한 강박적 사랑은 인생의 여러 시점에서 나타날 수 있고 또한 여러 수준의 강도로 나타날 수 있다. 낭만적 사랑을 하고 있는 사람들 중에서는 이런 증상을 전혀 나타내지 않는 사람도 있고 항상 이런 상태에 있는 사람도 있다. 이러한 감정은 처음에 단순한 호감에서 시작하여 점차 깊게 발전하는데, 대부분의 경우 시간이 흐르면 결국 낮은 수준으로 떨어지는 것이 일반적이었다.

어떤 사람들이 강박적 사랑을 하는가? 낭만적 사랑을 고통스럽게 하는 심리적 함정은 왜 생기는 것인가? 낭만적 사랑을 고통스럽게 하는 근본 원인은 무엇인가? 이러한 물음은 사랑의 본질에 대한 가장 근원적인 물음이기도 하다. 여러 가지 복합적인 원인이 있다. 그러나 낭만적 사랑을 연구한 심리학자들은 사랑에 대한 환상과 편견이 그 주요한 원인이라고 주장한다.

흔히 사랑의 문제로 극심한 심리적 고통을 겪고 있는 사람들은 사랑에 대해서 비현실적인 신념을 지니고 있는 경우가 많다. 사랑에 대한 비현실적인 신념은 부적응적인 대인신념과 마찬가지로 현실적인 이성관계에서 실현되기 어려운 신념으로서, 비합리적이며 당위적이고 경직된 신념을 의미한다. 심리치료자인 엘리스(Ellis, 1960)는 사랑에 대한 비합리적 사고의 위험성을 강조하는 대표적인 학자다. 그는 사랑에 대한 비합리적 신념이 친밀한 이성관계를 해치고 오히려 불행한 결과를 초래하는 미숙한 사랑의 주요 원인이라고 주장한다. 엘리스는 낭만적 사랑에 대한 주요한 비합리적인 신념을 다음과 같이 열거하고 있다.

① 사랑은 뜨겁고 열정적이어야 한다. 낭만적 사랑은 다른 종류의 사랑보다 우월하다. 강렬한 낭만적 사랑을 경험하지 못한다면 나의 삶은 무의미해질 것이다.

② 내가 열정적으로 사랑할 수 있는 사람은 오직 한 사람뿐이다. 진정한 사랑은 평생에 한 번밖에 할 수 없다.

③ 강렬한 낭만적 사랑은 영원히 지속될 것이다. 낭만적 사랑은 행복한 결혼을 보장한다. 결혼을 하면 낭만적 사랑은 더욱 강렬해질 것이다.

④ 누군가가 나를 사랑한다면 내가 사랑받고 있다고 항상 느낄 수 있어야 한다. 내가 항상 사랑받고 있다고 느낄 수 없는 사랑은 사랑이 아니다.

⑤ 사랑하는 사람을 잃는다면 다시는 사랑에 빠질 수 없을 것이다. 사랑에 실패하면 나는 극심한 고통을 겪을 것이고 오랜 기간 고통으로부터 헤어나오지 못할 것이다.

⑥ 낭만적 사랑을 느끼지 않고 결혼하거나 성행위를 하는 것은 옳지 않다. 낭만적 사랑과 성행위는 항상 함께 따라다니는 것이다.

이밖에도 "첫눈에 반한 사랑이 진짜 사랑이다", "영원히 지속되지 않는 사랑은 사랑이 아니다", "진정한 사랑을 위해서는 모든 것을 희생해야 한다"와 같은 신념들이 있다. 이러한 신념은 대부분 사실과 다르며 또한 비현실적인 것이다. 즉, 현실적인 삶 속에서 충족되기 어려운 과도한 기대이자 무리한 요구다. 이러한 과도한 기대를 지닌 사람은 사랑의 관계에서 자기 자신과 상대방에게 무리한 것을 요구하고 결과적으로 좌절과 고통을 자초하게 되는 것이다.

우리 사회에는 낭만적 사랑에 대한 환상과 편견과 미신이 매우 널리 퍼져 있다. 이러한 것들은 대부분 비현실적이며 비합리적인 신념에 속한다. 소설, 영화, TV 드라마 중에는 낭만적 사랑을 지나치게 미화하거나 사랑에 대한 비현실적인 내용을 다룬 것들이 많다. 그러나 두 남녀가 서로를 사랑하는 방식은 매우 다양하다. 서로의 성장배경과 성격 그리고 만남의 상황이 다르기 때문에 사랑은 다양한 형태로 나타날 수 있으며 그러한 사랑 속에서 행복을 느낄 수 있다. "사랑은 … 해야 한다"는 당위적 기대보다는 사랑에 대한 유연한 자세를 가지고 사랑에 임하는 것이 바람직하다. 인간의 다양성, 인간 삶의 다양성, 사랑의 다양성을 깊이 인식하고 나름대로 만족스러운 사랑을 창조해 나가는 것이 중요하다.

 매력: 연인의 선택을 결정하는 요인

청소년기 이후부터 누구나 이성에 대한 관심이 높아진다. 주변에서 접하게 되는 이성을 유심히 관찰하고 때로는 호감과 매력을 느끼게 된다. 의도적으로 이성에게 접근하기도 하여 구애를 하고 그것이 받아들여지면 연인관계로 발전한다. 같은 학과나 동아리에서 자연스럽게 접촉하는 기회가 많아지면서 서로에 대한 호감이 증가하여 연인이 되는 경우도 있다. 미팅이나 소개팅을 통해 이성을 만나고 서로 호감을 느끼게 되면 연인으로 발전한다. 수많은 사람 중에서 과연 어떤 사람에게 호감과 매력을 느껴서 연인이 되는 것일까?

앞 장에서 설명했듯이, 친교 대상의 선택에 영향을 미치는 근접성, 친숙성, 유사성, 보상성, 개인적 특성(성격특성, 능력, 신체적 매력) 등의 요인이 이성교제의 상대를 선택하는 데에도 강한 영향을 미친다. 즉, 주변에 가까이 있고 자주 접촉하며 여러 가지 측면에서 유사성이 많은 이성에게 호감을 느끼게 된다. 또한 자신에게 정서적 지지나 현실적 도움과 같은 보상을 주고 자신이 갖지 못한 장점을 지닌 이성에게 끌리게 된다. 아울러 외모와 성격 그리고 능력과 같은 개인적 특성에서 매력을 느끼게 된다. 이처럼 여러 가지 요인에서 호감과 매력을 느끼는 이성이 연애의 대상이 된다.

그런데 사람마다 매력을 느끼는 이성의 특성은 각기 다르다. 앞에서 언급했듯이, 남자는 여자의 신체적 아름다움에 매력을 느끼는 반면, 여자는 남자의 지위나 능력에 끌리는 경향이 있다. 그러나 이는 매우 일반적인 경향일 뿐 이성에게 매력을 느끼는 점들은 사람마다 매우 다르다. 때로는 제삼자의 관점에서 도저히 서로 호감을 느낄 수 없을 것 같은 사람들이 연인이 되거나 부부가 되는 경우가 있다. 예컨대, 부유한 집안 출신이며 좋은 학력을 갖춘 아름다운 여성이 나약하고 장래가 불분명한 문학 지망생에게 강한 매력을 느껴 연인관계를 맺는다. 소위 일류 신랑감의 모든 조건을 갖춘 남자가 주변의 여러 여자들을 마다하고 미모도 그리 뛰어나지 않은 가난한 집안의 여자를 사랑하여 결혼하기도 한다.

흔히 낭만적 사랑을 하는 사람들은 상대방의 현실적 조건보다는 개인적 매력에 매혹되어 급격하게 연인관계로 발전하는 경향이 있다. 매력(魅力) 또는 매혹(魅惑)이라는 글자에는 '이해하기 힘들다'는 뜻의 도깨비 매(魅)자가 포함되어 있다. 이처럼 매력을 느끼게 되는 심리적 이유는 사람마다 각기 다르고 복잡하여 설명하기가 쉽지 않다. 그러나 다음과 같은 요인들이 호감과 매력을 증가시킬 수 있다.

첫째, 채워지지 않은 대인동기를 충족시키거나 충족시켜 줄 것으로 예상되는 사람에게 매혹을 느낀다. 배고픈 사람은 음식에 끌리듯이, 매력은 상대방의 특성에 의해 결정되기보다 우리 자신의 내면적 속성에 의해서 결정되는 경향이 있다. 예컨대, 유능하지만 매우 딱딱하고 근엄한 부모 밑에서 성장하여 부드럽고 따뜻한 애정의 욕구가 좌절되어 온 사람은 유능한 사람보다 부드럽고 따뜻한 사람에게 매력을 느끼게 된다.

둘째, 연인의 선택에는 이성부모에 대한 태도가 영향을 미칠 수 있다. 가정에서 가장 밀접하게 접하게 되는 이성부모에 대한 만족도가 연인 선택에 관여하게 된다. 예컨대, 아버지를 좋아하여 아버지와 관계가 좋은 딸은 아버지와 비슷한 속성을 지닌 남성을 이상적 이성상으로 생각하고 그러한 남성에게 매력을 느낀다. 반면에 어머니에 대해 부정적인 감정을 지닌 아들은 어머니와 반대되는 속성을 지닌 여성에게 매력을 느낄 수 있다.

셋째, 자신이 소유하고 있지 않지만 매우 선망하는 속성을 지닌 이성에게 매력을 느낀다. 자신이 갖고 있는 것은 작아 보이고 갖지 못한 것은 크게 보이는 법이다. 예컨대, 학력에 자신이 없는 사람은 좋은 학력을 지닌 사람에게 매력을 느낀다. 가난의 불편함을 겪어 본 사람은 재력을 갖춘 사람에게 끌리게 된다. 특히 부유하지만 학력에 자신이 없는 사람과 가난하지만 좋은 학력을 갖춘 사람은 서로 보완적인 속성을 지니고 있어서 서로에게 매력을 느끼게 될 가능성이 높다. 외향적인 사람과 내향적인 사람이 성격적인 보완성 때문에 서로에게 호감을 느끼게 될 수도 있다.

넷째, 자신과 여러 측면에서 동질적이라고 느끼는 사람에게 매력을 느낄 수 있다. 성격이 비슷할 뿐만 아니라 취미나 관심사가 너무 유사하여 대화가 잘 통하고 마음이 잘 맞는 사람에게 강한 호감을 느끼게 된다. 마치 내가 나를 사랑하듯이, 나의 외부에서 나와 너무나 닮은 이성을 만나게 될 때 사랑의 감정을 느끼게 된다.

4. 사랑의 발전과 심화

이성관계에는 친밀한 정도에 있어서 여러 가지 수준이 있다. 일반적으로 이성친구는 만남의 횟수가 증가할수록 친밀도가 증가한다. 그러나 어떤 연인들은 자주 만나도 애정이 피상적인 수준에 머무는 경우가 있고, 어떤 연인들은 짧은 만남 속에서도 매우 친밀한 애정관계를 형성하는 경우가 있다. 과연 사랑은 어떻게 발전하고 심화되는 것일까? 어떤 요인들이 사랑을 심화시키는 것일까?

1) 사랑의 발전단계

이성관계는 시간이 흐름에 따라 발전한다. 처음에 낯설어하던 두 남녀는 만남의 횟수가 증가하면서 점차 친밀감과 애정을 느끼게 된다. 이렇게 친밀감이 증진되어 깊은 사랑으로 발전되기도 한다. 이성관계에서 경험하는 사랑은 다양한 인간관계 중에서 가장 친밀하고 강렬한 관계를 반영한다. 사회심리학자들은 이렇게 깊이 서로를 사랑하는 연인관계처럼 인간관계가 심화되는 과정을 **사회적 침투**(social penetration)라고 부른다. 알트만과 테일러(Altman & Taylor, 1973)는 이성관계의 발전 과정을 정밀하게 분석하여 사회적 침투 과정을 5단계로 나누어 설명하고 있다.

이성관계의 사랑은 몇 가지 단계를 거치면서 발전한다.

첫 번째 단계는 **첫인상 단계**(first impression stage)다. 첫인상 단계에서는 상대방을 만나 주로 외모나 행동을 관찰함으로써 인상을 형성한다. 이 단계에서 상대방에 대한 좋은 인상, 즉 호감을 갖게 되면 그에 대한 관심이 높아져 더 알고 싶은 마음이 생겨나며 그와 관련된 개인적 정보에 관심을 갖게 된다.

두 번째 단계는 **지향 단계**(orientation stage)다. 이 단계에서는 서로 자신에 대한 피상적인 정보를 교환하고 상대방을 탐색한다. 또 상대방에게 좋은 인상을 주려고 노력하며 상대방이 자신에게 호감을 가지고 있는지 타진한다. 자신을 긍정적으로 제시하려 하고 타인에 대해서도 비판을 회피하는 다소 긴장된 상태다. 이 단계에서 개인적 정보에 근거하여 관계 지속의 여부가 결정되며, 많은 만남이 여기서 끝난다. 이 단계에서는 상대방의 거부로 인해 자존심이 상할 수 있으나 마음의 상처는 그다지 크지 않다.

세 번째 단계는 **탐색적 애정교환 단계**(exploratory affective exchange stage)다. 친근한 태도를 취하고 대화의 내용이 좀 더 풍부하고 깊어지며 자발성도 증가하게 된다. 상대방에 대해 호감이상의 초보적인 애정과 사랑의 감정을 느끼게 되며, 자신의 좋아하는 감정을 상대방에게 알리려고 노력하고 상대방이 자신을 사랑하는지 확인하려 한다. 그러나 이 단계에서 애정표현이 지나치게 깊은 수준으로 나아가면 상대방이 부담을 갖게 되어 관계로부터 이탈할 가능성이 있기 때문에 다소 형식적이고 초보적인 애정교환이 이루어진다. 이 시기는 가장 예민하고 불안정한 단계다. 상대방의 말과 행동에 매우 예민해져서 감정의 변화가 심해진다. 한 사람의 애정감정의 발달속도가 상대방에 비해 빠른 경우에는 짝사랑의 형태로 나타날 수 있다. 이 단계에서 상대방에 대한 실망이나 상대방의 거부로 관계가 끝날 수 있으며, 이미 감정이 개입되었기 때문에 관계종결에 대한 상당한 아픔이 있다.

네 번째 단계는 **애정교환 단계**(affective exchange stage)다. 이 단계에서는 마음 놓고 상대를 칭찬도 하고 비판도 한다. 서로 좋아한다는 것 또는 서로 연인 사이라는 것을 암묵적으로 인정하고 좀 더 확실한 방법으로 사랑을 표현하고 전달한다. 빈번한 데이트가 이루어지고 선물이나 편지를 교환하며 농담과 장난을 주고받으면서 친밀감이 형성된다. 그러나 이 단계에서는 아직 다소 조심스러움이 있으며 마음속 깊이 갖고 있는 속마음을 털어놓지 않는다. 자신의 약점과 단점은 보이지 않으려 애쓴다. 사랑에 대한 약속이 이루어진 상태가 아니기 때문에 아직 상대방의 사랑에 대한 확신이 없다. 이 단계는 상대의 사랑을 확인하고 신뢰를 형성해 가는 단계라고 할 수 있다.

다섯 번째 단계는 **안정적 교환 단계**(stable exchange stage)로서 이 단계에 도달하면 속마음을 털어놓고 이야기하고 서로의 소유물에도 마음 놓고 접근한다. 자신의 단점이나 약점도 두려움 없이 내보이게 된다. 이 단계에서는 상대방의 사랑에 대한 확신을 갖게 되고 신뢰와 친밀감에 바탕을 두고 안정된 애정교환이 이루어진다. 흔히 이 시기에 결혼의 약속을 하게 되고 육체적 애정교환이 이루어지기도 한다. 이러한 안정된 애정교환단계를 지속하다가 결혼에 이르게 되는 경우는 행복한 경우다. 그러나 이 단계에서 부모의 반대, 유학, 이사, 질병, 죽음 등의 이유로 결혼에 이르지 못하고 헤어지게 되는 경우, 두 사람은 모두 매우 심한 마음의 상처를 입게 된다.

2) 사랑의 심화요인

이성관계에서 경험하는 사랑의 강도와 심도는 다양한 측면에서 평가될 수 있다. 사랑의 삼각형 이론에서 제시했듯이, 서로 깊은 친밀감을 느끼고 강한 열정을 경험하며 많은 헌신행위가 이루어지는 연인관계는 굳건한 사랑이라고 할 수 있다. 이러한 사랑의 강도는 다음과 같은 몇 가지 기준에 비추어 평가해 볼 수도 있다.

첫째, 사랑은 연인관계에서 경험하는 정서적 만족도에 비례한다. 정서적 만족도는 연인관계에서 경험하는 긍정적 감정과 부정적 감정의 비율 및 강도에 의해서 평가될 수 있다. 연인에 대해서 편안하고 유쾌한 감정을 느끼는 동시에 설레는 흥분과 열정을 강하게 느낄 때 강한 사랑을 경험하게 된다. 아울러 미래에 정서적 만족도가 높아질 것이라고 예상되는 연인관계는 그렇지 못한 관계보다 더 강한 사랑을 느낀다.

둘째, 사랑은 현재 연인관계에 투여하는 심리적 또는 물질적 투자의 양에 비례한다. 만남을 위해 많은 시간을 투여하고 심리적인 관심과 애정을 보여 주며 때로는 물질적으로도 연인에게 투자하게 된다. 대개 상대방이 자신을 위해 많은 투자와 희생을 보여 줄 때 자신에 대한 사랑이 강하다고 평가하는 경향이 있다. 예컨대, 부모가 강하게 반대하는데도 불구하고 변함없는 사랑을 보여 줄 때 상대방에 대한 사랑이 더 강하게 느껴진다. 이를 로미오와 줄리엣 효과(Romeo and Juliet effect)라고 한다.

셋째, 사랑은 미래에 연인을 위해 투자할 수 있는 최대의 양에 비례한다. 사랑의 관계를 유지하기 위해 미래에 닥칠지도 모르는 여러 가지 곤경을 극복하는 데에 얼마나 많은 투자와 희생을 감수할 수 있는지가 사랑의 강도를 평가하는 기준이 될 수 있다. 또한 연인이 나를 위해 미래에 투여할 것이라고 생각하는 투자량에 대한 지각이 연인에 대한 사랑과 신뢰의 정도에 영향을 미치게 된다. 신뢰의 중요한 요소는 상대방이 나를 위해 기꺼이 위험과 손실을 감수할 것이라는 믿음이다. "앞으로 어떤 일이 있더라도 당신을 영원히 사랑하겠다"는 사랑의 맹세는 이러한 신뢰감과 사랑의 강도를 증가시킨다.

넷째, 사랑의 강도는 상호의존성과 비례하는 경향이 있다. 상호의존성(interdependence)이란 상대방과 서로 의존하지 않고서는 행복을 느끼기 어려운 관계를 말한다. '당신 없이는 살아갈 수 없을 것 같은 느낌'을 연인이 서로 느낄 때, 그러한 사랑은 더욱 강하게 느껴질 것이다.

다섯째, 사랑의 강도는 연인관계의 지속기간이나 만남의 빈도와도 관계가 있다. 오랜 기간 사랑을 유지하고 빈번한 만남을 가져 온 연인관계는 견고해진다. 이렇게 오랜 기간 연인관계를 유지해 왔다는 것은 그동안 많은 우여곡절 속에서 연인관계를 지탱하고 심화시키는 요인들이 충분히 시험되고 검증되었다는 것을 의미한다.

그러나 사랑의 강도와 심도를 평가하는 기준은 사람마다 현저한 차이가 있다. 일반적으로 남자와 여자 간에는 추구하는 사랑의 요소가 다를 수 있고, 이상적으로 여기는 사랑의 유형에 따라서 기준이 달라질 수 있다. 예컨대, 낭만적 사랑을 지향하는 사람은 뜨거운 열정을 중요시하는 반면, 우애적 사랑을 추구하는 사람은 친밀감에 더 큰 비중을 둘 수 있다.

사랑을 심화시키는 방법은 사랑을 구성하는 중요한 요소들을 이성관계에서 가능한 한 많이 교환하는 것이다. 앞 장에서 설명한 친구관계의 심화요인은 모두 이성관계에도 해당된다. 즉, 자기공개, 정서적 지지와 공감, 즐거운 체험의 공유, 현실적 도움의 교환 등은 이성관계를 심화시킨다.

　그러나 이성관계가 심화되는 과정에는 친구관계와 다른 심화요인들이 관여된다. 친구관계는 대부분 동성 간에 이루어지는 친밀한 관계인 반면, 연인관계는 강한 열정과 헌신행위가 더 중요한 이성 간의 긴밀한 관계라고 할 수 있다. 아울러 육체적인 접촉과 성적인 욕구의 충족이 사랑의 심화과정에 중요한 요인으로 작용한다. 서로에 대한 성적인 매력을 유지하고 열정을 지속시키는 노력이 필요하다. 사랑의 삼각형 이론을 주장한 스턴버그도 강조하고 있듯이, 시간이 흐름에 따라 감소하는 열정을 잘 유지하는 것이 온전한 사랑을 유지하는 데에 중요하다. 열정은 연인과 심리적 결합을 이루려는 강한 감정인 동시에 성적인 욕망과도 관련되어 있

 이성교제에서의 성관계

　사랑하는 연인관계가 발전하면 흔히 신체적 접촉을 통해 애정을 교환하게 된다. 열정은 성적인 욕망과 밀접히 연결되어 있기 때문에 강한 사랑의 열정을 느끼는 연인들은 좀 더 강렬한 신체적 접촉을 원하게 되고 성적인 관계를 맺고 싶은 열망을 갖게 된다. 특히 남자는 사랑하는 사람과 성관계를 맺고자 하는 욕구가 여자보다 더 강한 것으로 알려져 있다.

　성관계는 연인들이 서로의 사랑을 확인하는 가장 강렬한 방법이다. 그러나 결혼을 하지 않은 연인 사이에서 이루어지는 성관계는 신중하게 고려되어야 한다. 과거에 비해 성에 개방적인 현대사회에서는 성인 간에 서로 합의가 되면 성관계를 맺을 수 있다. 그러나 신중하지 못하고 충동적으로 이루어진 성관계는 흔히 많은 후유증을 남긴다. 예컨대, 임신, 성병, 낙태와 같은 신체적 문제를 야기하며, 특히 여자의 경우 더 큰 부담과 후유증을 떠안게 된다. 충동적인 성관계로 인한 임신 때문에 진정으로 사랑하지 않는 사람과 결혼하게 되어 불행한 삶을 살아가는 사람도 있다. 또는 성관계로 인한 처녀성의 상실 및 낙태 때문에 두려움과 죄책감에 시달리는 경우도 있다.

　연인 사이의 성관계는 전적으로 당사자들의 자유와 책임의 문제라고 생각된다. 인간은 자유로운 만큼 책임져야 하고 책임질 수 있는 만큼 자유롭다. 쾌락과 열정을 위해 자유롭게 행동한 사람은 그러한 행동에 대한 책임을 져야 한다. 자유로운 행동의 결과 혹은 책임을 예상하지 못하거나 감당할 수 없을 때 많은 고통과 희생이 뒤따르게 된다. 성숙한 사람은 자신의 행동이 초래할 결과를 정확하게 인식하고 그 결과에 대한 책임을 충분히 감당할 수 있는 범위에서 자유로움을 누린다.

다. 따라서 이성관계에서는 정서적인 유대감뿐 아니라 서로 수용할 수 있는 수준에서 육체적인 친밀감을 쌓아 나가는 것이 중요하다. 사회적으로 자유로운 성관계가 허용되지 않은 연인관계에서는 결혼에 이르기 전까지 책임감 있는 성인으로서 육체적 접촉과 성적인 욕망을 지혜롭게 절제하며 충족시켜 나가는 것이 중요하다.

아울러 이성관계의 심화를 위해서는 좀 더 지속적이고 굳건한 관계로 발전할 수 있는 현실적인 노력이 필요하다. 결혼을 염두에 두지 않고 일시적인 낭만을 위해서 사귀는 연인관계가 아니라면, 지속적인 관계 유지를 위한 책임감 있는 약속과 헌신행위가 필요하다. 예컨대, 변함없는 사랑을 위한 약속, 친구나 가족에게 연인관계를 알리는 행동, 사랑의 유지를 위해 헌신하는 행동, 결혼을 약속하는 행동 등은 사랑의 관계를 굳건하고 안정되게 발전시킨다. 사랑을 심화시키기 위한 이러한 여러 가지 노력이 일방적으로 이루어지기보다는 서로 점차 심도 있게 이루어질 때 사랑은 깊어진다.

5. 사랑의 붕괴와 종결

첫사랑이 발전하여 결혼에 이르는 경우는 많지 않다. 사랑이라는 꽃은 결혼이라는 열매를 맺기 전에 시들거나 떨어져 버리는 경우가 많다. 사랑은 심화시키는 것도 어렵지만 지속시키는 것도 어렵다. 한때 뜨거운 사랑을 나누었던 많은 연인들이 이별을 경험한다. 영원히 변치 않겠다는 맹세를 수차례 나누었던 연인들도 여러 가지 이유로 결별하는 경우가 흔하다. 사랑의 관계는 사회적 침투이론에 따른 이성관계의 발전단계 중 어떤 단계에서도 종결될 수 있다. 일반적으로 상당한 애정이 상대방에게 투여되는 탐색적 애정교환단계 이후에 사랑의 관계가 종결되면 상당한 심리적 아픔과 상처를 느끼게 된다. 서로에게 호감을 느끼고 애정을 교환하며 지속적인 연인관계를 유지하다가 사랑이 종결되는 주요한 이유를 살펴보기로 한다.

1) 호감과 매력의 상실

상대방에 대한 호감과 매력은 사랑이 시작되는 요인인 동시에 사랑을 지속시키는 요인이기도 하다. 데이트를 할 때마다 연인에게 호감과 매력을 느끼게 된다면 연인관계는 지속될 것이다. 이성관계의 초기에 느꼈던 상대방에 대한 매력이 시간이 흐르면서 감소하거나 퇴색되는 경우가 있다. 즉, 이성관계가 진행되면서 상대방에 대한 부정적인 모습을 새롭게 접할 수 있고, 크고 작은 갈등을 경험하면서 상대방에게 실망하게 된다. 특히 사랑의 중요한 요소인 열정은 시간이 흐르면서 식어 버리는 경향이 있다. 이성관계가 진전되지 못한 채 지지부진한 상태로 정체되면 상대방에 대한 열정이 식어 버리게 된다. 이성관계가 오랜 기간 장기화되면 친밀감은 증가할 수 있지만 열정은 감퇴되어 낭만적인 사랑을 추구하는 사람은 연인관계를 떠나갈 수 있다. 이처럼 연인에 대한 호감과 매력을 느끼지 못하게 되면 이성관계가 해체될 수 있다.

2) 갈등해결의 실패

친밀한 인간관계에서는 빈번하고 긴밀한 교류가 일어나기 때문에 그만큼 갈등의 가능성도 높아진다. 연구에 의하면 가벼운 데이트에서는 갈등이 적지만 진지한 데이트에서는 갈등과 다툼이 자주 발생한다고 한다. 서로 성장 환경과 성격이나 취향이 다른 두 남녀가 가까운 연인관계를 맺으면 당연히 크고 작은 갈등을 경험하게 된다. 남자와 여자는 심리적으로 다른 특성을 지니고 있기 때문에 서로에 대한 오해와 불만이 생겨나기 쉽다. 특히 낭만적 사랑에서는 연인의 반응에 예민해지고 열등감과 의심과 질투가 증가한다. 사소한 일로 오해가 싹트고 자존심 때문에 표현하지 못한 채 갈등과 불만을 키워 나가는 경우가 많다. 이처럼 연인 간의 갈등이 반복적으로 생겨나고 이를 효과적으로 해결하지 못할 경우 연인관계는 붕괴된다. 인간관계를 와해시키는 것은 갈등 그 자체라기보다는 갈등을 해결하려는 노력이 실패하는 경우다. 갈등을 원만하게 해결하지 못하면 오히려 감정적 대립이 격화되어 갈등이 확대되는 경우가 많다. 이처럼 갈등이 도저히 해결하기 어려운 상태로 증폭되면 연인관계는 붕괴하게 된다. 갈등해결의 실패로 인해 헤어지는 경우에는 흔히 상대방에 대한 부정적 감정과 상처를 지니게 된다.

강렬했던 사랑의 관계는 다양한 이유로 붕괴될 수 있다.

연인과의 관계만족도에 영향을 미치는 의사소통 방식

연인이든 부부든 상호작용이 긍정적일수록 관계만족도가 증진된다. 저명한 부부치료자인 가트 만(Gottman, 1994, 1998)에 따르면, 상대방에 대한 존중적 경청, 상대방의 행동의 수용, 갈등이 있더라도 상대방에게 기본적 배려를 제공하는 것, 상대의 욕구를 수용하고 절충하려는 노력이 관계만족도를 증진한다. 만족스러운 관계를 위해서는 긍정적 배려를 많이 하는 것뿐만 아니라 갈 등을 만들지 않는 것이 중요하다. 갈등은 관계만족도를 저하시키는 일차적인 요인이다. 연인과의 관계만족도에 중요한 것은 갈등의 내용이나 횟수보다 갈등을 다루는 의사소통 방식이다.

갈등을 적절하게 해소하지 못하는 의사소통 문제는 사랑의 관계를 붕괴시키는 가장 중요한 원 인이다(Gottman, 1994). 갈등을 해결하지 못하고 증폭시키는 연인들은 다음과 같은 4가지의 의사 소통 특성을 나타낸다. 첫째는 **비판적 행동**인데, 상대방의 인격과 성품에 대해 비난하거나 공격하 는 것이다. 둘째는 **경멸적 행동**으로서 상대를 무시하고 모욕감을 주는 것이다. 이러한 행동은 모욕적 언사뿐만 아니라 공격적 농담, 조롱과 비웃음, 혐오적 신체언어를 사용하는 심리적 폭력으 로 나타난다. 셋째는 **방어적 태도**로서 상대방을 솔직하게 대하지 않으며 자기방어에 급급한 반응 을 보이는 것이다. 문제를 해결하기보다는 상처를 입지 않기 위해 노력한다. 넷째는 **장벽 쌓기**로 서 상대방과의 의사소통을 회피하고 신체적으로 거리를 두며 정서적인 무관심을 나타내는 것이 다. 이러한 의사소통 패턴들은 연인관계를 파국으로 몰아가게 된다.

게이블 등(Gable, Reis, Impett, & Asher, 2004)은 연인이나 부부의 대화방식이 관계만족도에 중요한 영향을 미친다는 점을 밝혔다. 이들은 연인의 대화방식을 적극성-소극성과 건설성-파괴 성의 두 차원으로 나누어 정교하게 분석했다. 상대방에게 긍정적 사건(예: 시험 합격)이 일어났을 때 연인이 대화하는 방식은 아래의 표와 같이 4가지 방식으로 분류되었다. 적극적-건설적 대화방 식을 주로 교환하는 연인은 관계만족도가 높은 반면, 다른 대화방식을 주로 사용하는 연인은 관 계만족도가 낮았다.

연인의 시험 합격 소식에 반응하는 4가지 대화방식

	건설적 대화	파괴적 대화
적극적 대화	"와우! 정말 좋은 소식이야. 시험 합격을 진심으로 축하해. 나도 정말 기뻐!" (눈 맞춤을 하며 웃으면서 긍정적 정서를 표현하고 열정적으로 반응함)	"시험에 합격했다고 난리야. 세 번째에 겨우 붙은 거면서. 시험준비 한다며 나를 외롭게 만들더니." (입을 삐쭉거리며 부정적인 면을 지적함)
소극적 대화	"시험에 합격했다니 좋은 일이네." (형식적인 축하를 보낼 뿐 적극적인 정서 표현이 부족함)	"합격했다고? 그런데 오늘 하늘이 왜 이렇게 뿌옇지? 매일 날씨가 이 모양이야." (눈 맞춤이 없을 뿐만 아니라 관심이 부족하며 다른 주제로 옮겨감)

3) 다른 연인의 출현

현재 사귀고 있는 연인보다 더 강한 매력을 지닌 새로운 연인이 생길 수 있다. 더구나 현재의 연인에게 느끼는 매력이 감퇴되거나 연인을 향한 불만이 누적된 상태에서는 새로운 연인에게로 사랑의 감정이 옮겨가게 된다. 이런 경우에 구속력이 약한 이성관계에서는 기존의 연인관계가 붕괴될 수 있다. 그래서 우리는 본능적으로 연인이 다른 사람에게 관심과 호감을 갖게 되면 질투를 느끼고 새로운 사람의 접근을 방해하게 된다. 이처럼 연인에게 새로운 사람이 생겨서 사랑의 관계가 붕괴되는 경우에는 배신감과 더불어 분노를 느끼게 되며 고통스러운 마음의 상처를 경험하게 된다.

4) 부모의 반대나 물리적 이별

연인관계는 사랑하는 두 사람의 관계이지만 이러한 관계에 영향을 미치는 사람들이 있다. 흔히 부모가 자녀의 이성관계에 개입하는 경우가 있다. 부모가 강력하게 반대하며 연인관계의 종결을 강요하는 경우에 사랑의 관계는 위기에 봉착하게 된다. 이때 가족이 반대를 하면 오히려 연인에 대한 사랑의 감정이 더욱 강해지는 '로미오와 줄리엣 효과'가 나타날 수도 있다. 그러나 때로는 부모와 연인 중 한 쪽을 선택해야 하는 상황에 몰리는 경우도 있다. 특히 부모의 반대가 강력하고 자녀에 대한 부모의 지배력이 강할 경우에 이성관계는 종결될 수 있다. 때로는 연인의 지리적 이동(유학, 이민 등)이나 죽음과 같은 외부적 요인이 두 사람의 사이를 갈라놓기도 한다. 이 경우에는 이루지 못한 사랑에 대한 안타까움, 그리움, 아쉬움 등의 슬픈 감정들이 뒤섞여서 나타나게 된다.

5) 투자와 보상의 불균형: 사회교환이론

인간관계에서 상대방으로부터 기대한 성과와 만족을 얻지 못할 경우에 그 관계는 와해된다. 인간관계는 여러 가지 형태의 투자를 하고 보상을 받는 거래관계의 성격을 지닌다. 친밀한 관계가 붕괴되는 이유는 그 관계에서 얻는 성과가 줄어들거나, 또는 현재의 관계보다도 더 좋은 성과를 가져다줄 수 있는 관계가 존재하기 때문이다. 이러한 원리는 이성관계에도 적용될 수 있다.

티보와 켈리(Thibaut & Kelly, 1959)는 인간관계가 유지되고 와해되는 과정을 투자와 보상의 개념으로 설명하고 있는데, 이를 **사회교환이론**(social exchange theory)이라고 한다. 이 이론에 따르면, 두 사람 사이의 인간관계는 각자에게 돌아가는 성과(outcome)에 따라 그 관계의 존속 여부가 결정된다. 두 사람은 현재의 인간관계에서 얻게 되는 **보상**(reward)과 감수해야 되는 **부담**(cost)을 지닌다. 현재 인간관계의 성과는 이러한 보상과 부담의 차이를 의미한다. 즉, '성과=보상−부담'이다. 일차적으로 현재 인간관계의 만족도는 성과의 크기에 비례한다. 보상은 크고 부담은 작아 성과가 클수록 인간관계는 만족스럽게 느껴진다.

그러나 인간관계의 만족도를 결정하는 더 중요한 요인은 비교수준(comparison level)이다. 비교수준은 현재의 인간관계에서 얻고자 기대하는 성과수준이며 주로 과거의 인간관계에서 받아 온 성과의 평균 수준을 나타낸다. 현재 인간관계에 대한 만족도는 현재의 성과와 비교수준의 비교를 통해 결정된다. 즉, 현재의 관계에서 얻는 성과가 비교수준보다 높으면 만족감을 느끼는 반면, 현재의 성과가 비교수준보다 낮으면 불만을 느끼게 된다. 아무리 성과가 높다 하더라도 비교수준이 더 높으면 현재의 관계에 불만을 느끼게 되는 것이다. 그러나 현재의 성과가 비교수준 이하로 내려가서 현재의 관계에 불만을 갖는다고 해서 현재의 관계를 청산하고 새로운 사람과 사귀게 되는 것은 아니다. 예를 들어, 결혼한 부부는 결혼생활이 기대에 못 미쳐 불만을 느낀다고 해서 곧 결혼관계를 청산하지는 않는다. 현재의 결혼관계보다 더 나은 성과가 예상되는 대안이 없을 때는 불만스럽지만 현재의 관계에 머물게 되는 것이다.

현재 인간관계의 청산 여부를 결정하는 중요한 요인은 **대체관계 비교수준**(comparison level for alternatives)이다. 대체관계 비교수준은 다른 사람과 관계를 맺을 때 기대되는 성과 중 가장 높은 성과수준을 의미한다. 새로운 인간관계에서 기대되는 대체관계 비교수준이 현재 인간관계의 성과보다 높으면 현재의 관계를 청산하고 새로운 관계로 옮겨간다.

사회비교이론은 인간관계의 붕괴에 대해서 많은 것을 시사한다. 인간은 현재의 인간관계가 불만스럽더라도 대안적 관계에서 더 나은 성과가 기대되지 않으면 현재의 관계에 머무른다. 이성친구가 썩 마음에 들지는 않지만 더 나은 이성친구를 찾을 수 없다면 현재의 이성친구와 교제를 지속한다. 그러나 더 나은 새로운 이성친구가 나타나게 되면 현재의 이성관계는 와해될 수 있다. 물론 그러한 이성친구를 만나지 못하면 불만스럽더라도 현재의 이성친구와 평생토록 연인관계를 지속할 수도 있다. 반면, 현재의 이성관계가 만족스럽다고 하여 그 관계가 확고한 것은 아니다. 더 많은 만족을 줄 수 있는 다른 연인이 나타나면 현재의 이성관계는 동요할 수 있다. 서로 사랑하며 만족하는 이성관계를 유지하고 있는 연인의 경우에도 더 멋있는 이성상대를 만나게 되어 더 많은 만족을 얻을 수 있다고 판단되면 현재의 연인을 떠나갈 수 있다. 이런 경우를 우리는 주변에서 종종 접하게 된다.

휴대전화와 연인관계

휴대전화는 현대인의 인간관계 중 특히 연인관계에 많은 영향을 미친다(Ling, 2008). 휴대전화는 사랑의 감정을 느끼며 항상 접촉하기를 원하는 남녀가 연결하는 유용한 수단이기 때문이다. 그러나 휴대전화는 연인관계의 갈등을 유발하는 원인이 될 수도 있다.

우선, 휴대전화는 호감을 느끼는 남녀가 연인관계를 발전시키는 데 도움이 된다. 서로에게 관심을 지닌 남녀는 먼저 휴대전화 번호를 교환하고 서로 알 듯 모를 듯한 문자메시지를 주고받으며 상대방의 마음을 타진한다. 말실수를 할 수 있는 음성통화보다는 문자메시지가 신중하게 문구를 편집하여 자신의 마음을 전하고 상대방의 반응을 타진할 수 있으며, 상대방의 반응에 따라서 관계를 진전시킬 것인지 여부를 결정하는 데 효과적이다. 문자메시지는 정중하게 상대방에게 거부의사를 전할 수 있을 뿐만 아니라 상대방으로부터 거부를 당해도 민망함을 덜 느낄 수 있는 장점이 있기 때문이다.

휴대전화는 연인들의 뜨거운 감정을 증폭시키는 데에도 활용될 수 있다. 문자메시지는 수신과 응답의 타이밍이 중요하다. 발신자번호표시를 통해서 누가 건 것인지 알면서도 일부러 휴대전화가 몇 번 더 울리게 내버려 두는 것처럼 문자메시지에서도 응답의 전략적 완급조절이 가능하다. 이러한 힘겨루기가 마무리되면 연인들은 문자메시지 교환 빈도가 늘어나고 음성통화, 메신저, 면대면 상호작용과 같이 다양한 소통방식을 통해 교류하게 된다. 매일 주고받는 아침인사와 저녁인사는 연인 간의 애정을 표현하고 서로의 애정을 확인하게 해 주는 역할을 한다.

또한 휴대전화는 자투리 시간을 이용하여 연인들이 밀어를 나눌 수 있게 해 준다. 휴대전화 덕분에 언제 어디서든 인간관계를 유지하고 강화할 수 있게 되었다. 문자메시지는 연인 간에 세심하고 지속적이며 밀도 있는 접촉을 가능하게 한다. 물론 열애 중인 연인이 가장 뜨겁게 달아오르는 순간은 역시 면대면으로 만나는 순간일 것이다. 휴대전화는 데이트를 사전에 계획하고 상의하는 데에도 커다란 도움이 된다. 어디에서 어떻게 만날 것인지 상의하고 데이트가 끝난 후에도 대중교통을 이용해 각자 귀가하는 도중에 문자메시지를 주고받으며 데이트의 열기를 이어 나갈 수 있다.

그러나 휴대전화는 연인 간의 갈등을 유발하기도 한다. 첫째, 상대방과의 휴대전화 연결의 빈도나 시간에 대한 욕구가 서로 다를 경우에 문제가 발생할 수 있다. 예컨대, 연인 중 한 사람은 할 일이 많고 너무 바빠서 적당한 통화를 원하는 반면, 상대방은 자주 그리고 오래 통화하기를 원할 경우에 갈등이 발생할 수 있다. 한 사람은 빈번한 전화통화를 귀찮은 방해로 느낄 수 있고, 다른 연인은 상대방의 통화 자제를 무관심이나 거부로 여길 수 있다. 연인관계가 발전하는 초기에는 휴대전화가 쉽게 접촉하여 밀어를 나누는 유용한 수단이지만, 어느 정도 관계가 안정되면 휴대전화의 빈번한 사용이 오히려 상대방의 사적 영역을 침범하거나 중요한 활동에의 집중을 방해하는 도구가 될 수 있다.

휴대전화는 서로에게 집중해야 하는 연인관계를 방해할 수 있다. 수시로 걸려 오는 전화는 연인 간의 대화를 중단시키고 상대방에 대한 집중을 방해할 수 있다. 휴대전화 사용이 지나치게 빈번하거나 길어지면 데이트의 즐거움이 손상될 수 있다. 더구나 상대방이 휴대전화 통화내용을 들을 수 있을 경우에는 그 내용에 따라 오해를 유발하거나 의심을 촉발할 수도 있다. 따라서 연인과의 만남에서는 휴대전화 사용을 자제하는 것이 특히 중요하다. 연인관계에서 상대방의 사랑에 대한 의심이 생겨날 경우, 휴대전화는 서로의 사생활을 감시하고 감시 받는 도구로 전락할 수도 있다.

또한 휴대전화는 연인 간의 갈등을 증폭시킬 수 있다. 데이트가 항상 즐겁기만 한 것은 아니기 때문에 사소한 갈등을 경험할 수 있다. 이 경우에는 상대방에 대한 불쾌한 감정을 가라앉히는 시간이 필요하다. 그러나 휴대전화를 통해서 즉각적으로 자신의 감정을 토로하고 상대방을 비난할 수 있기 때문에 갈등이 증폭될 수 있다. 더구나 휴대전화를 통해서는 상대방의 표정이나 처한 상황을 인식할 수 없기 때문에 깊이 있는 대화를 나누는 데 한계를 지닐 뿐만 아니라 상대방의 의도에 대한 오해를 증폭시킬 수 있다.

이처럼 휴대전화는 연인관계를 발전시키고 심화시키는 유용한 수단이 될 수 있지만 연인관계의 갈등과 붕괴에 기여하는 도구가 될 수도 있다. 연인관계를 원만하게 유지하기 위해서는 휴대전화가 미칠 수 있는 부정적 영향을 잘 인식하고 불필요한 갈등을 예방하는 노력이 필요하다.

6. 사랑의 상처: 실연과 그 극복방법

이성과의 사랑이 항상 행복한 결말을 맺는 것은 아니다. 많은 연인들이 서로 뜨겁게 사랑하다가 여러 가지 이유로 헤어진다. 이렇게 이루지 못한 사랑은 아픈 상처를 남긴다. 흔히 실연의 고통은 매우 쓰라리고 실연의 상처는 잘 아물지 않는다. 실연의 경험은 우리의 삶에 심각한 영향을 미치기도 한다. 특히 젊은이들에게 실연은 극복하기 어려운 사랑의 후유증을 남기는 경우가 많다.

1) 실연의 유형

실연(失戀)은 사랑의 해체이자 종결을 의미한다. 사랑하던 두 남녀가 사랑의 관계를 종식시키는 불행한 경우다. 사랑하던 두 남녀가 사랑을 종결하는 과정은 매우 다양하다. 먼저 실연의 유형을 3가지로 나누어 살펴보기로 한다.

첫 번째 유형은 일방적 실연이다. 일방적 실연은 두 사람이 서로 사랑하다가 한 사람의 일방적 요구에 의해 그 관계가 파기되는 경우다. 상대방의 성격, 능력, 행동에 대한 실망이 가장 흔한 원인이다. 때로는 더 나은 애정상대의 출현으로 현재의 관계를 청산하는 경우도 있다. 이처럼 일방적 실연을 당한 사람은 많은 심리적 충격과 고통을 받게 된다. 사랑의 상실과 자존심의 손상으로 인해 우울감을 경험하게 될 뿐만 아니라 자신을 거부한 상대방에 대한 분노, 적개심, 배신감, 복수심 등이 생겨나게 된다. 일방적 실연은 가장 일반적인 실연의 형태로서 가장 고통스러운 상처를 남긴다.

두 번째 유형은 합의된 실연이다. 사랑하던 두 사람이 사랑의 관계를 종결하기로 합의하고 헤어지는 경우다. 사랑을 나누는 과정에서 서로에 대한 불만과 갈등이 생겨나고, 이러한 갈등은 해결되지 않고 오히려 악화되는 경우가 많다. 두 사람은 명시적으로든 암묵적으로든 사랑의 관계를 종결하기로 합의하고 헤어진다. 이 경우에 실연한 두 사람은 애정이 식은 상태에서 불만스러운 상대방과 이별하는 것이기 때문에 심리적 고통이 상대적으로 적지만 미련, 아쉬움, 후회의 감정이 수반될 수 있다.

세 번째 유형은 강요된 실연이다. 강요된 실연은 당사자의 의사와 상관없이 외부적 요인(부모의 반대, 연인의 지리적 이동이나 사망 등)에 의해 사랑의 관계가 지속되지 못하고 중단되는 경우다. 이 경우에는 이루지 못한 사랑에 대한 안타까움, 그리움, 아쉬움 등의 슬픈 감정이 뒤섞여서 나타나게 된다.

실연의 유형을 크게 3가지로 나누어 보았지만, 실제로는 여러 가지 요인이 복합적으로 작용하는 경우가 대부분이다. 어떤 경우이든 실연은 매우 고통스럽다. 그러나 실연을 더욱 고통스럽게 느끼게 하는 조건이 있다. 일반적으로 실연의 고통은 다음의 경우에 더욱 심하다.

① 상대방의 일방적 결정으로 실연한 경우
② 예상하지 못한 상태에서 갑자기 실연한 경우
③ 사랑의 관계에 정신적 또는 물질적 투여를 많이 해 온 경우
④ 상대방이 다른 사람을 사랑하게 되어 거부당한 경우
⑤ 거부당한 이유가 자신의 내적 요인(성격, 능력, 외모)인 경우

⑥ 첫사랑의 실연인 경우

⑦ 두 사람의 연인관계가 이미 주위 사람들에게 많이 알려진 경우

⑧ 친구나 가족 등 주변에 가까운 사람이 없는 외로운 사람인 경우

2) 실연의 심리적 반응

실연은 사랑의 상실이다. 따라서 실연을 하면 여러 가지 심리적 후유증이 뒤따른다. 어떤 유형의 실연이든 고통스러운 상처가 남는다. 물론 실연의 상처는 그 유형에 따라 차이가 있고 사람에 따라 다르다. 그러나 여기에서는 실연을 한 사람들이 나타내는 일반적인 심리적 반응을 살펴보기로 한다.

실연을 하게 되면 정서적으로 우울해진다. 실연은 기본적으로 상실경험이다. 상실에 대한 주된 정서적 반응으로서 슬픔과 우울감이 나타난다. 일상적 생활에 대한 의욕과 흥미가 감소하고 활동량이 감소한다. 아울러 헤어진 연인에 대한 미련과 후회의 감정이 뒤따른다. 특히 상대방의 거부에 의한 일방적 실연인 경우에는 분노와 적개심을 느끼게 된다. 나를 버리고 떠나간 연인에 대한 배신감과 복수심을 갖게 된다. 이렇듯이 실연을 하게 되면 슬픔, 우울, 분노, 미련, 후회 등 여러 가지 고통스러운 감정을 복합적으로 경험한다.

실연을 하면 인지적 기능에도 변화가 생긴다. 일반적으로 주의가 산만해지고 집중력이 저하되어 지적인 업무수행능력이 떨어진다. 아울러 판단력이나 기억력도 일시적으로 저하된다. 또한 종결된 사랑에 대한 미련과 후회로 끊임없는 생각에 휩싸인다. 이러한 생각을 중단하려고 해도 뜻대로 되지 않는다. 아울러 실연을 하게 되면 비관적인 생각이 밀려든다. 자기 자신에 대한 부정적인 생각과 회의가 밀려든다. 다시는 사랑을 할 수 없을 것 같은 생각이 든다. 일상적 생활에서 의미를 찾기 어렵고 삶 자체가 무의미하게 느껴지기도 한다. 이러한 인지적 기능의 저하와 혼란으로 인해 학업이나 직업의 업무수행에서 상당한 곤란을 느낄 수 있다.

실연은 다양한 고통스러운 반응을 유발한다.

실연을 하면 여러 가지 행동상의 변화가 일어난다. 일상적인 생활에 대한 의욕과 흥미가 저하되며 활동성이 저하된다. 흔히 학업이나 직업 활동을 소홀히 하여 학교나 직장에서 심각한 부적응상태에 빠져드는 사람도 있다. 아울러 대인관계가 위축되며 사람 만나기를 회피하고 칩거하

는 사람도 있다. 또한 괴로운 마음을 달래기 위해 과도한 음주를 하거나 무절제한 생활에 빠져들 수도 있다. 뿐만 아니라 식욕이 저하되고 불면에 시달리거나 두통, 소화불량, 생리불순을 위시한 신체적 증상이 나타나는 등 여러 가지 건강의 문제도 생길 수 있다.

이러한 실연의 심리적 반응은 다양한 강도로 나타날 수 있다. 이러한 반응은 누구에게나 실연이라는 상실경험을 하게 되면 나타날 수 있는 매우 정상적이고 자연스러운 반응이다. 그러나 어떤 사람은 실연에 대해 과잉반응이나 부적응적인 반응을 나타내기도 한다. 실연반응의 정도가 지나치게 심하여 학업이나 직업 등의 사회적 적응에 현저한 장애를 초래할 만큼 심한 우울상태에 빠지는 경우도 있다. 거듭된 과음, 무절제하고 타락된 행동, 자해나 자살과 같은 자학적 행동이 나타날 수도 있고 폭력과 같은 극단적 방법으로 분노를 표현하는 사람도 있다. 때로는 실연의 상처를 급히 치유하기 위해 신중한 고려 없이 충동적으로 새로운 사람과 급속한 애정관계를 맺거나 결혼과 같은 중요한 결정을 하는 사람도 있다. 이러한 경우의 애정관계나 결혼생활은 성공적이기 어렵다. 실연반응은 일정한 기간이 경과하면 감소하여 정상적인 상태로 회복되는 것이 일반적이다. 그러나 때로는 실연반응이 장기화되어 개인의 사회적 적응에 치명적인 장애를 초래하기도 한다. 실연으로 인해 인간에 대한 혐오감을 형성하고 정상적인 이성관계나 인간관계를 회피하는 사람도 있다.

실연은 아프고 고통스럽다. 그렇기 때문에 많은 사람들은 이러한 고통을 피하고 줄이기 위해 여러 가지 방어적 수단을 강구한다. 이러한 방어적 노력의 첫 번째 방법은 실연이 상대의 거부 때문이 아니라 자신의 거부 때문이라고 생각하는 것이다. 거부당한 실연보다는 거부한 실연이 덜 고통스럽기 때문이다. 어떤 사람은 상대방이 자신을 거부할 듯한 조짐을 보이면 먼저 상대방에게 절교를 선언함으로써 실연의 고통을 피하려 하기도 한다.

두 번째 방법은 이솝우화에 나오는 '신포도와 여우'의 이야기처럼, 상대방의 가치를 평가절하하는 방법이다. 먹음직스러운 포도를 따먹으려는 노력이 좌절되자 여우는 포기하고 돌아서면서 "저 포도는 몹시 실 거야"라고 자기합리화를 한다. 이처럼 실연한 사람은 한때 사랑했던 상대방이 별로 매력적이지 않다거나 결점과 문제가 많은 사람이라고 평가절하함으로써 실연의 아픔을 감소시킨다.

세 번째 방법은 헤어진 사람과의 관계가 사랑이 아니었다고 관계를 평가절하하는 방법이다. 그저 좋아했을 뿐 진정으로 깊이 사랑한 것은 아니었다고 생각하는 것이다. 이는 이성관계에 대한 자신의 심리적 투자량을 축소평가함으로써 실연의 고통을 줄이는 방법이다. 투자를 많이 했음에도 불구하고 실패한 인간관계는 더욱 고통스럽기 때문이다.

네 번째 방법은 다른 이성관계로 도피하는 방법이다. 즉, 실연하자마자 재빨리 다른 이성과 애정관계를 맺는 방법이다. 실연하여 혼자 남아 느끼게 될 고독과 고통을 피하기 위해 새로운 이성관계로 옮겨가는 것이다. 때로는 그다지 큰 매력을 느끼지 못하는 이성과 교제하는 경우도 있다. 어떤 사람은 실연의 가능성을 늘 염두에 두고 다른 이성과 대안적인 친분관계를 유지하다가 실연을 당하면 대안적인 이성관계를 애정관계로 발전시키기도 한다.

이렇듯이 실연의 고통은 감당하기 어려울 정도로 괴롭기 때문에 여러 가지 방어적 노력을 한다. 이러한 방어적 노력은 의식적으로 이루어지는 경우도 있지만 대부분 무의식적으로 이루어진다.

3) 실연의 극복

실연은 고통스러운 만큼 극복하기도 쉽지 않다. 실연한 사람은 흔히 실연의 아픔에서 벗어나지 못할 것 같은 느낌을 갖는다. 다시는 어떤 사람을 사랑하지 못할 것 같은 생각이 든다. 그러나 대부분의 사람은 실연의 아픔을 극복한다. 극복하는 방법이나 기간은 사람마다 다르지만, 대부분 실연의 고통에서 벗어난다.

실연으로부터 극복하는 과정은 흔히 다음과 같은 세 단계를 거친다. 첫째, 충격과 고통의 단계로서 실연 직후에 부정적인 감정을 가장 고통스럽게 경험하는 시기다. 앞에서 설명했듯이 슬픔, 우울, 미련, 후회, 배신감, 분노 등의 고통스러운 감정에 휩싸이는 단계라고 할 수 있다. 둘째, 실연의 상처를 치유하는 단계다. 이 단계에서는 실연의 아픔을 이겨 내기 위한 여러 가지 노력이 이루어진다. 가까운 사람에게 도움을 요청하기도 하고 실연의 과정을 마음속으로 재정리해 보기도 한다. 또는 여행을 떠나기도 하고 새로운 일에 몰두해 보기도 한다. 이러한 노력 속에 시간이 흘러가고 일상적 생활에 복귀하게 되면 아물지 않을 것 같던 실연의 상처가 서서히 아문다. 셋째, 성숙의 단계다. 이 단계에서는 실연의 아픔을 극복하면서 자기 자신에 대한 여러 가지 반성을 하고 사랑에 대한 새로운 시각을 갖게 된다. 이러한 배움을 통해 심리적인 성숙을 이룸으로써 미래의 성숙한 이성관계를 위한 밑거름을 마련하게 된다.

실연은 매우 고통스럽고, 실연의 상처를 치유하는 것은 매우 어렵다. 우리는 주변에서 실연으로 인해 아파하고 괴로워하는 사람들을 흔히 보게 된다. 그들이 실연의 상처로부터 벗어나도록 도와주고 싶지만 대부분의 경우 위로의 말이나 해결의 조언들은 큰 도움을 주지 못한다. 사랑의 상처를 극적으로 치료하는 묘약은 불행하게도 없다. 다만 실연의 고통이 지나치게 장기화되지 않도록 하며 고통이 확대되지 않도록 하는 것이 중요하다. 실연으로 인해 다른 인간관계나 학업 및 직업과 같은 다른 사회적 영역으로 문제가 확산되지 않도록 유의해야 한다.

실연의 아픔을 제거하는 묘약은 없지만 실연의 상처가 빨리 아물도록 돕는 방법은 있다. 실연의 상처로 고통받는 사람들을 전문적으로 상담하는 사람들은 여러 가지 극복방법을 제시한다. 일반적인 실연 극복방법을 소개하면 다음과 같다.

첫째, 자신이 실연으로 아파하며 슬퍼하고 있다는 사실을 받아들인다. 그리고 이러한 아픔과 슬픔이 실연에 대한 자연스럽고 정상적인 반응임을 자각한다. 사랑했던 만큼 실연은 고통스럽다. 많은 사람들이 실연으로 자신처럼 아파했을 뿐만 아니라 이러한 아픔을 이겨 냈다는 사실을 자각하는 것이 중요하다. 즉, 실연으로 지금은 매우 고통스럽지만 이러한 고통에서 벗어날 수 있다는 점을 분명히 인식할 필요가 있다.

둘째, 아파하고 슬퍼하라. 충분히 아파하고 슬퍼하라. 실연의 고통을 느끼고 표현하라. 사랑이 깊으면 실연의 상처도 깊다. 상처는 아픔의 과정을 통해 아문다. 실연의 아픔을 부인하거나 숨기려 하지 말라. 실연의 아픔에 젖어 아픔을 깊이 느껴 보라. 아픔의 체험은 치유의 과정이다. 그러나 아파하는 과정이 장기화되지 않도록 하라. 아픔에 대한 극단적인 표현을 경계하라. 흔히 통곡을 하고 나면 슬픔이 진정되듯이, 사랑의 상처도 실연의 고통을 충분히 느끼고 표현할수록 빨리 아문다.

셋째, 가능하다면 1~2주 정도 일상적 생활에서 벗어나는 것도 좋다. 여행을 하거나 새로운 일을 하거나 환경의 변화를 통해 기분을 전환하는 것이 필요하다. 이러한 생활의 변화는 침체된 감정을 전환하는 계기가 될 수 있다. 또한 실연의 아픔과 혼란으로 인해 당면한 현실적 과업을 적절하게 수행하지 못하면 학교나 직장에서 심각한 불이익을 당할 수 있다. 따라서 가능하다면 휴가를 얻거나 시간을 내어 업무의 부담에서 벗어나는 것이 필요하다.

넷째, 실연에 대해서 반성해 본다. 실연의 원인과 과정을 생각해 본다. 이러한 반성을 통해 실연의 경험으로부터 교훈을 얻는다. 실연은 사랑에 대한 비현실적인 기대와 환상에 기인할 수도 있고, 상대방에게서 사랑받고자 하는 지나친 욕구에 기인할 수도 있으며, 사랑의 감정에 휩싸인 채 상대방과의 관계를 왜곡하여 판단한 때문일 수도 있다. 충분히 아파하고 기분전환의 기간을 가진 후에는 이렇게 담담한 마음으로 사랑과 실연의 과정을 반성해 보는 것이 필요하다. 이런 반성의 노력 없이는 아픔만큼 성숙해지지 않는다. 사랑을 통해 성숙해지는 이유는 실연의 회복 과정에서 이러한 반성의 과정을 거치기 때문이다.

다섯째, 실연의 아픔에서 벗어나 일상의 생활로 돌아온다. 실연으로 인해 잠시 궤도를 이탈했던 상태에서 정상적 생활의 궤도로 되돌아오는 것이다. 잠시 소홀히 했던 인간관계를 복원하고 학업이나 직업에서의 공백을 회복하도록 노력한다. 한결 성숙한 모습으로 자신의 삶에 충실히 임한다.

실연의 고통을 극복하는 과정은 가까운 가족의 죽음을 극복하는 과정과 유사하다. 2가지 경우 모두 사랑하는 사람을 떠나 보내는 상실의 경험을 극복하는 과정이기 때문이다. 사랑하던 사람이 사망하면 우리는 애도과정(mourning process)을 거치게 된다. 사랑했던 사람을 잃은 슬픔을 표현하고, 사랑했던 사람의 장례를 치르고 무덤을 만들면서 그 사람의 죽음을 현실로 받아들인다. 사랑하는 사람의 상실을 충분히 현실로 인정하면 상실의 고통은 견딜 수 있는 수준으로 완화된다. 이렇게 애도의 과정을 거치고 나서 다시 현실의 생활 속으로 돌아오듯이, 실연의 극복은 이와 유사한 과정을 거친다.

요약

1. 사랑을 경험하게 되는 이성관계는 인생의 중요한 인간관계 중 하나다. 이성관계는 매우 강렬한 정서경험이 수반되기 때문에 행복의 원천인 동시에 불행의 근원이 될 수 있다. 행복하고 성숙한 사랑을 나누기 위해서는 사랑에 관여하는 심리적 요인에 대한 깊은 이해가 필요하다.

2. 사랑은 정의하기 어려운 관계경험으로서 매우 다양한 유형으로 구분할 수 있다. 리(Lee)는 사랑을 지칭하는 그리스어에 근거하여 사랑을 6가지 유형, 즉 낭만적 사랑, 우애적 사랑, 유희적 사랑, 실용적 사랑, 이타적 사랑, 소유적 사랑으로 구분하였다.

3. 스턴버그(Sternberg)는 사랑이 친밀감, 열정, 헌신의 세 구성요소로 이루어진다고 주장하면서 사랑의 삼각형이론을 제시하였다. 친밀감은 사랑의 정서적 요소로서 만남의 횟수와 교제기간에 비례하여 서서히 깊어지는 반면, 열정은 사랑의 동기적 요소로서 강렬한 욕망을 불러일으키면서 급속히 발전한다. 헌신은 사랑의 인지적 요소로서 사랑을 유지하려는 결정인 동시에 책임의식을 의미한다. 이러한 세 구성요소의 존재유무에 따라 이성관계를 다양한 유형으로 구분할 수 있다.

4. 이성 간의 낭만적 사랑은 매우 독특한 관계체험으로서 연인 간의 독점적이고 배타적 관계일 뿐만 아니라 발전 속도가 매우 빠르며 상대방에 대한 강렬한 집착을 생기게 한다. 낭만적 사랑에 빠지면 행복감과 환희를 경험할 뿐만 아니라 과민성 및 감정의 동요와 더불어 거부의 두려움, 열등감, 의심, 질투, 외로움과 불완전감이 증가한다. 이러한 부정적 감정을 과도하게 나타내거나 상대방에 대한 비이성적인 집착을 나타내는 병적인 사랑을 강박적 사랑이라고 부르기도 한다. 낭만적 사랑의 특성은 진화심리학, 정신분석이론, 애착이론, 인지이론의 관점에서 다양하게 설명할 수 있다.

5. 사랑의 발전 과정은 사회적 침투과정으로서 5단계, 즉 첫인상의 단계, 지향단계, 탐색적 애정교환단계, 애정교환단계, 안정적 교환단계를 통해 이루어진다. 사랑을 심화시키는 과정에는 자기공개, 정서적 지지와 공감, 즐거운 체험의 공유, 현실적 도움뿐만 아니라 강한 열정, 육체적 접촉, 성적 욕구의 충족, 헌신행위가 중요한 역할을 한다.

6. 사랑은 급속히 발전하지만 또한 다양한 요인에 의해서 급속히 종결될 수 있다. 이성관계는 상대방에 대한 호감과 매력의 상실, 갈등해결의 실패, 다른 연인의 출현, 부모의 반대나 물리적 이별, 투자와 보상의 불균

형 등으로 약화되거나 붕괴될 수 있다. 실연은 그 종결 과정에 따라 일방적 실연, 합의된 실연, 강요된 실연으로 구분할 수 있으나 어떤 경우든 심리적 고통과 상처를 경험하게 된다. 실연의 상처는 쉽게 치유되지 않지만 실연의 고통을 자각하고 인정하면서 일상생활에서 벗어나 기분전환을 하고, 반성과 성찰을 통해 자기성숙을 이루며 점진적으로 일상생활에 복귀하는 것이 바람직하다.

🎓 사랑에 대한 명언들

🖋 사랑은 모든 것을 다 주어도 여전히 구걸하는 거지와 같다.

– 작자 미상 –

🖋 사랑이 오는 것은 보이지 않는다. 다만 가는 것만 보인다.

– 오스틴 돕슨(Austin Dobson) –

🖋 그대가 사랑하는 사람을 보면 그대가 어떤 사람인지를 알 수 있다.

– 아젠느 우세(Arsene Houssaye) –

🖋 그대가 사랑이라고 부르는 것은 많든 적든 상대방을 뜯어 고치려는 노력이다.
그리고 그대는 사랑하기 때문에 그러는 것이라고 말한다. 그것은 전혀 진실이 아니다.
진정으로 사랑하는 사람은 아무것도 뜯어 고치려고 하지 않을 것이다.
사랑은 모든 것을 받아들인다. 사랑은 상대방을 있는 그대로 존중한다.

– 오쇼 라즈니쉬(Osho Rajneesh) –

🖋 진정한 사랑은 환영과 같다. 그것에 대해 이야기하는 사람은 많지만 그것을 본 사람은 없다.

– 라로슈푸코(La Rochefoucauld) –

🖋 사랑은 사람들을 치유한다. 사랑을 받는 사람, 사랑을 주는 사람 할 것 없이.

– 칼 메닝거(Karl Menninger) –

🖋 사랑은 게으른 사람에게는 일이지만, 바쁜 사람에게는 게으름이다.

– 에드워드 리튼(Edward Bulwer Lytton) –

🖋 사랑이란 말이 의미하는 것은 젊은이에게는 성적 흥분이며, 중년에게는 습관이며, 노부부에게는 상호 의존이다.

– 존 치아디(John Ciardi) –

🖋 사랑은 성장이 멈출 때만 죽는다.

– 펄 벅(Perl S. Buck) –

✎ 미숙한 사랑은 말한다. "당신을 사랑해요. 왜냐하면 당신이 필요하기 때문에."
  성숙한 사랑은 말한다. "당신이 필요해요. 왜냐하면 당신을 사랑하기 때문에."

– 에릭 프롬(Erich Fromm) –

✎ 사랑받지 못하는 것은 슬프다. 그러나 사랑할 수 없는 것은 훨씬 더 슬프다.

– 우나무노 이 후고(Unamuno Y. Jugo) –

✎ 사랑은 치료약이 없는 질병이다.

– 존 드라이든(John Dryden) –

✎ 사랑은 여자에겐 일생의 역사요, 남자에겐 일생의 일화에 불과하다.

– 제르멘 드 스탈(Germaine de Stael) –

✎ 요구하지 않는 사랑, 이것이 우리 영혼의 가장 고귀하고 가장 바람직한 경지다.

– 헤르만 헤세(Hermann Hesse) –

✎ 사랑은 어떤 점에서 야수를 인간으로 만들고 또는 인간을 야수로 만들기도 한다.

– 우나무노 이 후고(Unamuno Y. Jugo) –

✎ 사랑에는 치료약이 없다. 사랑을 더 하는 것밖에.

– 헨리 소로(Henry D. Thoreau) –

제11장

가족관계

(학)(습)(목)(표)

1. 가족의 특성과 기능을 이해한다.
2. 가족관계를 결정하는 주요한 요인들을 설명할 수 있다.
3. 건강한 가족의 특성을 제시할 수 있다.
4. 부모자녀관계의 주요한 갈등요인들을 설명할 수 있다.
5. 두 남녀가 결혼에 이르는 과정을 이해한다.

> 가정은 고달픈 인생의 안식처요, 모든 싸움이 자취를 감추고 사랑이 싹트는 곳이요,
> 큰 사람이 작아지고 작은 사람이 커지는 곳이다.
>
> – 허버트 웰스(Herbert G. Wells) –

1. 가족의 의미

두 남녀가 사랑을 하고 결혼을 하여 가정을 이룬다. 연인관계가 부부관계로 변하고 자녀를 낳아 가족을 형성하게 된다. 이렇듯 가족은 부부와 자녀로 구성되는 혈연중심의 운명공동체다. 따라서 가족은 생명이 다하는 순간까지 가장 긴밀한 관계를 맺는 인간관계의 장이 된다.

가정은 인생이라는 험한 등반과정에서 베이스캠프와 같다. 인생의 베이스캠프가 되려면 가정은 안정되고 화목해야 한다. 그러나 현대사회에서 가정은 흔들리고 있다. 그 단적인 증거가 급격히 상승하고 있는 이혼율이다. 화목하고 행복한 가정을 만들기 위한 결혼이 여러 가지 이유로 불행한 종말을 맞는 경우가 늘어나고 있다. 이렇게 파괴된 가정은 부부 당사자

에게 커다란 불행일 뿐 아니라 자녀에게도 큰 심리적 고통을 안겨 준다. 나아가서 사회적으로 해결해야 할 여러 가지 커다란 문제를 야기한다. 이런 점들이 현대를 살아가는 우리가 가족관계에 더욱 깊은 관심을 가져야 하는 이유다.

1) 가족관계의 특성

가족관계는 다른 인간관계와 구별되는 여러 가지 특성을 지닌다. 첫째, 가족관계는 혈연을 매개로 맺어진 인간관계 영역이다. 가족은 부부와 그들의 자녀로 구성되는 기본적인 사회집단으로서 이들은 이해관계를 초월한 애정적인 혈연집단이다. 이 점에서 가족관계는 다른 인간관계와 확연하게 구분된다. 가족은 유전자의 일부를 공유하고, 따라서 외모나 심리적 특성에 있어서 유사성을 갖는다. 또한 혈연으로 이어지는 가문을 보존하기 위해 조상의 성(姓)을 따른다.

화목한 가정은 행복한 삶의 필수적 요소다.

둘째, 가족은 운명공동체다. 함께 먹고 자고 생활하는 생활공동체이자 모든 소유물을 공유하는 소유공동체이며 가정의 행·불행을 함께 경험하는 운명공동체다. 달리 말하면 가족 구성원 모두의 행·불행은 서로 밀접하게 연결되어 있다.

셋째, 가족관계는 부여된 인간관계다. 다른 인간관계와 달리, 가족은 출생과 더불어 주어지는 인간관계다. 우리는 부모나 형제자매를 선택할 수 없다. 부부는 예외이지만, 부모와 형제자매는 주어진 인간관계의 대상이다. 따라서 가족관계에서는 대상 선택의 문제보다 주어진 대상과 화목한 관계를 맺는 것이 중요한 과제가 된다.

넷째, 가족관계는 지속적이다. 가족관계는 이혼이나 의절과 같은 극히 예외적인 경우를 제외하고는 평생 유지되는 인간관계다. 가족 구성원에게 불만이나 갈등이 있다고 해서 관계를 끊거나 이탈할 수 없는 인간관계다.

다섯째, 가족은 여러 구성원으로 구성된 하나의 역동적 체계다. 가족 구성원은 모두 서로 밀접한 영향을 주고받는다. 가족 구성원 한 사람의 변화는 다른 구성원에게 영향을 미친다. 가족관계에는 부부관계, 부모자녀관계, 형제자매관계라는 하위영역이 있으며 부모자녀관

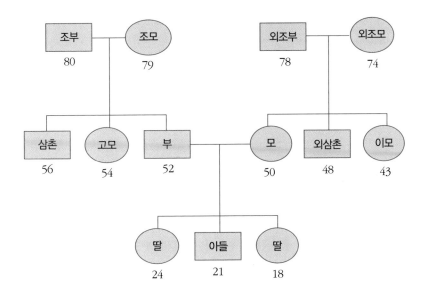

[그림 11-1] 3대의 가족원으로 구성된 가계도의 예

계의 경우 부자관계, 부녀관계, 모자관계, 모녀관계와 같이 다양한 개별적 관계로 구성된다. 이렇듯 성별과 나이가 다른 여러 구성원 간의 복잡한 상호작용이 가족 안에서 일어난다. 대가족처럼 조부모나 다른 친인척까지 가족관계에 포함하면 더욱 복잡한 역동적 관계를 나타낸다.

2) 가족의 기능

가족은 개인과 사회를 위한 여러 가지 기능을 지닌다. 여기에서는 개인의 입장에서 가족이 지니는 기능적 의미를 살펴보고자 한다. 가족의 기능은, 첫째, 자손을 낳아 기르는 것이다. 가족은 후손을 낳아 양육함으로써 가문을 이어 가는 곳이다. 부부는 성관계를 통해 자녀를 생산함으로써 자신의 유전자를 후대에 전달하게 된다. 아울러 자녀에게 영양분을 공급하고 위험으로부터 보호하여 건강하게 성장하도록 양육하는 곳이 가정이다. 진화론적인 입장에서 보면, 개체보전과 종족보전이 이루어지는 가장 중요한 곳이 가정이다.

둘째, 한 인간의 가장 기본적인 성격이 형성되는 곳이다. 인간의 성격은 성장 과정 초기에 기본적인 틀이 형성된다. 성장 과정의 초기란 부모에 의해 양육되는 시기이며 부모와의 상호작용을 통해 한 인간의 성격이 그 토대를 갖추게 되는 시기다. 한 인간의 성격형성에 있어서 부모의 역할은 매우 중요하다. 부모의 양육과정에서 부모의 성격특성, 가치관, 도덕적 규범이 자녀에게 전달되고 자녀는 그것을 학습한다. 아울러 사회생활을 위한 기본적인 적응기능이 가족관계에서 발달한다. 즉, 언어 및 인지 발달, 정서 발달 그리고 사회성 발달이 가족관계를 통해서 이루어진다.

셋째, 가정은 인간의 가장 기본적인 욕구를 충족하는 곳이다. 즉, 생존의 필수요소인 의식주의 해결이 이루어지는 곳이다. 음식을 통해 영양분을 공급받아 신체적 건강과 기능을 유지하고 자연의 위험으로부터 보호받아 안전과 휴식을 누리는 곳이 가정이다. 생존을 위한 의식주의 충족뿐만 아니라 기본적인 동기인 성욕구가 충족되는 곳 역시 가정이다.

넷째, 가정은 가장 강력한 정서적 지지원이다. 가정은 마치 베이스캠프와 같이 가족 구성원 각자가 가정 밖에서 사회생활을 하고 저녁이면 함께 모여 허기와 피로를 해소하며 서로 정서적인 지지를 주고받는 삶의 가장 중요한 안식처다. 부모의 사랑만큼 한 개인을 강력하고 지속적으로 지지해 주는 애정의 원천은 없다. 형제자매 역시 애정을 제공하는 주요한 원천이다. 가족은 운명공동체로서 강한 소속감을 제공한다.

이렇듯 가정은 인간의 가장 기본적인 욕구가 충족되는 곳인 동시에 인간의 인격발달이 이루어지는 곳이다. 나아가서 사회를 유지하고 발전시키는 바탕이다. 이런 점에서 가족관계는 다른 인간관계에 비해 일차적이며 근원적인 관계라고 할 수 있다.

3) 가족의 다양한 형태

가족은 부부와 그들의 자녀로 구성된 기본적인 사회집단이다. 그러나 같은 집에서 기거하며 취사하는 동거집단으로서의 가족은 그 구성원에 따라서 매우 다양한 형태를 지닌다. 가족 구성원의 규모에 따라서 가족은 크게 핵가족과 확대가족으로 구분한다. 핵가족(nuclear family)은 부부와 자녀로 구성되는 가족구조를 말하고, 확대가족(extended family)은 조부모까지 포함한 3대 이상의 직계 구성원으로 이루어진 가족을 말한다. 확대가족은 함께 동거하는 세대의 수에 따라 3세대가족 또는 4세대가족으로 구분하기도 한다.

현대에 와서 이러한 가족형태는 여러 가지 절충적인 형태로 변형되어 나타나기도 한다. 그러한 변형된 가족형태가 수정확대가족과 수정핵가족이다. 수정확대가족(modified extended family)은 노부모와 자녀가족이 각기 별개의 가구를 마련하지만, 근거리에 살면서 실제로는 한집과 같이 잦은 왕래와 협조를 하며 사는 형태다. 이런 가족형태는 서로의 사생활을 방해하지 않고 자녀에게 큰 부담을 주지 않으면서 친밀한 유대를 유지하는 절충적 형태라고 할 수 있다. 수정핵가족(modified nuclear family)은 외형상으로는 한 울타리 안에 거주하지만 실질적으로는 별개의 주거공간에서 독립적인 생활을 하는 형태다. 예를 들어, 같은 집에 살지만 안채나 바깥채 또는 위층과 아래층으로 분리되어 살거나, 같은 집에 살아도 아침식사는 각자 하고 저녁식사는 함께 하는 등 서로의 사생활을 어느 정도 유지하며 동거하는 형태다.

이밖에 부모의 유무나 특성에 따라 구분하는 편부모가족과 계부모가족이라는 특수한 가족형태도 있다. 편부모가족(single parent family)은 아버지 또는 어머니 중 한 쪽의 부모가 자녀를 양육하는 가족형태를 말하며 '한부모가족'이라고도 한다. 이러한 가족형태는 주로 부모의 이혼, 별거, 사별 등으로 생겨나며 때로는 미혼모가 자녀를 양육하는 경우도 있다. 반면, 계부모가족(step-parent family)은 부모 중 어느 한 쪽이 친부모가 아닌 가족을 말한다. 흔히 재혼으로 이러한 가족형태가 나타나며 부모 중 한 쪽 혹은 양쪽에서 데려온 자녀들로 이루어진 가족유형이다. 이러한 계부모가족은 가족역동이 매우 미묘하여 갈등이 생길 여지가 많기 때문에 화목한 가정을 이루기 위해서 가족 구성원 모두의 노력이 필요하다. 이러한 편부모가족과 계부모가족은 이혼율이 급증하는 현대사회에서 흔히 볼 수 있는 가족형태다.

2. 가족관계의 결정요인

가족관계는 가족 구성원 간에 이루어지는 인간관계를 말한다. 개인의 삶에 있어서 가정이 중요한 만큼 가족과의 인간관계도 중요하다. 그러나 가족관계는 여러 구성원 간의 복잡하고 미묘한 역동성을 지니고 있어서 화목하고 원만한 가족관계를 형성하는 것이 쉽지 않다. 가족관계를 좀 더 분석적으로 나누어 보면 크게 부부관계, 부모자녀관계, 형제자매관계로 구분할 수 있다. 먼저 가족관계를 결정하는 주요한 요인인 가족역할, 가족권력, 가족 의사소통, 가족의 응집력과 적응력, 가족생활주기를 살펴보기로 한다.

1) 가족역할

가족은 생활공동체로서 가족 구성원의 역할은 분화·분담된다. 가족역할은 가족 내의 지위에 따라서 결정되며 가족 구성원이 기대하는 행동유형이다. 가족역할은 가족 내에서의 활동 영역뿐만 아니라 가족 내의 권력에도 영향을 미친다. 전통적으로 가족 내에서 남편과 아내가 담당하는 역할은 성별에 의해 규정되었다. 즉, 일반적으로 남편은 직업활동을 통해 생계비를 버는 경제적인 역할을 담당하고, 아내는 가정에서 육아와 가사를 담당하는 것으로 부부의 역할이 구분되었다.

가족의 역할은 사회의 변화에 커다란 영향을 받는다. 지난 세기 동안 여성인권운동의 확산으로 가정과 사회생활에서의 남녀평등에 대한 인식이 현저하게 변화했다. 남녀의 평등한 인권을 강조하는 사람들은 사회적 활동의 기회가 남녀 모두에게 공평하게 부여되어야 할 뿐만 아니라 가정 내의 역할수행에서도 남녀평등이 이루어져야 한다고 주장한다. 따라서 전통적인 가족역할이 변화하여 맞벌이, 역할공유, 역할전도 등 다양한 형태의 가족역할이 생겨나고 있다. 이렇게 변화하는 사회에서 살아가는 우리는 가족역할을 현명하고 융통성 있게 분담해야 한다.

　가족역할은 크게 부부역할과 부모역할로 나눌 수 있다(옥선화, 1994). 결혼은 성인 남녀 두 사람이 협동생활을 약속하는 것이다. 따라서 이들은 서로가 수행해야 할 역할을 의논하여 서로의 역할과 기대를 명료하게 하는 동시에 이를 수용해야 한다. 즉, 부부로서 자신과 상대방의 역할을 충분히 인식해야 한다. 이와 같이 부부관계는 상대방의 기대를 고려하면서 자기의 행동을 조정해 나가는 역할취득과정이다. 그러나 가족역할에 대한 태도가 부부간에 일치하지 않으면 부부관계에 갈등이 빚어진다.

　부부는 자녀의 출산과 동시에 부모가 된다. 즉, 자녀에게 아버지 또는 어머니로서의 역할을 수행해야 한다. 전통적인 가족은 부모의 역할을 '엄부자모(嚴父慈母)'라 하여 아버지는 엄하게 자녀를 훈육하고 어머니는 따뜻하게 자녀를 양육하는 역할을 강조했다. 그러나 현대의 가족은 부모의 역할에 큰 변화가 있다. 부모는 자녀의 신체적·정서적·지적 욕구를 충족시켜 줄 책임을 함께 지닌다. 또한 자녀가 성장함에 따라 보호자로서, 동일시의 대상으로서, 그리고 상담자이자 때로는 친구로서 자녀가 당면하는 문제에 따라 다양하게 대처하는 여러 가지 역할을 감당해야 한다. 이러한 역할을 잘 수행하려면 가족생활주기의 각 단계에서의 부모역할에 대한 검토가 필요하다.

2) 가족권력

　가족 내에는 가족권력이 존재한다. 부모는 자녀의 행동을 통제하고 자녀는 부모의 지시에 따른다. 이것은 부모의 권력에 자녀가 순종하는 것으로서 가족권력에 의한 것이다. 이처럼 가족 내에는 서로의 행위에 영향을 미치는 가족권력이 존재한다. 이런 점에서 가족은 작은 정치집단이라고 할 수 있다.

　권력은 일반적으로 상대방의 행동에 영향을 줄 수 있는 잠재능력이라고 정의된다. 좀 더 구체적으로 설명하면, 가족 내 권력은 다른 가족 구성원의 행동을 통제, 변화 혹은 수정할 수 있는 행동들이다. 가족권력은 광범위한 사회적 권력의 하위개념으로 볼 수 있으며, 가족권력은 부부권력, 부모권력, 자녀권력, 형제권력, 친족권력 등으로 구분할 수 있다. 이러한 가족권력은 권력기반, 권력과정, 권력결과의 세 영역으로 나누어 볼 수 있다(박미령, 1994).

권력기반은 권력의 원천을 의미한다. 권력의 주요한 원천은 경제적 자원이다. 가족의 생계를 유지할 수 있는 수입원인 구성원은 가족권력을 장악하게 된다. 그러나 경제적 자원 외에 규범적 자원, 감정적 자원, 개인적 자원, 인지적 자원 등의 비경제적 자원도 중요한 권력의 기반이 될 수 있다. 규범적 자원은 문화적 전통에 의해 특정한 가족 구성원에게 권위를 부여하는 것이며 감정적 자원은 가족 구성원들에 대한 정서적 유대와 지지의 정도를 의미한다. 개인적 자원은 가족 구성원 개인이 지니고 있는 성격특징, 신체적 매력, 역할능력을 의미하며 인지적 자원은 권력의 인지가 개인과 타인에게 가지는 영향력을 뜻한다. 이렇듯 가족 구성원은 여러 가지 자원에 근거하여 가정 내에서 권력을 행사하게 된다.

권력과정은 가족 내에서 권력이 행사되는 방식을 뜻한다. 예를 들어, 가정에서 어떤 일을 결정할 때 가족 구성원은 누구나 그 결정에 영향을 미치려고 한다. 이때 각자의 권력을 행사하여 최종결정에 도달하는 과정이 권력과정이다. 이런 권력과정은 주장, 토의, 논쟁, 설득, 강요, 협박 등 다양한 방식으로 나타날 수 있다. 또 의견이 비슷한 가족 구성원끼리 서로 힘을 합쳐 보다 강력한 주장을 하는 등 일부 구성원 간에 연대가 이루어지기도 한다. 이러한 권력과정은 가족 내 권력구조의 영향을 받는다. 구성원이 모두 균등한 권력을 지닌 가족 안에서는 토론과 협의를 통해 민주적인 권력행사가 이루어지는 반면, 가족권력이 일부 구성원에게 집중되어 있는 경우에는 보다 일방적이고 강요적인 권력과정이 일어난다. 이러한 권력행사방식은 가정의 분위기와 가족관계에 매우 중요한 영향을 미친다.

권력결과는 구성원 개개인의 의견이 최종적인 의사결정에 반영되는 정도를 뜻한다. 의사결정에서 어떤 구성원의 의견이 많이 반영되었다면 그 사람의 가족권력이 행사되어 그가 원하는 권력결과를 낳은 것으로 볼 수 있기 때문이다. 이밖에도 가족의 권력결과는 여러 가지 측면에서 평가될 수 있다. 예를 들면, 가족 내에서 누가 특정한 문제에 대한 논의나 결정이 필요하다는 제안을 하는지, 이러한 논의를 누가 주재하는지, 그리고 가족 구성원들이 합의된 결정에 이르지 못할 때 누가 최종적인 결정을 하는지를 통해서 가족권력과 그 결과를 이해할 수 있다.

3) 가족 의사소통

가족 구성원 간에는 서로 의견과 감정을 교환하는 의사소통이 일어난다. 가족 의사소통은 가족 구성원 간에 전달내용이 교류되는 상호작용 과정을 말한다. 가족 의사소통에서 교류되는 전달내용은 매우 다양하다. 의사소통은 전달되는 내용에 따라 크게 기능적 의사소통과 정서적 의사소통으로 나눌 수 있다. 기능적 의사소통은 가족 내의 여러 가지 문제를 해결하기 위해 상의하고 요청하고 지시하는 전달내용으로 이루어지는 반면, 정서적 의사소통은 가족 구성원에 대한 호감, 애정, 분노, 적개심과 같은 감정을 표현하는 전달내용으로 이루어진다. 또한 의사소통의 수단에 따라 언어적 전달방식과 비언어적 전달방식으로 구분할 수 있으며 이 내용은 5장 대인기술에서 자세히 설명한 바 있다. 이러한 전달내용과 전달방식은 가족 의사소통의 패턴을 결정한다.

가족 내에는 의사소통 구조가 존재한다. 즉, 중요한 정보를 빈번하게 교환하는 의사소통 경로가 존재한다. 예를 들어, 딸은 어머니와 은밀한 이야기를 자주 주고받는 반면, 아들은 아버지와 대화를 많이 한다. 또 딸은 무서운 아버지에게 하고 싶은 말을 어머니를 통해 간접적으로 전하기도 하고, 사이가 나쁜 부부 사이에서는 남편이 아내에게 전할 말을 자녀를 통해 간접적으로 전하기도 한다. 이와 같이 가족 구성원 간에 의사소통이 이루어지는 구조나 경로는 매우 다양하며 여러 가지로 분류된다(김순옥, 1994).

[그림 11-2]에서 볼 수 있듯이, 사슬형(chain network)은 가족 구성원이 일렬로 늘어서서 개별

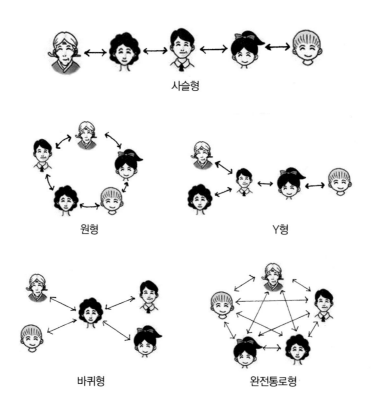

[그림 11-2] 가족 의사소통의 여러 가지 유형

적으로 의사소통하는 경우다. 중간에 위치한 가족원들은 가족 내에서 보다 중심적인 사람들이며 양 끝의 가족원은 다소 격리되어 있다. 가족 모두가 바빠서 가족원들이 함께할 시간을 만들기 어려울 경우에는 효과적으로 기능할 수 있으나 가족원들을 분리시키기도 한다. 원형(circle network)은 사슬형과 유사하지만 양 끝에 있는 가족원 간 의사소통이 이루어지는 유형이다. 하지만 모든 가족원이 양옆의 가족원과만 의사소통하고 다른 사람과는 의사소통이 잘되지 않는다. Y형(Y network)은 메시지가 한 가족원을 통하여 다른 가족원에게 전달되는 유형이다. 자녀를 데리고 재혼하는 가족에서 흔히 볼 수 있는 유형이다. 바퀴형(wheel network)은 한 가족원을 중심으로 다른 가족원들이 의사소통하는 유형을 말한다. 모든 메시지를 통제하는 가족원은 지배적인 역할을 하게 되며 다른 가족원의 메시지를 여과하거나 왜곡할 수 있고 가족 내의 긴장과 갈등을 효율적으로 관리할 수도 있다. 완전통로형(all-channel network)은 모든 가족원들이 양방향적으로 원활하게 의사소통하는 유형이다. 가족원 모두가 참여하여 의사소통하고 정보를 나누기 때문에 문제해결이 효과적일 수도 있으나 모든 방향으로 메시지가 전달되어 비조직적이고 혼란스러워질 수도 있다. 이처럼 가족마다 다양한 의사소통 구조는 가족의 상호작용에 중요한 영향을 미치며 가족관계를 결정하는 중요한 요인이 된다.

탐구문제

    가족 구성원 간의 원활한 의사소통은 건강한 가족의 핵심적 특성이다. 우리 가족의 경우에는 구성원 간의 의사소통이 원활한가? 우리 가족은 [그림 11-2]에 제시된 5가지 의사소통 유형 중 어떤 경우에 해당하는가? 우리 가족의 의사소통 구조에서 나는 어떤 위치에 존재하는가? 내가 가장 소통하기 어려운 가족 구성원은 누구이며 그 이유는 무엇인가? 우리 가족의 모든 구성원이 좀 더 원활하게 소통하기 위해서는 어떤 노력이 필요한가?

4) 가족의 응집력과 적응력

가족마다 구성원 간의 정서적 유대관계가 다르고 변화에 대한 적응력이 다르다. 이러한 가족원의 응집력과 적응력은 가족관계에 영향을 미치는 주요한 요인으로 간주된다(김명자, 1994; Olson, 1986, 1988).

가족 응집력(family cohesion)은 가족원 상호 간의 정서적 유대감과 가족원 개인이 경험하는 자율성의 정도를 의미한다. 가족 응집력은 가족원 간의 정서적 유대감뿐만 아니라 외부환경과의 경계, 가족 공동의 시간, 가족원 개인의 사적 시간의 허용 정도, 가족 공동의 공간과 개인의 사적 공간의 허용 정도, 친구관계, 가족 공동의 관심사 및 여가 등과 관련된다. 가족의 응집력은 흔히 구속-연결-독립-유리의 네 수준으로 구분하며 그에 따라 가족의 유형을 나누기도 한다.

가족원 간의 응집력이 지나치게 높은 가족을 **구속형 가족**(enmeshed family)이라고 한다. 이런 가족은 가족원 상호 간의 관계가 과도하게 밀착되어 개인의 자율성과 독립성이 결여되어 있다. 가족원 간의 정서적 유대감은 높으나 가족 이외의 사람들과는 유대감이 부족하다. 또한 가족끼리 많은 시간을 함께 지내며 개인의 사적인 시간을 허용하지 않는 경향이 있다. 흔히 부모와 자녀 간의 정서적 연합이 지나치게 강해서 자녀가 개인적인 목표를 실현하는 데에 어려움을 겪을 수 있으며 대부분 역기능적인 가족이 된다.

반면에 **유리형 가족**(disengaged family)은 응집력의 수준이 지나치게 낮은 가족으로서 가족원 간의 정서적 유대나 친밀감이 거의 없다. 가족원끼리 함께 시간을 보내는 경우가 드물며 의사결정이나 대인관계가 개별적으로 이루어진다. 가족원 서로가 무관심하며 각자가 지나치게 자율성과 개성을 지니는 경향이 있어 역시 역기능적 가족이 된다.

이러한 두 유형 사이에 독립형 가족과 연결형 가족이 있다. **독립형 가족**(separated family)은 가족원 개개인이 각기 자율적으로 활동하지만 가족원 간의 기본적인 정서적 유대감이 잘 유지되고 있는 가족인 반면, **연결형 가족**(connected family)은 가족의 정서적 유대감이 강하지만 개인의 자율성도 비교적 충분히 허용되는 가족을 말한다. 이러한 두 가족유형은 적절한 수준의 응집력을 지니고 있는 기능적 가족이라고 할 수 있다. 흔히 자녀가 출생하기 전이나 자녀가 어린 시기에는 가족의 응집력이 높으나, 자녀가 청소년기에 접어들고 성장하면 응집력이 떨어지는 경향이 있다.

5) 가족생활주기

가족관계는 세월이 흘러감에 따라 변한다. 결혼을 하여 새로운 가정을 구성한 부부는 자녀를 낳고 자녀가 성장함에 따라 다양한 변화를 겪게 된다. 가족에게는 예상하지 못한 여러 가지 사건들이 발생하지만, 대부분의 가족이 일반적으로 겪게 되는 변화 과정이 있는데, 이를 **가족생활주기**(family life cycle)라고 한다. 가족생활주기에 따라 가족관계의 모든 하위체계, 즉 부부관계, 부모자녀관계, 형제자매관계는 변화를 겪게 된다. 가족생활주기는 학자에 따라 다양하게 구분하는데, 여기서는 듀발(Duvall, 1971)의 주장에 따라 8단계로 나누어 살펴본다.

(1) 신혼기

결혼을 하고 자녀를 출산하기까지 부부가 둘만의 자유로운 시간을 만끽하는 시기다. 부부 간의 친밀감이 최고도에 달하며 애정교환이 가장 활발하게 일어난다. 그러나 부부역할을 수행하는 능력이 아직 미숙하여 많은 실수와 어려움을 나타낸다. 이 시기에 부부역할에 적응하고 원활한 부부관계를 확립하는 것이 중요하다. 아울러 결혼과 함께 새롭게 형성된 시집식구, 처가식구, 배우자의 친구들과의 인간관계에 자연스럽게 적응하는 일이 중요한 과제가 된다. 이 시기에 첫 아이를 갖는데, 부부 모두 부모가 되는 것에 대한 준비가 필요하다. 임신은 사랑의 결실로 자녀를 잉태하는 축복할 만한 일이지만, 태아가 점차 성장함에 따라 신체적인 고통과 심리적인 불안이 증가한다. 입덧으로 인한 식욕의 변화와 몸무게의 증가로 거동이 힘들어진다. 아울러 거동의 불편으로 인한 가사일의 어려움, 자신의 신체상(body image)의 변화, 출산에 대한 두려움과 불안 등 심리적으로도 매우 힘든 시기다. 따라서 이 시기는 임산부가 심리적으로 매우 불안정해지는 시기이므로 남편은 아내의 고통을 잘 이해하고 아내에게 호의적인 관심을 적극적으로 나타낼 필요가 있다.

(2) 출산 및 유아 양육기

이 시기는 첫아이를 출산한 후 30개월까지의 기간에 해당한다. 첫아이의 탄생은 부부관계에서 가장 기쁘고 의미 있는 사건이다. 부부는 자녀를 양육해야 하는 부모로서의 새로운 역할에 적응해야 한다. 하루하루 변해 가는 아이의 모습을 지켜보는 일만큼 즐거운 일이 없지만, 아이를 키우는 일은 매우 힘들다. 젖을 먹이고 대소변을 치우고 아이를 달래 재우는 일은 많은 인내심을 요한다. 점차 성장하면서 부산해지는 아이를 여러 가지 위험으로부터 보호하는 일도 늘 신경을 써야 하는 일이다. 이 시기의 부모는 유아가 신체적 · 심리적으로 건강하게 성장하도록 노력해야 한다. 아울러 아이의 탄생으로 세 가족원이 삼각관계를 이루는데, 부부는 아이와 함께 만족스러운 가정을 만들어 나가는 것이 중요하다.

(3) 학령 전기 자녀 양육기

이 시기는 첫아이가 만 2~3세에서 초등학교에 입학하기까지의 기간을 말한다. 이 시기의 아동은 언어능력을 비롯한 지적 기능과 운동 기능이 급격하게 발달한다. 따라서 여러 가지 요구가 많아지고 행동량이 증가하며 또래관계가 활발해진다. 이 시기에 부모는 자녀의 성장을 촉진하고 자녀의 욕구와 흥미를 잘 키워 주어야 한다. 이 시기에 둘째 아이를 임신하거나 출산하면 자녀양육에 많은 시간과 노력을 투여해야 한다. 자녀양육에 지치고 개인 시간을 갖기 어렵기 때문에 에너지 고갈과 사생활 감소에 적응하는 것이 필요하다. 특히 이 시기에 남편은 아내의 고충을 잘 이해하고 자녀양육에 적극적으로 참여하여 협동적인 노력을 기울이는 것이 중요하다.

(4) 학령기 자녀 양육기

이 시기는 첫째 자녀가 초등학교에 입학하여 졸업하기까지의 기간에 해당한다. 부모는 자녀 교육에 힘써야 히며 자녀가 학업에서 성취를 이룰 수 있도록 지원하고 격려해야 한다. 또한 학부형으로서 학교공동체에 참여한다. 우리나라와 같이 교육열이 높은 나라에서는 이 시기부터 부모가 자녀교육에 깊은 관심을 가지며 자녀에 대한 심리적 지원과 더불어 교육비의 부담을 진다.

(5) 청소년기 자녀 양육기

이 시기는 첫째 자녀가 중·고등학교에 재학하는 청소년기인 시기다. 자녀는 청소년기에 접어들면서 서서히 부모에게서 심리적 독립을 하게 된다. 이 시기에 자녀는 부모와 심리적으로 거리를 두려 하고 자기주장이 강해지며 부모의 말에 저항하는 등의 행동을 나타내고, 부모와 자녀 간의 갈등은 증폭될 수 있다. 부모는 이러한 갈등을 지혜롭게 해결하면서 자녀에 대한 지원과 더불어 자녀의 심리적 독립이 자연스럽게 이루어질 수 있도록 도와야 한다. 우리나라의 경우, 이 시기의 자녀는 대학 진학을 목표로 하는 커다란 학업 부담을 지고, 부모 역시 교육비 부담을 포함하여 자녀교육에 가장 높은 관심을 지니게 된다.

(6) 자녀 독립기

이 시기는 자녀가 대학에 입학할 때부터 결혼을 하여 부모의 슬하를 떠날 때까지의 시기로서 '진수기'라고도 한다. 대학에 진학한 자녀는 부모로부터의 심리적 독립을 강화해 나가고 졸업 후 취업을 하면서 경제적 독립을 이루어 간다. 이 시기에는 부모의 자녀에 대한 관여도가 감소하고 가정의 응집력이 약화된다. 자녀는 이성교제를 통해 결혼상대를 탐색하며 결혼을 하여 독립적인 가정을 형성한다. 이때 부모는 자녀가 결혼을 하고 독립적인 가정을 형성하는 일에 지지적인 역할을 하는 것이 중요하다. 그러나 이 시기에 자녀의 결혼상대에 대해서 부모가 반대의견을 가지면 부모와 자녀 간에 갈등이 생겨날 수도 있다.

(7) 중년기

이 시기는 마지막 자녀가 결혼하여 가정을 떠남으로써 가정에 부부만 남는 시기다. 자녀가 모두 독립하여 떠남으로써 부부관계는 새로운 변화를 겪는다. 자녀의 양육에서 완전히 자유로워지면서 부부간의 상호의존성이 증가한다. 자녀를 자신의 품에서 날려 보내고 나서 빈둥지를 지켜야 하는 부모는 심리적 공허감을 느끼는데, 이를 **빈둥지 증후군**(empty nest syndrome)이라고 한다. 특히 직업을 갖지 않고 자녀의 양육에만 전념해 온 어머니의 경우 이런 증후군을 더욱 강하게 경험할 수 있다. 아울러 이 시기에는 자녀의 배우자인 며느리나 사위와 원만한 관계를 형성하고 자녀의 결혼생활이 행복하도록 지원하는 일이 중요하다. 또한 자녀의 결혼에 이은 손자녀의 탄생으로 할아버지 또는 할머니로서의 역할이 생겨나는데, 손자녀의 재롱을 보는 것이 큰 기쁨이 된다.

(8) 노년기

노년기는 직장에서 퇴직을 하고 인생을 마무리하는 시기다. 퇴직생활에 적응해야 할 뿐만 아니라 신체적으로 노쇠해지고 사회적 역할이 감소하는 노년기의 삶에도 적응해야 한다. 여유 있는 노년기를 맞기 위해서는 일찍부터 노년기를 위한 체계적인 준비를 해야 한다. 노년기 부부는 서로에 대한 의존도가 증가한다. 부부 중 한 명이 먼저 사망하면 남은 사람은 홀로 여생을 보내야 하므로 배우자의 사별과 혼자 사는 것에 대한 적응이 이 시기의 중요한 과제가 된다.

이러한 가족생활주기에 따라 가족관계는 변화한다. 가족생활주기에 따른 부부의 결혼만족도를 조사한 조르겐센(Jorgensen, 1986)에 따르면, 결혼기간과 만족도의 관계는 U자 형태를 나타낸다. 즉, 결혼 초에는 만족도가 높지만 결혼생활이 지속되면서 만족도는 하강한다. 자녀가 성장하여 떠나가는 50대 전후에 결혼만족도는 최저 수준에 도달하며 노년기를 앞두고 부부관계는 다시 서서히 향상되는 경향이 나타난다.

가족생활주기에 따라 대부분의 가족이 공통적으로 경험하는 각 단계의 사건들은 가정관계에 긍정적인 영향을 미치기도 하지만 부정적인 영향을 미칠 수도 있다. 뿐만 아니라 가족마다 독특하게 경험하는 예상하지 못한 여러 가지 사건들에 따라 가족관계는 변화를 겪는다. 예컨대, 가족원의 질병이나 사망, 가장의 실직이나 사회적 지위의 급격한 변화, 자녀의 청소년기 비행이나 심리적 문제, 가족원 간의 심한 갈등 등과 같은 사건은 가족관계에 심각한 영향을 미친다. 모든 가정이 이처럼 예상치 못한 사건들을 경험한다. 이러한 상황에서 겪는 가족의 문제와 위기를 지혜롭게 잘 해결해 나가는 가족의 문제해결 능력에 따라 가정의 안정과 행복이 좌우된다.

6) 가족역동

가족은 소수의 혈연적 구성원으로 이루어진 작은 사회다. 따라서 가족 안에서는 다양한 사회적 현상이 독특한 형태로 나타난다. 가족은 부부관계, 부모자녀관계, 형제자매관계가 복합적으로 얽혀 서로 영향을 주고받는 역동적 체계다. 가족원은 각기 자신에게 분담된 가족역할을 수행하면서 자신의 욕구와 기대를 가족 안에서 충족시키고자 한다. 자신의 욕구와 기대를 의사소통 경로를 통해 다른 구성원에게 전달한다. 때로 자신의 욕구가 좌절되거나 다른 구성원과의 갈등이 발생하면 자신이 지닌 가족권력을 행사하여 자신의 의사를 관철시키려고 노력한다. 이러한 과정에서 타협이 이루어지기도 하고 보다 강한 권력을 가진 구성원의 의사가 강요되기도 하며, 때로는 갈등이 심화되어 가족이 분열되기도 한다.

이러한 가족관계는 가족을 구성하는 개인의 성격과 특성에 따라서 매우 다양한 모습으로 나타난다. 가족원은 모두 각기 독특한 성격과 개성을 지닌다. 이처럼 다른 개성을 지닌 가족원들이 같은 집에서 먹고 자고 생활하면서 매우 복잡하고 역동적인 인간관계를 나타낸다. 특히 가족권력이 강한 가족원의 성격적 특징은 가족관계에 강한 영향을 미친다. 그러나 가족은 모든 구성원이 서로 밀접하게 연결되어 역동적으로 움직이는 유기적인 조직이다. 따라서 한 가족원의 특성은 다른 가족원과 가족 전체에 영향을 미친다. 이러한 영향은 그 가족원의 가족역할, 가족권력, 소통방식에 따라 달라진다. 또한 한 가족원의 변화는 다른 가족원과 가족 전체에 영향을 미치며, 그 영향의 결과가 다시 가족원 전체에서 전달되는 연쇄적인 변화 과정을 유발한다. 이처럼 가족원 간의 다양한 상호작용에 의해 가족 내에서 일어나는 역동적인 변화를 **가족역동**(family dynamics)이라고 한다. 가족관계를 정밀하게 이해하기 위해서는 가족원 개개인의 특성과 더불어 여러 가지 가족요인을 함께 고려하여 가족역동을 파악하는 것이 중요하다.

🎓 **가족역동을 보여 주는 사례**

가족역동은 가족 구성원의 특성과 환경적 상황에 따라 다양한 방식으로 이루어진다. 한 가족의 예를 들어 가족역동이 펼쳐지는 과정을 살펴보기로 한다. 이 가족은 아버지, 어머니, 아들, 딸로 구성된 4인 가족이다. 아버지는 냉정하고 독선적인 성격의 소유자로서 직장 일로 매우 바쁘다. 어머니는 정서적으로 불안정하고 의존적인 성격을 지닌 사람으로서 아버지의 무관심과 냉정함에 정서적 욕구가 좌절되어 불만을 표출하고 있다. 하지만 이러한 불평이 독선적인 아버지에게 받아들여지지 않아 부부갈등이 지속된다.

어머니는 아버지에게서 채워지지 않는 정서적 욕구를 충족하고 아버지에게 대항하기 위하여 자녀에게 과도한 애정을 기울인다. 특히 똑똑하고 공부 잘하는 아들에게 과도하게 집착하며 수시로 아버지에 대한 불만을 아들에게 토로한다. 이러한 과정에서 아들은 아버지에게 적개심을 지니게 되고 어머니에 대해서는 연민감을 느끼며 어머니를 정서적으로 지지하게 된다.

어머니의 애정이 아들에게 집중되어 상대적으로 애정을 받지 못하는 딸은 어머니의 차별적 애정에 불만을 갖는다. 딸은 아버지에게서 애정을 얻으려 하지만, 아버지는 직장 일에 바쁘고 냉정한 성격이어서 딸의 애정 욕구는 좌절된다. 그래서 딸은 부모에 대한 불만과 오빠에 대한 시기심 및 열등감을 지닌 채 친구집단에서 애정을 추구한다. 청소년기에 접어든 딸은 학업성적을 중요시하는 부모에 대한 반항심을 가지며 공부를 소홀히 하고 친구들과 어울려 노는 일에 집중한다. 특히 집단응집력이 강한 비행청소년 집단과 어울리면서 함께 비행행동을 한다.

그 결과 딸의 비행문제로 부모가 학교로 불려간다. 부모는 딸의 비행행동을 추궁하고 질책하며, 그럴수록 딸은 부모에 대한 불만과 분노를 더욱 키워 간다. 어머니는 딸에 대한 실망과 더불어 아들에 대한 집착이 더욱 강해진다. 아버지는 저항적인 아들과 비행행동을 하는 딸에게 실망하고 아내의 자녀관리에 불만을 토로하며 가정으로부터 멀어진다. 아들은 여동생의 문제로 힘들어하고 아버지의 공격을 받는 어머니를 더욱 두둔하며 여동생을 무시한다. 딸은 가족 내에서 설 곳이 없는 외톨이가 되어 불만을 키워 나가다가 결국 가출을 하게 된다. 딸의 가출로 인해 가족은 위기에 처한다.

딸의 가출문제를 해결하기 위해 아버지와 어머니가 대화를 시작하고 딸을 찾아 나서는 등 공동의 노력을 취한다. 이 과정에서 부모의 관계가 다소 개선되고 부모의 협동적인 모습을 보면서 아들도 아버지에 대한 적개심이 다소 완화된다. 딸이 가출하게 된 이유를 상담교사와 함께 논의하면서 부모는 자신들의 부부관계와 자녀에 대한 태도를 반성한다. 특히 딸에게 소홀했음을 반성하면서 딸에게 관심과 애정을 기울이려고 노력한다. 가출로 고생하다가 집에 돌아온 딸은 부모가 보여 주는 뜻밖의 관심과 애정에 가족의 소중함을 느낀다.

이러한 예는 청소년 비행을 유발하는 전형적인 가족역동을 보여 준다. 부부갈등은 자녀문제로 발전하고, 자녀문제는 부부관계에 영향을 미친다. 이러한 예는 가족관계를 이해하기 위해서 가족원 전체가 상호작용하는 가족역동을 이해하는 것이 중요함을 보여 준다. 가족치료자들은 개인이 나타내는 대부분의 심리적 문제를 가족원 전체의 갈등과 밀접하게 연관된 것으로 본다. 즉, 개인이 건강하려면 가족이 건강해야 하고, 가족이 건강하려면 개인이 건강해야 한다.

3. 건강한 가족의 특징

가족관계는 매우 다양한 모습으로 나타난다. 그렇다면 과연 어떤 가족이 이상적인 가족일까? 우리가 지향해야 할 가족은 어떤 가족일까? 이상적인 가족은 학자마다 강조하는 초점에 따라서 건강한 가족(healthy family), 기능적 가족(functional family), 성공적 가족(successful family), 강한 가족(strong family)이라고 한다. 이런 가족의 공통적 특징은 가족원 상호 간의 욕구를 서로 잘 충족시켜 주고 있어 부부관계뿐만 아니라 부모자녀관계에 대한 만족도도 높다는 것이다(Stinnett, 1985). 만족도는 개인이 지닌 기대와 실제로 받는 보상의 일치도로 결정된다. 따라서 개인이 가족관계에서 어떤 기대를 하느냐에 따라 만족도가 달라질 수 있으며, 가족원마다 가족에 대한 만족도가 다를 수 있다. 건강한 가족은 가족원 모두가 골고루 만족하는 가족관계를 이루어 가는 가족이라고 할 수 있다. 이처럼 건강한 가족의 일반적인 특징을 살펴보면 다음과 같다.

첫째, 가족원은 가족의 행복과 안녕에 깊은 관심을 가지며 이를 무엇보다도 중요시한다. 많은 일을 처리해야 하는 바쁜 사회생활 속에서도 가족의 행복을 우선시하여 이를 중심으로 자신의 생활을 조정한다. 아울러 가족원은 서로의 행복과 안녕을 위해 깊이 관여한다.

둘째, 가족원은 서로에 대한 정서적 지지를 아끼지 않는다. 가족원 상호 간에 긍정적인 감정을 지니며 심리적으로 격려하고 지원한다. 상대방의 장점을 부각시키고 존중하는 노력을 기울인다.

셋째, 가족원 간에 효과적인 의사소통이 이루어진다. 가족원이 함께 대화를 나누는 시간이 많으며, 상대방의 견해에 관심을 보이고 적극적으로 경청하며 존중한다. 또한 갈등에 대해서는 개방적이고 솔직하게 논의함으로써 효과적으로 처리한다.

넷째, 가족원끼리 함께 많은 활동을 공유한다. 가정의 안팎에서 함께 지내는 시간이 많으며 가족과 함께 있는 것을 즐긴다. 가족원들은 많은 생활영역에서 가족이 함께 지낼 수 있도록 각자의 생활을 조정한다. 온 가족이 운동, 산책, 여행, 종교 활동 등에 함께 참여하면서 가족 간의 유대감을 공고히 한다.

다섯째, 효율적인 문제해결 능력을 지니고 있어 가족이 당면하는 여러 가지 문제나 위기를 잘 해결해 나간다. 이런 문제나 위기에 대처할 때는 가족 간에 갈등을 유발하기보다 온 가족이 결속하여 서로 협동적으로 대처해 나간다.

여섯째, 가족원은 자신의 가족역할을 잘 수행한다. 가족원 각자가 담당해야 할 역할이 잘 분담되어 있으며 이러한 역할을 효율적으로 수행한다. 아울러 가족원들이 지켜야 할 행동규범이 명료하게 정해져 있으며 이의 준수를 통해 가족 내에 불필요한 갈등을 최소화한다.

　이밖에도 가족문제를 해결하도록 돕는 가족치료자들은 건강한 가족의 여러 가지 특징을 주장한다. 가족치료자인 보웬(Bowen, 1966)은 건강한 가족의 특징으로 자아분화라는 용어를 사용한다. 자아분화(ego differentiation)는 자신과 타인을 분화하는 능력인 동시에 사고와 감정을 분리하는 능력이다. 건강한 가족은 가족원 간에 정서적 유대와 적절한 응집력을 지니는 동시에 구성원 개인의 자율성과 독립성을 잘 유지해야 한다. 특히 부모와 자녀 간의 심리적 분화가 중요하다. 가족원이 서로 지나치게 정서적으로 결합되어 있으면 개인은 독자적인 자기정체감을 지니지 못하고 타인의 요구에 주체적으로 대응하지 못한다. 또한 자아분화가 잘 이루어지지 못한 가족에서는 가족원이 서로의 일에 과도하게 간섭하고 개인의 불안과 스트레스를 다른 가족원에게 투사하거나 전달함으로써 과도한 감정반응을 유발한다. 이러한 가족에서 성장한 사람은 인간관계에 의존적이거나 회피적인 성향을 나타낼 수 있다.

　미누친(Minuchin, 1974)은 가족의 갈등해결 능력을 강조한다. 그는 건강한 가족은 행복하고 조화를 잘 이룰 것이라는 일반적인 생각은 신화에 불과하다고 주장한다. 모든 가족은 일상적인 문제로 끊임없이 갈등한다. 중요한 것은 가족문제의 유무가 아니라 가족문제를 해결하는 능력이다. 인지행동적 가족치료자들은 특히 의사소통을 중시한다. 의사소통 능력은 효과적인 가족관계를 이루어 나가는 데에 가장 중요한 능력이다. 모든 가족은 갈등을 경험하며 이러한 갈등을 해결하기 위해서는 의사소통과 문제해결 능력이 중요하다. 가족문제에 대해서 솔직하고 직접적으로 이야기하고, 문제에 초점을 맞추고, 문제를 가족 전체의 관점에서 바라보고, 문제가 되는 구체적 행동을 논의하고, 이러한 논의 과정에서 상대방을 비난하지 않는 것이 중요하다. 이러한 효과적인 의사소통과 문제해결 기술은 성공적인 가정생활의 매우 중요한 요인이다.

　가족관계는 3가지의 하위관계, 즉 부부관계, 부모자녀관계, 형제자매관계로 구성된다. 건강한 가족은 가족원 모두가 전반적인 가정생활에 대한 높은 만족도를 지닐 뿐만 아니라 각 하위관계에 대한 만족도도 높다. 우리는 인생의 단계에 따라 가족 내에서 다양한 역할을 수행한다. 어린 시절에는 자녀로서 부모와 관계를 맺으며 형제자매와 함께 성장한다. 그리고 결혼과 더불어 남편 또는 아내로서 부부관계를 형성하여 자녀를 낳아 부모의 역할을 수행한다. 가족관계에서 경험하는 부모자녀관계, 형제자매관계, 부부관계의 속성을 잘 이해하고 이러한 관계에서 자신의 역할을 지혜롭게 수행하는 것이 건강한 가족관계를 이루는 첩경이라고 할 수 있다.

자기평가: 우리 가족은 얼마나 건강한가?

가족이 원활하게 기능하는 정도는 가족 건강성의 중요한 척도다. 자신이 속한 가족의 건강성을 평가해 보고자 한다면 아래에 제시된 문항에 답해 보기 바란다.

전혀 그렇지 않다	상당히 그렇지 않다	보통 이다	상당히 그렇다	매우 그렇다
1	2	3	4	5

1. 우리 가족은 서로 돕고 의지하며 산다. 1 2 3 4 5
2. 가족에 관한 사항들에 대해서 부모의 의견은 대부분 일치한다. 1 2 3 4 5
3. 우리 가족은 상당히 친한 편이다. 1 2 3 4 5
4. 우리 가족은 취미생활을 같이 한다. 1 2 3 4 5
5. 대부분의 경우 우리 가족은 서로 이야기로 모든 문제를 해결할 수 있다. 1 2 3 4 5
6. 의견의 차이가 있어도 서로 간의 사랑이 줄지는 않는다. 1 2 3 4 5
7. 우리 가족은 의도는 좋겠지만 서로 간의 간섭이 너무 심하다. 1 2 3 4 5
8. 우리 가족은 서로 좋지 않은 감정을 많이 가지고 있다. 1 2 3 4 5
9. 우리 가족은 서로 오해하는 경우가 많다. 1 2 3 4 5
10. 우리 가족은 모든 사항에 대해서 계획을 하지도 못하고 결정도 잘 내리지 못한다. 1 2 3 4 5
11. 우리 가족은 서로를 크게 변화시키기 위해서 노력한다. 1 2 3 4 5
12. 문제에 대해서 가족과 의논하기보다 제삼자와 의논하는 것이 편하다. 1 2 3 4 5
13. 가족의 중요한 결정사항에는 모든 구성원들의 의견을 존중한다. 1 2 3 4 5
14. 우리 가족은 개개인이 무엇을 하든지 유연하고 개방적인 입장을 지닌다. 1 2 3 4 5
15. 가족의 결정사항에서 가족원 모두가 의견을 제시할 수 있다. 1 2 3 4 5
16. 부모는 모든 결정 전에 자녀의 의견을 듣는다. 1 2 3 4 5
17. 부모는 모든 결정사항에 대해서 자녀들의 의견을 물어보고 같이 참여시킨다. 1 2 3 4 5
18. 우리 가족은 모두 다른 사람의 도움 없이 각자의 능력껏 살아가고 있다. 1 2 3 4 5

* 이 척도는 김유숙 등(2003)이 번안한 *ICPS family functioning Scales*(Noller et al., 1992)의 문항을 일부 발췌하여 필자가 단축형으로 구성한 것이다.

▪ 채점 및 해석

이 척도는 가족관계의 3가지 측면(친밀감, 갈등, 민주성)을 간이검사의 형식으로 평가한다.

➡ **1~6번 문항**은 **가족의 친밀감**을 측정하며 가족원 간의 심리적 가까움, 공유활동, 의사소통의 개방성 등을 평가한다. 총점(6~30점)에 따라 다음과 같은 해석이 가능하다.

6~8점: 가족관계가 매우 소원한 편이다. 가족원 간의 지속적인 갈등이 존재할 수 있으며 이를 해결하기 위한 적극적 노력이나 이에 대한 적응이 필요하다.

9~15점: 가족관계가 소원한 편이며 가족 간 친밀도를 높이는 노력이 필요하다.

16~20점: 보통 정도의 가족 친밀도를 지니나 좀 더 친밀도를 높이는 것이 바람직하다.

21~26점: 상당히 친밀한 가족관계를 지닌다.

27~30점: 매우 친밀한 가족관계를 지닌다. 그러나 가족관계에 비해 다른 인간관계가 소원하지는 않은지 생각해 볼 필요가 있다.

➡ **7~12번 문항**은 **가족의 갈등**을 측정하며 가족 간의 오해, 문제해결과 계획의 어려움 등을 평가한다. 총점(6~30점)에 따라 다음과 같은 해석이 가능하다.

6~8점: 가족관계가 원활하며 가족문제의 해결 능력이 매우 우수하다.

9~15점: 가족관계가 원활하며 가족문제의 해결 능력이 우수하다.

16~20점: 보통 정도의 가족 갈등을 지닌다.

21~26점: 가족 간의 갈등과 관여가 상당하여 불만을 지닌다.

27~30점: 가족 간의 갈등과 관여가 심해 보이며 가족문제를 함께 해결해 나가는 능력이 매우 부족하다.

➡ **13~18번 문항**은 **가족관계의 민주성**을 측정하며 가족원의 독립성, 원활한 의사소통, 개인 의견의 존중 등을 평가한다. 총점(6~30점)에 따라 다음과 같은 해석이 가능하다.

6~8점: 가족관계에서 민주성과 독립성이 매우 부족하다. 개인의 의사 존중 및 자유로운 의사소통과 참여가 매우 필요하다.

9~15점: 가족관계에서 민주성과 독립성이 상당히 부족하다. 개인의 의사 존중 및 자유로운 의사소통을 위한 노력이 필요하다.

16~20점: 보통 정도의 원만한 의사결정 과정이 이루어지는 가족관계다.

21~26점: 가족관계가 상당히 민주적이고 독립적이다.

27~30점: 가족관계가 매우 민주적이고 독립적이다. 그러나 가족관계에 리더십이나 중심점이 없어 어떤 일에서 결정을 쉽게 내리지 못하는 경향이 있지는 않은지 생각해 볼 필요가 있다.

4. 부모자녀관계

우리는 태어나면서 자녀로서 부모와의 관계에서 성장한다. 인간은 동물 중에서 가장 무력한 상태로 태어나 가장 오랜 기간 부모의 양육을 받는다. 유아기에는 부모에게 절대적으로 의존하지만 청소년기를 통해 점차 독립적인 존재로 성장한다. 청년기에는 심리사회적으로 독립적인 존재가 되어 결혼을 하고 자녀를 낳아 양육하는 부모가 된다. 부모자녀관계는 가장 필수적이며 가장 중요한 인간관계라고 할 수 있다.

1) 부모자녀관계의 특성

부모자녀관계는 부부관계와 아울러 가족관계의 중요한 하위영역이다. 화목한 가족관계를 위해서는 부부관계뿐만 아니라 부모와 자녀 간의 조화로운 관계가 필수적임은 말할 것도 없다. 부모자녀관계는 독특한 몇 가지 특징을 지닌다.

첫째, 부모자녀관계는 인간관계 중에서 가장 혈연적인 관계다. 달리 말하면, 가장 일차적인 인간관계이며 가장 본능적인 애착이 강한 관계다. 아울러 부모자녀관계는 선택의 여지없이 숙명적으로 주어지는 인간관계로서 관계에의 가입과 탈퇴가 불가능하다. 따라서 부모자녀관계는 싫든 좋든 평생을 유지해야 하는 관계다.

둘째, 부모자녀관계는 가장 수직적이고 종속적인 관계다. 부모와 자녀는 20~30년의 나이차이와 더불어 능력과 경험에도 현저한 차이가 있어서 자녀는 일방적으로 부모를 따르고 의존해야 한다. 부모 역시 어리고 미숙한 자녀를 일방적으로 보호하고 양육해야 하는 지배적인 위치에 서게 된다. 이런 점에서 부모자녀관계는 서로 불평등한 자격과 위치에서 일방적인 상호작용이 일어나는 수직적인 관계다.

셋째, 한 인간의 인격형성에 있어서 가장 중요한 관계가 부모자녀관계다. 자녀의 입장에서는 태어나서 최초로 맺는 인간관계이며 부모의 양육을 통해 성격을 형성해 가는 터전이다. 또한 부모의 입장에서 자녀는 부부간 사랑의 결실이자 자신의 피를 물려받은 분신과 같은 존재다. 따라서 부모는 거의 본능적이고 무조건적인 애정으로 자녀를 보호하고 양육한다. 이런 점에서 부모자녀관계는 가장 기본적이며 근원적인 인간관계라고 할 수 있다.

넷째, 부모자녀관계는 주요한 교육의 장이다. 자녀는 부모를 통해 사회의 기본적인 적응기술을 배운다. 또한 부모는 자녀에게 사회의 도덕적 규범과 가치를 가르친다. 즉, 가장 기본적인 사회화 과정이 부모자녀관계에서 일어난다. 또한 자녀에게 있어서 부모는 자신이 닮아 가야 할 동일시의 대상이자 인생의 모델이 된다.

　다섯째, 부모자녀관계는 세월이 흐르면서 관계의 속성이 현격하게 변화한다. 부모자녀관계는 자녀가 어릴 때는 일방적인 의존적 관계이지만, 자녀가 점차 성장하면서 의존적 관계에서 독립적 관계로 변화한다. 특히 자녀가 청소년기에 접어들면서 부모의 보호나 통제에서 벗어나려 하며 부모자녀관계에 현저한 변화와 갈등이 초래된다. 자녀가 점차 성숙함에 따라 부모는 노쇠해진다. 따라서 노쇠해진 부모는 말년에 오히려 자녀에게 의존하며 자녀는 노쇠해진 부모를 봉양해야 하는 보호자의 위치에 선다. 이렇듯 세월의 흐름에 따라 역할과 관계가 변화하는 것이 부모자녀관계다.

2) 부모와 자녀의 상호작용

　어린 시절에 우리는 각기 다른 성장 과정과 성격을 지닌 부모로부터 양육된다. 부모의 양육태도는 우리의 성격과 대인관계 양식에 강력한 영향을 미친다. 애착이론에 따르면, 어린 시절에 유아는 부모, 특히 어머니의 양육태도에 따라 각기 다른 애착유형을 지니게 된다. 앞 장에서 설명했듯이 어린 시절의 부모자녀관계에 따라 크게 안정 애착, 불안 애착, 회피 애착으로 구분할 수 있다. 어린 시절에 형성한 부모와의 애착유형이 이후의 부모자녀관계와 다른 인간관계에 영향을 미친다. 물론 부모자녀관계는 성장하면서 경험하는 다양한 사건과 상호작용에 따라서 현저하게 변화할 수 있다.

　부모의 양육태도는 부모의 성격과 애착유형, 부모의 부부관계, 자녀양육 당시의 환경적 요인과 같은 다양한 요인의 영향을 받는다. 특히 부모의 성격과 애착유형은 조부모의 양육태도의 영향을 받기 때문에 부모자녀관계의 특성은 여러 세대를 이어 가며 세습될 수도 있다. 일

자녀는 부모와의 관계를 통해서 성격과 대인관계 능력이 발전한다.

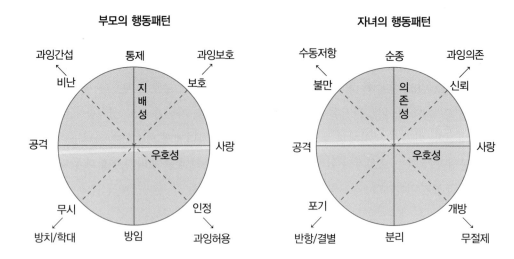

[그림 11-3] 부모와 자녀의 행동패턴

반적으로 부모의 양육태도는 우호성과 지배성의 수준에 따라 크게 애정적 태도, 통제적 태도, 방임적 태도, 공격적 태도로 나눌 수 있다([그림 11-3] 참고).

어린 자녀와 부모의 상호작용에 영향을 미치는 주요한 요인 중 하나는 자녀의 선천적 기질이다. 같은 부모의 자녀라도 유전자의 배합과 태내 조건에 따라 각기 기질과 반응 성향이 다르다. 부모와 자녀의 관계는 상호작용적이어서 유아의 기질에 따라 부모의 양육행동이 달라질 수 있다. 예컨대, 잠을 잘 자고 배고픔과 불편함을 잘 참는 순한 아이에게는 어머니가 안정된 양육태도를 보일 수 있으나, 수면패턴이 불규칙하고 까다로운 아이에게는 어머니가 불안정한 양육태도를 나타낼 수 있다. 이처럼 유아의 기질과 부모의 양육태도가 부모와 자녀 간의 상호작용에 영향을 미친다. 이밖에도 자녀양육 과정에서 나타나는 여러 가지 가정환경의 변화나 사건들이 부모자녀관계에 영향을 미친다.

특히 청소년기에 접어든 자녀는 신체적·심리적 성장이 이루어지면서 자기주장이 강해지고 부모로부터의 심리적 독립을 추구한다. 이러한 과정에서 부모와 자녀 간의 긴장과 갈등이 생겨나기 쉽다. 자녀는 부모에 대한 의존과 독립의 갈등을 경험하는 반면, 부모는 자녀의 행동에 대한 통제와 허용의 갈등을 겪는다. 예컨대, 이 시기의 자녀는 옷차림새, 학업과 취미활동, 교우관계 및 이성관계, 가치관, 진로선택 등에서 부모와 의견 차이를 나타낼 수 있으며 이러한 차이를 조정하는 과정에서 부모와 자녀는 갈등을 경험할 수 있다. 이 과정에서 나타날 수 있는 부모와 자녀의 행동방식은 [그림 11-3]에 제시된 것처럼 다양하다(Schaefer, 1965; Benjamin, 1994). 예컨대, 통제적인 부모는 자신의 의견에 따라 자녀의 행동을 통제하려 할 것이며, 이러한 부모의 행동에 대해서 자녀는 자신의 독립성 수준에 따라 각기 다른 반응을 나타낼 것이다. 의존성이 강한 순종적 자녀는 부모의 의견을 따르는 반면, 독립성이 강한 자녀는 자신의 의견을 강하게 주장하며 부모와 첨예한 갈등을 겪을 것이다. 또한 자녀가 독립적으로 자신의 일을 잘 처리한다고 생각하는 부모는 자녀의 자율성을 허용하지만, 그렇지 않다고 생각하는 부모는 자녀에게 간섭과 통제를 나타낼 것이다. 이처럼 부모와 자녀의 독특한 행동양식과 상호작용에 따라 부모자녀관계가 결정된다.

청소년기와 대학생 시기의 자녀는 독립적인 성인으로 성장하기 위해서 부모로부터 점진적으로 심리적인 독립을 이루어 나가야 한다. 아울러 부모는 자녀의 자율적이고 자발적인 행동을 격려하며 자녀의 심리적 독립을 지원해야 한다. 심리적 독립이 부모에 대한 반항이나 결별을 의미하는 것은 아니다. 오히려 자녀의 자율성을 무시한 부모의 과도한 통제와 간섭이 자녀의 저항을 초래하여 부모와의 관계를 소원하게 만들 수 있다. 서로의 애정을 유지한 채 자녀의 자율성을 점진적으로 인정하며 서서히 자녀의 심리적 독립을 지원하는 것이 부모의 중요한 역할이다. 아울러 자녀는 서서히 부모에 대한 의존에서 벗어나 자율적이고 책임 있는 행동을 통해 점진적인 심리적 독립을 이루어 나가야 한다. 이러한 과정에서 대부분의 부모와 자녀는 크고 작은 갈등을 경험하며 이러한 갈등을 자유로운 대화와 타협을 통해 지혜롭게 해결하는 것이 중요해진다. 이러한 갈등을 해결하지 못한 채 부정적 감정을 누적시키면 갈등적인 부모자녀관계가 지속된다.

📝 **자기평가: 나는 부모로부터 얼마나 심리적으로 독립되어 있는가?**

이 척도는 부모, 특히 어머니에 대한 심리적 독립의 정도를 평가하기 위한 것이다. 아래의 문항을 읽고 자신의 상태를 적절히 나타내는 숫자에 ○표 해 본다. 만약 아버지에 대한 심리적 독립을 평가하고자 한다면 아래 문항에서 어머니를 아버지로 바꾸어 응답할 수 있다.

전혀 그렇지 않다	거의 그렇지 않다	약간 그렇다	상당히 그렇다	매우 그렇다
1	2	3	4	5

1. 나는 어머니와 오랫동안 떨어져 있으면 그리움을 느낀다. ……………………… 1 2 3 4 5
2. 집 안에 있을 때 대부분의 시간을 어머니와 함께 보내고 싶다. ……………… 1 2 3 4 5

3. 나는 내 또래의 다른 사람보다 어머니와 더 가까운 것 같다.	1	2	3	4	5
4. 나는 친구들의 사진을 어머니에게 보여 주고 싶다.	1	2	3	4	5
5. 어머니는 나의 가장 좋은 대화 상대다.	1	2	3	4	5
6. 나는 어머니가 인정해 줄 것인지의 여부에 따라서 내가 할 일을 결정한다.	1	2	3	4	5
7. 친구를 선택하는 데 있어서 어머니의 바람은 내게 영향을 미친다.	1	2	3	4	5
8. 어려움이 있을 때 나는 보통 어머니에게 부탁한다.	1	2	3	4	5
9. 나는 어머니의 동의 없이는 중요한 물품을 구입하지 않는다.	1	2	3	4	5
10. 나는 여행을 하거나 아르바이트를 하고자 할 때 어머니의 조언을 구한다.	1	2	3	4	5
11. 어머니가 나의 용돈을 주신다.	1	2	3	4	5
12. 내가 어머니 없이도 살아갈 수 있을지 확신이 서지 않는다.	1	2	3	4	5
13. 나의 종교적 신념은 어머니의 신념과 비슷하다.	1	2	3	4	5
14. 나의 생활신조는 어머니의 것과 비슷하다.	1	2	3	4	5
15. 이성교제에 관하여 나는 어머니와 비슷한 태도를 갖고 있다.	1	2	3	4	5
16. 성에 대한 나의 태도는 어머니의 태도와 비슷하다.	1	2	3	4	5
17. 남성(또는 여성)의 역할에 대한 나의 생각은 어머니의 생각과 비슷하다.	1	2	3	4	5
18. 금전(돈)에 대한 나의 생각은 어머니의 생각과 비슷하다.	1	2	3	4	5
19. 때때로 어머니는 나에게 짐이 된다.	1	2	3	4	5
20. 나는 어머니와 늘 불화상태에 있는 것 같다.	1	2	3	4	5
21. 내게 있는 문제 중 많은 부분은 어머니 때문이라고 생각한다.	1	2	3	4	5
22. 어머니는 나에게 너무 많은 것을 기대한다.	1	2	3	4	5
23. 어머니가 나에게 어떤 일을 하라고 시킬 때 나는 그 일을 하기가 싫다.	1	2	3	4	5
24. 나는 때때로 어머니를 부끄럽게 여긴다.	1	2	3	4	5

* 이 척도는 이준엽(1994)이 번안한 심리적 분리척도(*Psychological Separation Inventory*: Hoffman, 1984)의 일부 문항을 발췌하여 필자가 단축형으로 구성한 것이다.

▪ 채점 및 해석

이 척도는 어머니(또는 아버지)에 대한 심리적 독립을 4가지 측면, 즉 정서적 독립, 기능적 독립, 갈등적 독립, 태도적 독립의 측면에서 평가한다. **정서적 독립**(1~6번 문항)은 어머니에 대한 정서적 애착과 의존, 친밀성, 공유시간 등에서 독립된 정도를 의미하며, **기능적 독립**(7~12번 문항)은 어떤 일을 할 때 어머니에게 조언과 도움을 구하는 측면에서의 독립성을 뜻한다. **태도적 독립**(13~18번 문항)은 어머니의 가치관으로부터의 독립성을 의미하며, **갈등적 독립**(19~24번 문항)은 어머니에 대한 부정적 감정과 갈등으로부터의 독립성을 뜻한다.

　　각 하위척도에 속하는 6개 문항의 점수를 합하면 총점(6~30점)이 되며, 총점이 작을수록 더 독립적이라고 할 수 있다. 정서적 독립, 기능적 독립, 태도적 독립의 세 하위척도는 총점에 따라 다음과 같은 해석이 가능하다.

➡ 6~10점: 어머니와 매우 독립적인 관계를 지닌다. 어머니에 대해 상당히 부정적이거나 거부적 인 태도를 지닐 수 있으므로 어머니와의 관계를 깊이 생각하고 개선할 필요가 있다.

　11~17점: 어머니에 대해서 상당히 독립적이고 어머니와 다소의 거리를 두며 비교적 원만한 관 계를 유지한다.

　18~24점: 어머니에 대해서 다소 의존적이나 어머니와 긴밀한 관계 속에서 적절한 거리를 둔다.

　25~30점: 어머니에게 매우 의존적이다. 어머니에게 애착이 강하고 관계가 매우 친밀하지만 자신의 자율성과 독립성이 부족할 수 있으므로 어머니와의 관계를 깊이 생각해 볼 필 요가 있다.

　　갈등적 독립의 척도는 총점에 따라 다음과 같은 해석이 가능하다.

➡ 6~10점: 어머니와 관련된 갈등을 거의 느끼지 않는다. 이는 어머니와의 매우 원만한 관계에 기인할 수도 있으나 어머니에 대해서 지나치게 무관심하거나 과도한 거리를 두고 있 기 때문일 수도 있으므로 어머니와의 관계를 다시 한 번 깊이 생각해 볼 필요가 있다.

　11~17점: 어머니와 다소의 갈등을 느끼지만 적절한 거리를 유지하며 비교적 어머니와 원만한 관계를 유지한다.

　18~24점: 어머니와의 관계에서 상당한 갈등을 느낄 수 있으므로 어머니와 겪는 갈등을 해결 하려는 노력이 필요하다.

　25~30점: 어머니와의 관계에서 심한 갈등과 부정적 감정을 지닌다. 이런 점에서 어머니로부 터 부정적인 영향을 받는 심리적 의존상태에 있다고 할 수 있으므로 어머니와의 관계 를 깊이 생각해 보고 개선하려는 노력이 필요하다.

3) 갈등적인 부모자녀관계의 유형

　청소년기 또는 청년기 초기의 젊은이들은 부모와의 관계에서 갈등과 위기를 경험할 소지가 많으며 이러한 위기를 슬기롭게 타개하여 성숙한 부모자녀관계를 재정립해야 한다. 대학생을 위시한 젊은이들에게서 흔히 보고되는 갈등적인 부모자녀관계를 몇 가지 유형으로 나누어 살 펴보면 다음과 같다.

첫째, 통제적이고 지배적인 부모의 경우다. 이러한 부모는 자녀의 생활방식, 가치관, 이성관계, 진로 등에 적극적으로 개입하고 관여하며 자녀가 부모 자신의 방식과 가치에 따르도록 요구한다. 이에 대해 순종적이고 의존적인 자녀는 이러한 부모와 원만한 관계를 형성할 수 있다. 그러나 부모의 지시를 일방적으로 따르는 자녀의 경우 자기정체감이나 자율성에 있어서 미숙한 상태에 머무르며 부모의 삶을 대신 살아주는 셈이 된다. 부모의 방향 제시나 지원이 중단되는 미래의 상황에서 무력감과 혼란에 빠질 수 있다. 이런 유형의 자녀는 강하고 지배적인 부모에게 겉으로는 대항하지 못하지만 수동저항적인 태도를 지니고, 여러 가지 상황적인 이유를 핑계로 부모의 뜻에 반하는 행동을 하기도 한다. 또 다른 유형의 자녀는 이러한 부모의 요구적이고 통제적인 태도에 정면으로 저항하는 자녀들이다. 이런 경우에는 부모와 자녀 사이에 노골적인 갈등이 생겨난다. 극단적인 경우에 부모는 경제적 지원의 중단이나 부모자녀관계의 종식 등으로 위협하고 자녀는 가출 등의 저항방법을 택한다.

둘째, 자녀에 대해 방임적이고 무관심한 부모들이 있다. 이러한 부모는 경제적 또는 정서적으로 자녀를 지원하는 일에 무관심하거나 무력한 부모다. 자신의 사업이나 업무 때문에 또는 부모 간의 심한 갈등 때문에 자녀에게 관심을 기울일 만한 여력이 없는 부모도 있다. 이 경우 자녀들은 부모의 경제적 또는 심리적 지원을 받지 못하기 때문에 혼자서 자신의 생활을 영위해 나가야 하는 심한 부담감, 결핍감, 고독감을 느낀다. 이런 자녀는 가족 밖의 인간관계가 더욱 중요하며 만족스러운 친구관계나 이성관계를 형성하지 못할 경우에는 심한 우울과 혼란을 경험할 수도 있다. 다른 한편, 부모의 간섭이 없기 때문에 자칫 무계획적이고 무질서한 방만한 생활을 하게 될 가능성이 있다.

셋째, 자녀에게 지나치게 의존적인 부모의 경우다. 가정의 의사결정이나 부양책임을 자녀에게 부여할 뿐만 아니라 자녀에게 정서적인 지지나 위안을 기대하는 부모들이다. 이들은 자녀의 자율성을 최대한 허용하지만 대신 가족에 대한 역할과 책임을 과도하게 부여하고 기대한다. 경제적으로 무능한 부모나 배우자에게서 좌절된 애정을 자녀에게서 보상받으려는 부모는 자녀에게 많은 부담으로 작용한다. 이러한 자녀는 부모를 경제적으로 또는 심리적으로 부양해야 하는 위치에 서서 부모에 대한 책임으로 심리적인 부담을 안는다. 이러한 자녀는 자유로운 사회활동이나 진로탐색이 제한될 수밖에 없다.

부모자녀관계는 부모와 자녀의 성별에 따라 부자관계, 부녀관계, 모자관계, 모녀관계로 나눌 수 있다. 부모와 자녀의 성격적 요인에 따라 각기 독특한 관계가 나타날 수 있다. 일반적으로 아버지와 아들은 같은 남성이기 때문에 운동, 취미, 가치관 등에 있어서 유사성이 많아 친밀한 관계를 유지할 수 있다. 그러나 오이디푸스 콤플렉스에서 시사되듯이, 부자관계에는 미묘한 경쟁이나 대립적 요소가 개입될 수 있어 자칫 적대적이거나 소원한 관계로 발전하기 쉽다. 특히 권위적이고 지배적이며 강압적인 아버지의 경우, 아들이 무기력하거나 반항적인 성향을 나타낼 가능성이 높다.

아버지와 딸은 아버지의 보호 성향과 딸의 부드러운 의존 성향으로 인해 친밀한 애착관계를 형성할 수 있다. 그러나 아버지가 정서적으로 냉담하거나 자녀를 차별하거나 적대적 부부관계를 나타낼 경우, 부녀관계는 소원하거나 적대적인 관계로 발전할 수도 있다.

어머니와 아들은 오이디푸스 콤플렉스에서 볼 수 있듯이 각별한 애착관계로 발전할 수 있다. 특히 어머니가 아버지와 원만한 관계를 맺지 못하는 경우 듬직한 아들에게 과도한 집착을 보일 수 있다. 그러나 어머니의 관심과 애정이 지나칠 경우, 아들은 매우 의존적인 성향을 나타내거나 어머니의 과잉보호에 심리적 부담을 느끼고 거부적인 태도를 나타낼 수도 있다.

어머니와 딸은 같은 여성으로서 가사활동, 의복, 취미, 인간관계 등에서 유사한 관심을 지니며 친밀한 대화 상대로서 깊은 애착관계를 형성한다. 그러나 어머니가 과도한 간섭과 통제를 하거나 자녀에 대한 차별적 태도를 나타낼 경우, 딸은 어머니와 갈등적인 관계를 형성할 수도 있다. 이처럼 부모자녀관계는 아버지, 어머니, 아들과 딸이 펼치는 미묘하고 복잡한 가족역동이 그 관계양상을 결정한다.

4) 부모자녀관계의 주요한 갈등요인

부모자녀관계는 가장 사랑이 넘치는 밀착된 관계가 될 수 있으며 동시에 갈등을 초래할 소지도 많다. 그래서 원만하고 화목한 부모자녀관계를 형성하는 일은 의외로 쉽지 않다. 특히 청소년기 전후의 자녀와 부모의 관계는 더욱 그렇다. 여기에서 청소년기나 청년기 초기에 있는 자녀와 부모의 관계를 중심으로 갈등을 초래하는 요인을 살펴보기로 한다.

(1) 세대차

부모와 자녀 간에는 세대차가 존재한다. 부모와 자녀는 적어도 20~30년의 나이 차이가 있게 마련이다. 따라서 부모와 자녀는 성장해 온 사회적 또는 교육적 배경이 다른 데서 오는 가치관, 사고방식, 행동규범, 생활습관, 감정표현 방식 등에서의 현저한 차이가 있다. 이러한 세대차는 서로에 대한 이해와 공감영역의 괴리를 의미한다. 따라서 부모는 자녀의 행동을 옳지 않다고 생각하게 되고 간섭과 질책을 하게 된다. 자녀는 부모에게 이해받지 못하고 행동규제가 부당하다는 생각을 갖게 되어 반발하게 된다. 아무리 부모자녀 간의 애정이 돈독하다 하더라도 서로의 가치관과 사고방식이 다른 세대차로 인해 여러 가지 마찰과 갈등이 생겨날 수 있다.

(2) 독립과 보호의 갈등

부모는 어린 자녀를 보호하고 어린 자녀는 부모에게 의존한다. 그러나 자녀는 청소년기에 접어들면서부터 자율적인 존재로 독립하고자 하는 욕구가 생긴다. 이 시기에 자녀는 자신의 행동과 진로를 스스로 결정하고 행동하고자 하는 반면, 부모는 여전히 자녀를 어리다고 생각하여 자녀의 행동과 진로에 관여하고자 한다. 따라서 독립적인 존재로 성장하는 이 시기에 자녀와 부모 간의 갈등이 생겨나기 쉽다. 부모의 보호나 충고가 자녀에게는 지나친 간섭으로 느껴지고, 자녀의 독립적 행동은 부모에게 어리석고 무책임한 행동으로 비친다. 이렇듯 청소년기 전후의 자녀에게는 부모에 대한 독립과 의존의 갈등이 존재하는 반면, 부모에게는 자녀에 대한 통제와 허용의 갈등이 존재한다. 이러한 부모자녀의 갈등은 흔히 자녀의 진로결정이나 배우자 선택과 같은 문제에서 서로 의견이 충돌할 때 더욱 첨예하게 나타날 수 있다.

(3) 애정표현의 방식

모든 부모는 자녀에 대해 무조건적인 애정을 가진다. 그러나 부모가 자녀에게 애정을 표현하는 정도나 방법은 다양하다. 어떤 부모는 자녀를 지나치게 보호하고 통제하는 방식으로 애정을 표현하고 어떤 부모는 자녀가 원하는 대로 허용함으로써 애정을 표현한다. 어떤 자녀는 부모가 사사건건 개입하고 간섭한다고 불만을 토로하고 그 부모는 자녀가 부모의 애정을 무시하고 몰라 준다고 서운해 한다. 어떤 자녀는 부모의 무관심에 불만을 갖게 되고 부모는 자녀가 부모에게 지나치게 의존하려 든다고 걱정한다. 이렇듯 부모의 애정표현 방식과 자녀의 기대 간에 차이가 있으면 부모자녀 간에 갈등이 싹튼다.

부모의 입장에서 모든 자녀는 기본적으로 똑같이 사랑스럽다. 그러나 자녀의 행동과 성취에 따라 부모는 자녀에게 차별적인 애정을 표현할 수 있다. 어떤 부모는 노골적으로 한 자녀만 편애하는 경우도 있다. 이럴 경우, 상대적으로 사랑을 받지 못한다고 생각하는 자녀는 부모에게 불만을 갖는다. 이러한 불만이 때로는 문제나 말썽을 일으키는 방식으로 표출되고, 따라서 부모로부터 질책과 야단을 맞는다. 그 결과 부모의 사랑을 받지 못한다는 느낌이 더욱 커지게 되면서 자녀는 점점 더 비뚤어지고 부모와 자녀 사이가 벌어지는 악순환이 일어날 수 있다.

(4) 부모의 불화

부모 사이에는 종종 다툼이 생겨난다. 이러한 다툼의 빈도가 많아지고 감정적 대립이 심해지면서 부모 사이가 장기적인 불화로 발전할 수 있다. 부모의 불화만큼 자녀에게 고통스러운 것은 없다. 가정의 중심이 되는 부모가 반목하게 되면 편안한 안식처가 되어야 할 가정이 살

벌한 전쟁터처럼 느껴진다. 따라서 자녀는 부모가 화목해지기를 바라고 부모의 불화를 중재하려고 노력한다. 이러한 노력에도 불구하고 부모의 불화가 계속되면 부모에 대한 불만과 원망이 생겨난다. 더구나 가정 불화가 부모 중 어느 한 사람에게 기인하면 그 부모에 대해서 분노의 감정을 지닌다. 이러한 부정적 감정이 누적되면 그 부모에게 반항하게 되고, 따라서 부모의 불화가 부모자녀의 불화로 확산된다.

부모의 불화는 부모자녀관계에도 악영향을 미친다.

부모의 불화는 다른 방식으로 부모자녀관계를 해칠 수 있다. 부모는 배우자에 대한 심리적 갈등 때문에 자녀에 대한 배려나 애정이 감소한다. 따라서 자녀는 부모의 무관심에 불만을 갖는다. 뿐만 아니라 어떤 부모는 배우자와의 불화에서 받은 스트레스를 자녀에게 표출하기도 한다. 이런 방식으로 인해 부모의 불화는 부모와 자녀의 관계를 악화시킬 수 있다.

(5) 의사소통의 방식

다른 인간관계와 마찬가지로 부모자녀관계도 의사소통 방식의 영향을 받는다. 특히 부모자녀관계는 종속적인 관계이기 때문에 부모는 자녀에게 보호와 양육을 위한 다양한 의사전달을 한다. 자녀 역시 자신의 의견을 전하고 원하는 것을 요구하기 위해 부모에게 다양한 표현을 한다. 이러한 의사소통 과정에서 부모와 자녀 간에 갈등이 초래될 수 있다.

고든(Gordon, 1975)은 부모가 자녀에게 의사를 전달하는 전형적인 방법을 다음과 같이 12가지로 나누어 소개한다: ① 명령·지시하기, ② 경고·위협하기, ③ 훈계·설교하기, ④ 충고·제언하기, ⑤ 강의·논쟁하기, ⑥ 판단·비평·비난하기, ⑦ 칭찬·동의하기, ⑧ 비웃기·창피주기, ⑨ 해석·분석·진단하기, ⑩ 지지·공감·위안하기, ⑪ 캐묻기·질문하기, ⑫ 수용·양보·후퇴하기. 이렇게 다양한 형태의 소통방식 중에서 명령·지시하기, 경고·위협하기, 훈계·설교하기, 강의·논쟁하기, 판단·비평·비난하기, 비웃기·창피주기, 해석·분석·진단하기 등의 소통방식을 자주 사용하는 부모는 자녀의 독립성과 자율성을 위협하기 때문에 자녀의 반발을 살 수 있다. 고든은 그러한 방식보다는 충고·제언하기, 칭찬·동의하기, 지지·공감·위안하기의 소통방법을 자주 사용하는 것이 좋은 부모자녀관계를 위해서 바람직하다고 권유한다.

5. 형제자매관계

우리가 어린 시절부터 가족 내에서 경험하는 또 다른 관계가 형제자매관계다. 같은 부모에게서 태어난 자녀들로 구성되는 형제자매관계는 가족마다 자녀의 수나 성별에 따라 구성이 다르다. 먼저 태어난 형, 오빠, 누나, 언니와 나중에 태어난 동생으로 구성된다. 이러한 형제자매관계는 인생에 있어서 매우 중요한 인간관계 영역의 하나다.

1) 형제자매관계의 특성

형제자매관계는 다른 인간관계와 구분되는 독특한 특성을 지닌다. 형제자매관계는 가족관계의 한 하위영역에 속하지만 부부관계나 부모자녀관계와는 다른 특성을 지닌다.

첫째, 형제자매관계는 같은 부모의 피를 물려받은 혈연적 동료관계다. 혈연으로 맺어진 형제자매관계는 일차적인 관계로서 선택의 여지없이 부여된 관계이며 가입과 탈퇴가 불가능한 관계다. 아울러 같은 부모의 유전자를 물려받기 때문에 여러 가지 유사성을 지닌다.

둘째, 형제자매관계는 수직적인 요소와 수평적인 요소가 복합된 인간관계다. 형제자매는 나이 차이가 다양할 수 있지만 출생서열에 따라 위계가 정해지는 수직적인 관계다. 동생은 형과 언니의 말을 따르고 오빠와 누나는 동생을 보호하고 보살핀다. 이렇듯 형제자매는 불평등한 역할이 주어지는 위계적 관계를 맺는다. 그러나 형제자매관계에는 수평적 관계의 요소가 많다. 형제자매는 대부분 나이 차이가 많이 나지 않기 때문에 함께 커가고 함께 늙어간다. 뿐만 아니라 형제자매는 부모와의 관계에서 동일한 입장에 놓인 동료다. 이처럼 형제자매관계는 약간의 수직적 요소를 지닌 수평적 관계로서 매우 독특한 인간관계의 속성을 이룬다.

셋째, 형제자매는 의식주 생활을 나누며 가족과 함께 동고동락하는 운명공동체다. 가족의 일원으로서 가족의 변화를 함께 겪을 뿐만 아니라 같은 부모 밑에서 성장하고 생활하는 공통의 체험과 입장을 공유한다. 따라서 형제자매는 나이, 가족배경, 성장체험이 유사하기 때문에 서로를 가장 잘 이해하고 공감할 수 있는 상대이기도 하다.

넷째, 형제자매관계는 인생에서 가장 오랜 기간 유지되는 인간관계다. 출생과 더불어 형제자매관계로 들어가며, 대개 나이가 비슷하여 거의 평생 지속되는 관계가 형제자매관계다. 뿐만 아니라 쉽게 해체되는 친구관계와는 달리 일차적인 관계이기 때문에 설혹 불편한 관계라 하더라도 형제자매관계를 끊을 수는 없다. 이런 점에서 형제자매관계는 가장 끈질긴 관계라고 할 수 있다.

　　다섯째, 형제자매관계에는 경쟁적인 요소가 있다. 형제자매는 부모에게서 공급받는 모든 것을 나누어 갖는 위치에 있다. 부모는 흔히 자녀를 서로 비교하여 평가하고 그러한 평가에 따라 애정과 물질적 보상을 달리 준다. 이렇듯 형제자매관계는 서로 비교하며 우월의식과 열등의식을 느낄 수 있는 경쟁적인 요소를 내포한다.

　　형제자매의 성별, 수, 나이 차이 등에 따라서 형제자매관계는 매우 복잡하고 다양한 형태를 나타낸다. 또한 부모의 특성 등에 따라서 더욱 복잡한 양상을 띤다. 크게 형제관계, 오빠-여동생 관계, 자매관계, 누나-남동생 관계로 구분한다.

형제자매관계는 인생에서 가장 오래도록 지속되는 소중한 인간관계다.

2) 형제자매간의 상호작용

　　부부가 첫아이를 낳으면 전폭적인 관심과 애정을 기울인다. 첫 자녀는 이러한 부모의 독점적 관심 속에서 애정을 만끽한다. 그런데 어머니의 배가 점차 불러 오더니 어느 날 부모가 갓난아이를 집에 데려오고 그 아이에게 관심과 애정을 기울인다. 동생이 생긴 것이다. 동생은 갓난아이이기 때문에 필연적으로 어머니의 보살핌을 독차지한다. 자신에게 독점적으로 주어지던 관심이 동생에게로 옮겨가는 것을 느끼면서 첫 자녀는 자신의 지위에 위협을 느낀다.

　　개인심리학을 창시한 아들러(Adler, 1959)는 형제서열(sibling order)이 성격형성에 중요함을 강조하면서, 첫째 아이에게 있어서 동생의 탄생은 강한 심리적 상처(trauma)가 된다고 주장했다. 흔히 첫째 아이는 동생에게 강한 위협감과 경쟁의식을 느끼고 적대감을 보이며 때로는 공격적인 행동을 보이기도 한다. 동생과의 관계는 나이 차이에 따라서 다양한 형태로 나타날 수 있는데, 일반적으로 나이 차이가 클수록 경쟁의식은 감소한다. 형제자매는 부모의 애정을 나누어 갖는 관계에 있기 때문에 서로 경쟁의식을 갖게 되는데, 이를 형제간 경쟁(sibling rivalry)이라고 한다. 부모 역시 자녀를 비교하게 되고 의식적 또는 무의식적으로 차별적인 애정을 기울이게 된다. 예컨대, 좋은 성적을 거둔 자녀에게 부모가 칭찬을 하거나 선물을 사 주면 그렇지 못한 자녀는 부모에게서 주어지는 애정에 대해 상대적 박탈감을 느끼게 되며 질투(jealousy)의 감정을 경험하게 된다. 밀접한 관계가 지속적으로 유지되는 가족관계에서 다른 형제에게 부모의 특별한 애정이 주어지는 것은 매우 위협적으로 느껴질 수밖에 없다. 또한 부모의 인정을 받는 형제자매와 비교함으로써 열등감을 느끼는 동시에 결과적으로 부모의 애정을 빼앗아 간 형제자매에 대한 분노를 느끼게 된다. 아울러 자신도 부모의 애정을 끌기 위한 경쟁적 노력을 기울이게 되는데, 이러한 과정에서 느끼는 복합적인 감정이 질투다.

그러나 형제자매는 경쟁의식뿐만 아니라 서로에 대한 긍정적 감정을 느끼게 된다. 형제자매는 같은 주거공간에서 매우 밀접한 상호작용을 한다. 함께 숙식을 할 뿐만 아니라 함께 놀이도 하고 부모에게 같이 야단도 맞고 부모의 부부관계가 나쁠 때는 함께 불안을 공유한다. 이처럼 밀접한 관계에서 형제자매는 매우 친밀한 관계를 형성하게 되는데, 이를 **형제간 친밀감**(sibling intimacy)이라고 한다. 형제자매는 서로 애정과 정서적 지지를 교환할 뿐만 아니라 놀이의 상대로서 동료적 친밀감을 느끼게 되며 현실적인 도움을 주고받는 상호의존적인 관계를 형성한다. 때로는 부모가 무기력하거나 자녀에게 충분한 애정을 기울이지 못하는 가족상황에서는 형제자매가 서로 강한 정서적 유대관계를 형성하게 되는데, 방크와 칸(Bank & Kahn, 1982)은 이를 **형제간 애착**(sibling attachment)이라고 불렀다. 또한 형제서열에 따라 동생은 형에게 충성하고 형은 동생을 보살피는 관계로 발전할 수도 있다.

이처럼 형제자매관계에서는 경쟁적 요소와 애착적 요소가 복합되어 있어 상당히 복잡한 관계의 양상이 나타날 수 있다. 형제자매관계에는 애정과 질투, 협동과 경쟁이라는 상반된 요소가 포함되어 있어 흔히 양가적 감정(ambivalent feeling)을 경험한다. 그래서 형제자매간에는 함께 즐겁게 놀고 서로를 위하다가도 때로는 치열하게 경쟁하고 싸우는 일들이 빈번하게 벌어지게 된다.

형제자매관계에는 부모의 역할이 매우 중요하다. 부모가 자녀에 대해서 차별적인 애정을 보여 주는 것은 대부분의 경우 자녀의 형제자매관계에 부정적인 영향을 미친다. 부모는 나이가 다른 자녀를 키우는 과정에서 흔히 딜레마를 겪게 된다. 모든 자녀에게 동등한 애정을 베풀어 주어야 한다는 생각과 더불어 형제서열에 따라 차별적인 대우를 해 주는 것이 공정하다는 생각의 갈등이다. 때로는 부모가 자녀에게 공평한 애정을 보여 주어야 한다는 강박관념에 사로잡혀 있으면 자녀들이 부모의 애정분배에 예민해져서 형제자매간 비교와 경쟁이 심해지기도 한다. 또한 형제자매간의 경쟁이나 갈등에 부모가 지나치게 민감한 반응을 보이며 개입하는 것이 바람직하지 않을 수도 있다. 형제자매의 경쟁과 갈등은 자연스러운 것이며, 부모가 형제자매관계에 지나치게 개입하는 것은 자녀들이 스스로 갈등을 해결할 기회를 박탈하는 결과를 초래할 수 있다. 한편, 부모가 무기력하거나 심한 질병 등으로 가정에 위기가 있을 때, 형제자매간의 정서적 유대가 강해질 수 있다. 이처럼 형제자매관계는 부모와 형제자매 사이에서 일어나는 가족역동의 영향을 깊게 받는다.

　　출생순위(birth order)는 개인의 성격과 대인관계에 강력한 영향을 주는 것으로 알려져 있다. 형제자매는 서로 경쟁하며 갈등을 겪게 되고 그러한 갈등을 해결하는 과정에서 각자의 독특한 생각과 행동방식을 습득하게 된다. 이처럼 형제자매관계에서 대응하는 독특한 방식이 성격의 바탕을 이룬다는 주장도 있다. 설로웨이(Sulloway, 1996)는 성격을 "형제들이 서로 경쟁하면서 가족 내에서 자신의 위치를 찾기 위해 노력하며, 아동기의 호된 시련 속에서 생존하기 위해 사용한 전략들의 저장 목록"이라고 했다. 실제로 출생순위는 성격과 사회정치적 성향에 영향을 미친다는 연구결과들이 있다. 장남들은 다른 형제보다 권력이나 권위를 더 추구하고, 자신의 큰 몸집과 힘으로 자신의 지위를 방어하면서 자신감을 갖는 경향이 있다. 장남 중에는 조지 워싱턴이나 윈스턴 처칠과 같이 정치지도자나 노벨상 수상자가 많다. 아들러는 장남을 '가정에서 차지하던 우위를 되찾으려고 투쟁하는, 권력에 굶주린 보수주의자'라고 부르기도 했다(Nichols & Schwartz, 2002). 반면에 뒤에 태어난 형제들은 가족 내에서 약자의 신세를 면치 못하며, 자신을 억압받는 자로 생각하고, 자신의 지위에 회의를 품는 경향이 있다. 아울러 새로운 경험에 개방적이고 모험을 즐기는 성향이 있는데, 이는 늦게 태어난 후발주자로서 자신의 지위를 현격하게 향상시키기 위한 노력의 결과로 간주된다. 차남 중에는 탐험가나 개혁주의자들이 많으며 마르크스, 레닌, 제퍼슨, 루소가 그 대표적인 예다.

　　형제자매관계는 세월이 흐르면서 변한다. 어린 시절에는 형제자매의 나이 차이에 따라 몸집, 체력, 지적 능력 등에 커다란 차이가 나타나지만, 점차 세월이 흐르면서 이러한 차이가 줄어든다. 따라서 형제자매의 수직적 관계가 점차 수평적 관계로 변화하게 되며 이러한 과정에서 갈등을 경험하기도 한다. 예컨대, 어릴 때는 형에게 순종적이던 동생이 체격이 커지면서 형에게 대들며 도전하기 시작한다. 이밖에도 학업적 성취, 대인관계 능력, 직업적 성취, 사회경제적 지위 등이 달라짐에 따라 형제자매간의 관계는 변화하게 된다.

3) 형제자매관계의 주요한 갈등요인

　　형제자매관계는 인생에서 가장 친밀하고 지속적인 인간관계가 될 수 있다. 그러나 형제자매 사이에는 잠재적으로 여러 가지 갈등요인이 숨어 있다. 이러한 갈등요인을 잘 해결하지 못하고 확대시키면 가장 친밀하고 협동적일 수 있는 형제자매관계가 가장 소원하고 적대적인 관계로 발전할 수도 있다. 그러한 형제자매관계의 갈등요인을 살펴보기로 한다.

(1) 형제간 경쟁

형제자매관계에 갈등을 초래할 수 있는 중요한 요인은 형제간 경쟁이다. 앞에서 설명했듯이, 형제자매관계에는 경쟁적인 요소가 내포되어 있다. 부모의 재정적 또는 심리적 지원을 받는 과정에서 자녀로서의 형제자매는 경쟁적인 관계에 설 수밖에 없다. 어려서부터 부모의 사랑과 관심이 모든 자녀에게 똑같이 주어지기는 어렵다. 또한 첫째 자녀는 부모의 관심을 독차지하다가 새로 태어난 동생에게 부모의 관심을 빼앗기고 있다고 느낄 수 있다. 따라서 동생을 경쟁상대로 생각하고 질투와 미움을 갖기도 한다. 또한 부모는 자녀를 비교하여 평가하게 된다. 따라서 어떤 형제자매의 우수함은 상대적으로 나의 열등함을 의미한다. 다른 형제자매가 부모의 애정을 독차지하면 그것은 내가 받을 부모의 애정을 잃는 것이다. 따라서 형제자매는 서로 비교하여 우열의식을 갖고 때로는 상대방을 질투하고 시기한다. 형제자매를 경쟁상대로 인식하는 형제간 경쟁은 형제자매관계를 해치는 암초와 같은 것이다. 어떤 인간관계보다 가깝고 신뢰로울 수 있는 형제자매관계를 이런 경쟁적 요소 때문에 때로는 가장 불편하고 위협적인 관계로 느낄 수 있다.

(2) 자녀에 대한 부모의 차별적 애정

부모의 입장에서 "다섯 손가락 깨물어 아프지 않은 손가락이 없다"고 하지만 여러 자녀들은 외모, 성격이나 행동거지, 지능이나 학력 등에 있어서 제각기 차이가 나므로 자연히 관심과 사랑이 달라질 수밖에 없다. 게다가 남아선호성향이 강했던 우리 문화에서는 부모들이 아들에게 더 많은 관심과 기대를 보이고 노골적인 편애를 하기도 했다. 이런 가족 속에서 딸들은 부모에게 상대적으로 경시되고 배척당한다고 느껴 마음에 상처를 입는 경우가 많았다. 부모의 관심과 사랑은 어린 아동에게 있어서 거의 절대적으로 중요하다. 따라서 부모의 관심과 사랑을 얻기 위한 치열한 경쟁과 다툼이 생겨날 수 있다. 이러한 과정에서 형제자매는 서로에 대해 시기, 질투, 적개심, 우월의식과 열등의식을 느낀다. 가장 친밀해야 할 형제자매관계가 가장 불편하고 적대적인 관계로 발전할 수도 있다.

(3) 성격 및 능력의 차이

같은 부모에게서 태어난 형제자매간에도 성격과 능력에 차이가 있다. 흔히 형제간 성격 차이는 여러 가지 요인에 의해 나타나지만, 형제서열이 이러한 차이를 초래하는 주요한 요인으로 알려져 있다. 출생순서에 따라 자녀에 대한 부모의 양육태도는 차이를 나타낸다. 또한 형제간 서열에 따라 가족 내에서 기대되는 역할도 달라진다. 형이나 누나에게는 연장자로서 동생을 보살피고 인도하는 역할이 주어지는 반면, 동생에게는 형이나 누나를 따르고 존중하는 역할이 주어진다. 이러한 형제자매의 성격 차이와 역할 차이가 갈등을 초래할 수 있다. 예를 들어, 깔끔하고 꼼꼼한 형은 방을 어지럽히고 더럽게 하는 동생을 용납하기 어렵다. 한편, 사교술이 좋아 이성친구가 많은 여동생의 행동이 완고한 오빠의 눈에는 거슬리고 걱정스럽다. 따라서 이 경우 형이나 오빠는 동생의 행동을 규제하려 들고 동생은 반발하여 갈등이 생겨날 수 있다.

뿐만 아니라 형제자매 간에는 능력이나 소질에 있어서도 차이가 있다. 학업능력이나 예술적 재능에 있어서 각기 다르다. 따라서 형제자매간 비교를 통해 우월감이나 열등감이 생길 수 있다. 공부 잘하는 형으로 인해 상대적으로 열등한 존재로 인식되는 동생, 예술적 재능으로 많은 상을 타오는 동생으로 인해 상대적으로 무력감을 느끼는 언니가 그 예다. 이렇게 능력과 성격이 다른 자녀에게 부모가 차별적인 애정을 나타내면 형제자매간의 갈등은 더욱 미묘하게 깊어진다.

(4) 역할기대의 차이

형제간 서열에 따라 가족 내에서 기대되는 역할도 달라진다. 형이나 누나에게는 연장자로서 동생을 보살피고 인도하는 역할이 주어지는 반면, 동생에게는 형이나 누나를 따르고 순종하는 역할이 주어진다. 형제자매는 가족 내에서 각자의 역할에 대한 나름대로의 기대를 갖는다. 가족의 크고 작은 일에서 주도적인 역할을 해야 하는 형이 무관심하거나 방관적일 때 동생은 형에게 불만을 갖게 된다. 때로는 언니가 지나치게 가족의 문제를 일방적으로 결정하고 동생들의 의사를 무시하여 불만을 갖는 동생도 있다. 그러나 형이나 언니의 입장에서는 그들의 결정에 순종적으로 따라와 주지 않고 이의를 제기하는 동생이 야속하고 괘씸하게 생각될 수 있다. 이렇듯 형제자매의 서열에 따른 역할기대와 역할수행의 괴리는 갈등의 한 요인이 될 수 있다.

(5) 경제적 이해관계

형제자매간에는 미묘한 이해관계가 있다. 부모로부터 용돈이나 학비를 타게 될 때 형제자매 간에는 차이가 있다. 부모 입장에서는 제한된 자녀양육비 중에서 한 자녀에게 많은 투자를 하면 다른 자녀에게는 상대적으로 적은 투자를 할 수밖에 없다. 뿐만 아니라 성장하여 용돈, 학비, 결혼비용, 유산상속 등에 있어서 공정한 분배가 이루어지지 않는다고 생각될 때 형제자매 간에는 갈등이 생길 수 있다. 이는 형제서열에 따라서 분배되는 양에 대한 생각이 다를 수 있기 때문이다. 장남은 자신의 큰 역할에 비례하여 많은 분배를 기대하는 반면, 다른 형제자매는 똑같은 자녀로서 균등한 분배를 기대한다면 갈등이 생길 것이다.

(6) 부모 간 갈등 및 가족 간 불화

부모의 불화는 형제자매의 불화로 확산될 수 있다. 가정불화를 일으키는 부모 각자의 책임에 대해서 자녀들은 각기 생각이 다를 수 있다. 뿐만 아니라 가정불화의 원인제공자인 부모에 대한 대처방식과 가정불화의 해결방법 등에 있어서도 형제자매는 이견이 있을 수 있다. 또한 부모 각각에 대한 정서적 유대도 형제자매 간에는 다르다. 따라서 이러한 여러 요인에 의해 형제자매는 아버지 편과 어머니 편으로 갈라져 대립할 수 있다. 이렇게 부모의 격렬한 대립은 형제자매의 대립으로 발전할 수 있다.

6. 부부관계

젊은 두 남녀가 이성관계를 통해 서로 사랑을 하고 이러한 사랑의 결실로서 결혼에 이른다. 연인관계는 결혼을 통해 부부관계로 바뀐다. "검은 머리가 파뿌리가 되고 죽음이 서로를 갈라 놓을 때까지 사랑하겠다"는 결혼서약을 하고 두 남녀는 부부가 된다. 부부는 인생의 가장 중요한 동반자다. 행복한 부부관계는 화목한 가족관계의 뼈대이며 한 개인의 행복을 결정하는 가장 중요한 인간관계다. 이러한 부부관계를 이해하기 위해 부부관계의 형성 및 배우자의 선택, 부부관계와 결혼생활의 적응 그리고 성공적인 부부관계의 요건 등을 살펴보기로 한다.

부부는 인생의 가장 중요한 동반자다.

1) 부부관계의 형성

(1) 배우자의 선택방식

부부관계가 한 개인의 삶에 차지하는 비중만큼 배우자의 선택은 일생에 있어서 매우 중요한 선택사항이다. 배우자 선택은 여러 가지 방식으로 이루어진다. 흔히 배우자의 선택방식은 중매혼, 자유혼, 절충형으로 구분된다. 중매혼은 배우자의 선택권이 당사자보다는 부모나 친족에게 있는 경우다. 이 경우 흔히 당사자의 애정이나 성격보다는 가문이나 사회경제적 지위가 중요한 선택기준이 된다. 이에 반해, 자유혼은 배우자의 선택이 전적으로 당사자들의 의사에 맡겨지는 경우다. 이 경우에는 서로 직접적인 교제를 통해 자신에게 적합한 사람을 선택함으로써 결혼을 합의하고 부부관계를 형성한다. 절충형은 중매혼과 자유혼의 요소가 혼합된 형태로서 2가지 하위유형이 있다. 하나는 당사자가 자유로운 교제를 통하여 결혼상대를 선택한 후 부모에게 소개하여 동의를 얻는 유형이다. 다른 유형은 부모가 자녀의 결혼상대를 선택하여 자녀의 동의를 얻는 방법이다.

(2) 배우자의 선택과정

수많은 이성 중에서 결혼상대를 만나는 과정은 가히 운명적이라고 할 만큼 신비스럽다. 배우자가 선택되는 과정은 매우 다양하고 복잡하다. 그러나 이러한 배우자 선택에 개입되는 요인과 과정에 대한 연구들이 많이 이루어져 있다. 커코프와 데이비스(Kerckhoff & Davis, 1962)는 배우자 선택에 영향을 미치는 여러 요인들을 소개한다(김명자, 1994). 그들은 이러한 선택요인들이 두 사람 사이의 관계가 발달함에 따라 변화한다고 주장한다. 두 남녀의 교제가 시작되는 초기단계에서는 인종, 연령, 교육수준, 사회계층, 종교와 같은 사회적 특성이 중요한 역할을 한다. 그러나 관계가 점차 진전되면서 사회적 특성보다는 가치관, 인생관, 흥미, 관심사와 같은 개인적 특성의 공유와 공감이 더 중요한 역할을 한다. 더욱 친밀한 관계로 진행되어 약혼이나 결혼을 생각하는 단계에 이르면 서로의 상호보완성이 가장 중요한 선택 기준이 된다.

우드리(Udry, 1971)는 이러한 견해를 좀 더 정교화하여 **여과망 이론**을 주장하였다. 그에 따르면, 결혼상대가 선택되기까지 6개의 여과망이 존재한다. 모든 가능한 결혼상대는 이러한 여과망을 하나씩 거치면서 걸러져 그 대상이 좁혀지고 결국 마지막 한 사람을 선택하게 된다는 것이다. 이러한 선택 과정을 도형으로 표시한 것이 [그림 11-4]다.

첫째, **근접성**의 여과망을 통하여 모든 가능한 대상자 가운데 지리적으로 가깝고 쉽게 만날 수 있는 사람들로 그 대상이 제한된다. 둘째, **매력**의 여과망을 통하여 서로 매력과 호감을 느끼는 사람들로 그 대상이 다시 좁혀진다. 셋째, **사회적 배경**의 여과망을 통하여 인종, 연령, 교

[그림 11-4] 배우자 선택 과정에 대한 여과망 이론
출처: Udry, 1971; 김명자, 1994.

육수준, 사회계층, 종교 등이 유사한 사람들로 더욱 범위가 축소된다. 넷째, **의견일치의 여과망**을 통하여 인생관, 가치관, 결혼관 등에서 일치하는 의견과 태도를 지닌 사람만이 남는다. 다섯째, **상호보완의 여과망**으로서 서로의 욕구와 필요를 충족시켜 줄 수 있고 서로의 단점을 보완해 줄 수 있는 사람을 결혼상대로 진지하게 고려한다. 여섯째, **결혼준비상태**라는 여과망을 통과함으로써 비로소 결혼에 이른다. 남성의 경우 병역문제가 해결되고 경제적 독립을 위한 안정된 직업을 갖는 등 결혼에 필요한 준비를 갖추면 최종적인 결혼상대의 선택이 이루어진다.

루이스(Lewis, 1972)는 배우자가 선택되는 심리적 과정을 중시하여 결혼에 이르는 6단계를 제시하였다. 첫 번째 단계는 **유사성**(similarity)의 단계로서 상대방의 사회적 배경, 가치관, 성격 등이 유사함을 지각하는 단계다. 두 번째 단계는 **래포**(rapport)의 단계로서 서로 상대방에 대해 긍정적인 평가를 하고 호감과 친밀감을 느낀다. 세 번째 단계는 **자기공개**(self-disclosure)의 단계로서 상대방에 대한 신뢰감이 증진되면서 서로 자유롭고 솔직한 자기표현을 할 수 있는 관계로 발전한다. 네 번째 단계는 **역할탐색**(role taking)의 단계로서 밀접한 관계에서 자신의 역할을 구축해 가고 상대방의 역할에 대한 기대를 형성한다. 아울러 상대방의 성격과 능력을 구체적으로 파악하여 기대하는 역할의 수행능력을 평가한다. 다섯 번째 단계는 **역할조화**(role fit)의 단계로서 서로에 대한 역할기대와 역할수행을 조정하여 상호보완적인 조화를 이루어 가는 단계다. 상대방의 기대에 맞추어 자신의 역할을 조정해 나가는 동시에 상대방의 역할에 대한 자신의 무리한 기대를 변화시켜 가는 과정이 이 단계에서 이루어진다. 여섯 번째 단계는 **상호결정**(dyadic crystalization)의 단계로서 서로의 역할을 수용하여 확정하고 한 쌍의 동반자로서의 정체감과 일체감을 느낀다. 이 단계에서 결혼을 통해 주위 사람들에게서 공식적인 부부로 인정받는다.

2) 부부관계의 적응

결혼은 사랑하는 사람과 부부가 되는 기쁘고 즐거운 변화다. 그러나 결혼은 새롭게 적응해야 하는 인생의 커다란 변화이기도 하다. 결혼을 하면 생활에 많은 변화가 생긴다. 남편 또는 아내로서 수행해야 할 여러 가지 새로운 역할이 부여된다. 이러한 변화에 적응하고 새로운 역할을 수행하는 것은 쉽지 않다. 그래서 많은 신혼부부들이 행복해야 할 결혼 초에 많은 어려움과 갈등을 경험한다.

이렇듯 결혼생활은 적응해 가는 과정이다. 행복한 부부관계는 노력하여 만들어 가는 것이다. 적절한 배우자의 선택만으로 행복한 가정이 이루어지는 것은 아니다. 결혼으로 새롭게 부과된 역할과 변화에 잘 적응하는 일은 행복한 부부생활을 위한 필수조건이다. 뿐만 아니라 결혼생활을 지속하는 과정에는 여러 가지 적응과제와 갈등이 새롭게 떠오른다. 이러한 과제와 갈등을 잘 해결하여 적응하지 못하면 결혼생활은 고통스럽고 불만스러워진다.

부부관계에 적응하는 일은 여러 가지 측면의 노력을 의미한다(Wells, 1984). 첫째, 결혼생활에서 드러나는 부부간의 차이점에 대해서 서로 조화를 이루어 나가는 과정이다. 결혼하여 함께 부부생활을 하다 보면 서로의 차이점과 결점을 수없이 발견한다. 이러한 부부간 차이는 성격, 행동습관, 감정표현, 가치관, 흥미 등 여러 측면에서 발견되며 부부갈등의 주요한 원인이 된다. 이러한 차이를 서로 수용하고 서로의 단점을 보완하며 조화로운 관계로 발전해 나가는 것은 부부관계 적응의 주요한 과제다.

둘째, 결혼 전 연인관계에서 결혼 후 부부관계로의 변화를 인식하고 서로의 관계를 변화시켜 나가는 일이다. 연애와 결혼은 현격하게 다르듯이, 연애할 때의 상호관계와 결혼생활에서의 상호관계는 다르다. 상대방에 대한 호칭, 애정표현 방식, 부부의 역할과 권력, 친인척과의 관계 등 두 사람 사이의 관계에 많은 변화가 생긴다. 결혼 초에 특히 이러한 변화된 관계를 잘 인식하고 그에 적응해 가는 일이 중요하다. 즉, 결혼 전의 연애상대가 아니라 결혼한 부부로서 서로를 대하고 행동하는 변화와 전환이 필요하다.

셋째, 부부관계의 적응은 결혼생활에서 요구되는 일상적 과업을 배우며 익히는 과정이다. 결혼을 통해 새로이 부과된 역할을 잘 수행하는 일이다. 남편으로서 또는 아내로서 수행해야 하는 새로운 과업들을 수행해 나가는 것이 적응의 중요한 측면이다. 예를 들어, 남편은 가정의 경제적 부양을 책임지며 아내의 행복을 위한 노력을 하고 처갓집을 배려하는 등 남편으로서의 다양한 역할과 과업을 수행하는 일이 중요하다. 아내는 가정을 돌보고 자녀를 양육하며 시부모를 잘 봉양하는 아내로서의 역할을 배우고 수행해 가는 과정을 통해 부부관계에 적응해 간다.

이렇게 부부관계에서 적응해야 하는 일들은 다양하다. 결혼생활에서 적응해야 하는 구체적 영역 중에는 성관계, 성격 차이, 생활비, 역할분담, 자녀양육, 종교, 여가와 관련된 영역이 있다. 아울러 시댁식구와의 관계, 처가식구와의 관계, 친구관계와 같은 사회적 관계도 중요한 적응영역이다. 이러한 적응영역은 별개의 문제라기보다 서로 밀접하게 연결되어 있는 경우가 많다. 또한 결혼생활이 지속되면서 여러 가지 필연적인 또는 우연적인 적응과제가 발생한다.

또한 부부관계는 세월이 흐름에 따라 변한다. 특히 **가족생활주기**(family life cycle)에 따라 부부의 역할과 관계가 변화하며 이러한 변화에 적응하는 일이 중요하다. 신혼기에는 부부역할에 적응하고 원활한 부부관계를 확립하며 친척관계에 적응하는 일이 중요한 과제가 된다. 출산 및 유아기 자녀 양육기에는 자녀를 양육하는 부모의 역할에 적응해야 하며, 학령 전기 자녀 양육기에는 자녀의 성장을 촉진하고 아동이 지닌 욕구와 흥미를 잘 키워 주는 것이 필요하다. 학령기 자녀 양육기에는 자녀의 교육에 힘써야 하며 자녀가 학업에서 성취를 이룰 수 있도록 지원하고 격려하는 일이 중요하다. 청소년기 자녀 양육기에는 부부가 자녀의 자연스러운 심리적 독립을 지원하는 노력이 필요하며, 자녀 독립기에는 자녀가 결혼을 하고 독립적인 가정을 형성하는 일에 지지적인 역할을 하는 것이 중요하다. 자녀가 모두 독립된 가정을 이루며 떠나가고 가정에 두 부부만 남게 되는 중년기에는 부부관계가 변화한다. 부부는 자녀를 떠나보낸 정서적 공허감을 경험하는 동시에 자유양육으로부터의 자유로움을 느끼면서 서로에 대한 의존성이 증가하며 부부관계가 더 긴밀해진다. 노년기에는 직장에서의 퇴직, 신체적 노쇠와 질병, 사회적 활동의 위축, 배우자의 사별, 혼자 사는 것에 대한 적응이 중요해진다.

3) 부부의 역할

부부는 각기 다른 역할을 맡는다. 부부의 역할은 시대에 따라 변화하며 부부의 특성에 따라 달라진다. 우리나라의 전통사회에서 남편은 경제적 생산 활동을 통해 가족의 생계를 책임지는 가족부양자의 역할을 수행해야 했다. 아울러 가정에서는 아버지로서 자녀를 훈육하는 엄격한 교육자의 역할을 담당했다. 반면에 아내는 자녀양육과 가사활동을 담당하며 어머니로서 자녀에게 자애로운 정서적 지원자의 역할이 기대되었다.

그러나 현대사회에서는 부부의 역할이 크게 변화하고 다양해졌다. 특히 여성의 사회적 지위와 경제적 능력이 향상되면서 부부의 권력과 역할이 크게 변화하고 있다. 현대사회에서는 전통적인 부부역할을 수행하는 가족과 더불어 새로운 부부역할을 지닌 가족의 형태가 나타나고 있다(김태현, 1994).

첫 번째 유형은 **부부취업형 가족**(dual career family)이다. 부부취업형 가족은 부부가 각기 직업을 갖고 사회적 활동을 하는 가족이다. 이런 가족은 부부가 모두 직업을 통해 자기실현을 이루며 직업생활에서 만족을 얻는 반면, 과거 전통적 가족에서 아내의 역할이었던 가사일과 자녀양육에 어려움이 뒤따른다. 어린이집을 비롯한 아동보육시설이 부족한 우리나라에서는 시부모 혹은 친정부모의 도움을 얻거나 시간제 육아도우미를 고용하여 이러한 문제를 해결하기도 한다. 부부가 모두 경제적 수입을 지니는 동시에 직업을 통한 사회적 지위를 지니고 있어서 부부 간에 평등한 가족권력이 주어지는 경우가 많다. 그러나 아직 가부장적인 의식이 남아 있는 과도기적 시기에는 가족권력과 가족역할의 분담 과정에서 여러 가지 갈등이 초래될 수 있다.

두 번째 유형은 **역할공유형 가족**(role sharing family)이다. 역할공유형 가족은 가정 내의 역할을 부부가 공평하게 분담하는 형태의 가족을 말한다. 과거의 전통적 가족에서 전적으로 아내에게 부여되던 여러 가지 가사일과 자녀양육의 역할을 부부가 함께 나누어 갖는 경향이 늘어나고 있다. 남편도 식사를 준비하고 세탁을 하며 어린 자녀를 보살피는 일에 동참한다. 아내 역시 친인척과 관련된 일이나 가족을 대표하는 사회적 역할에 참여하고 가정의 경제적 부양자 역할을 분담한다. 역할공유형 가족은 아내의 취업 여부와 관계없이 가족역할의 공유영역이 확대되고 가족 내 성역할이 평등해지는 추세를 반영하는 가족형태다.

세 번째 유형은 최근에 출현한 **역할전환형 가족**(role reversal family)이다. 역할전환형 가족은 전통적인 가족이 담당하던 남편과 아내의 역할이 뒤바뀐 가족형태를 의미한다. 현대사회에 들어오면서 가정 내에서 직업적 활동을 할 수 있는 다양한 자유직업이 생겨나고 있다. 따라서 최근에는 가정 내에서 일하는 남편과 가정 밖에서 직업활동을 하는 아내로 구성된 가족이 나타나고 있다. 때로는 가정 내에서 자신이 좋아하는 일을 자유롭게 하면서 가사일을 하는 것을 선호하는 남성도 있다. 이런 경우에는 아내가 경제적 수입원의 역할을 하고 남편이 가정 내의 역할을 담당하는 전도된 부부역할의 형태가 나타난다.

부부관계에서는 자신에게 기대되는 부부역할을 잘 수행하는 것이 중요하다. 부부관계의 불만족은 배우자에게 기대되는 역할을 배우자가 제대로 수행하지 못할 때 발생한다. 여기에서 중요한 것은 배우자가 자신에게 어떤 역할을 기대하는지 잘 인식하는 일이다. 많은 부부갈등이 부부가 서로에게 기대하는 역할의 차이에서 기인한다. 예컨대, 남편은 직장생활을 통해 충분한 생활비를 제공하는 것을 자신의 주된 역할로 생각하지만, 아내는 정서적 친밀감을 보여 주는 남편과 자애로운 아버지로서의 역할을 기대한다. 또한 아내는 자녀양육과 가사활동을 자신의 주된 역할로 생각하지만, 남편은 아내가 사회활동을 통해 재산증식에 기여해 줄 것을 기대할 수도 있다. 이런 경우에 부부는 서로에게 불만을 지닐 것이다. 또한 부부는 각기 배우자가 자신의 역할을 얼마나 잘 수행했는지 평가한다. 부부관계의 불만족은 배우자가 기대되는 만큼 자신의 역할을 수행하지 못했을 때 생겨난다. 부부는 자신의 역할을 평가하는 기준이 서로 다름으로 인해서 갈등을 경험할 수 있다. 예컨대, 남편은 매월 250만 원을 생활비로 벌어다 주면 자신의 역할을 충분히 수행했다고 생각하지만 아내는 자녀의 과외비를 포함하면 매우 부족한 생활비라고 생각할 수 있다. 아내는 남편이 벌어 온 생활비로 적자 없이 생계를 잘 꾸려 나간다고 생각하지만, 남편은 아내가 계획성 없이 생활비를 사용하기 때문에 저축을 하지 못한다고 생각할 수 있다. 이처럼 부부역할에는 남편과 아내가 상대방에게 기대하는 역할, 그러한 역할의 수행결과, 수행결과에 대한 평가라는 3가지 요인이 관련된다. 따라서 만족스러운 부부관계를 위해서는 서로에게 기대하는 역할을 자유롭게 논의하고, 서로에 대한 역할과 평가기준을 합의하고, 각자에게 기대되는 역할을 충실히 수행하는 일이 중요하다.

4) 부부의 권력과 의사소통

우리나라의 유교적인 전통사회에서는 '여필종부(女必從夫)'라 하여 아내는 남편의 뜻에 따라야 한다는 사회적 규범에 의해 부부관계가 결정되었다. 즉, 남편에게 강력한 가족권력이 주어졌다. 그러나 현대사회에서는 여성의 사회적 지위가 향상되면서 부부역할과 더불어 부부권력도 변화하고 있다.

부부권력은 가족과 관련된 일에 대한 의사결정에 미치는 부부의 영향력을 의미하며, 최종적인 의사결정자가 우세한 권력을 지닌 것으로 간주된다. 부부 중 누가 더 우세한 권력을 지녔는지에 따라 남편우위형, 아내우위형, 합의형, 자율형으로 구분하기도 한다. 우리나라 부부는 자율형, 일치형, 남편우위형, 아내우위형의 순서로 나타났는데, 자율형이 가장 많은 것은 부부가 각자 가정생활의 고유영역에서 결정권을 가지며 부부 간의 역할분담이 뚜렷하게 이루어져 있음을 의미한다(박미령, 1994).

부부권력의 주요한 기반은 교육수준, 수입, 직업적 지위이며 이러한 요인에서 우세한 쪽의 권력이 증대된다. 그러나 이밖에도 배우자 간에 교환될 수 있는 다양한 자원이 권력기반으로 작용할 수 있다. 이러한 자원으로는 사랑과 애정을 제공하는 정서적 자원, 대인관계 및 여가

활동과 관련된 사회적 자원, 부부의 성생활과 관련된 성적 자원, 자녀양육과 집안일과 관련된 가사적 자원 등이 있다.

부부관계를 결정하는 주요한 요인은 부부 간의 의사소통 방식이다. 깁(Gibb, 1961)은 의사소통을 기능에 따라 지지적 의사소통과 방어적 의사소통으로 분류한 바 있다. 지지적 의사소통은 상대방에 대한 성실한 경청, 자신에 관한 충실한 정보 제공, 자발적 문제해결 노력, 공감적 이해, 평등한 관계 등을 특징으로 하는 순기능적 의사소통을 의미한다. 반면에 방어적 의사소통은 일방적 의사전달, 상대방에 대한 통제, 자기책임의 회피, 우월감이나 무관심 등을 특징으로 하며 이러한 의사소통 방식은 부부관계의 역기능을 초래한다. 의사소통은 특히 부부 간에 문제나 갈등이 생겼을 때 이를 잘 표현하고 해결하는 기능을 한다.

부부문제와 관련된 감정의 노출 정도와 언어화 정도에 따라 의사소통은 크게 차단형, 억제형, 분석형, 친숙형으로 구분할 수 있다(김순옥, 1994; Hawkins, Weisberg, & Ray, 1980). **차단형**은 문제를 피하거나 숨김으로써 이를 언어화하지 않고 감정을 노출하는 의사소통 방식을 의미하며, **억제형**은 문제나 자신의 내면 상태를 분명하게 언어화하지 않지만 비언어적 단서를 통하여 감정상태를 노출하는 의사소통 방식이다. **분석형**은 문제를 다양한 측면에서 탐색하고 자신의 신념과 생각을 명백하게 언어화하며 다른 사람의 견해를 존중하는 개방적인 태도를 지니지만 자신의 감정은 노출하지 않는 지적인 의사소통 방식을 뜻하는 반면, **친숙형**은 자신과 타인의 내적 상태에 대해서 분명하게 언어화하며 감정적 노출도 많다. 일반적으로 부부관계에서 차단형과 억제형의 의사소통은 문제해결에 도움을 주지 못하기 때문에 역기능적인 반면, 분석형과 친숙형은 너무 극단적인 형태가 아니라면 효과적인 의사소통 방식이 될 수 있다.

5) 성공적인 부부관계

부부는 가족의 중심이다. 행복한 부부관계는 화목한 가족관계를 위한 기본 조건이다. 과연 어떤 부부관계가 행복하고 이상적인 부부관계인가?

(1) 성공적인 부부관계의 특징

레슬리(Leslie, 1982)는 성공적인 부부관계에 대한 7가지 기준을 제시한다. 첫째, 지속성 있는 결혼생활을 하는 부부다. 즉, 흔들리지 않고 오래도록 지속되는 부부관계를 성공적이라고 본다. 둘째, 결혼생활에서 갈등, 다툼, 불안, 문제가 적은 부부다. 셋째, 일체감과 응집성이 높은 부부다. 넷째, 개인의 성장과 발달을 촉진하고 지원하는 부부다. 다섯째, 결혼생활의 주요 문제에 대한 의견의 일치도가 높은 부부다. 여섯째, 결혼생활에 대한 주관적인 만족도와 행복감이 높은 부부다. 일곱째, 사회적 요구나 기대에 부합하는 결혼생활을 하는 부부다. 이러한 속성을 지닌 부부는 성공적인 부부관계를 맺는다고 볼 수 있다.

보우만과 스패니어(Bowman & Spanier, 1978)는 성공적인 부부의 심리적 특징을 조사한 바 있다. 그들의 연구에 따르면, 성공적인 부부는 다음과 같은 8가지의 심리적 특징을 지닌다. 첫째, 주관적 행복감을 느낀다. 둘째, 부부 사이에 서로의 기본적인 욕구가 잘 충족된다. 셋째, 배우자의 삶이 풍요로워지도록 서로 돕는다. 넷째, 결혼생활을 통해 인격적인 성숙과 잠재능력의 발휘가 이루어진다. 다섯째, 부부는 서로 정서적으로 지지한다. 여섯째, 배우자를 깊이 이해하고 수용한다. 일곱째, 배우자의 행복에 깊은 관심을 지닌다. 여덟째, 가족과 배우자에 대해서 자발적인 책임감을 느낀다.

(2) 성공적인 부부가 되기 위한 노력

성공적인 부부관계는 부부 모두의 노력에 의해서 만들어 가는 것이다. 그렇다면 과연 성공적인 부부관계를 위해서는 어떤 노력을 해야 하는가? 성공적인 부부관계의 필수요건을 여러 학자의 견해에 근거하여 살펴본다. 메이스와 메이스(Mace & Mace, 1980)는 계속적인 노력과 헌신, 효율적인 대화, 생산적이고 창의적인 갈등관리의 3가지 요소를 제시한다. 고든(Gordon, 1975)은 사랑, 유머, 대화, 의무수행, 동료감, 성실성, 참을성, 융통성, 원만한 성관계, 함께 나눔의 10가지 요소를 성공적인 부부관계의 필수요건으로 든다.

하인(Hine, 1980)은 결혼에 실패한 부부와 비교하여 성공적인 부부의 10가지 특징을 다음과 같이 제시한다. 첫째, 가족의 위기를 성공적으로 해결한다. 둘째, 지속적인 애정교환을 한다. 셋째, 배우자에게 헌신하며 성실한 태도를 갖는다. 넷째, 칭찬, 감사 등의 강화와 지지를 보낸다. 다섯째, 개방적이고 솔직한 대화를 나눈다. 여섯째, 인생관, 가치관, 역할기대를 일치시킨다. 일곱째, 유연하고 융통성 있는 성숙한 태도를 보인다. 여덟째, 배우자에게 관용과 인내를 보인다. 아홉째, 배우자와 함께 나누는 동반적 활동을 많이 한다. 열째, 원만한 부부관계를 위한 의지를 가지고 노력한다.

(3) 부부관계에 영향을 미치는 요인들

성공적인 부부관계는 기본적으로 부부의 노력에 의해서 성취된다. 그러나 여러 가지 외부적 요인들이 부부관계에 영향을 미친다. 성공적인 부부관계에 영향을 미치는 요인에 대한 많은 연구자료가 있다. 이러한 요인은 크게 결혼 전 요인과 결혼 후 요인으로 나뉜다(최규련, 1994).

먼저 부부관계에 영향을 미치는 **결혼 전 요인**을 살펴보기로 한다. 첫째, 부부의 가족배경으

성공적인 부부관계는 부부 모두의 노력에 의해서 만들어 가는 것이다.

로서 성공적인 결혼생활을 한 부모를 둔 사람은 자신도 성공적인 부부관계를 형성하는 경향이 있다. 부모의 부부관계는 장래에 자녀들의 결혼생활과 부부관계에 영향을 미치는 모델의 역할을 하기 때문이다.

둘째, 결혼하는 사람의 연령과 성숙도는 부부관계의 안정성에 영향을 미친다. 조혼하는 사람은 결혼생활에서 더 많은 문제를 겪으며 결혼에 실패할 가능성이 높다. 조혼이 결혼실패와 관련되는 것은 단순한 연령요인 외에도 교육기회의 제한과 그에 따른 교육수준의 저하, 원하는 직업을 갖지 못하는 것, 낮은 수입, 부모 됨의 준비부족, 정서적 미숙, 자아인식의 결핍, 개인적 발달과업의 성취부족 등의 문제 때문이다.

셋째, 결혼 전의 교제기간이 길수록 결혼생활이 행복하고 성공적이라는 보고가 있다. 반면, 갑작스러운 기분이나 일시적 충동으로 이루어진 결혼은 지속성이 낮으며 결혼 초기에 실패할 가능성이 높다. 교제기간이 충분하면 상대방의 성품과 습성을 파악할 기회가 많고 각자 삶과 결혼에 대한 기대가 무엇인지 알 수 있으므로 부부간 갈등이 발생할 가능성이 감소하고 의사소통의 효율성과 문제해결 가능성을 높이는 결과를 가져온다.

넷째, 순수한 사랑, 이해, 공통의 흥미와 목표가 결혼동기로 작용했을 때는 결혼에 성공하는 경우가 많다. 그러나 일종의 도피처나 고독해소, 부모에 대한 도전의 수단 또는 교환되는 상품가치를 우선으로 배우자를 택했을 때는 결혼생활 불만족 및 실패의 가능성이 높다.

다섯째, 혼전임신으로 결혼한 경우에 실패 가능성이 높다고 보고된다. 그 이유는 혼전임신과 관련되어 결혼에 대한 강요와 압박감, 덫에 걸린 듯한 후회감, 결혼생활 준비의 부족, 교육이나 직업계획의 차질 등의 부정적 영향이 있기 때문이다.

여섯째, 부모의 승낙을 받고 결혼한 부부가 그렇지 못한 부부보다 더 행복하고 성공적인 결혼생활을 한다. 부모가 자녀의 결혼을 승낙하고 인정하는 경우에 부모는 자녀의 결혼생활에 위기가 발생했을 때 결혼생활의 성공을 격려하고 돕는 중요한 지지자가 될 수 있지만, 그렇지 않은 경우에는 부부관계를 더욱 악화시키고 관계의 안정을 위협하는 요인으로 작용할 수 있다.

부부관계는 결혼 전 요인의 영향을 받지만 결혼 후에 발생하는 요인이 부부관계에 더욱 강력한 영향을 미친다. 부부관계에 영향을 미치는 **결혼 후 요인**은 매우 다양하다.

첫째, 부부의 태도다. 배우자에 대해서 지배적이고 경쟁적이며 비하적인 태도를 보이는 부부는 결혼생활에 실패할 가능성이 높다. 반면, 민주적이고 상호존중적인 태도를 지닌 부부는 만족스러운 부부관계를 형성하는 경향이 있다.

둘째, 관심사나 흥미의 유사성이 부부관계에 영향을 미친다. 공통된 취미를 갖거나 관심사가 일치할 때 부부는 함께 활동할 기회가 많고 서로를 이해하며 공감할 가능성이 높다. 부부가 교육수준, 사회경제적 지위, 성장 지역, 종교 등의 문화적 배경에서 유사하면 가치관, 역할기대, 일상적 상호작용의 측면에서 일치점이 많아져 갈등요인이 감소한다. 특히 부부가 가족, 자녀, 사랑, 종교, 철학 등에 공통의 관심을 둘 때는 돈, 명예, 향락 등에 공통의 관심을 두는 부부보다 결혼에 성공할 가능성이 높다는 보고가 있다.

셋째, 인척과의 관계가 좋을수록 부부관계는 더 만족스럽고 성공적일 가능성이 높다. 시집식구, 처가식구, 친인척과의 관계가 나쁘면 부부관계도 악화되는 경향이 있다. 특히 우리나라에서는 전통적으로 아내에게 시집식구와 조화로운 관계를 유지할 의무를 요구하는데, 오늘날은 이와 동시에 남편도 처가식구와 좋은 관계를 유지하는 노력이 필요하다.

넷째, 안정되고 적절한 수입이 성공적인 결혼과 관련된다. 결혼의 실패와 불행은 경제문제에 원인이 있는 경우가 많다. 가족의 수입이 불충분하고 불안정할 때 부부간의 갈등이 많아질 수 있고 수입의 감소, 실업 등과도 관련된다. 특히 수입은 교육이나 직업보다 결혼의 성공에 더 큰 영향을 미친다고 한다.

다섯째, 종교활동 참여와 결혼의 성공은 관계가 있다. 종교 지향성과 참여도가 높은 부부가 그렇지 않은 부부보다 행복하고 성공적인 결혼생활을 하는 경향이 있다. 종교활동이 결혼의 성공에 긍정적인 영향을 미치는 이유로는 일반적으로 종교적 교훈이 부부관계의 성공에 기여하는 가치와 일치하기 때문이고, 또 다른 이유는 부부동반으로 종교적 모임에 참여할 기회가 많아 공동의 활동과 동료감이 증가하기 때문이다.

6) 부부관계의 해체: 이혼

부부관계가 늘 만족스럽고 행복한 것만은 아니다. 여러 가지 문제로 서로 갈등을 겪고 대립할 수 있다. 이러한 갈등과 대립은 시도의 해결노력으로 해소되는 것이 일반적이지만, 최선의 노력에도 불구하고 해소되지 않을 경우에는 부부관계가 해체되는 이혼으로 이어진다.

최근의 통계청 자료에 따르면, 2016년에 28만 1,600쌍이 결혼하고 10만 7,300쌍이 이혼했다. 달리 말하면, 2016년에 하루 평균 771쌍이 결혼하고 293쌍이 이혼한 셈이며 결혼 대비 이혼율은 38%에 이른다(통계청, 2017b). 이러한 우리나라의 이혼율은 미국에 이어 세계에서 두 번째로 높은 수준이다. 우리나라의 결혼 대비 이혼율은 1980년에 5.9%이고 1990년에 11.4%였으나 지난 30년 사이에 급격하게 증가하여 2016년에 38%에 이르렀다. 2016년에 이혼한 부부 중 결혼기간 4년 이내에 이혼한 경우는 22.9%였으며 결혼기간이 20년 이상인 경우가 30.4%로 가장 많았다. 이혼 사유는 매우 다양하지만 성격 차이, 경제문제, 고부갈등 등 가정불화, 배우자의 부정 등이 주된 사유로 집계된다.

부부관계에서 흔히 부딪치게 되는 갈등요인을 이혼사유에 근거하여 살펴보기로 한다.

첫째, 가장 흔한 이혼사유는 성격 차이다. 성격 차이라는 말은 부부간의 다양한 심리적 갈등과 마찰을 의미한다. 결혼은 각기 다른 성장배경을 가지고 있기 때문에 성격특성 역시 다른 두 남녀가 함께 생활하는 것이다. 이러한 성격 차이로 인해 생활의 여러 영역, 즉 가정생활 및 습관, 감정표현 방식, 자녀양육문제, 재정관리 및 소비 양식, 의사결정 방식, 성욕구 및 성행동 등에서 의견대립이 생길 수 있다. 예를 들면, 한 사람은 적당히 늘어놓고 편안하게 사는 것을 좋아하는 반면, 다른 배우자는 깨끗하고 정돈된 것을 좋아하는 경우 서로에 대한 불만이 생긴다. 한 사람은 외식도 하고 철따라 옷도 사서 입고 여행을 하는 등 소비적 경향이 있는 반면, 다른 배우자는 매우 절제하고 인색하다면 서로에 대한 욕구불만이 생겨난다. 한 사람은 적극적으로 애정표현을 하고 배우자에게 그러한 애정표현을 기대하는데 배우자는 매우 억제적인 애정표현을 한다면 서로에 대한 불만이 싹트게 마련이다. 그밖에 부부간에 성욕구나 성행위방식에 차이가 있으면 성생활에 불만족이 생긴다.

둘째, 배우자의 부정이다. 서로에 대한 정조를 지키는 것은 부부 사이의 약속이며 의무다. 결혼 후에 배우자에 대한 성적인 매력이 감소하고 부부간의 심리적 갈등으로 인한 정서적 유대감마저 저하되면 가정 밖에서 성적 욕구와 정서적 욕구를 충족시키려는 경향이 생겨날 수 있다. 이러한 부부관계의 애정 저하로 인해 유발된 혼외의 애정관계는 이혼의 중요한 사유가 된다.

셋째, 가족 간 불화다. 부부간의 갈등뿐만 아니라 넓은 의미의 가족관계에서 여러 가지 갈등이 생겨날 수 있다. 예를 들어, 고부 갈등, 처갓집에 대한 불만, 시집식구에

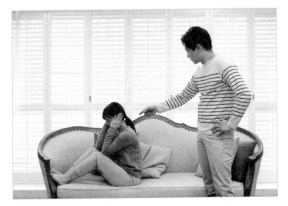

부부갈등이 지속되면 이혼으로 이어질 수 있다.

대한 불만 등은 부부관계를 악화시킨다. 설혹 부부간의 관계가 돈독하다 하더라도 주변 친척이나 가족들과의 관계가 원만하지 못하면 부부관계에 갈등이 유발될 수 있다.

넷째, 경제적 문제다. 가족을 부양하기 위해서는 최소한의 경제적 재원이 필요하다. 이러한 경제적 재원이 부부 중 한 사람의 무능과 잘못으로 심각하게 부족한 상태가 초래되면 부부관계가 해체될 수 있다. 예를 들어, 남편의 경제적 무능, 남편 또는 아내의 지나친 소비경향, 사업실패로 인한 경제적 파탄 등이 이혼에 이르게 하는 경제적 문제가 될 수 있다.

다섯째, 건강문제다. 부부 중 한 사람의 장기적인 질병은 부부관계에 심각한 영향을 미친다. 질병으로 인한 역할수행의 부실, 질병치료를 위한 경제적 투여, 질병으로 인한 정서적 고통 등은 배우자에게 커다란 심리적 부담이 될 수 있다. 많은 경우 부부간의 애정으로 이러한 어려움을 극복할 수 있지만, 이러한 질병상태가 장기화되면 부부간의 애정이 약화되고 여러 가지 경제적·심리적 문제가 유발되어 부부관계가 해체될 수 있다.

요약

1. 가족관계는 부부와 자녀로 구성되는 운명공동체로서 인생에서 가장 긴밀한 관계를 유지하는 인간관계다. 가족관계는 출생과 함께 부여되는 관계일 뿐만 아니라 평생 유지되는 지속적 관계라는 특성을 지닌다. 가정은 자녀를 낳아 양육함으로써 가족을 이어 나가는 기능을 지니는 동시에 가장 강력한 정서적 지지원으로서 구성원의 기본적인 욕구를 충족시키며 자녀의 성격형성과 가족의 행복에 가장 강력한 영향을 미치는 삶의 장이다.

2. 가족관계는 구성원 간에 이루어지는 복합적인 관계로서 부모자녀관계, 형제자매관계, 부부관계로 구성된다. 가족관계는 구성원들의 성격특성이 복잡하게 상호작용하는 가족역동에 의해서 결정되며 구성원 개인의 삶에 지대한 영향을 미친다. 가족관계에 영향을 미치는 주요한 요인으로는 가족역할, 가족권력, 의사소통, 상호작용, 가족생활주기 등이 있다.

3. 건강한 가족은 구성원 상호 간의 욕구를 서로 잘 충족시키며 부부관계뿐만 아니라 부모자녀관계에 대한 만족도가 높다는 공통적 특징을 지닌다. 이러한 가족은 구성원의 행복에 대한 깊은 관심, 서로에 대한 정서적 지지, 효과적인 의사소통, 많은 공유 활동, 효율적인 문제해결 능력, 구성원의 성공적인 가족역할 수행이라는 특징을 지닌다.

4. 가족관계의 중요한 하위영역인 부모자녀관계는 부모와 자녀의 권력이 불평등한 수직적인 관계로서 부모가 자녀를 교육하면서 성격형성에 강력한 영향을 미치게 되는데 자녀가 성장함에 따라 관계의 속성이 현저하게 변화하는 특징을 지닌다. 특히 청소년기의 자녀는 부모와의 세대차, 심리적 독립의 욕구, 부모의 간섭과

통제, 애정표현과 의사소통의 부족 등에 의해서 갈등을 겪을 가능성이 높다.

5. 형제자매관계에는 수직적 요소와 수평적 요소가 복합적으로 작용하는 혈연적 인간관계로서 가장 오랜 기간 지속되는 관계지만 경쟁적 요소가 있어서 갈등을 경험하기 쉽다. 형제자매관계의 주요한 갈등요인으로는 형제간 경쟁, 자녀에 대한 부모의 차별적 애정, 성격 및 능력의 차이, 역할기대의 차이, 경제적 이해관계, 부모 간 갈등 및 가족 간 불화 등이 있다.

6. 부부관계는 두 남녀가 결혼을 함으로써 형성되는 가족관계로서 가정의 중심을 이룬다. 부부관계는 근접성, 매력, 사회적 배경, 의견일치, 상호보완, 결혼준비상태로 이루어지는 6단계의 여과과정을 통해서 배우자를 선택하고 결혼을 통해 시작된다. 부부관계는 남편과 아내로서의 역할 수행, 부부의 권력과 의사소통, 양가 가족과의 관계와 같은 다양한 요인에 의해서 영향을 받는다. 성공적인 부부관계를 위해서는 서로의 차이를 이해하고 조화를 이룰 뿐만 아니라 결혼생활의 일상적 과업을 원활하게 수행하고 배우자의 원가족에 대한 관심과 배려를 기울이는 등 다양한 노력이 필요하다.

🎓 가족에 대한 명언들

✎ 아무리 애쓰거나 어디를 방랑하든, 우리의 피로한 희망은 평온을 찾아 가정으로 되돌아온다.

– 올리버 골드스미스(Oliver Goldsmith) –

✎ 행복한 가정은 미리 누리는 천국이다.

– 로버트 브라우닝(Robert Browning) –

✎ 마른 빵 한 조각을 먹으며 화목하게 지내는 것이 진수성찬을 가득 차린 집에서 다투며 사는 것보다 낫다.

– 성경 –

✎ 결혼이란 새장과 같다. 밖에 있는 새들은 필사적으로 새장 안으로 들어가려고 하고 새장 안에 있는 새들은 한사코 밖으로 나오려고 한다.

– 몽테뉴(M. Montaigne) –

✎ 결혼 전에는 눈을 크게 뜨고, 결혼 후에는 눈을 반쯤 감아라.

– 벤자민 프랭클린(Benjamin Franklin) –

✎ 성공적인 결혼생활을 위해서는 여러 번에 걸쳐서 매번 같은 사람과 사랑에 빠지는 것이 필요하다.

– 미뇽 매클라플린(Mignon McLaughlin) –

✎ 훌륭한 결혼이란 서로가 상대방을 자기의 고독에 대한 보호자로 임명하는 결혼이다.

－ 라이너 마리아 릴케(Rainer Maria Rilke) －

✎ 결혼이란 단 한 사람을 위해서 나머지 사람들을 전부 단념해야 하는 행위다.

－ 조지 무어(George Moore) －

✎ 소설이나 연극에서는 대부분 줄거리가 결혼으로 끝난다. 그러나 인생에서는 결혼이 줄거리의 시작이다.

－ 몰리에르(Moliere) －

✎ 어쨌든 결혼하라. 만일 그대가 선한 아내를 얻는다면 그대는 아주 행복할 것이며, 그대가 악한 아내를 얻는다면 그대는 나처럼 철학자가 될 것이다.

－ 소크라테스(Socrates) －

✎ 전쟁터에 가기 전에는 한 번 기도하고, 바다에 가기 전에는 두 번 기도하고, 그리고 결혼생활에 들어가기 전에는 세 번 기도하라.

－ 러시아 속담 －

✎ 아내란 청년시절에는 연인이고, 중년시절에는 친구이며, 노년시절에는 간호원이다.

－ 프랜시스 베이컨(Francis Bacon) －

✎ 부부란, 열 살 줄은 뭣 모르고 살고, 스무 줄은 서로 좋아서 살고, 서른 줄은 눈코 뜰 새 없이 살고, 마흔 줄은 서로 못 버려서 살고, 쉰 줄은 서로 가엾어서 살고, 예순 줄은 서로 고마워서 살고, 일흔 줄은 등 긁어 줄 사람 없어서 산다.

－ 한국민요 부부요(夫婦謠) －

✎ 어진 아내는 그 남편을 귀하게 만들고, 악한 아내는 그 남편을 천하게 만든다. 어진 아내는 육친을 화목하게 하고, 간특한 아내는 육친을 불화하게 한다.

－ 명심보감(明心寶鑑) －

제12장

직업과 인간관계

(학)(습)(목)(표)

1. 직업의 의미와 직업선택의 과정을 이해한다.
2. 직업만족도에 영향을 미치는 요인들을 설명할 수 있다.
3. 직장인이 직장에서 나타내는 인간관계의 유형을 제시할 수 있다.
4. 직장인의 스트레스와 인간관계 갈등을 이해한다.

　　일과 사랑은 대부분의 사람이 삶에서 추구하는 가장 중요한 가치다. 즉, 의미 있는 일을 통해 자신을 펼치는 것과 더불어 다른 사람과 애정을 나누는 것이 우리 삶의 주된 두 기둥이라고 할 수 있다. 현대사회에서 일은 주로 직업활동을 통해 이루어진다. 어떤 직업을 선택하여 어떤 성취를 이루느냐는 것이 우리의 인생을 평가하는 주요한 기준이 된다. 직업활동을 통해 성취를 이루는 과정에서 우리는 많은 사람들을 만나 교류하게 된다. 특히 같은 직장에서 함께 직업활동을 하게 되는 동료들과 원활하고 협동적인 인간관계를 형성하는 일은 직업적 성공뿐만 아니라 개인의 행복에 있어서 매우 중요하다. 직장동료는 우리의 인생에서 매우 중요한 동반자다. 이 장에서는 젊은이들이 인생을 설계하는 과정에서 깊이 생각해 보아야 할 직업선택의 문제와 함께 직장에서 경험하게 될 인간관계에 대해서 살펴보기로 한다.

1. 직업의 의미

　　인간은 누구나 일을 하며 살아간다. 직업(occupation)이란 휴식, 놀이, 여가활동을 제외한 모든 생산적인 활동을 의미한다. 성인이 되면 직업을 갖는다. 직업은 경제적으로 보상이 되는

활동을 뜻하며 개인이 지닌 잠재능력을 발휘하는 자기실현활동이기도 하다. 이러한 직업활동
은 우리 삶의 매우 중요한 일부이며 따라서 직장에서의 인간관계 역시 중요한 의미를 갖는다.

우리는 정규적인 교육을 마치면 사회로 진출하여 직업을 갖게 된다. 주된 활동영역이 학교
에서 직업장면, 즉 직장으로 옮겨진다. 직업의 종류는 회사원, 공무원, 연구원, 개인사업가 등
매우 다양하다. 이러한 직업을 갖게 되면, 다양한 규모의 기업체나 회사, 국가 행정기관, 연구
기관 등의 직장에서 일을 하게 된다. 이렇게 학교를 졸업하고 직업을 갖는 일은 매우 중요한
인생의 변화이며 생활에 많은 변화를 가져온다. 인간관계 역시 학교장면에서와는 현저하게
다른 변화가 일어난다. 직장에서의 인간관계를 살펴보기 전에, 우선 우리의 인생에서 직업이
차지하는 의미를 살펴보기로 한다.

첫째, 직업은 생계유지의 기본수단이다. 직업은 생활에 필요한 경제적 소득을 얻는 생계의
근거가 된다. 중국의 유명한 선승인 백장(百丈) 대사는 "일하지 않는 자는 먹지도 말라"고 말한
바 있다. 우리 자신과 가족의 생존에 필요한 의식주를 마련하기 위한 생산적 활동이 직업이다.
이렇듯 직장은 자신과 가족의 생계유지를 위한 경제적 소득을 얻는 매우 중요한 곳이다.

둘째, 직장은 경제적 보상을 제공하는 대가로 종사자에게 업무수행을 요구한다. 즉, 직장에
진출하면 소득을 얻는 대신 업무수행의 의무가 따라오게 된다. 따라서 직장에서 요구하는 기
본방침에 따라야 하고 주어지는 업무를 수행해야 한다. 고용주나 상사는 피고용자나 부하에
대한 기대와 요구를 갖게 된다. 아울러 피고용자의 업무수행을 평가하고 그 결과에 따라 진급
이나 급여 인상과 같은 다양한 보상을 하게 된다.

셋째, 직장은 자신의 능력을 발휘하는 자기실현의 장이기도 하다. 생존과 생활에 필요한 경
제적 소득을 얻는 곳으로서의 소극적 의미를 넘어서, 자신의 개성과 능력을 발휘하여 자신이
추구하는 목표와 가치를 실현하는 곳이다. 직장은 인생에 있어서 자기실현이라는 적극적인
의미를 지니는 곳이다.

직장은 인생에서 가장 많은 시간을 보내는 곳이다.

넷째, 직장은 인생에서 사실상 가장 많은
시간을 보내는 곳이다. 정규교육을 마치는
10대 후반, 또는 대학졸업자의 경우 20대 중
반부터 직장에서 많은 시간을 보내게 된다.
직장을 가지면 하루에 8시간 내외 그리고
정년퇴직까지 30~40년을 직장에서 보내게
된다. 따라서 직장에서 하는 업무와 직장에
서의 인간관계가 만족스럽지 않다면 인생의
많은 시간을 불만족스럽게 보내는 것이 된

다. 이런 점에서 직장에서의 업무와 인간관계의 만족도는 인생의 만족도를 결정하는 중요한 역할을 한다.

다섯째, 직장은 여러 사람으로 구성된 인적 조직구조를 갖는다. 따라서 모든 직장은 나름대로의 조직과 운영방침을 가지고 있으며 피고용자는 그러한 조직과 운영방침에 적응해야 한다. 아울러 효율적인 업무수행을 위해서는 직장 내 또는 관련기관의 직원들과 원활한 인간관계를 맺는 것이 필수다.

정신분석학의 창시자인 프로이트는 인생에서 가장 중요한 두 가치를 일(work)과 사랑(love)이라고 하였다. 즉, 일과 사랑을 균형 있게 잘 일구어 나가는 것이 행복과 정신건강의 핵심 조건이라는 것이다. 이런 관점에서 볼 때 직장은 업무를 통한 경제적 소득을 얻고 자신의 잠재능력을 발휘하는 곳일 뿐만 아니라 직장동료들과의 동료애를 경험하게 되는 곳이기도 하다. 직장은 일과 사랑, 즉 업무활동과 인간관계의 조화를 통해 인생의 의미를 발견하는 소중한 삶의 장이라고 할 수 있다.

2. 인생의 설계와 직업선택

1) 인생의 설계

젊은이에게는 미래의 인생이 무한한 가능성으로 기다리고 있다. 인생에서의 행복과 성공은 우연적 요인의 영향으로 찾아오기도 하지만 미리 준비하고 노력한 자에게 주어지는 것이다. 특히 대학생 시기는 "무엇을 위해 어떻게 살 것인가?"라는 물음에 대해서 깊이 고민하며 탐색해 보아야 하는 시기다. 대학의 입학준비에 몰두해 온 우리나라의 젊은이들은 대학생 시기에 이러한 문제를 진지하고 깊이 있게 탐색하는 경향이 있다.

행복하고 성공적인 삶을 위해서는 인생의 설계가 필요하다. 대학생 시기에 접할 수 있는 풍부한 지식과 경험에 근거하여 자신의 인생을 설계하고 준비하는 것이 중요하다. 우리의 인생이 반드시 계획한 대로 이루어지는 것은 아니다. 그러나 자신의 인생에서 추구하는 소중한 가치를 실현하기 위해 미래를 치밀하게 계획하고 체계적으로 준비한 사람에게 의미 있는 인생의 열매가 주어지는 것은 당연한 이치다. "개인의 삶은 그가 20대에 무엇을 했는가에 달려 있다"는 말이 있듯이, 사회적 진출을 앞두고 있는 대학생에게는 미래의 삶에 대한 계획과 준비가 더욱 절실한 과제라고 할 수 있다.

우리에게는 인생의 시기마다 공통적으로 겪어야 할 삶의 과제들이 있다. 2장에서 소개했듯이, 인간의 발달단계마다 대인관계의 양상이 다르고 대처해야 할 과제들이 다르다. 유아기, 아동기 그리고 청소년기를 거쳐 청년기 초기단계를 살아가고 있는 대학생은 앞으로 다가올 미래의 인생을 구체적으로 설계하고 준비해야 한다. 인생의 설계는 사람마다 각기 다른 내용과 방식으로 이루어질 수 있다. 그러나 일과 사랑을 우리 인생의 두 기둥으로 본다면, 적어도 일과 사랑이라는 2가지 삶의 영역에 대한 계획과 준비가 필요하다.

사랑과 관련된 미래의 설계에서는 인간관계에 대한 깊은 이해의 바탕 위에서 인생의 4가지 동반자를 균형 있게 형성하고 이들과의 관계를 발전시켜 나가는 일이 중요하다. 가족은 물론 평생 우정을 나눌 수 있는 친구들과의 관계를 형성하고 심화시켜 나가는 일이 중요할 것이다. 특히 청년기에는 인생의 반려자를 탐색하고 선택하여 결혼함으로써 가정을 꾸리는 일이 중요한 과제다. 계획하는 인간관계를 미래에 실현하기 위해서는 인간관계에 대한 깊은 이해와 더불어 대인관계 역량과 기술을 향상시키는 것이 필수적이다. 젊은이들이 인간관계를 설계하고 준비하는 데에 도움을 주는 것이 이 책의 주된 목적이다.

인생의 설계에서 중요한 다른 영역은 일과 관련된 직업을 선택하고 준비하는 일이다. 인생의 가장 많은 시간을 할애하여 성취와 자기실현을 이루는 직업을 선택하는 일은 인생에서 매우 중요하다. 자신이 좋아하고 잘할 수 있으며 의미와 보람을 느낄 수 있는 직업을 선택하는 것이 매우 중요하다. 대학생 중에는 이미 고등학생 시기에 자신의 진로와 직업에 대한 신중한 탐색을 통해 그와 관련된 전공학과를 선택한 학생도 있다. 그러나 상당수의 대학생들이 자신의 전공학과나 그와 관련된 직업에 만족하지 못한 채 방황하고 있는 것이 현실이다. 대학생들이 학교 상담실을 찾는 가장 주된 이유는 인간관계 문제와 더불어 진로문제 때문이다. 심지어 대학원에 진학한 학생이 전공학과에 만족하지 못하고 진로문제를 호소하는 경우도 흔하다. 대학생 시기에는 자신이 앞으로 투신할 직업을 신중하게 탐색하여 선택해야 한다. 아울러 그러한 직업활동에 필요한 전문적 지식과 기술을 습득하는 데 전념해야 하는 시기가 대학생 시기다.

2) 직업선택

직장은 인생에서 가장 많은 시간을 보내게 되는 생계유지와 자기실현의 장이자 인간관계의 장이다. 직장생활에서의 만족은 인생의 행복을 결정하는 중요한 요인이다. 이런 점에서 직업과 직장의 선택은 인생을 결정하는 중요한 선택이다. 인생을 설계하는 젊은이에게 있어서 가장 중요하고 어려운 문제가 바로 직업선택일 것이다. 잘못된 직업선택으로 인한 불만족스러운 직장생활이나 전직 및 이직은 인생에서 커다란 부담이자 고통이 될 수 있다. 따라서 직업

선택은 아무리 신중해도 지나치지 않은 중요한 선택이다.

　직업의 만족도를 결정하는 가장 중요한 요인은 **개인-직업 부합도**(person-vocation fit)다. 좋은 직업이라고 해서 누구에게나 만족을 주는 것은 아니며 우수한 사람이라고 해서 어떤 직업에서나 성공하는 것은 아니다. 자신의 특성을 잘 알고 이러한 자신의 특성에 적합한 직업을 선택해야 한다. 자신이 만족할 수 있으며 자신의 역량을 잘 발휘할 수 있는 직업을 선택하는 것이 중요하다. 직업 선택 시 고려해야 할 점들은 매우 다양하지만, 크게 개인 요인과 직업 요인으로 나누어 볼 수 있다. 개인 요인으로는 개인이 지니고 있는 가치관, 흥미, 성격, 적성, 능력 등이 있다. 직업 요인으로

직업선택은 인생에 강력한 영향을 미치는 중요한 선택이다.

는 직업의 업무 특성, 필요한 능력과 자질, 보상체계 및 미래의 전망 등이 해당된다. 이러한 2가지 요인이 서로 부합되는 직업을 선택하는 것이 바람직하다.

🎓 직업의 종류 및 구분

　우리 사회에는 매우 다양한 직업이 있다. 사회가 발전됨에 따라 직업도 보다 세분화되고 전문화되어 다양하게 늘어나고 있다. 산업혁명 당시 직업의 종류는 약 400종이었으나 20세기 중엽에는 약 10,000종으로 늘어났고, 그 후 더 많은 직업으로 분화되었다. 특히 우리나라는 1957년도에 2,300여 종의 직업이 있었으나 1986년도에는 10,450여 종, 1996년에는 12,850여 종으로 늘어났다. 통계청(2007)이 제시한 『한국표준직업분류』에 따르면, 우리 사회의 다양한 직업은 크게 10개의 범주(관리자, 전문가 및 관련 종사자, 사무 종사자, 서비스 종사자, 판매 종사자, 농림어업 숙련 종사자, 기능원 및 관련 기능 종사자, 장치·기계조작 및 조립 종사자, 단순노무 종사자, 군인)로 분류할 수 있다.

1. 관리자

　공공 및 기업 고위직, 행정 및 경영지원 관리직, 전문서비스 관리직, 건설·전기 및 생산 관련 관리직, 판매 및 고객 서비스 분야의 관리직(예: 고급공무원, 지방의회의원, 국회의원, 기업고위임원, 정부행정관리자, 재무관리자, 교육관리자, 교장, 유치원 원장 등)

2. 전문가 및 관련 종사자

과학, 정보통신, 공학, 보건 · 사회복지 및 종교, 교육, 법률 및 행정, 경영 · 금융, 문화 · 예술 · 스포츠 분야의 전문직(예: 과학 · 인문 및 사회과학 연구원, 소프트웨어 개발자, 프로그래머, 건축가, 의사, 간호사, 임상심리사, 사회복지사, 대학교수, 교사, 목사, 승려, 판사, 변호사, 번역가, 기자, 아나운서, 헤드헌터, 개그맨, 화가, 디자이너, 쇼핑호스트, 직업 운동선수, 바둑기사, 프로게이머 등)

3. 사무 종사자

경영 및 회계, 금융 및 보험, 법률 및 감사, 상담 · 안내 · 통계 및 기타 분야의 사무직(예: 행정 사무원, 경영기획 사무원, 생산관리 사무원, 은행 사무원, 보험 심사원, 법률 사무원, 비서 및 사무 보조원, 속기사 등)

4. 서비스 종사자

경찰 · 소방 및 보안, 이 · 미용 예식 및 의료보조, 운송 및 여가, 조리 및 음식 관련 분야의 서비스직(예: 경찰관, 소방관, 간병인, 미용사, 웨딩플레너, 항공기 객실승무원, 여행안내원, 주방장, 조리사 등)

5. 판매 종사자

영업직, 매장 판매직, 방문 · 노점 및 통신판매 관련직(예: 자동차 영업원, 보험설계사, 상점 판매원, 방문 판매원, 입장권 판매원, 자동차 대여원, 텔레마케터 등)

6. 농림어업 숙련 종사자

농 · 축산업, 임업, 어업 숙련직(예: 작물재배 종사자, 낙농원 종사원, 벌목원, 양식원, 어부 및 해녀 등)

7. 기능원 및 관련 기능 종사자

식품가공, 섬유 · 의복 및 가죽, 목재 · 가구 · 악기 및 간판, 금속성형, 운동 및 기계, 전기 및 전자, 건설 및 채굴, 영상 및 통신 장비, 기타 분야의 기능직(예: 제빵원 및 제과원, 재단사, 가구제조원, 금형 · 주조 및 단조원, 자동차 정비원, 광원 · 채석원 및 석재 절단원, 감시카메라 설치 및 수리원, 휴대폰 수리원, 배관공 등)

8. 장치 · 기계조작 및 조립 종사자

식품가공, 섬유 및 신발, 화학, 금속 및 비금속, 기계제조, 전기 및 전자, 운전 및 운송, 상 · 하수도 및 재활용 처리, 목재 · 인쇄 및 기타 분야의 기계조작직(예: 도정기 조작원, 냉장기 조작원, 금속공작기계 조작원, 철도 및 전동차 기관사, 택시 운전사, 버스 운전사, 대리 주차원 등)

9. 단순노무 종사자

건설 및 광업, 운송, 제조, 청소 및 경비, 가사 · 음식 및 판매, 농림어업 및 기타 서비스 분야의 단순노무직(예: 건설 단순 종사원, 우편물집배원, 택배원, 환경미화원, 경비원, 이삿짐 운반원, 환경 감시원, 주차 안내원 등)

10. 군인: 장교, 장기 부사관 및 준위

(1) 가치관

인간은 자신이 가치 있게 여기는 일을 할 때 만족한다. 따라서 직업이나 전공을 선택할 때 자신의 가치관을 고려해야 한다. 인생에서 추구하고자 하는 가치를 분명히 하여 그에 알맞은 직업을 탐색 및 선택하는 것이 중요하다. 가치관은 개인이 특정 상황에서 어떤 선택이나 결정을 내려야 할 때 특정한 방향으로 행동하게 하는 원칙과 신념을 의미한다. 즉, 가치관은 우리가 옳고 그름 또는 아름다움과 추함을 판단하는 내면적인 준거다. 이러한 가치관은 우리가 특정한 방향을 향해 특정한 방식으로 행동하게 한다. 가치관은 성장 과정을 통해 우리가 살아온 환경과 주위 사람들의 영향을 받아 형성된다. 특히 어린 시절에 부모나 좋아하는 사람들의 행동을 내면화함으로써 가치체계가 형성되는데 이렇게 형성된 가치관은 점차 성장하면서 정형화된다. 가치관은 다양한 방식으로 분류될 수 있으며, 그 유형과 관련된 직업을 제시하면 〈표 12-1〉과 같다.

〈표 12-1〉 가치관의 유형과 관련된 직업

유형	특징	관련된 직업
이론형	사물의 진리를 탐구하고 연구하며 가르치는 일에 보람과 긍지를 느낀다.	교사, 교수, 연구원, 학자, 과학자, 평론가, 수학자, 교육가 등 연구 및 교육활동에 종사하는 직종
경제형	재산 형성에 큰 가치를 부여하며 돈을 버는 경제적 활동에 관심과 흥미를 갖는다.	소·도매상인, 유통업종사자, 중소기업인, 대기업인, 무역인 등 경제활동에 종사하는 직종
심미형	아름다움의 추구에 가치를 두며 아름다움의 창조 활동을 다른 어떤 일보다 소중하게 여긴다.	음악가, 화가, 무용가, 소설가, 예술평론가 등 예술분야에 종사하는 직종
사회사업형	고통받는 사람의 삶에 관심이 많으며 이들을 위해 돕고 봉사하는 일에 높은 가치를 둔다.	사회사업가, 상담교사, 재활상담원, 의사, 간호사 등 사회봉사 및 의료분야에 종사하는 직종
정치형	국가 및 사회 발전에 관심이 많으며 권력을 취득하여 자신의 영향력을 행사하는 일에 가치를 둔다.	정당인, 정치가, 국회의원, 장관, 차관, 행정관료, 기관장, 시도의원 등 정치 활동에 종사하는 직종
종교형	인생의 궁극적 의미를 추구하며 절대자의 숭배나 자기초월적 수행에 최고의 가치를 둔다.	목사, 전도사, 승려, 신부 등 종교와 관련된 직종

출처: 청소년 대화의 광장(1996).

(2) 흥미

우리는 흥미를 느끼는 일을 할 때 힘든 줄 모르고 몰두한다. 그렇게 흥미 있는 일을 하면 좋은 결과를 얻게 마련이다. 이와 같이 흥미는 일에 대한 몰두와 성과에 영향을 미치는 중요한 요인이다. 흥미는 어떤 종류의 활동이나 사물에 특별한 관심이나 주의를 갖게 하는 개인의 일반화된 행동경향을 의미한다. 즉, 개인이 어떤 일에 즐거움을 느끼고 호기심을 갖게 하는 동기적 성향을 뜻한다. 어떤 일에 몰두하거나 어떤 일을 하고 싶어서 소망하는 것은 흥미에 의한 것이다. 흥미는 개인이 종사하는 직업에 대한 만족도, 노력의 투여량, 지속적 종사 기간을 결정하는 중요한 요인이다.

흥미는 성장함에 따라 변화한다. 어릴 때에는 흥미가 단편적이고 잘 분화되어 있지 않으며 일시적인 형태로 나타난다. 그러나 성장함에 따라서 흥미는 점차 분화되어 구체화되는 경향이 있으며, 보다 지속적인 형태로 변화한다. 흥미는 분류방식에 따라 다양하게 나뉠 수 있다. 흥미는 활동내용에 따라서 흔히 실제적 · 탐구적 · 예술적 · 사회적 · 기업적 · 관습적 흥미 등으로 나뉜다. 또한 흥미의 대상과 영역에 따라서 문학적 · 물상과학적 · 생물과학적 · 사회과학적 · 기계적 · 전자적 · 상업적 · 봉사적 · 사무적 · 옥외운동적 · 음악적 · 미술적 흥미 등으로 분류되기도 한다. 〈표 12-2〉는 이러한 흥미의 유형과 직업의 관계를 제시한다. 자신의 흥미가 불분명할 경우에는 표준화된 검사를 통해서 이를 탐색해 볼 수 있다.

〈표 12-2〉 흥미의 유형과 직업의 관계

흥미	내용
문학적 흥미	시, 소설 등 문예활동이나 어학, 편집 등에 관한 흥미로서 저술, 번역, 편집, 교정직에 알맞다.
물상과학적 흥미	물리학, 화학, 지구과학 등에 대한 흥미로서 자연과학직 또는 공학직에 알맞다.
생물과학적 흥미	생물학, 생리학, 의학, 동물학, 식물학, 미생물학 등에 관한 흥미로서 생물과학직, 생명과학직, 의학직에 알맞다.
사회과학적 흥미	정치, 선전, 광고, 법률, 외교, 언론 등에 관한 흥미로서 행정 및 관리직, 법무직, 사회과학 연구직에 알맞다.
기계적 흥미	기계, 금속, 조선, 섬유, 전기 등 기계류의 제작 · 수리에 관한 흥미로서 공학 및 기술 전문직에 알맞다.
전자적 흥미	전자공학 및 기타 전자분야를 다루는 활동에 관한 흥미로서 전자공학, 전자기술직에 알맞다.
상업적 흥미	경제, 경영, 무역, 관리 등 기업의 운영과 경제적 활동에 관한 흥미로서 경영 및 관련직에 알맞다.
봉사적 흥미	사회사업, 사회복지, 교육, 종교 등의 활동에 관한 흥미로서 사회사업직, 교육직, 종교직에 알맞다.
사무적 흥미	회계, 계산, 정리, 서기적 활동에 대한 흥미로서 사무직에 알맞다.
옥외운동적 흥미	체육활동 또는 야외활동에 관한 흥미로서 스포츠 관계직 또는 답사직에 알맞다.
음악적 흥미	성악, 기악, 작곡, 감상 등 음악적 활동에 대한 흥미로서 음악관련직에 알맞다.
미술적 흥미	회학, 조각, 디자인 등 미술적 활동에 관한 흥미로서 미술관련직에 알맞다.

출처: 청소년 대화의 광장(1996).

(3) 적성

직업선택 시 가장 중요하게 고려해야 하는 것이 적성이다. 인간은 누구나 나름대로 특정한 분야에 뛰어난 능력을 지니고 있다. 이러한 자신의 독특한 능력, 즉 적성을 고려하는 것이 중요하다. 인간의 지적인 능력은 크게 일반지능과 특수지능으로 구분된다. 일반지능은 흔히 지능지수(IQ)로 표현되는 전반적인 지적 능력을 뜻하는 반면, 특수지능은 특수한 분야에 대한 지적 능력을 의미한다. 즉, 적성은 일종의 특수지능으로서 특히 특정한 직업을 수행하는 데 필요한 특수한 능력을 말한다. 개인의 적성을 구성하는 요인은 일반적으로 일반적성능력, 언어능력, 수리능력, 공간지각능력, 수공능력, 운동조절능력, 사무지각능력, 형태지각능력 등 여러 가지를 포함한다. 적성은 타고난 능력이나 소질이라고 할 만큼 유전적인 성향이 강하다. 그러나 학습경험이나 훈련을 통해 계발할 수 있다는 것이 일반적인 견해다.

인간은 누구나 나름대로의 우수한 적성을 지닌다. 이러한 자신의 적성을 찾아내어 그러한 적성을 필요로 하는 직업을 선택하는 일이 중요하다. 적성에 맞는 직업활동에서는 자신의 능력을 잘 발휘하게 되어 그 직업분야에서 유능하고 우수한 사람으로 인정받는다. 적성은 여러 가지 표준화된 적성검사를 통해 평가할 수 있다.

(4) 성격

직업의 만족도와 성과에 영향을 미치는 주요한 요인 중의 하나가 성격이다. 성격은 개인이 시간과 상황에 상관없이 지속적으로 지니는 일관된 특성으로서 그 사람의 정서적인 반응과 사회적 행동에 강력한 영향을 미친다. 어떤 사람은 많은 사람과 접촉하는 활동적인 일을 좋아하고 또 활달하게 잘 수행한다. 반면, 어떤 사람은 사무실에서 자료를 정리하고 계획하는 일을 좋아하고 또 그런 일을 꼼꼼하게 잘 처리한다. 이러한 차이는 이들의 성격이 다르기 때문에 나타난다. 즉, 전자는 사회성과 활동성이 높은 외향적인 성격을 지닌 반면, 후자는 치밀성과 사려성이 뛰어난 내향적인 성격을 지니기 때문이다. 그런데 이 두 사람이 업무를 바꾸어 일하는 경우를 상상해 보라. 이 경우에 이들은 자신의 업무에 만족하지 못하고 업무를 힘들게 느낄 것이며, 또한 성과도 좋지 않을 것이다. 이렇듯 성격은 직업선택 시 고려해야 하는 중요한 요인이다.

진로발달 이론가인 홀랜드(Holland, 1985)는 직업선택에 있어서 개인과 직업의 부합성을 강조하며 개인의 성격유형과 그에 적합한 직업유형을 크게 6가지로 구분하여 제시한다. 즉, 현장형, 예술형, 진취형, 사회형, 사무형, 탐구형으로 구분하고 있으며, 각 유형의 성격적 특성과 대표적 직업은 다음과 같다.

① 현장형(realistic type)은 솔직함, 성실함, 검소함, 실제적임, 물질주의적임, 수줍음이 많음, 비관여적임 등이며 연장이나 기계로 하는 일 혹은 동물사육에 흥미를 가진다. 이러한 유형의 대표적 직업으로는 농장경영, 엔지니어링, 비행사, 농부, 기계조작자, 운전자, 목수, 차량운행자나 수리자 등이 있다.

② 예술형(artistic type)은 비조직적, 정서적, 상상적, 이상적, 충동적, 내성적, 직관적, 창의적이며 언어, 음악, 미술 등과 관련된 일을 좋아한다. 대표적인 직업으로는 시인, 소설가, 음악가, 조각가, 극작가, 작곡가, 디자이너 등이 있다.

③ 진취형(enterprising type)은 논쟁적, 모험적, 야심적, 정력적, 설득적, 지배적, 낙천적, 사교적, 충동적이며 자신의 이익을 위해 다른 사람을 설득하는 일을 좋아한다. 사업가, 정치가, 판매업무자, 사회자, 사업실무자, 관리자 등이 대표적인 직업이다.

④ 사회형(social type)은 협동적, 사교적, 진실함, 설득적이며 사람을 이해하려 하고, 돕고, 돌보고, 가르치는 일에 흥미를 가진다. 언어적 기술과 대인관계 기술이 풍부하며 대표적 직업으로는 교사, 상담사, 임상심리학자, 사회복지사, 선교사 등이 있다.

⑤ 사무형(conventional type)은 동조적, 양심적, 규범적, 지속적, 실천적, 자기통제적이며, 언어적 · 수리적 활동을 잘 수행하고 사무적인 일에 능력이 있다. 대표적인 직업으로는 은행원, 행정사무원, 세무사, 출납계원, 통계분석가, 우체국직원 등이 있다.

⑥ 탐구형(investigative type)은 합리적, 분석적, 추상적, 독립적, 호기심이 많음, 정확하며 물리학, 생물학, 사회과학 등의 분야에서 조직적인 일이나 창의적인 연구에 흥미를 지닌다. 대표적인 직업으로는 연구원, 학자, 교수 등이 있다.

(5) 직업의 속성과 전망

특정한 직업을 선택하기 전에 그 직업의 구체적 내용을 잘 알아야 한다. 선택하고자 하는 직업은 구체적으로 어떤 업무를 수행하며 어떤 적성과 성격을 필요로 하는지에 대해서 정확한 지식을 가져야 한다. 또한 그 직업은 어떤 종류의 보상이 어느 정도나 주어지며 어떤 고충과 부담을 지니게 되는지 알아볼 필요가 있다. 특히 그 직업의 전망을 잘 알아보아야 한다. 현대사회는 급격히 변화한다. 새로운 직업이 생겨나고 있는 반면, 어떤 직업은 퇴조한다. 현재의 직업상황뿐만 아니라 앞으로 우리가 살아가야 할 미래사회에서 어떤 직업이 발전하고 각광을 받을 것인지 충분히 고려하는 것이 바람직하다.

(6) 가족의 기대와 지원

직업을 선택할 때 가족의 기대와 지원 정도를 간과해서는 안 된다. 부모는 자녀의 직업에 대해서 나름대로의 기대와 소망을 지니고 있다. 직업선택 시에 부모와의 많은 대화를 통해 부모의 기대를 충분히 고려하는 것이 바람직하다. 특히 부모의 기대와 자신의 선택에 차이가 있을 경우에는 더욱 그러하다. 또한 어떤 직업은 부모의 경제적 또는 사회적 지원이 필요한 경우가 있다. 이렇듯 직업을 선택할 때는 가족의 기대와 지원 요인도 충분히 고려해야 한다. 직업선택은 인생을 결정하는 중요한 선택으로서 여러 가지 관련요인을 신중하고 충분히 고려해야 한다. 직업선택 과정에서 부모, 교사, 상담자, 선배, 친구의 의견을 경청하는 것이 바람직하나 자신의 인생을 설계하는 것이므로 자신이 선택의 주체가 되는 것이 중요하다.

3) 진로의 발달단계

우리는 어린 시절에 장차 어떤 사람이 될 것이라는 꿈을 지닌다. 이러한 꿈은 점차 성장하면서 현실을 고려한 직업선택으로 이어진다. 그리고 선택한 직업에 적응하며 자신의 잠재력을 펼쳐 가게 된다. 수퍼(Super, 1973)는 인생의 전 과정에 걸친 진로발달(career development)을 5단계로 나누어 다음과 같이 설명하고 있다.

① 성장기(4~14세): 아동이 주변에서 접하는 중요한 사람과 동일시함으로써 이상적인 자기상을 발달시키는 단계로서 다음과 같은 3단계로 세분된다. 비현실적이고 환상적인 욕구에 근거하여 생각하는 환상기(4~10세), 흥미에 따라 진로의 목표를 결정하는 흥미기(11~12세), 그리고 능력을 중심으로 진로를 선택하는 능력기(13~14세)다.
② 탐색기(15~24세): 학교생활이나 여가활동 등을 통해서 자신의 특성을 이해하고 다양한 역할을 수행하면서 자신의 정체감을 형성하며, 이에 기초하여 직업을 탐색하는 시도가 이루어지는 시기로서 다음과 같은 3단계로 세분된다. 자신의 욕구, 흥미, 능력 등을 고려하여 잠정적으로 진로를 선택하는 잠정기(15~18세), 장래에 희망하는 직업에 필요한 교육과 훈련을 받으며 직업에 관한 마음을 굳혀 가는 전환기(19~21세), 자신에게 적합하다고 판단되는 직업을 선택하는 시행기(22~24세)다.
③ 확립기(25~44세): 자신에게 적합한 직업분야를 발견하여 업무를 수행하고 직업세계에서 자신의 지위를 확립하는 시기로서 두 하위단계로 세분된다. 자신이 선택한 일을 찾는 과정에서 시행착오를 경험할 가능성이 높은 시행기(25~30세)와 선택한 직업에서 안정적인 활동을 하며 만족감과 소속감을 경험하게 되는 안정기(31~44세)다.
④ 유지기(45~65세): 자신이 선택한 직업에서의 안정되고 숙련된 업무수행을 통하여 비교적 만족스럽고 안정된 생활과 심리상태를 경험하는 시기다.

⑤ **쇠퇴기**(65세 이후): 개인의 육체적·정신적 기능이 쇠퇴함에 따라 직업세계에서 은퇴하고 새로운 역할과 활동을 찾게 되는 시기다.

수퍼는 진로발달에 있어서 탐색기와 확립기의 중요성을 강조하고 있다. 이 시기는 개인이 원하는 직업의 선택이 실제적으로 이루어지고 그 직업분야에 입신하여 직업적인 안정과 발전을 이루며 직업인으로서 자기개념을 완성해 가는 시기이기 때문이다.

 탐구문제

직업선택은 인생에서 가장 중요한 선택 중 하나다. 대학졸업 후 어떤 직업을 선택하려고 생각하고 있는가? 직업선택에 있어서 가장 중요시하는 기준은 무엇인가? 직업선택을 위해서 구체적으로 어떤 준비를 하고 있는가? 직장을 갖게 되면 어떤 어려움이 있을 것으로 예상하는가? 특히 인간관계에 있어서 어떤 어려움이 있을 것으로 예상하는가? 이러한 인간관계의 어려움을 어떻게 극복할 것인가?

3. 직업사회와 직장의 이해

신중한 직업선택을 거쳐 사회에 진출하면 직장인으로서의 삶이 시작된다. 학생에서 직장인으로의 변화는 생활에 커다란 변화를 가져온다. 아울러 생활의 터전이 학교사회에서 직업사회로 변화한다. 직장인으로서 직업사회에 적응하는 일이 이 시기의 중요한 적응과제다. 직업사회에 처음 진출하여 당면하는 가장 중요한 적응과제는 자신에게 주어진 업무를 잘 파악하여 수행하는 일이다. 아울러 직업사회의 속성을 잘 이해하고 직장의 인간관계 구조를 잘 파악하여 현명하게 처신하는 일이 중요하다.

직업활동을 수행하는 대부분의 직장은 조직을 갖추고 있다. 조직(organization)은 재화나 서비스를 생산하기 위해서 업무를 수행하는 사람들의 집합체를 의미한다. 모든 조직은 공통된 목적을 추구하기 위하여 다양한 활동을 수행하는 사람들 간의 협력을 필요로 한다. 직업조직은 업무상의 권한 및 역할을 규정하는 업무조직과 직장구성원 간의 친분관계나 교류에 의해 형성된 인간관계 조직으로 구성된다. 이러한 업무조직과 인간관계 조직은 서로 밀접한 관계를 맺는다. 어떤 직업이든 직업적 업무를 수행하는 과정에는 관련된 사람들과의 인간관계가 수반된다. 직업에 관련된 인간관계는 직업에 대한 만족도뿐만 아니라 직업적 업무수행에도 중요한 영향을 미친다. 우선 직업사회와 직장의 조직구조를 잘 이해하는 것이 필요하다.

1) 직장의 조직

직장에 잘 적응하기 위해서는 자신이 속한 직장을 잘 이해하는 것이 중요하다. 모든 직장은 효율적인 운영을 위해 조직적 구조를 지닌다. 이러한 직장의 조직구조는 크게 권력구조, 소통구조, 친교구조로 나누어 이해할 수 있다.

권력구조는 직장 내의 권한과 역할이 분담되는 구조를 의미한다. 직장구성원들 중에 누가 누구의 지시를 받고 명령에 따르는가를 나타내는 구조다. 직장에는 업무를 수행하는 업무조직에 따른 위계적인 직위구조가 있다. 예를 들어, [그림 12-1]에서 제시된 한 중소기업의 경우 사장부터 부사장, 부장, 과장, 말단사원에 이르기까지 공식적이며 명시적인 권력구조가 있다. 권력구조는 사장에서 말단직원에 이르는 수직적 관계와 동등한 직위를 지닌 직원 간의 수평적 구조로 구성된다. 조직에 따라 차이가 있으나, 일반적으로 상위직급에 있는 사람은 하위직급자에 대한 인사권과 더불어 조직관리의 권한을 갖는 대신 그에 상응하는 책임을 지게 된다.

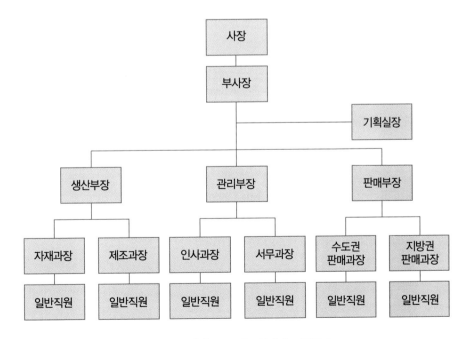

[그림 12-1] 한 중소제조업체의 조직구조

또한 직장 내에 존재하는 여러 부서들은 그 규모나 업무내용에 따라 발언권 및 의사결정권에 차이가 있다. 이러한 공식적 권력구조와 더불어 모든 조직에는 비공식적인 권력구조가 존재한다. 비공식적 권력구조는 겉으로 드러난 명시적 권력구조와 별개로 구성원 간의 개인적인 정서적 유대나 친분관계에 따라 명령과 지시를 주고받는 구조를 의미한다. 이러한 비공식적 권력구조는 친교구조와 밀접한 관계를 지니며 겉으로 잘 드러나지 않기 때문에 직장에 처음 들어온 사람에게는 잘 파악되지 않는다. 공식적 권력구조가 느슨한 직장에서는 이러한 비공식적 권력구조가 실질적인 영향력을 지니는 경우도 있다.

소통구조는 직장 내에서 정보교환이 이루어지는 경로나 통신망을 뜻한다. 즉, 직장구성원들 중에 누가 누구와 주로 중요한 정보를 주고받는지를 나타내는 구조다. 이러한 소통구조는 부서나 구성원이 담당하는 업무의 연관성에 따라 결정되는 경우가 많다. 직장의 소통구조는 크게 집중형 구조와 분산형 구조가 있다. **집중형 구조**는 구성원의 한 사람에게 정보가 집결되고 거기서 정보가 각 구성원에게 퍼져 가도록 되어 있는 구조다. 이러한 소통구조는 정보의 소통이 신속하게 이루어지므로 업무가 효율적으로 진행되도록 할 수 있으나 구성원 상호 간의 정보교환이 부족하여 불평요인이 될 수 있다. 집중형 구조는 정보가 집결되고 분산되는 중심적 위치에 있는 사람이 강력한 권력을 지니게 되며 흔히 군대나 전제적인 집단조직에서 볼 수 있는 구조다. 반면, **분산형 구조**는 정보교류의 핵심적인 위치가 없는 소통구조로서 정보의 전달과 종합이 효율적으로 이루어지지 못하지만 구성원 간의 소통이 자유로워 구성원의 만족도와 사기를 높이는 경향이 있다. 분산형 소통구조를 지닌 조직은 권력이 분산되고 민주적으로 운영되는 집단에서 흔히 볼 수 있다.

친교구조는 직장구성원 간의 개인적인 친분관계를 말한다. 즉, 누가 누구와 주로 사귀며 친하게 지내는지를 보여 주는 구조다. 직장 내의 친교구조는 출신학교, 출신지역, 취미나 여가활동의 공유, 업무의 밀접성 등에 영향을 받는 경우가 많다. 이러한 친교구조는 흔히 비공식적 권력구조를 형성하는 바탕이 되기도 하지만 그와 전혀 무관하게 이루어질 수도 있다.

이상에서 간략히 살펴보았듯이, 직장의 구조를 이해하기 위해서는 권력구조, 소통구조, 친교구조를 잘 파악하는 것이 중요하다. 이러한 직장의 구조 속에서 자신이 속한 위치를 정확하게 파악하고 또 앞으로 희망하는 위치에 서기 위한 적절한 행동을 하는 것이 필요하다.

2) 인사관리

직장조직은 사람들로 구성되어 있기 때문에 직원을 선발하여 부서에 배치하고 식무수행을 평가함으로써 직위이동을 결정하는 **인사관리**(personal management)의 체계를 가지고 있다

(Muchinsky, 2003). 인사관리의 기능은, 첫째, 유능한 직원을 선발하는 인사선발이다. **인사선발**(personal selection)은 지원자를 모집하여 정해진 선발기준에 따라 지원자들 중에서 누구를 뽑고 누구를 떨어뜨릴 것인지 결정하는 과정을 말한다. 둘째, **배치**(placement)로서 선발된 직원을 그들의 능력과 속성에 따라 적절한 부서에 배정하는 기능이다. 셋째, 직원이 자신에게 주어진 직무를 얼마나 잘 이행했는지 평가하는 **수행평가**(performance appraisal)가 이루어진다. 직무수행의 평가방식은 자기평가, 동료평가, 상사평가 등이 있으며 최근에는 상사, 동료, 부하, 자기 자신에 의해 다각적으로 평가하는 **전방위 평가**(360 degree appraisal) 방식을 채택하는 조직도 있다. 이러한 수행평가의 자료는 직원의 인사교육, 임금과 급여 관리, 배치, 승진, 해고 등에 활용하게 된다. 평가결과를 직원에게 제공하여 자신의 장단점을 인식하게 하고 자기개발을 촉진할 뿐만 아니라 교육을 통해 직원의 업무능력을 향상시킨다. 아울러 평가자료에 근거하여 직원의 업무를 재조정하기 위한 부서이동을 하거나 직원에 대한 보상(임금, 성과급, 승진, 해고 등)을 하게 된다.

이처럼 모든 직장조직은 구성원을 효율적으로 활용하기 위한 인사관리를 한다. 특히 성과급이나 승진에 영향을 미치게 되는 직무수행 평가의 기준, 방식, 공정성에 대해서 조직과 직원 간에 갈등이 발생할 수 있다.

3) 직업만족도에 영향을 미치는 요인

직장생활을 하면서 자신의 직업과 직무에 대해 만족감을 느끼는 경우도 있으나 그렇지 못한 경우도 있다. 특히 자신의 직업에 만족하지 못하는 사람은 직장 적응도가 떨어질 뿐만 아니라 다른 조직이나 직업으로 옮겨 가게 된다. **직무만족**(job satisfaction)은 자신의 직무로부터 얻는 즐거움의 정도를 의미한다. 개인의 행복에 있어서 자신의 직업과 직무에 만족감을 느끼는 것은 매우 중요하다. 직무만족에는 개인의 심리적 특성, 직무의 객관적 특성, 직무에 대한 개인의 해석 등이 영향을 미치는 것으로 알려져 있다(Muchinsky, 2003). 이 중 개인의 심리적 특성으로는 직무에 대한 태도, 기대, 능력, 정서 등이 직무만족에 영향을 미친다. 또한 직무만족에는 개인에게 할당된 직무의 객관적 내용과 속성, 과중성, 업무시간, 보상체계, 직무환경 등이 영향을 미

자신의 직업에 만족하는 사람이 행복도가 높다.

치게 된다. 아울러 직무만족도에 영향을 미치는 가장 중요한 요인은 직무상황에 대한 개인의 해석이라고 할 수 있다. 동일한 직무상황에서도 그에 대한 해석이 개인마다 다르고 만족도도 달라진다. 직무상황에 대한 해석은 개인이 직장에 대해서 지니는 기대와 현실적 여건의 비교를 통해 이루어진다. 기대가 높고 현실적 여건이 열악할수록 직무만족도는 떨어지게 된다. 직무만족도와 관련된 주요한 몇 가지 요인을 살펴보기로 한다.

(1) 직무관여

개인마다 자신의 직장과 직무에 열중하여 관여하는 정도가 다르다. 직무관여(job involvement)는 개인이 자신의 일에 대하여 심리적으로 일체감을 지니는 동시에 자신의 일이 자아상(self-image)에 중요하다고 인식하는 정도를 의미한다. 직무관여도가 높은 사람은 자신의 일에서 활기를 얻고 깊게 몰두하게 되는 반면, 그렇지 못한 사람은 일에 대한 의미와 의욕을 느끼지 못하고 업무로부터 멀어지게 된다. 직무관여도는 개인이 지니고 있는 일에 대한 태도나 접근방식, 성실성, 직무수행 정도의 영향을 받는다. 직무관여도는 "나의 직무가 나의 존재에 매우 중요하다", "인생에서 일은 중요하다", "내 인생에서 중요한 것들은 일과 관련되어 있다", "일에 열중할 때 인생의 가치를 느낀다"와 같은 문항으로 평가된다. 이러한 직무관여도는 직무만족도과 이직률에 영향을 미친다.

(2) 조직몰입

개인은 각기 자신의 조직과 직장에 대해서 자부심을 느끼고 헌신적으로 충성하는 정도가 다르다. 조직몰입(organizational commitment)은 자신이 속한 조직에 대해서 충성심을 느끼는 정도를 의미한다. 조직몰입은 크게 세 가지 요소, 즉 조직에 대한 정서적 애착과 일체감, 조직을 떠나면 손해라는 생각, 조직에 남아 있어야 한다는 의무감으로 구성되어 있다. 조직몰입도가 높은 사람은 직무만족도 역시 높으며 조직이 어려움에 처하거나 보상이 충분히 이루어지지 않아도 조직에 남아 헌신적으로 직무에 임하게 된다. 조직몰입은 직업몰입과는 구분된다. 직업몰입(vocational commitment)은 자신의 직업에 대한 일체감과 충성심을 의미하는데, 이는 조직몰입과 일치할 수도 있고 그렇지 않을 수도 있다. 예컨대, 직업몰입도는 높지만 조직몰입도가 낮은 간호사는 자신의 직업에 애착을 느끼지만 보상이 나은 다른 병원으로 직장을 옮길 수 있다. 관리직이나 전문직에 종사하는 사람들이 조직몰입도가 높은 경향이 있는데, 이러한 사람들이 조직감축 등으로 직무를 잃으면 강한 심리적 좌절감을 느끼게 된다.

(3) 조직공정성

직업조직에 몸담고 있는 사람은 누구나 공정한 대우를 받고자 한다. 조직이 직원의 보상이나 승진 등에 있어서 공정한 대우를 하지 않으면 직원들의 직무만족도는 저하되며 조직에 대한 불만이 증가된다. **조직공정성**(organizational justice)은 조직이 구성원에게 공정한 대우를 하고 있다고 직원이 지각하는 정도를 의미하며 직원의 직무수행, 이직, 결근, 신뢰, 조직몰입 등에 영향을 미치는 것으로 알려져 있다. 조직공정성은 분배공정성, 절차공정성, 상호작용 공정성으로 구분된다.

분배공정성(distributive justice)은 조직의 구성원에게 성과나 결과를 분배하는 데 있어서의 공정성을 의미한다. 일반적으로 배분은 3가지의 원칙, 즉 개인이 기여한 정도에 의해 분배하는 형평성(equity)의 원칙, 모든 구성원에게 동등하게 분배하는 평등성(equality)의 원칙, 개인의 필요에 의해 분배하는 필요성(need)의 원칙에 의해서 이루어진다. 조직마다 분배의 원칙이 다르며 어떤 원칙을 적용하느냐에 따라 조직원의 행동이 달라진다. **절차공정성**(procedural justice)은 의사결정을 내리는 데 사용하는 정책이나 절차에 대한 공정성을 의미한다. 절차공정성은 어떤 결정을 하는 데에 직원이 참여하여 발언할 수 있는 기회의 정도나 의사결정을 위한 조직의 절차적 규칙이 잘 지켜진 정도에 의해서 평가된다. 예컨대, 성과급이나 승진을 결정하는 데에 있어서 개인의 업무수행을 평가하는 기준과 방식, 평가결과에 의한 대우 결정 규칙, 이러한 기준과 규칙을 결정하는 과정 등이 얼마나 공정하게 이루어졌느냐에 따라서 절차공정성이 평가될 수 있다. **상호작용 공정성**(interactional justice)은 조직이 개인에게 관심을 보이고 개인을 존엄한 인격적 존재로 간주하며 개인이 관심을 지니는 조직의 정보를 제공하는 정도를 의미한다. 이러한 조직공정성은 조직에 대한 개인의 만족도는 물론 조직관여와 조직몰입에도 강력한 영향을 미치는 중요한 요인이다.

(4) 심리적 계약

직장구성원이라면 누구에게든 업무가 주어지며 또한 지켜야 할 의무도 부여된다. 이러한 업무나 의무 중에는 공식적으로 명시된 것이 있다. 예를 들면, 분담된 업무를 정해진 기한 내에 완수하거나 출퇴근 시간을 지키며 상사의 지시에 따르는 일 등은 당연히 준수해야 되는 것들이다. 그리고 이러한 준수사항을 자주 어기게 되면 직장에서 도태된다. 따라서 모든 구성원들은 이러한 명시적 업무나 의무를 수행하기 위한 노력을 한다. 그러나 직장에는 암묵적인 업무와 의무도 존재한다. 직장상사나 고용주는 명시적 업무 외에 부하직원이나 근로자에게 여러 가지 암묵적인 기대를 하고 있다. 예를 들어, 회사의 일이 폭주할 때 상사는 부하직원이 근무시간 외에도 일을 해 주기를 기대한다. 그러나 이것은 부하직원에게 공식적으로 요구할 수 있는 일은 아니다. 이럴 경우, 퇴근시간이 되자마자 퇴근하는 부하직원과 퇴근시간 후에도 업무를 지속하며 돕는 부하직원에 대한 상사의 호감도와 신뢰도는 다를 것이다.

산업심리학자인 루소(Rousseau, 1990)는 직장조직과 구성원 간에는 서로에 대해서 문서화되지 않은 암묵적인 기대가 있다고 주장하였다. 이러한 암묵적 기대를 그는 **심리적 계약**(psychological contract)이라고 불렀다. 그가 미국기업체의 인사책임자를 대상으로 조사한 신입사원에 대한 기대에는 시간 외의 열성적 근무, 회사에 대한 충성심, 분담역할 외의 과제에 대한 자발적 참여, 직장을 옮기는 것에 대한 사전통보, 부서전근에 대한 자발적 수용, 경쟁기업에의 지원 거부, 중요한 기업정보에 대한 보호, 일정 기간 이상의 재직 등이었다. 이러한 기대내용은 크게 2가지로 나눌 수 있는데, 열심히 일하는 것과 회사나 상사에 대해 충성적 태도를 나타내는 것이다.

또한 신입사원 역시 직장에 대해서 기대를 지니게 되는데 주요한 내용은 신속하고 공정한 승진, 높은 임금과 업무수행에 근거한 임금 지급, 지식과 기술의 향상을 위한 교육과 경력개발의 기회 제공, 안정된 직업, 개인적 문제에 대한 지원 등이다. 이러한 암묵적 기대를 서로 충족시켜 주어야 한다는 심리적 계약이 존재하며 이러한 기대를 어기면 서로에 대한 만족도와 신뢰도가 떨어지게 된다. 그러나 이러한 기대는 암묵적인 것이기 때문에 구성원마다 파악하는 정도가 다르고 그에 따라 실행하는 정도도 다르다. 고용주나 직장상사의 입장에서는 이러한 암묵적 기대에 잘 부응하는 부하직원에 대해서 호감을 갖고 신뢰하며 승진의 기회를 주게 될 것이다.

우리나라에서는 민혜경(1997)이 대졸 사무직 근로자를 대상으로 하여 기업조직이 근로자에게 기대하는 내용을 조사하였다. 그 내용은 〈표 12-3〉에 제시되어 있다. 이러한 기대내용은 기업체의 상사나 관리자가 부하직원에게 암묵적으로 기대하는 내용으로서 크게 5가지 범주로 나누어 볼 수 있다. 첫째는 업무수행에 대한 기대로서 맡겨진 업무를 열성적이고 적극적이며 창의적으로 수행해 주기를 기대하는 내용으로 이루어져 있다. 둘째는 추가업무수행으로서 자신에게 맡겨진 공식적인 업무는 아니지만 동료, 부하, 다른 조직 구성원을 돕거나 지원하는 일을 의미한다. 셋째는 자기계발로서 변화하는 조직환경에 적응할 수 있는 새로운 기술과 지식을 습득하는 일이다. 넷째는 대인관계에 대한 기대로서 직장동료와 원만한 관계를 유지함은 물론 동료를 정서적으로 지지하고 돕는 것이다. 다섯째는 애사심에 대한 기대로서 회사에 충성심을 보일 뿐만 아니라 회사에 손해가 될 행동을 하지 않는 것을 의미한다. 이렇듯 직장상사나 고용주는 부하직원에 대해 여러 가지 암묵적 기대를 가지고 평가한다. 이러한 암묵적 기대를 잘 파악하여 적절히 행동하는 것이 직장적응의 관건이다.

〈표 12-3〉 기업조직이 근로자에게 기대하는 내용

기대범주	구체적 내용
1. 업무수행	맡겨진 업무의 완수 업무개선을 위한 아이디어의 제안 사업에 관련된 창의적인 아이디어의 제안 필요 시 잔업이나 휴일 근무 업무시간의 준수
2. 추가역할 수행	전근 시 철저한 업무 인수인계 후배사원의 교육 및 지도 업무나 기술의 전수 부서 내 업무 관련정보의 공유 동료의 업무수행에 대한 자발적인 협조 후배사원의 업무성과에 대한 인정과 칭찬
3. 자기계발	새로운 정보, 지식, 기술의 습득 외국어 및 컴퓨터 실력의 향상 요구되는 업무능력의 개발 사내·외 교육프로그램에의 적극적 참가
4. 대인관계	원만한 대인관계의 유지 동료의 업무에 관련된 고충의 이해와 해결안 모색 동료의 개인적인 어려움에 대한 청취와 도움
5. 애사심	회사의 위기 시 적극적인 대처와 참여 회사의 정책이나 제도에 대한 수용 중요한 문서나 정보의 보호 이직 시 한 달 전에 통보

출처: 민혜경(1997).

4. 직장에서의 인간관계

직장은 공동의 목표와 업무수행을 위해 구성된 사람들의 조직이다. 직장의 인적 구조는 그 규모나 직장특성에 따라 매우 다양하다. 사회에 진출하여 취업을 하게 되면 이러한 직장의 인적 구조 속에 편입되어 직장 내 인간관계에 적응해야 한다. 또한 직장은 대부분 위계적 조직을 지니므로 크게 상사와 부하 직원으로 구성된다. 입사하면 처음에는 말단 신입사원부터 시작하여 점차 진급해서 상사의 위치에 오르게 되며, 이때는 부하직원을 지휘하는 위치에 서게 된다.

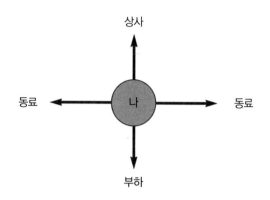

[그림 12-2] 직장에서의 전방위적 인간관계

이렇듯이 직장은 위계적인 인적 구조 속에서 업무를 수행하는 독특한 인간관계의 장이다. 개인의 입장에서 보면, 위로는 상사가 있고 좌우로는 동료들이 있으며 아래로는 부하가 있는 상하좌우의 모든 방위에 위치하는 사람들과 인간관계를 맺게 되는 상황이라고 할 수 있다. [그림 12-2]에서 볼 수 있듯이, 직장에서는 매우 다양한 인간관계가 펼쳐지게 되는데, 크게 상사부하관계와 동료관계로 구분할 수 있다.

1) 직장인의 일반적인 인간관계 유형

직장인들의 인간관계는 직장에 대한 소속감에 따라 크게 직장중심적 인간관계와 직장탈피적 인간관계의 유형으로 나눌 수 있다.

직장중심적 인간관계는 직장동료들과의 인간관계를 중시하며 이를 삶의 중요한 인간관계 영역으로 생각하는 직장인의 태도를 의미한다. 직장중심적 인간관계를 나타내는 사람은 자신이 소속된 조직 및 업무에 대한 소속감과 만족도가 높다. 또한 직장 내에서 수행하는 업무에 중요한 의미를 부여하며, 그것이 개인의 관심사나 취향과 일치함으로써 업무에 대한 흥미가 높다. 또한 직장동료와의 친밀도와 관계만족도가 높아서 직장동료가 중요한 친구의 역할을 하는 경우가 많다. 따라서 직장동료와 업무에 관한 대화뿐만 아니라 개인적인 일이나 고민, 취미 등을 함께 나누게 된다. 그러나 이러한 유형은 직장 내 인간관계에 지나치게 몰입하거나 제한되어 가족관계나 교우관계와 같은 다른 인간관계를 소홀히 하게 만드는 위험성이 있다.

반면, **직장탈피적 인간관계**는 직장에 대한 소속감과 만족도가 떨어지는 경우에 나타나는 직장인의 인간관계다. 직장동료와의 친밀도나 만족도가 낮고 따라서 직장동료보다는 직장 밖의 인간관계를 중시한다. 직장의 분위기에 적응하지 못하고 직장동료와 친밀한 관계를 형성하지 못하는 경우에 이런 유형으로 나타나게 된다. 뿐만 아니라 업무가 자신의 적성이나 취미, 관심사와 맞지 않아 업무에 대한 흥미가 적은 경우가 많다. 이런 사람에게 직장은 생활에 필요한 소득을 얻기 위한 곳일 뿐이다. 이런 사람은 직장동료와 의사소통이 적고 무관심하며 퇴근시간이 되자마자 직장을 떠난다. 직장동료에게는 업무 이외에 개인적인 문제를 잘 이야기하지 않는다. 이런 사람은 직장 내 인간관계를 소홀히 하여 직장적응 및 업무수행에 곤란을 겪을 가능성이 높다.

직장에서의 인간관계는 구성원 간의 호감도와 응집력에 따라 여러 가지 유형으로 구분할 수 있다. 첫 번째 유형은 **화합응집형**으로서 구성원들이 서로 긍정적 감정과 친밀감을 지니는 동시에 직장에 대한 소속감과 단결력이 높은 경우다. 이런 유형의 직장에는 구성원들의 정서적 유대관계를 중시하는 지도력이 있는 상사가 있는 경우가 대부분이다. 업무분담이 명료하여 구성원 간의 갈등이 적으며 자유로운 직장분위기를 지니고 있다. 서로 개인적인 대화를 나눌 수 있는 회식의 기회가 많고 구성원의 경조사에 서로 적극적으로 참여한다. 따라서 구성원들은 직장중심적인 인간관계를 나타내는 경향이 있다.

두 번째 유형은 **대립분리형**이다. 이런 유형의 직장은 구성원들이 서로 적대시하는 두 개 이상의 하위집단으로 분리되어 있는 경우다. 하위집단끼리는 서로 반목하지만 하위집단 내에서는 서로 친밀감을 지니며 응집력도 높다. 이런 하위집단은 흔히 부서별로 형성되기도 하지만 같은 부서 내에서도 친교관계에 따라 분리될 수 있다. 직장 전체의 통합적인 운영을 위해서는 매우 취약성을 지니고 있는 인간관계 구조라고 할 수 있다. 흔히 이런 직장에 신입사원이 들어오면 서로 자신의 집단으로 끌어들이기 위한 노력이 이루어진다.

세 번째 유형은 **화합분산형**으로서 직장구성원 간에는 비교적 호의적인 관계가 유지되지만 직장에 대한 응집력이 미약한 경우다. 지도력 있는 상사가 없거나 개인주의적 성향이 강한 구성원으로 구성되어 있는 경우에 이런 형태가 나타날 수 있다. 이런 직장의 구성원들은 서로에 대한 깊은 수준의 공개나 정서적 교류가 일어나지 않는 피상적인 인간관계를 유지하는 경우가 많다. 이런 유형의 직장인들은 직장 내 인간관계보다 직장 밖의 인간관계를 중시하는 직장탈피적인 인간관계를 나타내게 되며 업무가 끝나면 각자의 인간관계 영역으로 뿔뿔이 흩어지는 반복적인 현상을 나타낸다.

네 번째 유형은 **대립분산형**으로서 직장구성원 간의 감정적 갈등이 심하며 직장의 인간관계에 구심점이 없는 경우다. 이런 유형의 직장인들은 직장에 대한 애착이나 소속감을 느낄 수 없다. 직장에서 찾을 수 있는 의미는 경제적 수입밖에 없으며 직장에서 자신에게 부여된 업무만 할 뿐 구성원 간의 협조나 협동이 잘 이루어지지 않는다. 이런 유형의 직장인은 직장에 대한 만족도가 매우 낮으며 업무의 효율도 저하될 수밖에 없다.

2) 상사의 역할과 리더십

대학생이 졸업을 하고 사회에 진출하여 직장에서 경험하는 가장 큰 인간관계의 어려움은 상사와의 관계다. 자율적인 대학생활에서 수평적인 대인관계에 익숙해 있었기 때문에 상사를 예의바르게 예우하고 상사로부터 업무지시를 받으며 때로는 업무미숙에 대한 질책을 받는 일에서 어려움을 겪을 수 있다. 또한 상사의 위치에 오르면 부하를 효과적으로 지휘하는 일에서 많은 어려움을 겪게 된다. 이러한 과정에서 흔히 상사와 부하는 서로에게 불만을 느끼는 적대적 관계를 맺게 되고 업무에도 부정적인 영향을 받게 된다. 일반적으로 상사와 부하는 성격, 업무수행 방식, 일반적 행동방식 등에 있어서 공통점이 많을수록 원만한 관계가 형성되는 경향이 있다.

직장의 상사는 부하직원을 통솔하는 **리더**(leader)로서 다양한 역할을 하게 된다. 퀸(Quinn, 1988)은 리더의 역할을 지시자, 감독자, 혁신자, 중계자, 조정자, 촉진자, 후견자, 생산자의 8가지로 세분하고 있다. 그러나 일반적으로 리더의 역할은 다음과 같이 5가지로 분류될 수 있다. 첫째, 리더는 **업무지휘자**의 역할을 수행한다. 업무지휘자는 부하직원들에게 업무를 설정하고 수행방식을 지시하며 목표달성을 위해 부하직원을 독려한다. 둘째, **감독평가자**로서 부하직원들이 업무를 제대로 수행하고 있는지를 평가하고 감독하는 역할을 한다. 셋째, **선도혁신자**의 역할로서 부하직원에게 새로운 기술과 지식을 전수할 뿐만 아니라 솔선수범하여 새로운 업무수행 방식이나 문제해결 방식을 생각해 내고 실행한다. 넷째, **중계조정자**로서 부하직원 간의 업무협조체계를 조정하고 부서의 대표로서 타 부서나 경영층에 부서의 입장을 설명하고 필요한 지원을 얻어 내는 역할을 한다. 다섯째, **화합촉진자**로서 부하직원들에게 관심과 애정을 보이고 부서직원 간의 팀워크를 조성하여 의사결정에 부서원들을 참여시키는 역할이다. 이렇듯이 직장 내에서 상사의 역할은 다양하며 어떤 역할에 치중하느냐에 따라 상사의 유형을 나눌 수 있다.

리더와 상사는 그들의 행동양식에 따라서 다양하게 구분될 수 있다. 직장상사는 크게 과업중심적 상사와 인간중심적 상사로 나눌 수도 있다. **과업중심적 상사**는 업무지향적인 지도자로서 주로 업무를 분담하고 지시하며 지휘하는 역할을 한다. 이러한 유형의 상사는 부하직원의 개인적 생활이나 정서적 교류에는 별 관심이 없다. 부하직원의 업무수행 능력과 성과에 주된 관심이 있으며 조직의 능률과 업적을 중시한다. 반면, **인간중심적 상사**는 상사와 부하의 관계에서 업무수행뿐만 아니라 인격적 교류에 큰 가치를 부여한다. 이러한 유형의 상사는 부하직원 개개인의 성격과 사생활에 대한 관심이 많으며 그들과 개인적인 정서 교류를 나눈다. 또한 부하직원 개개인의 성격과 업무 방식을 존중하며 그에 따라 업무를 배정하기도 한다. 이러한 상사의 유형에 따라서 부서의 분위기나 업무 방식이 현저하게 달라진다.

직장에는 과업중심적 상사와 인간중심적 상사가 있다.

상사의 유형은 부하직원을 지휘하는 방식에 따라 권위형, 방임형, 민주형으로 나누어 볼 수 있다.

권위형 상사는 부하직원에 대해서 지배적이고 통제적인 역할을 하는 상사다. 이런 사람은 상사와 부하직원의 관계를 지배와 종속의 관계로 파악하며 부하직원의 의견을 수렴하기보다는 자신의 판단에 따라 일방적으로 지시하고 명령하는 행동패턴을 보인다. 아울러 부하직원들이 자신에게 충성심을 보이고 자신의 지시에 절대적으로 복종해 주기를 기대하며 그런 부하직원을 총애한다. 권위형 상사는 구성원의 응집력을 높이고 일사불란한 업무지휘를 통해 효과적인 업무수행을 달성할 수도 있다. 그러나 자신의 명령에 이의를 제기하는 부하직원에 대해서는 상급자의 지위와 권한으로 묵살하거나 처벌하는 등 경직된 분위기를 조성하여 자유롭고 창조적인 활동이 억제될 수 있다.

이에 반해 방임형 상사는 부하직원의 업무활동에 비교적 무관심하거나 자신감이 없는 상사다. 흔히 부서업무에 대한 전문적 능력이나 지도력에 자신감이 없는 상사들이 이런 유형에 속할 수 있다. 이런 상사는 부하직원에게 자율적 권한을 지나치게 많이 부여하는 대신 자신의 역할과 책임을 축소시키는 경향이 있다. 부하직원과의 개인적 교류를 회피하는 경향이 있으며 직장탈피적인 인간관계를 나타낼 수 있다.

마지막으로 민주형 상사는 업무를 추진함에 있어서 부하직원의 의견을 수렴하고 그들의 재량권을 존중하는 상사다. 민주형 상사는 상사와 부하직원의 관계를 인격적 평등관계로 인식하며 부하직원과 자유롭고 솔직하게 의사소통한다. 이러한 상사의 부서는 자유롭고 개방적인 분위기가 조성되어 창조적인 활동이 이루어질 수 있으며 부하직원들의 만족도가 가장 높은 반면, 업무수행의 효율성이나 구성원의 응집력은 떨어질 수 있다.

변혁적 리더십과 거래적 리더십

리더십은 특정한 목표의 달성을 위해 부하들을 지휘하는 리더의 행동방식을 의미한다. 리더는 부하의 태도나 생각에 변화를 유발하여 업무에 몰입하도록 노력해야 한다. 바스(Bass, 1998)는 리더가 부하들에게 영향을 미치는 효과적인 지휘방법으로 **변혁적 리더십**(transformational leadership)을 제시하였다.

변혁적 리더십은 **거래적 리더십**(transactional leadership)과 대비되는 개념이다. 거래적 리더는 부하에게 각자의 업무와 책임을 명확하게 제시하고 각자의 결과에 따라 어떤 보상이 주어질 것인지를 합의하여 리더십을 발휘한다. 반면에 변혁적 리더는 부하들을 변화시키기 위해 과업결과의 중요성 및 가치를 인식시키고 부하들의 상위욕구를 활성화시켜 부하들이 조직을 위해 개인의 이익을 초월하도록 만든다. 거래적 리더는 부하에게서 기대되었던 성과만을 얻어내는 반면, 변혁적 리더는 부하로부터 기대 이상의 성과를 얻어 낼 수 있다. 그 결과로서 부하들은 변혁적 리더를 신뢰하고 존경하며, 처음에 기대했던 수준 이상으로 동기부여가 된다. 변혁적 리더들은 다음의 4가지 요소 중 하나 이상을 사용하여 높은 성과를 얻는다.

- **모범적 영향**(idealized influence): 변혁적 리더는 부하의 본보기가 될 수 있도록 행동하여 부하들로부터 존경과 신뢰를 받는다. 부하들은 리더와 자신을 동일시하며 리더와 같은 사람이 되기를 원한다. 또한 부하들은 리더가 뛰어난 능력, 끈기, 결단력을 가지고 있다고 생각한다.
- **영감적 동기부여**(inspirational motivation): 변혁적 리더는 부하들에게 일에 대한 의미와 도전을 제공하여 동기를 부여한다. 리더는 부하들이 미래에 대한 매력적인 청사진을 가질 수 있도록 하고, 부하들이 성취하기를 바라는 기대를 분명하게 설정한다.
- **지적 자극**(intellectual stimulation): 변혁적 리더는 부하들로 하여금 기존 가정에 대하여 의문을 제기하고 문제를 재구조화하며 새로운 방식으로 과거 상황에 접근하도록 함으로써 혁신적이고 창의적인 태도를 갖도록 자극한다. 부하에게 새로운 아이디어와 창의적 문제해결을 요구하며, 부하가 문제해결 과정에 참여하도록 한다.
- **개인적 배려**(individual consideration): 변혁적 리더는 부하들을 개인적으로 지도하면서 부하 개개인의 발전 및 성장에 대한 욕구에 특별한 관심을 기울인다. 부하들은 점차적으로 높은 잠재력을 가지는 수준으로 발전한다. 변혁적 리더는 부하의 욕구 및 바람에 대한 개인차를 인식하고 이와 같은 개인차를 수용한다.

3) 부하의 유형

직장에서 상사를 모시는 것도 어렵지만, 부하를 지휘하는 일도 쉽지 않다. 상사부하관계에
는 권한과 지위에서 높은 위치에 있는 상사의 행동이 보다 강한 영향을 미치게 된다. 그러나
부하의 성격, 일에 대한 태도, 직무만족도 등에 따라서도 상사부하관계는 크게 영향을 받게
된다.

상사의 입장에서 보면, 부하는 그들이 나타내는 행동양식에 따라 여러 가지 유형으로 구분
된다. 상사부하관계는 부모자녀관계와 심리적으로 많은 공통점을 지니는데, 상사를 대하는
태도의 우호성에 따라 부하를 추종형, 저항형, 합리형, 분리형으로 구분할 수 있다.

추종형의 부하는 상사의 의견을 존중하고 순종하며 잘 따르는 유형이다. 이러한 유형에는
상사를 높이 평가하고 존경심을 표현하며 상사의 의견을 적극적으로 지지함으로써 상사와 각
별한 친교관계를 형성하려고 노력하는 적극적 추종형과 상사의 지시나 결정에 불만 없이 순
종하지만 적극적인 추종행동을 나타내지 않는 소극적 추종형이 있다.

저항형은 상사의 지휘방식에 불만을 느끼고 반항적인 행동을 나타낸다. 특히 상사가 권위적
이고 지배적인 행동방식을 나타낼 경우 부하의 저항적 행동이 강화될 수 있다. 이러한 유형에
는 상사의 일방적 지시에 대해 노골적으로 이의를 제기하고 반발하는 적극적 저항형과 상사
의 부당함을 느껴도 겉으로 반항하지 않지만 간접적인 방법으로 상사의 지시를 잘 따르지 않
는 소극적 저항형이 있다.

합리형은 상사에 대해서 일방적 추종이나 저항을 나타내기보다는 지시내용의 적절성을 합
리적으로 판단하여 행동한다. 즉, 상사의 합리적 지시는 적극적으로 수용하지만, 불합리한 지
시에는 이의를 제기하고 수정을 요구하기도 한다. 즉, 상사의 의견을 존중하되 자신의 의견을
적절하게 제시하는 자기주장적 행동을 나타낸다. 이밖에 상사와 소원한 관계를 맺으며 상사
의 지시에 정서적 반응을 보이지 않고 무관심한 태도를 나타내는 **분리형**도 있다. 이러한 유형
의 사람들은 직장에 대한 조직몰입도가 낮은 경우가 흔하다.

또한 업무를 수행하는 태도에 따라 부하직원은 4가지 유형으로 구분될 수 있다.

첫째, **만족열성형**으로서 이들은 직장과 상사에 대해 호의적인 태도를 지니고 있는 동시에
자신의 업무에 열성적이고 적극적이다. 상사의 입장에서 볼 때 가장 바람직하고 조직에 필요
한 직원이다. 이런 유형의 직원은 직장 내의 인간관계나 분위기에 만족하며 자신의 업무에 흥
미와 의미를 느끼고 열심히 일하며 직업에 대한 만족도도 높다.

둘째, **만족태만형**은 직장에 대해 호의적인 태도를 지니고 자신도 직장생활에 만족하지만 업
무에 대한 적극성이 결여된 사람이다. 상사의 눈에는 업무에 있어서 적극적이고 창의적인 노

력이 부족하며 태만한 부하직원으로 보인다. 이런 유형의 사람은 직장의 인간관계나 보상체계에 대체로 만족하지만 자신의 업무에는 큰 의미나 흥미를 느끼지 못하는 경우가 많다.

셋째, **불만열성형**으로서 이들은 직장의 분위기나 상사의 업무방식에 대해서 불만을 가지고 있으나 자신의 업무에는 열성적인 사람들이다. 이런 사람은 흔히 업무에 관한 흥미와 전문지식을 잘 갖춘 경우가 많으며 상사에 대해서 매우 도전적이고 개혁적인 제안과 시도를 하게 된다. 특히 권위형 상사에게는 이런 부하직원이 눈엣가시 같은 존재로 느껴질 수 있지만, 민주형 상사에게는 자기주장적이고 창의적인 노력을 하는 부하직원으로 비칠 수도 있다.

넷째, 직장에 대한 불만이 많은 동시에 자신의 업무에도 소극적이며 무능한 **불만태만형**이 있다. 상사의 입장에서 보면 이러한 유형의 부하직원은 직장에 도움이 되지 않는 사람으로서 조직감축 시에 우선적으로 감원대상이 된다.

4) 동료관계

직장에는 함께 입사했거나 같은 직급에서 일하는 동료들이 있다. 이러한 직장동료들은 나이, 전공분야, 관심사, 업무내용, 조직에서 겪는 고충 등 여러 측면에서 유사성이 많기 때문에 가장 친밀한 직업적 동반자이자 사교적 동반자가 될 수 있다. 그러나 대부분의 조직은 상위직으로 올라갈수록 직위의 수가 적은 피라미드 구조를 가지고 있기 때문에 진급과정에서 동료들이 경쟁자가 된다. 직무수행 평가에서도 동료들과의 상대적 평가에 의해 자신의 수행평가가 이루어진다. 마치 부모의 사랑을 얻기 위한 형제자매의 경쟁처럼, 상사의 인정을 받기 위한 동료들과의 경쟁이 나타날 수 있다. 이런 점에서 직장에서의 동료관계는 애착과 경쟁이 복합적으로 나타나는 미묘한 관계라고 할 수 있다.

직장에서의 동료관계는 개인에 따라 다양하게 나타날 수 있다. 앞에서 살펴보았듯이, 직장 중심적인 인간관계를 나타내는 사람은 동료들과의 관계를 중시하고 동료들에게 애정을 쏟으며 근무시간 외에도 취미활동이나 여가활동을 함께 하는 반면, 직장탈피적인 인간관계 유형은 동료들과의 관계가 피상적이며 퇴근 후에는 다른 인간관계에 시간과 애정을 투여한다. 또한 업무를 수행하고 상사의 인정을 받기 위한 과정에서 개인마다 동료를 배려하는 정도가 다르다. 이런

직장에서는 동료관계가 매우 중요하다.

측면에서 직장동료는 돌출형, 희생형, 원만형, 위축형으로 구분될 수 있다.

　돌출형은 동료에 대한 경쟁의식이 강한 사람으로서 상사에게 자신의 업무능력이나 성취를 과장되게 표현하거나 각별한 충성행동을 나타내는 경향이 있다. 이러한 유형의 사람들이 때로는 상사의 애정을 독점할 수 있으나 흔히 동료들로부터 빈축을 사거나 따돌림을 당할 수 있다. 반면, **희생형**에 속하는 사람은 동료를 위해서 자신의 이익을 희생하거나 손해를 감수한다. 자신의 성취를 드러내지 않거나 다른 동료의 공으로 돌리며 힘든 일을 자원하여 하는 경향이 있다. 이런 사람들은 경쟁관계의 긴장을 참지 못하거나 동료들로부터 소외되는 것을 두려워하는 경향이 있으며, 내면적으로 동료나 조직에 대한 불만을 지닐 수 있다. **원만형**은 업무활동이나 상사와의 관계에서 동료들과 균형을 이루는 동시에 동료관계에서 협동과 경쟁의 균형감각을 지닌 사람이라고 할 수 있다. 이들은 가장 원만한 동료관계를 유지하는 사람들이지만, 상사의 눈에는 평범한 직원으로 여겨질 수 있다. 이밖에도 자신의 직무능력에 대한 자신감이 없고 동료들에 대한 열등감을 지니며 동료관계에 소극적인 행동을 나타내는 **위축형**도 있다.

 멘토: 현명한 조언자

　사노라면 어렵고 힘든 문제 상황에 부딪힐 때가 많다. 특히 직장에서 스스로 해결하기 어려운 문제 상황을 맞게 되었을 때 현명한 조언자를 구하게 된다. 이러한 조언자를 **멘토**(mentor)라고 하는데, 조직이나 해당 업무에 대한 많은 경험과 지식을 가진 사람들이 이에 해당한다. 조언을 받는 사람은 **멘티**(mentee)라고 부른다. 일부 조직에서는 특정한 상사와 부하직원 간의 개인적인 유대관계를 지속적으로 형성하게 하고 상사가 부하를 지원하는 멘토링 시스템(mentoring system)을 도입하고 있다. 멘토는 멘티를 지도하고 조언해 주며 업무현장에서의 학습을 통해 멘티의 경력 발달에 도움을 주게 된다. 멘토는 멘티에 대해서 크게 경력지원 기능과 심리사회적 기능을 하게 되며, 그 구체적인 내용은 다음과 같다(정현, 탁진국, 2003).

경력지원 기능

- 후원(sponsorship): 멘티가 조직 내에서 바람직한 역할로 수평적 이동과 승진을 할 수 있도록 기회를 제공해 주거나 승진의사 결정자에게 영향력을 행사하는 것
- 노출(exposure): 멘티의 경력발전에 영향을 미칠 수 있는 다른 관리자들과 문서상 또는 직접적 접촉을 필요로 하는 업무를 부여하여 그들과 관계를 갖게 함으로써 멘티의 능력과 업무를 다른 관리자들에게 노출시켜 경력발전의 기회를 증대시켜 주는 것

- 코칭(coaching): 멘티가 부여된 업무를 성공적으로 수행하고 다른 사람들부터 인정을 받으며 경력목표를 달성하는 데 필요한 지식과 기술을 전수해 주는 기능
- 보호(protection): 멘티가 스스로 주어진 업무에서 만족할 만한 성과를 올리기까지 멘토가 멘티의 노출 및 소개를 유보시키고 멘티의 평판을 위협하는 불필요한 위협과 경력발전의 저해요인을 줄여 줌으로써 멘티를 보호하는 기능
- 도전적 업무부여(challenging assignment): 멘티에게 새로운 기술을 습득할 수 있는 도전적인 업무를 부여하고 그에 필요한 기술지원과 계속적인 성과에 대한 피드백을 제공함으로써 멘티의 업무수행능력을 개발시키고 성취감을 갖고 더 나아가 경력개발을 할 수 있도록 도와주는 기능

심리사회적 기능

- 역할모형(role model): 멘토가 기존의 조직구성원으로서 조직에 진입하는 멘티에게 조직 내에서의 적절한 행동방식, 태도, 가치관 등을 전해 줌으로써 멘티가 멘토를 바람직한 역할 모델로 설정하고 모방하도록 하는 역할전수자로서의 기능
- 상담(counseling): 멘티가 가지고 있는 고민, 두려움, 혼란, 불안 등과 같은 내적 갈등을 상의하고 해결방안을 제시하거나 함께 고민함으로써 멘티가 효과적으로 난관을 극복할 수 있도록 돕는 기능
- 수용 및 지원(acceptance and confirmation): 멘토와 멘티 간의 공유되는 긍정적인 신뢰를 바탕으로 상호호감과 상호존중을 통하여 멘티의 자아의식을 높여 주는 기능
- 우정(friendship): 멘토와 멘티가 업무상 또는 업무 이외에 사적으로 비공식적 관계를 맺음으로써 서로를 이해하고 호의적인 관계를 유지하는 기능

5. 직장인의 스트레스와 인간관계 갈등

직장은 인생의 보람을 얻는 곳인 동시에 스트레스의 원천이기도 하다. 직장조직에 고용되어 주어진 직무를 충실히 수행해야 하며 상하좌우의 직원들과 원활한 관계를 맺어야 한다. 조직 내에서 자신에게 주어진 역할을 제대로 수행하지 못하거나 동료직원들과 잦은 불화를 나타내게 되면 자신의 지위에 위협을 받게 되며 때로는 해고의 대상이 될 수도 있다. 더욱이 경제적 상황이 좋지 않아서 조직감축이 이루어질 때는 실직의 두려움이 증가된다. 특히 가족부양의 책임을 지고 있는 사람에게 실직은 가족 모두의 고통을 의미하기 때문에 고용불안이 심할 수밖에 없다.

　조직심리학자인 파커와 스프릭(Parker & Sprigg, 1999)은 "현대 조직의 모순은 사람들이 조직에서 개인적 성장, 기술개발, 타인과의 교류 기회를 가지면서도 한편으로는 불안정성, 모호성, 타인과의 경쟁, 일로부터의 무자비한 압박감을 겪는다는 데 있다"라고 진술하고 있다. 효율과 경쟁을 중시하는 현대 산업사회에서 대다수의 직장인들은 직업 스트레스에 시달리고 있다. 이러한 과도하고 지속적인 직업 스트레스는 신체적 · 심리적 질병의 주요한 원인이 되고 있다.

　직장인들이 직장생활에서 경험하는 스트레스는 매우 다양하지만, 크게 직무 스트레스와 인간관계 스트레스로 구분될 수 있다. **직무 스트레스**(job stress)는 직책과 관련된 업무를 수행하는 과정에서 경험하는 다양한 스트레스를 의미한다. 예를 들면, 과중한 업무, 업무완수를 위한 시간적 압박, 업무성과에 대한 책임, 업무성과에 대한 부정적 평가나 부당한 평가, 보상의 부족과 불공정, 열악한 업무환경 등이 이러한 직무 스트레스에 속한다.

　또한 직장인들은 업무수행 과정에서 상하좌우의 동료직원들과 교류하면서 갈등을 경험하게 된다. 직장에서의 **인간관계 스트레스**는 이처럼 업무보다는 직장 구성원과의 공적 또는 사적 인간관계 속에서 경험하게 되는 심리적 부담과 갈등을 의미한다(Cooper, 1986). 일반적으로 직장에서의 인간관계 스트레스는 직무 스트레스보다 더 고통스럽게 느껴지며 직장 부적응의 주요한 원인이 되고 있다. 직장인들이 직장에 불만을 느끼고 전직이나 이직을 고려하는 주요한 이유 중의 하나가 직장에서 느끼는 인간관계의 갈등과 스트레스다. 또한 이러한 인간관계 스트레스는 직무동기를 저하시키고 업무수행의 효율성을 떨어뜨려 직무 스트레스를 야기하기도 한다.

　직장에서 느끼는 인간관계 스트레스는 매우 다양하다. 이러한 스트레스는 개인이 봉직하는 직장의 전반적 분위기, 직장구성원의 특성, 직장에서의 지위 등에 따라 그 내용이 다르다. 여기에서는 새로운 직업세계로 나서는 젊은이들이 알아두어야 할 주요한 인간관계 스트레스를 살펴보기로 한다.

1) 직장생활 초기의 적응문제

　입사 후 직장에서 새로운 인간관계를 형성하는 과정에서 여러 가지 스트레스를 경험할 수 있다. 변화된 상황에서 낯선 사람들과 새로운 인간관계를 맺는 것은 누구에게나 부담스러운 일이다. 특히 대학과 같이 자유로운 분위기에서 생활하다가 직장의 위계적인 인간관계 구조에 적응하는 일은 쉬운 일이 아니다. 직장의 상사나 인간관계 구조의 특성을 잘 파악하여 적절한 행동을 보이는 것이 중요하다. 직장선배로서의 상사에 대한 존중적 태도와 직장적응을 위한 열성적 태도를 나타내는 일이 중요하다. 아울러 직장의 명시적 또는 암묵적 기대와 규칙을 잘

직장적응 훈련을 받고 있는 신입사원들

지키는 것도 중요하다. 〈표 12-3〉에서 제시한 바 있듯이, 어떤 직장이든 고용주나 직장 상사들은 부하직원에 대해서 여러 가지 암묵적 기대를 지니고 있다. 이러한 기대를 잘 파악하여 그에 어긋나지 않도록 하는 노력이 필요하다. 흔히 부적절한 옷차림새, 근무시간 미준수, 예의 없는 말투, 지나치게 개인주의적인 행동 등 미숙한 처신은 직장에서의 인간관계 적응에 어려움을 초래할 수 있다.

2) 상사와의 갈등

직장에는 상사와 부하직원 간의 갈등이 많다. 직장은 업무수행을 위한 위계적 조직사회이기 때문에 업무를 지시하는 상사와 이를 수행하는 부하 간에 갈등이 생겨나기 쉽다. 부하직원이 불만을 느끼는 상사의 유형에는 부당하고 무리한 업무를 강요하는 상사, 평소 업무지시나 언행에 있어서 부하를 비인격적으로 대하는 상사, 부하직원의 능력을 무시하고 부하직원의 업무수행에 정당한 평가나 보상을 해 주지 않는 상사, 특정한 부하직원을 편애하거나 홀대하는 상사 등이 있다. 이러한 상사와 불편한 관계를 맺은 채 직장생활을 지속하는 것은 매우 고통스러운 일이다.

이에 반해 상사가 불만을 느끼는 부하직원에는 지시한 일을 제대로 수행하지 못하는 부하, 사사건건 이의를 제기하고 저항하는 부하, 상사에 대한 예의나 존중적 태도가 없는 부하, 조직의 규율을 지키지 않고 제멋대로 행동하는 부하, 조직에 대한 소속감이 없이 개별적으로 행동하는 부하 등이 있다. 흔히 상사에게 불만을 지닌 부하직원은 직접적으로 불만을 표현하기 어렵기 때문에 업무를 소홀히 하거나 다른 일에서 이의를 제기하는 등 간접적으로 불만을 표현하는 경우가 많다. 상사 역시 부하의 이러한 태도에 불만을 느끼게 되어 더욱 비판적인 행동을 보임으로써 상사와 부하직원의 관계가 점점 더 악화되는 악순환을 형성할 수 있다.

상사와 부하의 관계는 상호작용적이다. 대부분의 상사는 부하직원의 태도에 따라 그를 대하는 태도가 달라진다. 마찬가지로 부하직원의 행동은 상사가 어떻게 그를 대하느냐에 달려 있다. 원만한 상사부하관계를 위해서는 상사는 부하를 존중하고 부하는 상사를 존경하는 태도가 필수적이다.

비위 맞추기 행동: 아첨인가 대인기술인가?

　비위 맞추기 행동(ingratiatory behavior)은 다른 사람에게 자신을 보다 매력적으로 보이도록 만들기 위해 사용하는 행동을 의미한다. 직장처럼 위계적인 조직사회에서는 상사에 대한 비위 맞추기 행동이 중요한 역할을 한다. 부하가 상사에게 흔히 나타내는 비위 맞추기 행동에는 아래와 같이 다양한 것들이 있으며 내용별로 크게 6가지 유형으로 나눌 수 있다(고재원, 1995).

• 상사의 자존심을 고양시키는 방법
 – 비록 사소한 것이라도 상사의 업적이나 장점에 대해 찬사를 보낸다.
 – 상사의 능력에 감탄한다는 것을 보여 주기 위해 그가 스스로 뛰어나다고 생각하는 분야에 대해 조언을 요청한다.
 – 상사를 높게 평가한다는 인상을 전달하기 위해 그의 좋은 자질들을 과장한다.
 – 상사의 경험으로부터 많은 것을 배울 수 있었다고 말한다.
 – 주어진 상황에서 나를 도와줄 수 있는 사람은 오로지 그 상사뿐이라는 인상을 심는다.
 – 운동경기나 게임 등에서 상사의 기분을 상하지 않게 하기 위해 일부러 져 준다.

• 상사에게 호의를 제공하는 방법
 – 명절이나 상사의 생일 등에 선물을 한다.
 – 상사가 개인적으로 필요한 물품을 내 돈으로 사 준다.
 – 술값을 대신 지불하는 등 돈으로 상사에게 호의를 제공한다.
 – 흥미가 없는 내용이지만, 상사의 개인적 이야기를 들어 주는 데 시간을 보낸다.
 – 상사가 이사를 하거나 집안 경조사와 같은 일이 있을 경우 그를 돕기 위해 지원을 한다.
 – 상사의 일이 나에게는 업무 이외의 일일지라도 그를 도와준다.

• 상사에게 나의 가치를 알리는 방법
 – 내가 좋은 평판을 받고 있다는 것을 상사가 알 수 있도록 노력한다.
 – 나의 좋은 수행결과나 업적들을 상사에게 인식시키기 위해 노력한다.
 – 상사에게 나의 선행이나 장점들을 알릴 수 있는 기회를 찾는다.
 – 상사가 나의 능력을 확신하도록 나의 역량을 설득적으로 제시하기 위해 노력한다.
 – 상사에게 내가 열심히 일하는 것처럼 보이기 위해 부하들을 엄하게 다루고 심하게 일을 시킨다.

• 상사의 마음에 들기 위해 과잉 업무행동을 하는 방법
 – 상사의 마음에 들기 위해 업무지시에 대해서 과잉행동을 한다(말로 하거나 볼펜으로 써서 제공해도 되는 일을 타이핑하여 제시하는 일 등).

- 상사가 휴일에 출근하는 경우에는 내 일이 없더라도 출근한다.
- 상사가 퇴근하지 않을 경우에는 업무가 없어도 퇴근하지 않는다.
- 늦게까지 또는 종종 주말에 일하는 등과 같은 상사의 행동을 따라하려고 노력한다.
- 상사에 대한 나의 헌신적인 마음을 보여 줄 수 있는 일들을 하기 위해 노력한다.
- 나의 일을 제쳐 두고 상사의 일을 먼저 처리한다.

• 상사의 의견에 동조하는 방법
- 상사가 새로운 아이디어를 제시할 경우, 비록 내가 그 의견을 좋아하지 않더라도 공감하는 것처럼 행동한다.
- 상사가 어떤 것에 흥미를 보이는 경우, 비록 내가 그것을 좋아하지 않더라도 관심을 표현한다.
- 상사의 유머가 실제로는 재미없지만 애써 웃는다.
- 상사가 나로부터 지지를 기대하는 쟁점에 대해서는 동의한다.

• 상사와의 유사성을 강조하는 방법
- 상사와 내가 서로 유사하다는 것을 알리기 위해 그와 유사한 업무 태도를 표현한다.
- 나는 별로 좋아하지 않지만 그가 좋아하는 운동이나 취미에 함께 동참한다.

비위 맞추기 행동은 경우에 따라 아첨행동이 될 수도 있고 긍정적인 강화행동이 될 수도 있다. 인간은 누구나 자신에게 호감을 보이는 사람을 좋아한다. 직장에서 상사와 부하가 서로 호감을 느끼는 긍정적 관계는 직장 내의 인간관계뿐만 아니라 일의 효율을 위해서도 바람직하다. 따라서 부하가 적절한 비위 맞추기 행동을 통해서 상사에게 호감과 존경을 표현하는 일은 효과적인 강화행동으로서 바람직한 대인기술이 될 수 있다. 그러나 이런 행동이 때로는 아부나 아첨행동으로 비칠 수도 있다. 특히 이기적이고 불순한 목적을 위해서 진실성이 결여되고 과장된 방법으로 이루어지는 비위 맞추기 행동은 아첨행동이 될 수 있다. 그러나 어떤 행동이 현명한 강화행동인지 불순한 아첨행동인지를 구분하는 것은 매우 어렵다. 어떤 사람은 비위 맞추기 행동을 부적절하게 남발하여 상사나 주위 사람들에게 아첨꾼으로 빈축을 사는 반면, 어떤 사람은 비위 맞추기 행동에 대해 지나친 거부감을 가지고 있어서 상사에게 오만하고 뻣뻣한 부하로 오해를 받기도 한다. 상사와 좋은 인간관계를 형성하기 위해 부하로서 어떤 행동과 자세를 취하는 것이 지혜로운 것인지 깊이 생각해 볼 일이다.

3) 동료직원과의 갈등

동료직원은 흔히 나이나 직위가 비슷하기 때문에 매우 친밀한 동료관계를 맺을 수 있지만 또한 갈등을 초래할 소지도 높다. 동료직원과는 흔히 상사의 업무지시를 공동으로 수행하는 경우가 많기 때문에 업무를 배분하고 수행하는 과정에서 여러 가지 갈등이 생길 수 있다. 업무가 공정하게 배분되지 못하거나 업무를 수행하는 방식에 차이가 있을 수 있다. 이때 동료직원은 협력자인 동시에 경쟁자이기도 하다.

직장인에게는 진급과 승진이 커다란 보상이다. 그러나 승진할 수 있는 직위는 제한되어 있기 때문에 소수의 우수한 직원만이 승진할 수밖에 없다. 따라서 동료직원과의 상대적 평가에 의해 자신의 업무성적이 평가되고 승진 여부가 결정된다. 동료직원의 우수한 업무성적은 자신의 승진 가능성이 감소함을 의미할 수 있다. 이러한 관계에서 흔히 동료직원들은 상사에게 자신의 능력을 증명하기 위해 업무수행이나 상사와의 개인적 유대관계 형성에서 충성행동을 경쟁적으로 하게 된다. 이런 과정에서 동료직원과의 인간관계에 갈등이 생길 수 있다. 뿐만 아니라 다른 부서 직원과의 갈등 역시 직장에서 경험하는 스트레스가 될 수 있다. 업무를 수행하는 과정에서는 흔히 다른 부서의 직원과 도움을 주고받는 관계를 맺게 된다. 이러한 과정에서 다른 부서의 직원과 갈등이 유발될 수 있으며 이러한 갈등으로 인해 부서 간의 협조가 잘 이루어지지 않는 경우도 있다.

4) 직장과 가정의 갈등

누구에게나 직장생활과 가정생활은 모두 소중하다. 그러나 직장생활에 전념하다보면 가정생활에 소홀해지고, 가정생활에 충실하다보면 업무수행이 저하된다. 이처럼 직장생활과 가정생활 간의 갈등을 **직장-가정 갈등**(work-family conflict)이라고 한다. 직장-가정 갈등은 직장에서의 역할로부터 나오는 요구와 가정에서의 역할로부터 나오는 요구가 갈등을 일으키게 되는 일종의 역할 간 갈등이라고 할 수 있다(장재윤, 김혜숙, 2002). 즉, 개인의 신체적·심리적·정서적 자원들은 제한되어 있고 이러한 자원들이 직장과 가정에서 조화롭게 사용되지 못할 때 직장이나 가정에서의 역할수행에 문제가 발생하게 되는 것이다. 예컨대, 야근으로 가사일을 하지 못하거나 아이들과 함께 지내지 못하는 경우가 있다. 또는 아이나 배우자의 질병으로 인해 결근하는 경우가 있다. 특히 맞벌이 부부의 경우에 직장-가정 갈등을 심하게 경험하는 경향이 있다. 직장과 가정에서의 역할로부터 나오는 요구들 간의 균형을 유지하는 일은 개인뿐만 아니라 조직에도 중요한 과제다.

직장생활과 가정생활은 매우 밀접한 관계를 맺고 있어서 서로 영향을 주고받는다. 직장 일이 바빠서 주말에 자녀와 함께하지 못하거나 배우자에게 소홀하게 되면 가족관계에 문제가 생길 수 있다. 반면, 가정 일에 지나치게 관심을 기울이게 되면 결근하는 일이 잦게 되거나 직무수행이 저하될 수 있다. 또한 직장에서의 스트레스는 흔히 가정에서 배우자나 자녀에게 전달될 수 있다. 또는 가정에서의 스트레스가 직장에서 동료나 부하에게 표현될 수 있다. 이처럼 밀접한 관계를 맺고 있는 직장생활과 가정생활을 원만하게 영위해 나가는 동시에 이러한 두 생활영역의 균형과 조화를 이루는 일은 모든 직장인에게 중요한 과제다.

5) 조직문화에의 부석응

　모든 조직은 나름대로의 독특한 문화를 가지고 있는데, 이를 조직문화라고 한다. **조직문화**는 특정한 조직의 구성원들이 공유하고 있는 언어, 가치, 태도, 신념, 관습 등을 의미한다. 예컨대, 군대조직은 독특한 군대문화를 가지고 있으며, 기업체는 각기 독특한 기업문화를 가지고 있다. 새로운 직장에서 이러한 직장문화에 적응하지 못하여 어려움을 겪는 사람들이 있다. 슈나이더(Schneider, 1987)에 따르면, 조직은 유사한 성격과 가치를 지닌 사람들을 유인하고, 그러한 사람들을 선발하여 고용하며, 조직에서 공유되는 가치와 맞지 않는 사람들을 퇴출시킴으로써 동질적인 가치와 태도로 구성된 조직문화를 형성하게 된다. 이를 **유인-선발-퇴출**(attraction-selection-attrition) 모델이라고 한다.

　이처럼 대부분의 직장에는 구성원 간의 인간관계에 영향을 미치는 나름대로의 독특한 문화가 있다. 예를 들어, 어떤 직장은 직원 간의 위계질서가 매우 강하여 상사의 지시에는 무조건적으로 순종해야 하며 상사의 업무지시가 매우 권위적이고 공격적인 경우도 있다. 어떤 직장은 직원들 간의 정서적인 유대를 형성하기 위해 자주 회식, 술자리, 오락, 유흥을 하며 모든 직원들이 이에 참여하기를 강요하는 경우도 있다. 이러한 직장문화가 개인의 성격이나 가치관에 맞지 않으면 적응하기 어려우며 스트레스 요인이 될 수 있다.

　이밖에도 직장인에게는 여러 가지 스트레스가 존재한다. 직장의 인사이동에 의해 근무부서를 바꾸어야 하거나 전근으로 인해 근무지를 옮겨야 하는 경우도 있다. 이런 경우, 새로운 부서나 낯선 근무지로 옮겨 새로운 인간관계를 맺어야 한다. 이렇듯 잦은 부서이동이나 전근은 새로운 인간관계의 형성이라는 스트레스를 주게 된다. 뿐만 아니라 먼 근무지로 옮겨야 하는 경우에는 가족 전체가 이사를 하거나 가족과 떨어져 지내야 하는 경우가 생길 수도 있다. 이런 경우 가정생활이나 가족과의 관계에 많은 변화가 생길 수 있다.

자기평가: 나의 일중독 성향은?

　　일과 사랑은 삶의 두 기둥이다. 즉, 직업활동과 인간관계는 우리 인생의 주요한 2가지 영역이다. 건강한 삶은 이 2가지 영역이 균형과 조화를 이루며 사는 삶이다. 그러나 일과 인간관계의 균형을 이루는 일은 쉽지 않다. 특히 업적과 성취를 중시하는 경쟁사회에서는 삶의 비중이 일과 직업활동으로 기울어질 가능성이 높다. 이러한 경향이 지나치면 소위 **일중독증**(work addiction, workaholism)에 빠질 수 있다(Robinson, 1989). **일중독자**(workaholics)는 일에 강박적으로 매달리는 사람으로서 늘 일에 쫓기며 살아가고 인간관계를 소홀히 하는 경향이 있다. 이들은 자신을 혹사하는 업무습관으로 인하여 다양한 신체적 증상이 나타나게 되며 인간관계의 부적응을 나타낼 수 있다. 현대사회에는 이러한 일중독자가 많다. 이런 점에서 과연 나는 어떤가? 혹시 일중독증에 빠져 있지는 않은가? 나의 일중독 성향은 어느 정도인가? 아래에는 이러한 일중독 성향을 평가해 볼 수 있는 검사가 제시되어 있으니 자기 자신을 진단해 보기 바란다.

　　아래의 문항을 하나씩 읽고 각 문항이 자신에게 해당되는 정도에 따라 적당한 숫자에 ○표 하라.

전혀 그렇지 않다	거의 그렇지 않다	종종 그렇다	항상 그렇다
1	2	3	4

1. 나는 대부분의 일에서 남의 도움을 받기보다 혼자서 해 내려고 한다. ············ 1　2　3　4
2. 나는 누군가를 기다려야 하거나 천천히 진행되어 오래 걸리는 일을 잘
　참지 못한다. ··· 1　2　3　4
3. 나는 시간에 쫓기며 바쁘게 사는 경향이 있다. ·················· 1　2　3　4
4. 어떤 일을 한창 하고 있을 때 누가 방해하면 짜증이 난다. ············ 1　2　3　4
5. 나는 많은 일에 손을 대서 늘 바쁘다. ························· 1　2　3　4
6. 나는 동시에 여러 가지 일(예: 빵을 먹으며 전화하고 메모를 함)을 하는
　경향이 있다. ··· 1　2　3　4
7. 나는 내가 감당할 수 있는 일을 넘어 지나치게 많은 일에 관여하는
　경향이 있다. ··· 1　2　3　4
8. 나는 뭔가 일을 하고 있지 않으면 마음이 편치 않다. ············· 1　2　3　4
9. 나는 내가 하는 일의 가시적인 성과를 중요시한다. ··············· 1　2　3　4

10. 나는 일의 진행과정보다 최종결과에 더 많은 관심을 갖는다. ························· 1 2 3 4

11. 나는 왠지 일들이 신속하게 진행되는 것 같이 느낄 때가 많다. ············· 1 2 3 4

12. 나는 일이 내 계획대로 진행되지 않는 것을 견디기가 어렵다. ············· 1 2 3 4

13. 나는 내가 이미 해답을 얻은 질문에도 계속 매달리는 경향이 있다. ·········· 1 2 3 4

14. 나는 미래의 일에 대해서 생각하고 계획하는 데 많은 시간을 쓴다. ·········· 1 2 3 4

15. 나는 동료들이 일을 중단한 후에도 계속 일을 하는 경향이 있다. ·········· 1 2 3 4

16. 나는 사람들이 나의 완벽한 기준에 미치지 못하면 화가 난다. ············· 1 2 3 4

17. 나는 내 마음대로 통제할 수 없는 상황에 있으면 매우 불편하다. ··········· 1 2 3 4

18. 나는 일을 할 때 스스로 최종 시한을 정해 놓고 스스로를 압박하는
    경향이 있다. ····················· 1 2 3 4

19. 나는 일하고 있지 않을 때 느긋하게 쉬기가 어렵다. ················· 1 2 3 4

20. 나는 친구와 지내거나 취미 또는 여가활동을 하는 것보다는 일을 하는 데에
    더 많은 시간을 보낸다. ················· 1 2 3 4

21. 나는 과제 수행 시 준비가 제대로 되기도 전에 일을 빨리 착수하기 위해
    과제에 뛰어드는 경향이 있다. ··············· 1 2 3 4

22. 나는 사소한 것이라도 실수를 하면 마음이 매우 불편하다. ············· 1 2 3 4

23. 나는 배우자(연인)나 가족과의 관계보다는 나의 일에 대해서 더 많은 생각과
    시간과 에너지를 투여한다. ················· 1 2 3 4

24. 나는 가족의 생일이나 기념일을 잘 잊으며 중요하게 생각하지도 않는다. ········ 1 2 3 4

25. 나는 자료를 충분히 검토하지 않고 중요한 일을 일단 벌이고 보는 경향이 있다.
    ······························ 1 2 3 4

■ **채점 및 해석**

모든 문항의 점수를 합하면 총점이 된다. 총점에 따라 다음과 같은 해석이 가능하다.

➜ 25~54점: 일중독증과 거리가 멀다. 비교적 건강한 업무습관을 지니고 있으며 일과 인간관계
   를 균형있게 영위하고 있다.

➜ 55~69점: 약간 일중독 성향이 있다. 일에 다소 강박적으로 매달리는 경향이 있으며 인간관계
   를 소홀히 할 수 있다. 앞으로 이런 경향이 더욱 심해져서 일중독증에 빠질 가능성이 있으므로
   주의가 필요하다.

➜ 70~100점: 일중독 성향이 높다. 인간관계의 중요성을 인식하고 가족, 연인, 친구에게 좀 더
   많은 관심을 기울이는 것이 필요하다. 아울러 강박적 업무습관으로 인해 신체적·정신적 건강
   이 손상될 가능성이 있으므로 주의를 요한다.

요약

1. 직업은 휴식과 여가활동을 제외한 모든 생산적인 활동을 의미한다. 직업은 생계유지를 위한 수단일 뿐만 아니라 개인의 능력을 발휘하는 자기실현의 장이기도 하다. 직장은 개인이 인생에서 가장 많은 시간을 보내는 곳으로서 직장동료와 원만한 인간관계를 맺는 일은 직업적 성공뿐만 아니라 개인의 행복을 위해서 매우 중요하다.

2. 직업에 만족하기 위해서는 개인과 직업의 특성이 서로 잘 부합되어야 한다. 현명한 직업선택을 위해서는 개인의 특성(가치관, 흥미, 성격, 적성, 능력)과 직업적 특성(업무 특성, 필요한 능력과 자질, 보상체계 및 미래의 전망)을 신중하게 고려하는 것이 바람직하다.

3. 만족스러운 직장생활을 위해서는 직업사회와 직장의 속성을 잘 이해하는 것이 중요하다. 직장은 직업적 활동을 위해 많은 사람으로 구성된 조직으로서 독특한 권력구조, 소통구조, 친교구조를 지니고 있을 뿐만 아니라 직원을 선발하여 부서에 배치하고 직무수행을 평가하여 직위이동을 결정하는 인사관리체계를 가지고 있다.

4. 직무만족은 자신의 직무로부터 얻는 즐거움의 정도를 의미한다. 직무만족은 개인의 심리적 특성, 직무의 객관적 특성, 직무에 대한 개인의 해석 등의 영향을 받는다. 특히 직무만족에 영향을 미치는 주된 요인으로는 자신의 직무에 열중하는 직무관여, 직장에 자부심을 느끼고 충성하는 조직몰입, 조직이 구성원에게 공정한 대우를 하고 있다고 지각하는 조직공정성 등이 있다.

5. 직장은 위계적인 인적 구조를 지니고 있기 때문에 만족스러운 직장생활을 위해서는 상사, 동료, 부하와의 원만한 인간관계가 중요하다. 상사의 위치에서는 부하직원의 업무지휘자, 감독평가자, 선도혁신자, 중계조정자, 화합촉진자로서 리더십을 잘 발휘하는 것이 필요하다.

6. 직장은 인생의 보람을 찾는 곳인 동시에 스트레스의 원천이기도 하다. 직장인들이 경험하는 스트레스는 크게 직무 스트레스와 인간관계 스트레스로 구분할 수 있다. 직무 스트레스는 직책과 관련된 업무를 수행하는 과정에서 경험하는 다양한 스트레스(과중한 업무, 시간적 압박, 업무성과에 대한 책임, 보상의 부족과 불공정 등)를 의미하는 반면, 인간관계 스트레스는 직장 구성원과의 공적 또는 사적 인간관계 속에서 경험하게 되는 심리적 부담과 갈등(상사와의 갈등, 동료직원과의 불화 등)을 뜻한다.

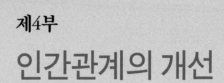

제4부

인간관계의 개선

제13장

행복하고 성숙한 인간관계

학 습 목 표

1. 긍정심리학에서 제시하는 행복의 정의를 설명할 수 있다.
2. 행복에 강력한 영향을 미치는 요인들을 이해한다.
3. 행복에 대한 주요한 심리학적 이론을 설명할 수 있다.
4. 성숙한 사람들의 공통적인 심리적 특징을 이해한다.
5. 성숙한 사람들이 나타내는 인간관계의 특징을 제시할 수 있다.

인간은 누구나 행복한 삶을 원한다. 그러나 행복이라는 용어만큼 추상적이고 모호한 말도 없다. 과연 행복이란 무엇인가? 행복한 삶이란 어떤 것인가? 인간은 어떤 상태에서 행복감을 느끼는가? 어떤 삶의 조건이 인간을 행복하게 하는가? 행복한 삶을 위해서는 어떤 준비와 노력이 필요한가? 진정으로 행복한 삶을 추구하는 사람이라면 깊이 생각해 보아야 할 물음들이다.

삶의 중요한 영역인 인간관계를 원만하고 성숙하게 영위하는 것은 행복한 삶을 위해 필수적인 조건이다. 그렇다면 과연 원만하고 성숙한 인간관계는 어떤 것인가? 행복한 삶을 위해서 우리가 지향해야 할 바람직한 인간관계는 어떤 것인가? 만족스러운 인간관계를 위해서는 어떤 노력이 필요한가?

이러한 물음에 대해서 모두가 동의할 수 있는 정답을 찾기는 어렵다. 어떤 이는 따뜻하고 친밀한 인간관계를 원하고, 어떤 이는 생산적이고 효율적인 인간관계를 바란다. 어떤 이는 소수의 사람들과 깊이 있는 우정을 추구하고, 어떤 이는 다양한 많은 사람들과의 교제를 즐긴다. 어떤 이는 이성적인 사랑을 원하고, 어떤 이는 열정적인 사랑을 원한다. 행복한 삶과 이상적인 인간관계에 대한 정답은 없다. 개인마다 자신의 인생관과 가치관에 따라 생각이 다르기 때문이다. 이처럼 인간은 개인차를 지니고 있지만 또한 보편적인 심리적 속성을 지닌다. 대다수의 사람들이 행복을 느끼는 공통적인 조건들이 있다. 성숙한 삶을 살아가는 사람들이 공통적으로 나타내는 인간관계의 양식들이 있다. 심리학에서는 이처럼 행복하고 성숙한 삶을 영위하는 사람들에 대한 연구가 이루어지고 있다. 행복한 삶과 성숙한 인간관계에 대한 심리학의 이론들을 이해함으로써 우리가 지향해야 할 삶과 인간관계에 대한 좀 더 현명한 선택이 가능할 것이다.

1. 행복의 심리학

최근에 심리학에서는 인간의 행복에 대한 관심이 늘어나고 있다. 행복, 삶의 질, 주관적 안녕이라는 주제를 다룬 연구들이 급격히 증가하고 있으며, 이러한 주제를 연구하는 긍정심리학(positive psychology)이라는 학문분야가 대두되었다(권석만, 2008).

인간은 쾌락을 추구하고 고통을 회피하는 근본적인 성향을 지닌다. 그런데 인간은 일반적으로 쾌락추구보다는 고통회피를 우선시하는 경향이 있다. 인간이 경험하는 감정을 기술하는 어휘 중에는 긍정적 감정보다 부정적 감정을 기술하는 것이 훨씬 많다. 즉, 인간은 긍정감정보다 부정감정에 더 많은 관심을 보이기 때문에 그러한 감정을 세분하여 기술하고 표현하는 어휘가 많은 것으로 이해된다. 인간에 대한 학문적 관심에 있어서도 마찬가지의 현상이 나타나고 있다. 심리학의 경우, 인간의 불행과 고통을 초래하는 부적응적 행동에 대해서는 많은 연구가 이루어졌지만, 인간의 행복과 성숙에 대한 학술적 이해는 상대적으로 부족한 실정이다. 인간의 부정적 측면을 다룬 심리학적 연구논문이 긍정적 측면을 다룬 논문보다 17배나 많다는 조사자료가 있다(Myers & Diener, 1995). 이러한 현상은 행복을 추구하기보다 불행을 극복하는 것이 더 시급하고 절실했기 때문일 것이다.

그러나 불행의 극복이 행복의 증진을 의미하는 것은 아니다. 즉, 불행의 극복은 행복 증진의 필요조건일 뿐 충분조건이 아니다. 행복은 불행의 극복뿐만 아니라 삶에서 누릴 수 있는 긍정적인 경험을 적극적으로 추구하는 노력을 통해서 증진되는 것이다.

1) 행복과 주관적 안녕

우리 사회에서는 한때 웰빙(well-being)이라는 용어가 유행하여 지금까지 널리 사용되고 있다. 과연 어떻게 사는 것이 잘 사는 것일까? 행복하다는 것은 어떤 삶의 상태를 의미하는가?

행복한 사람은 어떤 특성을 지니고 있는가? 어떤 국가의 사람들이 가장 행복할까? 이러한 물음에 대한 학문적 관심은 1960년대부터 증대되었다. 국가는 국민 대다수의 행복을 증대시키는 것이 궁극적인 목적이다. 따라서 국가의 발전과 기능 정도를 국민의 행복 정도에 의해 평가하려는 학문적 시도가 나타났다. 국가, 계층, 연령, 성별, 종교 등에 따른 집단구성원이 느끼는 삶의 행복감이나 만족도를 측정하려는 사회지표운동(social indicators movement)이 일어나 행복과 관련된 인구사회학적 요인을 밝히려는 많은 연구가 진행되었다(Duncan, 1969). 그러나 행복감은 개인이 생활 속에서 주관적으로 경험하는 것이기 때문에, 인구사회학적 변인은 삶의 만족도에 영향을 주는 일반적인 요인일 뿐 개인의 주관적 행복을 설명하는 데에는 한계가 있다고 지적되었다. 따라서 최근에는 개인의 행복에 영향을 미치는 심리적 요인에 대한 연구가 활발하게 진행되고 있다. 이러한 연구에서는 행복이라는 일상적 용어보다 주관적 안녕(subjective well-being), 삶의 질(quality of life), 삶의 만족도(life satisfaction)라는 용어를 사용하는 경향이 있다.

　주관적 안녕은 가장 널리 사용되는 용어로서 다양한 정의가 있으나 일반적으로 정서적 요소와 인지적 요소로 구성된다고 본다(Diener, 1984, 1994). 주관적 안녕의 정서적 요소는 긍정적 정서와 부정적 정서를 말한다. 긍정적 정서와 부정적 정서는 서로 연관되어 있으나 상당히 독

행복한 사람들은 긍정정서를 자주 느끼고 자신의 삶에 만족하며 살아간다.

립적인 것으로 알려져 있다. 반면, 인지적 요소는 개인이 설정한 기준과 비교하여 삶의 상태를 평가하는 의식적이고 인지적인 판단을 의미하며 삶의 만족도라고 흔히 지칭된다. 주관적 안녕을 구성하는 정서적 요소와 인지적 요소는 서로 밀접한 관계에 있지만 상당히 독립적으로 변화하며 다른 요인과의 관계에서 차이를 나타낸다. 일반적으로 정서적 반응은 단기적인 상황 변화에 대한 직접적인 반응으로서 지속기간이 짧으며 무의식적 동기나 생리적 상태의 영향을 받는 경향이 있다. 반면에 인지적 반응은 보다 장기적인 삶의 상태에 대한 의식적 평가로서 삶의 가치관이나 목표의 영향을 받는다. 이러한 심리적 요소로 구성되는 주관적 안녕은 많은 긍정적 정서와 적은 부정적 정서 그리고 높은 삶의 만족도를 경험하는 상태로 정의된다. 주관적 안녕의 구성요소를 좀 더 자세하게 제시하면 〈표 13-1〉과 같이 요약할 수 있다 (Diener, Suh, Lucas, & Smith, 1999).

〈표 13-1〉 주관적 안녕의 요소들

긍정정서	부정정서	삶의 만족도	만족의 영역
즐거움	슬픔	현재 삶에 대한 만족	일과 직업
고양된 기분	불안과 걱정	과거 삶에 대한 만족	가족
만족	분노	미래에 대한 만족	여가
자기가치감	스트레스	삶의 변화에 대한 욕구	건강
애정	우울감	자신의 삶에 대한	재정상태
행복감	시기와 질투	중요한 타인의 견해	자기
기쁨과 환희	죄책감과 수치심		소속집단

2) 행복에 영향을 미치는 요인

주관적 안녕에 관한 초기 연구자인 윌슨(Wilson, 1967)은 젊고, 건강하고, 잘 교육받고, 돈을 잘 벌고, 외향적이고, 낙천적이고, 걱정이 없으며, 종교적이고, 결혼한 사람으로서 자기존중감, 직업의욕, 적절한 포부를 지닌 사람이 행복하다고 주장하였다. 이후 그가 주장한 주관적 안녕의 요인에 대해서 많은 경험적 연구가 이루어졌다. 주관적 안녕에 영향을 미치는 주요한 요인으로 간주되는 성격특징, 건강, 경제적 수입, 종교, 결혼, 나이, 성별, 직업적 사기, 교육수준, 지능에 대한 연구결과를 간략히 살펴보면 다음과 같다(Diener et al., 1999).

주관적 안녕에 영향을 미치는 **성격적** 요인으로는 외향성, 정서적 불안정성, 자기존중감, 낙관성이 중요한 것으로 알려져 있다. 일반적으로 외향적이고 낙천적이며 자기존중감이 높은 사람이 행복감을 많이 느낀다. 특히 자신, 미래, 환경에 대한 자신의 통제능력을 실제 이상으로 높게 평가하는 **긍정적 착각**(positive illusion)을 지닌 사람이 행복하고 성공적인 삶을 사는 것으로 밝혀졌다. 반면에 정서적으로 불안정한 신경과민성을 지닌 사람은 불행감을 느끼는 경향이 있다. 그러나 성격적 요인은 그 자체보다 환경적 요인과의 상호작용을 통해서 주관적 안녕에 영향을 미치는 것으로 밝혀졌다.

건강은 주관적 안녕과 밀접한 관계에 있다. 질병은 개인이 지향하는 목표 달성을 방해하므로 주관적 안녕에 부정적인 영향을 미친다. 특히 질병이 심각하여 다양한 만성적 문제를 야기할 경우에는 더욱 그러하다. 그러나 경미한 질병의 경우에는 쉽게 적응할 수 있기 때문에 그 영향력이 미미한 것으로 밝혀졌다. 질병과 장애는 그에 적응하는 개인의 적응능력에 따라 주관적 안녕에 미치는 영향력이 달라진다.

경제적 수입은 기본적 욕구를 충족시키고 추구하는 목표를 달성하는 데에 도움을 주기 때문에 주관적 안녕에 중요한 영향을 미치는 것으로 생각되어 왔다. 그러나 경험적 연구에 따르면, 전반적으로 그 영향력이 미미한 것으로 밝혀졌다. 물론 음식, 주거, 질병 치료와 같은 기본적 욕구를 충족하지 못하는 가난은 주관적 안녕에 악영향을 미친다. 그러나 이러한 기본적 욕구가 해결된 상태에서는 수입이나 재산이 주관적 안녕에 미치는 영향이 미미한 것으로 밝혀졌다. 즉, 경험적 연구 결과 돈이 매우 많은 사람들이 특별히 행복하지는 않았다. 절대적인 재산보다는 수입의 증가가 주관적 안녕에 긍정적 영향을 미치게 되지만, 증가된 수입에 곧 익숙해지기 때문에 주관적 안녕에 미치는 영향은 일시적이다. 물론 국가 간 비교에서 경제적 발전을 이룬 국가의 국민은 그렇지 않은 국가의 국민보다 훨씬 행복하고, 경제적으로 발전한 국가에서도 부유한 사람이 가난한 사람보다 행복하다는 조사 결과도 있다. 그러나 개인적 평균소득의 증가에 비례해서 주관적 안녕이 증가하는 것은 아니다.

종교는 정신건강에 도움이 되며 주관적 안녕에 영향을 미치는 것으로 알려졌다. 종교는 개인적으로 삶의 의미를 제공하고 생활 속의 위기대처에 도움을 줄 뿐만 아니라, 사회적으로는 집단적 정체감을 느끼게 하고 비슷한 가치와 태도를 지닌 사람들과의 사회적 지지체계를 형성하게 한다. 종교는 특히 사회적 지지가 부족한 사람에게 커다란 도움이 된다. 그러나 종교는 삶의 만족도의 5~7%, 정서적 안녕의 2~3%만을 설명한다. 종교가 주관적 안녕에 미치는 영향은 개인적 특성에 따라 달라진다. 예컨대, 외향적인 사람은 종교활동을 통해서 실존적 의미보다는 실제적인 사회적 보상을 많이 받는다. 한편, 종교적인 사회에서 종교는 주관적 안녕에 더 강한 영향을 미치는데, 이는 사회적 동조현상과 관련된 것으로 이해된다. 그러나 종교는 죄책감과 같은 부정적 영향을 미치기도 한다. 이와 같은 종교와 행복의 관계는 주로 기독교와 관련하여 연구가 이루어졌기 때문에 그 결과를 다른 종교에 일반화하기는 어렵다.

결혼도 주관적 안녕에 영향을 미치는 것으로 알려져 있다. 일반적으로 독신인 사람보다는 결혼한 사람들이 더 높은 삶의 만족도를 나타낸다. 주관적 안녕에 있어서는 독신 남성이 가장 낮으며 독신 여성은 독신 남성보다 높다. 그러나 결혼의 영향은 시대에 따라 달라지는데, 최근에는 독신 여성의 삶의 만족도가 높아지는 경향이 있으나 결혼한 사람보다 높지는 않다. 결혼에 대한 사회적 가치와 인식에 따라서 삶의 만족도에 미치는 결혼의 영향력은 달라진다.

나이는 주관적 안녕에 영향을 미치지 않는 것으로 알려져 있다. 젊은 사람이 늙은 사람보다 더 행복할 것이라는 생각은 경험적 연구에서 입증되지 않았다. 오히려 주관적 안녕은 나이가 많아짐에 따라 다소 증가하는 경향이 있으며 적어도 떨어지지는 않는 것으로 밝혀졌다.

성별 역시 주관적 안녕에 미미한 영향을 미친다. 일반적으로 남자의 삶의 만족도가 여자보다 약간 높지만 그 차이는 매우 작다. 이러한 결과는 여자가 우울증을 더 많이 나타내고 불쾌한 감정을 더 잘 느낀다는 사실과 일치하지 않는 것으로 볼 수 있다. 이에 대해 여자가 긍정적 감정과 부정적 감정을 모두 더 강하고 자주 느끼기 때문이라는 설명이 있는데, 즉 여자는 남자보다 불행감도 많이 느끼지만 행복감도 더 많이 느낀다는 것이다.

직업적 의욕과 사기도 주관적 안녕에 영향을 미친다. **직업**은 긍정적인 사회적 관계를 맺게 하고 자기정체감에 도움이 되며 삶의 의미를 제공한다. 일반적으로 직업 만족도와 삶의 만족도는 상관이 높으며 특히 여자에게 그러하다. 그러나 개인과 직업의 적합도, 직업에 부여하는 개인적 가치, 사회적 보상, 업무의 복잡성, 직장과 가정의 갈등 여부에 따라서 직업이 행복에 미치는 영향력은 달라진다.

교육 수준도 주관적 안녕에 영향을 미치는 것으로 생각되었다. 교육수준과 주관적 안녕은 약간의 정적인 상관을 보인다. 특히 교육수준에 따른 수입액과 직업적 지위가 중요한 영향을 미친다. 교육 수준은 인생의 목표를 성취하고 변화하는 환경에 적응하는 능력을 높여 준다. 그러나 실업 상태에서는 교육 수준이 높은 사람이 낮은 사람보다 불행감을 더 많이 느끼는데, 이는 기대수준이 높기 때문인 것으로 해석된다.

지능은 주관적 안녕의 강한 예언변인으로 알려져 있었으나 다른 인구사회학적 변인(예: 교육수준, 경제적 수입 등)을 통제하면 거의 관계가 없는 것으로 나타났다. 즉, 지능수준 그 자체는 주관적 안녕에 영향을 미치지 못했다. 하지만 지능이 현저하게 우수하고 적절한 기대 수준을 지니는 경우에는 삶의 만족도가 높아지는 경향이 있었다.

3) 행복에 대한 심리학적 이론

인간은 어떤 조건이나 상태에서 행복감을 느끼는가? 어떤 심리적 과정을 통해서 주관적 안녕을 인식하는가? 행복에 대한 이론적 설명은 과거 그리스 철학자들의 주장 이래로 그다지 큰 진전이 이루어지지 않았다. 그러나 최근에 주관적 안녕에 대한 심리학적 연구가 진전되면서 행복에 대한 심리적 이해가 증진되고 있다.

(1) 욕망충족이론

전통적으로 인간은 욕망이 충족된 상태에서 행복을 느낀다는 생각이 가장 일반적이었다. **욕망충족이론**(desire fulfillment theory)은 식욕, 성욕, 재물욕, 권력욕, 명예욕 등과 같은 다양한 욕망이 충분히 충족되었을 때 행복감을 느낀다는 주장이다. 이러한 관점은 인간의 행복 정도가 욕망을 충족시킬 수 있는 외부적 또는 상황적 조건(예: 의식주, 재산, 계층, 사회적 지위, 교육 수준 등)에 비례한다는 생각으로 이어진다. 그러나 앞에서 살펴보았듯이, 다양한 욕망을 충족시킬 수 있는 외부적 조건과 행복도의 상관관계는 상당히 미미한 것으로 나타났다. 인간은 욕망이 충족되면 곧 그러한 상태에 익숙해져 행복감을 느끼지 못하는 경향이 있기 때문이다. 또한 개인적 욕망이 충분히 충족되어도 자신보다 더 풍요로운 상태에 있는 사람과 비교하게 되면 행복감이 저하된다. 이처럼 행복은 욕망의 충족 이외에 타인과의 비교, 지향하는 목표, 적응 과정 등과 같은 다양한 심리적 요인의 영향을 받는 것으로 간주된다.

(2) 비교이론

인간은 자신의 상태를 어떤 기준과 비교하여 그 기준과의 긍정적 차이를 인식할 때 행복감을 느낀다는 것이 **비교이론**(discrepancy theory)이다(Micholas, 1985). 인간은 자기 자신을 다양한 기준, 즉 다른 사람, 과거의 삶, 이상적 기준, 지향하는 목표 등과 비교한다. 자신의 상태가 이러한 기준보다 긍정적일수록 행복감이 증가한다는 것이다. 즉, 개인이 처해 있는 현재의 상태 그 자체보다는 현재의 상태를 평가하기 위한 기준의 속성이 행복에 중요하다는 주장이다. 비교이론에 따르면, 높은 기준과의 상향적 비교를 하는 사람은 불행감을 느끼기 쉬운 반면, 하향적 비교를 하는 사람은 행복감이 증가한다.

그러나 경험적 연구의 결과는 그렇게 간단하지 않다. 비교이론에 따르면, 높은 기대수준은 현실과의 괴리를 증가시키는 불행의 주요한 요인이다. 그러나 과도하게 높거나 낮은 기대수준을 지닌 사람들은 모두 높은 수준의 불안과 우울을 느끼며 행복도가 낮다. 낮은 기대수준은 과거의 실패경험을 반영하는 것으로서 행복의 예언변인이 되기 어렵다. 기대수준 그 자체보다는 기대수준이 얼마나 현실적이고 개인의 능력에 부합하느냐가 중요하다. 즉, 기대수준에 도달할 수 있다는 성공가능성에 대한 평가가 중요하다. 또한 목표 성취의 최종 상태보다는 목표를 향해 진전되고 있는 과정이 중요하다. 높은 기대수준과 낮은 성취상태에 있더라도 목표를 향해 적절한 진전이 이루어지고 있다고 느낀다면 행복감을 느낀다. 기대하는 최종 결과에 과도하게 집착하는 것은 행복에 역효과를 초래하는 것으로 밝혀졌다.

또한 비교이론에 따르면, 주변의 비교대상이 어려운 상황에 처해 있을수록 개인은 더 행복감을 느낀다. 그러나 암환자의 경우, 다른 암환자가 자신보다 상태가 더 나쁘다고 해서 행복감을 느끼지는 않는다. 타인의 건강악화는 자신의 건강악화를 의미하기 때문이다. 또한 사람들에게 인기가 있는 친구를 둔 사람은 그렇지 않은 사람보다 더 행복감을 느끼며, 낮은 성적을 얻은 대학생들은 다른 학생과 비교하지 않는 경향이 있다는 보고도 있다. 이러한 연구결과들은 사회적 비교를 통해 행복을 느낀다는 비교이론의 한계를 보여 준다. 사회적 비교를 통한 행복감은 흔히 일시적이며, 비교를 통해 얻은 사회적 정보와 자신이 추구하는 목표가 어떤 연관성을 지니느냐가 중요하다는 주장이 제기되고 있다.

(3) 목표이론

인간은 자신이 추구하는 목표를 달성하거나 목표를 향해 진전하고 있다고 믿을 때 행복을 느낀다는 것이 **목표이론**(goal theory)이다(Austin & Vancouver, 1996). 목표는 개인이 삶에서 이루고자 하는 주요한 것을 말한다. 행복은 개인이 지향하는 목표의 유형과 구조, 목표를 성취할 수 있는 성공가능성, 목표를 향한 진전 속도에 의해 결정된다는 주장이다.

행복한 삶을 위해서는 우선 목표를 가진다는 것 자체가 중요하다. 목표를 향해 매진하는 것은 삶의 의욕과 생동감을 주며 일상적 삶의 의미와 체계를 제공한다. 그러나 개인이 선택하는 목표의 유형에 따라서 행복에 대한 영향력이 다를 수 있다. 지향하는 목표가 자율적으로 선택되었고 자체적인 가치를 지니고 있으며 그 성취를 향해 진전하고 있다고 평가될 때 특히 행복감을 느낀다. 목표를 성취할 수 있는 개인의 능력과 여건은 행복감을 증가시킬 수 있다. 그러나 그것이 개인이 추구하는 목표와 관련되어 있을 경우에만 그러하다.

또한 추구하는 목표가 인간의 내면적 동기와 잘 부합할 때 행복감이 증가한다. 물질적 성공을 중요시하는 사람은 자기수용이나 대인관계를 중요시하는 사람보다 행복감이 낮다. 그 이유는 외적 가치(예: 재물, 미모, 지위, 명성)보다 인간의 근본적 욕구를 충족시키는 목표를 달성하는 것이 더 큰 행복감을 주기 때문인 것으로 이해된다.

중요하게 추구하는 목표가 많은 사람은 삶의 만족도, 자존감, 긍정적 정서가 높지만 불안감도 높았다. 여러 가지 목표를 추구하는 사람은 성취의 즐거움도 크지만 이러한 목표를 성취해야 하는 부담감 때문에 스트레스도 많이 경험하는 경향이 있다. 또한 추구하는 목표들 간의 일관성과 통합된 정도도 행복에 중요하다(Sheldon & Kasser, 1995). 양립되기 어려운 갈등적인 목표들을 추구하는 사람은 부정적 감정을 많이 느낀다. 서로 조화롭게 밀접히 연관된 목표를 선택하여 추구하는 것이 행복에 중요하다.

목표달성에는 상황적 요인이 중요하다. 따라서 개인이 처해 있는 상황에서 달성 가능한 목표를 지니는 것이 행복에 중요하다. 교도소 수감자의 경우, 뚜렷한 목표가 없거나 교도소 밖에 있는 사람과의 친밀한 관계를 중요시하는 사람은 체력단련의 목표를 지닌 사람보다 삶의 만족도가 현저하게 낮았다.

문화는 추구하는 목표와 행복의 관계에 중요한 영향을 미치는 요인으로 간주된다. 문화는 목표의 선택에 중요한 영향을 미친다. 개인이 속해 있는 문화나 하위문화에서 높이 평가하는 목표를 성취할수록 행복감이 증가한다. 특히 개인주의 문화와 집단주의 문화는 각기 중요시하는 가치가 다르다. 따라서 사회적 조화를 중요시하는 집단주의 문화에서는 개인의 성취나 만족보다는 타인과의 조화로운 관계나 소속집단의 전체적 이익을 위한 목표가 더 많은 보상을 받게 하고 더 큰 행복감을 준다. 이처럼 목표가 행복에 미치는 영향은 복잡하다. 목표이론은 행복을 이해하는 이론적 체계를 제공하였지만 앞으로 좀 더 정교한 설명이 필요하다.

 탐구문제

행복의 목표이론에 따르면, 분명한 목표를 지니고 그것을 향해 나아가는 삶이 행복하다. 나는 어떤 목표를 지니고 있는가? 이번 학기에 반드시 성취하고 싶은 목표들(예: 성적, 인간관계, 진로준비, 동아리활동 등)이 있는가? 생각만 해도 설레는 분명한 목표를 지니고 있는가? 이러한 목표를 달성하기 위해서 나는 이번 주에 그리고 오늘 어떤 노력을 기울이고 있는가?

(4) 적응과 대처 이론

인간은 새로운 변화에 적응하여 곧 익숙해진다. 지속되는 긍정적 상태에 대해서는 **습관화**(habituation)가 되어 특별한 행복감을 느끼지 못한다. **적응**(adaptation)이란 지속적인 반복적 자극에 대해서 반응이 감소하는 경향을 의미한다. 이러한 적응 과정이 행복을 이해하는 중요한 심리적 과정으로 간주된다.

주관적 안녕과 행복감은 최근에 발생한 새로운 사건에 대한 반응으로 경험된다. 따라서 항상 주어지는 자극이나 상황보다는 최근에 일어난 사건이 행복에 더 커다란 영향을 미친다. 그러나 인간은 변화에 대해서 상당히 빠른 시간 내에 적응하는 경향이 있다. 브릭맨 등(Brikman et al., 1978)의 연구에 따르면, 복권당첨자들이 그렇지 않은 사람보다 더 행복하지는 않았으며, 사고로 인해 척추손상을 당한 환자가 예상한 것처럼 불행하지는 않았다. 이는 그러한 긍정적 또는 부정적 변화에 적응하여 익숙해졌기 때문이다. 최근에 신체적 손상을 당한 사람은 오래

전에 동일한 손상을 당한 사람보다 불행감이 높다. 이러한 연구결과는 환경 변화에 어떻게 적응하고 대처하느냐가 행복에 중요한 영향을 미친다는 점을 의미한다.

그러나 어떤 상황은 적응하는 데에 많은 시간이 걸린다. 배우자를 잃은 사람은 시간이 흐름에 따라 우울감이 감소하기는 하지만 2년 후에도 여전히 상당한 우울감을 지닌다는 보고가 있다. 치매환자를 둔 가족은 시간이 흐름에 따라서 고통이 증가하는 경향이 있다. 인도나 니이지리아와 같은 국가의 국민은 수십 년간 유사한 생활조건에서 살고 있지만 경제 소득 수준이 높은 국가의 국민보다 주관적 안녕이 현저하게 낮다. 이러한 결과는 적응에 오랜 시간이 걸리는 조건이 있는 반면, 빠른 시간 내에 적응이 되는 조건이 있다는 것을 의미한다.

새로운 변화에 대한 적응과 관련하여 중요한 요인이 대처(coping)다. 적응은 수동적인 과정인 반면, 대처는 능동적인 적응과정이다. 대처능력은 주관적 안녕과 밀접한 관계를 갖고 있다. 변화에 감정적이고 충동적인 대처를 하는 사람보다는 성숙한 대처를 하는 사람이 유쾌한 감정을 더 많이 느낀다. 새로운 변화에 긍정적 의미를 부여하고 합리적으로 행동하며 필요할 때는 도움을 요청할 줄 알고 역경 속에서 분발하며 문제해결적 대처를 하는 사람이 행복감을 많이 느낀다. 이처럼 새로운 변화에 효과적으로 대응하고 추구하던 목표를 재조정하는 대처능력이 행복에 중요한 것으로 간주된다.

 과학적으로 입증된 10가지 행복증진 방법(Lyubomirsky, 2007)

1. **인간관계망을 확장하라.** 인간관계에서 항상 새로운 사건들이 있기 때문에 쉽게 둔감화되지 않는다. 특히 친밀한 관계는 행복을 제공하는 중요한 원천이 된다. 물론 그들과 긍정적인 관계를 유지하는 경우에 그러하다.
2. **생각을 긍정적으로 바꿔라.** 생각은 감정과 행동에 강력한 영향을 미친다. 생각을 긍정적이고 낙관적으로 바꾸면 자기 자신뿐만 아니라 주변 사람들의 삶이 좀 더 행복해질 것이다.
3. **명상을 하라.** 조용한 공간에서 편안한 자세로 자신의 몸과 마음을 바라보라. 숨을 들이쉬고 내쉬는 호흡을 바라보라. 자신의 마음에 떠오르는 것들을 있는 그대로 바라보라. 정기적인 명상을 통해 혼란스러운 마음을 청정하게 가라앉히라.
4. **행복경험을 회상하라.** 자신이 행복감을 느꼈던 과거 경험을 의도적으로 떠올려 보라. 과거 경험을 평가하거나 분석하려 들지 말고 다만 그때의 행복경험을 회상하며 즐기라.
5. **목표를 추구하라.** 분명한 목표를 추구하는 삶은 행복하다. 가슴 설레는 목표를 세우고 그것을 달성하기 위한 계획을 세우는 과정이 행복할 뿐만 아니라 조금씩 목표를 향해 나아가는 진전감은 우리의 삶에 행복감과 활기를 불어넣는다.

6. **글을 쓰라.** 일기든 수필이든 자신의 경험에 대해서 글을 써 보라. 2가지 유형의 글이 행복을 증진한다. 하나는 고통스러웠던 경험을 글로 기록하는 것이다. 글을 쓰는 과정에서 마음이 정리되고 그러한 경험에 대한 이해와 깨달음을 얻게 될 것이다. 다른 하나는 실현 가능한 최선의 모습(best possible self)을 글로 표현해 보는 것이다. 행복한 미래의 모습을 떠올리는 것은 목표를 구체화시켜 줄 뿐만 아니라 의욕과 행복감을 불어넣을 것이다.

7. **축복을 헤아리라.** 자신의 삶에서 감사할 만한 긍정적인 일들을 헤아려 보라. 구체적인 방법은 매일 '3가지 좋은 일'을 헤아리며 감사일기를 쓰는 것이다. 우리는 자신을 행복하게 만드는 많은 사건들에 익숙해져서 축복으로 여기지 못하고 감사하지 못하며 살아간다. 때로는 부정적인 경험에서 감사할 점을 발견할 수도 있다.

8. **감사편지를 쓰라.** 누군가로부터 배려와 도움을 받았다면 감사함을 표현하라. 특히 큰 도움을 받았지만 아직까지 감사함을 표현하지 못한 사람이 있다면 그에게 감사편지를 쓰라. 하지만 편지를 부치지는 마라. 행복하려면 용기가 필요하다! 그 사람을 찾아가서 그 앞에서 감사편지를 읽으라. 서로 진한 감동의 눈물을 흘리게 될 것이며 그 행복의 여운이 한동안 계속될 것이다.

9. **강점을 발견하여 활용하라.** 우선, 자신의 강점과 재능이 무엇인지를 분명하게 인식하라. 이를 위해 심리검사(예: 성격강점검사, VIA강점검사)를 활용하는 것도 좋은 방법이다. 자신의 대표강점을 다양한 삶의 장면(대인관계, 직업활동, 여가, 종교생활)에서 발휘하라.

10. **친절을 베풀라.** 다른 사람을 배려하고 돕는 친절 행동은 그 수혜자뿐만 아니라 제공자인 자신을 행복하게 만든다. 자신의 행동으로 인해 행복해하는 사람을 바라보는 것 자체가 커다란 행복이다. 다만 의무감으로 행하는 형식적인 친절 행동은 행복을 증진하지 않는다.

2. 자기실현과 성숙의 심리학

행복의 개념에 대해서 크게 2가지의 다른 입장이 존재한다(Ryan & Deci, 2001). 그 하나는 행복을 쾌락추구와 고통회피의 측면에서 규정하는 쾌락주의적 입장(hedonic approach)이다. 이러한 입장에서는 행복을 긍정적 감정이 많고 부정적 감정이 적으며 삶의 만족도가 높은 상태로 규정한다. 이와 달리, 자기실현적 입장(eudaimonic approach)에서는 행복을 개인의 잠재력이 충분히 실현되는 상태라고 본다. 이러한 입장에서는 자신의 능력을 충분히 발휘하면서 삶의 의미를 느끼며 생동감 있게 살아가는 사람을 행복한 사람으로 여긴다. 자기실현적 입장을 지닌 연구자들은 성숙한 인간의 특성을 밝히기 위한 노력을 기울여 왔다. 이를 위해서 인류 역사에 위대한 족적을 남긴 성인과 위인의 심리적 특성을 밝히려는 노력이 이루어져 왔다. 그러한 연구노력의 결과로서 바람직한 인간상을 제안한 심리학자들도 있다. 바람직한 인간상을 기술하는 용어로는 성숙한 인간(mature person), 건강한 인간(healthy person), 생산적 인간(productive person), 자아실현적 인간(self-actualizing person), 충분히 기능하는 인간(fully functioning person) 등 다양한 개념이 사용되었다.

1) 올포트의 성숙인격론

저명한 성격심리학자인 고든 올포트(Allport, 1955, 1961)는 우리가 지향해야 할 인간상으로서 **성숙한 인간**(mature person)의 특성을 제시하고 있다. 그는 삶을 불행으로 몰아가는 신경증적인 성향에 대응하는 개념으로서 '성숙한 인격'이라는 용어를 사용하였다. 올포트는 미숙하고 부적응적인 삶의 심리적 근원인 신경증적인 성향을 극복한 성숙한 인격의 특성을 다음과 같은 7가지 측면에서 제시한다.

고든 올포트

① 성숙한 인간은 확장된 자아감을 지니고 있다. 인간의 자아는 발달 초기에는 개인 자신에 초점이 맞추어진다. 그러나 자아가 발달해 감에 따라 다양한 관심과 경험을 통해 자아의 영역이 확대된다. 따라서 자기 밖의 다양한 대상과 활동에 흥미와 관심을 갖고 진지하게 참여한다. 또한 성숙한 사람들은 자신이 관여하는 일에서 직접적이고 완전한 참여자가 된다. 이러한 진정한 참여의식은 직업, 가족이나 친구관계, 취미생활, 정치적 또는 종교적 참여에도 적용된다. 이렇듯 성숙한 사람은 다양한 의미 있는 일에의 깊은 관심과 철저한 참여를 통해 자기 자신을 던지고 넓혀 나간다.

② 성숙한 인간은 다양한 사람과 우호적인 관계를 맺는다. 올포트에 의하면 타인과의 우호적 관계는 친밀감과 연민의 두 요소로 구성된다. 성숙한 사람들은 부모, 자식, 배우자, 친한 친구에게 친밀감과 사랑을 표현할 줄 안다. 그리고 사랑하는 사람과 그들의 행복에 지속적인 관심을 지니며 그를 위해 적극적으로 참여한다. 연민은 인간조건에 대한 깊은 이해와 모든 인간에 대한 동료의식을 의미한다. 성숙한 사람은 인간의 고통, 공포, 실패, 기쁨을 이해하는 능력을 지니고 있다. 이러한 연민으로 인해 다른 사람의 행동을 판단하거나 비방하지 않으며 관용적인 태도를 지니게 된다.

③ 성숙한 인간은 정서적으로 안정되어 있다. 이러한 정서적 안정감은 자기수용에 기인한다. 자기수용(self-acceptance)이란 약점과 실패를 포함한 자기 존재의 모든 양상을 받아들이는 것을 뜻한다. 예를 들어, 성숙한 사람은 신경증적인 사람처럼 자신의 성적인 충동에 대해서 지나치게 수줍어하거나 억압적 태도를 취하지 않고 이를 받아들인다. 성숙한 사람은 자신의 내부와 사회에서 생기는 갈등 및 인간 본성의 여러 양상을 수용하며 살아간다. 동시에 부정적 속성에 대해서는 최선을 다하여 개선의 노력을 한다. 정서적 안정의 다른 요인은 좌절에 대한 인내(tolerance to frustration)다. 성숙한 사람은 좌절과 실패를 잘 참아낸다. 이렇듯 성숙한 사람은 자기수용과 좌절인내력을 통해 감정이 쉽게 동요하지 않으며 안정된 모습을 잃지 않는다.

④ 성숙한 인간은 현실적인 지각을 한다. 즉, 성숙한 사람은 자신의 세계를 객관적으로 본다. 신경증적인 사람들은 자신의 욕망과 두려움을 외부현실에 투사하여 왜곡하는 경향이 있다. 그러나 성숙한 사람은 현실을 있는 그대로 지각하고 받아들인다. 따라서 현실을 정확하게 판단하고 미래를 정확하게 예측하게 된다.

⑤ 성숙한 인간은 완수할 과업을 가지며 이를 위해 헌신한다. 올포트는 삶에 있어서 일과 그에 대한 몰두를 중요하게 여긴다. 성숙한 사람은 자신의 정열과 능력을 투여할 일과 과업을 지니고 있으며 이에 몰입하여 헌신한다. 또한 이들은 일에 대한 책임감을 지니며 그로부터 삶의 의미를 느낀다. 따라서 긍정적이고 활력적인 건강한 삶을 살아가게 된다.

⑥ 성숙한 인간은 자기를 객관화하는 능력을 지니고 있다. 즉, 자신이 어떤 사람이며 어떤 생각을 지니고 있는지에 대한 통찰력을 지니고 있다. 또한 다른 사람의 의견에 대해 개방적이어서 다른 사람이 자신을 어떻게 생각하고 있는지에 대한 깊은 이해를 지닌다. 자기객관화와 자기통찰로 인해 다른 사람에게 자신의 부정적 속성을 투사하지 않는다. 이러한 자기통찰은 유머감각과도 관련이 있는데, 유머감각은 자신의 어리석음을 자각함으로써 자신을 희화화할 수 있는 능력에서 생겨나기 때문이다.

⑦ 성숙한 인간은 일관성 있는 삶의 철학을 지닌다. 이들의 삶은 이러한 철학에 의해 일관성 있게 이루어진다. 따라서 성숙한 사람은 미래지향적이며 긴 안목의 목표와 계획을 가지고 살아간다. 이렇듯 성숙한 사람은 자신의 삶을 통해 완수해야 할 일에 대한 뚜렷한 목적의식과 의무감을 지닌다. 그들의 삶과 행동이 일관성을 지니는 이유가 여기에 있다.

2) 프롬의 성숙인격론

에릭 프롬

저명한 정신분석학자인 에릭 프롬(Fromm, 1941, 1947)은 바람직한 인간상으로 **생산적 인간**(productive person)을 제안하였다. 여기서 '생산적'이라는 말은 인간의 능력과 잠재력을 충분히 발휘한다는 것을 의미한다. 그는 인간의 잠재적 성품을 긍정적으로 평가하며 이러한 잠재적 인간성이 충분히 발현된 삶을 생산적이고 성숙한 삶이라고 보았다.

프롬에 따르면, 인간의 삶은 하등동물의 삶과 크게 2가지 점에서 다르다. 인간은 하등동물과 마찬가지로 식욕이나 성욕과 같은 생물학적인 욕구를 지니지만 그들과 다른 점은 이러한 욕구를 충족시키는 방법에 훨씬 융통성이 있다는 점이다. 더 중요한 차이는 동물이 소유하지 못하는 여러 가지 심리적 욕구를 인간은 가지고 있다는 점이다. 이러한 심리적 욕구는 인간의 성격에 중요한 영향을 미친다. 건강하고 성숙한 사람의 가장 큰 특징은 심리적 욕구를 창의적이고 생산적인 방식으로 충족시킨다는 점이다.

인간이 지니는 심리적 욕구를 프롬은 5가지로 나누어 제시한다.

첫째, 관계성(relatedness)의 욕구다. 인간은 모두 개별적인 존재이며 본질적으로 고독하고 무의미한 존재라는 사실을 인식한다. 따라서 인간은 다른 사람 또는 자연과 의미 있는 연결을 형성하여 연결감(sense of relatedness)을 추구한다. 이러한 연결감을 얻기 위한 미숙한 2가지 방법은 타인을 지배하거나 타인에게 의존하는 것이다. 프롬에 따르면, 세계와 관계를 맺는 가장 건강한 방법은 사랑을 통한 방법이다. 이를 통해서 연결감과 안정에 대한 욕구를 충족시킬 뿐만 아니라 독립성과 일체감을 느낄 수 있다.

둘째, 초월(transcendence)의 욕구다. 인간은 수동적인 피조물이 아니기에 자신의 삶을 능동적으로 만들어 가려는 욕구가 있다. 프롬은 이러한 욕구를 초월의 욕구라고 지칭했다. 이렇게 자기의 삶을 적극적으로 형성해 나가는 가장 성숙한 방법은 창조적 활동이다.

셋째, 정착성(rootedness)의 욕구다. 인간은 자연과 연결이 차단된 고독하고 무의미한 존재이기 때문에 어디엔가 뿌리를 내려 정착하려는 욕구를 지닌다. 인간에게 있어서 의지할 곳이 없는 것은 참을 수 없는 상태다. 정착성의 욕구가 충족되는 건강한 방법은 다른 사람들과의 형제애, 사랑, 관심, 일체감 그리고 참여의식을 갖는 것이다.

넷째, 자기정체감(a sense of identity)의 욕구다. 자기정체감은 독특한 개인으로서의 자기에 대한 느낌이며 '나는 누구이며 무엇인가?'라는 물음에 대한 나름대로의 확고한 인식을 말한다.

우리는 이러한 자기정체감을 형성하려는 욕구를 지닌다. 어떤 집단의 가치, 규범, 행동기준에 자신을 예속시켜 자기정체감을 느낄 수 있지만 이는 자기를 희생시킨 대가이며 진정한 자기정체감이라고 할 수 없다. 자기정체감의 욕구를 만족시키는 건강한 방법은 개성적 존재가 되어 자신의 삶에 대한 통제감을 지니고 자신의 삶을 능동적으로 형성하는 것이다.

다섯째, **정향체계**(a frame of orientation)의 욕구다. 우리는 이 세상의 모든 현상을 해석할 수 있는 이해의 틀을 찾는다. 세상에 대한 경험을 이해하여 세상에 대해 체계적이고 일관성 있는 하나의 심상을 형성함으로써 삶의 방향을 확립하려는 욕구를 지닌다. 프롬은 이를 정향체계의 욕구라고 불렀다. 이성과 합리성에 근거하여 현실에 대한 객관적 인식을 형성하는 것이 이러한 욕구를 충족하는 건강한 방법이라고 주장했다.

이렇듯, 성숙한 인간은 자신이 지닌 심리적 욕구를 창조적이고 생산적으로 충족한다. 생산적 인간은 타인과 세상을 사랑하며 창조하는 삶을 살아간다. 또 그들은 이성의 힘이 매우 발달하여 세계와 자신을 객관적으로 지각하며 확고한 자기정체감을 지닌다. 나아가 세계와 의미 있는 관계를 맺어 그 안에 뿌리를 내리고 안정된 삶을 살아간다. 성숙한 사람은 자신의 삶을 다른 어떤 것에 예속시키기보다는 주체적으로 개척하고 형성해 간다.

이러한 삶을 살아가는 성숙하고 생산적인 사람은 다음의 4가지 특징을 지닌다. 그 4가지는 생산적 사랑, 생산적 사고, 행복 그리고 양심이다.

첫째, 생산적 사랑은 서로가 개성을 유지할 수 있는 자유롭고 동등한 인간관계에서 나누는 애정행위를 말한다. 인간은 자신이 고립되어 있고 무력한 존재라는 것을 인식하고 있기 때문에 다른 사람과의 연결을 추구하고 자연과의 잃어버린 연결을 회복하려고 노력한다. 프롬은 타인과 관계를 맺고 결합하고자 하는 욕구를 만족시키는 것이 건강한 삶의 핵심이라고 생각한다. 이러한 욕구의 좌절로 인해 비이성적이고 부적응적인 행동이 나타난다고 본다. 생산적 사랑은 타인과 관계를 형성하고 향유하는 건강한 관계를 의미한다. 이러한 사랑에서는 개인의 자아가 다른 사람의 사랑 속으로 흡수되거나 상실되지 않는다. 생산적 사랑에서는 자아가 사라지는 것이 아니라 오히려 확대되어 완전히 펼쳐진다. 생산적 사랑은 돌봄, 책임감, 존경 그리고 이해로 이루어진다.

둘째, 생산적 사고에는 지성, 이성, 객관성이 포함된다. 생산적 사고를 하는 사람은 사고의 대상에 강한 흥미를 느끼며 이러한 흥미가 행동의 주요한 동기로 작용한다. 이들은 사고하는 대상에 대해서 객관성과 존경심을 지니고 그것을 진지하게 탐구하려는 자세를 지닌다. 생산적 사고는 고립된 부분적 현상보다는 연구대상의 전체적 현상에 초점을 맞춘다. 프롬에 따르면, 위대한 발견이나 통찰에는 조심스럽고 겸허하게 문제 전체를 객관적으로 평가하려는 생산적 사고가 관여된다.

셋째, 성숙하고 생산적인 사람은 행복하다. 여기서 **행복**이라 함은 단순히 즐거운 감정 상태가 아니라 개인의 잠재력이 실현되어 생명력과 생동감이 흘러넘치고 개인 전체가 고양된 상태를 의미한다. 행복감은 삶이라는 예술에서 성공적이었음을 증명하는 것이며 행복은 개인의 가장 위대한 업적이라고 프롬은 말한다.

넷째, 성숙한 사람은 내면적이고 개인적인 양심에 의해 행동한다. 양심은 자아의 소리로서 외부적인 도덕적 가치를 대행하는 것이 아니다. 이런 양심은 외부적 권위가 내면화된 권위적 양심(authoritarian conscience)과는 구분되는 **인본주의적 양심**(humanistic conscience)이다. 성숙한 사람은 부모나 문화의 요구에 의해서 억지로 행동하는 것이 아니라 자기 스스로 하고자 하기 때문에 행동하는 사람이다.

3) 매슬로의 성숙인격론

에이브러햄 매슬로

대표적인 인본주의 심리학자인 매슬로(Maslow, 1968, 1971)는 성숙한 인격을 연구한 대표적인 학자다. 그는 창조적 업적과 인격적 성숙을 통해 자아실현을 이룬 세계적인 위인들(예: 링컨, 제퍼슨, 아인슈타인, 프로이트, 슈바이처)의 삶을 치밀하게 분석하였다. 그는 자기실현을 인간성숙의 주요한 요소로 보고 **자기실현적 인간**(self-actualizing person)이라는 용어를 사용한다. 매슬로가 제시하는 자기실현적 인간의 16가지 특성을 크게 네 범주로 나누어 소개하면 다음과 같다(Compton, 2005).

첫째, 자기실현적인 사람들은 **경험에 대한 개방성**을 지닌다. 자신의 경험과 현실을 있는 그대로 수용하여 정확하게 인식할 뿐만 아니라 자신을 자연스럽게 표현하고 새로운 경험을 즐기며 감상하는 태도를 지닌다.

① 현실에 대한 정확한 인식: 이들은 자신의 욕구, 소망, 두려움으로부터 자유로운 상태에서 긍정적 편향이나 방어적 왜곡 없이 현실을 있는 그대로 객관적으로 인식한다. 자신에게 위협적인 것일지라도 공정하게 받아들일 뿐만 아니라 타인의 부정직함이나 속임수를 예리하게 분별한다.

② 수용적 태도: 이들은 자신, 타인, 세상에 대해서 수용적인 태도를 갖는다. 이들은 방어적이지 않기 때문에 자신과 타인의 장점을 자연스럽게 수용할 뿐 아니라 약점과 결함도 불평이나 걱정 없이 받아들인다. 따라서 자신에 대해 교만해 하거나 열등감을 갖지도 않으

며 타인에 대해서도 원망하거나 비난하지 않는다.

③ 솔직성과 자발성: 이들은 자신을 가식 없이 솔직하고 자발적으로 자연스럽게 나타낸다. 불필요한 열등감과 수치심으로 자신을 다른 모습으로 위장하지도 않으며 자기표현을 지나치게 억제하지도 않는다. 그러나 타인에 대해서는 신중하고 사려가 깊어서 타인에 대한 솔직하고 자연스러운 감정 표현이 상처를 입히지 않도록 노력한다.

④ 창의적 태도: 이들은 매사에 창의적으로 접근하려는 태도를 지닌다. 직업적 일에서든 일상적 일에서든 새롭고 독창적인 것을 추구하는 경향이 강하며 혁신적인 창의적 노력을 기울인다.

⑤ 예민한 감상능력: 이들은 인생의 다양한 경험을 즐거움과 경이로움으로 신선하게 받아들인다. 다른 사람들은 곧 지루해할 경험에 대해서도 기쁨, 아름다움, 경외감, 감사함을 느끼는 놀라운 감상능력을 지닌다.

⑥ 절정경험의 체험: 이들은 인생의 과정에서 매우 황홀하며 인식이 확대되는 듯한 **절정경험**(peak experience)을 종종 체험한다. 절정경험은 종교적 경험과 비슷하게 강렬한 깨달음과 황홀경을 체험하는 짧은 순간을 의미한다.

둘째, 자기실현적인 사람들은 매우 독립적이고 독자적인 성향인 **자율성**을 지닌다.

⑦ 자율성: 이들은 자율적이고 독립적인 기준에 따라 판단하고 행동하는 경향이 있다. 이들의 자기존중감은 다른 사람의 평가나 문화적인 성공기준에 근거하고 있지 않으며 외부적 반응보다 내면적 만족을 선호하는 경향이 강하다.

⑧ 개인적인 생활의 욕구: 이들은 고독과 사적인 생활을 즐기는 독특한 성향을 보인다. 이것은 이들이 비사교적이라는 뜻이 아니라 사회적 환경으로부터 분리하여 고도로 집중하는 능력을 지니고 있을 뿐만 아니라 혼란을 느낄 상황에서도 평온한 안정감을 유지할 수 있음을 의미한다.

⑨ 문화적 압력에 대한 저항: 이들은 자신이 살고 있는 문화로부터 어느 정도 분리되어 자신의 신념과 가치에 따라 살아간다. 사회에 대한 반항적이거나 비관습적인 태도를 지닌다기보다 자신의 신념과 태도가 지배적인 문화적 성향이나 압력의 영향을 받지 않는다는 것을 의미한다.

셋째, 자기실현적인 사람들은 **긍정적인 인간관계**를 맺는다. 이들은 전체로서의 인류와 개인으로서의 인간에 대해서 깊은 관심과 애정을 지닌다.

⑩ 깊이 있는 대인관계: 이들은 다른 사람과의 사랑과 우정, 동료애, 가족애에 대한 진지한 관심과 열정을 지닌다. 때로는 가까이 하는 사람의 범위가 좁고 수가 적을 수도 있지만 이들과 매우 깊이 있는 인간관계를 형성한다.

⑪ 인도주의적 성향: 이들은 모든 인간이 처한 상황에 대해서 공감과 연민 그리고 인도주의적 애정을 지닌다. 또한 인류를 위해 기여하고자 하는 사회적 관심을 지니며 자율적으로 타인을 돕는 행동을 나타낸다.

⑫ 사명의식과 헌신적 태도: 이들은 자신이 하는 일에 대해서 사명의식을 느끼며 헌신적이고 열정적인 태도로 임한다. 이러한 사명의식은 개인적인 이득을 위한 이기적인 것이 아니라 사회와 타인을 위한 이타적인 것이다. 이들은 자신이 하는 일을 천직이라 여기고 깊은 애정과 열정을 쏟아 몰두하는 경향이 있다.

넷째, 자기실현적인 사람들은 대부분 **건강한 윤리의식**을 지닌다.

⑬ 민주적인 성향: 이들은 모든 사람을 공정하게 대하며 다른 사람에 대한 배려와 존중 의식을 지닌다. 이들은 사회계층이나 교육 수준, 정치적 의견, 학연과 지연, 인종과 피부색에 구애받지 않고 모든 사람에게 관대하고 수용적이며 차별 없이 대한다. 자신이 배울 수 있는 사람이라면 누구든지 경청하며 배우려는 자세를 보인다.

⑭ 관습적이진 않지만 강한 윤리의식: 이들은 건강한 윤리적 기준과 가치를 지니며 그에 따라 행동한다. 이는 자신이 속한 사회의 관습적인 윤리기준에 동조하는 것이 아니라 나름대로의 가치관과 신념에 따른 건강한 윤리의식을 지닌다는 의미다.

⑮ 비공격적인 유머감각: 이들은 대부분 유머감각이 탁월하다. 그러나 다른 사람을 공격하는 적대적인 유머나 음탕하고 조롱적인 유머보다는 누구나 미소 짓고 수긍할 수 있는 교훈적인 깊은 뜻이 담긴 유머를 적절하게 잘 사용할 줄 안다.

⑯ 수단과 목적의 분별: 이들은 옳고 그름에 대한 것뿐만 아니라 수단과 목적에 대한 명료한 분별력을 지니고 있어서 윤리적 목적을 위해서라도 비윤리적인 수단을 사용하지 않는 도덕성을 지닌다.

4) 심리적 안녕의 6가지 요소

최근에 캐롤 라이프(Carol Ryff)는 고대 그리스 시대부터 현대까지 인간의 행복과 성숙에 깊은 관심을 지닌 여러 학자들의 주장을 통합하여 **심리적 안녕**(psychological well-being)이라는 개념을 제시했다. 그녀는 주관적 안녕이 삶의 만족도와 긍정 정서에만 초점을 둘 뿐 개인이 다양한 영역에서 어떻게 삶을 영위하고 있는지에 대한 구체적인 내용은 제시하지 않는다고 비판하면서 그 대안으로 심리적 안녕을 제시했다.

라이프(Ryff, 1989, 1995)는 바람직한 인간상과 삶의 방식을 제시한 여러 심리학자들(예: Allport, Jung, Maslow, Rogers, Erikson 등)의 주장을 분석하여 공통점을 추출했다. 이러한 분석에 근거하여 그녀는 심리적 안녕을 구성하는 6개의 핵심적 요소를 다음과 같이 제시했다: ① 환경에 대한 숙달된 대처(environmental mastery), ② 긍정적 인간관계(positive relations with others), ③ 자율성(autonomy), ④ 개인적 성장(personal growth), ⑤ 인생의 목적의식(purpose in life), ⑥ 자기수용(self-acceptance). 심리적 안녕의 각 요소에 대한 좀 더 자세한 설명은 〈표 13-2〉에 제시되어 있다.

〈표 13-2〉 심리적 안녕의 6가지 요소

환경에 대한 숙달된 대처	주변 환경에서 발생하는 문제를 잘 처리하는 능력과 이에 대한 통제감을 지닌다. 자신의 환경적 조건을 효과적으로 잘 활용한다. 자신의 가치나 욕구에 적합한 환경을 선택하고 창출해 낸다.
긍정적인 인간관계	다른 사람들과 따뜻하고 신뢰로운 관계를 형성한다. 타인의 행복에 관심을 지닌다. 공감적이고 애정 어린 친밀한 관계를 형성하는 능력을 지닌다. 인간관계의 상호교환적 속성을 잘 이해한다.
자율성	독립적이며 독자적인 결정 능력이 있다. 자신이 특정한 방향으로 생각하고 행동하도록 요구하는 사회적 압력에 저항하는 능력을 지니고 있다. 내면적 기준에 의해 행동한다. 외부적 기준보다 자신의 개인적 기준에 의해 자신을 평가한다.
개인적 성장	자신이 지속적으로 성장하고 있다는 느낌을 갖는다. 자신이 발전하고 확장되고 있으며 자신의 잠재력이 실현되고 있다는 느낌을 지닌다. 새로운 경험에 개방적이다. 자신의 발전과 성장을 위해 노력한다.
인생의 목적	인생의 목적과 방향감을 지닌다. 현재와 과거의 삶에 의미가 있다고 느낀다. 인생에 의미를 부여하는 신념체계를 지니고 있다. 삶에 대한 일관성 있는 목적과 목표를 가진다.
자기수용	자기 자신에 대해서 긍정적 태도를 지닌다. 긍정적 특성과 부정적 특성을 모두 포함한 자신의 다양한 특성을 인정하고 수용한다. 과거의 삶을 긍정적으로 느낀다.

3. 성숙한 사람의 인간관계

긍정적인 인간관계는 행복하고 성숙한 삶의 필수조건이다. 행복한 삶을 위해서는 여러 가지 조건이 필요하지만, 대부분의 연구자들은 긍정적이고 깊이 있는 인간관계를 맺는 것이 행복한 삶에 중요하다는 것을 공통적으로 역설한다.

유교적 전통에 뿌리를 둔 한국사회에서는 인간관계가 더욱 중요한 의미를 지닌다. 한국사회는 주변 사람들과의 조화로운 관계를 강조하는 집단주의 문화에 속한다(조긍호, 2003). 개인의 자유와 평등을 중시하고 자율성과 자기주장을 강조하는 **개인주의**(individualism) 문화에 비해서 **집단주의**(collectivism) 문화는 상호의존성과 사회적 관계를 중시하며 타인에 대한 배려와 협동심을 강조한다. 개인주의 문화에서는 개인의 유능성, 전문성, 외향성, 주도성, 적극성, 자발성, 창의성의 특성을 높이 평가하는 반면, 집단주의 문화에서는 개인의 겸손함, 온화함, 양보심, 협동성, 단결심, 신뢰성, 신중함, 과묵함의 특성을 상대적으로 높이 평가한다. 우리가 살아가고 있는 현대의 한국사회는 전통적인 집단주의 문화와 서구적인 개인주의 문화가 혼재해 있다. 이러한 2가지 문화가 혼재해 있는 한국사회에서는 개인주의적 가치와 집단주의적 가치의 충돌로 인간관계의 혼란과 갈등이 나타나기도 한다. 세대 간의 갈등, 남녀 간의 갈등, 부부간의 갈등, 노사 간의 갈등과 같은 여러 가지 사회적 문제는 서로 다른 문화적 가치가 충돌하며 조화와 통합을 향해 나아가는 과정에서 겪게 되는 우리 사회의 진통이라고 할 수 있다. 이러한 사회적 환경에서 행복한 삶을 살기 위해서는 더욱 지혜롭고 현명한 인간관계가 필요하다.

이런 점에서 우리는 과거의 어떤 시대보다도 인간관계에 더욱 깊은 관심을 기울여야 하는 시대를 살고 있다. 긍정적이고 원만한 인간관계를 유지하기 위해서는 여러 가지 노력이 필요하다. 여기에서는 이 책의 2부에서 제시한 인간관계의 심리학적 모형에 근거하여 성숙한 사람이 나타내는 인간관계의 특징을 살펴보기로 한다.

① 성숙한 사람은 인간관계에 대한 현실적인 욕구와 동기를 지닌다. 현실적인 동기라 함은 현실 상황에 맞추어 조절된 동기를 의미하며 이를 위해서는 동기에 대한 조절능력이 필요하다. 동기는 환경에 대한 고려 없이 즉각적인 충족을 원하는 내면적인 힘이다. 4장에서 살펴보았듯이 인간은 다양한 대인동기를 지닌다. 성숙한 사람은 대인동기와 현실적 환경을 잘 조화시키는 사람이다. 즉, 자신의 대인동기를 과도하게 억압하거나 충동적으로 발산하는 것이 아니라 적절하게 조절할 수 있는 능력을 지닌 사람이다. 성숙한 사람

429 3. 성숙한 사람의 인간관계

은 자신을 괴롭히고 타인을 해치는 파괴적인 대인동기를 절제할 줄 안다. 자신의 내면적 욕구에 대한 깊은 자각과 현실적 상황에 대한 정확한 이해에 근거한 현실적인 대인동기를 지닌다. 이를 위해서 성숙한 사람은 자신의 내면적 욕구를 깊이 관찰하고 이를 적절하게 조절하는 노력을 게을리하지 않는다.

② 성숙한 사람은 인간관계에 대해 현실적이고 유연한 신념을 지닌다. 성숙한 사람은 인간과 인간관계에 대한 깊은 관심을 지닐 뿐만 아니라 인간의 본성에 대한 깊은 이해를 지닌다. 인간은 무한히 선하고 이타적인 속성을 지니는 동시에 무한히 사악하고 이기적인 속성을 지닌 존재라는 사실을 깊이 인식한다. 아울러 인간관계의 다양성과 가변성에 대해 현실적인 이해를 지닌다. 이로 인해 성숙한 사람은 인간에 대해 비현실적이고 경직된 기대를 갖지 않으며 수용적이고 개방적인 태도를 갖는다. 달리 말해서, 성숙한 사람은 인간과 인간관계에 대해 편향되고 경직된 생각을 지닌다. 이러한 특성으로 인해 성숙한 사람은 다양한 사람들과 폭넓고 깊이 있는 인간관계를 맺을 수 있게 된다.

③ 성숙한 사람은 효과적이고 원활한 대인기술을 지닌다. 성숙한 사람은 다른 사람의 마음을 잘 이해하고 자신의 마음을 잘 전할 수 있는 사람이다. 상대방의 말을 진지하게 경청할 줄 알고 또 자신의 감정과 의사를 적절하게 표현할 수 있는 효과적인 대인기술을 가진다. 뿐만 아니라 이들은 상대방의 인격과 입장을 충분히 존중하면서 동시에 자신의 목적과 소망을 실현하는 효율적인 타협 및 절충의 기술을 지닌다. 서로의 가치와 의견이 충돌할 수 있는 인간관계의 현실에서 불필요한 대립과 반목을 피하고 서로의 이득을 최대화할 수 있는 공존의 인간관계를 맺는 지혜로운 대인기술을 지닌다. 이런 점에서 성숙한 사람은 진정한 의미의 효과적인 대인기술을 지닌 사람이라고 할 수 있다.

④ 성숙한 사람은 인간관계에서 객관적이고 정확한 지각능력과 판단능력을 지닌다. 즉, 대인지각과 대인사고 과정에 왜곡이나 편견을 개입시키지 않는다. 성숙한 사람은 타인을 신중하게 관찰하고 타인의 의도나 감정을 객관적으로 정확하게 파악하는 능력을 지닌다. 이들은 타인의 의도나 감정을 섣불리 판단하지 않으며 왜곡하여 오해하지 않는다. 타인에 대한 오해와 왜곡은 흔히 자신의 편향된 기대와 욕구에 기인한다. 경직된 신념과 욕구를 지닌 사람은 그것을 타인에게 투사하기 때문에 현실을 객관적으로 볼 수 없다.

⑤ 성숙한 사람은 인간관계 속에서 안정된 감정상태를 유지한다. 성숙한 사람은 타인과의 관계를 조화롭게 유지하기 때문에 불필요한 부정적 대인감정을 경험하지 않는다. 물론 대인관계에서 부정적 감정을 전혀 경험하지 않을 수는 없지만, 그러한 감정이 강하지 않으며 따라서 커다란 감정의 동요를 나타내지 않는다. 인간과 인간관계에 대해서 현실적이고 유연한 대인신념을 지니고 있는 사람은 타인의 부당한 행동에 대해서 불필요한 감

정적 반응을 나타내지 않는다. 또한 효과적인 대인기술을 지니고 있어서 지혜로운 대인행동으로 잘 대처한다. 이런 대인행동으로 인해 타인과 불필요한 갈등을 만들지 않는다. 설혹 갈등이 생기더라도 빠른 시일 내에 지혜롭게 해결함으로써 타인과 조화롭고 긍정적인 인간관계를 지속한다. 윤호균(1994)은 성숙한 사람의 인간관계 특징을 '자신도 편안하고 다른 사람도 편안하게 해 주는 사람'이라고 간결하게 규정한 바 있다. 이렇듯 성숙한 사람은 자신과 타인 모두의 행복을 위해 인간관계를 지혜롭게 맺어 가는 사람이라고 할 수 있다.

요약

1. 긍정심리학은 행복을 과학적으로 연구하는 심리학 분야로서 최근에 많은 관심을 받고 있다. 긍정심리학자들은 쾌락주의적 입장과 자기실현적 입장에서 행복을 정의하고 연구한다. 쾌락주의적 입장은 행복을 주관적 안녕으로 정의하는 반면, 자기실현적 입장은 인격적 성숙과 미덕을 행복한 삶의 핵심으로 여긴다.

2. 주관적 안녕은 자신의 삶에 대한 만족도가 높고 긍정적 정서를 자주 느끼는 반면, 부정적 정서를 드물게 느끼는 심리적 상태로 정의된다. 실증적 연구에 따르면, 주관적 안녕은 수입과 재산, 학력, 사회적 지위와 같은 객관적 요인보다 자존감, 인간관계 만족도, 직업만족도, 외향성, 정서적 안정성, 낙관성과 같은 심리적 요인과 더 밀접한 관계를 맺는다. 주관적 안녕의 심리적 과정을 설명하는 주요한 이론으로는 욕망충족이론, 비교이론, 목표이론, 적응과 대처 이론이 있다.

3. 자기실현적 입장의 심리학자들은 성숙한 인간의 특성을 밝히기 위한 노력을 기울여 왔다. 올포트(Allport), 프롬(Fromm), 매슬로(Maslow)와 같은 심리학자들은 성숙하고 자기실현적인 인간의 특성을 제시한다. 성숙한 사람은 수용적이고 민주적인 태도를 지니며 주변 사람들과 긍정적인 인간관계를 맺는 공통적인 특성을 나타낸다.

4. 라이프(Ryff)는 인간의 행복과 성숙에 깊은 관심을 지닌 여러 심리학자들의 견해를 종합하여 인간이 추구해야 할 삶의 상태를 심리적 안녕이라고 제시했다. 그녀에 따르면, 심리적 안녕은 6가지 핵심적 요소, 즉 ① 환경에 대한 숙달된 대처, ② 긍정적 인간관계, ③ 자율성, ④ 개인적 성장, ⑤ 인생의 목적의식, ⑥ 자기수용으로 이루어진다.

5. 성숙한 사람은 자신과 타인 모두의 행복을 위해 인간관계를 지혜롭게 맺어 가는 사람이라고 할 수 있다. 성숙한 사람들은 인간관계에 대해서 현실적인 동기와 유연한 신념을 지닐 뿐만 아니라 효과적인 대인기술과 더불어 대인상황에 대한 정확한 지각능력과 판단능력을 지닌다. 그 결과, 이들은 주변 사람들과 원만한 인간관계를 유지하면서 긍정적인 정서를 체험하며 행복한 삶을 살아간다.

제14장

인간관계의 평가와 분석

학 습 목 표

1. 인간관계의 개선을 위해 자신의 인간관계를 다각적으로 점검한다.
2. 4가지 동반자의 관점에서 자신의 인간관계를 평가해 본다.
3. 자신의 인간관계를 대인동기, 대인신념, 대인기술, 대인사고의 측면에서 분석해 본다.
4. 횡단적·종단적·심층적 자기분석을 통해 자기이해를 심화한다.

인간은 누구나 좀 더 원만하고 성숙한 인간관계를 추구한다. 자신의 인간관계에 완전히 만족하는 사람은 매우 드물다. 사실 대부분의 사람들은 인간관계에서 크고 작은 여러 가지 문제를 지닌 채 살아간다. 이러한 인간관계의 문제가 심각하거나 지속되는 경우에는 삶이 매우 고통스럽고 불행하게 느껴진다. 우리를 고통스럽게 하는 삶의 문제들은 대부분 인간관계와 관련이 있다.

인간관계는 고정되거나 불변하는 것이 아니다. 인간관계는 노력에 따라 얼마든지 개선될 수 있다. 원만하고 성숙한 인간관계를 나타내는 사람들은 대부분 인간관계에 깊은 관심을 지니고 인간관계의 개선을 위해서 남모르게 끊임없는 노력을 기울여 온 사람들이다. 행복하고 성숙한 삶을 위해서는 자신의 인간관계를 반성하고 개선하려는 노력이 필수적이다.

1. 나의 인간관계를 어떻게 개선할 것인가

인간관계를 노력 없이 일시에 개선할 수 있는 마술적인 방법은 없다. 인간관계는 꾸준한 관심과 노력을 통해 점진적으로 발전하는 것이다. 인간관계를 좀 더 효과적으로 개선하기 위해서는 다음과 같은 노력이 필요하다.

첫째, 인간관계의 개선을 위한 첫걸음은 자신의 인간관계를 개선하고자 하는 마음을 확고하게 세우는 일이다. 인간관계의 중요성을 분명하게 인식하고 자신의 인간관계를 좀 더 적응적이고 만족스러우며 성숙한 인간관계로 변화시키겠다는 의지를 굳건하게 세우는 일이다. 인간관계를 변화시키는 일은 꾸준한 노력이 필요하기 때문에 확고한 개선 의지가 없이는 기대하는 성과를 거두기 어렵다.

둘째, 자신의 인간관계를 평가하는 노력이 필요하다. 이는 현재 자신이 맺고 있는 인간관계의 실상을 좀 더 체계적으로 이해하는 일이다. 인간관계에 대한 만족도, 인간관계 방식, 인간관계의 문제나 갈등, 어려움을 겪는 인간관계의 영역 등에 관해서 자신의 인간관계를 다각적으로 살펴보는 일이 중요하다. 이러한 평가를 통해서 개선 노력을 기울여야 할 인간관계의 영역이나 문제가 좀 더 분명해질 수 있다.

셋째, 인간관계의 개선을 위해 변화해야 할 점들을 분석하는 일이 필요하다. 개선해야 할 인간관계의 영역이 있다면 구체적으로 어떤 변화가 필요한지 살펴본다. 또는 현재 경험하고 있는 인간관계의 문제나 갈등을 초래하는 심리적 요인을 살펴보고 분석하는 노력이 필요하다. 이러한 노력을 통해서 구체적으로 어떤 개선 노력이 필요한지가 분명하게 드러난다.

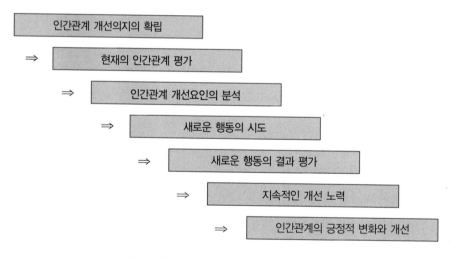

[그림 14-1] 인간관계의 개선이 이루어지는 과정

인간관계는 개선에 필요한 새로운 행동을 실천에 옮김으로써 변화될 수 있다. 따라서 다음 단계는 인간관계를 개선할 수 있는 구체적인 행동을 새롭게 시도하는 일이다. 인간관계의 개선방법을 잘 알고 있지만 이를 행동으로 옮기지 못하는 경우가 많다. 행동으로 실천하지 않는

지식은 인간관계의 개선에 아무런 도움도 되지 않는다. 즉, 대인관계 상황에서 새로운 행동을 시도해 보는 일이 인간관계의 개선에 매우 중요하다.

아울러 새롭게 시도한 행동이 인간관계에 어떤 변화를 가져오는지 평가해 보아야 한다. 새로운 대인행동이 항상 긍정적인 결과를 유발하는 것은 아니다. 따라서 이러한 행동의 결과를 관찰하면서 긍정적인 결과를 나타내는 행동은 지속적으로 시도하는 한편, 그렇지 못한 행동은 다른 방식으로 시도해야 할 것이다. 새롭게 시도하는 행동이 처음부터 현저한 긍정적 결과를 나타내는 경우는 드물다. 그러나 작은 변화를 소중하게 여기며 꾸준하게 개선의 노력을 기울이는 것이 중요하다. 이러한 지속적인 노력을 통해서 새로운 대인행동이 자신에게 익숙한 행동방식으로 정착되고 그 결과 인간관계가 점진적으로 개선된다.

인간관계의 개선을 위해서는 이처럼 체계적이고 지속적인 노력이 필요하다. 하지만 새로운 행동을 시도하기 전에 자신의 인간관계를 평가하고 개선해야 할 점들을 구체화하는 것이 바람직하다. 따라서 이 장에서는 인간관계 평가 및 분석의 구체적인 방법들을 소개한다.

2. 인간관계의 평가

인간관계의 중요성을 충분히 인식하고 자신의 인간관계를 개선하려는 의지를 확고하게 세웠다면, 먼저 자신의 인간관계를 다각적으로 평가해 보는 일이 필요하다. 현재의 인간관계에 대한 전반적인 평가와 더불어 타인과의 구체적인 인간관계를 다양한 측면에서 살펴보는 것이 중요하다. 자신의 인간관계를 평가하는 데 도움이 될 수 있는 물음들을 아래에 제시하였다.

1) 전반적인 인간관계에 대한 물음

• 인간관계에 대한 만족도와 주요 감정
  – 나는 나의 전반적인 인간관계에 얼마나 만족하고 있는가?
  – 나는 주변 사람들에게서 얼마나 애정과 인정을 받고 있는가?
  – 나는 얼마나 자주 타인에게 미움과 분노를 느끼는가?
  – 나는 어떤 인간관계 문제로 괴로워하고 고민하는가?
  – 나는 얼마나 자주 고독과 외로움을 느끼는가?

- 인간관계와 다른 삶의 영역의 관계
  - 인간관계 문제가 학업(또는 직업)에 영향을 미치고 있지는 않는가? 그렇다면 어떤 영향을 얼마나 미치고 있는가?
  - 인간관계 문제가 다른 삶의 영역(건강, 수면, 졸업 후 진로 등)에 영향을 미치고 있지는 않는가?
  - 학업(또는 직업)문제가 인간관계에 영향을 미치고 있지는 않는가?
  - 삶의 다른 영역의 문제가 인간관계에 영향을 미치고 있지는 않는가?

- 나의 인간관계에 중요한 사람들
  - 내가 가장 믿고 사랑하는 사람은 누구인가?
  - 나를 가장 사랑하는 사람은 누구인가?
  - 나의 비밀스러운 고민을 털어놓고 조언을 구할 수 있는 사람은 누구인가?
  - 내가 심각한 어려움에 처했을 때 도움을 요청할 수 있는 사람은 누구인가?
  - 내가 가장 싫어하고 미워하는 사람은 누구인가?
  - 나를 가장 미워하는 사람은 누구인가?
  - 영원히 용서하지 못할 사람은 없는가?

- 최근의 대인관계 사건
  - 지난 한 주 또는 한 달 동안 행복감(또는 유쾌감)을 느낀 주요한 인간관계 상황들은 무엇인가?
  - 지난 한 주 또는 한 달 동안 불행감(또는 불쾌감)을 느낀 주요한 인간관계 상황들은 무엇인가?
  - 그러한 상황들은 누구와 함께 무엇을 하는 상황이었는가?
  - 그때 느낀 불쾌한(또는 유쾌한) 감정은 구체적으로 어떤 것인가?
  - 그 상황에서 무엇이 나를 불쾌하게(또는 유쾌하게) 만들었는가?
  - 그 상황을 내가 어떻게 지각(또는 해석)했는가?
  - 그 불쾌한(또는 유쾌한) 상황에서 나는 어떻게 행동하고 대처했는가?

〈일주일 생활기록표〉의 활용

최근에 경험한 대인관계 사건들을 살펴보기 위해서 다음과 같은 기록표를 사용하는 방법도 있다. 〈일주일 생활기록표〉는 일주일의 생활을 계획하고 그 실행결과를 기록하여 자신의 생활을 구체적으로 살펴보는 데 도움이 된다. 〈일주일 생활기록표〉는 다음과 같이 활용할 수 있다. 먼저 매월 초 또는 매주 초에 그 기간 동안 달성하고자 하는 주요한 목표를 생각해 보고 기록한다. 가능하다면 매일 시간대별로 할 일을 계획하고 기록해 둔다. 요일별로 주요한 일정(수업이나 모임 등)과 일정이 없는 시간의 활용 계획을 생각해 본다. 가능하다면 매일 꼭 해야 할 중요한 3가지 일들에는 ◆표를 해 둔다. 이러한 내용을 기록하면 〈일주일 생활계획표〉가 된다.

일주일의 생활을 하는 과정에서 하루 일과가 끝난 저녁시간이나 주말에 그동안 실제로 한 일들을 시간대별로 기록한다. 30분 이상의 시간이 소요된 주요한 활동을 중심으로 기록한다. 짧은 시간 동안 일어난 일이라도 의미 있다고 생각하는 일들은 기록하는 것이 좋다. 이렇게 지나간 일들을 기록하면서 그날 유쾌하고 기뻤던 3가지 상황과 불쾌하고 괴로웠던 3가지 상황을 각각 ●표와 ★표로 표시한다. 아울러 그날 하루의 삶에 대한 전반적인 만족도를 0~100점(0점: 매우 불만족, 25점: 상당히 불만족, 50점: 보통, 75점: 상당히 만족, 100점: 매우 만족)으로 평가하여 기록한다. 이렇게 지난 일주일의 생활을 기록한 것이 〈일주일 생활기록표〉다.

〈일주일 생활계획표〉와 〈일주일 생활기록표〉의 비교를 통해서 일주일 전에 계획한 것과 실제의 생활이 얼마나 일치하는지 평가하고, 일치하지 않은 이유를 생각해 본다. 생활계획과 실제 생활의 불일치 항목이 많을수록 생활이 불만스럽고 비능률적인 것이라고 평가할 수 있다. 이러한 불일치는 비현실적인 무리한 생활계획에 따른 것일 수도 있고 무절제하고 나태한 생활방식의 결과일 수도 있다.

다음으로 ●표와 ★표로 표시된 상황을 좀 더 자세하게 회상해 본다. 누구와 만나 어떤 일을 하던 상황에서 유쾌한 또는 불쾌한 감정을 느꼈는지 좀 더 자세하게 살펴본다. 특히 그 당시에 느낀 불쾌한 감정을 분노, 불안, 우울 등의 구체적 감정으로 기술하고 그러한 감정을 느낀 '사건 → 사고 → 감정'의 연결고리를 살펴본다.

이렇게 〈일주일 생활기록표〉를 지속적으로 작성하면, 우선 생활이 좀 더 체계적이고 효과적으로 변화한다. 그리고 자신이 생활에서 개인적 성취 활동(학업이나 공부)과 인간관계 활동(만남, 모임, 데이트 등)에 투자하는 시간이나 노력의 비중을 알 수 있다. 아울러 자신이 유쾌한 감정을 느끼는 상황뿐만 아니라 불쾌한 감정을 주로 느끼는 상황이나 대상을 인식할 수 있다. 또한 자신이 자주 느끼는 불쾌감정(분노, 불안, 우울 등)을 파악할 수 있으며, 나아가서 불쾌감정을 느끼게 하는 자신의 주된 사고내용을 포착할 수도 있다. 이밖에도 〈일주일 생활기록표〉는 다양한 측면에서 자신의 생활을 평가하고 분석하는 도구로 사용할 수 있다.

〈일주일 생활기록표〉

* 이번 달의 목표 : _____
* 이번 주의 목표 : _____

	월 (월 일)	화 (월 일)	수 (월 일)	목 (월 일)	금 (월 일)	토 (월 일)	일 (월 일)
오전 7~8시							
8~9시							
9~10시							
10~11시							
11~12시							
오후 12~1시							
1~2시							
2~3시							
3~4시							
4~5시							
5~6시							
6~7시							
7~8시							
8~9시							
9~10시							
10~11시							
11~12시							
만족도 (0~100%)							

◆꼭 해야 할 중요한 일(3가지)   ●유쾌하고 기뻤던 일(3가지)   ★불쾌하고 괴로웠던 일(3가지)

2) 인간관계의 하위 영역에 대한 물음

- 친구관계
    - 나의 친구관계는 어떠한가?
    - 나는 어떤 사람들과 친한가?
    - 친구라고 할 만한 사람은 몇 명이며 누구인가?
    - 친구관계를 유지하고 있는 요인은 무엇인가?
    - 현재의 친구관계에서 불만스러운 점은 무엇인가?
    - 현재 불편한 관계에 있는 친구는 없는가? 있다면 어떤 갈등이 친구관계를 불편하게 하는가?

- 선후배관계
    - 나의 선후배관계는 어떠한가?
    - 내가 믿고 따르는 선배는 누구인가?
    - 나를 믿고 따르는 후배는 누구인가?
    - 어떤 점들이 이러한 선후배들과 가깝게 만드는가?
    - 나는 선배와 후배 중 어느 쪽과 잘 지내는 편인가?
    - 현재 불편한 관계에 있는 선배나 후배는 없는가? 있다면 어떤 갈등이 선후배 관계를 불편하게 하는가?

- 이성관계
    - 나의 이성관계는 어떠한가?
    - 현재 사귀고 있는 애인이나 이성친구가 있는가?
    - 있다면 현재 어느 정도 가까운 사이인가?
        이성친구에 대해 서로 어떤 점에 호감과 매력을 느끼고 있는가?
        이성친구와의 상호작용 패턴은 어떠한가?
        이성친구와의 관계에 어려움이 있다면 무엇인가?
    - 없다면 이성친구가 없는 이유는 무엇인가?
        이성친구를 사귀고 싶은 욕구는 얼마나 강한가?
        이성친구를 소개받을 기회가 얼마나 자주 있는가?
        이성친구를 처음 소개받을 때 나는 어떻게 행동하는가?
        나는 어떤 이성친구를 원하는가?

- 상사와의 관계
  - 나는 상사(학생의 경우는 교사나 교수, 직장인의 경우에는 상급자)와의 관계가 어떠한가?
  - 특별히 가깝게 지내는 상사가 있는가?
  - 상사와 얼마나 자주 만나는가?
  - 내가 좋아하고 존경하는 상사가 있는가?
  - 내가 싫어하고 피하고 싶은 상사가 있는가?

- 가족관계
  - 나의 가족관계는 어떠한가?
  - 나는 아버지와 어떤 관계에 있는가?

    나는 아버지와 얼마나 가까운 사이인가?

    나는 아버지를 얼마나 좋아하고 존경하는가?

    나는 아버지를 어떻게 대하는가?

    아버지는 나를 어떻게 대하는가?

    아버지가 나에게 해 주신 가장 고마운 일은?

    아버지가 나에게 하신 가장 서운한 일은?
  - 나는 어머니와 어떤 관계에 있는가?

    나는 어머니와 얼마나 가까운 사이인가?

    나는 어머니를 얼마나 좋아하고 존경하는가?

    나는 어머니를 어떻게 대하는가?

    어머니는 나를 어떻게 대하는가?

    어머니가 나에게 해 주신 가장 고마운 일은?

    어머니가 나에게 하신 가장 서운한 일은?
  - 아버지와 어머니의 관계는 어떠한가?
  - 부모 중 누가 더 가족권력을 많이 가지고 있는가?
  - 나는 부모 중 누구와 심리적으로 더 가까운가?
  - 나는 부모 중 누구에게 용돈을 받는가?
  - 나는 형제자매와 어떤 관계에 있는가?

    나는 형제자매와 얼마나 심리적으로 가까운가?

    나의 형제자매는 나에 비해 우월한가, 열등한가?

    부모는 나의 형제자매를 어떻게 대하는가?

형제자매와 갈등이 있다면 어떤 것인가?

- 나는 다른 친척들과 어떤 관계에 있는가?

- 가족 전체의 화목 정도는 어떠한가?

- 가족 내에 불화나 우환이 있다면 무엇인가? 이런 불화나 우환이 가족 전체에 어떤 영향을 미치고 있는가?

3) 대인관계 양식의 평가

사람은 주위 사람들과 인간관계를 맺는 양식이 각기 다르다. 대상에 따라 관계를 맺는 양식이 변화할 수 있지만, 대부분의 사람은 일관성 있는 독특한 대인관계 양식을 성격적 요소로 지닌다. 위긴스(Wiggins, 1991)와 키슬러(Kiesler, 1996)는 다양한 대인관계 양식을 두 개의 차원, 즉 지배성과 친화성 차원으로 분류할 수 있다고 주장한다. 지배성(dominance) 차원은 다른 사람의 행동을 자신의 뜻대로 통제하려 하는 정도를 뜻하며 지배-복종의 연속선 상에서 대인행동을 평가한다. 친화성(affiliation) 차원은 다른 사람을 호의적으로 대하는 정도를 뜻하며 사랑-미움의 연속선 상에서 대인행동을 평가한다. 키슬러는 대인관계 양식을 지배-복종 차원과 친화-냉담 차원의 원형구조에서 [그림 14-2]와 같이 8가지 유형으로 구분한다.

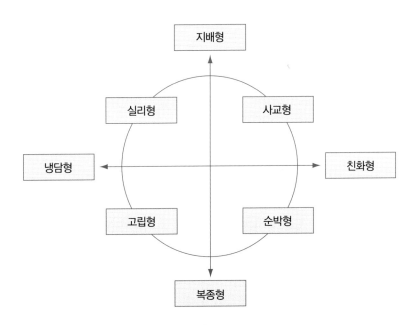

[그림 14-2] 대인관계 양식의 원형구조

(1) 지배형

대인관계에서 자신감이 있으며 자기주장이 강하고 타인에게 주도권을 행사하는 경향이 있다. 지도력과 추진력이 있어서 집단적인 일을 잘 지휘할 수 있다. 그러나 이러한 경향이 과도하게 강한 사람은 강압적이고 독단적인 행동을 나타내고 논쟁적이어서 타인과 잦은 마찰을 겪을 수 있다. 또한 윗사람의 지시에 순종하지 않고 거만하다는 평가를 받을 수 있다. 이런 사람은 타인의 이견을 잘 경청하고 수용하는 자세가 필요하며 타인에 대한 자신의 지배적 욕구를 깊이 살펴보는 것이 바람직하다.

(2) 실리형

대인관계에서의 이해관계에 예민하고 치밀하며 성취지향적이다. 이런 경향이 강한 사람은 자기중심적이고 경쟁적이며 자신의 이익을 우선으로 생각하기 때문에 타인에 대한 관심과 배려가 부족할 수 있다. 타인을 신뢰하지 못하고 불공평한 대우에 예민하며 자신에게 피해를 입힌 사람에게는 보복하는 경향이 있다. 이런 사람은 대인관계에서 타인의 이익과 입장을 배려하는 노력이 필요하며 타인과 신뢰를 형성하는 일에 깊은 관심을 갖는 것이 바람직하다.

(3) 냉담형

이성적이고 냉철하며 의지력이 강하고, 타인과 거리를 두며 대인관계를 맺는 경향이 있다. 이런 경향이 강한 사람은 타인의 감정에 무관심할 뿐만 아니라 타인에게 쉽게 상처를 줄 수 있다. 타인에게 따뜻하고 긍정적인 감정을 표현하기 어렵고 대인관계가 피상적이며 타인과 오랜 기간 깊게 사귀지 못하는 경향이 있다. 이런 사람은 대인관계에서 타인의 감정상태에 깊은 관심을 지니고 타인에게 긍정적인 감정을 부드럽게 표현하는 기술을 습득하는 것이 바람직하다.

(4) 고립형

혼자 있거나 혼자 일하는 것을 좋아하며 감정을 잘 드러내지 않는다. 이런 경향이 강한 사람은 타인을 두려워하고 사회적 상황을 회피하며 자신의 감정을 지나치게 억제한다. 침울한 기분이 지속되고 우유부단하며 사회적으로 고립될 수 있다. 이런 사람은 대인관계의 중요성을 인식하고 대인관계 형성에 좀 더 적극적인 노력을 할 필요가 있다. 타인에 대한 불편함과 두려움에 대해 깊이 생각해 보는 것이 바람직하다.

(5) 복종형

대인관계에서 수동적이고 의존적이며 타인의 의견을 잘 따르고 주어지는 일을 순종적으로 잘 한다. 그러나 자신감이 없고 타인에게 주목받는 일을 피하며 자신이 원하는 것을 타인에게 잘 전달하지 못한다. 또한 어떤 일에 대한 자신의 의견과 태도를 확고하게 지니지 못하며 상급자의 위치에서 일하는 것을 매우 부담스러워한다. 이런 사람은 자기표현이나 자기주장이 필요하며 대인관계에서의 독립성을 키우는 것이 바람직하다.

(6) 순박형

단순하고 솔직하며 대인관계에서 너그럽고 겸손한 경향이 있다. 그러나 이런 경향이 강한 사람은 타인에게 쉽게 설득되어 주관 없이 너무 끌려 다닐 수 있으며 잘 속거나 이용당할 수 있다. 원치 않는 타인의 의견에 반대하지 못하고, 화가 나도 타인에게 알리기가 어렵다. 이런 사람은 대인관계에서 타인의 의도를 좀 더 깊게 생각하고 행동하는 신중함이 필요하며 좀 더 자신의 의견을 표현하고 주장하는 것이 바람직하다.

(7) 친화형

따뜻하고 인정이 많으며 대인관계에서 타인을 잘 배려하여 도와주고 자기희생적인 태도를 보인다. 타인을 즐겁게 해 주려고 지나치게 노력하며 타인의 고통과 불행을 보면 도와주려고 과도하게 나서는 경향이 있다. 타인의 요구를 잘 거절하지 못하고 타인의 필요를 자신의 것보다 앞세우는 경향이 있어 자신의 이익을 잘 지키지 못할 수 있다. 이런 사람은 타인과의 정서적 거리를 유지하는 노력이 필요하며 타인의 이익만큼 자신의 이익도 중요함을 인식하는 것이 바람직하다.

(8) 사교형

외향적이고 쾌활하며 타인과 대화하기를 좋아하고 타인에게 인정받고자 하는 욕구가 강하다. 혼자서 시간을 보내는 것을 어려워하고, 타인의 활동에 관심이 많아서 간섭하며 나서는 경향이 있다. 흥분을 잘하고 충동적인 성향이 있으며 타인의 시선을 끄는 행동을 하거나 자신의 개인적인 일을 타인에게 너무 많이 이야기하는 경향이 있다. 이런 사람은 타인에 대한 관심보다 혼자만의 내면적 생활에 좀 더 깊은 관심을 지니고 타인에게 인정받으려는 자신의 욕구를 깊이 생각해 보는 것이 바람직하다.

자기평가: 나의 대인관계 양식은?

　　자신의 대인관계 양식을 평가해 보고자 하는 사람은 아래의 질문지를 활용할 수 있다. 아래에 제시된 문항에서 자신의 성격이나 대인관계를 잘 기술하는 정도에 따라서 적절한 숫자에 ○표 한다.

전혀 그렇지 않다	약간 그렇다	상당히 그렇다	매우 그렇다
1	2	3	4

1. 자신감이 있다.	1	2	3	4	2. 꾀가 많다.	1	2	3	4
3. 강인하다.	1	2	3	4	4. 쾌활하지 않다.	1	2	3	4
5. 마음이 약하다.	1	2	3	4	6. 다툼을 피한다.	1	2	3	4
7. 인정이 많다.	1	2	3	4	8. 명랑하다.	1	2	3	4
9. 추진력이 있다.	1	2	3	4	10. 자기 자랑을 잘 한다.	1	2	3	4
11. 냉철하다.	1	2	3	4	12. 붙임성이 없다.	1	2	3	4
13. 수줍음이 있다.	1	2	3	4	14. 고분고분하다.	1	2	3	4
15. 다정다감하다.	1	2	3	4	16. 붙임성이 있다.	1	2	3	4
17. 고집이 세다.	1	2	3	4	18. 자존심이 강하다.	1	2	3	4
19. 독하다.	1	2	3	4	20. 비사교적이다.	1	2	3	4
21. 온순하다.	1	2	3	4	22. 단순하다.	1	2	3	4
23. 관대하다.	1	2	3	4	24. 열성적이다.	1	2	3	4
25. 지배적이다.	1	2	3	4	26. 치밀하다.	1	2	3	4
27. 무뚝뚝하다.	1	2	3	4	28. 고립되어 있다.	1	2	3	4
29. 조심성이 많다.	1	2	3	4	30. 겸손하다.	1	2	3	4
31. 부드럽다.	1	2	3	4	32. 사교적이다.	1	2	3	4
33. 자기주장이 강하다.	1	2	3	4	34. 계산적이다.	1	2	3	4
35. 따뜻함이 부족하다.	1	2	3	4	36. 재치가 부족하다.	1	2	3	4
37. 추진력이 부족하다.	1	2	3	4	38. 솔직하다.	1	2	3	4
39. 친절하다.	1	2	3	4	40. 활달하다.	1	2	3	4

▪ 채점 및 해석

　　이 질문지는 앞에서 소개한 8가지의 대인관계 양식을 평가하는 간이형 검사로, 대인관계 형용사 척도(Interpersonal Adjective Scales; Wiggins, 1995)의 일부 문항을 발췌하여 대인관계 양식을 간편하게 평가해 볼 수 있도록 필자가 구성한 것이다. 각 유형에 해당하는 문항의 번호는 다음과 같다: 지배형(1, 9, 17, 25, 33번), 실리형(2, 10, 18, 26, 34번), 냉담형(3, 11, 19, 27, 35번), 고립형(4, 12, 20, 28, 36번), 복종형(5, 13, 21, 29, 37번), 순박형(6, 14, 22, 30, 38번), 친화형(7, 15, 23, 31, 39번), 사교형(8, 16, 24, 32, 40번). 각 유형의 점수 범위는 5~20점이며, 점수가 높을수록 해당하는 유형의 특성이 강하다고 할 수 있다. 한 가지 유형의 점수만 높게 나오는 경우는 드물며, 원형구조 상에서 인접한 몇 가지 유형들의 점수가 높게 나오는 경향이 있다. 각 유형의 점수를 [그림 14-3]과 같이 원형구조에 표시하면 독특한 모양의 팔각형이 도출된다. 팔각형의 모양이 중심점으로부터 특정한 방향으로 기울어진 형태를 보일수록 그러한 방향의 대인관계 양식이 강하다고 할 수 있다. [그림 14-3]에 제시된 팔각형은 실리형 속성이 매우 강하며 지배형과 냉담형의 속성을 함께 지니고 있는 경우라고 할 수 있다. 일반적으로 모든 방향으로 균형을 이룬 중간 정도 크기의 정팔각형이 이상적이나, 그러한 모양을 나타내는 경우는 극히 드물다. 그러나 자신의 대인관계 양식을 나타내는 팔각형의 모양이 좀 더 균형을 갖춰 정팔각형에 가까워지도록 노력하는 것이 바람직하다.

이 질문지는 타인의 대인관계 양식을 평가하는 데에도 사용할 수 있다. 그러나 이러한 경우, 결과는 타인의 성격이나 대인관계 양식에 대한 자신의 지각일 뿐이라는 점을 인식하고 타인에게 고정관념을 형성하지 않도록 유의해야 한다.

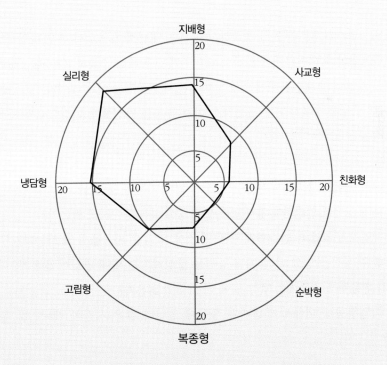

[그림 14-3] 원형구조에 나타난 대인관계 양식의 예

3. 인간관계의 분석

인간관계의 개선을 위해서는 자신의 대인관계를 다각적으로 평가하는 일이 선행되어야 한다. 아울러 자신의 대인관계에 영향을 미치는 심리적 요인들을 좀 더 자세히 살펴보는 일이 필요하다. 독특한 대인관계 양식을 나타내게 하는 자신의 심리적 요인들을 좀 더 체계적이고 심층적으로 분석해 보는 일이 필요하다. 이러한 작업은 인간관계와 그에 영향을 미치는 심리적 요인에 대한 전문적 지식 및 경험을 요하기 때문에 쉽지 않다. 그러나 자신의 인간관계를 깊이 이해하고 개선하고자 한다면 이러한 노력은 필수적이다. 인간관계의 개선을 위해서 어떤 구체적인 변화와 노력이 필요한지 좀 더 분명하게 알 수 있기 때문이다. 인간관계에 지속적인 관심을 가지고 노력하면 자신의 대인관계에 영향을 미치는 요인들에 대한 이해가 점진적으로 깊어지게 된다. 이 절에서는 이 책의 2부에서 소개한 심리적 요인들을 중심으로, 우리의 인간관계에 영향을 미치는 요인들을 살펴보기로 한다.

1) 대인동기

대인동기는 인간관계를 통해서 충족하고자 하는 내면적 욕구로서 매우 다양하다. 4장에서 설명했듯이 사람마다 대인관계에 임하고 대인관계를 통해서 충족하고자 하는 대인동기가 각기 다르다. '과연 나의 대인관계에 영향을 미치는 대인동기는 어떤 것인가?', '나는 대인관계를 통해 어떤 욕구를 충족하고자 하는가?' 이런 물음을 자신에게 던짐으로써 자신의 대인동기를 탐색해 보는 노력이 필요하다.

- 현재 나의 삶에서 충족하고자 하는 가장 주된 동기는 무엇인가?
- 나는 나의 삶에서 인간관계에 어느 정도의 중요성을 부여하고 있는가?
- 나는 학업(또는 직업)과 인간관계 중 어떤 것에 더 높은 비중을 두고 사는가?
- 나는 좋은 성적을 얻고 나의 지적 능력을 향상시키는 일에 관심이 많은가? 아니면 주변 사람과 친밀한 인간관계를 맺는 일에 더 관심이 많은가?
- 나는 학업활동에 비해서 인간관계 활동에 얼마나 많은 시간과 에너지를 투자하고 있는가?

이러한 물음들은 우리의 성취지향적 동기와 인간관계지향적 동기의 비중을 살펴보기 위한 것이다. 대학생 중에는 학업이나 성취를 위한 활동에 과도하게 몰두하여 인간관계를 소홀히 하는 사람이 있는 반면, 그 반대의 성향을 나타내는 사람도 있다. 성취지향적 활동과 인간관계지향적 활동에 적절한 균형을 유지하는 것이 바람직하다.

대인관계에서 충족하고자 하는 대인동기의 내용과 강도는 사람마다 다르다. 우리가 대인관계에서 긍정적 또는 부정적 감정을 경험하는 것은 이러한 대인동기가 충족 또는 좌절되었기 때문이다. 다음과 같은 질문을 스스로에게 던져 보고 자신의 주된 대인동기에 대해 깊이 살펴보는 것이 필요하다.

- 내가 인간관계를 맺는 주요한 동기는 어떤 것인가? 다른 사람을 만날 때 그들이 나에게 어떻게 해 주기를 바라는가?
- 내가 인간관계에서 긍정적 감정을 경험하는 것은 주로 어떤 욕구가 충족되었을 경우인가?
- 내가 좋아하고 자주 만나는 사람들은 나의 어떤 욕구를 만족시켜 주는 사람들인가?
- 내가 인간관계에서 부정적 감정(분노나 우울)을 경험하는 것은 주로 어떤 동기가 좌절되었을 경우인가?
- 내가 타인과 갈등을 경험하는 것은 그들이 나의 어떤 욕구를 좌절시키기 때문인가?
- 내가 대인관계에서 불안이나 두려움을 느끼는 것은 어떤 욕구가 위협받기 때문인가? 또는 어떤 욕구가 좌절될 것을 두려워하기 때문인가?

2) 대인신념

5장에서 살펴보았듯이 대인신념은 인간관계에 영향을 미치는 주요한 인지적 요인이다. 대인신념은 다양한 측면에서 살펴볼 수 있지만 크게 인간관계, 자기 자신 그리고 타인에 대한 신념으로 나누어 볼 수 있다. 사람마다 이러한 인간관계의 요소에 대해서 생각하고 믿는 바가 다르고, 그러한 대인신념이 대인행동에 영향을 미친다. 자신이 인간관계에 대해서 어떤 생각을 지니고 있는지 다음과 같은 물음을 통해 탐색해 볼 수 있다.

- 나는 인간관계가 우리의 삶에 있어서 어떤 의미를 지닌다고 생각하는가?
- 나는 인간관계에 대해서 뚜렷한 의견이나 생각을 지니고 있는가? 있다면 어떤 것인가?
- 나는 내가 행복해지는 데에 인간관계가 얼마나 중요하다고 생각하는가?
- 나는 가족관계, 이성관계, 친구관계 또는 직장의 동료관계 중에서 어떤 관계가 행복한 삶

을 위해서 가장 중요하다고 생각하는가? 그 이유는 무엇인가?

• 나는 인간관계에 대해서 얼마나 풍부하고 정확한 지식을 지니고 있는가?

• 나는 친밀하고 깊이 있는 인간관계를 위해서 어떤 노력이 필요하다는 것을 잘 알고 있는가?

• 나는 다음과 같은 생각에 대해서 동의하는가? 반대하는가?

  - 타인과 깊은 신뢰와 애정을 나누는 것이 인생에서 가장 소중하다.

  - 인간관계는 인간이 이기적 욕구를 충족시키는 하나의 수단일 뿐이다.

  - 타인과 너무 가까워지는 것은 서로를 위해 바람직하지 않다.

  - 타인을 돕고 헌신하는 삶이 가장 가치 있는 삶이다.

  - 사회적으로 성공하기 위해서는 넓고 원만한 인간관계가 필수적이다.

  - 인간관계를 위해서 의도적으로 노력하는 것은 구차한 일이다.

  - 인간관계가 원만해도 사회적으로 성공하지 못하면 비참해진다.

  - 죽을 때는 아무도 함께 갈 수 없듯이, 인생은 결국 혼자 살아가는 외로운 길이다.

대인신념의 다른 중요한 요소는 인간관계의 대상인 인간에 대한 생각과 믿음이다. 이러한 믿음에는 일반적인 인간의 속성, 특정한 집단에 속하는 사람들의 공통된 속성 그리고 특정한 개인의 속성에 관한 것들이 있다. 다음과 같은 물음을 통해서 인간에 대한 자신의 신념을 탐색해 볼 수 있다.

• 나는 다음과 같은 생각에 동의하는가, 반대하는가?

  - 모든 인간은 본래 선한 존재다.

  - 선천적으로 선한 사람과 악한 사람이 있다.

  - 인간은 근본적으로 자신의 이익을 쫓아 행동하는 이기적 존재다.

  - 인간은 누구나 내가 상대방에게 성의를 기울인 만큼 상대방도 나에게 정성을 기울인다.

  - 인간이 악해지는 것은 잘못된 양육환경 때문이다.

  - 인간은 마음이 수시로 변하기 때문에 믿을 수 없는 존재다.

  - 인간의 성격은 시기와 상황이 변해도 거의 변하지 않는다.

  - 남자는 대부분 지배적이고 성취지향적이다.

  - 여자는 대부분 의존적이어서 애정을 중요시한다.

  - 남자는 대부분 여자를 성적인 대상으로 생각하고 접근한다.

  - 여자는 이성관계나 결혼에 있어서 남자보다 훨씬 더 계산적이다.

우리는 생활하면서 자주 접하는 특정인에게 여러 가지 지속적인 생각과 믿음을 지닐 수 있다. 의미 있는 타인에 대한 믿음은 매우 중요한 것으로서 그들에 대한 우리의 대인행동을 결정한다. 다음과 같은 물음을 통해 타인에 대한 자신의 믿음을 살펴볼 수 있다.

- 나는 다음과 같은 믿음에 대해서 어떤 생각을 지니고 있는가?
  - 나의 아버지(또는 어머니)는 합리적인 대화가 통하지 않는 사람이며 앞으로도 이런 특성은 변하지 않을 것이다.
  - 나의 아버지(또는 어머니)는 몹시 유능하고 자상하며 모든 일에서 나를 오래도록 지원해 주실 것이다.
  - 나의 아버지(또는 어머니)는 너무 기분변화가 심하고 신경질적이어서 가까이 가지 않는 것이 상책이다.
  - 나의 아버지(또는 어머니)는 내가 커다란 사회적 성취를 이루지 못하면 크게 실망하고 나를 무시할 것이다.
  - ○○○은 어떤 경우에도 나를 배신하지 않고 도와줄 친구다.
  - ○○○은 수시로 입장을 바꾸는 믿지 못할 인간이다.
  - ○○○은 이기적이고 타산적이어서 깊게 사귈 사람이 못 된다.
  - ○○○은 순하고 나약해서 내 마음대로 조종할 수 있다.

또한 인간관계의 주체인 자기 자신에 대한 신념, 즉 자기개념 역시 대인행동에 영향을 미치는 요인으로 가장 중요하다. 이에 관해서는 다음 절에서 자세히 살펴보기로 한다. 이러한 여러 가지 대인신념은 대부분 의식의 저변에 자리잡고 있기 때문에 잘 의식되지 않을 수 있다. 그러나 타인에 대한 자신의 감정과 행동을 유심히 관찰하며 그러한 감정과 행동을 유발하는 자신의 생각을 살펴보면 점차 분명하게 의식할 수 있다.

3) 대인기술

대인기술은 자신이 원하는 인간관계를 만들어 나가는 행동적인 기술이다. 마치 인간관계라는 미술작품을 만들기 위해 구체적으로 그림을 그리는 기술과도 같다. 그림을 잘 그리겠다는 욕망과 멋진 구상만으로 좋은 작품이 완성되진 않는다. 그러한 의도와 구상을 종이에 실제로 그려 넣어 작품을 완성하기 위해서는 그림을 그리는 기술과 기교가 필수적이다. 이와 마찬가지로 원하는 인간관계를 구체적으로 형성해 나가기 위해서는 대인기술이 매우 중요하다. 다음과 같은 질문을 통해서 자신의 대인기술을 살펴볼 수 있다.

- 나는 사람들과 잘 사귀고 어울리는가?
- 나는 나의 의도대로 대인관계를 유도해 나갈 수 있는가?
- 나는 상대방에게 나의 생각이나 감정을 분명하게 잘 전달하는가?
- 나는 처음 만난 사람과 편안하게 잘 이야기할 수 있는가?
- 나는 타인의 이야기를 잘 경청하고 공감해 주는가?
- 나는 타인의 감정과 기분을 잘 포착하여 이해하는가?
- 나는 타인이 무리한 요구나 부탁을 해 올 때 적절하게 잘 거절할 수 있는가?
- 나는 부정적 감정(예: 불만, 실망, 분노 등)을 조절된 형태로 잘 표현하는가?
- 나는 나의 속마음과 개인적인 고민을 타인에게 잘 털어놓을 수 있는가?
- 내가 가장 대응하기 힘들어하는 대인관계 상황은 어떤 상황인가?
- 대인관계가 내 뜻대로 되지 않는 것은 어떤 대인기술이 부족하기 때문인가?

4) 대인사고

대인사고는 인간관계 상황에서 일어나는 사건에 대한 해석내용을 말한다. 사람마다 사건과 상황을 특정한 방향으로 해석하는 경향이 있다. 이러한 생각은 상대방에 대한 감정과 행동을 결정하는 매우 중요한 심리적 요인이다. 대인사고는 재빨리 스쳐 지나가는 생각들이기 때문에 잘 자각되지 않는 경향이 있다. 대인사고를 포착하는 대표적인 방법인 A-B-C기법(Ellis, 1974)을 통해 자신의 대인사고를 탐색해 보기 바란다. 여기에서 A는 선행사건(Activating event), B는 매개적 사고(Belief: mediating thought), 그리고 C는 결과적 감정(Consequent emotion)을 의미한다. 7장에서 설명했듯이, 대인관계에서 경험하는 감정은 어떤 사건에 의해 촉발되며 그 사건에 대한 해석내용이 감정을 결정한다.

A-B-C기법을 적용하기 위하여 먼저 최근에 인간관계 상황에서 겪은 불쾌한 경험을 떠올려 본다. 최근의 구체적인 경험 중 가장 불쾌하고 괴로웠던 일 한 가지만 회상한다. 가능하면 실제 상황을 재현하듯 마음속에 생생하게 회상하는 것이 필요하다. 예를 들면, 어제 친구와 만나서 크게 다툰 일이나 처음 소개받은 이성을 만나 어색하고 불편했던 일이 될 수도 있다. 여러 사람이 만나는 회식에서 자기소개를 잘 못하여 당황한 일, 회식이 이루어지는 동안 대화에 끼지 못하고 외톨이가 되어 불편했던 일, 우연히 마주친 후배가 못 본 척하며 인사도 하지 않고 지나간 일, 모처럼 부탁한 일을 친구가 거절한 일 등이 될 수 있다. 이러한 불쾌경험에 대

해서 A–B–C기법을 적용한다.

첫째, 불쾌하게 느낀 감정인 C를 구체화한다. 불쾌한 경험을 구성하는 부정적인 감정을 구체화한다. 불쾌한 경험을 한 대인관계 상황에서 어떤 구체적 불쾌감정을 느꼈는지 회상해 본다. 예를 들면, 친구와 다투면서 느낀 배신감과 분노감이 그러한 불쾌감정일 수 있다. 이성을 만나 느낀 불안감과 긴장감, 회식에서 자기소개를 잘 하지 못하여 느낀 실패감과 자괴감 등이다.

둘째, 부정적인 감정을 유발한 선행사건 A를 객관적으로 기술한다. 여기에서 객관적 기술이라 함은 자신의 주관적 판단이나 평가를 가능한 한 배제한 제삼자의 관점에서 보인 대인관계 상황을 의미한다. 예를 들어, 나를 거슬리게 한 친구의 구체적인 발언내용(예: "너는 애가 왜 그렇게 이기적이냐?", "너는 그렇게 소심하니까 애인 하나 없는 거지"), 이성을 처음 소개받은 상황 및 행동(예: 할 말을 찾지 못해 침묵이 계속되거나 얼굴이 붉어진 일), 회식에서 있었던 구체적 상황(예: 다른 사람이 자기소개를 할 때는 모두 재미있게 웃었는데 내가 자기소개를 할 때는 웃는 사람이 하나도 없었다. 다른 사람들은 스포츠에 관한 화제로 말을 하는데 나는 할 말이 없어 가만히 있었다.), 내가 부탁을 했을 때 친구가 행한 언어적 반응(예: "난 바빠서 못 도와주겠다. 내 일도 하기 바쁜데…") 등을 객관적으로 기술한다.

셋째, 불쾌한 사건에 대한 사고내용인 B를 찾아낸다. 즉, A와 C를 연결하는 B를 찾아낸다. 다시 말해, 그러한 객관적 사건이나 상황을 어떤 의미로 받아들였는지 생각해 본다. 이 부분이 인지적 기법의 가장 중요하고 어려운 부분이다. 우리는 상대방의 말이나 행동에 담긴 의도나 의미를 추론하고 해석한다. 이러한 해석내용은 그 당시에는 당사자에게 잘 의식되지 않는 경우가 많다. 그러나 주의를 기울여 곰곰이 생각하면 자각될 수 있다. 그 당시 스쳐 지나간 생각들이나 지금 그런 일을 당한다면 떠오를 만한 생각들이다. 예를 들면, 친구에게서 "너는 애가 왜 그렇게 이기적이냐?"라는 말을 들었을 때 "이 자식이 나를 비난하려 드는구나. 오늘 의도적으로 나를 괴롭히려 드는구나. 과거에 쌓인 감정을 이런 방식으로 갚으려 하는구나. 나쁜 놈! 너는 얼마나 남을 생각하길래"라는 생각이 떠오를 수 있다. 회식 상황에서 나의 자기소개에 아무도 웃지 않는 것을 보고 "다들 지루해하는구나. 나를 말재주 없는 썰렁한 사람으로 생각하겠구나. 나에게 호감을 갖지 않겠구나"라는 생각을 할 수 있다. 처음 소개받은 이성 앞에서 할 말을 찾지 못하고 얼굴이 붉어진 자신을 자각하며 "상대방을 즐겁게 해 주려고 했는데 또 바보같이 행동하고 있구나. 상대방이 나를 얼마나 한심하게 생각할까? 보나마나 좋은 관계가 되기는 틀렸다. 빨리 이 상황을 피해 버리자"라고 생각할 수 있다. 이러한 분석결과를 A–B–C 도식으로 정리하면 다음과 같다.

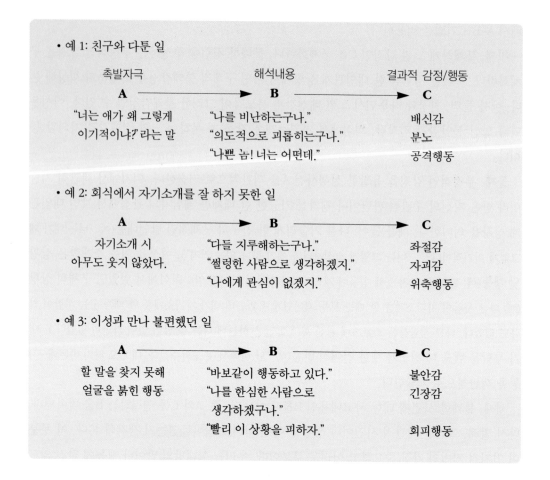

- 예 1: 친구와 다툰 일

촉발자극	해석내용	결과적 감정/행동
A →	**B** →	**C**
"너는 애가 왜 그렇게 이기적이냐?"라는 말	"나를 비난하는구나." "의도적으로 괴롭히는구나." "나쁜 놈! 너는 어떤데."	배신감 분노 공격행동

- 예 2: 회식에서 자기소개를 잘 하지 못한 일

A →	**B** →	**C**
자기소개 시 아무도 웃지 않았다.	"다들 지루해하는구나." "썰렁한 사람으로 생각하겠지." "나에게 관심이 없겠지."	좌절감 자괴감 위축행동

- 예 3: 이성과 만나 불편했던 일

A →	**B** →	**C**
할 말을 찾지 못해 얼굴을 붉힌 행동	"바보같이 행동하고 있다." "나를 한심한 사람으로 생각하겠구나." "빨리 이 상황을 피하자."	불안감 긴장감 회피행동

이러한 A-B-C기법은 앞에서 제시한 〈일주일 생활기록표〉와 함께 활용할 수 있다. 하루 중 불쾌한 감정을 느낀 상황을 하나씩 A-B-C기법을 통해 분석해 봄으로써 불쾌한 감정을 느끼게 된 심리적 과정을 살펴볼 수 있다. 또한 다음에 제시된 〈대인사고 기록지〉를 통해 분석해 볼 수도 있다.

이러한 방법을 통해 자신의 대인사고를 분석해 보면 다양한 대인상황에서 자신이 흔히 지니게 되는 생각의 내용과 주제를 발견할 수 있다. 이러한 사고의 내용은 특정한 대인신념과 밀접한 관계를 지니며 자신의 대인관계 양식에 영향을 미칠 수 있으므로 각별히 주목할 필요가 있다. 이러한 대인사고의 내용은 매우 다양하지만, 우리를 불쾌하게 만드는 주요한 대인사고의 내용을 살펴보면 다음과 같다. 아래와 같은 생각을 얼마나 자주 하며 주로 어떤 대상에 대해서나 상황에서 하는지 살펴본다.

- 나는 타인에게 무시당한다는 생각을 자주 한다.

〈대인사고 기록지〉

일시	대인관계 상황(A) 불쾌한 감정을 유발한 실제 사건이나 내면적 자극(생각, 기억 등)을 기술	매개적 대인사고(B) 불쾌한 감정을 유발한 상황에서 떠오른 생각이나 불쾌한 감정에 앞서 지닌 생각을 기술하고 그 생각의 확신 정도를 0~100%로 평정	결과적 감정(C) 구체적인 감정을 기술하고 그 강도를 1~100%로 평정
11월 6일 오전 10시	친구에게 "너는 이기적인 면이 있다."는 말을 들음.	– 나를 비난하는구나.(90) – 의도적으로 나를 괴롭히고 있다.(60)	분노 (80)
11월 7일 오후 8시	동아리 회식에서 자기소개를 할 때 아무도 웃지 않음	– 다들 지루해하는구나.(60) – 썰렁한 사람으로 생각할 것이다.(70)	우울 (50)
11월 8일 오후 6시	미팅에서 할 말을 찾지 못해 얼굴을 붉힘.	– 바보같이 행동하고 있다.(80) – 나를 한심하게 생각할 것이다.(60)	불안 (60)

- 나는 타인 앞에서 실수하지 않을까 하는 생각을 자주 한다.
- 타인이 나를 싫어한다는 생각을 할 때가 많다.
- 타인이 나를 속이거나 이용할 것이라는 생각을 자주 한다.
- 타인이 나를 공격한다고 느낄 때가 많다.
- 타인이 나의 행동에 실망하거나 부정적인 평가를 한다고 느낄 때가 많다.
- 타인이 나를 공격적으로 대할 것이라는 생각을 자주 한다.
- 나는 대인관계 상황에서 다른 사람들에게서 소외되어 있다는 생각을 자주 한다.
- 내가 열등하고 무가치하다는 생각을 할 때가 많다.
- 나를 솔직하게 내어 보이면 다른 사람들이 나를 우습게 생각할 것 같다.

이러한 생각들은 대인관계 상황에서 우리를 불쾌하게 만들고 대인관계를 악화시키는 주요한 원인이다. 이러한 생각의 정당성을 다각적으로 생각해 보고 보다 현실적이고 긍정적인 생각으로 전환하는 노력이 필요하다. 이러한 노력에 대해서는 다음 장에서 자세하게 제시한다.

4. 자기분석

인간관계는 개성을 지닌 존재인 '나'의 표현이다. "지피지기(知彼知己)면 백전불태(百戰不殆)"라는 말이 있듯이, 자신의 인간관계를 이해하고 개선하기 위해서는 자기이해가 필수적이다. 나는 과연 어떤 사람인가? 어떤 과거의 경험들이 오늘의 나를 형성해 왔는가? 나의 마음속 깊은 곳에는 어떤 심리적 욕망과 신념이 있는가? 이러한 물음들과 관련하여 자신을 다각적으로 살펴보는 일을 **자기분석**(self-analysis)이라고 한다. 자신의 심리적 특성을 살펴보는 자기분석은 다양한 방법을 통해 이루어질 수 있다.

개인은 매우 다양하고 복잡한 심리적 특성을 지니고 있어서 일목요연하게 이해하기란 매우 어려운 일이다. 그러나 크게 세 측면에서 자기분석을 시도해 볼 수 있다. 첫 번째는 나의 횡단적 측면, 즉 '현재의 나'에 대한 여러 가지 측면을 분석해 보는 일이다. 현재 나의 성격, 특성, 장단점 등을 체계적으로 살펴보는 일로, **횡단적 자기분석**이라고 할 수 있다. 두 번째는 나의 종단적 측면, 즉 현재의 내가 형성되어 온 성장 과정을 살펴보는 일이다. 현재는 과거의 소산이며, 과거를 통해 현재가 좀 더 분명하게 드러날 수 있기 때문이다. 나는 어떤 가문에서 어떤 조상으로부터 태어나서 출생 후 현재까지 어떤 경험을 하였으며 현재의 나에 이르렀는지 살펴보는 작업으로서 **종단적 자기분석**이라고 할 수 있다. 이러한 나의 과거사는 현재 나의 모습에 강력

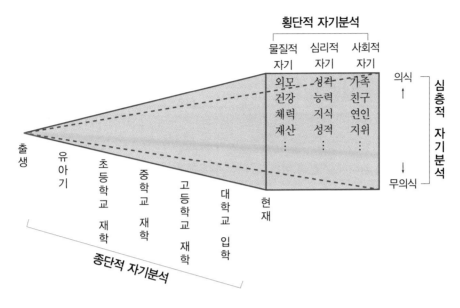

[그림 14-4] 자기분석의 세 측면

한 영향을 미치고 있다. 세 번째는 나의 심층적 측면, 즉 나의 무의식적 측면을 살펴보는 일이다. 내가 의식하지 못하지만 나의 행동에 강력한 영향을 미치는 무의식적인 갈등이나 심리적 역동과정을 살펴보는 작업이 필요하며, 이러한 작업을 심층적 자기분석이라고 할 수 있다. [그림 14-4]에서 제시하는 것처럼, 우리는 자신을 이러한 세 측면에서 이해하고 분석해 볼 수 있다.

1) 횡단적 자기분석

횡단적 자기분석이란 '현재의 나'를 여러 측면에서 살펴보고 평가하는 일이다. '나'는 육체를 중심으로 다양한 심리적 속성을 지니며 사회적 관계 속에 얽혀 있는 육체적 · 심리적 · 사회적 존재다. 인간은 이러한 자신의 여러 가지 측면에 관한 기술적 또는 평가적 정보를 '나'라는 자기개념에 저장한다. 즉, 횡단적 자기분석은 나 자신에 대한 생각인 자기개념을 체계적으로 분석하는 일이다. "과연 나는 나 자신을 어떻게 바라보고 있는가?" 하는 물음에 답하려는 노력이다. 5장에서 살펴보았듯이, 자기개념(self-concept)은 나를 구성하는 다양한 요소에 대한 여러 차원의 평가로 구성된다. 즉, 자기개념은 물질적 자기, 심리적 자기, 사회적 자기를 구성하는 여러 가지 요소로 나눌 수 있다. 또한 이러한 요소를 평가하는 다양한 차원, 즉 자기 구성요소의 중요도, 현실적 자기에 대한 평가, 이상적 자기에 대한 평가, 의무적 자기에 대한 평가, 가능한 자기에 대한 평가 등의 차원에서 살펴볼 수 있다. 이러한 자기개념은 자기존중감에 영향을 미칠 뿐만 아니라 대인관계에도 강력한 영향을 미친다. 자기개념의 구조에 대해서는 5장에서 자세하게 설명했으므로 여기에서는 자기개념의 구체적 분석방법을 소개하기로 한다.

(1) 자기 구성요소의 중요도

아래에 제시된 각각의 자기 구성요소가 얼마나 중요하다고 생각하는가? 달리 표현하면, 나의 행복에 있어서 각각의 자기 구성요소는 얼마나 중요한가? 중요하다고 생각하는 정도에 따라 해당하는 숫자의 위치에 ✔ 표를 한다. 표시한 숫자를 이어 선그래프를 그려 본다.

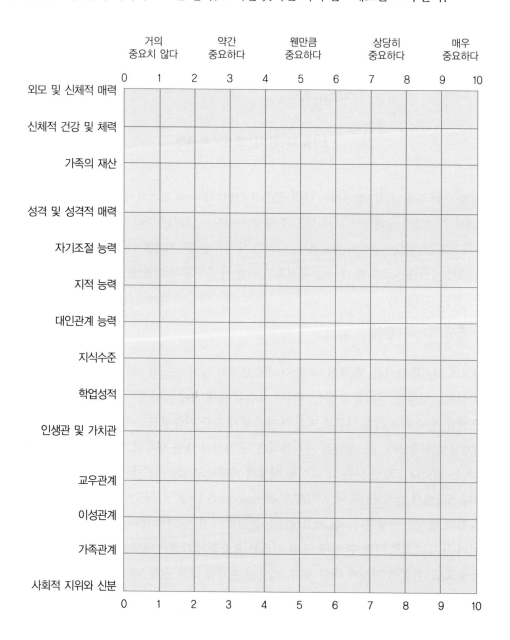

(2) 현실적 자기에 대한 평가

'현재의 나의 모습'을 평가해 본다. 나는 현재 아래의 자기 구성요소에 있어서 어느 정도 우수하다고 생각하는가? 판단이 어려울 때는 주변의 동료나 친구들과 비교하여 상대적으로 평가해 본다. 우수하다고 생각하는 정도에 따라 해당하는 숫자의 위치에 ✔표를 한다. 표시한 숫자를 이어 선그래프를 그려 본다.

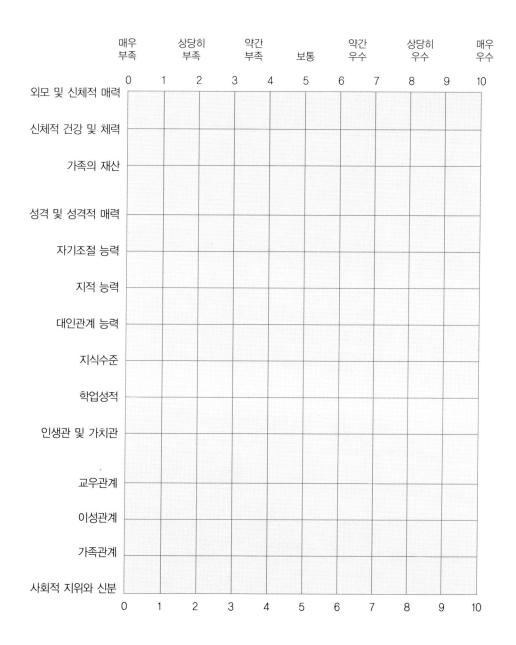

(3) 이상적 자기에 대한 평가

'이상적인 나의 모습'을 평가해 본다. 나는 아래의 자기 구성요소에 있어서 어느 정도 우수하기를 원하는가? 우수하기를 원하는 정도에 따라 해당하는 숫자의 위치에 ✓표를 한다. 표시한 숫자를 이어 선그래프를 그려 본다.

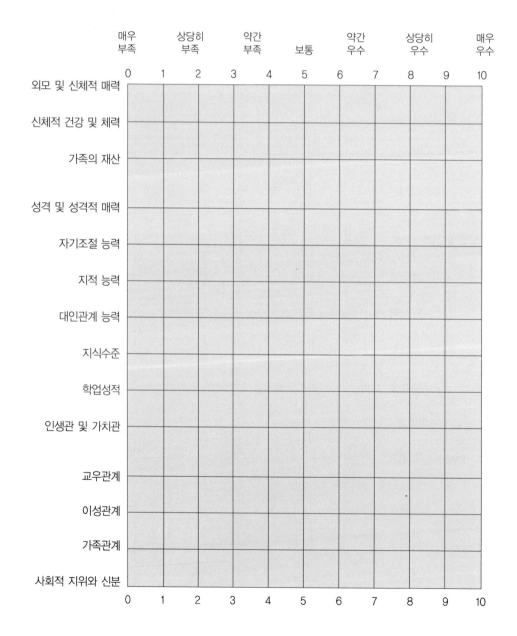

(4) 의무적 자기에 대한 평가

'의무적인 나의 모습'을 평가해 본다. 나의 부모나 중요한 주변 사람들(은사, 애인 등)은 아래의 자기 구성요소에 있어서 내가 어느 정도 우수하기를 원한다고 생각하는가? 주변 사람들이 내가 우수하기를 기대하는 정도에 따라 해당하는 숫자의 위치에 ✓ 표를 한다. 표시한 숫자를 이어 선그래프를 그려 본다.

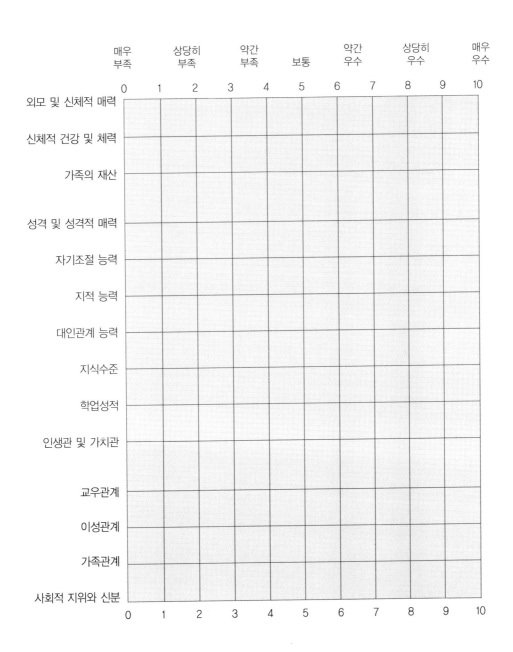

(5) 가능한 자기에 대한 평가

'가능한 나의 모습'을 평가해 본다. 내가 앞으로 열심히 노력한다면 아래의 자기 구성요소에 있어서 어느 정도 우수해질 수 있다고 생각하는가? 우수해질 수 있다고 생각하는 정도에 따라 해당하는 숫자의 위치에 ✔표를 한다. 표시한 숫자를 이어 선그래프를 그려 본다.

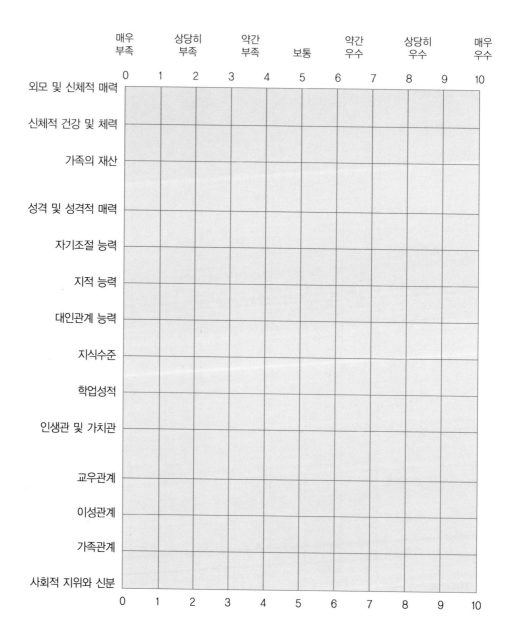

이런 분석을 통해서 자기개념을 구성하는 여러 가지 요소를 자신이 어떻게 평가하는지 살펴볼 수 있다. 자기개념의 평가자료는 다음과 같은 물음을 통해서 좀 더 구체적으로 분석해 볼 수 있다.

- 나는 어떤 자기 구성요소를 중시하고 어떤 것들을 경시하는가?
- 나는 현재 어떤 자기 구성요소를 높이 평가하는가? 반면에 어떤 요소를 낮게 평가하는가?
- 내가 열등하다고 생각하는 나의 자기 구성요소는 무엇인가?
- 나는 어떤 자기 구성요소에 높은 이상적 기준을 부여하는가?
- 나는 어떤 자기 구성요소에서 부모나 주변 사람들의 높은 기대를 의식하는가?
- 나는 자기 구성요소 각각을 어느 정도 개선할 수 있다고 생각하는가?
- 나는 어떤 자기 구성요소에서 현실적 자기와 이상적 자기의 괴리를 느끼는가?
- 나는 어떤 자기 구성요소에서 현실적 자기와 의무적 자기의 괴리를 느끼는가?

이러한 다양한 물음을 통해서 자기개념의 평가자료를 분석해 볼 수 있다. 여러 차원의 자기평가 자료를 복합적으로 분석해 보는 방법도 있다. 일반적으로 현실적 자기에 대한 평가가 낮을수록 자존감이 낮고 우울감을 느낄 가능성이 높다. 여러 자기 구성요소에 대한 현실적 자기의 총점, 즉 Σ(현실적 자기)는 자존감과 비례하고 우울감과는 반비례하는 경향이 있다. 특히 중요하다고 평가한 구성요소에서 현실적 자기의 평가가 낮을수록 이러한 경향이 강하다. 즉, Σ(현실적 자기)×(중요도)는 자존감과 비례하고 우울감과는 반비례한다. 높은 중요도를 지니지만 현실적 자기의 평가가 낮은 자기 구성요소는 자신이 열등감을 느끼는 영역일 수 있다. 또한 이상적 자기의 평가는 높은데 현실적 자기의 평가는 낮아서 이 두 차원 간의 괴리가 커지면 자신의 불만족도도 커진다. 즉, Σ{(이상적 자기)−(현실적 자기)}×(중요도)는 자기불만족도에 비례할 수 있다. 아울러 의무적 자기의 평가는 높은데 현실적 자기의 평가가 낮으면 자신에 대한 불안감이 높을 수 있다. 자신에게 부모나 주변 사람들이 높은 기대를 갖고 있는데 자신의 현재 모습이 그에 미치지 못하면 많은 심리적 부담을 느끼기 때문이다. 즉, Σ{(의무적 자기)−(현실적 자기)}×(중요도)는 자신에 대한 불안감에 비례할 수 있다. 현실적 자기의 평가가 낮더라도 앞으로 노력하면 개선이 가능하다고 느끼면 우울감이 덜할 것이다. 반면에 노력해도 개선이 불가능하다고 느끼면 좌절감이 더 클 것이다. 따라서 가능한 자기 역시 자기개념의 중요한 차원으로서 자신에 대한 존중감, 우울감, 불안감 등에 영향을 미치게 된다. 이처럼 다양한 방법을 통해서 자기개념을 분석할 수 있다.

(6) 나의 장단점 및 성격특성에 대한 평가

누구나 나름대로의 여러 가지 장점(또는 강점)과 단점(또는 약점)을 가지고 있다. 이러한 자신의 장단점은 유전에 의해 선천적으로 부모에게서 물려받은 것일 수도 있고, 또는 부모의 성격, 가치관, 양육방식 등에 의해 후천적으로 습득한 것일 수도 있다. 때로는 부모의 영향과 무관하게 독자적으로 개발한 것일 수도 있다. 이러한 장단점을 먼저 열거한 후 각각 선천적이든 후천적이든 아버지의 영향에 의한 것이면 F로, 어머니의 영향에 의한 것이면 M으로, 그리고 부모의 영향이 아니라 스스로 개발한 것이라면 S로 표시한다.

먼저 자신의 단점 15가지를 열거한다. 스스로 자신의 단점이라고 생각하는 것이든 주변 사람들이 그렇게 생각하는 것이든 자신의 단점 15가지를 찾아 아래에 기재한다. 스스로 찾기 어려우면 가까운 가족이나 친구에게 물어보는 것도 좋은 방법이다. 사소한 것이라도 모두 열거하여 15가지를 반드시 채우도록 한다.

〈나의 단점 15가지 목록〉 　　　　　〈영향요인〉

1. _____ _____

2. _____ _____

3. _____ _____

4. _____ _____

5. _____ _____

6. _____ _____

7. _____ _____

8. _____ _____

9. _____ _____

10. _____ _____

11. _____ _____

12. _____ _____

13. _____ _____

14. _____ _____

15. _____ _____

앞에서와 마찬가지로, 자신의 장점 15가지를 열거한다. 스스로 자신의 장점이라고 생각하는 것이든 주변 사람들이 그렇게 생각하는 것이든 자신의 장점 15가지를 찾아 아래에 기재한다. 스스로 찾기 어려우면 가까운 가족이나 친구에게 물어보는 것도 좋은 방법이다. 사소한 것이라도 모두 열거하여 15가지를 반드시 채우도록 한다.

〈나의 장점 15가지 목록〉　　　　〈영향요인〉

1. _____　_____

2. _____　_____

3. _____　_____

4. _____　_____

5. _____　_____

6. _____　_____

7. _____　_____

8. _____　_____

9. _____　_____

10. _____　_____

11. _____　_____

12. _____　_____

13. _____　_____

14. _____　_____

15. _____　_____

자신의 성격 특성을 긍정적인 것이든 부정적인 것이든 15가지 열거해 본다. 스스로 생각하는 것이든 주변 사람들이 생각하는 것이든 상관없이 자신의 성격 특성을 열거한다. 스스로 찾기 어려우면 가까운 가족이나 친구에게 물어보는 것도 좋은 방법이다. 사소한 것이라도 모두 열거하여 15가지를 반드시 채우도록 한다.

〈나의 성격 특성 15가지 목록〉 　　　　　〈영향요인〉

1. _____ 　　_____

2. _____ 　　_____

3. _____ 　　_____

4. _____ 　　_____

5. _____ 　　_____

6. _____ 　　_____

7. _____ 　　_____

8. _____ 　　_____

9. _____ 　　_____

10. _____ 　　_____

11. _____ 　　_____

12. _____ 　　_____

13. _____ 　　_____

14. _____ 　　_____

15. _____ 　　_____

이런 작업은 나에게 어떤 장점과 단점, 강점과 약점 그리고 성격 특성이 있는지 살펴보는 좋은 기회가 된다. 특히 내가 생각하는 나의 특성과 다른 사람이 생각하는 나의 특성을 비교해 보는 것이 유익하다. 아울러 나에게 이러한 특성이 생긴 유래나 영향요인을 곰곰이 생각해 보는 것이 좋다. 특히 나의 어떤 특성들이 부모의 영향을 받았는지 살펴보면서 부모와의 관계에 대해서 깊이 생각해 볼 필요가 있다.

2) 종단적 자기분석

종단적 자기분석은 현재의 내가 형성되어 온 성장 과정을 살펴보는 일이다. 과거는 이미 지나간 일이지만 현재와 미래에 영향을 미치기 때문에 중요하다. 과거경험이 현재의 나에게 어떤 영향을 미쳤는지 살펴보는 일은 자기이해의 핵심적인 부분이다. 특히 강한 정서적 경험을 했거나 심리적 상처가 된 과거의 사건들은 나의 기억 저변에 남아 오늘의 나에게 영향을 미치게 된다. 따라서 종단적 자기분석은 나의 역사를 정리하는 작업이다. 즉, 개인사에 대해 자서전적 분석을 하는 작업이다. 나와 내 가족의 과거사를 이해하고 현재의 나에게 미치는 영향을 살펴보는 작업이다.

세월과 함께 변해 가는 인간의 모습

인간은 누구나 뿌리를 가지고 있다. 나의 뿌리에 대한 이해는 나의 이해에 기본이 된다. 즉, 나를 낳아 주고 길러 준 부모에 대한 이해는 자기이해에 필수적이다. 나의 형성에 있어서 부모의 영향력은 절대적이기 때문이다. 마찬가지로 부모를 이해하기 위해서는 조부모 또는 가문에 대한 이해가 필요하다.

여러 가지 특성을 지닌 가문에서 각기 개성을 지닌 부모의 결혼을 통해 내가 태어난다. 따라서 내가 태어날 당시의 가족배경과 부모의 심리적 상황을 잘 아는 것이 중요하다. 출생 초기에 자녀에게 주어지는 부모의 영향은 성격형성에 매우 결정적이기 때문이다. 유년기를 보내고 나서 아동기를 거쳐 초등학교, 중학교, 고등학교에 진학하게 된다. 이러한 성장 과정 중의 여러 가지 사건과 경험들은 나의 성격형성과 인간관계에 영향을 미치게 된다. 특히 이차성징이 나타나고 자기정체감을 형성하며 심리적인 독립을 추구하게 되는 사춘기 또는 청소년기의 경험이 중요하다. 이 시기를 흔히 '제2의 탄생'이라고 부르기도 한다.

다음에 제시하는 여러 가지 물음에 대해 진지하게 생각하면서 종단적 자기분석을 시도해 보기로 한다. 이러한 물음은 현재의 나를 형성하는 데에 의미 있는 역할을 한 사건이나 경험에 관한 것이다. 각 사건과 경험이 현재의 내 모습에 어떤 영향을 미쳤는지 진지하게 생각해 보는 것이 중요하다. 이러한 물음에 대한 답을 뼈대로 자서전적 기술을 해 본다.

(1) 가문과 조부모에 대한 물음
- 나의 친가는 어떤 집안인가?
  - 사회적 · 경제적 지위는 어떠한가?
  - 집안에서 중시하는 가치는 무엇인가?
  - 집안의 정서적 분위기는 어떠한가?

- 나의 친조부모는 어떤 분들이며 어떤 삶을 사신 분들인가?
  - 성격, 학력, 직업, 인간관계는 어떠한가?
  - 조부모가 산 시대적·사회적 상황은 어떠했는 어떠한가?
  - 조부와 조모의 부부관계는 어떠했는가?
  - 조부모는 아버지를 어떻게 기르셨는가?

- 나의 외가는 어떤 집안인가?
  - 사회적·경제적 지위는 어떠한가?
  - 집안에서 중시하는 가치는 무엇인가?
  - 집안의 정서적 분위기는 어떠한가?

- 나의 외조부모는 어떤 분들이며 어떤 삶을 사신 분들인가?
  - 성격, 학력, 직업, 인간관계는 어떠한가?
  - 조부모가 산 시대적·사회적 상황은 어떠했는가?
  - 외조부와 외조모의 부부관계는 어떠했는가?
  - 외조부모는 어머니를 어떻게 기르셨는가?

(2) 부모에 대한 물음

- 아버지는 어떤 분이며 어떤 삶을 사신 분인가?
  - 아버지의 성격, 학력, 직업, 인간관계는 어떠한가?
  - 아버지는 어떤 유년기, 소년기, 청년기를 보내셨는가?
  - 아버지가 살아온 시대적·사회적 상황은 어떠했는가?
  - 아버지는 무엇을 위해 사신 분인가? 아버지의 인생관과 가치관은 어떠한가?
  - 아버지의 장단점은 무엇인가?
  - 아버지는 자신의 어떤 점에 열등감(또는 콤플렉스)을 느끼는가?
    이런 열등감은 어떻게 생겼는가?
  - 아버지의 형제자매는 어떤 분들인가? 서로 관계는 어떠한가?

- 어머니는 어떤 분이며 어떤 삶을 사신 분인가?
  - 어머니의 성격, 학력, 직업, 인간관계는 어떠한가?
  - 어머니는 어떤 유년기, 소년기, 청년기를 보내셨는가?

– 어머니가 살아온 시대적·사회적 상황은 어떠했는가?

– 어머니는 무엇을 위해 사신 분인가? 어머니의 인생관과 가치관은 어떠한가?

– 어머니의 장단점은 무엇인가?

– 어머니는 자신의 어떤 점에 열등감(또는 콤플렉스)을 느끼는가?
  이런 열등감은 어떻게 생겼는가?

– 어머니의 형제자매는 어떤 분들인가? 서로 관계는 어떠한가?

• 아버지와 어머니는 어떻게 결혼하게 되었는가?

– 아버지와 어머니는 언제, 어디서, 어떻게 처음 만나게 되었는가?

– 아버지와 어머니는 어떤 점에 서로 호감과 매력을 느꼈는가?

– 아버지와 어머니는 어떤 과정을 통해 결혼하게 되었는가?

(3) 나의 성장사에 대한 물음

• 나의 출생은 어떤 상황에서 이루어졌는가?

– 아버지와 어머니는 각각 몇 살에 어떤 상황에서 나를 잉태하게 되었는가?

– 나는 부모가 계획해서 낳은 아이였는가? 원하는 아이(성별)였는가?

– 나를 낳을 당시 부모의 부부관계나 가족상황은 어떠했는가?

– 출생 시 형제자매가 있었는가?

• 나의 유년기(0~5세 전후)는 어떠했는가?

– 출생 시 특이한 점은 없었는가?

– 분만 형태, 몸무게, 건강상태는 어떠했는가?

– 유년기에 나의 기질이나 성격은 어떠했는가?

– 유년기에 나의 건강상태는 어떠했는가? 질병을 앓은 적은 없는가?

– 언제까지 어머니의 젖을 먹었으며 젖떼기(이유)는 어떻게 이루어졌는가?

– 대소변 가리기는 언제 어떻게 이루어졌는가?

– 유년기에 특별한 버릇이나 특성은 없었는가?

– 유년기에 대해 기억나는 일이 있다면 어떤 일인가?

– 유년기에 가족상황의 급격한 변화는 없었는가?

– 유년기 동안 전반적인 기분상태는 어떠했는가?

• 나의 아동기(6~12세)는 어떠했는가?

– 초등학교 시절 학업성적은 어떠했는가?

– 학업성적에 변화가 있었다면 그 시기와 계기는 무엇인가?

– 초등학교 시절 교우관계는 어떠했는가?

– 친구관계에 변화가 있었다면 그 시기와 계기는 무엇인가?

– 친구관계에서 심각한 갈등이나 다툼이 있었다면 언제 어떤 일인가?

– 초등학교 시절 교사와의 관계는 어떠했는가?

– 초등학교 시절에 대해 특별히 기억에 남는 일이 있다면 어떤 일인가?

– 초등학교 시절에 부모와의 관계는 어떠했는가?

– 초등학교 시절에 가족상황의 급격한 변화는 없었는가?

– 초등학교 시절의 전반적인 기분상태는 어떠했는가?

• 나의 청소년기(13~18세)는 어떠했는가?

– 중·고등학교 시절 학업성적은 어떠했는가?

– 학업성적에 변화가 있었다면 그 시기와 계기는 무엇인가?

– 중·고등학교 시절 친구관계와 이성관계는 어떠했는가?

– 친구관계에 변화가 있었다면 그 시기와 계기는 무엇인가?

– 친구관계에서 심각한 갈등이나 다툼이 있었다면 언제 어떤 일인가?

– 과외활동을 했다면 어떤 활동을 했으며 얻고 잃은 것은 무엇인가?

– 중·고등학교 시절 교사와의 관계는 어떠했는가?

– 중·고등학교 시절에 대해 특별히 기억에 남는 일이 있다면 어떤 일인가?

– 중·고등학교 시절에 부모와의 관계는 어떠했는가?

– 중·고등학교 시절에 가족상황의 급격한 변화는 없었는가?

– 성(性)에 관심을 갖게 된 시기나 계기는 무엇인가?

– 성적 경험(자위, 성교 등)을 처음 한 시기와 계기는 무엇인가? 심리적 반응은 어떠했는가?

인간은 세월과 함께 끊임없이 변한다. 과거의 삶을 돌아보는 일은 현재의 나를 이해하는 바탕이 된다.

－ 여성의 경우 초경은 언제 했으며 어떻게 받아들였는가?

－ 중 · 고등학교 시절 존경하는 인물이나 이상적 인물이 있었다면 누구인가? 그 사람을 어떤 점에서 존경했는가?

－ 중 · 고등학교 시절의 전반적인 기분상태는 어떠했는가?

－ 재수를 했다면 재수시절의 경험은 어떠했는가?

• 나의 대학생 시기(19세~현재)는 어떠한가?

－ 대학에 합격했을 때 어떤 기분을 느꼈는가?

－ 원하는 대학과 학과에 입학했는가?

－ 신입생 시절을 어떻게 보냈는가?

－ 대학교에서의 학업성적은 어떠했는가?

－ 학업성적에 변화가 있었다면 그 시기와 계기는 무엇인가?

－ 대학생 시기의 친구관계(또는 이성관계)는 어떠했는가?

－ 친구관계(또는 이성관계)에 변화가 있었다면 그 시기와 계기는 무엇인가?

－ 친구관계(또는 이성관계)에서 심각한 갈등이나 다툼이 있었다면 언제 어떤 일인가?

－ 동아리 활동을 한다면 어떤 활동을 하고 있으며 얻고 잃은 점은 무엇인가?

－ 교수와의 관계는 어떠한가?

－ 부모와의 관계는 어떠한가?

－ 성(性)에 대한 관심과 욕구는 어떻게 해소하고 있는가?

－ 대학교 졸업 후의 진로에 대해서는 어떤 생각을 하고 있는가?

－ 남자의 경우 군복무를 했다면 어떤 경험들을 했으며 무엇을 얻고 잃었다고 생각하는가? 복학 후의 대학생활은 어떠한가?

(4) 기타 물음

－ 현재 기억나는 가장 어린 시절의 기억은 어떤 것인가?

－ 살아오면서 가장 기뻤던 일을 3가지만 꼽는다면 무엇인가?

－ 살아오면서 가장 괴로웠던 또는 슬펐던 일을 3가지만 꼽는다면 무엇인가? 그 괴로웠던 또는 슬펐던 일을 어떻게 극복했는가?

－ 만약 모든 소망을 이루어 주겠다는 마법사가 있다면 어떤 3가지 소망을 들겠는가?

－ 다른 사람에게 가장 자랑하고 싶은 일들은 무엇인가?

－ 다른 사람에게 절대로 알리고 싶지 않은 가장 수치스러웠던 일들은 무엇인가?

- 나의 인생에 가장 큰 영향을 미친 사람은 누구인가?
- 현재 나의 삶에 아직까지 영향을 미치고 있는 주요한 과거의 사건은 어떤 것들인가?
  그것은 현재 어떤 영향을 미치고 있는가?

 역경 후 성장

우리의 삶을 돌아보면 미소를 짓게 만드는 즐거운 경험도 있지만 고통스럽게 느낀 경험도 있다. 때로는 생각하기도 싫을 만큼 고통스러운 충격적인 경험도 있다. 인간은 누구나 인생의 행로에서 나름대로 다양한 역경과 시련(예: 가정불화, 낙방, 실패, 가난, 질병, 사고, 가까운 사람의 사망, 실연, 성폭행 등)을 겪는다. 이러한 역경과 시련은 우리의 인생을 어둠 속으로 몰고 가기도 하지만 우리를 성장시키는 소중한 밑거름이 되기도 한다.

"잔잔한 바다는 훌륭한 항해사를 만들 수 없다"는 아프리카 속담이 있다. 고통과 불행이 없는 평탄한 삶은 우리를 성장시키기 어렵다. 역경과 시련은 고통스럽지만 우리의 잠재능력을 이끌어 낼 뿐만 아니라 인생에 대한 깊이 있는 안목을 갖게 함으로써 심리적 성장을 촉진할 수 있다. 최근에 심리학자들은 역경의 경험이 심리적 성장을 이끌어 내는 심리적 과정에 깊은 관심을 보이고 있다. **역경 후 성장**(posttraumatic growth)은 역경의 고통과 혼란 속에서 일어나는 다양한 긍정적인 심리적 변화를 의미한다. 연구자들(Linley & Joseph, 2004; Tedeschi & Calhoun, 2004)에 따르면, 역경 후 성장은 세 영역의 긍정적 변화, 즉 자기와 세상에 대한 관점의 변화, 대인관계의 변화, 삶에 대한 철학적 인식의 변화를 통해서 일어난다.

첫째, 역경 후 성장 과정에서는 자신과 세상에 대한 긍정적인 인식의 변화가 일어난다. 역경과 시련을 경험하면 자신의 취약성과 세상의 위험성을 인식하는 동시에 자신과 세상에 대한 비현실적인 신념을 수정할 수 있다. 또한 역경을 견디고 극복하는 과정에서 자신의 잠재력과 강점을 새롭게 발견할 뿐만 아니라 스스로에 대한 확신과 통제감이 증가한다. 그 결과, 개인은 자신의 취약성을 인정하고 강점을 발견함으로써 균형 잡힌 자기상을 갖게 될 뿐만 아니라 세상에 대해서 더 현실적이고 합리적인 시각을 갖게 된다.

둘째, 역경은 대인관계의 변화를 유발한다. 특히 가족의 사망이나 실연과 같은 관계상실의 역경은 대인관계에 많은 변화를 초래한다. 역경을 이겨 내기 위해 도움을 청하거나 자기공개를 하고 주변의 지지와 도움을 경험함으로써 대인관계의 중요성을 인식하게 되며, 이로써 주변 사람들과의 친밀감이 증가한다. 또한 자신의 아픔과 고통을 통해 다른 사람을 더욱 깊이 이해하고 공감할 뿐만 아니라 주변 사람들에게 감사하고 그들에 대한 이타적 태도를 형성하는 긍정적 변화가 나타나게 할 수 있다.

셋째, 역경을 통해서 인생관에도 변화가 나타난다. 인생의 위기와 역경에 직면한 사람들은 자신의 운명과 인생에 회의와 절망을 경험할 수 있는데, 이러한 경험은 실존적 또는 영적 변화를 유발할 수 있다. 특히 가까운 사람의 상실경험은 인간의 운명, 삶과 죽음, 만남과 헤어짐의 인연과 같은 실존적·철학적 물음을 던지기 때문에 인생관 전반의 필연적인 변화를 가져온다. 인생의 유한성을 인정하고 자신에게 주어진 제한된 시간 동안 어떻게 살아야 행복하고 의미 있는 삶을 살 수 있을지 깊이 고민함으로써 더욱 성숙한 인생관과 가치관을 갖게 된다. 역경 후 성장을 이룬 사람들은 인생 목표의 우선순위가 바뀌고 작은 것에도 감사하는 태도를 갖게 될 뿐만 아니라 신의 존재를 느끼거나 종교에 대한 믿음이 깊어질 수 있다(임선영, 2013; 임선영, 권석만, 2012, 2013).

종단적 자기분석은 과거의 다양한 경험들이 현재의 '나'를 형성하는 데에 어떤 영향을 미쳤는지 곰곰이 살펴보는 일이다. 특히 역경과 시련의 경험이 나의 삶에 어떤 영향을 미쳤으며 그러한 경험을 통해서 어떤 긍정적 변화가 있었는지 살펴보는 것이 중요하다. 어떤 역경과 시련을 경험했는지보다 그러한 역경과 시련을 어떻게 대응하며 극복했는지가 우리의 인생에 더 중요한 의미를 지닌다.

3) 심층적 자기분석

심층적 자기분석은 우리 자신이 자각하지 못하는 무의식적인 심리적 세계를 살펴보는 일이다. 우리 인간이 스스로 자각할 수 있는 자신의 심리적 영역은 매우 제한적이다. 과거에 경험한 수많은 사건들에 대한 기억은 마음속에 저장되어 있다. 분석심리학을 주창한 융(Jung)은 인간의 무의식적 세계가 개인적 무의식과 집단적 무의식으로 구성된다고 주장했다. 개인적 무의식(individual unconsciousness)은 출생 후에 경험한 내용들로 이루어지는 반면, 집단적 무의식(collective unconsciousness)은 인류의 조상이 진화과정에서 경험한 내용들이 대대손손 유전의 과정을 통해 전달된 내용을 의미한다. 이러한 주장을 인정하든 하지 않든, 인간은 자신도 의식하지 못하는 무의식적 요인의 영향을 받는다. 이러한 무의식적 요인은 대인관계에 깊은 영향을 미친다. 예컨대, 평소에 지니고 있던 이상적인 이성상과는 전혀 다른 이성에게 자신도 이해할 수 없는 매력을 느끼고 강렬한 사랑에 빠지는 경우가 있다. 어떤 유형의 윗사람에게는 자신도 알 수 없는 저항감을 느끼는 경우도 있다. 어떤 대인관계 상황에서 이유 없이 심한 불안감을 느끼기도 하고, 자신의 의도와는 다른 행동을 하여 대인관계가 악화되는 경우도 있다. 이와 같이 자신도 이해하기 힘들고 의식적인 조절이 어려운 대인행동에는 무의식적 요인이 개입한 것으로 볼 수 있다.

인간의 무의식적 세계는 여러 심리학자의 노력에 의해 그 단면이 드러나고 있다. 프로이트에 의해 시작된 정신분석학은 인간의 무의식적 세계를 연구하는 대표적인 학문분야다. 정신분석학의 주장은 과학적 방법으로 검증하기 어렵기 때문에 그 진실성을 의심하는 학자들이 많다. 그러나 우리의 의식적 정보만으로는 설명하기 어려운 심리적 현상들을 무의식의 개념으로 잘 설명하고 있는 것도 사실이다. 4장에서 소개했듯이 정신분석학에서는 성적인 욕구를 인간의 가장 기본적인 동기로 간주하고, 어린 시절에 부모와의 관계에서 이러한 성적인 욕망을 표출하며 경험한 내용들이 개인의 성격형성에 중요하다고 본다. 특히 불안을 유발하는 경험들은 무의식 속에 억압되어 의식되지 않은 채 은밀하게 우리의 행동에 영향을 미친다. 프로이트는 이러한 무의식에 접근하는 왕도는 꿈 분석(dream analysis)이라고 보았다. 우리의 마음속에서 일어나는 현상이지만 의식적인 이해가 불가능한 꿈을 통해서 무의식의 내용을 살펴볼 수 있다는 것이다. 이밖에도 의식적 통제 없이 마음속에 떠오르는 대로 말하는 자유연상(free association)이나 심리치료 과정에서 내담자가 치료자에게 나타내는 독특한 대인관계 방식인 전이(transference)를 분석함으로써 무의식을 탐색할 수 있다고 주장한다. 이밖에도 인간의 무의식은 정신분석학에서 갈라져 나온 여러 정신역동적 이론가에 의해서 다양하게 설명된다.

인간의 무의식적인 심리적 과정과 구조는 현대 인지심리학 분야의 연구를 통해서도 일부 밝혀졌다. 인간은 고도의 정보처리 능력과 정보저장 능력을 지닌 존재로서 매순간 외부에서 주어지는 환경적 자극에 대해 매우 복잡한 정보처리를 한다. 그런데 이러한 정보를 처리하는 인지적 구조와 과정은 개인에게 의식되지 않으며 대부분 정보처리의 산물만이 의식에 떠오른다. 심리적 과정과 내용에 대한 자각에는 주의(attention)가 매우 중요한 역할을 한다. 주의는 정보처리 용량을 어떤 심리적 현상에 집중하는 것을 의미한다. 주의를 기울인다고 해서 모든 심리적 현상이 의식되는 것은 아니지만, 특정한 심리적 현상에 주의를 기울일수록 의식적 자각은 확대된다. 인지치료(cognitive therapy)에서는 이러한 원리를 이용하여 우리의 감정과 행동에 영향을 미치는 무의식적인 인지적 내용과 과정을 자각하고 변화시키는 기법을 개발하여 사용하고 있다. 5장과 7장에서 소개한 대인신념과 대인사고는 대부분 개인에게 잘 의식되지 않는 무의식적인 것들이다. 그러나 인지치료자는 여러 가지 기법을 사용하여 개인의 부적응 문제를 초래하는 사고와 신념을 찾아내고 이를 변화시킴으로써 부적응 문제를 개선한다.

대인관계에 영향을 미치는 무의식적인 요인을 탐색하는 심층적 자기분석에는 크게 정신역동적 방법과 인지치료적 방법이 있다. 어떠한 방법이든 무의식적 세계를 살펴보는 일은 매우 전문적인 지식과 경험을 요하는 작업이다. 대부분의 경우 전문가의 도움을 받지 않고 무의식에 접근하기란 매우 어렵다. 또한 자기 자신을 분석하는 자기분석은 여러 가지의 교묘한 자기기만적 과정을 통해 자신의 진면목을 왜곡할 가능성이 높다. 따라서 자신의 무의식적 세계에 대한 심층적 분석을 원하는 사람은 전문가의 도움을 받는 것이 바람직하다. 그럼에도 불구하고 심층적 자기분석에 깊은 관심이 있는 사람은 다음과 같은 방법을 통해 조심스럽게 자신의 무의식적 세계를 탐색해 볼 수 있다.

첫 번째 방법은 자신의 꿈 내용에 지속적인 관심을 갖는 방법이다. 우리는 거의 매일 밤 꿈을 꾸지만 대부분의 경우 깨어나면 꿈 내용이 희미해지거나 기억나지 않는다. 그러나 강한 정서적 경험을 수반하는 꿈의 내용은 오래도록 기억나는 경우가 많다. 이러한 꿈의 내용을 가능한 한 상세하게 기록해 두는 것이 좋다. 또는 아침에 깨어나자마자 꿈의 내용이 희미해지기 전에 그

꿈 분석은 무의식을 이해할 수 있는 좋은 방법이다.

내용을 기록해 두는 방법도 있다. 그리고 그러한 꿈의 내용과 관련해 떠오르는 자연스러운 생각들을 함께 기록해 두는 것이 좋다. 이러한 작업을 꾸준히 하면서 꿈의 내용이 의미하는 바를 다각적으로 생각해 본다. 특히 강렬한 감정을 수반하는 꿈들은 깊은 심리적 의미를 지니는 경우가 많다. 때로는 일련의 꿈들에서 일관된 주제나 내용이 나타나기도 한다. 이처럼 꿈에 지속적인 관심을 기울이면 자신의 과거 경험과 최근의 경험들이 어떻게 뒤얽혀 꿈의 내용을 형성하게 되는지에 대한 이해가 증진된다. 평소에 의식하지 않았거나 중요하게 생각하지 않은 경험들이 꿈의 내용을 구성하거나 우리의 대인관계에 영향을 미치고 있다는 것을 자각할 수 있다.

두 번째 방법은 종단적 자기분석과 횡단적 자기분석의 내용을 연결해 보는 방법이다. 우리의 대인관계에 영향을 미치는 무의식의 주된 내용들은 과거에 충격적으로 느낀 경험이나 반복적으로 겪은 경험들과 연결되어 있다. 특히 어린 시절의 경험들이 중요한 영향을 미칠 수 있다. 기억되지 않는 어린 시절의 경험에 대해서는 부모님을 통해 정보를 수집할 수도 있다. 여러 대인관계 상황에서 반복적으로 경험하는 갈등이나 문제가 있다면, 과거의 경험과 관련된 무의식적인 요인이 영향을 미치고 있을 가능성이 높다. 현재 반복되고 있는 대인관계 갈등과 유사한 과거의 경험들을 구체적으로 떠올리며 그 당시의 감정과 생각들을 자세하게 기록하는 것이 바람직하다. 기록 과정에서 과거의 감정이 좀 더 생생하게 느껴지면서 정서적 정화의 경험을 할 수도 있다. 아울러 과거 경험이 현재의 인간관계 문제에 어떤 영향을 미치고 있는지 깊이 생각해 보는 것이 바람직하다.

세 번째 방법은 인지치료적 방법을 적용하여 심층적 자기분석을 해 보는 방법이다. 앞에서 설명했듯이, 대인감정과 대인행동은 대인신념과 대인사고의 영향을 받는다. 대부분의 경우, 대인신념과 대인사고는 잘 자각되지 않은 채 우리의 대인관계에 영향을 미친다. 특히 대인관계의 갈등이나 문제를 경험하는 상황에 영향을 미치는 대인신념과 대인사고를 자각하는 것이

매우 중요하다. 이를 위해서는 먼저 〈일주일 생활기록표〉를 꾸준히 작성하는 것이 바람직하다. 아울러 앞에서 소개했듯이 A-B-C기법을 적용하거나 〈대인사고 기록지〉를 사용하여 갈등적 상황에서 반복적으로 지니게 되는 대인사고의 주제 및 내용을 파악하는 것이 중요하다. 대인사고의 내용은 대인신념과 밀접한 관계를 맺는다. 15장에서 설명할 '하향화살표 기법'을 사용하여 대인신념을 탐색해 볼 수 있다. 대인신념은 우리가 결코 양보할 수 없는 대인관계의 원칙이나 기준과 관련되어 있다. 이러한 원칙과 기준이 대인관계 상황에서 부합되지 않으면 우리는 분노, 불안, 우울과 같은 부정적 감정을 경험하게 된다. 이러한 대인신념은 과거 경험의 산물이다. 따라서 우리가 확신하며 강하게 고집하는 대인신념이 어떤 과거 경험들에 의해서 형성되었는지 생각해 보는 것 역시 중요하다. 부적응적인 대인신념은 과거의 경험에 근거한 적절한 믿음인 동시에, 성장 과정의 한 시기에는 대개 문제해결에 효과적이었던 것들이다. 따라서 그러한 대인신념에 집착하게 되는 것이다. 그러나 모든 여건이 달라진 현재의 상황에서는 그러한 대인신념이 더 이상 적절하지 않으며 문제해결에도 도움이 되지 않을 뿐만 아니라 오히려 부적응적인 결과를 초래한다. 이러한 관점에서 대인신념을 살펴보면 과거 경험과의 관계가 좀 더 분명하게 드러날 수 있다.

 요약

1. 행복하고 성숙한 삶을 위해서는 자신의 인간관계를 점검하고 개선하려는 노력이 필요하다. 인간관계의 개선을 위해서는 자신의 인간관계를 다각적으로 평가하여 변화시켜야 할 점들을 명확하게 이해하는 것이 중요하다. 나아가서 인간관계 개선에 필요한 새로운 행동을 탐색하여 실천에 옮기는 것이 필수적이다.

2. 자신의 인간관계를 점검하기 위해서는 먼저 현재의 전반적인 인간관계에 대한 만족도와 주요감정, 인간관계와 다른 삶의 영역의 관계, 인간관계에 중요한 사람들, 최근의 주요한 대인관계 사건을 살펴본다. 또한 자신의 인간관계를 친구관계, 이성관계, 가족관계 등의 하위영역으로 나누어 평가한다. 아울러 지배-복종 차원과 친화-냉담 차원에 근거하여 키슬러(Kiesler)가 분류한 8가지의 대인관계 유형을 참고로 자신의 대인관계 양식을 평가해 보는 것이 바람직하다.

3. 인간관계의 개선을 위해서는 자신의 대인관계에 영향을 미치는 심리적 요인들을 좀 더 자세히 살펴보는 일이 필요하다. 자신의 대인관계를 대인동기 · 대인신념 · 대인기술 · 대인사고의 관점에서 다양한 물음을 통해 구체적으로 분석해 보는 것이 바람직하다.

4. 인간관계는 개성을 지닌 존재인 '나'의 표현이다. 자신의 인간관계를 이해하고 개선하기 위해서는 자기이

해가 필수적이다. 자기이해를 위해서는 자신을 세 측면, 즉 횡단적 · 종단적 · 심층적 측면에서 분석해 볼 수 있다. 횡단적 자기분석은 '현재의 나'에 대한 여러 가지 측면(성격, 특성, 장단점 등)을 분석해 보는 일인 반면, 종단적 자기분석은 현재의 나를 형성해 온 과거의 성장 과정을 체계적으로 살펴보는 일이다. 심층적 자기분석은 의식하지 못하지만 자신의 행동에 강력한 영향을 미치는 무의식적인 갈등이나 심리적 과정을 살펴보는 작업으로서 정신역동적 방법과 인지치료적 방법에 의해서 분석이 이루어질 수 있다.

제15장

인간관계의 개선방법

1. 인간관계를 개선할 수 있는 다양한 방법들을 이해한다.
2. 자기공개하기가 인간관계를 심화하는 이유를 설명할 수 있다.
3. 인간관계에서 경험하는 부정적 감정을 효과적으로 조절하고 표현하는 방법을 제시할 수 있다.
4. 인간관계에서 신뢰를 형성하는 방법을 이해한다.
5. 대인관계의 갈등을 해결하는 다양한 방법들을 제시할 수 있다.

　　인간관계는 우리가 살아가면서 끊임없이 반성하며 개선의 노력을 기울여야 할 삶의 중요한 영역이다. 인간관계의 개선을 위해서는 자신의 인간관계를 긍정적으로 변화시키기 위한 꾸준한 노력을 기울이는 것이 매우 중요하다. 성격이 그러하듯이, 인간관계는 쉽게 변하지 않는다. 그러나 지속적인 노력을 기울이면 인간관계는 분명히 개선되고 발전할 수 있다. 원만하고 성숙한 인간관계를 맺는 사람들은 대부분 오랜 기간 남모르게 인간관계의 개선을 위해 노력해 온 사람들이다.

　　인간관계의 실질적인 개선을 위해 필수적인 요소는 새로운 행동을 시도하는 것이다. 인간관계를 좀 더 확대하고 심화할 수 있는 새로운 행동을 실제적인 대인관계 상황에서 실행에 옮기는 것이다. 인간은 누구나 자신에게 익숙한 행동방식을 고수하려는 경향이 있다. 몸에 밴 익숙한 방식이 쉽고 편할 뿐만 아니라 안전하게 느껴지기 때문이다. 반면에 새로운 행동방식의 숙달을 위해서는 힘들게 노력해야 하며 그 결과를 예측하기 어렵기 때문에 위험한 것으로 느껴진다. 그러나 새로운 행동의 시도 없이 대인관계의 개선을 이룰 수는 없다. 진정으로 인간관계의 개선을 원하는 사람에게는 새로운 행동을 시도하는 용기와 노력이 필요하다.

　　인간의 성격과 인간관계가 잘 변하지 않는 또 다른 이유는 새롭게 시도한 행동의 결과가 만족스럽지 않기 때문이다. 새롭게 시도하는 행동은 익숙하지 않기 때문에 어색하고 부자연스

누구나 노력하면 원만한 인간관계를 맺을 수 있다.

럽게 느껴질 뿐만 아니라 미숙한 형태로 실행되어 그 결과가 실망스러울 때가 많다. 이처럼 새로운 행동은 부적절감과 좌절감을 초래하는 경우가 많기 때문에 포기하기 쉽다. 특히 새로운 행동을 시도하는 초기에 이러한 경험을 하는 경우가 많다. 따라서 새로운 행동을 포기하고 익숙한 기존의 행동방식으로 회귀하는 것이다. 인간관계의 개선을 위해서는 이러한 문제를 잘 극복하는 것이 중요하다.

이 장에서는 인간관계의 개선에 도움이 될 수 있는 주요한 방법들을 소개한다. 자신에게 필요하다고 생각되는 방법들을 숙지한 후에 구체적인 대인관계 상황에서 실행에 옮겨 보기 바란다. '천 리 길도 한 걸음부터'라는 말이 있듯이, 새로운 행동의 작은 성과에서도 긍정적인 의미를 발견하며 꾸준하게 노력하는 것이 중요하다. 새로운 행동은 많은 경우 타인으로부터의 긍정적인 반응을 유발하게 된다. 또 타인의 긍정적인 반응은 자신의 우호적인 반응을 유발하여 서로 우호적인 행동을 주고받는 선순환의 과정을 통해서 더욱 친밀하고 깊이 있는 인간관계로 발전하는 것이다. 새로운 행동을 반복적으로 시도하면 점차 익숙해지고, 결국 한 단계 진전된 자신의 인간관계 방식으로 정착된다.

1. 대화기회 포착하기

인간관계는 잦은 만남과 대화를 통해서 발전한다. 우리는 많은 사람들과 알고 지내지만 피상적인 관계에서 벗어나지 못하는 경우가 많다. 그 주된 이유는 그들과 좀 더 잦은 만남과 대화의 기회를 갖지 못하기 때문이다. 인간관계를 발전시키기 위해서는 주변 사람들과 자연스럽게 만나서 대화를 나눌 수 있는 기회를 포착하거나 그러한 기회를 조성하는 노력이 필요하다.

다음과 같은 질문을 우리 자신에게 던져 보자. 나는 한번 알게 된 사람과 어떻게 인간관계를 발전시키는가? 그런 사람과 우연히 부딪히면 어떻게 행동하는가? 그런 상황에서 어떤 말을 건네고 어떻게 헤어지는가? 좀 더 많은 이야기를 나눌 수 있는 자연스러운 대화의 기회를 잘 포착하는가? 상대방에게 먼저 대화를 제안하는가? 대화를 제안할 때는 어떻게 하는가?

부적응적 인간관계를 나타내는 사람은 많은 사람들을 소개받아도 깊은 관계로 발전하지 못한다. 아는 사람과 자주 만나더라도 그저 스쳐 지나가는 일만으로는 인간관계가 발전하지 않는다. 친구가 많지 않은 한 대학생의 경우를 살펴보자. A군은 지난번 동아리모임에서 처음 B군과 인사를 나누었다. 그 후 A군은 B군에게 호감을 갖게 되었으며 학교 캠퍼스에서 B군과 자주 마주치게 되었다. 그러나 A군은 B군과 마주치면 그저 인사를 하고 스쳐 지나갈 뿐 개인적인 대화를 나눌 기회를 잡지 못했다. 이렇게 한 학기를 지내면서 B군과 여러 번 마주쳤지만 깊은 대화를 나누지 못했으며, 그 결과 B군과의 관계를 발전시키지 못했다.

반면, 같은 동아리 모임에서 B군을 알게 된 C군은 B군과 마주치면 학교생활과 동아리활동에 대한 간단한 대화를 나누고 "음료수를 같이 마시자"고 제안하며 여러 가지 이야기를 나누었다. 이야기 도중 B군이 준비 중인 보고서 주제가 C군의 전공분야인 것을 알게 되어 도와주었고, B군은 C군에게 고맙다고 술을 한잔 사겠다고 했다. 두 사람은 저녁에 같이 술을 마시면서 많은 이야기를 나누었고, 이렇게 만남이 반복되면서 서로에 대한 이해가 깊어지고 친밀감이 형성되어 한 학기가 지난 후에 친한 친구 사이가 되었다.

인간관계의 발전을 위해서는 이처럼 대화의 기회를 포착하고 조성하는 것이 중요하다. 이를 위해서는, 첫째, 우연한 만남이라도 상대방에 대한 관심을 표현하는 것이 중요하다. 우연한 만남도 무심히 스쳐 보내지 말고 상대방과 반갑게 인사를 나누고 근황을 묻는 등 상대방에 대한 관심을 표현하는 것이 좋다. 서로 바빠서 많은 이야기를 나눌 수 없을 때는, 훗날 좀 더 많은 이야기를 나눌 기회를 마련해 보자는 제안을 하고 헤어지는 것도 좋은 방법이다.

둘째, 상대방과 우연하게 마주친 경우에는 대화를 나누기 위한 적절한 기회를 조성하는 것이 중요하다. 이를 위해서는 상대방의 현재 상황을 미리 알아보는 것이 필요하다. 지금 급히 어딘가를 가는 사람과 마주쳐 그를 붙잡고 장황하게 긴 이야기를 나누는 것은 상대방을 불편하게 한다. 따라서 상대방이 어디를 가고 있는 중이며 현재 무엇을 하고 있는 중인지를 알아보고 나서 상황에 따라 대화의 기회를 포착해야 한다. 상대방이 한가한 시간이라면 "차나 한잔 하자"는 제안이 자연스럽게 받아들여질 것이다. 그러나 급한 상황에 있는 사람에게 이런 제안을 하는 것은 받아들여지지 않을 것이며 공연히 거부당했다는 불편한 느낌만 받게 될 뿐이다.

셋째, 대화를 나눌 적절한 장소를 알아두는 것도 중요하다. 인간관계가 미숙한 사람은 만남의 장소에 대해서 무지한 경우가

자연스럽게 대화 기회를 포착하는 것은
인간관계에 중요하다.

많다. 그래서 대화의 기회를 포착해도 적절한 장소를 찾지 못해 기회를 잃는 경우가 흔히 있다. 오붓하게 대화를 나눌 수 있는 다양한 장소를 많이 알고 있는 것은 중요한 대인기술의 하나다. 아울러 만남의 상대에 따라 적절한 분위기를 지닌 장소를 선택하는 것도 중요하다.

넷째, 편안한 대화를 위해서 자연스럽고 부담 없는 화제를 준비하는 것이 필요하다. 친밀하지 않은 사이에서는 만남이 다소 긴장되고 부담스러운 경우가 많다. 이런 상황에서 적절한 화제를 찾지 못해 대화가 겉돌거나 오랜 침묵이 지속된다면 만남이 만족스럽지 않을 것이다. 서로 부담 없이 공개할 수 있는 최근의 생활, 공통의 관심사, 학업이나 직업생활, 누구나 관심을 지니는 사회적 이슈 등으로 화제를 자연스럽게 유도하는 것이 필요하다. 이를 위해서는 또래들이 갖는 관심사에 대한 정보나 지식을 평소에 습득해 두는 것이 중요하다. 남녀에 따라 관심사에 차이가 있지만, 일반적으로 젊은이들에게는 개인적 생활에 관한 것뿐만 아니라 스포츠, 연예계 사건, 정치사회적 이슈 등이 대화의 화제가 된다. 평소에 신문이나 TV를 잘 보지 않아 세상 돌아가는 일에 무지한 사람은 다른 사람과 공통의 화제를 찾기 어려울 것이다.

다섯째, 친밀한 관계로 발전할 수 있는 대화의 기회를 차단하는 여러 가지 요인에 대한 자

 대화기회 포착하기 연습

인간관계는 구체적인 노력과 연습을 통해서 개선된다. 익숙하지 않은 새로운 행동을 하는 것은 어색하고 부자연스럽지만, 연습을 통해서 익숙한 자신의 대인행동이 될 수 있다. 주변 사람들과 좀 더 친밀한 인간관계를 맺고자 하는 사람은 다음과 같은 노력을 시도해 보기 바란다.

1. 대학 캠퍼스나 주변에 대화하기 좋은 공간을 유심히 살펴본다. 또는 도시나 야외에 친목모임, 데이트, 여행을 위해 좋은 장소를 알아본다.

2. 인사를 나눈 적이 있고 호감을 느끼고는 있지만 아직 나와 친밀한 관계를 형성하지 못한 사람이 주변에 있는지 생각해 본다. 알고 지내는 사이지만 좀더 친밀한 관계로 발전하고 싶은 사람이 있는지 생각해 본다. 그러한 사람을 우연히 만나게 되는 경우, 자연스럽게 대화를 제안해 본다. 어떤 방식으로 대화를 제안할 것인지 미리 생각해 둔다.

3. 인간관계가 시작되는 초기단계에서 다른 사람들은 주로 어떤 주제의 대화를 나누는지 살펴본다. 아직은 서로를 잘 알지 못하는 사람과 만나서 대화하는 경우, 어떤 화제로 이야기를 나눌 것인지 생각해 본다.

4. 인간관계를 원만하고 활발하게 맺는 사람들의 행동을 유심히 살펴본다. 어떻게 대화를 제안하고 어떤 화제로 이야기를 나누며 어떻게 상대방에게 친밀감을 표현하는지 유심히 관찰해 본다.

각이 필요하다. 인간관계에 대한 무관심, 여유 없이 바쁘게 사는 생활, 인간관계에서 지나치게 소극적이고 수동적인 태도, 타인에 대한 불신과 비판적 태도 등은 인간관계를 발전시키는데에 장애요인이 될 수 있다. 인간관계의 폭을 넓히려는 사람은 새로 알게 된 사람과 좀 더 깊고 친밀한 대화를 나눌 기회를 자연스럽게 조성하는 것이 중요하다.

2. 자기공개하기

첫 만남으로부터 시작되는 인간관계는 서로를 알고 알리는 과정을 통해 발전하고 심화한다. 우리는 절친한 인간관계를 지칭할 때 '서로 잘 아는 사이'라고 말한다. 즉, 친밀한 관계는 상대방이 어떤 사람인지 잘 알고 있을 뿐만 아니라 상대방 역시 내가 어떤 사람인지 잘 아는 관계를 뜻한다. 서로에 대한 이해가 깊어짐에 따라 인간관계는 심화되고, 인간관계가 심화되면 서로를 좀 더 깊게 열어 보이게 된다. 이처럼 상대방에게 자신을 열어 보이는 것을 자기공개라고 한다.

자기공개(self-disclosure)는 자신에 관한 정보를 타인에게 알리는 것을 뜻하며 인간관계를 심화시키는 중요한 요인으로 알려져 있다(Jourard, 1964, 1971). 자기공개를 많이 할수록 친밀해지며, 친밀한 사이일수록 자기공개의 수준이 깊어진다. 상대방이 어떤 사람인지 잘 알지 못하는 상태에서는 그 사람에게 친밀감과 신뢰감을 느끼지 못한다. 상대방을 잘 알게 되면 그 사람의 속성을 잘 이해할 뿐만 아니라 그의 행동을 잘 예측할 수 있기 때문에 편안함을 느낀다. 즉, 자신을 상대방에게 자연스럽게 알림으로써 상대방이 자신에게 친밀감과 신뢰감을 느끼게 할 수 있다.

사람마다 자신을 다른 사람에게 공개하는 기술은 다르다. 어떤 사람은 자신을 자연스럽게 잘 공개하여 쉽게 친밀한 관계를 형성하는 반면, 어떤 사람은 자기공개를 잘 하지 못해 인간관계의 형성에 어려움을 겪는다. 인간관계를 피상적인 수준에 머물게 하는 주요한 원인은 자기공개의 수준이 깊어지지 않기 때문이다. 이러한 자기공개는 인간관계를 형성하고 심화하는 중요한 대인기술이다.

1) 자기공개의 과정

인간관계에서의 자기공개는 상당히 섬세한 과정과 규칙을 통해 이루어진다. 즉, '누구에게 무엇을 어떤 단계에서 공개할 것인가'에 영향을 미치는 규칙들이 존재한다. 이러한 규칙을 잘 이해하고 적절하게 자기공개를 하는 것이 중요하다. 첫째, 자기공개에는 여러 수준이 있으며 친밀해질수록 자기공개의 수준이 깊어진다. 초기의 인간관계에서는 개인의 공적인 정보(이름, 나이, 학력, 직업이나 직장, 출생지 등)를 알리는 피상적인 자기공개가 이루어진다. 그리고 점차 관계가 진전될수록 개인을 이해하는 데 중요한 정보가 공개된다. 개인의 사적인 취향이나 태도(관심사, 취미, 가족관계의 기본적 정보, 사회적 이슈에 대한 의견이나 입장 등)가 공개된다. 그리고 깊은 수준의 자기공개에서 개인의 매우 사적이고 비밀스러운 정보(개인적 고민이나 가족갈등, 열등감, 신체적 결함, 돈에 관한 재정 상황, 성적인 문제 등)가 공개된다.

둘째, 자기공개는 상호교환적인 방식으로 이루어진다. 즉, 한 사람이 자기공개를 많이 하면 상대방의 자기공개 횟수 역시 증가한다. 나의 자기공개는 상대방의 자기공개를 촉진한다. 예컨대, 여러 사람이 처음 만나서 돌아가며 자기소개를 하는 경우, 첫 번째로 자기소개를 하는 사람이 자신에 관한 이야기를 많이 하게 되면 그다음 사람들 역시 자신에 관해 자세하게 소개하는 경향이 있다. 상대방에 관해 좀 더 많은 것을 알고 싶은 경우에는 자신에 대한 공개를 자발적이고 적극적으로 할 필요가 있다.

셋째, 자기공개의 수준은 상대방의 자기공개 수준과 균형을 이루며 점진적으로 심화된다. 즉, 한 사람이 깊은 자기공개를 하면 상대방 역시 유사한 수준의 자기공개를 한다. 예컨대, 친구에게 처음으로 가족갈등에 대한 이야기를 하면 친구 역시 자신의 가족관계나 개인적인 고민을 털어놓게 된다. 이처럼 깊은 수준의 자기공개를 주고받으면서 서로에 대한 이해가 깊어지고 상대방에 대한 애정과 신뢰가 증가함으로써 인간관계가 심화된다.

그러나 자신의 자기공개에 상대방이 유사한 수준의 자기공개로 호응하지 않으면 자신의 자기공개 수준은 더 깊은 수준으로 진행되지 않는 경향이 있다. 피상적인 인간관계를 맺는 사람들 중에는 자발적인 자기공개를 주저할 뿐만 아니라 상대방의 자기공개에 호응하지 않는 사람이 많다. 따라서 자기공개의 심화 과정이 중단되고 피상적인 수준에서 상호작용이 이루어진다. 또한 자기공개가 역효과를 나타내는 경우도 있다. 가령, 자기공개가 너무 급속하게 깊은 수준으로 이루어지면 상대방은 오히려 불편감을 느낄 수 있다. 상대방이 깊은 공개를 하면 자신도 유사한 수준의 깊은 공개를 해야 할 것 같은 심리적 부담을 느끼기 때문이다. 깊은 수준의 자기공개를 할 수 있는 마음의 준비가 되어 있지 않은 사람은 오히려 그러한 관계를 회피하게 된다. 따라서 자기공개는 상대방과의 균형을 이루며 점차 깊은 수준으로 나아가는 것이 바람직하다.

이러한 규칙들을 잘 이해하고 적절한 자기공개를 하면 인간관계가 심화된다. 깊은 수준의 상호적 자기공개를 통해서 서로를 잘 알게 될수록 대화의 주제가 넓어지고 상대방의 말을 공감적으로 잘 이해할 수 있다. 또한 상대방의 행동을 쉽게 예측할 수 있고 상대방의 의도를 오해하는 일도 줄어들기 때문에 갈등이 감소할 뿐 아니라 편안함까지 느낀다. 때로는 서로의 비밀을 공유함으로써 깊은 유대감을 형성하는 경우도 있다. 자기공개는 대부분의 경우 상대방에 대한 호감과 신뢰의 표시다. 특히 깊은 수준의 자기공개가 그러하다. 예컨대, 자신의 약점이나 고민을 이야기하는 것은 상대방이 자신을 비웃거나 무시하지 않고 잘 이해하고 공감해 줄 것이라는 믿음에 근거한다. 깊은 수준의 자기공개는 상대방에게 신뢰를 표현하는 방법이기도 하다.

이처럼 자기공개를 잘 활용하면 인간관계가 훨씬 더 친밀해지고 깊어진다. 특히 조해리의 '마음의 창'(55~58쪽)에서 신중형에 속하거나 피상적인 인간관계를 심화된 인간관계로 발전시키고자 하는 사람은 좀 더 적극적인 자기공개의 노력이 필요하다. 자기공개는 어떤 단계의 인간관계에서 어떻게 이루어지느냐에 따라 그 효과가 달라진다. 여기에서는 인간관계의 형성단계와 심화단계로 나누어 효과적인 자기공개 방법을 살펴보기로 한다.

자기공개는 인간관계를 심화하는 중요한 대인기술이다.

2) 인간관계 형성단계에서의 자기공개

인간관계는 낯선 사람과의 첫 만남에서 출발한다. 첫 만남은 서로를 알리는 자기소개에서 시작하며 첫인상을 형성하는 데 중요한 역할을 한다. 첫인상은 앞으로의 관계에 지대한 영향을 미친다. 자기소개의 주요한 목적은 자신을 잘 알리고 상대방이 자신에게 호감을 갖도록 하는 것이다. 이러한 호감은 친밀한 인간관계로 발전하는 기반이 된다.

첫 만남이 이루어지는 상황은 매우 다양하다. 만남의 계기, 목적, 대상에 따라서 우연한 만남과 계획된 만남, 사적인 만남과 공식적 만남, 친목적 만남과 업무적 만남, 개인적 만남과 집단적 만남, 동성과의 만남과 이성과의 만남, 손윗사람과의 만남과 손아랫사람과의 만남 등으로 구분해 볼 수 있다. 이러한 만남의 특성에 따라 자연스러운 자기공개를 하는 것이 중요하다.

자기소개를 하는 구체적인 방법을 살펴보기 전에 다음과 같은 질문을 스스로에게 던져 보는 것이 필요하다. '나는 낯선 사람을 만났을 때 자신을 어떻게 알리고 소개하는가? 예를 들어, 여러 사람이 모인 회식자리에서 나를 소개할 때 어떻게 하는가? 미팅과 같이 처음 이성을 만나는 자리에서 나를 어떻게 소개하는가? 취업면접과 같은 상황에서 나를 어떻게 소개하는가? 나를 소개할 때 나의 어떤 점을 부각하여 소개하는가? 나는 처음 만난 사람에게 나에 관해 얼마나 상세하고 사적인 내용을 공개하는가? 나를 어떻게 소개할 지 미리 생각하고 준비하는가? 다른 사람들은 나에게 어떻게 그들 자신을 알리고 소개하는가?'

첫 만남에서 자기를 소개할 때는 다음과 같은 점들을 유의해야 한다.

첫째, 자기소개는 만남의 목적과 대상을 생각해 보고 그에 알맞게 이루어져야 한다. 만나는 대상과 목적에 따라 자기를 소개할 내용, 그 길이와 깊이, 방법 등을 조절해야 한다. 예를 들어, 동년배와의 친목적 만남에서는 자신의 사생활에 대한 내용을 재미있게 농담을 섞어 소개하는 것이 적절할 수 있지만, 나이 차이가 많이 나는 연장자와의 공식적 만남에서는 적절치 않을 수 있다. 반면, 미팅에서 만난 이성에게 마치 취업면접에서 자신을 소개하듯이 딱딱하고 공식적으로 자신을 소개하는 것은 부적절할 수 있다. 뿐만 아니라 만나는 대상의 성격과 취향에 따라서 자기소개를 조절할 필요가 있다. 예를 들어, 자유롭고 장난스러운 자기소개는 근엄한 직장 상사에게 불쾌감을 줄 수 있지만 자유분방한 성향의 상사에게는 호감을 줄 수 있다. 따라서 만남이 예상되는 상황이라면 만날 대상에 대해 가능한 한 많은 사전지식을 갖는 것이 유익하다.

둘째, 자신의 특성을 잘 알릴 수 있는 자기소개를 한다. 자신의 이름, 외모, 신분, 성격, 관심사, 취미, 특기 등에 있어서 독특한 점을 잘 부각한다. 자기 이름을 독특하고 재미있게 풀어서 소개하거나 자신의 독특한 외모로 인한 재미있는 경험을 공개하는 것도 좋은 방법이다. 자신의 장점, 경력, 특기 등을 소개하는 것도 좋다. 이러한 자기소개는 상대방의 기억에 오래 남아 이후의 인간관계를 촉진하는 요인이 될 수 있다. 뿐만 아니라 공통의 관심사나 취미는 지속적인 인간관계로 발전하는 실마리가 되기도 한다. 그러나 자신의 장점이나 특성을 지나치게 자기과시적이거나 자화자찬식으로 소개하는 것은 오히려 상대방에게 거부감을 줄 수 있다. 따라서 때로는 자신의 장점과 단점을 균형 있게 소개할 필요가 있다.

셋째, 첫 만남에서의 자기소개는 상호적이어야 한다. 특히 개인적 만남에서는 일방적이고 장황한 자기소개보다 상대방에게 스스로를 소개할 기회를 주면서 좀 더 깊이 있고 상세한 자기소개를 교환하는 것이 바람직하다. 첫 만남에서의 자기소개는 초보적인 자기공개다. 따라서 상대방의 자기공개 수준에 맞추어 자기소개의 수준을 조절하는 것이 필요하다. 좀 더 깊은 수준의 자기공개는 상대방의 자기공개를 촉진하며, 또한 상대방이 좀 더 깊은 수준의 자기공개를 할 때는 자신도 자기공개의 수준을 심화할 필요가 있다. 그러나 첫 만남에서 지나치게 사적이고 깊이 있는 내용을 일방적으로 공개하는 것은 상대방에게 부담을 줄 수 있다. 깊은 수준의 자기공개는 상대방에게 암묵적으로 같은 수준의 자기공개를 요구하는 것으로 인식될 수 있기 때문이다.

넷째, 자기소개는 언어적인 표현을 통해서 이루어질 뿐만 아니라 외모, 옷차림새, 자세, 몸짓 등의 비언어적 수단을 통해서 이루어진다는 점에 유의해야 한다. 우리는 상대방의 비언어적 특성과 행동을 통해 그의 다른 특성을 추리하며 첫인상을 형성한다. 만남의 목적과 대상에 따라 적절한 옷차림새를 하고 예의를 지키는 행동거지는 자기소개의 중요한 부분이다. 예를 들어, 이성과의 첫 만남에 지나치게 성의 없는 옷차림새로 나타난다든지 직장상사 앞에서 다리를 꼬고 자기소개를 하는 행동은 상대방에게 호감을 주기 어렵다.

다섯째, 자신의 특성을 잘 알릴 수 있는 자기소개 방법을 생각하여 미리 준비해 두는 것이 필요하다. 자신의 이름, 외모, 신분, 성격, 관심사, 취미, 특기 등에 있어서 독특한 점을 잘 부각할 수 있는 재치 있는 자기소개 방법을 개발해 둘 필요가 있다. 특히 만남을 앞둔 경우에는 만날 상대에 따라 자신을 어떻게 소개할 것인지 미리 생각하고 준비하는 것이 바람직하다. 흔히 여러 사람이 모인 상황에서 각자 자기소개를 하는 경우가 많다. 이러한 경우를 대비하여 자신의 어떤 점을 어떻게 소개할 것인지 소개 내용을 미리 생각해 보고 때로는 연습해 본다. 자기소개를 반드시 재미있고 인상깊게 해야 한다는 부담을 가질 필요는 없다. 이런 부담이 오히려 자연스러운 자기소개를 방해한다. 그러나 다른 사람에게 자신을 잘 알리고 그들이 호감을 가질 수 있도록 자신을 소개하는 방법에 대해서 지속적인 관심을 가지고 노력하는 자세는 필요하다.

3) 인간관계 심화단계에서의 자기공개

인간관계가 형성되면 잦은 만남을 통해 대화와 교류가 이루어진다. 이러한 대화와 교류의 내용에 따라 인간관계의 심화가 결정된다. 흔히 초기의 인간관계에서는 자신에 대한 피상적이고 긍정적인 정보를 공개하지만, 점차 인간관계가 진행되면서 아무에게나 이야기하지 않는 개인적인 정보를 공개한다.

인간관계의 심화과정에서는 흔히 개인이 겪고 있는 삶의 문제들이 공개된다. 인간관계가 깊어질수록 자신과 깊이 관련된 개인적인 내용들이 공개되는데, 이러한 내용은 정서적 관련성이 높은 주제들이다. 인간은 누구나 밝은 면과 어두운 면을 지니며 살아간다. 자신의 밝은 면은 다른 사람에게 쉽게 공개할 수 있지만, 어두운 면은 다른 사람에게 알리지 않거나 숨기려 한다. 현재 당면하고 있는 고민이나 갈등, 자신의 단점과 약점, 가족의 문제나 갈등, 적응상의 문제, 열등감이나 심리적 장애 등과 같은 내용들은 다른 사람에게 공개하기가 어렵다. 그러나 삶의 어두운 측면들은 개인을 고통스럽게 하기 때문에 누군가에게 털어놓고 정서적 위로와 지지를 받고 싶어 한다. 타인의 존재가 소중한 이유는 삶의 고통을 함께 나눌 수 있기 때문이다. 그래서 우리는 친밀감을 느끼고 신뢰하는 사람에게 자신이 경험하고 있는 문제나 고민을 털어놓고 이야기하는 것이다. 즉, 깊은 수준의 자기공개가 이루어지는 것이다. 자기공개는 상대방의 자기공개를 촉진하므로, 서로 살아가면서 힘들고 어려운 개인적인 주제의 자기공개가 이루어진다. 이러한 과정에서 서로의 이야기를 정성스럽게 경청하고 공감하며 정서적 지지를 주고받을 때 서로를 소중한 존재로 여기며, 그러한 인간관계는 깊어지는 것이다.

우리는 자신의 어두운 측면을 공개했을 때 상대방이 어떤 반응을 보일지 예상할 수 없기 때문에 자기공개를 주저하는 경우가 많다. 자신을 비웃거나 무시하거나 부정적으로 평가하지 않을까 하는 두려움 때문에 자신을 공개하지 못한다. 그래서 우리는 피상적인 인간관계를 통해서 상대방을 탐색하고 타진한다. 그리고 수용적이고 공감적인 태도를 지닌 사람에게 좀 더 깊은 자기공개를 한다. 또한 사람들은 타인이 개인적 고민을 털어놓을 때 이를 자신에 대한 호감과 신뢰로 받아들이는 경향이 있다. 따라서 깊은 수준의 자기공개는 타인의 부정적 반응보다는 긍정적 반응을 유발하는 경우가 많다.

인간관계의 심화과정에서 공개되는 또 다른 주요한 내용은 상대방에 대한 감정과 생각이다. 우리는 타인과 교류하는 과정에서 여러 가지 감정을 느끼지만 이를 투명하게 전달하지 않는다. 예컨대, 이성관계에서 상대방을 좋아하면서도 그러한 감정을 솔직하게 고백하는 일이 매우 어렵다. 또한 친구관계에서 간헐적으로 경험하는 불쾌한 감정을 전달하는 것은 쉽지 않다. 인간관계의 심화를 위해서는 상대방에 대해 지니고 있는 감정과 생각들을 공개하는 것이 매우 중요하다. 인간관계에서 자기공개가 중요한 이유는 서로의 속마음을 알게 됨으로써 불필요한 긴장과 갈등을 감소시키기 때문이다. 상대방에 대한 긍정적인 생각과 감정을 공개하는 것은 호감과 애정의 표현이므로 인간관계를 강화한다. 또한 상대방은 자신의 어떤 행동이 이러한 긍정적 감정을 유발했는지를 알게 됨으로써 그러한 행동을 통해서 긍정적 교류가 증진된다. 상대방에 대한 부정적 감정 역시 적절하게 잘 공개되면 서로의 이해를 높이고 인간관계를 심화하는 계기가 된다. 자기공개란 자신의 느낌과 감정을 전달하는 것으로서 타인의 행동에 대한 평가나 규제를 의미하지는 않는다. 예컨대, 상대방의 행동이 자신의 마음을 아프게 했을 경우, 자기공개는 "당신이 그런 행동을 했을 때 나는 마음이 아팠다"라고 자신의 정서적 체험을 상대방에게 공개하는 것이다. 이러한 자기공개를 통해서 상대방은 자신의 행동이 상대방에게 주는 부정적 효과를 인식함으로써 그러한 행동을 자제하게 되고, 그 결과 두 사람 간의 관계에서 갈등이 감소한다.

자기공개는 자신의 깊은 속마음을 내어 보이는 일이다. 인간관계에서 이렇게 서로의 속마음을 내어 보이고 알게 되었을 때 서로를 잘 이해하게 되고 친밀감과 신뢰감이 깊어지며 결과적으로 깊은 인간관계로 발전하게 되는 것이다.

🎓 **자기공개하기 연습**

　자기공개는 중요한 대인기술의 하나로서 연습과 훈련을 통해 개선될 수 있다. 실제 대인관계 상황에서 이러한 자기공개를 실행해 봄으로써 그 과정과 결과를 경험하는 것이 중요하다. 다음과 같은 자기공개의 연습을 해 볼 수 있다.

1. 처음 만나는 여러 사람 앞에서 자신을 5분간 소개해야 할 경우, 어떤 내용으로 어떻게 자기소개를 할 것인지 구체적인 시나리오를 생각해 본다. 동아리 모임이나 기타의 모임에서 이러한 기회가 있을 경우, 준비해 둔 시나리오에 따라 자기소개를 하고 그 결과를 관찰해 본다.
2. 미팅이나 소개팅과 같이 이성을 개인적으로 만나게 되는 상황에서 자신을 어떻게 소개할 것인지를 생각해 본다. 아울러 호감을 지닌 이성과의 관계를 심화하기 위한 데이트를 할 경우 어떤 방식으로 자기공개를 할 것인지 생각해 본다. 실제로 그러한 기회들이 있다면 자기공개를 하고 그 결과를 관찰해 본다.
3. 오래도록 사귀었지만 피상적인 관계에 머물고 있는 친구가 있는지 살펴본다. 그 친구와의 관계에서 서로의 자기공개 수준이 어떠했는지를 생각해 본다. 그 친구와 좀 더 깊은 관계로 발전하고 싶다면 자발적으로 좀 더 깊은 수준의 자기공개를 시도해 본다. 그리고 그 친구의 반응과 친구관계의 변화를 관찰해 본다.
4. 나의 가족(아버지, 어머니, 형제자매)은 서로의 자기공개 수준이 어떠한지 생각해 본다. 가족 구성원에게 좀 더 깊은 수준의 자기공개를 시도해 보고 그 결과를 관찰해 본다.

3. 경청하기와 반응하기

　인간관계의 대부분은 서로의 생각과 감정을 주고받는 과정으로 이루어진다. 이러한 교류과정에서 상대방의 이야기를 정성껏 경청하고 수용적으로 반응하는 것은 원활한 대인관계를 위해 매우 중요한 요소다. 대인관계에서는 자신의 생각을 적절하게 잘 표현하는 것도 중요하지만, 상대방의 말을 잘 이해하고 공감적인 반응을 보여 주는 일이 더욱 중요하다. 정성스러운 경청과 공감적인 반응은 서로에게 긍정적인 감정을 유발하고 의사소통을 더욱 원활하게 함으로써 인간관계를 심화한다.

1) 경청하기

인간관계에서 이루어지는 대화과정은 기본적으로 말을 하는 행위와 말을 듣는 행위로 이루어진다. 대화과정에서 우리의 감정을 결정하는 것은 자신의 말에 대한 상대방의 반응이다. 자신의 말을 정성껏 경청하여 수용적으로 잘 이해하는 사람에게 우리는 긍정적 감정을 느끼게된다. 인간관계가 원숙한 사람들은 대부분 자신의 의사를 잘 표현하기보다 오히려 상대방의말을 잘 경청하는 사람들이다.

경청하기에 대해서 살펴보기 전에 스스로에게 몇 가지 질문을 던져 보자. 나는 다른 사람과대화할 때 나의 이야기를 많이 하는 편인가 아니면 상대방의 이야기를 많이 듣는 편인가? 나는 상대방의 이야기를 인내심 있게 잘 듣는 편인가? 나는 진정으로 상대방의 마음을 깊이 이해하려는 노력을 하고 있는가? 나는 상대방의 이야기를 들을 때 어떻게 행동하는가? 나는 상대방의 이야기를 들으면서 속으로 반박하고 비난하지는 않는가? 나는 나의 이야기를 잘 경청해 주는 사람을 좋아하는가 아니면 자신의 이야기를 많이 하는 사람을 좋아하는가? 상대방이나의 이야기를 어떻게 경청할 때 그가 내게 관심을 갖고 이해하려 한다는 느낌을 갖는가? 나의 이야기를 하고 있을 때 상대방이 진지하게 듣지 않으면 어떤 기분을 느끼는가?

일상적인 대화를 관찰해 보면, 사람들은 상대방의 이야기를 잘 경청하기보다 자신의 이야기를 하는 데에 더 열을 올린다. 열띤 대화를 나누고 나서 공허감을 느끼는 이유는 상대방으로부터 이해받았다는 느낌을 받지 못하기 때문이다. 상대방의 이야기를 진지하게 경청하고 공감적으로 반응함으로써 깊은 수준의 대화가 가능하고 그 결과 인간관계가 심화되는 것이다.

상대방의 이야기를 잘 경청하는 것은 쉬운 일이 아니며 여러 가지 노력이 필요하다.

첫째, 상대방의 이야기에 주의를 집중하는 노력이 필요하다. 즉, 관심을 나타내는 자세, 눈맞춤, 적절한 신체적 움직임, 산만하지 않은 환경의 조성 등을 통해 상대방에게 주의를 기울이는 것이다. 잘 경청하는 사람은 여러 가지 행동적 특징을 나타낸다. 말하는 상대방의 눈을쳐다보며 이야기의 중요한 부분에서는 눈동자가 커지고 고개를 끄떡이거나 상체를 상대방 쪽으로 기울이는 행동이 나타난다. 이러한 행동은 상대방의 말에 주의를 집중하고 있으며 그의말을 존중하고 있다는 표현이 된다. 상대방에게 자신이 진지하게 경청하고 있다는 점을 전달함으로써 상대방의 이야기를 촉진한다. 이에 반해, 상대방이 이야기할 때 주의를 돌려 두리번거리거나 하품을 하거나 상체를 젖혀 팔짱을 끼는 행동은 상대방에게 그 자신의 말을 잘 경청하고 있지 않다는 느낌을 주게 되고 때로는 불쾌감을 줄 수도 있다. 흔히 경청할 때 시선을 처리하는 일이 어려울 수 있다. 그래서 눈 맞춤을 피하는 경우도 있으나 시선을 적절히 옮기면서 상대방의 눈 또는 얼굴에 시선을 유지하는 것이 중요하다.

둘째, 상대방의 말을 잘 따라가는 것이 중요하다. 상대방이 이야기할 때 간헐적으로 질문하거나 격려하고 때로는 이야기를 기다리는 침묵이 필요하다. 상대방의 이야기를 일방적으로 듣기만 하는 **소극적 경청**(passive listening)과 달리, **적극적 경청**(active listening)에는 듣는 사람의 능동적인 참여가 필요하다. 모호한 부분이나 좀 더 자세한 설명이 필요한 부분에 대해서 질문하는 것은 상대방의 이야기를 촉진한다. 때로는 상대방의 이야기를 수용하고 격려하는 반응(예: "그렇지", "재미있구나", "그래서 어떻게 됐니?")이 필요하다. 이러한 과정에서 상대방이 말하는 주제에서 빗나간 질문이나 성급한 평가적 판단은 대화를 위축시키므로 주의해야 한다. 때로는 상대방이 자발적으로 이야기를 이어 가도록 침묵으로 기다려 주는 것이 필요하다.

셋째, 상대방의 말에 대한 자신의 이해를 전달하는 것이 중요하다. 상대방이 한 이야기를 간략히 요약하거나 부연하고 때로는 이야기를 들으며 느낀 감정을 전달하는 것이다. 자신이 이해한 바를 확인하며 상대방의 말에 공감을 표현하는 등의 능동적인 반응을 나타낼 필요가 있다. 이러한 적극적 경청행동은 상대방으로 하여금 진정한 관심과 깊은 이해를 받고 있다는 느낌을 갖게 한다. 따라서 상대방은 좀 더 깊은 수준의 자기공개를 하고, 이로써 인간관계가 심화될 수 있다.

이상에서 소개한 3가지의 노력, 즉 상대방에게 주의집중하기, 이야기를 따라가기, 적절히 반응하기는 적극적 경청의 필수적인 요소다. 경청하는 일은 상대방에게 화제의 주도권을 맡기는 일이다. 상대방의 이야기가 지나치게 길거나 부적절하지 않는 한, 그가 이야기를 마무리할 때까지 잘 듣는 것이 필요하다. 흔히 대인기술이 부족한 사람은 상대방의 이야기 도중에 부적절하게 화제를 갑자기 돌리거나 엉뚱한 새로운 주제를 꺼내어 상대방을 당황하게 하거나 불쾌하게 한다. 아울러 상대방의 이야기를 수용적인 태도로 이해하려는 노력이 중요하다. 상대방의 의견이 나와 다르더라도 성급하게 반박하거나 비판하기보다 수용적인 태도로 충분히 듣는 노력이 필요하다. 그러한 의견을 갖게 된 상대방의 입장과 상황을 고려하면서 듣는다면 이는 매우 성숙한 경청이라고 할 수 있다. 자신의 의견을 피력할 수 있는 기회는 나중에 얼마든지 가질 수 있다. 상대방의 이야기를 충분히 듣지도 않고 섣불리 이의를 제기하고 비판하는 행동은 원활한 대화를 방해하므로 주의해야 한다.

2) 공감적 반응하기

대화과정에서는 상대방의 이야기를 잘 경청할 뿐만 아니라 그에 대한 적절한 반응을 보여 주는 일이 중요하다. 원활한 대화를 위해서는 상대방의 말을 수용하고 공감하며 지지해 주는 반응을 보이는 것이 필요하다. 인간관계는 서로 다른 생각과 견해를 지닌 사람들이 상호작용하는 과정이다. 자신의 의견만을 주장하고 고집하기보다는 상대방의 의견을 공감적으로 존중하며 서로의 의견을 조율해 가는 것이 원활한 인간관계의 필수적 요소다. 또한 사람들은 자신의 의견이 상대방에게 충분히 전달되어 공감을 받았다고 느낄 때에야 비로소 자신의 생각을 되돌아보고 변화시킬 수 있다. 이처럼 원활하고 깊이 있는 대화를 위해 필수적인 것이 공감적 태도다.

공감(empathy)은 상대방의 마음을 깊이 있게 이해하고 느끼는 것을 말하며 대화를 촉진하고 인간관계를 심화하는 매우 중요한 요인으로 알려져 있다. 즉, 공감적 반응은 상대방이 하는 말을 상대방의 관점에서 이해하고 상대방의 감정을 함께 느끼며 이렇게 자신이 느낀 바를 상대방에게 전달하는 것이다.

공감적 반응을 위해서는 여러 가지 노력이 필요하다. 첫째, 상대방의 말을 자신의 관점에서 이해하기보다 상대방의 관점에서 이해하려는 태도를 지니는 것이 중요하다. 다른 사람의 마음을 이해하는 일은 쉬운 일이 아니다. 자신과는 처해 있는 상황이 다른 상대방의 관점과 입장에서 그의 마음을 헤아리는 노력이 필요하다. 이를 위해서 상대방의 입장과 의견을 충분히 경청하고 탐색하는 일이 선행되어야 함은 말할 것도 없다. 성숙하고 효과적인 인간관계를 나타내는 사람들의 공통적인 특징은 대부분 상대방의 입장에 서서 상대방의 마음을 헤아리는 탁월한 능력을 지니고 있다는 점이다.

둘째, 공감을 위해서는 상대방의 말에 담긴 감정과 생각을 잘 포착하는 일이 중요하다. 언어는 개인의 마음을 충분히 표현하기에는 매우 부족한 수단이다. 따라서 상대방이 표현한 말의 내용뿐만 아니라 그 이면에 담긴 상대방의 기분 및 감정을 이해하려는 노력이 필요하다. 상대방의 입장에 서면 상대방의 감정이 좀 더 구체적이고 생생하게 느껴진다. 타인의 아픔을 자신의 아픔처럼 느끼는 것은 이러한 공감적인 심리적 과정을 통해서 이루어진다.

셋째, 상대방의 감정과 자신이 느낀 감정을 잘 전달하는 일이 중요하다. 즉, 상대방의 이야기를 들으면서 상대방이 느끼는 기분과 감정을 함께 느끼면서 이러한 느낌을 전달하는 것이

공감 반응은 고통받는 사람에게 큰 위안이 된다.

다. 예컨대, 부모의 심한 갈등으로 인한 고통스러운 경험을 친구가 이야기했을 때 "너의 마음이 참 많이 아팠겠구나", "그런 부모님을 보면서 네가 참 답답하고 우울했겠다", "너의 이야기를 들으니까 내 마음도 참 아프다"와 같은 반응이 공감적 반응이 될 수 있다. 이러한 공감적 반응은 상대방으로 하여금 자신이 깊이 이해받고 있다는 느낌

을 갖게 한다. 인간은 누구나 타인에게 이해받고자 하는 욕구를 지닌다. 자신의 의견과 감정을 상대방이 깊이 헤아려 이해해 줄 때, 우리는 충분히 이해받았다는 진한 감동을 느끼게 된다. 그렇게 공감적으로 자신을 이해해 주는 사람은 매우 의미 있는 존재가 되며 흔히 '마음이 잘 통하는 친구'나 '내 마음을 나와 같이 알아주는 사람'이 된다. 공감은 특히 상대방이 곤경에 처해 고민과 괴로움을 느끼고 있을 때 매우 강력한 치유적 효과를 지닌다. 인간은 아무리 고통스러워도 자신의 고통을 자신과 같이 느껴 주고 알아주는 사람이 있다는 인식을 갖게 되면 고통을 극복하는 힘을 얻는다.

공감적 반응은 자기공개를 촉진하여 좀 더 깊은 수준의 대화가 이루어지게 한다. 깊은 수준의 대화를 나누며 정서적 교감을 하게 됨으로써 서로에 대한 애정과 신뢰가 깊어지고 인간관계가 심화되는 것이다. 이러한 공감적 반응을 하는 일은 쉽지 않다. 그러나 상대방의 마음을 이해하려는 꾸준한 노력을 통해서 공감능력은 발전한다. 다음의 예를 통해서 공감적 반응 방법을 생각해 보도록 한다.

친구 사이인 A군과 B군이 대화를 나누고 있다. A군은 1년여 동안 사귀어 온 이성친구와 최근에 헤어지고 나서 매우 고통스러워하고 있으며 B군과 대화를 나누는 과정에서 자신의 심경을 이야기하고 있다. A군이 실연에 대한 괴로움을 이야기할 때 B군이 반응하는 3가지 방식을 살펴보기로 한다. 만약 당신이 A군이라면 어떤 경우에 상대방으로부터 이해받는다는 느낌을 받게 될지 생각해 보기 바란다.

〈대화 1〉

A: ○○(여자친구)랑 헤어지고 나서 요즘 무척 힘들어. 잊으려고 해도 자꾸 ○○와 즐겁게 지내던 때가 생각나고…. 요즘은 공부를 하려고 책을 들여다봐도 자꾸 ○○ 생각만 나니 어떡하니?

B: 자식, 실연했다고 그렇게 헤매냐? 실연당한 게 어디 너 하나냐?

A: 나도 이러고 싶지 않은데 안 되는 걸 어떡해.

B: 야, 잊어 버려. 다른 애 하나 소개해 줄게. 야! 우울하게 만드는 얘기 그만하고 딴 얘기하자.

〈대화 2〉

A: ○○(여자친구)랑 헤어지고 나서 요즘 무척 힘들어. 잊으려고 해도 자꾸 ○○와 즐겁게 지내던 때가 생각나고…. 요즘은 공부를 하려고 책을 들여다봐도 자꾸 ○○ 생각만 나니 어떡하니?

B: 지금은 그 애랑 헤어지고 힘들 때니까 공부하는 건 잠시 접어 두고 쉬어 봐.

A: 아무것도 안 하고 가만히 있으면 걔 생각이 더 나는데?

B: 그럼 기분전환 겸해서 어디 여행이나 떠나 봐.

A: 지금 이런 기분으로 여행하고 싶은 생각은 없어.

B: 그럼 새로 연애를 해 봐. 좋은 사람을 만나면 잊혀지겠지.

〈대화 3〉

A: ○○(여자친구)랑 헤어지고 나서 요즘 무척 힘들어. 잊으려고 해도 자꾸 ○○와 즐겁게 지내던
때가 생각나고…. 요즘은 공부를 하려고 책을 들여다봐도 자꾸 ○○ 생각만 나니 어떡하니?

B: 네가 그렇게 좋아하던 애였는데 헤어졌으니 당연히 심란하겠지. 마음도 안 잡히고….

A: 요새 내가 왜 이러는지 모르겠어. 아무리 마음을 잡으려고 해도 잘 안 돼. 나를 버리고 떠나
간 걔가 밉기도 하고…. 내가 걔한테 너무 심하게 해서 떠나가게 한 것 같기도 하고…. 내가
문제가 많은 놈인가 봐.

B: 네가 마음에 충격이 큰 모양이구나. 마음의 정리가 안 돼서 혼란스럽고….

A: 요즘은 공부고 뭐고 다 무의미하게 느껴지고…. 차라리 어디 산속에나 들어가 있을까 하는
생각도 들고…. 휴학을 해 버릴까 하는 생각도 들고….

B: 요즘 네 마음이 오죽이나 괴롭고 허전하겠니. 그러니까 그런 생각도 들 거야. 네가 이렇게
힘들어하는 걸 보니까 내 마음도 아프다.

🎓 경청하기와 공감하기 연습

1. 일상적인 대화 과정에서 다른 사람들이 상대방의 말을 어떻게 경청하고 반응하는지 관찰해 본
다. 그러한 반응에 대해서 말하는 사람은 어떤 반응을 나타내는지 관찰해 본다.

2. 다른 사람이 이야기할 때 나는 평소에 어떤 방식으로 경청하고 반응하는지 관찰해 본다. 나의
반응방식에 대해서 말하는 사람이 어떻게 반응하는지 관찰해 본다. 아울러 평소에 내가 취하는
경청 및 반응 방식의 개선점을 생각해 본다.

3. 다른 사람(가족, 친구, 연인 등)이 이야기할 때 앞에서 소개한 적극적 경청의 태도를 취해 보고
상대방이 어떤 반응을 나타내는지 관찰해 본다.

4. 다른 사람(가족, 친구, 연인 등)이 고민이나 고통스러운 경험을 이야기할 때 공감적 반응을 나
타내어 보고 상대방이 어떤 반응을 나타내는지 관찰해 본다.

5. 다음과 같은 대화 장면에서 어떻게 공감적 반응을 할 수 있는지 생각해 본다.
   • "회사생활 힘들어서 못해 먹겠다. 사장은 볶아대고, 부하들은 말을 안 듣고, 그렇다고 성질대
   로 때려치울 수도 없고…."라고 푸념하는 아버지의 말에 대해서.

- "네 아버지는 웬 잔소리가 그렇게 많은지 모르겠다. 자기는 퇴근하면 집에서 손가락 하나 까딱 안 하면서…."라고 불평하는 어머니의 말에 대해서.
- "공부하느라고 힘들어 죽겠어. 열심히 하는데 성적은 안 오르고…. 엄마 아빠는 들볶아대고…."라고 토로하는 동생의 말에 대해서.
- "그 교수는 수업시간에 딴짓 좀 했다고 나에게 그렇게 화를 내냐? 다른 학생들 앞에서…. 그 교수한테 찍힌 것 같은데 어떡하지?"라고 걱정하는 친구의 말에 대해서.

4. 효과적인 의사소통하기

인간관계는 사람들 간의 의사소통을 의미한다. 의사소통은 개인의 의도, 생각, 감정을 상대방에게 전달하고 그러한 내용을 전달받는 과정으로 이루어진다. 서로의 의도나 생각을 원활하게 주고받으며 긍정적 감정이 교환되는 효과적인 의사소통은 원만한 인간관계의 필수적인 요소다. 반면에 의사소통이 원활하게 이루어지지 못하면 인간관계는 약화되거나 갈등을 초래한다. 인간관계에서 발생하는 대부분의 문제는 의사소통이 효과적으로 이루어지지 못하기 때문이다. 자신의 의도 혹은 생각을 정확하게 전달하지 못했거나 상대방이 자신의 의도를 왜곡하여 받아들인 경우 오해가 생겨나고 갈등으로 발전한다. 자신의 의도, 생각, 감정을 분명한 메시지로 상대방에게 전달하고 타인의 메시지를 정확하게 전달받는 의사소통 기술은 원활한 대인관계를 위해 매우 주요한 대인기술이다.

1) 의사소통의 과정과 구성요소

의사소통은 발신자(sender)가 전달내용인 메시지(message)를 수신자(receiver)에게 전달하는 과정이다. 이러한 의사소통 과정을 좀 더 자세하게 살펴보면 다음과 같은 6가지 구성요소로 구분할 수 있다. 첫째, 발신자가 수신자에게 전달하고자 하는 의도, 생각, 감정으로서 의사소통의 출발점이 된다. 둘째, 이러한 심리적 의도나 생각은 구체적인 언어나 행동으로 표현된 메시지로 전환된다. 셋째, 메시지는 전달매체를 통해 수신자에게 전달된다. 즉, 메시지는 직접적인 언어적 전달, 타인을 통한 간접적 전달, 통화, 문자메시지, 이메일 등의 전달경로를 통해서 수신자에게 전달된다. 넷째, 수신자는 메시지의 의미를 해석한다. 즉, 메시지에 담긴 발신자의 의도, 생각, 감정을 해석한다. 다섯째, 해석과정을 통해 파악한 발신자의 생각과 감정이 최종적으로 수신자에게 전달하는 내용이 된다. 여섯째, 발신자의 생각이나 감정이 수신자에게 전달되는 과정에는 여러 가지 방해요인들이 개입된다. 이러한 방해요인에는 발신자의 미숙하고 부적절한 표현방식, 전달매체의 불완전성 및 방해요인(작은 목소리, 불분명한 발음, 중간전달자의 왜곡, 소음 등), 수신자의 왜곡된 해석방식 등이 있다. 이러한 방해요인들은 발신자가 전달하고자 하는 본래의 의도나 생각이 수신자에게 정확하게 전달되는 것을 방해한다. 이러한 의사소통 과정을 도식으로 나타내면 [그림 15-1]과 같다.

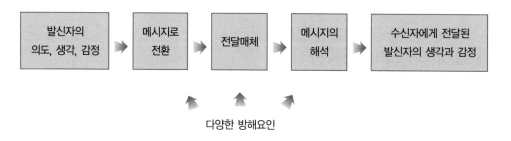

[그림 15-1] 의사소통의 과정과 구성요소

2) 효과적인 의사소통 방법

인간관계에서는 자신의 의도, 생각, 감정을 효과적으로 상대방에 전달하는 동시에 상대방의 전달내용을 정확하게 전달받는 것이 중요하다. 의사소통 기술은 메시지를 효과적으로 전달하는 기술과 메시지를 정확하게 전달받는 기술로 나뉠 수 있다(Johnson, 2000). 먼저 메시지를 효과적으로 전달하는 방법을 살펴보기로 한다.

첫째, 발신자는 상대방에게 전달하고자 하는 자신의 의도, 생각, 감정을 분명하게 인식한다. 발신자 자신이 전달하고자 하는 자신의 심리적 내용이 모호하거나 상반된 요소를 포함하고 있으면 이를 상대방에게 효과적으로 전달할 수 없다. 예컨대, 자신이 상대방에게 메시지를 전달하는 의도(설명, 요청, 부탁, 거절 등), 생각이나 의견(특정한 주제에 대한 구체적 생각, 믿음, 입장 등), 감정(호감, 애정, 분노, 실망감 등)을 구체적으로 인식하는 것이 중요하다.

둘째, 전달하고자 하는 의도, 생각, 감정을 적절한 메시지로 전환한다. 발신자가 전달하고자 하는 내용은 메시지를 통해 표현된다. 따라서 메시지에 전달하고자 하는 내용이 충분히 그리고 명료하게 담길 수 있도록 메시지를 구성하는 것이 중요하다. 이러한 과정에 전달내용을 말이나 문자로 전환하는 발신자의 표현능력이 개입된다. 정확한 어휘의 선택, 명료한 문장구조의 사용, 문장들의 논리적 배열과 구성이 중요하다. 아울러 수신자의 심리적 특성과 사고방

식을 충분히 고려하여 메시지를 구성하는
것이 바람직하다. 즉, 메시지가 수신자에게
어떤 의미로 받아들여질 것인지에 대한 고
려가 필요하다. 모호하거나 부적절하게 구
성된 메시지 혹은 상대방의 입장을 고려하
지 않은 자기중심적 메시지는 의사소통을
방해하는 오해의 주요한 원인이 된다.

셋째, 메시지를 전달하는 전달매체와 경
로를 신중하게 선택한다. 동일한 메시지일
지라도 전달매체에 따라서 수신자에게 전

효과적인 의사소통은 원활한 인간관계를
위한 필수적 요소다.

달되는 의미와 영향력이 달라진다. 예컨대, 한 대학생이 지도교수에게 장학금을 받도록 추천
해 주어 감사하다는 메시지를 전달하는 방법에는 직접 대면하여 말로 하는 방법, 친구를 통해
전하는 방법, 문자메시지로 전하는 방법, 이메일로 전하는 방법, 편지로 우송하는 방법 등이
있다. 어떤 경로를 통해 전달하느냐에 따라 지도교수는 수신자의 마음을 달리 받아들이게 될
것이다.

넷째, 자신의 메시지가 수신자에게 어떻게 받아들여졌는지에 관한 피드백을 받는 것이 중
요하다. 즉, 자신의 메시지를 수신자가 어떻게 해석했는지 잘 인식하는 것이 효과적인 의사소
통을 위해 중요하다. 이러한 피드백은 수신자에게 직접 묻는 방법도 있으며 흔히 지속적인 관
계 속에서 수신자의 행동을 통해 확인할 수 있는 경우가 많다. 예컨대, 장학금 지급에 대한 감
사의 뜻을 이메일로 전한 경우, 우연히 학교에서 마주친 교수가 "메일을 잘 받았다"며 반갑게
인사를 나눈다면 자신의 의도가 잘 전달된 것이라고 할 수 있다. 그러나 우연히 마주쳤을 때
불쾌한 표정을 짓는다면 이메일로 전한 감사의 메시지가 달리 해석되었을 가능성이 있다. 즉,
교수가 이메일의 내용이나 이메일로 전달하는 방식에 대해서 수신자의 의도와 달리 불쾌하게
받아들였을 수 있다. 이런 경우에는 자연스럽게 교수의 연구실을 찾아가서 그러한 가능성을
타진해 볼 수 있다.

다섯째, 의도나 감정을 효과적으로 전달하기 위해서는 비언어적 메시지를 활용하는 것이
좋다. 얼굴 표정, 눈 맞춤, 목소리의 높낮이, 몸동작 등과 같은 비언어적 표현은 메시지의 내용
을 강력하게 전달하는 수단이 될 수 있다. 아울러 언어적 메시지와 비언어적 메시지가 일치하
도록 전달하는 것이 매우 중요하다. 특히 대면적 의사소통 상황에서는 이 점이 더욱 중요하
다. 언어적 메시지와 비언어적 메시지가 일치할 경우에는 수신자가 발신자의 메시지를 더욱
신뢰하게 되는 반면, 그렇지 못할 경우에는 발신자의 메시지를 신뢰하지 못하게 된다. 예컨

대, "교수님을 대하면 마음이 아주 편안합니다"라는 언어적 메시지를 전달하면서 얼굴이 굳어 있고 목소리가 떨린다면 이러한 말은 진실된 것으로 받아들여지지 않을 것이다.

　여섯째, 수신자에게 자신의 의도나 감정을 확고하게 전달하기 위해서는 반복적인 전달이 필요하다. 단 한 번의 메시지 전달로 자신의 의도가 수신자에게 충분히 전달되는 경우는 드물다. 예컨대, 친구에게 어려운 부탁을 하거나 이성친구에게 호감을 전하는 경우에는 그러한 메시지를 다양한 형태로 구성하여 여러 전달경로를 통해 반복적으로 전달하는 것이 효과적일 수 있다.

　인간관계의 문제는 대부분 발신자의 의도를 수신자가 오해하거나 왜곡하는 경우에 발생한다. 이러한 오해는 발신자의 표현력 부족에 기인하기도 하지만 수신자의 기분상태, 평가적 태도, 자기중심적 관점, 독특한 편견이나 고정관념 등에 의한 경우도 있다. 다른 사람이 보내온 메시지의 의미를 정확하게 받아들이는 것도 중요한 대인기술의 하나다. 발신자의 의도를 정확히 받아들이기 위해서는 발신자의 사고나 감정에 대한 가치판단적 평가를 가능한 한 배제하고 메시지의 내용을 있는 그대로 받아들이는 것이 필요하다. 아울러 발신자가 보내온 메시지의 여러 내용을 종합적으로 고려하여 해석한다. 일부의 내용에 초점을 맞추어 해석하는 경우에는 발신자의 의도가 왜곡되기 쉽다. 또한 발신자의 관점에서 메시지가 의미하는 바를 이해하려고 노력하는 것이 중요하다. 때로는 발신자의 표현력 부족이나 독특한 표현방식으로 인하여 메시지에 사용된 어휘나 문장 내용이 부적절하게 표현되는 경우도 있다. 이러한 경우에는 메시지의 내용과 더불어 발신자가 메시지를 보내게 된 상황이나 입장을 고려하여 해석하는 것이 바람직하다. 마지막으로, 발신자의 메시지에 대한 수신자의 해석내용이 올바른 것이었는지를 확인하는 노력이 필요하다.

　의사소통은 인간관계에서 일어나는 모든 상호작용 과정을 포함한다. 발신자가 의도하는 바에 따라서 설명하기, 감정 표현하기, 자기공개하기, 자기주장하기 등의 다양한 형태로 의사소통이 나타난다.

 효과적인 의사소통하기 연습

1. 나는 다른 사람에게 나의 의도, 생각, 감정을 효과적으로 잘 전달하고 있는지 생각해 본다. 아울러 다른 사람이 전달한 메시지를 정확하게 받아들이고 있는지 생각해 본다. 최근의 인간관계에서 오해를 받았거나 오해를 하여 갈등이 생긴 경우를 중심으로 생각해 본다.
2. 다음과 같은 상황에서 나의 의도, 생각, 감정을 어떤 메시지로 표현하여 어떤 전달매체로 전달

할 것인지 생각해 본다.

- 현재 전공하는 학과가 아무리 생각해 보아도 나의 적성이나 성격에 맞지 않는다. 전공학문의 내용이 재미가 없고 성적도 잘 나오지 않는다. 그런데 이 학과는 대학에 입학할 때 부모님이 적극적으로 권했던 학과다. 전공학과를 바꾸려고 하는데 부모님에게 어떻게 설명할 것인가?
- 절친한 친구인 ○○가 얼마 전에 사귀던 이성친구와 헤어졌다. 그런데 우연한 기회에 나는 그 이성친구와 자주 접촉할 기회가 생겼고 서로 좋아하는 사이로 발전하였다. 이러한 사실을 알면 친구인 ○○가 오해할지 모른다는 생각이 들어서 이성친구와의 관계를 ○○에게 알리기로 결정했다. 어떻게 이 사실을 알리는 것이 좋겠는가?
- 미팅에서 만나 세 번째 데이트를 한 이성친구가 몹시 마음에 든다. 연인으로 사귀자는 제안을 하려고 하는데 어떻게 할 것인가?
- 전공학과 교수에게 책을 빌렸는데 그 책을 잃어버렸다. 책을 찾아보려고 노력하는 과정에서 돌려드리기로 한 날짜보다 한 달이 지나갔다. 교수에게 이런 상황을 어떻게 설명할 것인가?

3. 앞에서 설명한 효과적인 의사소통 방법을 적용하여 실제의 인간관계에서 평소와 다른 의사소통 방식을 시도해 본다. 그리고 상대방이 어떤 반응을 나타내는지 관찰해 본다.

5. 자기표현하기

인간관계에서 상대방을 잘 이해하는 일도 중요하지만 자신의 마음을 상대방에게 잘 표현하여 알리는 일도 중요하다. 자신의 생각, 감정, 욕구를 잘 드러내어 다른 사람에게 전달하는 일은 인간관계의 필수적인 요소라고 할 수 있다. 인간관계에서 어려움을 겪는 사람들 중에는 자기표현이 미숙한 사람이 많다. 어떤 사람은 상대방을 좋아하면서도 좋아하는 감정을 표현하는 데 어려움을 겪는다. 이러한 사람들은 막상 상대방 앞에서는 무관심한 듯한 행동을 하거나 오히려 속마음과 상반된 행동을 하여 인간관계를 발전시키지 못한다. 어떤 사람은 상대방이 불쾌한 행동을 하여 화가 나도 이러한 분노를 표현하지 못한 채 마음속에 품고 살아간다. 따라서 이러한 불쾌감정이 상대방에게 전달되지 않기 때문에 상대방은 자신의 어떤 행동이 타인을 불쾌하게 만드는지 모를 뿐만 아니라 타인을 불쾌하게 하는 행동을 계속한다. 이런 상태에서 오랫동안 쌓인 감정이 폭발하여 인간관계가 일시에 악화함으로써 와해되는 경우가 있다.

전통적인 한국문화에서는 자신의 감정이나 욕구를 겉으로 드러내지 않는 것을 미덕으로 여겨 왔다. 특히 윗사람에게 불쾌한 감정을 직선적으로 표현하는 것은 불손한 행동으로 여겨 왔다. 그래서 억제된 감정이나 욕구를 우회적이고 간접적인 방법으로 표현하는 경향이 있다. 이러한 문화에서는 비언어적인 단서에 의해 상대방의 내면상태를 추측하여 파악하는 '눈치'가 발달한다. 이렇게 우회적이고 비언어적인 의사소통 과정에서 여러 가지 오해가 발생하며, 그 결과 인간관계에 불필요한 갈등과 문제가 생겨난다. 효과적인 인간관계에서는 자신의 심리적 상태나 의도를 명료하고 정확하게 전달하는 일이 필수적이다. 물론 이때 상대방의 감정을 상하지 않게 하면서 자신이 원하는 바를 잘 전달하는 게 바람직하다.

자기표현(self-expression)은 자신의 감정, 사고, 욕구, 바람 등을 상대방에게 효과석으로 전달하는 중요한 대인기술이다(Lange & Jakubowski, 1976). 인간관계에서 특히 중요한 자기표현 기술은 자신의 긍정적 감정과 부정적 감정을 표현하는 일이다. 아울러 타인에게 부탁을 하거나 요청을 하는 일, 들어 주기 어려운 타인의 요청을 거절하는 일, 그리고 대화를 원하는 때에 시작하고 원하는 때에 종결하는 일이 중요한 자기표현 기술에 속한다(Lazarus, 1971).

1) 긍정감정 표현하기

인간관계는 서로에 대한 긍정적 감정을 주고받으면서 발전한다. 인간은 자신을 좋아하는 사람을 좋아한다. 자신에게 호감과 애정을 표현하는 사람을 좋아하고 신뢰한다. 이처럼 단순한 원리가 작용하는 인간관계가 어려운 이유는 상대방에 대한 긍정적 감정을 표현하는 일이 쉽지 않기 때문이다. 상대방에게 긍정적 감정을 표현하는 일이 어색하고 쑥스럽게 느껴질 때가 많다. 호감과 애정의 표현을 상대방이 받아주지 않을 것에 대해서 두려움을 느낄 때도 있다. 긍정적인 감정을 표현하는 것은 자신을 비굴하게 보이게 하는 아첨행위라고 생각하는 사람도 있다. 그러나 상대방에 대한 진실된 긍정감정을 표현하여 전달하는 것은 정당한 것이며 인간관계를 발전시키는 매우 효과적인 방법이다.

긍정적인 감정을 표현하는 일은 기술과 노력을 요하는 매우 중요한 대인기술이다. 긍정적 감정을 효과적으로 전달하기 위해서는 다음과 같은 노력이 필요하다.

첫째, 상대방에게 긍정적인 감정을 느끼는 일이 선행되어야 한다. 감정의 표현은 진실된 것이어야 한다. 거짓으로 긍정적 감정을 표현하는 것은 흔히 상대방에게 포착될 뿐만 아니라 행동으로 뒷받침되지 않기 때문에 오히려 신뢰로운 인간관계를 저해한다. 따라서 상대방에게 자신이 느낀 진정한 감정을 스스로 자각하고 이를 효과적으로 전달하는 일이 중요하다. 어떤 사람은 상대방에게 긍정적 감정을 느끼지 못하기 때문에 표현할 것이 없다고 말하기도 한다. 그러나 인간은 누구나 단점과 약점을 지니듯이 장점과 강점 역시 지니며 나름대로의 매력을 지닌다. 다만 우리가 상대방의 긍정적인 측면을 보려고 노력하지 않기 때문에 보이지 않을 뿐이다. 인간관계는 삶의 과정에서 만나는 사람들의 아름다움을 느끼며 그 기쁨을 함께 나누는 데에 그 중요한 의미가 있다. 아름다움은 대상 자체에 존재하는 것이라기보다 우리가 발견하여 느끼는 것이다. 인간에 대해서 부정적이고 비판적인 관점을 지니는 것은 인간의 아름다움을 느끼지 못하게 하는 주요한 장애요인이다. 인간관계에서는 상대방의 긍정적인 면을 발견하기 위해 노력하는 자세가 필요하다.

둘째, 긍정적인 감정을 표현하기 위해서는 그러한 감정을 자각하는 일이 중요하다. 자각(awareness)은 자신이 느낀 감정을 포착하고 구체화하는 일이다. 상대방에게 느낀 긍정적 감정을 구체적으로 자각함으로써 그에 대한 표현과 전달이 가능하게 된다. 타인에 대한 긍정적 감정은 흔히 모호하게 느껴져서 잘 자각되지 않는 경향이 있다. 상대방에 대한 긍정적인 감정에 주의를 기울이며 그것이 구체적으로 어떤 감정인지를 자각하는 노력이 필요하다. 상대방의 외모, 옷차림새, 행동, 말의 내용과 방식, 도움의 제공 등에 대해서 느껴지는 감정을 언어화할 수 있도록 느껴 보는 것이 중요하다. 상대방에 대한 긍정적 감정은 아름다움, 우아함, 신선함, 생동감, 부드러움, 포근함, 편안함, 기쁨, 즐거움, 고마움, 믿음직함과 같은 다양한 느낌을 포함한다. 이러한 감정을 자각하고 구체적인 언어로 전달해 주는 것이 중요하다.

셋째, 긍정적 감정을 상대방에게 표현하는 것은 자연스럽고 성숙한 행동이라는 생각을 갖는 것이 중요하다. 상대방에 대해서 느낀 긍정적인 감정을 솔직하게 표현하는 것은 아첨이나 위선과는 전혀 다른 것이다. 상대방에게 긍정적 감정의 표현이 자신의 비굴함을 뜻하는 것은 아니다. 또한 이러한 표현은 상대방에게 기분 좋은 일로 받아들여진다. 입장을 바꾸어 생각하면, 이러한 사실이 좀 더 분명해진다. 상대방이 자신에게 긍정적인 감정을 표현할 때 우리는 어떤 기분을 느끼는가? 자신을 긍정적으로 평가하고 호감을 갖는 사람이 있다는 것은 우리에게 기분좋은 일이며 커다란 힘이 될 것이다. 또한 우리는 그러한 긍정적 감정을 표현해 주는 사람에게 호감을 느끼게 될 것이다. 이처럼 긍정적 감정을 교환하는 과정을 통해서 인간관계는 발전한다.

넷째, 상대방에 대한 긍정적 감정을 구체적인 방법으로 전달하는 노력이 필요하다. 표현하지 못한 채 상대방에게 전달되지 않은 감정은 인간관계에 어떠한 영향도 미치지 못한다. 아무리 큰 사랑을 마음에 품고 있더라도 상대방에게 전달되지 않으면 아무런 의미가 없다. 이런 점에서 긍정적 감정을 적절하게 표현하여 전달하는 것은 매우 중요한 대인기술이다.

마음속에 지니고 있는 긍정적 감정은 매우 다양한 방법으로 표현될 수 있다. 상대방에 대한 자신의 감정이 가장 잘 전달될 수 있도록 표현하는 것이 가장 효과적인 방법이다. 이를 위해서는, 첫째, 긍정적 감정을 진실성이 느껴지도록 솔직하고 진지하게 표현하는 것이 중요하다. 과장되거나 장난스러운 표현은 진실성을 떨어뜨릴 뿐만 아니라 때로는 놀리거나 비꼬는 행위로 받아들여질 수 있기 때문이다. 둘째, 모호한 어휘보다는 명료하고 구체적인 어휘를 사용하는 것이 바람직하다. 구체적이고 명료한 표현일수록 그 전달효과가 증대된다. 예를 들어, "○○ 씨가 좋아요"라는 말보다는 "○○씨가 믿음직스러워요"나 "○○씨는 따뜻하시네요"라는 말이 훨씬 더 명료한 표현이 된다. 이처럼 명료한 표현은 자신의 감정을 상대방에게 정확하게 전달하기 때문에 감정의 교류를 원활하게 만든다. 셋째, 상대방에 대한 판단을 전달하기보다는 자신의 느낌을 중심으로 표현하는 것이 효과적이다. 즉, 상대방으로 인해 자신에게 느껴진 긍정적 감정을 표현해 주는 것이다. 예를 들어, "○○씨는 따뜻한 사람인 것 같아요"라는 말보다는 "○○씨와 함께 있으면 따뜻함이 느껴져요"라는 표현이 더 강한 호소력을 지닌다. 넷째, 긍정적 감정을 느낀 이유나 근거를 함께 전달하는 것도 표현의 신뢰도를 높인다. 막연히 긍정적인 감정을 느꼈다기보다는 구체적으로 어떤 모습과 행동이 그런 긍정적 감정을 느끼게 했는지를 표현해 주는 것이 좋다. 예를 들어, "○○씨는 믿음직스럽네요"라는 표현보다 "○○ 씨가 이렇게 성실하게 일하는 모습을 보니 믿음직스럽네요"라는 표현이 훨씬 더 구체적이고 신뢰성을 높이는 표현이다.

긍정적 감정을 언어적으로 표현할 때는 어휘 선택이나 언어 구사 방법이 중요하다. 이러한 표현방식에 따라 그 진실성과 신뢰도 그리고 호소력이 달라지기 때문이다. 긍정적 감정은 언어적 표현뿐만 아니라 비언어적 표현을 통해서 전달될 수 있다. 관심과 애정을 담은 눈빛, 얼굴 표정, 미소, 자세, 몸동작, 신체적 접촉과 같은 다양한 비언어적 표현이 함께 이루어지면 훨씬 더 호소력 있게 긍정적 감정을 전달할 수 있다. 이밖에도 선물하기, 도움 주기, 음식 사기와 같은 행동을 통해 호감을 전하면서 긍정적 감정을 표현하면 그 전달효과가 훨씬 더 증대된다. 이처럼 언어적 표현과 더불어 비언어적 표현을 통해 상대방에 대한 긍정적 감정을 재치 있고 창의적인 방법으로 전달하는 것이 중요하다.

자신의 감정을 효과적으로 잘 표현하는 것이 매우 중요하다.

2) 부정감정 표현하기

우리는 인간관계에서 분노, 불안, 실망감, 좌절감, 섭섭함, 원망감, 배신감과 같은 다양한 부정적 감정을 경험한다. 이러한 부정적 감정은 적절하게 해소되지 못할 경우 인간관계를 악화시키거나 와해시키는 주요한 원인이 된다. 부정적 감정은 긍정적 감정보다 표현하는 것이 더 어렵다. 특히 우리 사회에서는 부정적인 감정을 직접적으로 드러내는 것을 바람직하게 여기지 않는다. 부정적 감정의 직접적 표현이 상대방의 마음을 상하게 하여 인간관계를 악화시킬 수 있기 때문이다. 또는 그러한 감정을 직접 표현하는 자신의 모습이 편협하거나 우습게 비칠까 봐 두렵기 때문이다. 그러나 표현되지 않은 부정적 감정은 우리의 마음에 남아 여러 가지 부정적 영향을 미친다. 첫째, 표현하지 않고 억제된 부정감정은 마음에 남아 기분을 저조하게 한다. 지속적으로 경험하는 불쾌감정을 표현하지 못한 채 누적하면 마음의 병이 될 수 있다. 둘째, 불쾌감을 표현하지 않기 때문에 상대방은 자신이 다른 사람을 불쾌하게 만드는지 자각하지 못한다. 따라서 상대방은 나에게 불쾌감을 유발하는 행동을 계속 한다. 셋째, 불쾌감을 유발한 사람에 대한 분노감정이 우회적으로 다른 영역(예: 업무에서 골탕을 먹임, 다른 사람에게 험담을 함)에서 표출되어 인간관계의 문제를 유발할 수 있다. 넷째, 불쾌감정이 해소되지 않고 누적되어 참을 수 없는 상태에 이르면 과격한 방법으로 표출되어 인간관계를 악화시키거나 와해시킬 수 있다.

부정적 감정을 적절하게 잘 표현하는 것은 매우 중요한 대인기술이다. 상대방의 행동으로 인해 불쾌해진 마음을 잘 전달함으로써 상대방이 더 이상 그러한 행동을 계속하지 않도록 하는 것이 중요하다. 부정적 감정을 효과적으로 표현하는 방법의 핵심은 상대방의 마음을 상하지 않게 하면서 그의 행동이 변화할 수 있도록 부정적 감정을 전달하는 것이다. 부정적 감정의 표현이 상대방의 마음을 상하게 하는 이유는 그 표현 방식에 문제가 있기 때문이다. 상대방을 질책하거나 공격하는 방식의 표현은 대부분 상대방을 불쾌하게 만들고 오히려 상황을 악화시킨다.

비폭력대화(Nonviolent communication)를 제시한 로젠버그(Rosenberg, 2003)에 따르면, 공격적 표현은 다음과 같은 4가지의 요소를 지닌다. 첫째, 공격적 표현은 상대방을 판단하고 비판하는 내용(예: "너는 나쁜 놈이야", "너는 너무 이기적이야.", "바보 같은 놈!")을 담고 있다. 둘째, 잘못의 책임을 상대방에게 전가하고 질책하는 방식(예: "너 때문에 이런 일이 벌어진 거야", "이건 전적으로 네 책임이야")으로 표현된다. 셋째, 상대방의 행동을 금하거나 통제하는 방식의 표현(예: "앞으로 그런 말 하지 마", "절대로 그런 행동을 하지 마", "이제 그만해")이다. 넷째, 공격적 표현은 흔히 상대방의 인격적 가치를 무시하는 내용(예: "넌 그럴 자격이 없어", "주제 파악도 못하고")을 포함한다. 이러한 공격적 표현은 인간관계를 악화시키는 주요한 요인이다. 인간은 자신의 잘 못을 알고 있더라도 상대방이 이렇게 공격적인 표현을 해 오면 자신을 방어하기 위해 저항적 인 태도를 취한다.

불쾌감정을 효과적으로 표현하는 가장 대표적인 방법은 비폭력대화다. 비폭력대화는 상대 방의 마음을 상하게 하지 않으면서 비공격적인 방식으로 불쾌감정을 전달하는 것이다 (Rosenberg, 2003). 인간관계를 손상시키지 않고 상대방이 더 이상 불쾌한 행동을 하지 않도록 하는 것이다. 부정적 감정을 효과적으로 표현하기 위해서는 상대방의 잘못을 힐난하는 방식 보다는 상대방의 행동으로 인한 자신의 불편함과 불쾌함을 전달하는 표현이 바람직하다. 이 때 **일인칭 표현**(I-message)을 사용하는 것이 효과적이다. 우리는 불쾌한 감정을 표현할 때 흔히 **이인칭 표현**(You-message)을 사용한다. 예컨대, "너는 왜 그 모양이니?", "너는 이기적이야!", "네가 나를 무시하다니!"와 같이 상대방을 평가하고 통제하는 표현을 사용한다. 이러한 표현 보다는 자신의 감정을 표현하는 일인칭 표현법이 효과적이다. 예컨대, "네가 그런 말을 할 때 나는 속상하고 화가 났어", "나는 그때 마음이 몹시 아팠어", "나는 무시당하는 느낌이었어" 와 같은 일인칭 표현이 진정한 자기표현으로서 상대방에게 비공격적으로 느껴진다.

아울러 상대방의 행동을 규제하는 방식보다는 상대방에 대한 자신의 바람을 전달하는 표현 이 바람직하다. 불쾌한 감정은 상대방에 대한 자신의 기대나 욕구가 좌절되었기 때문에 생겨 난다. 부정적 감정의 표현을 통해서 자신이 상대방에게 기대하는 욕구나 소망을 전달하는 것 이 중요하다. 예컨대, "너에게 존중받고 싶었기 때문에 그때 내가 화가 났던거야", "내가 마 음이 아팠던 것은 너에게 인정받지 못했다는 생각 때문이야"라는 표현을 통해서 자신이 불쾌 한 감정을 느낀 '좌절된 욕구'를 전달하는 것이 중요하다. 이러한 표현을 통해서 자신이 원하 는 것을 상대방에게 전달할 수 있다. 아울러 상대방에게 원하는 바를 분명하고 구체적으로 요 청하는 것이 바람직하다. 이때 "…하지 말라"라는 부정적 표현보다 "…해 주기를 바란다"는 긍정적 표현을 사용하는 것이 좋다. 예컨대, 유사한 내용이라도 "앞으로 날 무시하는 말은 하 지 마"라는 표현보다 "앞으로 날 좀 더 존중하는 말을 해 주길 바라"라는 표현이 훨씬 부드러 우며 상대방에게 수용되기 쉽다.

부정적 감정은 다양한 방식으로 표현할 수 있으며 표현방식에 따라 그 결과도 다르다. 친구 에게 불쾌감을 느낀 한 학생의 예를 살펴보기로 한다. A군은 같은 학과 친구인 B군이 자신을 '짱구'라는 별명으로 부르는 것이 마음에 들지 않는다. 오늘은 여러 명의 여학생들이 있는 곳 에서 B군이 또 자신의 별명을 사용하여 몹시 화가 났다. 그러나 A군은 이런 일로 화를 낸다는 것이 왠지 자신의 편협함을 드러내는 것 같아 표현하기가 힘들었다. 또한 B군에게 화를 내면 그와의 관계가 서먹해지고 멀어질 것 같아 더욱 말하기가 힘들었다. 이러한 경우에 A군은 다음과 같은 3가지 방법으로 불쾌감에 대응할 수 있다. 첫 번째 방법은 불쾌한 감정을 표현하지 않은 채 참고 지내는 것이다. 이럴 경우, B군은 A군이 느끼는 불쾌감이나 그 이유를 알지 못하기 때문에 계속하여 별명을 사용할 것이다. 그 결과 A군은 계속 불쾌감을 느낄 것이고 B군과의 관계가 소원해질 것이다.

또 다른 표현 방법은 불쾌감을 직선적으로 표현하는 방법이다. 예컨대, "야, 임마! 넌 애가 왜 그러냐! 여자애들 있는데 막 별명을 부르고… 앞으로 절대 내 별명을 부르지 마!"라고 B군에게 화를 낼 수 있다. 과연 이런 말을 들은 B군은 자신의 잘못을 얼마나 순순히 인정하고 앞으로 별명을 부르지 않게 될 것인가? B군은 A군의 갑작스러운 분노에 무안함을 느끼거나 "자식, 소심하게 그런 걸 갖고 화를 내냐?"와 같은 말로 응수할 수 있다. 이러한 말들이 오고가는 과정에서 서로 마음이 상하고 친구관계에 갈등이 생겨날 수 있다.

이 경우에 A군은 자신의 불쾌감을 다음과 같이 표현할 수도 있다. "네가 여자애들 앞에서 내 별명을 부르니까 내가 무시당한 느낌이 들더라. 앞으로는 별명보다 내 이름을 불러 주면 좋겠어" 이러한 표현에 B군은 어떻게 반응할 것인가? 아마도 "그랬구나. 미안하다. 앞으로 이름을 부르도록 할게"라는 반응을 보일 것이다. 즉, 불쾌감을 일인칭 표현법으로 전하고 B군에게 원하는 바를 요청하는 표현은 B군의 마음을 상하지 않게 하면서 자신의 불편한 마음을 분명하게 전달할 뿐만 아니라 B군의 행동변화를 효과적으로 유도할 수 있다. 그 결과 A군은 B군과의 친구관계가 훼손되지 않고 자신이 원하는 바를 모두 얻을 수 있다. 부정적 감정을 효과적으로 표현하는 방법의 핵심은 자신의 감정을 비공격적인 방식으로 상대방에게 전달하고 자신이 상대방에게 원하는 바를 정중하게 요청하는 것이다.

3) 부탁하기와 거절하기

인간관계는 도움을 주고받는 과정을 통해서 발전한다. 살아가는 과정에는 다른 사람의 도움이 필요한 경우가 많다. 그러나 다른 사람에게 도움을 요청하는 일은 쉽지 않다. 다른 사람에게서 조금만 도움을 받으면 쉽게 해결할 수 있는 문제를 혼자 힘들게 해결하거나 문제 상황을 악화시키는 사람들이 많다. 다른 사람에게 도움을 요청하지 못하는 첫 번째 이유는 거절당하는 것에 대한 두려움 때문이다. 자신이 무언가를 부탁했을 때 상대방이 거절하면 우리는 무안함, 당황함, 수치심을 느낀다. 이러한 불쾌한 감정을 피하기 위해 도움을 요청하는 것을 포기하는 경우가 많다. 두 번째 이유는 다른 사람에게 부탁하는 것이 자신의 나약함이나 열등함을 드러내는 일이라고 생각하기 때문이다. 부탁하는 것은 자신이 아쉽고 무력해서 도움을 요청하는 구차한 일이라고 생각하면 부탁하기가 쉽지 않다. 이런 생각을 하는 사람은 힘이 들더라도 자신의 초라한 모습을 다른 사람에게 보이고 싶지 않다는 생각에 혼자서 해결하려고 할 것이다. 세 번째 이유는 자신의 부탁이 상대방에게 과중한 부담을 줄 것이라는 두려움 때문이다. 다른 사람의 부탁은 거절하기가 쉽지 않기 때문에 상대방에게 부담을 주는 일이다. 부탁을 하여 자꾸 부담을 주는 사람은 싫어하게 되고 회피하게 된다. 이처럼 자신이 다른 사람에게 부담을 주어 그가 자신을 싫어하지 않을까 하는 두려움 때문에 부탁을 하지 않게 된다. 네 번째 이유는 도움을 받을 경우 그에 보답을 해야 한다는 부담감 때문에 부탁을 하지 않는 경우도 있다. 도움을 받으면 상대방의 노력에 보상을 해야 한다는 심리적 압박감을 느낀다. 도움을 받는 것보다 더 큰 보상의 부담을 느끼면 도움의 요청을 포기하게 된다. 이러한 다양한 심리적 이유들이 다른 사람에게 부탁하는 일을 어렵게 만든다.

　현대사회에서는 개인의 역할이 전문화되고 분업화되어 서로 도움을 주고받지 않고는 살아가기 힘들다. 어려운 문제 상황에 처할 경우 그러한 문제를 해결하는 능력과 기술을 지닌 사람의 도움을 받으면 쉽게 해결할 수 있다. 필요한 경우에 다른 사람의 도움을 요청하고 부탁하는 일은 현대사회를 살아가기 위한 중요한 대인기술이다.

　도움을 요청한다고 해서 항상 도움을 얻는 것은 아니다. 자신이 원하는 도움을 얻기 위해서는 효과적인 방법으로 부탁하는 기술이 필요하다. 첫째, 도움을 받고자 하는 내용을 분명히 하여 부탁을 하는 것이 바람직하다. 상대방으로부터 도움을 받고자 하는 일의 내용과 범위를 명료하게 정리하여 부탁하는 것이 중요하다. 둘째, 도움을 요청하기 전에 상대방이 처한 상황을 파악하는 것이 필요하다. 상대방이 도움을 줄 만한 시간과 능력을 지니고 있는지를 미리 탐색하여 도움을 얻을 가능성을 타진해 보는 것이 현명하다. 이러한 과정을 통해 불필요하게 거절당하는 경험을 피할 수 있으며 상대방 역시 불가피하게 거절해야 하는 부담을 줄일 수 있다. 셋째, 도움을 받기 위해서는 정중하고 설득력 있게 부탁하는 것이 중요하다. 도움이 필요한 자신의 상황을 자세히 이야기하고 상대방의 도움이 절실함을 전달한다. 이때 도움의 구체적인 내용을 명쾌하게 제시하는 동시에 상대방의 능력을 높이 평가하는 표현을 덧붙이면, 더욱 효과적으로 도움을 받을 수 있다.

　부탁을 통해 상대방의 도움을 얻어 내는 과정에는 절충과 협상이 개입되기도 한다. 자신의 요청과 상대방의 여건을 절충하여 요청한 것의 일부분만 도움을 받는 경우가 많다. 이러한 협상과 절충의 과정을 활용하여 자신이 원하는 도움을 효과적으로 얻는 방법들이 있다. 그러한 방법 중의 하나가 **발부터 들여놓기 기법**(foot-in-the-door technique)이다. 이 방법은 상대방이 충분히 들어줄 수 있는 작은 요청을 한 후에 일단 수용이 되면 조금씩 요청을 증가해 나감으로써 자신이 원하는 도움을 얻어 내는 방법이다. 이 방법은 세일즈맨들이 흔히 쓰는 방법으로서 일단 고객의 집 안에 발을 들여놓은 다음 조금씩 접근해 간다는 의미에서 그러한 명칭이 붙었다. 예컨대, 여행비로 50만 원이 필요한 경우 처음에는 부모님에게 일단 30만 원을 요청하여 허락을 받은 후에 여행지 근처의 명승지까지 둘러보기 위해서는 10만 원 더 필요하다고 요청하고, 나아가서 좀 더 안전한 교통편을 이용하려면 10만 원이 더 필요하다고 요청하는 방법이다. 일단 도와주기로 마음먹으면 추가적인 도움을 허용하게 되는 마음의 원리를 이용한 방법이라고 할 수 있다.

이와 반대로 자신이 원하는 것보다 훨씬 큰 것을 상대방에게 요청하고, 상대방이 이를 거절하면 요구의 규모를 조금씩 축소하면서 결국 자신이 원하는 것을 얻어 내는 방법도 있다. 이러한 방법을 **머리부터 들여놓기 기법**(door-in-the-face technique)이라고 하는데, 이는 요청을 거절한 사람이 미안한 마음을 보상하기 위해 작은 요청을 들어주는 원리를 이용한 방법이라고 할 수 있다. 예컨대, 상대방(예: 부모, 친구)에게 30만 원을 빌리기 위해서 처음에는 60만 원이 필요하다고 말하고 거절당하면 다시 50만 원을 요청하고 다시 40만 원을 부탁한다. 자꾸 거절하는 상대방은 미안한 마음을 지니게 되며, 30만 원의 요청은 결국 수락한다. 처음부터 30만 원을 요청했으면 거절당했을 일을 이러한 방법으로 얻어 낼 수도 있다.

도움을 요청할 때마다 항상 도움을 얻는 것은 아니다. 또한 아무리 친한 친구라고 하더라도 도움을 줄 수 없는 경우가 많다. 즉, 도움의 요청은 흔히 좌절되고 거부당할 수 있다. 이 경우에 잘 대처하는 것이 인간관계의 유지에 중요하다. 상대방에게 항상 도움을 주어야 할 의무를 강요해서는 안 된다. 도움을 요청할 때는 '도움을 주면 고맙고, 그렇지 않으면 그만이다'라는 마음자세가 필요하다. 도움의 거절을 상대방의 내면적 이유, 즉 신뢰의 부족이나 의도적 거절과 같이 부정적인 이유로 돌리면 불쾌감을 느낄 수 있다. 도움의 요청에 대해서 거절할 수 있고 거절당할 수 있는 인간관계가 서로 편안하고 성숙한 관계다.

또한 도움을 요청받는 상황에서 거절하는 것도 중요한 대인기술에 속한다. 흔히 도움을 거절하지 못해 심한 부담을 느끼는 사람이 많다. 부탁을 들어주기에는 자신의 상황이 여의치 않거나 과도한 부담이 되는 경우에는 부탁을 거절할 수 있어야 한다. 다만 도움을 요청한 사람의 입장을 충분히 고려하여 인간관계를 해치지 않도록 신중하게 거절하는 것이 중요하다. 거절을 할 때는, 첫째, 도움이 필요한 상대방의 상황을 충분히 이해했음을 표명한다. 둘째, 도움을 주지 못하는 자신의 상황이나 이유를 분명하게 설명한다. 도움을 주고 싶은 의도가 있음을 분명히 밝히되 도와주지 못하는 사유를 상대방이 이해할 수 있도록 설명한다. 아울러 도움을 주지 못하는 아쉬움과 미안함을 전달함으로써 상대방의 섭섭한 마음을 달래는 것이 바람직하다.

도움을 요청하여 성공적으로 도움을 얻는다면 다행스러운 일이다. 그러나 도움을 얻고 난 후 도움을 제공한 상대방의 노력에 대한 보답을 소홀히 해서는 안 된다. 상대방이 자신을 돕기 위해서 투여한 시간과 노력을 정당하게 평가해야 한다. 도움을 주고받는 과정에서 인간관계가 악화되는 경우는 도움을 거절당하는 경우뿐만 아니라 도움에 대한 보상이 적절하지 않은 경우가 더 많다. 도움을 얻으면 상대방이 투여한 노력에 대한 정당한 평가를 통해 그에 상응하는 보상을 주어야 한다. 보답은 여러 가지 형태로 제공할 수 있다. 상대방의 노력을 치하하고 진지하게 감사의 말을 전하는 것이 필요하다. 때로는 선물과 같은 물질적 보상을 전하는 것도 바람직하다. 도움을 준 상대방이 자신의 도움에 대해서 보람과 만족을 느낄 수 있도록 신중하게 배려하는 것이 중요하다.

 자기표현하기 연습

1. 다음과 같은 상황에서 느끼는 긍정적 감정을 어떻게 표현할 수 있을지 생각해 본다.
   • 아버지가 필요한 물건을 사라고 뜻밖의 큰돈을 주실 때
   • 어머니가 나를 위해 아주 마음에 드는 새 옷을 사 오셨을 때
   • 형제자매가 나를 위해 준비한 생일선물과 카드를 조용히 내 방에 남겨 놓았을 때
   • 내가 보고 싶어 하던 영화의 티켓 두 장을 친구가 미리 구입하고 함께 영화를 보자고 제안했을 때
   • 이성친구가 오늘따라 멋진 옷차림새를 하고 데이트에 나와서 평소보다 훨씬 사랑스러운 감정이 느껴질 때
2. 앞에서 소개한 방법을 참고하여, 실제의 상황에서 다른 사람(가족, 친구, 연인 등)에게 긍정적 감정을 표현해 보고 그의 반응을 관찰해 본다.
3. 다음과 같은 상황에서 느끼는 부정적 감정을 어떻게 표현할 수 있을지 생각해 본다.
   • 밤늦게 귀가한 나에게 아버지가 이유도 묻지 않은 채 야단을 쳐서 화가 날 때
   • 어머니가 나의 옷차림새를 못마땅해 하시며 다른 옷을 입으라고 강요할 때
   • 형제자매가 허락도 없이 내 노트북을 가져가서 고장을 냈을 때
   • 친구가 나 몰래 다른 사람들에게 나에 관한 험담을 했다는 것을 알게 되었을 때
   • 이성친구가 약속한 시간에 연락도 없이 30분이나 늦게 나타나서 기다리게 했을 때
4. 앞에서 소개한 방법을 참고하여, 실제의 상황에서 다른 사람(가족, 친구, 연인 등)에게 부정적 감정을 표현해 보고 그의 반응을 관찰해 본다.
5. 여름방학에 유럽으로 배낭여행을 떠날 계획이다. 150만 원 정도의 여행비가 필요한데, 현재 50만 원밖에 없다. 부모님에게 나머지 100만 원을 지원해 달라는 부탁을 해야 하는 상황이다. 어떻게 하면 부모님으로부터 성공적으로 여행비 지원을 받을 수 있는지 그 요청 방법을 생각

해 본다.

6. 친구가 내일까지 제출해야 하는 보고서의 작성을 위해서 내 노트북을 빌려 달라고 한다. 자신의 컴퓨터가 고장이 나서 난처한 상황이라며 간곡하게 부탁을 한다. 하지만 나도 모레까지 제출해야 하는 중요한 보고서가 있어서 오늘부터 노트북을 사용해야만 하는 상황이다. 어떻게 하면 친구의 감정을 상하지 않게 하면서 거절할 수 있는지 생각해 본다.

6. 신뢰 형성하기

인간관계에서 서로를 믿고 신뢰한다는 것은 매우 중요한 일이다. 신뢰는 장기적으로 지속되는 안정된 인간관계의 필수적인 요소다. 반면에 신뢰가 깨질 때 느끼는 배신감은 인간관계에서 경험하는 가장 고통스러운 감정인 동시에 인간관계를 파괴하는 강력한 부정적 감정이다.

1) 신뢰의 이해

신뢰의 사전적 정의는 '믿고 의지함'이다. 신뢰는 한자어로 믿을 신(信)과 힘입을 뢰(賴)의 합성어다. 신(信)이라는 한자는 사람 인(人)과 말씀 언(言)으로 구성되어 있어 '사람의 말'이라는 의미를 지니는데, 사람의 말은 심중에서 우러나는 거짓 없는 것이라는 데서 '믿음'의 뜻을 나타내게 되었다고 한다. 신(信)은 '믿다'라는 뜻 외에도 '의심하지 않다', '진실되다', '분명히 하다', '존경하다', '지키다', '맡기다'와 같은 여러 가지 뜻을 복합적으로 지니고 있다. 뢰(賴)는 '힘입다'라는 뜻과 더불어 '의지하다', '도움을 입다', '이득을 보다'라는 뜻도 함께 지닌다. 한편, 신뢰에 해당하는 영어 단어인 trust는 '편안함'을 의미하는 독일어 trost에서 비롯되었다고 한다.

인간은 누구나 외로운 존재로서 경쟁 사회에서 고독과 불안을 느끼며 살아간다. 따라서 자신을 지속적으로 지원하고 도와줄 수 있는 사람과의 관계를 갈망하다. 특히 이익과 손실이 관련된 상황에서 항상 자신의 편에 서서 자신의 이익을 위해 행동해 주는 사람을 바란다. 그런데 사람들은 대부분 이기적이어서 자신의 이익만을 추구하는 경향이 있을 뿐 타인의 이익을 위해서 자신의 이익을 희생하는 경우는 드물다. 신뢰는 이처럼 냉엄한 삶의 현실에서 서로의 이익을 위해 변함 없이 지원하고 돕는 사람들 간의 지속적인 상호협력적 관계를 의미한다. 특히 상대방이 손실과 위험의 상황에 있을 때 자신의 손실과 위험을 감수하면서 그를 돕는 경우 신뢰관계가 더 분명하게 드러난다.

신뢰는 '타인이 나에게 도움이 되는 의도와 행동을 나타낼 것이라는 긍정적 기대와 더불어 그를 돕기 위해 나의 위험을 감수하려는 심리적 상태'라고 정의된다(Rousseau et al., 1998). 이러한 정의에 근거하여 신뢰를 구성하는 요소들을 살펴보기로 한다. 신뢰의 첫 번째 요소는 상대방에 대한 **긍정적 기대**다. 즉, 상대방에 대한 긍정적 평가와 더불어 그가 미래의 상황에서도 자신에게 호의적인 의도와 행동을 나타낼 것이라는 기대다. 이러한 기대는 과거의 인간관계를 통해서 상대방이 자신에게 지속적으로 보여 준 호의적 태도와 협력적 행동에 근거한다. 두 번째 요소는 **위험 감수 의지**다. 상대방을 위해서 기꺼이 나의 위험을 감수하려는 의도가 신뢰의 중요한 요소다. 이러한 의도는 피상적인 인간관계에서 경험하기 어려운 것이다. 나의 이익을 희생하면서 상대방이 손실과 위험을 줄이도록 도우려는 의도는 신뢰관계에서 발견할 수 있는 독특한 특성이다. 흔히 위험은 인간관계의 신뢰를 쌓는 기회가 된다. 마지막 세 번째 요소는 **상호의존성**(interdependence)이다. 신뢰는 서로 의존하지 않고서는 이익을 얻을 수 없는 상호적 관계를 반영한다. 일반적으로 도움이 주어지는 관계에서는 신뢰가 형성되기 어렵다. 신뢰는 서로 주고받는 과정에서 발전하는 특성을 지닌다.

인간관계에서의 신뢰는 두 사람 모두에게 긍정적인 효과를 제공한다.

첫째, 인간관계에서의 불확실성을 감소시킨다. 상대방이 어떻게 행동할 것인지를 예측할 수 없는 불확실한 상황에서는 불안감이 증가한다. 그러나 신뢰하는 사람에 대해서는 그가 자신에게 호의적 행동을 할 것이라는 낙관적 확신을 하게 함으로써 결과에 대한 불확실성과 불안감을 감소시킨다. 영어 단어인 trust가 '편안함'이라는 뜻의 어원을 지니는 이유는 신뢰의 불안감소 효과 때문인 것으로 생각된다.

둘째, 신뢰는 실제의 인간관계에서 협동적이고 지지적인 행동을 유발한다. 신뢰는 지속적이고 양방향적인 상호적 관계를 반영하기 때문에 서로 상대방의 신뢰에 부응하는 결과를 도출하기 위한 실제적인 노력을 촉진한다. 따라서 신뢰는 인간관계에서 심리적 편안함과 더불어 상호적인 협조행동을 제공하는 기능을 한다.

셋째, 신뢰는 상대방의 긍정적 행동과 결과를 낙관하게 함으로써 상대방에 대한 감시나 통제의 부담을 감소시킨다. 우리는 신뢰하지 못하는 사람에 대해서는 늘 의심하고 감시하며 통제하는 노력을 기울이는데, 이는 다른 생산적

타인에 대한 신뢰 없이는 자신의
몸을 던지기 어렵다.

인 활동에 대한 관심과 노력의 감소를 의미한다. 이처럼 신뢰는 인간관계에 투자되는 비용을 감소시키는 부가적 이득을 제공한다.

신뢰는 두 사람이 상호작용하면서 변화한다. 의존적인 관계의 상황이 달라지고 상대방의 행동에 변화가 있으면 신뢰도 함께 변화한다. 신뢰했던 사람의 배신행동은 신뢰를 일거에 붕괴시키기도 한다. 따라서 신뢰는 개인의 성격적 특성이라기보다는 관계의 특성을 나타내는 것이다. 그러나 신뢰에는 상대방이 믿을 만한 사람인지에 대한 상호 평가가 중요한 요소다. 우리는 평소에 다른 사람의 성격과 행동에 근거하여 그가 얼마나 믿을 만한 사람인지 평가하며, 이러한 평가는 신뢰 형성에 중요한 영향을 미친다. 이러한 개인의 속성을 **신뢰유인성** (trustworthiness)이라고 하는데, 엄밀히 말하면 이는 타인에게 지각된 개인의 신뢰할 만한 정도를 의미한다.

메이어 등(Mayer et al., 1995)에 따르면, 신뢰유인성은 3가지의 요소로 구성된다. 그 첫 번째는 **호의성**(benevolence)으로서 신뢰 대상자가 신뢰자에게 지니는 긍정적 의도에 대한 신뢰자의 지각을 뜻한다. 즉, 상대방이 나에게 얼마나 호의적 태도를 지니는지의 인식을 의미한다. 두 번째 요소는 **성실성**(integrity)이다. 이는 신뢰 대상자가 얼마나 일관성 있게 행동하고 언행을 일치하며 공정하고 책임감 있는 사람인가에 대한 지각을 의미한다. 마지막 세 번째 요소는 **유능성**(ability)으로서 신뢰 대상자가 특정한 영역에서 영향을 미칠 수 있는 역량과 전문적 기술에 대한 신뢰자의 지각을 뜻한다. 즉, 사람들은 자신에게 호의적이고 성실하며 유능한 사람을 신뢰하는 경향이 있다.

또한 신뢰에는 두 사람의 개인적 특성이 관여한다. 신뢰받는 사람의 특성뿐만 아니라 신뢰하는 사람의 특성도 중요하다. 다른 사람을 쉽게 잘 믿는 사람이 있는 반면, 다른 사람을 의심하며 잘 믿지 못하는 사람도 있다. 이처럼 다른 사람을 잘 믿는 정도를 **신뢰부여성**(trustingness)이라고 부른다. 신뢰부여성이 높은 사람은 타인의 호의성, 성실성, 유능성에 대한 평가기준이 단순하고 낮은 경향이 있다. 반면에 타인의 이러한 속성들을 매우 까다롭고 높은 기준으로 평가하는 사람은 타인을 신뢰하기 어렵다. 인간에 대해서 일반적으로 비관적이고 부정적인 신념을 지니고 있거나 과거에 배신을 당한 경험이 많은 사람은 신뢰부여성이 낮은 경향이 있다.

2) 신뢰를 형성하고 유지하는 방법

신뢰는 인간관계에서 누구나 추구하는 소중한 가치다. 그러나 신뢰는 두 사람 모두가 서로에게 끊임없는 관심과 노력을 기울임으로써 형성되는 것이다. 신뢰는 형성하기 어려운 반면, 와해되기는 매우 쉽다. 따라서 신뢰를 형성하는 일도 중요하지만 신뢰를 유지하는 일이 더욱 중요하다. 신뢰의 형성과 유지에 도움이 되는 방법들을 살펴보기로 한다.

첫째, 신뢰는 상대방에 대한 깊은 이해에서 출발한다. 우리는 상대방을 잘 알지 못하는 상태에서 신뢰하기 어렵다. 이러한 사실은 신뢰의 형성에 자기공개가 중요함을 의미한다. 일반적으로 서로에 대한 자기공개의 수준이 깊을수록 신뢰 역시 심화된다. 상대방에 대한 이해가 깊어질수록 그의 행동을 예측하기 쉬울 뿐만 아니라 공유하는 정보의 영역이 넓어진다. 특히 개인의 단점, 약점, 비밀과 같은 부정적 정보를 서로 나누는 깊은 수준의 자기공개가 이루어지면 배신할 경우 서로가 위험에 처할 수 있으므로 배신의 가능성을 줄이고 유대를 강화하는 효과가 있으며 결과적으로 신뢰를 심화한다. 자기공개와 신뢰는 상호촉진적인 관계를 지니고 있어서, 자기공개가 깊을수록 신뢰가 발전하며 신뢰가 발전할수록 자기공개의 수준이 깊어진다.

둘째, 상대방에 대한 수용과 인정은 신뢰를 강화한다. 상대방의 단점과 약점을 수용하며 그의 장점과 강점을 높이 평가하는 우호적 행동을 통해서 신뢰가 증가한다. 공동으로 수행한 활동에서 상대방의 기여도를 높이 존중하고 그의 유능함을 인정하는 행동은 신뢰 형성에 도움이 된다. 또한 수용적인 태도는 상대방의 자기공개를 촉진하는 효과를 지닌다.

셋째, 신뢰는 서로의 생각과 경험을 많이 공유할수록 깊어진다. 개인적인 신념, 가치, 견해, 감정뿐만 아니라 개인이 지니는 다양한 정보나 아이디어를 공개하여 함께 나누는 것은 신뢰를 강화하는 효과를 지닌다. 또한 다양한 활동 영역에서 협력적인 경험을 많이 공유할수록 신뢰는 발전한다. 특히 다른 사람에게 알려지면 치명적인 피해를 입을 수 있는 비밀스러운 경험을 공유하는 것은 신뢰를 더욱 강화한다.

넷째, 상대방에 대한 협력적인 행동과 의도를 나타내는 것이 신뢰의 형성에 매우 중요하다. 상대방에 대한 신뢰는 도움이 필요한 힘든 상황에서 상대방이 보여 주는 자기희생적 행동을 통해서 강화된다. 아울러 상대방이 미래의 위험상황에서도 자신을 헌신적으로 도울 것이라고 확신할 때 상대방에 대한 신뢰는 확고해진다. 신뢰는 풍요로울 때보다 역경에 처했을 때 알게 되는 것이다.

다섯째, 신뢰의 형성에는 일관성 있는 행동이 중요하다. 신뢰는 상대방의 행동에 따라 유동적으로 변화한다. 우호적인 태도를 지니더라도 일관성이 없고 변덕스러운 행동을 나타내는 사람을 신뢰하기는 어렵다. 다양한 상황에서 변함없이 일관성 있게 믿을 만한 행동을 하는 것이 신뢰의 형성에 매우 중요하다.

여섯째, 신뢰는 두 사람 간의 상호적인 관계를 통해 발전한다. 앞에서 소개한 여러 가지 신뢰 형성 요인들이 서로 균형 있게 교류될 때 신뢰가 더욱 굳건해진다. 일방적이고 불균형한 관계에서는 신뢰가 발전하기 어렵다. 서로 자기공개를 하고 서로를 수용하며 서로 돕는 상호협력적인 행동을 통해서 신뢰가 발전한다. 또한 두 사람 간의 신뢰는 상호촉진적이다. 즉, 내가 상대방을 신뢰하면 상대방도 나를 신뢰한다. 신뢰하기 때문에 상대방에게 우호적인 협력적 행동을 나타내고, 이러한 행동은 자신에 대한 상대방의 신뢰를 증가시켜 긍정적 행동으로 되돌아오게 함으로써 서로에 대한 신뢰가 깊어진다. 신뢰에는 이러한 **자기충족적 예언**(self-fulfilling prophecy)의 현상이 나타난다.

신뢰는 그것이 아무리 강할지라도 변할 수 있다. 따라서 인간관계에서 타인을 절대적으로 신뢰하거나 절대적으로 불신하는 것은 바람직하지 않다. 신뢰는 두 사람이 상호작용하면서 끊임없이 변화하는 것이다. 절대적 신뢰는 많은 경우 배신감의 근원이 되며, 절대적 불신은 적대적 관계와 자기손해를 초래한다. 인간의 한계를 인식하고 현재의 인간관계를 정확하게 이해함으로써 그러한 관계에 적절한 신뢰를 부여하는 것이 바람직하다.

신뢰를 형성하기는 매우 어려운 반면, 신뢰가 깨지는 것은 매우 쉽다. 또한 신뢰는 한번 깨지면 다시 회복하기 어렵다. 신뢰는 잘 변하는 반면, 불신은 한번 형성되면 잘 변화하지 않는다. 이러한 신뢰는 형성보다 유지가 더욱 중요하고 어려운 속성을 지닌다는 것을 의미한다. 신뢰를 유지하기 위해서는 다음과 같은 신뢰파괴 행동을 하지 않는 것이 중요하다.

첫째, 상대방의 자기공개적 행동을 비웃거나 조롱하거나 무시하는 행동은 신뢰를 약화시킨다. 특히 다른 사람이 있는 상황에서 이런 행동을 나타내는 것은 신뢰를 일거에 붕괴시키는 결과를 초래할 수 있다.

둘째, 상대방의 자기공개적 행동에도 불구하고 자신의 생각이나 감정을 공개하지 않으려는 행동은 신뢰를 떨어트린다. 더구나 상대방의 요청에도 불구하고 자신을 감추거나 숨기려는 은폐적 행동은 신뢰의 유지에 부정적인 영향을 미친다.

셋째, 상대방이 도움을 기대한 상황에서 자신이 도움을 제공하지 않으면 신뢰는 현저하게 약화된다. 상대방에게 도움이 절실한 위기상황은 신뢰가 시험받을 수 있는 중요한 계기가 된다. 더구나 상대방이 도움을 요청하는 상황에서 도움을 제공하지 않으면 신뢰는 일거에 붕괴될 수 있다.

넷째, 신뢰는 관계의 상호의존성이 감소하면 함께 약화된다. 서로의 이익을 위해 협동해야 하는 상호의존적 상황이 변화하거나 서로에 대한 보상적 행동이 불균형적으로 나타나면 신뢰는 약화될 수 있다.

다섯째, 상대방에 대한 불신은 신뢰를 약화시킨다. 신뢰의 붕괴는 상대방에 대한 작은 불신으로부터 시작되는 경우가 많다. 불신으로 인해 상대방을 의심하는 행동이 나타나고, 이러한 행동에 대해서 상대방은 실망하여 나에 대한 신뢰가 떨어지고 그 결과 서로를 더욱 불신하게 되는 악순환이 나타난다. 신뢰가 불신으로 변하는 과정에도 이러한 자기충족적 예언의 현상이 개입되는 경우가 많다.

신뢰 형성하기와 유지하기 연습

1. 나와 다른 사람들의 인간관계를 신뢰의 측면에서 생각해 본다. 과연 나는 그들을 얼마나 신뢰하고 있는가? 그들은 나를 얼마나 신뢰하고 있다고 생각하는가? 그들이 어려운 상황에 빠졌을 때, 나는 얼마나 자기희생적으로 그들을 도울 것인가? 내가 어려운 상황에 처해 있을 때 그들은 일마나 헌신적으로 나를 도울 것인가?

2. 다른 사람들(가족, 친구, 연인)과의 신뢰를 증진하기 위해서 어떤 노력이 필요한지 구체적으로 생각해 본다. 신뢰를 좀 더 쌓고 싶은 대상이 있는 경우, 그와의 실제적 관계에서 신뢰를 증진할 수 있는 행동을 시도해 본다. 신뢰는 상당한 시간 동안 점진적으로 증진되므로 이러한 노력을 꾸준히 지속적으로 시도한다. 그리고 상대방과의 관계가 어떻게 변화하는지 관찰해 본다.

3. 과거에는 서로 상당히 신뢰했지만 지금은 신뢰가 현저하게 약화된 인간관계가 있다면 어떤 일들이 이러한 신뢰관계를 약화시켰는지 생각해 본다. 과거에 배신감을 느낀 사람이 있다면 그 사람의 어떤 행동이 배신감을 느끼게 했는지 살펴본다. 현재의 여러 인간관계에서 상대방이 어떤 행동을 했을 때 그에 대한 자신의 신뢰감이 약화되는지 관찰해 본다. 아울러 나는 현재의 여러 인간관계에서 자신에 대한 상대방의 신뢰를 약화시키는 행동을 하고 있지 않은지 반성해 본다.

7. 대인갈등 해결하기

신이시여! 제가 변화시킬 수 없는 것에 대해서는 그것을 수용하는 평정을 허락해 주옵시고, 제가 변화시킬 수 있는 것에 대해서는 그것을 변화시키는 용기를 주옵시며, 그리고 변화시킬 수 있는 것과 없는 것을 가려낼 수 있는 지혜를 주옵소서.

– 라인홀트 니버(Reinhold Niebuhr) –

인간관계는 다른 사람과 상호작용하는 과정에서 필연적으로 여러 가지 갈등과 문제가 발생한다. 이러한 대인갈등이 잘 해결되지 못하면 서로에 대한 부정적 감정이 초래되어 인간관계가 약화되거나 붕괴되기도 한다. 그러나 갈등이 건설적으로 잘 해결되면 서로를 이해하는 기회가 되고 미래의 갈등을 예방하는 긍정적인 효과가 있어서 오히려 인간관계를 강화할 수 있다.

인간은 타인과의 관계를 충족하려는 욕구를 지니며 이러한 욕구의 충족을 위한 목표를 지닌다. 그런데 구체적인 대인상황에서 각자가 추구하는 욕구와 목표가 서로 달라서 대립한다. 예컨대, 자녀양육에 있어서 아버지는 인성교육을 강조하며 자녀가 인간관계나 취미활동에 좀 더 많이 참여하기를 바라는 반면, 어머니는 학업성적을 강조하며 자녀가 공부와 학원수업에 몰두하기를 바란다. 이성관계에서 한 사람은 자주 만나 좀 더 많은 애정교환을 원하는 반면, 다른 한 사람은 각자의 성취를 위한 활동을 더 중요시한다. 동아리 활동을 함께 하는 친구관계에서 한 사람은 구성원의 친목을 중시하며 더 잦은 회식과 야외활동을 원하는 반면, 다른 한 사람은 동아리의 활동을 중시하며 발표회와 같은 행사 준비에 더 큰 관심을 지닌다. 이밖에도 어떤 과제를 함께 수행하는 과정에서 역할분담에 대한 의견이 상충하거나 현실적인 이해관계에서 서로 추구하는 이익이 대립하거나, 서로에 대한 애정과 신뢰를 표현하는 방식에서 차이가 나타날 경우 갈등이 발생한다. 이처럼 대인관계에서 서로의 욕구와 목표가 대립하거나 충돌하는 경우 **대인갈등**(interpersonal conflict)이 발생한다.

1) 대인갈등의 일반적 대처방법

대인갈등은 해결 방식에 따라 인간관계를 훼손할 수도 있고 심화시킬 수도 있다. 대인갈등에 대응하는 방식은 크게 4가지로 구분할 수 있다. 첫 번째 방식은 정식으로 그 관계를 떠나는 것이다. 갈등이 반복되는 친구나 연인과의 관계를 청산하는 것이다. 갈등적인 부부관계에서 나타나는 극단적인 방법이 별거나 이혼이다. 두 번째 방식은 갈등을 방치하면서 언젠가 개선되기를 기다리는 방법이다. 갈등으로 인한 불만을 겉으로 표현하지 않을 뿐만 아니라 갈등을 위한 적극적인 노력을 기울이지 않은 채 관계를 유지하며 개선되기를 기다리는 방법이다. 상황의 변화나 외부적 요인에 의해서 갈등이 완화되는 경우도 있으나, 대부분의 경우 불만이 누적되면서 더 심각한 갈등으로 비화된다. 세 번째 방식은 자신의 의견이 관철되도록 주장을 하거나 상대방을 비판하면서 관계를 유지하는 방법이다. 이러한 경우에는 대부분 인간관계가 악화되거나 와해된다. 마지막 네 번째 방식은 갈등이 초래된 문제 상황을 상대방과 논의하면서 서로 합의할 수 있는 해결방식을 찾는 방법이다. 이 방식은 문제중심적인 갈등해결 방법으로서 원활한 인간관계를 유지하고 심화시키는 가장 바람직한 방법이라고 할 수 있다.

대인갈등은 2가지의 요소를 포함한다. 하나는 자신의 욕구나 목표의 달성 여부이며, 다른 하나는 갈등이 생겨난 인간관계의 악화 여부다. 즉, 대인갈등 상황에서 우리가 경험하는 딜레마는 인간관계를 악화시키면서 자신의 목표를 추구할 것인가, 아니면 인간관계의 악화를 방지하기 위해서 자신의 목표를 희생할 것인가 하는 점이다. 대인갈등 상황에서 자신의 목표를 주장하며 달성하는 방식은 상대방의 욕구를 좌절시킴으로써 인간관계가 악화되는 결과를 초래한다. 반면에 인간관계의 악화를 방지하기 위해서 자신의 목표나 이익을 포기하면 불만과 좌절감이 증가하여 인간관계를 약화시키는 결과를 초래한다. 이러한 딜레마를 해결하는 최선의 방법은 모두의 목표와 이익을 최대한 실현시키면서 인간관계를 훼손하지 않는 방법이다.

2) 협상을 통한 갈등해결

좋은 인간관계를 유지하면서 서로의 이익을 최대화하는 대표적인 문제중심적 갈등해결 방식이 협상이다. **협상**(negotiation)은 상반된 이해관계가 얽혀 있는 당사자들이 서로의 이익을 최대화할 수 있는 해결 방법을 합의하기 위해 노력하는 과정을 말한다(Johnson, 2000). 이러한 협상은 국가 간이나 조직체 간의 갈등적 이해관계를 해결하는 방법일 뿐만 아니라 일상적인 대인관계의 갈등을 해결하는 데에도 활용될 수 있다. 갈등은 인간관계에서 필연적으로 발생하는 자연스러운 현상으로서 인간관계에 파괴적인 영향을 미칠 수도 있고 건설적인 결과를 초래할 수도 있다. 대부분의 경우 갈등은 건설적으로 해결할 수 있으며, 이를 위해서는 갈등을 건설적으로 해결하는 효과적인 방법에 대한 이해와 기술이 필요하다.

우선 협상의 노력을 위한 몇 가지 전제조건이 있다. 첫째, 인간관계에서 서로에 대한 불만과 좌절을 초래하는 갈등을 무시하거나 회피하지 말아야 한다. 이러한 갈등을 방치하거나 무시하는 것은 대부분 인간관계를 악화시키거나 소원하게 만든다.

둘째, **승패방식의 협상**(win-lose negotiation)을 하지 않는 것이 바람직하다. 즉, 대인갈등의 해결에 있어서 한 사람은 승리하는 반면, 상대방은 패배하는 방식의 승부 게임을 하지 않는 것이 좋다.

셋째, 갈등과 관련된 이익이나 목표는 자신에게 중요하지 않고 인간관계가 훨씬 더 중요할 경우에는 양보하는 해결방식을 취하는 것이 좋다. 상대방의 이익을 위해 자신의 이익을 양보하면 장기적으로 상대방이 자신의 양보에 대해서 보상하는 결과가 나타난다. 그러나 인간관계 유지와 목표 추구가 모두 중요하다면 갈등해결을 위한 협상을 상대방에게 제안하는 것이 바람직하다. 갈등이 작고 구체적일 때는 조속한 시일 내에 협상을 하는 것이 효과적이다.

협상은 갈등을 해결하는 좋은 방법이다.

협상에 임할 때는 공동의 과제를 협동적으로 해결하는 자세로 우호적인 방식을 취하는 것이 좋다. 특히 유머는 협상의 긴장을 완화하고 건설적인 해결을 모색하는 데에 도움이 된다. 협상을 할 때는 해결해야 할 문제에 주의를 집중하는 것이 바람직하다. 과거의 문제나 감정적 요소를 개입시키는 것은 자제해야 한다. 아울러 나와 상대방이 지향하는 가치나 목표를 좀 더 분명하게 이해하는 것이 중요하다. 또한 상대방의 생각을 변화시키기 위한 노력을 기울이는 동시에 나 역시 생각을 바꿀 수 있다는 유연한 자세가 필요하다. 갈등은 인생의 위협인 동시에 기회다. 갈등을 해결하는 협상과정에 흥미를 가지고 여유 있는 자세로 임하는 것이 좋다. 갈등상황에 있다는 것은 삶의 권태를 잊게 해 주고, 자신이 추구하는 목표를 분명하게 해 주며, 행동을 취하게 하는 동기를 강화시킨다. 갈등이 없다면 인생은 매우 권태로운 것일 수 있기 때문이다.

3) 효과적인 협상방법

이해관계가 상충하는 갈등적 상황에서 서로 만족할 수 있는 해결방법을 찾기 위해 협상하는 일은 쉽지 않다. 때로는 협상과정에서 오히려 갈등이 증폭되기도 한다. 효과적인 협상을 통해 갈등을 해결하는 기술은 매우 중요한 대인기술이라고 할 수 있다. 여기에서는 존슨(Johnson, 2000)이 제시하는 내용을 중심으로 효과적인 협상 방법을 소개한다.

효과적인 협상을 하기 위해서는 두 사람이 충분한 대화를 나눌 수 있는 시간과 장소를 택하는 것이 좋다. 서로 솔직한 마음을 털어놓을 수 있기 위해서, 대화가 중단되지 않고 다른 사람의 개입을 피할 수 있는 상황에서 협상을 하는 것이 바람직하다. 아울러 협상의 목표는 승부를 가리는 것이 아니라 서로의 이익을 최대화하는 동시에 인간관계를 훼손하지 않는 것이라는 점을 다시 한 번 상기한다. 협상과정은 크게 6단계로 나누어 진행하는 것이 바람직하다.

첫째, 갈등상황에서 서로가 원하는 것이 무엇인지를 이야기한다. 인간은 누구나 자신의 소망, 욕구, 목표를 소유하고 표현할 절대적 권리를 갖는다. 또한 상대방의 소망, 욕구, 목표가 자신의 이익에 위배된다면 그것을 거부할 절대적 권리 역시 갖는다. 따라서 그 현실성과 수용 여부는 나중에 논의하더라도, 일단 서로의 욕구와 바람을 이야기하고 충분히 경청한다. 가능하면 자신의 욕구와 바람을 구체적으로 이야기하되 감정적이고 요구적인 표현을 자제하는 것이 좋다. 이때 "당신은 …해야 한다"는 표현보다는 "나는 당신이 …해 주기를 원한다"는 표현과 같이 자신의 소망과 바람을 일인칭 표현법으로 나타내는 것이 좋다.

둘째, 갈등상황에 대해서 각자가 느끼고 있는 감정을 이야기한다. 문제해결을 위한 협상에서 자신의 욕구나 소망을 이야기하는 것만으로는 충분하지 않다. 갈등상황에서는 누구나 갈등과 관련된 감정(분노, 불안, 좌절감, 섭섭함, 안타까움 등)을 느끼게 마련이다. 이러한 감정을 표현하고 통제하는 것이 갈등해결 과정에서 가장 어려운 점이다. 협상과정에서 감정을 표현해야 하는 이유는 상대방이 어떤 감정을 느끼는지 서로 이해할 필요가 있기 때문이다. 우리는 흔히 갈등상황에서 자신의 감정을 숨기거나 억압한다. 그러나 갈등을 해결하기 위해서는 자신의 감정뿐만 아니라 상대방의 감정을 이해하는 것이 필요하다. 분노와 같은 감정을 표현하지 않으면, 설혹 해결방안에 합의하더라도 상대방에 대한 원망과 적개심이 남기 때문에 진정한 갈등해결이 이루어지지 않는다. 갈등상황에서 자신의 감정을 표현하는 일은 쉬운 일이 아니다. 상대방이 이러한 자신의 감정표현에 대해서 비웃거나 거부적 태도를 나타낼 수 있기 때문이다. 따라서 상대방의 감정표현을 주의 깊게 수용적으로 경청하는 것이 필수적이다. 충분한 표현이 이루어지도록 상대방의 말을 중단하지 않고 기다려 주면서 그의 감정을 이해하려는 노력을 기울인다. 자신이 하고 싶은 말은 자신의 차례가 왔을 때 하면 되는 것이다. 갈등과 관련된 감정을 서로 교환하는 과정이 협상과정에서 가장 중요하고 어려운 과정이다.

셋째, 갈등상황에서 각자가 지닌 소망이나 목표를 원하는 이유를 이야기한다. 소망과 감정을 이야기하는 것만으로는 충분하지 않다. 그러한 소망과 감정을 지니게 된 이유를 서로 이야기함으로써 갈등과 관련된 서로의 입장을 이해하는 것이 필요하다. 이러한 이유를 설명하는 과정에서 상대방에게 자신의 입장을 전달하고 상대방을 설득하는 작업이 이루어진다. 협상과정에는 각자가 갈등상황에서 추구하는 목표의 중요성에 대한 이해와 비교가 이루어진다. 예컨대, 상대방이 지닌 목표가 자신의 것보다 훨씬 더 중요하다고 생각할 때는 양보를 통해서 갈등해결이 이루어질 수 있다. 그러나 두 사람의 목표가 모두 중요한 경우에는 좀 더 깊은 수준의 이유를 탐색한다. 이처럼 서로 양보할 수 없는 입장에 서 있는 경우에는 갈등상황에서 추구하는 구체적인 목표에 초점을 맞춘다. 우리는 흔히 서로의 입장이 대립되면 서로 추구하는 목표도 상충될 것이라고 생각하는 오류를 범한다. 예컨대, 한 개뿐인 오렌지를 남매가 서로 갖겠다고 다투는 갈등상황의 경우, 서로의 입장(나는 오렌지를 원한다)은 상충되지만 서로 추구하는 목표(누나는 케이크를 만들기 위해서 오렌지 껍질을 원하는 반면, 동생은 오렌지 속을 먹고 싶어 한다)는 그렇지 않을 수 있다. 이처럼 입장과 목표를 분리하여 갈등의 합의점을 탐색한다. 그러나 이러한 합의점이 발견되지 않을 경우에는 갈등상황에서 추구하는 서로의 입장과 목표에 어떤 차이점이 있는지를 분명하게 한다.

넷째, 각자 상대방의 관점에서 갈등상황을 생각해 본다. 상대방이 갈등상황에서 소망하는 목표와 감정 그리고 그 이면의 이유를 정리해 본다. 서로의 입장과 목표를 논의하면서 합의점을 찾기 어려울 경우에는 잠시 휴식을 취하며 각자 자신의 생각을 정리하는 동시에 상대방의 입장을 생각해 보는 것이 좋다. 타인의 관점에서 상황을 바라볼 수 있는 사회적 조망(social perspective-taking) 능력은 고도의 인지적·정서적 과정이 관여하는 매우 적응적인 사회적 능력으로서 자기중심성(egocentrism)과는 반대되는 개념이다. 이러한 사회적 조망을 통해서, 자기중심적인 생각을 하며 상대방에게 지녔던 오해를 해소하고 갈등상황을 좀 더 넓은 시야에서 바라볼 수 있다. 상대방의 목표와 감정에 대한 이해가 깊어질수록 자신의 입장과 목표에 유연한 태도를 취할 수 있으며 갈등을 해결하는 다양한 가능성을 발견할 수 있다.

다섯째, 서로 합의할 수 있는 여러 가지 해결책을 발견하기 위해 노력한다. 갈등적 상황에서 합의점을 찾는 방법은 다양하다. 예컨대, 서로 조금씩 양보하여 중간지점의 해결책 찾기, 번갈아가며 이익 취하기(taking turns), 이익을 공유하기(sharing), 두 개의 유사한 이득을 하나씩 교환하기(trade-off), 여러 주제를 한꺼번에 묶어서 해결하기(package deal) 등이다. 이 과정에서 섣불리 어떤 해결책을 주장하거나 하나의 해결책에 대한 수용 여부에만 집착하는 것은 피해야 한다. 또는 합의 이후의 결과에 대한 불확실성과 두려움을 피하기 위해 현재의 갈등상황에 머무르려는 방어적 태도도 바람직하지 않다. 다양한 가능성을 탐색하여 갈등상황을 해결할 수 있는 잠정적인 합의안을 최소한 3가지 이상 만들어 내는 것이 좋다.

 지옥과 천국의 인간관계

어떤 사람이 지옥과 천국을 여행하게 되었다. 지옥에는 일반적인 생각과 달리 모든 것이 풍요로웠으며 맛있는 음식도 풍부했다. 그런데 지옥에 사는 사람들은 모두 팔의 관절이 마비되어 팔을 굽힐 수가 없었다. 그들은 팔을 굽힐 수 없기 때문에 자신의 손으로 음식을 입에 넣어 먹을 수가 없었다. 서로 더 맛있는 음식을 먹겠다고 싸우기가 다반사였지만 자신의 입에 들어갈 수 있는 음식은 없었다.

이번에는 천국을 방문하였다. 예상 밖으로 천국은 지옥과 다른 점이 없었다. 생활환경도 똑같았으며, 천국에 사는 사람들 역시 팔의 관절이 마비되어 팔을 굽히지 못했다. 그러나 단 한 가지의 차이가 있었다. 천국에 사는 사람들은 음식을 먹을 때 굽히지 못하는 팔로 서로를 먹여 주고 있었다.

우리는 흔히 자신의 이익에 집착하여 갈등을 초래하고 그 결과 우리 모두가 불쾌한 감정을 느끼며 현실적으로도 손해를 보는 삶을 산다. 자신의 이익보다 상대방의 이익을 배려하는 삶의 방식이 서로에게 사랑을 느끼고 결과적으로 자신에게도 도움이 되는 방식이 될 수 있다. 갈등해결의 궁극적 목표는 긍정적 인간관계를 강화하는 동시에 서로의 이익을 최대화하는 것이다.

여섯째, 협상의 마지막 단계에서는 현명한 합의점에 도달하기 위한 노력이 이루어진다. 앞 단계에서 논의한 3가지 이상의 잠정적인 합의안 중에서 어떤 것을 선택할 것인지에 대한 마지막 결정이 이루어진다. 최종 합의안을 선택하는 과정은 공정해야 하며 합의된 기준에 의해 이루어지는 것이 바람직하다. 협상의 모든 과정에서는 서로 동등한 권한이 인정되어야 하며 마지막 선택 과정에서도 마찬가지다. 서로의 이익을 최대화하면서 만족도의 균형을 이룰 수 있는 합의안을 찾는 것이 중요하다. 정히 선택이 어려울 경우에는 신뢰할 수 있는 타인에게 신택을 맡기거나 동전 던지기를 하여 결정하는 방법도 있다. 이러한 과정을 통해 합의안이 도출되면, 이를 준수하기 위한 약속을 한다. 합의안을 도출하기 위한 서로의 노력을 치하하고, 협상과정에서 느낀 감정들을 서로 교환하면서 협상을 마무리한다.

만약 이러한 협상과정을 통해서도 합의안을 도출하지 못했다면, 약간의 시일을 두고 똑같은 협상과정을 지속적으로 시도한다. 인간관계에서 크고 작은 갈등은 필연적으로 발생하며 이러한 갈등을 현명하게 해결하지 못하면 인간관계는 악화된다. 즉, 긍정적인 인간관계를 유지하려면 갈등이 발생했을 경우에 이의 해결을 위한 적극적인 노력과 인내가 필요하다. "비 온 후에 땅이 굳는다"는 말이 있듯이, 갈등해결을 위한 협상과정을 통해서 인간관계는 더욱 돈독하고 깊어질 수 있다. 협상과정에서 서로를 좀 더 깊게 이해하고 갈등과 관련된 부정적 감정을 해소할 뿐만 아니라 미래에 있을지도 모르는 갈등을 해결할 수 있다는 자신감을 증가시키기 때문이다.

 대인갈등 해결하기 연습

다음과 같은 갈등상황을 어떻게 해결할 수 있는지 생각해 본다. 특히 협상을 통해 갈등을 해결할 수 있는 구체적인 방법을 생각해 본다.

1. 방학을 이용하여 동남아 지역에 함께 배낭여행을 떠나기로 친구들과 약속했다. 이 여행에는 150만 원이 필요한데, 현재 나에게는 50만 원밖에 없다. 부모님에게 부족한 여행비 100만 원을 부탁했더니, 부모님은 여행비를 지원할 수는 있으나 여행을 가더라도 내년에 가라고 하셨다. 올해 고3인 동생이 시험 준비 중인데 내가 배낭여행을 떠나면 동생이 심란해할 것이라는 게 이유였다. 부모님의 경제적 지원이 없이는 여행이 불가능할 뿐만 아니라 동생에 대한 배려도 필요할 것 같은데, 친구들과의 여행 약속을 포기하기에는 너무나 아쉽다.

2. 같은 학과의 친한 친구와 같은 수업을 수강하게 되었다. 두 사람씩 조를 이루어 작은 연구보고서를 제출해야 하는데, 마침 그 친구와 같은 조에 배정되었다. 그런데 이 친구는 아르바이트와

데이트로 매우 바빠서 보고서 작업에 많은 시간을 할애하지 못할 뿐만 아니라 학점에 별로 관심이 없다. 그러나 나는 좋은 학점을 받고 싶기 때문에 보고서 작업에 많은 시간을 투자하고 있다. 혼자서 보고서를 작성하는 일이 힘들 뿐만 아니라 친구에 대한 불만과 분노가 쌓이고 있다. 보고서 제출일이 일주일 앞으로 다가왔는데, 친구는 대충 써 내자며 보고서 작성에 관심을 보이지 않고 스스로 맡은 부분도 약속한 시일 내에 하지 않고 있다.

3. 6개월째 교제하는 이성친구가 있다. 서로 연인관계를 인정하고 종종 데이트를 하고 있으나, 나는 좀 더 자주 만나서 데이트도 하고 영화도 보고 식사도 하면서 애정을 나누고 싶다. 그래서 만나자는 연락을 하면 이성친구는 보고서 준비로 바쁘다거나 동아리 활동 때문에 시간을 내기가 어렵다고 할 때가 많다. 이럴 때마다 나에 대한 애정이 식은 것은 아닌지 걱정스럽고 섭섭함을 느낀다. 그러나 이성친구는 애정에 변함이 없으며 다만 각자가 해야 할 일을 하면서 틈틈이 시간이 날 때 데이트를 하자는 주장이다. 나는 이성친구를 매우 좋아하지만 이러한 차이 때문에 불만이 쌓여 가고 있다.

8. 부정감정 조절하기: 인지적 재구성법

우리는 타인과의 관계에서 분노, 불안, 우울 등과 같은 부정적인 감정을 경험한다. 부정적 감정은 타인과의 관계를 약화시킬 뿐만 아니라 이러한 감정이 누적될 경우 갈등과 다툼으로 비화해 인간관계를 붕괴시킨다. 따라서 이러한 부정적 감정을 잘 조절하는 것이 중요하다.

부정적 감정을 조절하는 방법은 다양한데, 크게 정서회피적 방법과 정서직면적 방법으로 구분할 수 있다. **정서회피적 방법**은 불쾌한 부정적 정서를 회피하기 위해서 다른 활동에 주의를 돌려 기분을 변화시키는 방법이다. 우울하거나 불안할 때 영화를 보거나 운동을 하는 것이 그 예다. 이처럼 부정적 정서를 회피하고 기분을 전환하는 방법에는 술 마시기, 잠자기, 명상하기, TV 보기, 음악 듣기, 목욕하기, 쇼핑하기, 여행하기, 취미활동하기, 일에 몰두하기 등과 같이 매우 다양한 방법이 있다. 부정적 감정과 생각을 곱씹으며 불쾌한 기분을 계속 느끼기보다는 이러한 방법이 더 효과적인 정서조절 방법이다. 이처럼 다른 활동에 한동안 몰두하다 보면 부정적 감정이 완화되거나 해소되는 경우도 있다. 그러나 불쾌감을 유발한 사람이나 상황을 다시 접하면 부정적 감정을 다시 경험하는 경우도 흔하다.

정서직면적 방법은 부정적 정서에 주의를 기울이며 이를 해소하기 위해 노력하는 다양한 방법을 의미한다. 이러한 방법에는 불쾌감정을 유발한 사람에게 직접 표현하기, 부정적 감정을 글로 쓰기, 부정적 감정과 관련된 사건에 대해서 다른 사람과 이야기하기, 다른 사람에게 조

생각을 바꾸면 세상이 달라진다.

언 구하기, 인지적으로 재구성하기 등이 있다. 이러한 여러 가지 정서조절방법은 부정적 정서의 내용과 강도 그리고 유발상황 등에 따라서 그 효과가 각기 다르다.

'생각을 바꾸면 세상이 달라진다'는 말이 있다. **인지적 재구성법**(cognitive restructuring)은 부정적 감정을 유발한 인지적 요인을 살펴보고 이를 변화시킴으로써 부정적 감정을 완화하거나 해소하는 방법이다. 이 방법은 부정적 감정을 초래한 대인사고와 대인신념을 변화시키는 방법이라고 할 수 있다. 즉, 대인사건과 그로 인해 유발된 부정적 감정을 매개하는 대인사고를 찾아내어 그 사고내용의 합리성을 살펴보고 대안적인 사고로 대체함으로써 기분의 변화를 유도하는 방법이다. 나아가서 대인사고에 영향을 미치는 대인신념을 확인하여 이를 유연하게 변화시키는 방법을 포함한다. 인지적 재구성법을 잘 수행하기 위해서는 5장과 7장의 내용에 대한 정확한 이해가 필요하다.

1) 대인사고의 발견

인지적 재구성법은 부정적 감정을 자각하고 이러한 감정을 유발한 사고내용에 관심을 갖는 것에서 출발한다. 대인사건-대인사고-대인감정의 연결고리를 인식하고, 부정적 감정을 유발한 대인사고를 찾아내는 것이 필요하다. 대인사고를 찾아내는 대표적인 방법은 A-B-C기법이며, 14장(448~452쪽)에서 자세하게 소개하였다. 여기에서 A-B-C기법을 간략히 설명하면 다음과 같다. 첫째, 불쾌하게 느낀 감정인 C를 구체화한다. 둘째, 부정적인 감정을 유발한 선행사건 A를 객관적으로 기술한다. 셋째, 불쾌한 사건에 대한 사고내용인 B를 찾아낸다. 즉, A와 C를 연결하는 B를 찾아내어 그러한 객관적 사건이나 상황을 어떤 의미로 받아들였는지를 생각해 본다.

외부에서 일어난 어떠한 사건도 나의 마음을 통하지 않고는 나에게 영향을 미칠 수 없다. 내가 불쾌한 기분(분노, 불안, 우울, 죄책감, 좌절감 등)을 느끼는 것은 나의 부정적인 생각 때문이다. 나를 불쾌한 기분에 빠지게 하는 것은 바로 나 자신이다. 나의 생각을 바꾸면, 기분도 변하고 세상도 변한다. 이러한 생각은 나의 운명을 바꿀 수 있다.

2) 대인사고의 합리성 평가

A-B-C기법으로 불쾌감정을 유발한 사고내용이 확인되면, 그러한 사고내용의 합리성에 대해서 생각해 본다. 여기서 합리성이란 사고내용의 사실성, 논리성, 유용성을 의미한다.

첫째, 사실성은 사고내용이 선행사건을 얼마나 사실적으로 해석한 것인가를 의미한다. 14장에서 소개한 예의 경우, 친구가 "너는 이기적이야"라고 한 말을 '나를 무시하고 괴롭히기 위해서 의도적으로 한 말'이라고 생각한 것이 과연 올바른 것인지를 생각해 보는 것이다. 소개받은 이성 앞에서 할 말을 찾지 못하고 얼굴을 붉힌 일에 대해서 "정말 상대방이 나를 한심한 사람으로 생각했을까?"라고 자신의 해석내용에 의문을 제기해 보는 일이다. 자기소개를 했을 때 '과연 다들 지루해했고 나에 대해서 썰렁한 사람이라고 생각했는지' 재고하는 일이다.

둘째, 논리성은 선행사건에 대한 의미추론이 얼마나 논리적이었는지를 의미한다. 우리는 사건에 대한 일차적 해석내용에 근거하여 이차적 의미를 추론하고 확대하여 해석한다. 예를 들어, 친구가 이기적이라고 한 말에 대해서 "나를 비난하고 있다" → "의도적으로 나를 괴롭히려 한다" → "과거에 쌓인 감정을 분풀이하고 있다" → "이렇게 행동하다니 나쁜 놈이다" → "나쁜 놈에게는 반격하여 복수해야 한다"라는 식으로 여러 가지 생각이 연쇄적으로 확대된다. 이성과의 첫만남에서 적절한 행동을 취하지 못했을 때 "상대방이 나와의 만남을 재미없어 하겠다" → "나를 한심한 사람으로 생각하겠다" → "나에게 호감을 갖지 않을 것이다" → "오늘 만남은 실패다" → "빨리 이 자리를 떠나자"라고 사고내용이 확대된다. 자기소개를 했을 때 아무도 웃지 않은 일에 대해서 "다들 지루해하는구나" → "나를 썰렁한 사람으로 생각하겠구나" → "나에게 관심이 없겠다" → "앞으로 나를 싫어하고 무시할 것이다"라고 생각이 번진다. 이러한 연쇄적 사고내용들이 과연 논리적으로 타당한 추론인지를 생각해 보는 것이 중요하다.

셋째, 유용성은 특정한 사고내용이 자신이 추구하는 목표를 달성하는 데 도움이 되는 정도를 의미한다. 상대방의 마음과 의도를 들여다볼 수 없기 때문에 상대방의 행동에 대한 의미해석 내용이 사실적인 것인지 확인할 길이 없는 경우가 대부분이다. 그렇다면 사실성이 확인되지 않은 경우, 특정한 의미로 해석하여 생각하는 것이 과연 상대방과의 관계증진에 어떤 도움이 되는지 생각해 보는 것이 필요하다. 예를 들어, 친구가 이기적이라고 말한 경우 그 친구의 진정한 의도가 어떤 것인지 확인할 길이 없다면 "그 녀석이 나를 의도적으로 비난하고 괴롭히려 한다"는 의미해석이 그 친구와의 관계증진에 어떤 도움이 되는지 생각해 보는 것이다. 할 말을 제대로 하지 못하고 얼굴을 붉혔을 때 "상대방이 나를 한심한 사람으로 생각해서 나에게 호감을 느끼지 못했다"라는 생각이 확인할 수 없는 나의 주관적 생각이라면 이러한 생각이 이성과의 관계증진에 어떤 도움이 되는지 생각해 보는 것이다. 자신이 자기소개를 한 후 아무도 웃지 않아 든 "다들 지루해하고 나를 썰렁한 사람으로 생각했겠다"는 생각이 과연 그들과의 관계증진에 어떤 이득이 있는지 생각해 보는 것이다. 친구와의 관계를 악화시키고, 소개받은 이성과 좋은 관계를 맺지 못하고, 여러 사람 사이에서 고립되고 싶은 사람은 없다. 타인과 좀 더 긍정적이고 친밀한 관계를 형성하는 것이 궁극적으로 중요한 목표라면 확인할 수 없는 사건의 의미를 왜 군이 부정적인 방향으로 해석해야 하는지, 그러한 의미해석이 관계증진에 어떤 도움이 되는지, 또는 친구와의 관계를 악화시키지 않는 다른 의미해석 방법은 없는지 생각해 보아야 한다.

3) 대안적 사고의 발견

앞의 과정에서 사고내용의 사실성, 논리성, 유용성에 대해 살펴보고 난 후에는 대안적 사고를 찾아본다. 즉, 불쾌감정을 유발한 사건의 의미를 달리 해석할 방법은 없는지 생각해 본다. 보다 사실적이고 논리적이며 유용한 대안적 사고(alternative thoughts)를 찾아 그러한 사고로 생각을 바꾸어 보아야 한다. 이렇게 대안적인 생각으로 원래의 대인사고를 대체할 경우 결과적 감정이 변화한다.

예를 들어, 친구가 "너는 이기적이다"라고 말한 경우, "무심결에 나온 말일 수 있다", "비난이지만 의도적이고 계획적인 비난은 아니다", "그 친구가 나의 모든 면을 비난하는 것은 아니다", "나의 단점을 생각해 볼 좋은 기회다"라고 대안적인 해석을 해 볼 수 있다. 이렇게 생각하면 친구에 대한 분노감정이 감소하거나 오히려 상대방의 비난을 여유 있게 경청할 수도 있다. 이성 앞에서 할 말을 찾지 못해 얼굴을 붉힌 경우에도 "처음 만나면 누구나 어색하고 쑥스러워하는 것이 당연하다", "상대방이 나를 순진한 사람으로 생각할 수도 있다", "상대방도 말이 없으니 나와 마찬가지의 생각을 하고 있을지 모른다"라고 생각해 볼 수 있다. 이렇게 생각한다면 상대방에 대한 불안감이 감소하고 오히려 상대방도 마찬가지로 느끼고 있을 불안감을 덜어 주는 행동을 통해 여유를 찾을 수 있을 것이다. 자기소개를 했을 때 아무도 웃지 않은 경우에도 "웃지 않는다고 반드시 지루해하는 것은 아니다", "어떻게 항상 다른 사람을 웃길 수 있겠는가?", "웃기는 사람에게 항상 호감을 느끼지 않듯이, 웃지 않았다고 나에게 호감을 느끼지 않는 것은 아닐 것이다", "자기소개 방식만으로 한 사람에 대한 인상과 호감이 결정되는 것은 아니다", "재미있게 자신을 소개하지 못했다고 해서 내가 상대방을 항상 부정적으로 생각하지 않듯이, 다른 사람도 나를 부정적으로만 생각하지는 않을 것이다", "오히려 자신을 소박하고 진지하게 소개하는 사람에게 호감을 느낄 수도 있다"라는 생각으로 대체할 수 있다.

이런 생각으로 대체하면 자신의 행동에 대한 자괴감이 줄고 그 상황에서의 불편감이 감소할 것이다. 이러한 인지적 재구성법은 〈표 15-1〉에 제시된 '대인사고 기록지'를 사용하여 시행할 수 있다.

〈표 15-1〉 대인사고 기록지

일시	상황(A) 불쾌감정을 유발한 대인관계 사건이나 상황	불쾌감정(C) 불쾌감정의 구체적 내용 및 그 강도 (1~100%)	매개사고(B) 불쾌감정을 느낀 상황에 대해 지닌 생각 및 그 확신도 (0~100%)	합리고 사고(B′) 매개사고에 대한 합리적인 대안적 사고 및 그 확신도 (0~ 100%)	변화감정(C′) 합리적 사고에 의한 결과적 감정과 그 강도 (1~100%)
11월 6일	"너는 이기적인 면이 있다"는 친구의 말	분노(80)	나를 의도적으로 비난하는구나.(90)	나의 변화를 원하는 충고인지도 몰라.(70)	분노(30)
11월 7일	자기소개 시 아무도 웃지 않음.	우울(50)	다들 지루해하며 나를 썰렁한 사람으로 생각했을 거야(70)	나만 그런 것도 아니고, 또 좀 썰렁한 사람으로 생각하면 어때?(50)	우울(20)
11월 8일	미팅에서 할 말을 찾지 못해 얼굴을 붉힌 일	불안(60)	바보같이 행동하여 나를 한심하게 생각했을 거야(60)	상대방도 말이 없었고, 얼굴을 붉힌 게 그렇게 한심한 일인가?(50)	불안(30)

4) 대인신념의 변화

앞에서 소개한 방법은 가장 단순한 인지적 기법인 A-B-C기법이다. 그러나 상황은 앞에서 든 예처럼 단순하지 않은 경우가 많다. 자신의 사고내용을 사실성, 논리성, 유용성의 관점에서 아무리 재고해 봐도 자신의 생각이 옳다고 판단되는 경우가 많다. 자신의 사고내용이 사실적이고 논리적이라는 확신이 들면 대안적 사고를 생각할 수 없다. 이럴 경우에는 다음과 같은 방법으로 자신의 대인신념을 탐색한다.

예를 들어, 친구에게 이기적이라는 말을 들은 경우 "이 녀석이 의도적으로 나를 비난하고 괴롭히려 한다"는 것이 자명하고 확실하게 느껴질 수 있다. 그 친구의 전체 발언내용과 행동을 보건대 이러한 해석 이외에 다른 대안적 해석이 불가능하다고 판단할 수 있다. 이 경우에 다음과 같은 사고분석을 통해 자신의 대인신념을 찾아볼 수 있다.

> 친구가 "너는 왜 그렇게 이기적이냐?"라는 말을 함.
> 이 말이 나에게 무엇을 뜻하는가?
> ↓
> "이 녀석이 의도적으로 나를 비난하고 있다."
> 이 해석이 사실이라고 하자.
> 그런데 이러한 의미해석이 왜 나를 화나게 하는가?
> ↓
> "친구라면 어떤 경우든 나를 비난해서는 안 되기 때문이다."

이러한 사고분석을 통해 "친구 사이에서는 어떤 경우든 서로 비난해서는 안 된다"라는 대인신념을 확인할 수 있다. 즉, 나는 "친구인 너는 나에게 어떤 경우에도 비난해서는 안 된다"라는 계율을 친구에게 암묵적으로 부여하고 있었던 것이다. 그런데 친구가 이러한 신념에 반하는 행동을 함으로써 자신이 부여한 계율을 어겼기 때문에 친구에게 화가 나는 것이다. 이처럼 부정적 사고가 자신에게 의미하는 바를 지속적으로 자문함으로써 역기능적 신념을 찾아내는 방법을 하향화살표 기법(down arrow technique)이라고 한다(Burns, 1989).

이렇게 내가 친구에게 기대한 대인신념이 확인되면 그 신념의 타당성을 생각해 본다. 다음과 같은 질문을 자신에게 던져 보는 것이 필요하다. "친구는 서로 비난해서는 안 되는가? 항상 언제든지 비난해서는 안 되는가? 친구가 어떤 행동을 하든 비난해서는 안 되는가? 나는 친구가 어떤 행동을 하든 비난하지 않는가? 이 신념은 과연 현실적이고 정당한 것인가? 친구에게 부여한 계율은 친구가 지킬 수 있는 온당한 것인가?" 현실적으로 지키기 어려운 대인신념을 가지고 있는 사람은 실제의 대인관계에서 많은 갈등과 마찰을 경험한다. 왜냐하면 자신이 암묵적으로 부여한 계율을 어기는 사람들이 많기 때문이다.

다음 단계에서는 좀 더 현실적이고 유연한 대인신념을 생각해 본다. 예를 들어, "친구 간에도 때로는 서로를 비판할 수 있다. 잘못한 점이 있을 때는 비판할 수 있다. 무조건 나의 잘못을 덮어 주는 친구만이 좋은 친구인가? 때로는 나의 잘못을 지적하여 반성하고 교정할 기회를 주는 친구도 필요하지 않은가? 나의 단점을 비난했다고 해서 그 친구가 나의 모든 것을 비난하고 부정하는 것은 아니지 않은가?"라는 대안적 생각도 가능하다. 이러한 신념을 지닌 사람은 친구가 "너는 이기적이다"라는 말을 했을 때 약간의 불쾌감을 느낄 수는 있겠지만 매우 화가 나서 공격적인 행동을 하지는 않을 것이다. 오히려 친구가 그렇게 말하는 이유를 경청하여 자신에게 잘못이 있다면 수용하고 교정하도록 노력하면 될 것이다. 친구가 부당하게 비난한다면 오해를 풀고 자신을 올바로 이해하도록 노력하면 된다. 그래도 친구가 자신에 대한 부정적 생각을 버리지 않는다면 그것은 그 친구만의 생각으로 인정하면 된다. 다른 사람이 나에 대해서 '이기적'이라는 편견을 지닌다고 해서 내가 '이기적인' 사람이 되는 것은 아니다. 또 우리는 친구의 모든 면에 긍정적인 평가를 하는 것은 아니다. 친구의 일부분에는 부정적인 평가를 내리더라도 다른 긍정적인 면을 보고 친구관계를 유지하는 것이다. 이렇게 유연한 생각을 하면 친구가 나에게 '이기적'이라고 한 말은 더 이상 나와 친구의 관계를 악화시키지 않는다. 그러나 그러한 말에 대해서 의미를 확대하고 분노를 표현하며 공격행동을 하면 친구관계는 악화될 수 있다.

이와 같은 대인신념의 분석과정을 다른 예에서 좀 더 정밀하게 살펴보자. 처음 소개받은 이성 앞에서 할 말을 찾지 못하고 불안해하는 경우에 이러한 분석방법을 적용해 볼 수 있다.

처음 소개받은 이성 앞에서 할 말을 찾지 못하고 얼굴을 붉힘.

이것은 나에게 무엇을 뜻하는가?

↓

"이성상대를 편안하고 재미있게 해 주지 못하고 있다."

이 해석이 사실이라고 하자. 그런데 이 사실이 왜 나를 괴롭게 하는가?

↓

"이성상대가 나를 한심한 사람으로 생각할 것이기 때문이다."

이 해석이 사실이라고 하자. 그런데 이 사실이 왜 나를 괴롭게 하는가?

↓

"이성상대가 나에게 호감을 갖지 않을 것이기 때문이다."

이 해석이 사실이라고 하자. 그런데 이 사실이 왜 나를 괴롭게 하는가?

↓

"이성상대와 앞으로 긍정적인 이성관계를 맺지 못할 것이기 때문이다."

이 해석이 사실이라고 하자. 그런데 이 사실이 왜 나를 괴롭게 하는가?

↓

"나는 이성에게 호감을 주지 못하는 바보 같은 존재라는 생각이 들기 때문이다."

이 해석이 사실이라고 하자. 그런데 이 사실이 왜 나를 괴롭게 하는가?

↓

"나는 앞으로 다른 이성과도 긍정적인 이성관계를 맺지 못할 것이기 때문이다."

이 해석이 사실이라고 하자. 그런데 이 사실이 왜 나를 괴롭게 하는가?

↓

"이성관계를 맺지 못하면 나의 인생은 불행해질 것이기 때문이다."

이렇게 하향화살표 기법을 통해 나타난 사고내용은 여러 가지 대인신념들을 반영한다.

"이성상대를 편안하고 재미있게 해 주지 못하고 있다."
  → "나는 항상 이성상대를 편안하고 재미있게 해 주어야 한다."
"이성상대가 나를 한심한 사람으로 생각할 것이기 때문이다."
  → "이성상대가 나를 한심한 사람으로 생각하게 해서는 안 된다."
"이성상대가 나에게 호감을 갖지 않을 것이기 때문이다."
  → "이성상대가 항상 나에게 호감을 갖도록 해야 한다."
"이성상대와 앞으로 긍정적인 이성관계를 맺지 못할 것이기 때문이다."
  → "나는 그 이성상대와 반드시 긍정적인 이성관계를 맺어야 한다."
"나는 이성에게 호감을 주지 못하는 바보 같은 존재라는 생각이 들기 때문이다."
  → "이성에게 호감을 주지 못하는 사람은 바보다. 나는 결코 그런 바보가 되어서는 안

된다.”

“나는 앞으로 다른 이성과도 긍정적인 이성관계를 맺지 못할 것이기 때문이다.”

→ “바보는 어떤 이성과도 이성관계를 맺지 못한다. 나는 반드시 긍정적인 이성관계를 맺
어야 한다.”

“이성관계를 맺지 못하면 나의 인생은 불행해질 것이기 때문이다.”

→ “이성관계는 행복의 필수조건이다. 나는 결코 불행해져서는 안 된다.”

이성상대 앞에서 할 말을 찾지 못하고 얼굴이 붉어진 것에 괴로움을 느끼는 심리적 과정에
는 이렇듯 여러 가지 대인신념이 관여된다. 이러한 대인신념은 자기 자신에게 부여한 계율이
다. 이러한 계율을 어겼기 때문에 자책하여 괴로움을 느끼는 것이다. 그러나 이러한 대인신념
들은 모두 현실적이고 정당한 것인가? 이성상대를 편안하고 재미있게 해 주어야 하며 항상 그
렇게 할 수 있는가? 이성상대가 나를 한심한 사람으로 생각하지 않도록 해야 하며 항상 그럴
수 있는가? 이성상대가 나에게 호감을 갖도록 해야 하며 항상 그럴 수 있는가? 반드시 그 이성
상대와 긍정적인 이성관계를 맺어야만 하는가? 이성에게 호감을 주지 못하는 사람은 바보인
가? 나는 결코 그런 바보가 되어서는 안 되는가? 바보는 어떤 이성과도 이성관계를 맺지 못하
는가? 이성관계는 행복의 필수조건인가? 나는 결코 불행해져서는 안 되는가? 이 모든 의문에
대해서 ‘그렇다’라고 대답할 수 없다면 이성 앞에서 할 말을 찾지 못하고 얼굴을 붉힌 것에 심
한 자괴감과 괴로움을 느낄 필요가 없다.

인간관계에서 불쾌감정을 자주 느끼는 사람은 자신이나 타인의 행동을 부정적으로 해석하
는 경향이 있다. 따라서 자신의 행동에 대해서 부적절하고 미숙했다는 부정적인 평가를 한다.
또 이러한 사람들은 타인의 행동에 대해서도 그 의도를 악의적이고 부정적인 것으로 해석하려
는 경향이 있다. 그리고 자신의 해석 내용을 사실적이며 논리적인 것으로 여긴다. 자신의 사고
내용을 확신하기 때문에 대안적인 생각을 할 여유를 갖지 못한다. 설혹 대안적인 사고를 하더
라도 그것은 억지로 낙관적인 생각을 해 본 것일 뿐 사실과는 거리가 먼 것으로만 느껴진다.

부적응적인 인간관계를 나타내는 사람은 경직되고 비현실적인 대인신념을 지닌다. 따라서
자기 자신과 타인에게 여러 가지 까다로운 계율을 부여한다. 이러한 계율은 비현실적이기 때
문에 자신과 타인이 지키지 못한다. 그 결과 타인에게 분노를 느끼고 자책한다. 이러한 대인
신념과 계율이 자신에게는 너무나 당연하고 당위적인 것으로 느껴진다. 다른 대안적 신념을
생각할 수가 없다. 설혹 좀 더 유연하고 현실적인 대안을 생각하더라도 이는 구차한 합리화에
지나지 않는다고 본다. 이러한 부정적인 사고방식과 신념은 오랜 기간 습득된 습관과 같은 것
이기 때문에 자신에게 익숙하고 올바른 것으로 보인다.

또한 이러한 인지적 기법이 과거 경험에는 비교적 효율적으로 적용된다 하더라도 새로운 상황에 부딪치면 과거와 마찬가지로 부정적인 생각과 신념들이 떠오른다. 그래서 인지적 기법이 자신의 대인관계를 개선하는 데 도움이 되지 않는다고 속단하여 쉽게 포기하는 사람들이 있다. 자신의 대인관계가 불만스럽고 고통스러우며, 따라서 좀 더 편안하고 효율적인 대인관계를 원한다면 자신의 사고방식과 신념을 변화시키는 것이 가장 중요하고 효과적인 방법이다.

🎓 부정감정 조절하기 연습

1. 최근에 강한 분노를 느낀 3가지 대인관계 상황을 떠올린다. 이러한 분노 감정을 느끼게 한 대인사건과 대인사고를 분석해 본다. 아울러 대인사고의 내용이 과연 정당한 것이었는지 깊이 생각해 보고 다른 대안적 사고를 탐색해 본다. 그러한 대안적 사고를 할 때 분노 감정이 어떻게 변화하는지 살펴본다. 필요하면 〈대인사고 분석지〉를 활용한다.

2. 최근에 강한 불안(또는 좌절감)을 느낀 3가지 대인관계 상황을 떠올린다. 이러한 불안(또는 좌절감)을 느끼게 한 대인사건과 대인사고를 분석해 본다. 아울러 대인사고의 내용이 과연 정당한 것이었는지를 깊이 생각해 보고 다른 대안적 사고를 찾아본다. 그러한 대안적 사고를 할 때 불안(또는 좌절감)이 어떻게 변화하는지 살펴본다. 필요하면 〈대인사고 분석지〉를 활용한다.

3. 최근 대인사건에 느낀 분노(불안, 좌절감)에는 나의 어떤 대인신념이 관련되어 있는지 살펴본다. 나는 그 사건이나 상황에 어떤 기대를 하고 있는가? 과연 어떤 기대가 어긋나서 분노(불안, 좌절감)를 느낀 것인가? 만약 그러한 상황에서 어떤 기대를 했더라면 이러한 부정적 감정을 느끼지 않을 수 있었겠는가? 그러한 상황에서 가장 현실적이고 합리적인 현명한 기대는 어떤 것일까?

인간의 사고방식과 신념은 짧은 시간에 쉽게 변화하지 않는다. 그러나 진지하게 지속적으로 꾸준히 노력하면 사고방식과 신념은 그 노력에 비례하여 변화한다. 과거에는 격렬한 분노를 느끼고 극심한 불안을 느꼈을 상황에서도 좀 더 완화된 감정으로 여유를 가지고 상황에 대처할 수 있게 된다.

9. 대인환경 개선하기

인간관계의 부적응은 개인의 심리적 특성으로 초래되는 경우가 대부분이다. 어떤 사람은 자신의 부적응을 환경의 탓으로 돌리고 새로운 환경으로 옮겨 가지만 많은 경우 새로운 환경에서도 역시 유사한 부적응 문제를 나타낸다. 이렇듯 인간관계의 문제는 환경보다 개인의 심리적 변화를 통해서 보다 근본적으로 극복할 수 있다. 끊임없이 변화하는 다양한 환경에 유연하게 적응하는 능력을 개발하는 것이 중요하다. 앞에서 설명한 개선방법들은 개인의 변화에 초점을 맞춘 것들이다.

그러나 인간의 적응과정을 개인과 환경의 상호작용으로 본다면 개인의 특성에 맞지 않은 환경적 요인도 인간관계의 문제를 초래하는 원인이 될 수 있다. 여러 가지 노력에도 불구하고 인간관계 문제가 지속된다면 자신의 대인환경을 개선하거나 변화시키는 것도 도움이 될 수 있다. 대인환경(interpersonal environment)은 개인의 인간관계에 영향을 미치는 환경적 여건을 의미하며 사회적 환경, 물리적 환경 그리고 개인적 상황으로 나누어 볼 수 있다.

첫째, 사회적 대인환경은 개인이 소속되어 있는 집단의 사회적·정치적·문화적 여건을 의미한다. 개인은 국가로부터 지역사회, 직장이나 학교사회, 종교단체, 가족에 이르는 다양한 사회적 환경 속에서 살아간다. 모든 집단에는 구성원이 공유하는 가치와 신념 그리고 인간관계 방식이 존재한다. 예컨대, 어떤 사회는 성취와 효율을 강조하여 소속된 사람들 사이의 경쟁을 격려하는 반면, 어떤 사회는 조직원의 융화와 화합을 강조한다. 어떤 직장은 구성원 간의 긴밀한 협동이 필요한 조직구조를 가지고 있는 반면, 어떤 직장은 구성원 개인이 독자적으로 업무를 수행하는 조직구조를 가지고 있다. 이러한 사회나 조직의 특성은 개인의 인간관계에 영향을 미친다. 개인의 성격이나 가치가 소속집단의 특성에 부합하지 않으면 적응에 어려움을 겪는다. 사회적 대인환경과의 괴리 때문에 인간관계 문제가 지속된다면 새로운 환경으로 옮겨 가는 것도 하나의 방법이 될 수 있다. 예를 들면, 지나치게 경쟁적이고 적대적인 사회적 풍토를 떠나 다른 사회로 이민이나 이사를 가는 사람도 있다. 직장에 파벌의식이 강하고 인사제도가 불공정하여 적응이 어려울 경우에는 직장을 옮기는 것도 하나의 방법이다. 대학생의 경우, 동아리나 다양한 소속단체의 대인관계 분위기가 자신에게 맞지 않을 때는 이를 옮기는 것도 필요하다. 그러나 이러한 결정은 신중하게 이루어져야 한다. 대인환경의 변화는 새로운 환경에의 적응을 위해 새로운 노력이 필요하고 또 다른 어려움을 초래할 수 있기 때문이다. 뿐만 아니라 새로운 대인환경이 만족스럽지 못할 때 과거의 대인환경으로 복귀하는 것은 불가능하거나 어렵기 때문이다.

둘째, **물리적 대인환경**은 주거지의 위치나 환경, 주거시설의 구조, 직장의 사무실 구조, 대화를 할 수 있는 공간이나 시설 등을 의미한다. 아파트와 같은 주거환경은 주변 사람들과의 접촉을 어렵게 만든다. 직장의 사무실 구조는 직원들의 인간관계에 영향을 미친다. 예컨대, 상사가 부하직원의 등 뒤에 앉아 부하직원의 행동을 관찰할 수 있도록 위계적으로 배열되어 있는 사무실이 있는 반면, 서로 얼굴을 마주보며 상호작용할 수 있도록 원형구조로 자리가 배열되어 있는 직장도 있다. 대학생들이 교류할 수 있는 다양한 공간(과방, 동아리방, 세미나실 등)은 자연스럽게 인간관계를 형성하는 기회를 제공한다. 혼자서 하숙이나 자취를 하는 경우보다 기숙사에서 사는 경우가 학우들과의 교류를 활발하게 한다. 때로는 집과 학교의 거리가 너무 멀어 친구들과 자유로운 교제에 어려움을 겪는 학생도 있다. 귀가하는 데에 많은 시간이 걸리므로 저녁모임에 참여하지 않거나 귀가를 서두를 수밖에 없기 때문이다.

셋째, **개인적 대인환경**은 개인이 속한 집단에서 필연적으로 관계를 맺게 되는 사람들을 의미한다. 직장에서 밀접한 관계를 맺게 되는 상사나 동료들과 성격 및 업무수행 방식이 현저하게 다를 경우에는 갈등이 초래된다. 가족 중에 성격적인 문제로 가정 분위기를 지속적으로 악화시키는 사람이 있는 경우에는 가족관계가 어려움에 처할 수 있다. 이처럼 필연적으로 접촉할 수밖에 없는 인간관계의 상대방이 특수성을 지니고 있는 경우에는 개인적 대인환경을 변화시키는 것도 하나의 해결책이 될 수 있다.

인간관계는 개인과 대인환경의 상호작용으로 결정된다. 인간관계의 문제는 개인이 대인환경에 적응하는 능력이 부족하거나 대인환경이 지나치게 열악하기 때문에 생길 수 있다. 우리는 자기 자신을 변화시켜 대인환경에 적응하거나 대인환경을 자신에게 맞도록 변화시키는 선택을 할 수 있다. 그리고 대인환경을 변화시킬 수 없는 상황에서 가능한 우리의 선택은 그러한 환경을 수용하거나 그러한 환경으로부터 벗어나는 것이다. 자신의 선택에 따라 자신의 삶과 인간관계가 달라지므로, 이러한 경우 신중하고 지혜로운 선택이 필요하다.

10. 심리전문가의 도움받기

인간관계를 개선하려는 시도가 혼자만의 노력으로 성과를 거두지 못하는 경우가 있다. 인간관계와 관련된 문제 중에는 혼자만의 노력으로 해결하기 어려운 것들이 많다. 이러한 경우에는 심리전문가의 도움을 받는 것이 바람직하다. 특히 대인관계 문제로 겪는 심리적 고통이 참기 어렵거나 오래도록 지속되는 경우에는 하루속히 심리전문가의 도움을 받는 것이 필요하다.

모든 대학에는 대학생들이 겪는 인간관계의 문제를 해결하도록 돕는 학생상담소가 있다. 이러한 기관에는 대학생의 심리적 부적응과 대인관계 문제에 대한 깊은 이해와 경험을 지닌 심리전문가들이 있다. 이밖에도 우리 사회에는 인간관계와 관련된 심리적 문제의 해결을 돕는 전문적인 상담기관이 많다. 이러한 기관의 심리전문가들은 개인이 처한 인간관계의 문제를 좀 더 객관적이고 심층적으로 파악할 수 있는 능력을 지니고 있을 뿐만 아니라 학생이 그러한 문제를 극복할 수 있는 구체적이고 효과적인 개선방법을 제시하여 도움을 준다. 개인적인 문제로 전문가의 도움을 받는 것은 결코 부끄럽거나 수치스러운 일이 아니다. 자신의 삶을 개선할 수 있는 도움의 손길이 가까이 있음에도 불구하고 이를 외면하는 것은 어리석은 일이다. 심리전문가와 자신에 관해 깊이 있는 대화를 나누는 것은 현재 겪고 있는 문제를 해결하고 자신을 깊이 이해하는 계기가 될 수 있다.

요약

1. 인간관계의 개선을 위해서는 긍정적인 인간관계를 형성하고 심화하는 효과적인 방법을 이해하고 실천하는 것이 중요하다. 인간관계의 개선방법은 매우 다양하며 그 대표적인 방법은 대화기회 포착하기, 자기공개하기, 경청하기와 반응하기, 효과적인 의사소통하기, 자기표현하기, 신뢰 형성하기, 대인갈등 해결하기, 부정감정 조절하기, 대인환경 개선하기 등이다.

2. 인간관계를 발전시키기 위해서는 우선 주변 사람들과 자연스럽게 만나 대화를 나눌 수 있는 기회를 잘 포착하는 것이 중요하다. 평소에 상대방에 대한 관심과 호감을 표현할 뿐만 아니라 대화를 나눌 편리한 장소를 잘 알아둔 후 자연스러운 기회를 포착하여 상대방과 흥미를 공유할 수 있는 주제로 대화를 나누는 것이 필요하다.

3. 자기공개는 자신에 관한 정보를 상대방에게 알리는 것으로서 인간관계를 심화하는 중요한 요인으로 알려져 있다. 자기공개를 많이 할수록 친밀해지며, 친밀한 사이일수록 자기공개의 횟수가 증가한다. 자기공개는 상호교환적인 방식으로 이루어지며, 친밀해질수록 자기공개의 수준이 깊어져 서로의 은밀한 정보를 교환하게 된다.

4. 원활한 인간관계를 위해서는 상대방의 이야기를 정성껏 경청하고 공감적으로 반응하는 것이 매우 중요하다. 정성스러운 경청과 공감적인 반응은 서로에게 긍정적인 감정을 유발하고 의사소통을 원활하게 함으로써 인간관계를 심화시킨다.

5. 의사소통은 발신자가 전달 내용인 메시지를 수신자에게 전달하는 과정으로서, 인간관계는 끊임없는 의사소

통 과정이다. 의사소통에서는 상대방의 메시지를 잘 전달받는 것뿐만 아니라 자신의 의사를 효과적으로 전달하는 것이 중요하다. 자기표현은 자신의 감정, 사고, 욕구, 바람 등을 상대방에게 효과적으로 전달하는 중요한 대인기술을 뜻한다. 인간관계에서 특히 중요한 자기표현 기술은 긍정감정 표현하기, 부정감정 표현하기, 부탁하기, 거절하기 등이다.

6. 신뢰는 안정된 인간관계의 필수적 요소로서 상대방이 자신에게 도움을 줄 것이라는 긍정적 기대와 그를 돕기 위해 자신의 위험을 감수하려는 헌신적 의지를 의미한다. 신뢰는 상호의존성에 근거하고 있으며 서로에 대한 깊은 이해와 인정 그리고 협력적 행동을 통해서 점진적으로 축적될 수 있다. 신뢰를 형성하는 것은 매우 어렵지만 신뢰가 깨지는 것은 매우 쉽기 때문에 신뢰를 잘 유지하는 것이 중요하다.

7. 인간관계에서 필연적으로 발생하는 갈등을 잘 해결하지 못하면 부정적 감정이 누적되어 그 관계가 약화되거나 붕괴될 수 있다. 대인갈등을 건설적으로 해결하는 대표적인 방법은 좋은 인간관계를 유지하면서 서로의 이익을 최대화하는 문제중심적 협상이다. 협상은 상반된 이해관계를 지닌 사람들이 서로의 이익을 최대화하는 해결방법에 합의하려는 체계적인 접근방법을 의미한다.

8. 안정된 대인관계를 유지하기 위해서는 상대방에 대한 부정적 감정을 잘 조절하는 것이 중요하다. 부정적 감정을 조절하는 방법은 크게 회피적 방법과 직면적 방법으로 나눌 수 있다. 회피적 방법은 다른 활동으로 주의를 돌려 기분을 변화시키는 방법을 의미하는 반면, 직면적 방법은 부정 정서에 주의를 기울이며 이를 해소하기 위해 노력하는 방법을 뜻한다. 인지적 재구성법은 부정 감정을 유발한 신념과 사고를 포착하여 이를 현실적인 것으로 대체함으로써 부정 감정을 완화하는 대표적인 직면적 방법이다.

참 고 문 헌

고재원(1995). 조직내 비위맞추기 행동차원들과 상사-부하 교환질간의 관계. 서울대학교 석사학위 논문.

권석만(1993). 대학상담장면에서의 인지치료의 활용—치료적 단기상담모델로서의 인지 치료. 학생연구, 28, 61-79.

권석만(1995). 대학생의 대인관계 부적응에 대한 인지행동적 설명모형. 학생연구, 30, 38-63.

권석만(1996a). 자기개념의 인지적 구조와 측정도구의 개발. 학생연구, 31, 11-38.

권석만(1996b). 임상심리학에서의 비교문화적 연구:정신병리에 나타난 한국인과 한국문화의 특징. 한국심리학회(편). 심리학에서의 비교문화 연구: 1996년도 동계연구세미나 자료집(pp. 105-134).

권석만(1997). 대학생의 고독: 정서적 · 사회적 고독척도의 개발. 학생연구, 33(1), 15-28.

권석만(2008). 긍정심리학: 행복의 과학적 탐구. 서울: 학지사.

권석만(2010). 인생의 2막 대학생활. 서울: 학지사.

권석만(2011). 인간의 긍정적 성품: 긍정심리학의 관점. 서울: 학지사.

권석만(2013). 현대 이상심리학(2판). 서울: 학지사.

권석만(2015). 현대 성격심리학. 서울: 학지사.

권석만(2016). 분노의 경험과 표현. 한자경(편), 분노, 어떻게 다스릴 것인가? (pp. 203-258). 서울: 운주사.

권석만(2017). 인간 이해를 위한 성격심리학. 서울: 학지사.

권석만, 김지영(2002). 자기 및 타인 표상과 대인관계 문제의 관계. 한국심리학회지: 임상, 21, 705-726.

김명자(1994). 가족의 성립과 적응. 한국가족학연구회(편). 가족학(pp. 167-200). 서울: 도서출판 하우.

김순옥(1994). 가족의 의사소통. 한국가족학연구회(편). 가족학(pp. 249-284). 서울: 도서출판 하우.

김유숙, 전영주, 김수연(2003). 가족평가 핸드북. 서울: 학지사.

김정희(1987). 지각된 스트레스, 인지세트 및 대처방식의 우울에 대한 작용. 서울대학교 박사학위 논문.

김중술(1994). 新 사랑의 의미. 서울: 서울대학교 출판부.

김태현(1994). 다양한 가족생활 유형. 한국가족학연구회(편). 가족학(pp. 139-163). 서울: 도서출판 하우.

민경환(1995). 성격, 정서 및 동기. 권석만 외(공저). 심리학개론(pp. 240-275). 서울: 박영사.

민경환(2002). 성격심리학. 서울: 법문사.

민혜경(1997). 심리적 계약의 내용과 위반이 조직구성원의 조직몰입과 공정성 지각에 미치는 영향. 서울대학교 석사학위 청구논문.

박미령(1994). 가족의 권력. 한국가족학연구회(편). 가족학(pp. 221-248). 서울: 도서출판 하우.

배진한(2009). 휴대전화 이용이 대인커뮤니케이션 네트워크에 미치는 영향에 대한 한 · 미 비교연구. 언론과학연구, 9(3), 178-210.

서수균, 권석만(2005). 비합리적 신념, 자동적 사고 및 분노의 관계. 한국심리학회지: 임상, 24(2), 327-340.

서정주, 김예구(2017). 2017 한국 1인 가구 보고서. 서울: KB금융지주 경영연구소.

옥선화(1994). 가족의 역할. 한국가족학연구회(편). 가족학(pp. 201-220). 서울: 도서출판 하우.

원호택, 이명선, 김순진(1989). 서울대생의 스트레스 실태조사. 학생연구, 24, 80-92.

유기설, 김명소(2004). 개인-조직 성격 부합과 수행 간의 관계에 대한 탐색적 연구. 한국 산업 및 조직심리학회(편). 사오정 시대의 경력개발과 생애관리(pp. 145-159).

윤호균(1994). 성숙한 인격. 서울대학교 학생생활연구소 집담회에서 발표된 원고.

이준엽(1994). 심리적 독립척도의 신뢰도 및 타당도 연구. 연세대학교 심리학과 대학원 석사학위논문.

임선영(2013). 역경후 성장에 이르는 의미재구성 과정: 관계상실을 중심으로. 서울대학교 대학원 박사학위논문.

임선영, 권석만(2012). 관계상실을 통한 성장이 성격적 성숙과 정신건강에 미치는 영향. 한국심리학회지: 임상, 31(2), 427-447.

임선영, 권석만(2013). 역경후 성장에 영향을 미치는 인지적 처리방략과 신념체계의 특성: 관계상실 경험자를 대상으로. 한국심리학회지: 임상, 32(3), 567-588.

장재윤, 김혜숙(2002). 직장 · 가정간 갈등이 삶의 만족 및 직무태도에 미치는 효과에 대한 남녀비교: 우리나라 관리직 공무원들을 대상으로. 한국 산업 및 조직심리학회(편). 2002년 추계 정기학술대회 및 심포지움 발표집(pp. 63-75).

정 현, 탁진국(2003). 멘터역할척도 개발: 탐색적 연구. 한국 산업 및 조직심리학회(편). 핵심인재의 선발과 관리: 산업 및 조직심리학적 접근(pp. 75-83).

조긍호(2003). 한국인 이해의 개념틀. 서울: 나남출판.

차재호(1995). 사회과정. 권석만 외 (공저). 심리학개론(pp. 278-313). 서울: 박영사.

청소년 대화의 광장(1996). 청소년 진로상담. 서울: 청소년 대화의 광장.

최규련(1994). 가족생활 만족. 한국가족학연구회(편). 가족학(pp. 285-315). 서울: 도서출판 하우.

최상진(1993). 한국인의 심정심리학: 情과 恨에 대한 현상학적 한 이해. 한국심리학회(편). 한국인의 특성: 심리학적 탐색(pp. 3-22).

탁진국, 장현재(2003). 리더의 성격과 리더십 유형간의 관계. 한국 산업 및 조직심리학회(편). 핵심인재의

선발과 관리: 산업 및 조직심리학적 접근(pp. 51-64).

통계청(2007). 한국표준직업분류. 대전: 통계청.

통계청(2017a). 2016 한국의 사회지표. 대전: 통계청.

통계청(2017b). 인구동향조사. 대전: 통계청.

한덕웅(2004). 인간의 동기심리. 서울: 박영사.

Adler, A. (1959). *Understanding human nature.* New York: Fawcett.

Ainsworth, M. D. S., Blehar, M., Waters, E., & Wall, S. (1978). *Patterns of attachment.* Hillsdale, NJ: Erlbaum.

Alderfer, C. P. (1969). An empirical test of a new theory of human needs. *Organizational Behavior and Human Performance, 4,* 142-175.

Alderfer, C. P. (1972). *Existence, relatedness, and growth: Human needs in organizational settings.* New York: The Free Press.

Allport, G. (1955). *Becoming: Basic considerations for a psychology of personality.* New Haven: Yale University Press.

Allport, G. (1961). *Pattern and growth in personality.* New York: Holt, Rinehart & Winston.

Altman, I., & Taylor, D. A. (1973). *Social penetration: The development of interpersonal relationships.* New York: Holt, Rinehart & Winston.

American Psychiatric Association. (2013). *Diagnostic and Statistical Manual of Mental Disorders-5th edition* (DSM-5). Washington, DC: Author.

Anderson, N. (1968). Likableness ratings of 555 personality-trait words. *Journal of Personality and Social Psychology, 9,* 272-279.

Argyle, M., & Furnham, A. (1982). The ecology of relationships: Choice of situations as a function of relationship. *British Journal of Social Psychology, 21,* 259-262.

Argyle, M., & Henderson, M. (1984). The rules of friendship. *Journal of Social and Personal Relationships, 1,* 211-237.

Argyle, M. (1983). *The psychology of interpersonal behavior* (4th ed.). Harmondsworth: Penguin Books.

Aries, E. J., & Johnson, F. L. (1983). Close friendships in adulthood: Conversational content between same-sex friends. *Sex Roles, 9,* 1183-1197.

Asch, S. E. (1946). Forming impressions of personality. *Journal of Abnormal and Social Psychology, 41,* 258-290.

Austin, J. T., & Vancouver, J. F. (1996). Goal construction in psychology: Structure, process, and content. *Psychological Bulletin, 120,* 338-375.

Bandura, A. (1986). *Social foundations of thought and action: A social cognitive theory.* Englewood Cliffs, NJ: Prentice-Hall.

Bank, S. P., & Kahn, M. D. (1982). Sisterhood-brotherhood is powerful: Sibling subsystems and family therapy. *Family Process, 14*(3), 311-337.

Bartholomew, K., & Horowitz, L. M. (1991). Attachment styles among young adults: A test of a four-category model. *Journal of Personality and Social Psychology, 61*, 226-244.

Bass, B. M. (1998). *Transformational leadership.* Mahwah, NJ. Erlbaum.

Beck, A. T. (1976). *Cognitive therapy and emotional disorders.* New York: International Universities Press.

Beck, A. T., Rush, A. J., Shaw, B. F., & Emery, G. (1979). *Cognitive therapy of depression.* New York: Guilford Press.

Benjamin, L. S. (1994). SASB: A bridge between personality theory and clinical psychology. *Psychological Inquiry, 5*, 273-316.

Bleindorn, W., Kandler, C., Riemann, R., Angleitner, A., & Spinath, F. M. (2009). Patterns and Sources of Adult Personality Development: Growth Curve Analyses of the NEO PI-R Scales in a Longitudinal Twin Study. *Journal of Personality and Social Psychology, 97*(1), 142-155.

Bowen, M. (1966). The use of family theory in clinical practice. *Comprehensive Psychiatry, 7*, 354-374.

Bowlby, J. (1969). *Attachment and loss (Vol. 1): Attachment.* New York: Basic Books.

Bowlby, J. (1973). *Attachment and loss (Vol. 2): Separation: Anxiety and anger.* New York: Basic Books.

Bowlby, J. (1980). *Attachment and loss (Vol. 3): Loss, sadness, and depression.* New York: Basic Books.

Bowman, H. A., & Spanier. G. B. (1978). *Modern marriage.* New York: McGraw-Hill.

Brenner, C. (1974). On the nature and development of affects: A unified theory. *Psychoanalytic Quarterly, 43*, 532-556.

Brickman, P., Coates, D., & Janoff-Bulman, R. (1978). Lottery winners and accident victims: Is happiness relative? *Journal of Personality and Social Psychology, 36*, 917-927.

Buber, M. (1954). *Ich und Du: Die Schriften uber das dialogische Prinzip.* Verlag Lambert: Scheiner. (표재명 역. 나와 너. 서울: 문예출판사, 1977).

Burns, D. D. (1989). *The feeling good handbook.* New York: Plume.

Buss, D. M. (1989). Sex differences in human mate preferences: Evolutionary hypotheses tested in 37 cultures. *Behavioral and Brain Sciences, 12*, 1-49.

Buss, D. M. (1991). Evolutionary personality psychology. *Annual Review of Psychology, 42*, 459-492.

Cacioppo, J., & Partrick, W. (2008). *Loneliness: Human nature and the need for social connection.* New York: W. W. Norton & Co.

Campbell, A., Converse, P. E., & Rodgers, W. L. (1976). *The quality of American life.* New York: Sage.

Christakis, N. A., & Fowler, J. H. (2009). *Connected: The surprising power of our social networks and how they shape our lives.* New York: Little, Brown and Company.

Clark, M. S. (1985). Implications of relationship type for understanding comparability. In W. Ickes (Ed.), *Compatible and incompatible relationships.* New York: Basic Books.

Compton, W. C. (2005). *An introduction to positive psychology.* Belmont, CA: Thomson Wadsworth. (서은국, 성민선, 김진주 역. 긍정 심리학 입문. 서울: 박학사, 2007).

Conger, J. A. (1989). *The charismatic leader: Behind the mystique of exceptional leadership.* San Francisco: Jossey-Bass.

Cooper, C. L. (1986). Job distress: Recent research and the emerging role of the clinical occupational psychologist. *Bulletin of the British Psychological Society, 39,* 325-331.

Costa, P. T. Jr., & McCrae, R. R. (1992). *Revised NEO Personality Inventory (NEO-PI-R) and NEO Five Factor Inventory (NEO-FFI) professional manual.* Odessa, FL: Psychological Assessment Resources.

Costa, P. T. Jr., & McCrae, R. R. (1994). "Set like plaster?" Evidence for the stability of adult personality. In T. Heatherton & J. Weinberger (Eds.), *Can personality change?* (pp. 21-40). Washington, DC: American Psychological Association.

Davis, K. E., & Todd, M. J. (1982). Friendship and love relationships. In K. E. Davis (Ed.), *Advances in descriptive psychology* (pp. 79-122). Greenwich, CT: JAI Press.

Dickens, W. J., & Perlman, D. (1981). Friendship over the life-cycle. In S. W. Duck & R. Gilmour (Eds.), *Personal relationships 2: Developing personal relationships.* New York: Academic Press.

Diener, E. (1984). Subjective well-being. *Psychological Bulletin, 95,* 542-575.

Diener, E. (1994). Assessing subjective well-being: Progress and opportunities. *Social Indicators Research, 31,* 103-157.

Diener, E. (2001, Feb.). *Subjective well-being.* Address presented at the annual meeting of the Society for Personality and Social Psychology, San Antonio, TX.

Diener, E., Suh, E. M., Lucas, R. E., & Smith, H. L. (1999). Subjective well-being: Three decades of progress. *Psychological Bulletin, 125,* 276-302.

Duncan, O. D. (1969). *Toward social reporting: Next steps.* New York: Russell Sage Publication.

Dutton, D. G., & Aron, A. P. (1974). Some evidence for heightened sexual attraction under conditions of high anxiety. *Journal of Personality and Social Psychology, 30,* 510-517.

Duvall, E. (1971). *Family development.* Philadelphia: Lippincott.

Ekman, P. (1971). Universals and cultural differences in the facial expression of emotion. In J. Cole (Ed.), *Nebraska symposium on motivation* (Vol, 19. pp. 207-284). Lincoln: University of Nebraska Press.

Ekman, P. (1984). Expression and the nature of emotion. In P.Ekman & K.Scherer (Eds.), *Approaches to emotion* (pp. 319-343). Hillsdale, NJ: Erlbaum.

Ekman, P., Levenson, R. W., & Friesen, W. V. (1983). Autonomic nervous system activity distinguishes among emotions. *Science, 221,* 1208-1210.

Ellis, A. (1958). Rational psychotherapy. *Journal of General Psychology, 59*, 35-49.

Ellis, A. (1960). *The art and science of love*. Secaucus, NJ: Lyle Stuart.

Ellis, A. (1962). *Reason and emotion in psychotherapy*. New York: Lyle Stuart.

Ellis, A. (1974). *Techniques of disputing irrational beliefs*. New York: Institute for Rational- Emotive Therapy.

Emmons, R. A. (1999). *The psychological of ultimate concerns: Motivation and spirituality in personality*. New York: Guilford Press.

Feeney, J. A., Noller, P., & Callan, V. J. (1994). Attachment style, communication and satisfaction in the early years of marriage. In K. Bartholomew & D. Perlman (Eds.), *Advances in personal relationships: Vol. 5. Attachment processes in adulthood* (pp. 269-308). London: Jessica Kingsley.

Festinger, L. (1954). A theory of social comparison processes. *Human Relations, 7*, 117-140.

Fisher, D. (1984). A conceptual analysis of self-disclosure. *Journal of the Theory of Social Behavior, 14*, 277-296.

Fiske, S. T., & Linville, P. W. (1980). What does the schema concept buy us? *Personality and Social Psychology Bulletin, 6*, 543-557.

Fiske, S. T., & Taylor, S. E. (1991). *Social cognition*. New York: McGraw-Hill.

Ford, M. E. (1992). *Motivating humans: Goals, emotions, and personal agency beliefs*. Newbury Park: Sage Publications.

Ford, M. E., & Nichols, C. W. (1987). A taxonomy of human goals and some possible applications. In M. E. Ford & D. H. Ford (Eds.), *Humans as self-constructing living systems: Putting the framework to work* (pp. 289-311). Hillsdale, NJ: Lawrence Erlbaum.

Fraley, R. C., & Davis, K. E. (1997). Attachment formation and transfer in young adults' close friendships and romantic relationships. *Personal Relationships, 4*, 131-144.

Freud, S. (1905). *Three essays on sexuality*. London: Hogarth Press.

Fromm, E. (1941). *Escape from freedom*. New York: Holt, Rinehart & Winston.

Fromm, E. (1947). *Man for himself*. New York: Holt, Rinehart & Winston.

Gable, S. L., Reis, H. T., Impett, E. A., & Asher, E. R. (2004). What do you do when things go right? The intrapersonal and interpersonal benefits of sharing good events. *Journal of Personality and Social Psychology, 87*, 228-245.

Gardner, H. (1983). *Fames of mind: The theory of multiple intelligences*. New York: Basic Books.

Gardner, H. (1993). *Multiple intelligence: The theory in practice*. New York: Basic.

George, C., Kaplan, N., & Main, M. (1985). *The adult attachment interview*. Unpublished manuscript, Department of Psychology, University of California, Berkeley.

Gibb, J. R. (1961). Defensive communication. *Journal of Communication, 11*, 141-48.

Goleman, D. (1995). *Emotional intelligence*. New York: Bantam Books.

Goleman, D. (1998). *Working with emotional intelligence.* New York: Bantam Books.

Gordon, T. (1975). *Parent effectiveness training.* New York: New American Library.

Gottman, J. M. (1994). *What products divorce? The relationship between marital processes and marital outcomes.* Hillsdale, NJ: Erlbaum.

Gottman, J. M. (1998). Psychology and the study of marital processes. *Annual Review of Psychology, 49,* 169–197.

Hall, E. T. (1966). *The hidden dimension.* New York: Doubleday.

Hargie, O., Saunders, C., & Dickson, D. (1981). *Social skills in interpersonal communication.* Cambridge: Brookline Books.

Harlow, H. F. (1958). The nature of love. *American Psychologist, 13,* 673–685.

Harlow, H. F. (1962). Heterosexual affectional system in monkeys. *American Psychologist, 17,* 1–9.

Harlow, H. F., & Harlow, M. K. (1966). Learning to love. *American Scientist, 54,* 244–272.

Hastie, R. (1981). Schematic principles in human memory. In E. T. Higgins, C. P. Herman, & M. P. Zanna (Eds.), *Social cognition: The Ontario symposium* (Vol. 1, pp. 39–88). Hillsdale NJ: Erlbaum.

Hawkins, J., Weisberg, C., & Ray, D. (1980). Spouse differences in communication style: Preference, perception, behavior. *Journal of Marriage and the Family, 42,* 585–593.

Hazan, C., & Shaver, P. R. (1987). Romantic love conceptualized as an attachment process. *Journal of Personality and Social Psychology, 52,* 511–524.

Higgins, E. T. (1987). Self–discrepancy: A theory relating self and affect. *Psychological Review, 94,* 319–340.

Hine, J. R. (1980). *What comes after you say "I Love You".* Palo Alto, CA: Pacific.

Hoffman, M. L. (1984). Psychological separation of late adolescents from their parents. *Journal of Counseling Psychology, 31,* 170–178.

Holland, J. L. (1985). *Making vocational choices: A theory of vocational personalities and work environment* (2nd ed.). Englewood Cliffs, NJ: Prentice–Hall.

Horney, K. (1937). *The neurotic personality of our time.* New York: Norton.

House, R. J. (1977). A theory of charismatic leadership. In J. G.Hunt & L. L. Larson (Eds.), *Leadership: The cutting edge.* Carbondale, IL: Southern Illinois University.

Huston, T., & Levinger, G. (1978). Interpersonal attraction and relationships. In M. Rosenzwig & K. Porter (Eds.), *Annual Review of Psychology* (Vol. 29). Palo Alto, CA: Annual Review.

James, W. (1890). *Principles of psychology.* New York: Holt.

Johnson, D. W. (2000). *Reaching out: Interpersonal effectiveness and self–actualization.* Boston: Allyn and Bacon.

Jorgensen, S. R. (1986). *Marriage and the family.* New York: Macmillan Publishing Co.

Jourard, S. (1964). T*he transparent self.* New York: Van Nostrand Reinhold.

Jourard, S. (1971). *Self-disclosure*. New York: Wiley.

Kelly, H. H. (1967). Attribution theory in social psychology. In D. L. Vine (Ed.), *Nebraska symposium on motivation*. Lincoln: University of Nebraska Press.

Kerckhoff, A. C., & Davis, K. E. (1962). Value consensus and need complementarity in mate selection. *American Sociological Review, 27*, 295-303.

Kiecolt-Glaser, J. K. (1999). Stress, personal relationships, and immune function: Health implications. *Brain, Behavior, and Immunity, 113*(1), 61-72.

Kiesler, D. J. (1996). *Contemporary interpersonal theory and research: Personality, psychopathology, and psychotherapy*. New York: John Wiley & Sons.

Lam, L. T., & Kirby, S. L. (2002). Is emotional intelligence an advantage? An exploration of the impact of emotional and general intelligence on individual performance. *The Journal of Social Psychology, 142*(1), 133-143.

Lange, A., & Jakubowski, P. (1976). *Responsible assertive behavior*. Champaign, IL: Research Press.

Larus, J. P. (1989). *Significant Others Inventory: Towards charting the nature of significant others*. Unpublished master's thesis, Virginia Commonwealth University, Richmond.

Lasswell, T. E., & Lasswell. M. E. (1976). "I love you but I'm not in love with you." *Journal of Marriage and Family Counseling, 38*, 211-224.

Lazarus, A. (1971). *Behavior therapy and beyond*. New York: McGraw-Hill.

Lazarus, R. S., & Folkman, S. (1984). *Stress, appraisal and coping*. New York: Springer Publishing Company.

Lazarus, R. S. (1966). *Psychological stress and the coping process*. New York: McGraw-Hill.

Lazarus, R. S. (1981). The stress and coping paradigm. In C. E. Eisdorfer, D. Cohen, A. Kleinman & P. Maxim (Eds.), *Models for clinical psychopathology* (pp. 177-214). New York: S. P. Medical & Scientific Books.

Lazarus, R. S. (1991). *Emotion and adaptation*. New York: Oxford University Press.

Leary, T. F. (1957). *Interpersonal diagnosis of personality*. New York: Ronald.

Lee, J. A. (1977). A typology of styles of love. *Personality and Social Psychology Bulletin, 3*, 173-182.

Lee, J. A. (1988). Love-styles. In R. J. Sternberg & M. L. Barnes(Eds.), *Psychology of love* (pp. 38-67). New Haven, CT: Yale University Press.

Leslie, G. R. (1982). *The family in social context* (5th Ed.). New York: Oxford University Press.

Lewis, R. A. (1972). A developmental framework for the analysis of premarital dyadic formation. *Family Process, 11*(1), 17-48.

Ling, R. (2008). *New tech, new ties: How mobile communication is reshaping social cohesion*. Cambridge: MIT Press. (배진한 역. 모바일 미디어와 새로운 인간관계 네트워크의 출현. 서울: 커뮤니케이션북스, 2009).

Linley, P. A., & Joseph, S. (2004). Positive change following trauma and adversity: A review. *Journal of

Traumatic Stress, 17(1), 11-21.

Lopes, P. N., Salovey, P., Cote, S., & Beers, M. (2005). Emotional regulation abilities and the quality of social interaction. *Emotion, 5*(1), 113-118.

Lorenz, K. (1937). The companion in the bird's world. *Auk, 54,* 245-273.

Lorenz, K. (1950). The comparative method in studying innate behavior patterns. *Symposium for the Society for Experimental Biology, 4,* 221-268.

Lorenz, K. (1968). *On aggression.* New York: Harcourt, Brace & World.

Lyubomirsky, S. (2007). *The how of happiness: A scientific approach to getting the life you get.* New York: Penguin Book. (오혜경 역. How to be happy: 행복도 연습이 필요하다. 서울: 지식노마드, 2008).

Mace, D., & Mace, V. (1980). Enriching marriages: The foundation stone of the family strength. In N. Stinnett, B. Chessen, J. Pefreain & P. Kanaub (Eds.), *Family strengths, positive models for family life.* Lincoln: University of Nebarska Press.

Main, M., & Solomon, J. (1990). Procedures for identifying infants as disorganized/disoriented during the Ainsworth Strange Situation. In M. Greenberg, D. Cicchetti, & M. Cummings (Eds.), *Attachment in the preschool years: Theory, research, and intervention* (pp. 121-160). Chicago, IL: University of Chicago Press.

Markus, H. (1990). Unsolved issues of self-representation. *Cognitive Therapy and Research, 14,* 241-253.

Masi, C. M., Chen, H. Y., Hawkley, L. C., & Cacioppo, J. T. (2011). A Meta-Analysis of Interventions to Reduce Loneliness. *Personality and Social Psychology Review, 15,* 219-266.

Maslow, A. H. (1954). *Motivation and personality.* New York: Harper & Row.

Maslow, A. H. (1968). *Toward a psychology of being* (2nd ed.). New York: D.Van Nostrand.

Maslow, A. H. (1970). *Motivation and personality* (2nd ed.). New York: Harper.

Maslow, A. H. (1971). *The farther reaches of human nature.* New York: Viking.

Masters, J. C., Burish, T. G., Hollon, S. D., & Rimm, D. C. (1987). *Behavior therapy.* Orland, FL: harcourt, Brace, Jovanovich.

May, R. (1953). *Man's search for himself.* New York: Norton.

Mayer, R. C., Davis, J. H., & Schoorman, F. D. (1995). An integrative model of organizational trust. *The Academy of Management Review, 20*(3), 709-734.

McDougall, W. (1960). *An Introduction to Social Psychology* (3rd ed.), London: Methuen & Co.

Michelson, L., Sugai, D., Wood, R., & Kazdin, A. (1983). *Social skills assessment and training with children.* New York: Plenum.

Micholas, A. C. (1985). Multiple discrepancies theory (MDT). *Social Indicators Research, 16,* 347-413.

Mikulincer, M., & Shaver, P. R. (2007). *Attachment in adulthood: Structure, dynamics, and change.* New York: Guilford Press.

Minuchin, S. (1974). *Families and family therapy.* Cambridge, MA: Harvard University Press.

Muchinsky, P. M. (2003). *Psychology applied to work: An introduction to industrial and organizational psychology* (7th Ed.). New York: Thomson. (유태용 역. 산업 및 조직심리학. 서울: 시그마프레스, 2003).

Murray, H. A. (1938). *Explorations in personality*. New York: Oxford University Press.

Musser, S. J. (1987). *The determination of positive and negative charismatic leadership*. Unpublished manuscript, Messiah College, Grantham, PA.

Myers, D. G., & Diener, E. (1995). Who is happy? *Psychological Science, 6,* 10-19.

Nelson-Jones, R. (1990). *Human relationships: A skills approach*. Pacific Golve, CA: Brooks/Cole Publishing Company.

Nicolas, M. P., & Schwartz, R. C. (2002). *Family therapy: Concepts and Methods* (5th ed.). New York: Allyn & Bacon.

Noller, P., Seth-Smith, M., Bouma, R., & Schweutzer, R. (1992). Parent and adolescent perceptions of family functioning: A comparison of clinic and nonclinic families. *Journal of Adolescence, 15,* 101-114.

O'Sullivan, M., Guilford, J. P., & deMille, R. (1965). *Reports from the Psychological Laboratory, University of Southern California* (No. 34). Los Angeles, CA: University of Southern California.

Olds, J., & Schwartz, R. S. (2009). *The lonely Americans: Drifting apart in the 21st century*. Boston, MA: Beacon Press.

Olson, D. H. (1986). Circumplex model VII: Validation studies and faces III. *Family Process, 25,* 337-351.

Olson, D. H. (1988). Family types, stress, and family satisfaction: A family developmental perspective. In C. J. Falicove (Ed.). *Family transitions: Continuity and change over the life cycle*. New York: The Guilford Press.

Ortony, A., Clore, G. L., & Collins, A. (1987). *The cognitive structure of emotions*. New York: Cambridge University Press.

Osgood, C. E., Suci, G. J., & Tannenbaum, P. S. (1957). *The measurement of meaning*. Urbana, IL: University of Illinois Press.

Parker, S. K., & Sprigg, C. (1999). Minimizing strain and maximizing learning: Therole of job demands, job control and proactive personality. *Journal of Applied Psychology, 84*(6), 925-939.

Peabody, S. (1989) *Addiction to love*. Berkely, CA: Ten Speed Press.

Penman, R. (1980). *Communication processes and relationships*. San Diago, CA: Academic Press.

Peterson C., & Seligman, M. E. P. (2004). *Character strengths and virtues: A handbook and classification*. New York: Oxford University Press/Washington, DC: American Psychological Association.

Phillips, E. (1978). *The social skills basis of psychopathology*. New York: Grune & Stratton.

Pinsker, H., Nepps, P., Redfield, J., & Winston, A. (1985). Applicants for short-term dynamic psychotherapy. In A. Winston (Ed.), *Clinical and research issues in short-term dynamic psychotherapy* (pp. 104-116). Washington, DC: American Psychiatric Association.

Plutchik, R. (1980). *Emotion: A psychoevolutionary synthesis.* New York: Harper & Row.

Pope, K. S. (1980). Defining and studying romantic love. In K. S. Pope (Ed.), *On love and loving* (pp. 1-26). San Francisco: Jossey-Bass.

Quinn, J. B. (1988). *Beyond rational management.* San Francisco: Jossey-Bass.

Reis, H. T., & Gable, S. L. (2003). Toward a positive psychology of relationship. In C. L. M. Keyes & J. Haidt (Eds.), *Flourishing: Positive psychology and the life well-lived* (pp. 129-159). Washington, DC: American Psychological Association.

Reisman, J. M. (1979). *Anatomy of friendship.* New York: Irvington Pub.

Reisman, J. M. (1981). Adult friendships. In S. W. Duck & R. Gilmour (Eds.), *Personal relationships 2: Developing personal relationships.* New York: Academic Press.

Roberts, B. W., Walton, K. E., & Viechtbauer, W. (2006). Patterns of mean-level change in personality traits across the life course: A meta-analysis of longitudinal studies. *Psychological Bulletin, 132,* 1-25.

Robinson, B. E. (1989). *Work addiction.* Florida: Heath Communcation Inc.

Rodin, M. J. (1982). Non-engagement, failure to engage, and disengagement. In S.W.Duck (Ed.), *Personal relationships 4: Dissolving personal relationships.* New York: Academic Press.

Rose, S. M. (1984). How friendships end: Patterns among young adults. *Journal of Social and Personal Relationships, 1,* 267-277.

Rosenberg, M. (2003). *Nonviolent communication: A language of life.* Encinitas, CA: Puddledancer Press. (캐서린 한 역. 비폭력대화. 서울: 한국NVC센터, 2004).

Rousseau, D. M. (1990). New hire perceptions of their own and their employer's obligations: A study of psychological contracts. *Journal of Organizational Behavior, 11,* 389-400.

Rubin, Z. (1979). Seeking a cure for loneliness. *Psychology Today, 13*(4), 82-90.

Russell, J. A. (1980). A circumplex model of affect. *Journal of Personality and Social Psychology, 39,* 1161-1178.

Ryan, R. M., & Deci, E. L. (2001). On happiness and human potential: A review of research on hedonic and eudaimonic well-being. *Annual Review of Psychology, 52,* 141-166.

Ryff, C. D. (1989). Happiness is everything, or is it? Explorations on the meanings of psychological well-being. *Journal of Personality and Social Psychology, 6,* 1069-1081.

Ryff, C. D. (1995). Psychological well-being in adult life. *Current Direction in Psychological Science, 4*(4), 99-104.

Schachter, S. (1959). *The psychology of affiliation.* Standford: Stanford University Press.

Schaefer, E. S. (1965). A configurational analysis of children's report of parent behavior. *Journal of Consulting Psychology, 29,* 552-557.

Schmidt, N., & Sermat, V. (1983). Measuring loneliness in different relationships. *Journal of Personality and Social Psychology, 44*, 1038-1047.

Schneider, B. (1987). The people make the place. *Personnel Psychology, 40*, 437-454.

Schunk, D. H. (1991). Goal setting and self-evaluation: A social cognitive perspective on self-regulation. In M.L.Maehr & P.R.Pintrich (Eds.), *Advances in motivation and achievement: Goals and self-regulatory processes* (pp. 85-113). Greenwich, CT: JAI.

Sheldon, K. M., & Kasser, T. (1995). Coherence and congruence: Two aspects of personality integration. *Journal of Personality and Social Psychology, 68*, 531-543.

Simpson, J. A., Rholes, W. S., & Phillips, D. (1996). Conflict in close relationships: An attachment perspective. *Journal of Personality and Social Psychology, 71*, 899-914.

Smith, V. (1968). Listening. In O. Hargie (Ed.), *A handbook of communication skills*. New York: New York University Press.

Sternberg, R. J. (1986). A triangular theory of love. *Psychological Review, 93*, 119-135.

Sternberg, R. J. (1990). *A triangular theory of love scale*. Department of Psychology, Yale University, New Haven. Manuscript.

Sternberg, R. J., & Grajek, S. (1984). The nature of love. *Journal of Personality and Social Psychology, 47*, 312-329.

Stinnett, N. (1985). Strong families. In J. M. Henslin (Ed.), *Marriage and family in a changing society*. New York: The Free Press.

Sulloway, F. (1996). *Born to rebel*. New York: Springer.

Super, D. E. (1973). *Career development: Self-concept theory*. New York: College Entrance Examination Board.

Tedeschi, R. G., & Calhoun, L. G. (2004). The posttraumatic growth: Conceptual foundation and empirical evidence. *Psychological Inquiry, 15*, 93-102.

Tennov, D. (1979). *Love and limerence*. Chelsea: Scarborough House Publishers.

Thibaut, J. W., & Kelly, H. H. (1959). *The social psychology of groups*. New York: Wiley.

Trivers, R. (1972). Parental investment and sexual selection. In B.Campbell (Ed.), *Sexual selection and the descent of man* (pp. 136-179). Chicago: Aldine-Atherton.

Turkle, S. (2010). *Alone together: Why we expect more from technology and less from each other*. New York: Basic Books. (이은주 역. 외로워지는 사람들. 서울: 청림출판, 2012).

Udry, R. (1971). *The social context of marriage*. New York: Lippincott.

Veroff, J., Douvan, E., & Kulka, R. A. (1981). *Mental health in America: Patterns of health-seeking from 1957 to 1976*. New York: Basic Books.

Walster, E., & Berscheid, E. (1974). A little bit about love: A minor essay on a major topic. In T. L.Huston (Ed.), *Foundations of interpersonal attraction*. New York: Academic Press.

Wells, J. G. (1984). *Choices in marriage and family*. New York: Piedmont Press.

Whiteside, S. P., & Lynam, D. R. (2001). The Five Factor Model and impulsivity: Using a structural model of personality to understand impulsivity. *Personality and Individual Differences, 30,* 669-689.

Wiggins, J. S. (1985). Interpersonal circumplex models: 1948-1983. *Journal of Personality Assessment, 49,* 629-631.

Wiggins, J. S. (1991). Agency and communion as conceptual coordinates for the understanding and measurement of interpersonal behavior. In W. Grove & D. Cicchetti (Eds.), *Thinking clearly about psychology: Essays in honor of Paul Everett Meehl: Vol 2. Personality and psychopathology* (pp. 89-113). Minneapolis, MN: University of Minnesota Press.

Wiggins, J. S. (1995). *Interpersonal Adjective Scales: Professional Manual.* New York: Psychological Assessment Resources.

Wilson, D. W. (1981). Is helping a laughing matter? *Psychology, 18,* 6-9.

Wilson, W. (1967). Correlates of avowed happiness. *Psychological Bulletin, 67,* 294-306.

Worthy, M., Gary, A., & Kahn, G. (1969). Self-disclosure as an exchange process. *Journal of Personality and Social Psychology, 13,* 59-64.

찾아보기

〈인명〉

ㄱ

고재원 399

권석만 34, 58, 81, 126, 131, 136, 194, 202, 224, 410, 469

김명자 327, 355, 356

김순옥 326, 361

김예구 23

김중술 241, 274

김지영 136

김태현 359

김혜숙 401

ㅁ

민경환 286, 287

민혜경 386

ㅂ

박미령 325, 360

배진한 29

ㅅ

서수균 169

저자 소개

권석만(權錫萬, Kwon, Seok-Man)

서울대학교 심리학과 학사 및 석사(임상심리학 전공)
서울대병원 신경정신과 임상심리연수원 과정 수료
호주 퀸즐랜드 대학교 철학박사(임상심리학 전공)
서울대학교 심리학과 교수(1993년~현재)
서울대학교 학생생활연구소 상담부장 역임
서울대학교 사회과학대학 학생부학장 역임
서울대학교 대학생활문화원 원장 역임
(사)서울대학교출판문화원 원장 역임
한국임상심리학회장 역임
임상심리전문가(한국심리학회)
정신보건임상심리사 1급(보건복지부)

〈저서〉
『현대 이상심리학』(2판)(대한민국학술원 선정 우수도서)
『현대 심리치료와 상담 이론』(대한민국학술원 선정 우수도서)
『긍정 심리학: 행복의 과학적 탐구』(대한민국학술원 선정 우수도서)
『인간의 긍정적 성품』(대한민국학술원 선정 우수도서)
『현대 성격심리학』『이상심리학의 기초』『이상심리학 총론』『하루 15분 행복 산책』
『인생의 2막 대학생활』『우울증』『인간 이해를 위한 성격심리학』
『성격강점검사(CST)-대학생 및 청년용』(공저)
『성격강점검사(CST)-청소년용』(공저)

〈역서〉
『인지치료의 창시자 아론 벡』『마음읽기: 공감과 이해의 심리학』
『정신분석적 사례이해』(공역), 『정신분석적 심리치료』(공역)
『심리도식치료』(공역), 『단기심리치료』(공역)
『인생을 향유하기』(공역), 『인간의 강점 발견하기』(공역)
『역경을 통해 성장하기』(공역), 『정서적 경험 활용하기』(공역)
『인간의 번영 추구하기』(공역)

(3판)
젊은이를 위한
인간관계의 심리학

1997년 8월 20일 1판 1쇄 발행
2004년 3월 15일 1판 11쇄 발행
2004년 8월 25일 2판 1쇄 발행
2017년 2월 15일 2판 26쇄 발행
2017년 7월 25일 3판 1쇄 발행
2023년 8월 10일 3판 14쇄 발행

지은이 • 권석만
펴낸이 • 김진환
펴낸곳 • (주)**학지사**
04031 서울특별시 마포구 양화로 15길 20 마인드월드빌딩 5층

대표전화 • 02) 330-5114   팩스 • 02) 324-2345

등록번호 • 제313-2006-000265호

홈페이지 • http://www.hakjisa.co.kr
인스타그램 • https://www.instagram.com/hakjisabook/

ISBN 978-89-997-1306-4 93180

정가 **20,000원**

출판미디어기업 **학지사**
간호보건의학출판 **학지사메디컬** www.hakjisamd.co.kr
심리검사연구소 **인싸이트** www.inpsyt.co.kr
학술논문서비스 **뉴논문** www.newnonmun.com
인격교육연수원 **카운피아** www.counpia.com